시험에 나오는 것만 공부한다!

시나공 JLPT

일본어능력시험

이승대 · 주종관 지음

시나공 JLPT 일본어능력시험 N1

Crack the Exam! - JLPT for Level N1

초판 발행 · 2018년 7월 30일
초판 4쇄 발행 · 2023년 9월 30일

지은이 · 이승대, 주종관
기획 · 북스코어
발행인 · 이종원
발행처 · (주)도서출판 길벗
브랜드 · 길벗이지톡
출판사 등록일 · 1990년 12월 24일
주소 · 서울시 마포구 월드컵로 10길 56 (서교동)
대표 전화 · 02)332-0931 | **팩스** · 02)323-0586
홈페이지 · www.gilbut.co.kr | **이메일** · eztok@gilbut.co.kr

기획 및 책임 편집 · 오윤희(tahiti01@gilbut.co.kr), 김대훈 | **표지 디자인** · 최주연 | **제작** · 이준호, 손일순, 이진혁
마케팅 · 이수미, 장봉석, 최소영 | **영업관리** · 김명자, 심선숙 | **독자지원** · 윤정아, 전희수

편집진행 및 교정 · 정보경 | **본문 디자인** · 이도경 | **본문 일러스트** · 최정을 | **전산편집** · 수(秀) 디자인
오디오 녹음 · 와이알미디어 | **CTP 출력 및 인쇄** · 예림인쇄 | **제본** · 예림바인딩

ISBN 979-11-5924-177-2 03730
(길벗 도서번호 300912)

정가 25,000원

독자의 1초를 아껴주는 정성 길벗출판사

(주)도서출판 길벗 | IT교육서, IT단행본, 경제경영서, 어학&실용서, 인문교양서, 자녀교육서 www.gilbut.co.kr
길벗스쿨 | 국어학습, 수학학습, 어린이교양, 주니어 어학학습, 학습단행본 www.gilbutschool.co.kr

시험에 나오는 핵심만 요약했다!

'합격'이 아니라, '만점'을 목표로 한다

흔히, 모든 시험의 수험자들이 합격을 목표로 합니다. 그러나 현실적으로 합격자는 그 수를 헤아릴 수 없을 정도로 많습니다. 특히, 일본어 관련 시험 중 JLPT-N1, JPT, EJU, 일본 통역 안내사 등의 시험에서 합격을 목표로 하는 시대는 지났습니다. 지금은 각종 시험에서 상대평가의 원리가 지배하는 시대인 것입니다. 그래서 본 교재는 만점을 목표로 합니다. 물론 합격은 기본 필수사항입니다.

'JLPT는 실제 상황에서 쓰이는 의사소통을 측정하는 시험이다'

수험자들 사이에서 최근의 JLPT는 감을 못 잡겠다는 하소연이 나오고 있습니다. 어떤 시험에서는 독해 파트에서 수 천 명의 과학자가 나오고, 또 어떤 시험에서는 문자 · 어휘 파트가 너무 어려웠다는 투정이 나오고 있습니다. N1은 개정 전의 1급보다 다소 높은 레벨까지 측정할 수 있는 내용으로 되어 있습니다. 따라서 기존의 1급 내용에 더하여 다소 높은 레벨까지를 학습해 두어야만 합니다. 그래야만 어떤 과목이 유독 어렵게 출제되더라도 문제없이 고득점을 얻을 수 있을 것입니다. 개정된 JLPT는 실제 상황에서 쓰이는 의사소통을 측정하는 시험입니다. 지식뿐만 아니라 종합적인 일본어 능력을 측정하는 시험인 것이 JLPT의 본질이므로, 경제, 문화, 사회 전반의 수준 있는 어휘와 함께 일상 속에 쓰이는 다양한 표현과 어휘까지를 매우 광범위하게 학습해 놓아야 할 것입니다.

'분석과 실전을 통해 이 교재를 만들었다'

시중에는 '시나공 수험서 시리즈는 믿을 만하다!', 역시 '시험에 나오는 것만 공부할 수 있다!' 이러한 평판이 자자합니다. 이것은 철저한 현장 감각과 분석을 토대로 시나공 수험서를 만들어 왔기 때문이라고 생각됩니다. 본 교재 역시 최신 기출문제와 시중의 모든 수험서를 독파 분석 후에 치밀하게 작성되었습니다. JLPT는 물론, JPT 등 일본어 관련 시험을 두루 응시하며 문제를 분석하고 개정된 내용을 최대한 반영하여 수험자의 입장에서 어떻게 공부하면, 합격, 아니 만점을 받을 수 있는지를 생각하며 내용을 골라 실었습니다. 예를 들면, 청해 파트에는 최근에 자주 출제되고 있는 소비자 문제, 대체 에너지 문제, 지구 온난화 등의 환경 문제, 고령화, 저출산 문제 등 앞으로 출제 가능성이 높은 내용을 엄선하여 출제하였습니다.

'오늘은 어제가 만든 나의 얼굴, 내일은 오늘이 만들 나의 얼굴'

필자의 인생 지침입니다. 비단 저의 인생 지침에 그치는 것이 아니라, 수험생 여러분들의 학습 지침이 되기를 바랍니다. 바로 오늘 이 순간을 바탕으로 자신의 희망찬 내일을 열심히 만들어 나가야 합니다. JLPT 합격이라는 목표를 세웠다면 부단히 노력하여 합격과 만점을 쟁취하기를 바랍니다.

2018년 8월 이승대, 주종관

목차

1교시 완벽대비 언어지식(문법) · 독해

| 셋째마당 | 문법편

| 넷째마당 | 독해편

2교시 완벽대비 청해

| 다섯째마당 | 청해편

이 책의 구성 및 활용법

STEP 01 | 문제분석

문제유형을 익히고 대비책 세우기!

〈문제 소개〉와 〈문제 미리 풀어 보기 및 풀이〉를 통해 문제 유형을 소개하고, 최신 출제경향을 철저히 분석하여, 대비법과 기출어 및 출제 예상어휘를 제시했다.

STEP 02 | 핵심이론

핵심요약으로 탄탄하게 실력 쌓기!

N1 레벨에서 반드시 익혀야 할 핵심한자 297자, 핵심어휘 2000어, 핵심문법 350개를 골라 제시했다.

STEP 03 | 문제 풀기

완벽대비 문제 풀고 시험에 적응하기!

최신 시험을 철저하게 분석하여 출제경향에 딱 맞춘 문제와 문제에 대한 해설을 제시함으로써 혼자서도 시험에 완벽하게 대비할 수 있다.

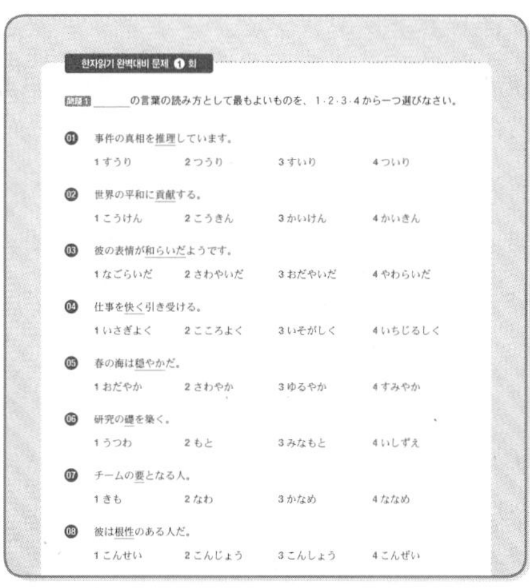

한자읽기 완벽대비 문제 ❶ 회

問題1 ＿＿＿の言葉の読み方として最もよいものを、1·2·3·4から一つ選びなさい。

01 事件の真相を推理しています。
1 すうり　2 つうり　3 すいり　4 ついり

02 世界の平和に貢献する。
1 こうけん　2 こうきん　3 かいけん　4 かいきん

03 彼の表情が和らいだようです。
1 なごらいだ　2 さわやいだ　3 おだやいだ　4 やわらいだ

04 仕事を快く引き受ける。
1 いさぎよく　2 こころよく　3 いそがしく　4 いちじるしく

05 春の海は穏やかだ。
1 おだやか　2 さわやか　3 ゆるやか　4 すみやか

06 研究の礎を築く。
1 うつわ　2 もと　3 みなもと　4 いしずえ

07 チームの要となる人。
1 きも　2 なわ　3 かなめ　4 ななめ

08 彼は根性のある人だ。
1 こんせい　2 こんじょう　3 こんしょう　4 こんぜい

STEP 04 | 해설 보기

해설을 읽으며 꼼꼼하게 내 것으로 만들기!

해설편에 모든 문제에 대한 어휘 및 문법을 상세하게 풀이하였다. 꼼꼼하게 챙겨서 내 것으로 만들 수 있도록 한다면, 합격뿐만 아니라 고득점까지도 얻을 수 있다.

정답과 해설

첫째마당 | 문자편

한자읽기 완벽대비 문제 ❶ 회

문제1 ＿＿＿단어의 읽는 방법으로 가장 좋은 것을 1·2·3·4 가운데 하나 고르세요.

01 정답 3
어휘 真相(しんそう) 진상 | 推理(すいり) 추리
해석 사건의 진상을 추리하고 있다.

02 정답 1
어휘 貢献(こうけん) 공헌 ▸ 献立(こんだて) 식단, 차림표 / 貢(みつ)ぐ 바치다
해석 세계의 평화에 공헌하다.

03 정답 4
어휘 和(やわ)らぐ 부드러워지다
해석 그의 표정이 부드러워진 것 같습니다.

04 정답 2
어휘 快(こころよ)い 흔쾌하다 | 引(ひ)き受(う)ける 떠맡다, 맡다, 인수하다
해석 일을 흔쾌히 떠맡다.

05 정답 1
어휘 穏(おだ)やかだ 온화하다
해석 봄의 바다는 온화하다.

06 정답 4
어휘 研究(けんきゅう) | 礎(いしずえ) 초석 | 築(きず)く 쌓다
해석 연구의 초석을 쌓다.

10 정답 2
어휘 融和(ゆうわ) 융화 | 保(たも)つ 보존하다, 유지하다
해석 이웃나라와의 융화를 유지하다.

한자읽기 완벽대비 문제 ❷ 회

문제1 ＿＿＿단어의 읽는 방법으로 가장 좋은 것을 1·2·3·4 가운데 하나 고르세요.

01 정답 1
어휘 衰(おとろ)える 쇠하다
해석 계절 탓인지 식욕이 떨어진다.

02 정답 3
어휘 乏(とぼ)しい 모자라다
해석 최근, 회사에 인재가 모자란다.

03 정답 2
어휘 良識(りょうしき) 양식 | 訴(うった)える 호소하다
해석 그 문제는 사람들의 양식에 호소할 수밖에 없다.

04 정답 4
어휘 採択(さいたく) 채택
해석 회의에서 내 의견이 채택되었다.

05 정답 2
어휘 災害対策本部(さいがいたいさくほんぶ) 재해대책본부 | 設置(せっち) 설치
해석 재해대책본부를 설치하다.

STEP 05 | 모의고사

총 2회 실전 모의고사로 최종점검하기!

본 교재 학습이 끝난 후 시험 전에 최종점검용으로 풀어볼 수 있는 실전 모의고사를 2회 수록하였다. 실전처럼 시간을 체크하면서 풀어보자.

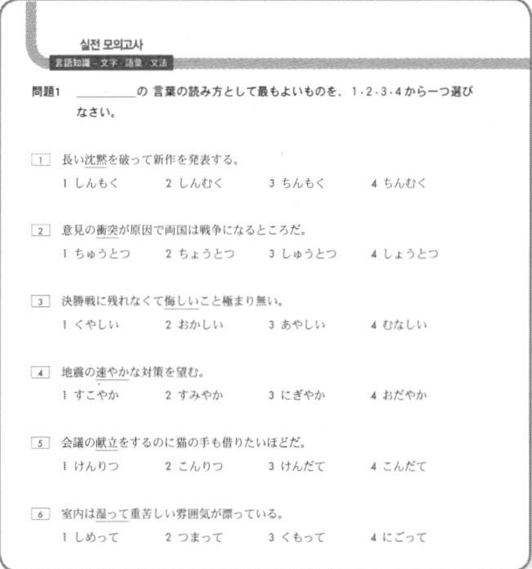

실전 모의고사

言語知識 - 文字・語彙・文法

問題1 ＿＿＿＿の 言葉の読み方として最もよいものを、1·2·3·4から一つ選びなさい。

1 長い沈黙を破って新作を発表する。
1 しんもく　2 しんむく　3 ちんもく　4 ちんむく

2 意見の衝突が原因で両国は戦争になるところだ。
1 ちゅうとつ　2 ちょうとつ　3 しゅうとつ　4 しょうとつ

3 決勝戦に残れなくて悔しいこと極まり無い。
1 くやしい　2 おかしい　3 あやしい　4 むなしい

4 地震の速やかな対策を望む。
1 すこやか　2 すみやか　3 にぎやか　4 おだやか

5 会議の献立をするのに猫の手も借りたいほどだ。
1 けんりつ　2 こんりつ　3 けんだて　4 こんだて

6 室内は湿って重苦しい雰囲気が漂っている。
1 しめって　2 つまって　3 くもって　4 にごって

신 일본어능력시험 N1 알아보기

▶JLPT란 무엇인가요?

JLPT는 Japanese-Language Propiciency Test에서 따온 이름으로 일본어를 모국어로 하지 않는 사람을 대상으로 52개 국가에서 응시하고 있는 일본어능력을 평가하는 시험입니다. 일본어와 관련된 지식과 더불어, 실제로 사용할 수 있는 실용적인 일본어 능력을 중시하기 때문에, 문자 · 어휘 · 문법과 같은 언어 지식을 활용한 커뮤니케이션 상의 과제 수행능력을 측정합니다.

- **실시횟수 :** 연 2회 (7월과 12월에 실시)
- **시험레벨 :** N1, N2, N3, N4, N5의 5단계
- **시험접수 :** 능력시험사무국 홈페이지 (http://www.jlpt.or.kr)에 안내
- **주의사항 :** 수험표, 신분증 및 필기도구 (HB연필, 지우개)를 반드시 지참

▶N1 레벨은 구체적으로 어떤 수준인가요?

N1은 전체 레벨 중 최상위레벨로, 기존시험 1급보다 다소 높은 레벨까지 측정합니다. '폭넓은 분야의 일본어를 이해할 수 있는 수준'으로, 읽기와 듣기의 언어행동으로 나누어 제시한 인정기준은 아래와 같습니다.

읽기	논리적으로 약간 복잡하고 추상도가 높은 문장 등을 읽고, 문장의 구성과 내용을 이해할 수 있으며, 다양한 화제의 글을 읽고, 이야기의 흐름이나 상세한 표현의도를 이해할 수 있다.
듣기	자연스러운 속도의 체계적 내용의 회화나 뉴스, 강의를 듣고, 내용의 흐름 및 등장인물의 관계나 내용의 논리구성 등을 상세히 이해하거나, 요지를 파악할 수 있다.

▶N1 시험 시간표를 알려주세요!

입실	1교시	휴식	2교시
13: 10	언어지식(문자 · 어휘 · 문법) · 독해 13:30~15:20	15:20~15:40	청해 15:40~16:45
	(110분)	(20분)	(65분)

▶N1 합격기준은 어떻게 되나요?

새로운 일본어능력시험은 종합득점과 각 과목별 득점의 두 가지 기준에 따라 합격여부를 판정합니다. 즉, 종합득점이 합격에 필요한 점수(합격점) 이상이며, 각 과목별 득점이 과목별로 부여된 합격에 필요한 최저점(기준점) 이상일 경우 합격입니다.

구분	합격점	기준점		
		언어지식	독해	청해
N1	100	19	19	19

▶N1 구성과 득점범위는 어떻게 되나요?

교시	항목	시간	내용		문항수	득점범위
1교시	언어 지식 (문자 · 어휘)	110분	1	한자읽기	6	0~60
			2	문맥규정	7	
			3	유의표현	6	
			4	용법	6	
	언어 지식 (문법)		5	문법형식판단	10	
			6	문장만들기	5	
			7	글의 문법	5	
	독해		8	단문이해	4	0~60
			9	중문이해	9	
			10	장문이해	4	
			11	통합이해	3	
			12	주장이해	4	
			13	정보검색	2	
2교시	청해	60분	1	과제이해	6	0~60
			2	포인트이해	7	
			3	개요이해	6	
			4	즉시응답	14	
			5	통합이해	4	
		총 170분			총 108	0~180

※ 문항 수는 매회 시험에서 출제되는 대략적인 기준으로 실제 시험에서 출제 수는 다소 달라질 수 있습니다.

N1 합격을 위한 학습요령을 알려주세요!

1 문자

문자는 한자읽기 문제가 출제됩니다. 일본어 한자는 음으로 읽는 음독 읽기와 뜻으로 읽는 훈독 읽기가 있어서 까다롭습니다. 그 외에 읽는 법이 2개 이상이 되거나, 특수하게 읽는 경우도 있으므로 처음부터 공부할 때 주의를 기울여서 외워야 합니다. 평소에 한자를 눈으로만 보지 말고 소리 내어 읽고 쓰면서 학습하도록 하는 것이 좋습니다.

2 어휘

어휘는 문맥규정, 유의표현, 용법 문제가 출제됩니다. 단어를 외울 때 비슷한 뜻의 단어, 같은 뜻, 반대말 등도 동시에 외우는 습관을 들이도록 합니다. 또한 단순히 그 뜻만 외울 것이 아니라, 숙어, 예문과 함께 외우고 단어가 어떤 상황에서 어떤 단어나 표현들과 함께 자주 쓰이는지를 평소에 예문을 통해서 많이 접해보도록 합니다. 新 일본어능력시험은 단편적인 언어 지식을 측정하는 것이 아니라 지식을 활용한 커뮤니케이션 상의 과제 수행능력을 측정한다는 점을 명심하도록 합니다.

3 문법

문법은 문법형식 판단, 문장만들기, 글의 문법 문제가 출제되는데 문법파트에서 좋은 점수를 얻기 위해서는 평소 생활 속에서 단어와 다양한 문법적인 요소를 조합해 문장을 만들어 보는 연습과 예문이나 글을 많이 접해보아야 합니다. 문법 문제에 있어 문어체적인 표현보다는 회화체에 많이 쓰이는 문법표현의 비중이 높아지고 있으므로 일상생활에서 자주 접할 수 있는 회화체 표현을 잘 익혀두시기 바랍니다.

4 독해

독해는 단문이해, 중문이해, 장문이해, 주장이해, 통합이해, 정보검색 문제가 출제됩니다. 독해는 문제 유형이 다양해지고 읽어야 할 독해문의 길이가 길어졌습니다. 독해문제는 단어 하나하나의 뜻보다는 문장 전체의 의미파악, 필자의 주장파악, 핵심내용 파악 등이 중요하며 집중력과 시간 배분이 아주 중요합니다. 풀이 요령 등을 익히는 것은 물론 평소 단문부터 중·장문까지 다양한 분야의 많은 글을 빠른 시간 내에 읽어나가는 훈련을 꾸준히 하길 바랍니다.

5 청해

청해는 과제이해, 포인트이해, 개요이해, 즉시응답, 통합이해 문제가 출제됩니다, 독해와 마찬가지로 문제 유형이 다양해졌으며 문제수가 대폭적으로 늘었습니다. 문제 패턴이 문제마다 다르므로 청해 문제를 풀 때는 문제의 패턴을 알고 있으면 아주 유용할 것이며 평소에 일본 드라마, 영화, 애니메이션, 뉴스 등을 통해 실생활 전반에 걸쳐 폭넓게 사용되는 일본어를 많이 접해두면 도움이 될 것입니다.

학습계획표

6주 완성 프로그램

본 교재의 최단기 학습 일자입니다. 시험이 얼마 남지 않은 분은 6주 완성 프로그램으로 학습하시고, 12주 전에 시작하시는 분은 6주 완성프로그램을 2회 반복하시거나 6주를 12주로 늘리거나 하여 각자 자신만의 학습계획을 세워보세요.

첫째주	1일차	2일차	3일차	4일차	5일차	6일차	7일차
학습 내용	| 첫째마당 | 시나공법 01	| 첫째마당 | 시나공법 02	| 첫째마당 | 시나공법 02	| 첫째마당 | 시나공법 02	| 첫째마당 | 문제풀이	| 첫째마당 | 문제풀이	| 첫째마당 | 복습
둘째주	**8일차**	**9일차**	**10일차**	**11일차**	**12일차**	**13일차**	**14일차**
학습 내용	| 둘째마당 | 시나공법 01	| 둘째마당 | 시나공법 02	| 둘째마당 | 시나공법 02	| 둘째마당 | 시나공법 02	| 둘째마당 | 시나공법 02	| 둘째마당 | 시나공법 02	| 둘째마당 | 복습
셋째주	**15일차**	**16일차**	**17일차**	**18일차**	**19일차**	**20일차**	**21일차**
학습 내용	| 둘째마당 | 문제풀이	| 둘째마당 | 문제풀이	| 둘째마당 | 문제풀이	| 셋째마당 | 시나공법 01	| 셋째마당 | 시나공법 02	| 셋째마당 | 시나공법 02	| 둘째마당 | 복습
넷째주	**22일차**	**23일차**	**24일차**	**25일차**	**26일차**	**27일차**	**28일차**
학습 내용	| 셋째마당 | 시나공법 02	| 셋째마당 | 시나공법 03	| 셋째마당 | 시나공법 04	| 셋째마당 | 문제풀이	| 셋째마당 | 문제풀이	| 셋째마당 | 문제풀이	| 셋째마당 | 복습
다섯째주	**29일차**	**30일차**	**31일차**	**32일차**	**33일차**	**34일차**	**35일차**
학습 내용	| 넷째마당 | 시나공법 01	| 넷째마당 | 문제풀이	| 넷째마당 | 문제풀이	| 넷째마당 | 문제풀이	| 넷째마당 | 문제풀이	| 넷째마당 | 문제풀이	| 넷째마당 | 복습
여섯째주	**36일차**	**37일차**	**38일차**	**39일차**	**40일차**	**41일차**	**42일차**
학습 내용	| 다섯째마당 | 시나공법 01	| 다섯째마당 | 문제풀이	| 다섯째마당 | 문제풀이	| 다섯째마당 | 문제풀이	| 다섯째마당 | 복습	실전 모의고사	총복습

시나공
JLPT
일본어능력시험
N1

음성강의 듣기

첫째마당 문자편

1교시 완벽대비 언어지식(문자 · 어휘)

문제분석과 완벽대비법

01 | 問題1 한자읽기 문제

문제 소개

問題1는 문장의 밑줄 부분의 한자를 히라가나로 어떻게 읽는지 고르는 〈한자 읽기〉 문제로, 6문항이 출제됩니다.

문제 미리 풀어보기 및 풀이

> **問題 1**
>
> ＿＿＿の言葉の読み方として最もよいものを、1・2・3・4から一つ選びなさい。
>
> 新しい計画を練ってから明日また会議をします。
>
> 1 ふって　　2 けって　　3 いって　　4 ねって

정답　4

해석　새로운 계획을 짠 다음 내일 또 회의를 하겠습니다.

해설　정답은 4번 練(ね)る입니다. '짜다, 누이다, 반죽하다, 무두질하다, 단련하다, 다듬다'는 뜻으로 쓰입니다.

어휘　計画(けいかく) 계획 | 会議(かいぎ) 회의

문제분석과 완벽대비법

한자읽기 문제는 총 6문항이 출제됩니다. 한자읽기는 주로 품사별로 출제되는 경향이 JLPT의 특징이며, 명사와 동사가 주로 출제됩니다. 특히 명사의 경우는, 음독의 예외 읽기와 한 단어에 음훈을 섞어 읽는 문제가 많이 나옵니다. 예를 들면 아래의 '음+훈' '훈+음'의 음훈 혼용 한자어가 시험에 자주 출제되므로 반드시 잘 학습해 둡니다.

▶ 음+훈: 重箱(じゅうばこ) 찬합, 献立(こんだて) 메뉴, 団子(だんご) 경단, 縁組(えんぐみ) 혼인

▶ 훈+음: 湯桶(ゆとう) 물통, 身分(みぶん) 신분, 消印(けしいん) 소인, 夕刊(ゆうかん) 석간

최근의 경향은 다양한 품사를 다루는 경향이 있으므로, 한자 단어를 무작정 외우기보다는 문장 속에서 이해하는 습관을 들이는 것이 좋습니다. 평소에 독해를 하면서 중요 단어나 자신이 모르는 단어는 반드시 사전을 통해 확인하고 메모하도록 합니다.

기출문제 분석

한자읽기 문제는 과거의 통계로 볼 때 기출문제에서 30%~60% 이상 중복 출제되는 경향이 있습니다. 따라서 N1 단계의 경우 개정 전의 기출어도 꼼꼼하게 학습해 둘 필요가 있습니다. 그러므로 본서는 개정 전인 1990년~2009년 20년간의 기출어뿐만 아니라 개정 후의 기출어를 모두 정리해 두었습니다. 여기에 정리한 기출어는 반복 출제될 가능성이 많으므로 반드시 익혀두세요. (명사형 な형용사 어간은 명사로도 취급)

기출어 보기

1990년

명사

- □□ 均衡(きんこう) 균형
- □□ 行楽地(こうらくち) 행락지
- □□ 豊富(ほうふ) 풍부
- □□ 貢献(こうけん) 공헌
- □□ 評判(ひょうばん) 평판
- □□ 率先(そっせん) 솔선

동사

- □□ 訪(おとず)れる 방문하다
- □□ 築(きず)く 쌓다
- □□ 配(くば)る 분배하다
- □□ 探(さぐ)る 탐색하다
- □□ 崩(くず)す 무너뜨리다
- □□ 和(やわ)らぐ 부드러워지다

い형용사

- □□ 快(こころよ)い 기분 좋다
- □□ 乏(とぼ)しい 부족하다, 결핍되다

な형용사

- □□ 穏(おだ)やか 온화함

1991년

명사

- □□ お菓子(かし) 과자
- □□ 回収(かいしゅう) 회수
- □□ 視力(しりょく) 시력
- □□ 神経(しんけい) 신경
- □□ 採択(さいたく) 채택
- □□ 推進(すいしん) 추진
- □□ 高齢化(こうれいか) 고령화
- □□ 身近(みぢか) 신변
- □□ 設置(せっち) 설치
- □□ 提案(ていあん) 제안
- □□ 反射(はんしゃ) 반사

동사

- □□ 衰(おとろ)える 쇠퇴하다
- □□ 余(あま)る 남다
- □□ 戻(もど)す 되돌리다
- □□ 訴(うった)える 호소하다, 고소하다

1992년

명사

- □□ 印象(いんしょう) 인상
- □□ 検討(けんとう) 검토
- □□ 源(みなもと) 근원, 수원

□□ 政府筋(せいふすじ) 정부소식통

□□ 表向(おもてむ)き 표면화함, 표면상

□□ 混乱(こんらん) 혼란

□□ 徹底(てってい) 철저

□□ 義務(ぎむ) 의무

□□ 姿勢(しせい) 자세

□□ 模様(もよう) 모양

□□ 普及(ふきゅう) 보급

□□ 重視(じゅうし) 중시

□□ 首相(しゅしょう) 수상

동사

□□ 装(よそお)う 치장하다, 가장하다

□□ 狙(ねら)う 노리다

1993년

명사

□□ 事態(じたい) 사태

□□ 軽率(けいそつ) 경솔

□□ 相互(そうご) 상호

□□ 偽造(ぎぞう) 위조

□□ 犯罪(はんざい) 범죄

□□ 処罰(しょばつ) 처벌

□□ 定義(ていぎ) 정의

□□ 倫理的(りんりてき) 윤리적

□□ 微妙(びみょう) 미묘

동사

□□ 避(さ)ける 피하다

□□ 取(と)り除(のぞ)く 제거하다

□□ 損(そこ)なう 해치다, 파손하다

□□ 絡(から)む 얽히다

い형용사

□□ 厳(きび)しい 엄격하다

부사

□□ 一概(いちがい)に 일률적으로

1994년

명사

□□ 敬意(けいい) 경의

□□ 譲歩(じょうほ) 양보

□□ 泥沼(どろぬま) 수렁, 진흙탕

□□ 様相(ようそう) 양상

□□ 故障(こしょう) 고장

□□ 廃棄物(はいきぶつ) 폐기물

□□ 悪癖(あくへき) 악벽, 나쁜 버릇

□□ 解消(かいしょう) 해소

□□ 根底(こんてい) 근저

□□ 気配(けはい) 낌새

□□ 草花(くさばな) 화초

□□ 名残(なごり) 여운, 흔적

동사

□□ 争(あらそ)う 다투다

□□ 漂(ただよ)う 감돌다, 표류하다

□□ 惜(お)しむ 애석히 여기다

1995년

명사

□□ 彫刻(ちょうこく) 조각

□□ 色彩(しきさい) 색채

□□ 万能(ばんのう) 만능

□□ 迷信(めいしん) 미신

□□ 無条件(むじょうけん) 무조건

□□ 信仰(しんこう) 신앙

□□ 合間(あいま) 틈, 사이

□□ 夕闇(ゆうやみ) 땅거미

□□ 街角(まちかど) 길모퉁이

동사

□□ 誇(ほこ)る 자랑하다

□□ 朽(く)ち果(は)てる 완전히 썩다

□□ 告(つ)げる 알리다

□□ 迫(せま)る 다가오다

□□ 眺(なが)める 바라보다

な형용사

□□ 鮮(あざ)やか 선명함

1996년

명사

□□ 模索(もさく) 모색

□□ 審査(しんさ) 심사

□□ 応募(おうぼ) 응모

□□ 腐敗(ふはい) 부패

□□ 雇用(こよう) 고용

□□ 格差(かくさ) 격차

□□ 是正(ぜせい) 시정

동사

□□ 兼(か)ねる 겸하다

□□ 崩(くず)れる 무너지다

□□ 省(かえり)みる 반성하다

い형용사

□□ 厳(きび)しい 엄격하다

な형용사

□□ 新(あら)た 새로움

□□ 手軽(てがる) 간편함

부사

□□ 自(みずか)ら 스스로

□□ 依然(いぜん)として 의연히, 여전히

1997년

명사

□□ 被害者(ひがいしゃ) 피해자

□□ 救援(きゅうえん) 구원

□□ 互(たが)い 서로

□□ 束縛(そくばく) 속박

□□ 干渉(かんしょう) 간섭

□□ 共鳴(きょうめい) 공명

□□ 前途(ぜんと) 전도

□□ 有望(ゆうぼう) 유망

□□ 視野(しや) 시야

□□ 充実(じゅうじつ) 충실

□□ 縮小(しゅくしょう) 축소

□□ 介護(かいご) 간호

□□ 負担(ふたん) 부담

동사

□□ 値(あたい)する ~할 만한 가치가 있다

な형용사

□□ 速(すみ)やか 신속함

1998년

명사

□□ 栄養(えいよう) 영양

□□ 欠乏(けつぼう) 결핍

□□ 症状(しょうじょう) 증상

□□ 改善(かいぜん) 개선

□□ 伝統的(でんとうてき) 전통적

□□ 枠(わく) 틀, 범위

□□ 物事(ものごと) 사물

□□ 技 (わざ) 기술, 솜씨

□□ 存続(そんぞく) 존속

□□ 冒頭(ぼうとう) 모두

□□ 折衷(せっちゅう) 절충

동사

□□ 偏(かたよ)る 치우치다

□□ 志(こころざ)す 뜻을 두다

□□ 磨(みが)く 연마하다, 닦다

な형용사

□□ 円滑(えんかつ) 원활함

1999년

명사

□□ 遺跡(いせき) 유적

□□ 発掘(はっくつ) 발굴

□□ 従来(じゅうらい) 종래

□□ 認識(にんしき) 인식

□□ 把握(はあく) 파악

□□ 迅速(じんそく) 신속

□□ 崇拝(すうはい) 숭배

□□ 変遷(へんせん) 변천

□□ 容易(ようい) 용이

□□ 賢明(けんめい) 현명

동사

□□ 衰(おとろ)える 쇠퇴하다

□□ 脅(おびや)かす 협박하다

□□ 支(ささ)える 지탱하다

□□ 込(こ)める 담다, 채우다

な형용사

□□ 柔軟(じゅうなん) 유연함

2000년

명사

□□ 悲惨(ひさん) 비참

□□ 妥協(だきょう) 타협

□□ 辛抱(しんぼう) 참음

□□ 修行(しゅぎょう) 수행

□□ 浜辺(はまべ) 바닷가

□□ 貝殻(かいがら) 조개껍질

□□ 人材(じんざい) 인재

동사

□□ 滅(ほろ)ぶ 멸망하다

□□ 嘆(なげ)く 한탄하다

□□ 避(さ)ける 피하다

□□ 巡(めぐ)る 둘러싸다

□□ 澄(す)む 맑다

□□ 遮(さえぎ)る 차단하다

□□ 駆(か)ける 달리다

□□ 募(つの)る 모집하다, 더해지다

2001년

명사

□□ 隣(となり) 이웃

□□ 花壇(かだん) 화단

□□ 垣根(かきね) 울타리

□□ 怪獣(かいじゅう) 괴수

□□ 架空(かくう) 가공

□□ 自己(じこ) 자기

□□ 意義(いぎ) 의의

□□ 寮(りょう) 숙소

□□ 廊下(ろうか) 복도

□□ 踏(ふ)み場(ば) 발 디딜 곳

□□ 火災(かさい) 화재

동사

□□ 襲(おそ)う 습격하다

□□ 尽(つ)くす 다하다

□□ 挑(いど)む 도전하다

な형용사

□□ 頑丈(がんじょう) 튼튼함

2002년

명사

□□ 企業(きぎょう) 기업

□□ 既婚者(きこんしゃ) 기혼자

□□ 赴任(ふにん) 부임

□□ 拒否(きょひ) 거부

□□ 欠陥(けっかん) 결함

□□ 措置(そち) 조치

□□ 丘(おか) 언덕

□□ 別荘(べっそう) 별장

□□ 海峡(かいきょう) 해협

□□ 介護(かいご) 간병

□□ 施設(しせつ) 시설

□□ 奉仕(ほうし) 봉사

□□ 奨励(しょうれい) 장려함

동사

□□ 眺(なが)める 바라보다

い형용사

□□ 厳(きび)しい 엄격하다

2003년

명사

□□ 閉鎖(へいさ) 폐쇄

□□ 経緯(けいい) 경위

□□ 監督(かんとく) 감독

□□ 盛大(せいだい) 성대

□□ 祝賀(しゅくが) 축하

□□ 戯曲(ぎきょく) 희곡

□□ 芝居(しばい) 연극

□□ 脚本(きゃくほん) 각본

□□ 執筆(しっぴつ) 집필

□□ 斜面(しゃめん) 사면

□□ 反射(はんしゃ) 반사

동사

□□ 至(いた)る 이르다

□□ 催(もよお)す 개최하다

□□ 輝(かがや)く 반짝거리다

い형용사

□□ 詳(くわ)しい 상세하다

2004년

명사

□□ 墓地(ぼち) 묘지

□□ 人影(ひとかげ) 그림자

□□ 幽霊(ゆうれい) 유령

□□ 終始(しゅうし) 시종

□□ 無言(むごん) 무언

□□ 実費(じっぴ) 실비

□□ 徴収(ちょうしゅう) 징수

□□ 小銭(こぜに) 잔돈

□□ 素材(そざい) 소재

□□ 吟味(ぎんみ) 음미

□□ 本場(ほんば) 본고장

□□ 各種(かくしゅ) 각종

동사

□□ 崩(くず)す 무너뜨리다

い형용사

□□ 寂(さび)しい 쓸쓸하다

な형용사

□□ 朗(ほが)らか 명랑함

2005년

명사

□□ 折衷(せっちゅう) 절충

□□ 献立(こんだて) 차림표

□□ 典型(てんけい) 전형

□□ 真珠(しんじゅ) 진주

□□ 陶器(とうき) 도기

□□ 苗(なえ) 묘종

□□ 鉢(はち) 화분

□□ 連日(れんじつ) 연일

□□ 徹夜(てつや) 철야

□□ 復興(ふっこう) 부흥

□□ 老衰(ろうすい) 노쇠

동사

□□ 進(すす)める 권하다

□□ 添(そ)える 첨부하다

□□ 臨(のぞ)む 임하다

□□ 慕(した)う 사모하다

2006년

명사

□□ 飽和(ほうわ) 포화

□□ 開拓(かいたく) 개척

□□ 類似(るいじ) 유사

□□ 再(ふたた)び 재차

□□ 融通(ゆうずう) 융통

□□ 柔軟(じゅうなん) 유연

□□ 腐敗(ふはい) 부패

□□ 阻止(そし) 저지

동사

□□ 迫(せま)る 다가오다

□□ 促(うなが)す 재촉하다

□□ 澄(す)む 맑다

□□ 惜(お)しむ 아끼다

い형용사

□□ 紛(まぎ)らわしい 헷갈리다

な형용사

□□ 穏(おだ)やか 온화함

□□ 迅速(じんそく) 신속함

2007년

명사

□□ 転換(てんかん) 전환

□□ 返済(へんさい) 변제

□□ 香辛料(こうしんりょう) 향신료

□□ 問屋(とんや) 도매점

□□ 演奏(えんそう) 연주

□□ 人質(ひとじち) 인질

□□ 端(はし) 끝, 가장자리

□□ 把握(はあく) 파악

□□ 認識(にんしき) 인식

□□ 賢明(けんめい) 현명

동사

□□ 危(あや)ぶむ 위험스럽게 여기다

□□ 脱(だっ)する 벗어나다

□□ 漂(ただよ)う 맴돌다

□□ 稼(かせ)ぐ 돈을 벌다

□□ 賄(まかな)う 조달하다

2008년

명사

□□ 大幅(おおはば) 대폭

□□ 削減(さくげん) 삭감

□□ 枠内(わくない) 테두리 안, 범위 내

□□ 工夫(くふう) 궁리, 연구

□□ 邸宅(ていたく) 저택

□□ 色彩(しきさい) 색채

□□ 彫刻(ちょうこく) 조각

□□ 侮辱(ぶじょく) 모욕

□□ 行為(こうい) 행위

□□ 訴訟(そしょう) 소송

동사

□□ 倣(なら)う 본받다

□□ 縫(ぬ)う 꿰매다

□□ 裂(さ)く 찢다

□□ 償(つぐな)う 보상하다

な형용사

□□ 華(はな)やか 화려함

2009년

명사

□□ 人柄(ひとがら) 인품

□□ 考慮(こうりょ) 고려

□□ 率先(そっせん) 솔선

□□ 中旬(ちゅうじゅん) 중순

□□ 沈黙(ちんもく) 침묵

□□ 夕闇(ゆうやみ) 땅거미

□□ 不平等(ふびょうどう) 불평등

□□ 妥協(だきょう) 타협

□□ 是正(ぜせい) 시정

□□ 措置(そち) 조치

□□ 脚本(きゃくほん) 각본

□□ 芝居(しばい) 연극

□□ 円滑(えんかつ) 원활

□□ 慎重(しんちょう) 신중

□□ 奉仕(ほうし) 봉사

□□ 収益(しゅうえき) 수익

□□ 寄付(きふ) 기부

□□ 首相(しゅしょう) 수상

□□ 姿勢(しせい) 자세

□□ 強盗(ごうとう) 강도

□□ 架空(かくう) 가공

동사

□□ 訪(おとず)れる 방문하다

□□ 迫(せま)る 다가오다

□□ 眺(なが)める 바라보다

□□ 募(つの)る 모집하다, 과해지다

□□ 努(つと)める 애쓰다, 노력하다

□□ 襲(おそ)う 습격하다

い형용사

□□ 快(こころよ)い 기분 좋다

□□ 厳(きび)しい 엄격하다

な형용사

□□ 穏(おだ)やか 온화함

2010년

명사

□□ 繁盛(はんじょう) 번성

□□ 契約(けいやく) 계약

□□ 本筋(ほんすじ) 본론

□□ 伴奏(ばんそう) 반주

□□ 推理(すいり) 추리

동사

□□ 潤(うるお)う 윤택하다

□□ 壊(こわ)す 파괴하다

□□ 練(ね)る 짜내다, 다듬다, 기르다, 닦다

□□ 絞(し)める 조이다, 묶다, 죄다

い형용사

□□ 華々(はなばな)しい 화려하다

な형용사

□□ 手薄(てうす) 일손이 모자람, 허술함

부사

□□ 極(きわ)めて 지극히

2011년

명사

□□ 利益(りえき) 이익

□□ 根拠(こんきょ) 근거

□□ 肝心(かんじん) 핵심

□□ 考慮(こうりょ) 고려

□□ 閲覧(えつらん) 열람

□□ 釈明(しゃくめい) 석명, 변명, 해명

□□ 合併(がっぺい) 합병

□□ 兆し(きざし) 조짐, 징조, 징후

동사

□□ 逃(のが)れる 모면하다

□□ 遮(さえぎ)る 차단하다

□□ 鈍(にぶ)る 둔하다

な형용사

□□ 肝心(かんじん) 중요함, 소중함, 요긴함

2012년

명사

□□ 改革(かいかく) 개혁

□□ 群衆(ぐんしゅう) 군중

□□ 網羅(もうら) 망라

□□ 名誉(めいよ) 명예

□□ 枠(わく) 틀, 범위

□□ 由緒(ゆいしょ) 유서, 내력

□□ 手際(てぎわ) 솜씨, 손재주, 수완

□□ 克明(こくめい) 극명, 꼼꼼함, 성실하고 정직

동사

□□ 費(つい)やす 소비하다

□□ 覆(くつがえ)す 뒤엎다

□□ 踏襲(とうしゅう)する 답습하다, 전철을 밟다

い형용사

□□ 心地(ここち)よい 기분 좋다

2013년

명사

□□ 緩和(かんわ) 완화

□□ 需要(じゅよう) 수요

□□ 日夜(にちや) 밤낮, 언제나

□□ 貧富(ひんぷ) 빈부

□□ 趣旨(しゅし) 취지

□□ 把握(はあく) 파악

□□ 憩(いこ)い 쉼, 휴식

□□ 跡地(あとち) 철거부지, 흔적

동사

□□ 憤(いきどお)る 분노하다

□□ 貫(つらぬ)く 관철하다

な형용사

□□ 愚(おろ)か 어리석음

2014년

명사

□□ 中枢(ちゅうすう) 중추

□□ 凝縮(ぎょうしゅく) 응축

□□ 督促(とくそく) 독촉

□□ 遂行(すいこう) 수행

□□ 躍進(やくしん) 약진

□□ 厳正(げんせい) 엄정

□□ 概略(がいりゃく) 개략, 대략

동사

□□ 否(いな)む 부정하다

□□ 否(いな)めない 부정할 수 없다

□□ 臨(のぞ)む 임하다, 마주하다

□□ 漂(ただよ)う 맴돌다, 표류하다

□□ 拒(こば)む 거부하다

な형용사

□□ 健(すこ)やか 건강함, 튼튼함, 건전함

2015년

명사

□□ 画一的(かくいつてき) 획일적

□□ 破損(はそん) 파손

□□ 変遷(へんせん) 변천

□□ 随時(ずいじ) 수시, 그때그때

□□ 承諾(しょうだく) 승낙

□□ 添付(てんぷ) 첨부

□□ 興奮(こうふん) 흥분

동사

□□ 唱(とな)える 주장하다, 외치다

□□ 値(あたい)する 가치가 있다, ~할 만하다

□□ 慕(した)う 사모하다, 그리워하다

い형용사

□□ 淡(あわ)い 연하다

2016년

명사

□□ 樹木(じゅもく) 수목

□□ 鑑定(かんてい) 감정

□□ 陳列(ちんれつ) 진열

동사

□□ 蓄(たくわ)える 저축하다, 축적하다, 모으다

□□ 偏(かたよ)る 치우치다

な형용사

□□ 華(はな)やか 화려함

2017년

명사

□□ 殺菌(さっきん) 살균

□□ 雑菌(ざっきん) 잡균

□□ 昨今(さっこん) 작금

□□ 雑婚(ざっこん) 잡혼

□□ 傾斜(けいしゃ) 경사

□□ 暴露(ばくろ) 폭로

동사

□□ 潤(うるお)す 윤택하게 하다

□□ 耕(たがや)す 경작하다

□□ 濡(ぬ)らす 적시다

□□ 癒(いや)す 치유하다, 달래다

□□ 託(たく)される 위탁받다

□□ 貸(か)す 빌려주다

□□ 任(まか)す 맡기다

□□ 下(くだ)す 내리다, 정의하다

□□ 阻(はば)む 저지하다, 저해하다

□□ 睨(にら)む 째려보다

□□ 拒(こば)む 거부하다

□□ 絡(から)む 얽히다

핵심한자 완벽대비

N1 핵심 한자

N1 단계에서 반드시 익혀야 할 핵심한자 297자를 선정하여 한자 뜻과 사용 예를 함께 수록하였습니다. 아래 한자 표를 통해 각 한자를 익히고, 이어서 학습할 시나공법 02의 단어 학습을 통해 숙지해 나가길 바랍니다.

| 일러두기 |

❶ 아래 한자표는「常用漢字表(1945字)」에서 N1 수준으로 판단되는 핵심한자 297자를 선정한 것임
❷「常用漢字表」의 음훈(音訓)을 기준으로 정리한 것임
❸「*」표시는 특별하거나 사용법이 매우 제한적인 음훈을 나타내며 N1 단계에서는 학습하지 않아도 되는 음훈을 나타낸 것임
❹「★」표시는 常用漢字表 기준 외 특별한 읽기를 나타내며 N1 학습 단계에서 학습해 두어야 하는 것임
❺「・」표시는 학습 편의를 돕기 위해 표시한 것으로「・」다음 부분은 送り仮名임
❻ 오십음도순으로 실었으며 탁음은 청음의 끝부분에 모아서 실었음

あ

한자와 뜻	읽기	단어와 뜻
諦 살필 (체)	음	
	훈 あきら·める	諦(あきら)める 포기하다
握 쥘 (악)	음 あく	握手(あくしゅ) 악수 | 把握(はあく) 파악
	훈 にぎ·る	握(にぎ)る 쥐다
宛 완연할 (완)	음	
	훈 あて	宛(あて) ~앞(편지, 메일) | 宛名(あてな) 수신자 宛(あ)てる (~앞으로) 부치다
維 이을 (유)	음 い	維持(いじ) 유지 | 維新(いしん) 유신
	훈	
威 위엄 (위)	음 い	脅威(きょうい) 협위, 위협
	훈 おど·す	威(おど)す 위협하다
影 그림자 (영)	음 えい	影響(えいきょう) 영향 | 撮影(さつえい) 촬영
	훈 かげ	面影(おもかげ) 흔적, 여운
益 이로울 (익)	음 えき	収益(しゅうえき) 수익 | 利益(りえき) 이익
	훈	益々(ますます)★ 점점, 더욱더

か

한자와 뜻	읽기	단어와 뜻
沿 따를 (연)	음 えん	沿革(えんかく) 연혁
	훈 そ·う	沿(そ)う 따르다 ｜ 川(かわ)に沿(そ)って 강을 따라
縁 인연 (연)	음 えん	縁側(えんがわ) 툇마루 因縁(いんねん)★ 인연
	훈 ふち	池(いけ)の縁(ふち) 연못가 ｜ 額縁(がくぶち) 액자
架 걸칠 (가)	음 か	担架(たんか) 들것
	훈 か·ける か·かる	架(か)ける 걸다, 매달다 十字架(じゅうじか)に架(か)かる 십자가에 매달리다
稼 심을, 일할 (가)	음 か	稼働(かどう) 가동 ｜ 稼業(かぎょう) 가업
	훈 かせ·ぐ	稼(かせ)ぐ 벌다 ｜ 共稼(ともかせ)ぎ 맞벌이
暇 한가 (가)	음 か	休暇(きゅうか) 휴가
	훈 ひま	暇(ひま)だ 한가하다
華 화려할 (화)	음 か	華麗(かれい) 화려함 ｜ 豪華(ごうか) 호화
	훈 はな	華(はな)やか 화려함
塊 덩어리 (괴)	음 かい	金塊(きんかい) 금괴
	훈 かたまり	塊(かたまり) 덩어리
戒 경계 (계)	음 かい	警戒(けいかい) 경계
	훈 いまし·める	戒(いまし)める 훈계하다
悔 뉘우칠 (회)	음 かい	後悔(こうかい) 후회
	훈 く·いる くや·む くや·しい	悔(く)いる 후회하다 悔(くや)む 후회하다 悔(くや)しい 분하다
懐 품을 (회)	음 かい	懐抱(かいほう) 회포
	훈 ふところ なつ·かしい なつ·かしむ なつ·く	懐(ふところ) 품속 懐(なつ)かしい 그립다 懐(なつ)かしむ 그리워하다 懐(なつ)く 친숙해지다

한자와 뜻	읽기	단어와 뜻
壊 부술 (괴)	음 かい	破壊(はかい) 파괴 | 壊滅(かいめつ) 괴멸
	훈 こわ·す こわ·れる	壊(こわ)す 파괴하다 壊(こわ)れる 파괴되다
隔 사이 뜰 (격)	음 かく	間隔(かんかく) 간격
	훈 へだ·てる へだ·たる	隔(へだ)てる 사이를 벌리다 隔(へだ)たる 사이가 벌어지다
殻 껍질 (각)	음 かく	地殻(ちかく) 지각
	훈 から	殻(から) 껍질 | 吸殻(すいがら) 꽁초
獲 거둘 (획)	음 かく	獲得(かくとく) 획득
	훈 え·る	獲物(えもの) 획득물, 사냥감 獲(え)る 획득하다
喝 외칠 (갈)	음 かつ	一喝(いっかつ) 일갈 | 恐喝(きょうかつ) 공갈
	훈	
滑 매끄러울 (활)	음 かつ	滑走路(かっそうろ) 활주로 | 円滑(えんかつ) 원활
	훈 すべ·る なめ·らか	滑(すべ)る 미끄러지다 滑(なめ)らかだ 매끄럽다
括 묶을 (괄)	음 かつ	統括(とうかつ) 통괄
	훈 くく·る	括(くく)る 묶다, 잡아매다
監 살필 (감)	음 かん	監督(かんとく) 감독 | 監査(かんさ) 감사
	훈	
貫 꿰 뚫을 (관)	음 かん	貫徹(かんてつ) 관철
	훈 つらぬ·く	貫(つらぬ)く 관철하다
勧 권할 (권)	음 かん	勧誘(かんゆう) 권유 | 勧告(かんこく) 권고
	훈 すす·める	勧(すす)める 권하다
幹 가지 (간)	음 かん	根幹(こんかん) 근간 | 幹部(かんぶ) 간부
	훈 みき	幹(みき) 큰 가지

한자와 뜻	읽기	단어와 뜻
環 고리 (환)	음 かん	環境(かんきょう) 환경 | 循環(じゅんかん) 순환
	훈	
緩 느슨할 (완)	음 かん	緩和(かんわ) 완화
	훈 ゆる·い ゆる·やか ゆる·む ゆる·める	緩(ゆる)い 느슨하다 緩(ゆる)やか 완만함 緩(ゆる)む (긴장 등이) 풀리다 緩(ゆる)める 느슨하게 하다
還 돌아올 (환)	음 かん	還暦(かんれき) 환갑 | 返還(へんかん) 반환
	훈	
芽 싹 (아)	음 が	麦芽(ばくが) 맥아
	훈 め	芽(め)を摘(つ)む 싹을 따다
頑 완고 (완)	음 がん	頑固(がんこ) 완고
	훈	頑(かたく)な★ 완고함, 고집스러움
輝 빛날 (휘)	음	
	훈 かがや·く	輝(かがや)く 빛나다, 반짝거리다
棄 버릴 (기)	음 き	棄権(きけん) 기권 | 廃棄(はいき) 폐기
	훈 す·てる	棄(す)てる 버리다
旗 깃발 (기)	음 き	国旗(こっき) 국기
	훈 はた	旗揚(はたあ)げ 거사, 거병, 새로 일을 시작함
既 이미 (기)	음 き	既存(きそん·きぞん) 기존 | 既成(きせい) 기성
	훈 すで·に	既(すで)に 이미, 벌써
企 꾸밀 (기)	음 き	企図(きと) 기도
	훈 たくら·む くわだ·てる	企(たくら)む★ 꾸미다 企(くわだ)てる 꾸미다
鬼 도깨비 (귀)	음 き	疑心暗鬼(ぎしんあんき) 의심은 끝이 없음
	훈 おに	鬼(おに)に金棒(かなぼう) 범에 날개

한자와 뜻	읽기	단어와 뜻
貴 귀할 (귀)	음 き	貴重(きちょう) 귀중
	훈 とうと·い とうと·ぶ	貴(とうと)い 존귀하다 貴(とうと)ぶ 공경하다, 존경하다, 중요시하다
奇 괴상할 (기)	음 き	奇異(きい) 기이 | 奇数(きすう) 홀수
	훈	
脚 다리 (각)	음 きゃく ぎゃ	脚本(きゃくほん) 각본 行脚(あんぎゃ) 도보여행
	훈 あし	雨脚(あまあし) 빗발, 빗줄기
丘 언덕 (구)	음 きゅう	丘陵(きゅうりょう) 구릉
	훈 おか	丘(おか) 언덕
窮 곤란 (궁)	음 きゅう	窮乏(きゅうぼう) 궁핍 | 窮屈(きゅうくつ) 갑갑함, 답답함
	훈	
朽 썩을 (후)	음 きゅう	不朽(ふきゅう) 불후
	훈 く·ちる	朽(く)ちる 썩다
挙 들 (거)	음 きょ	挙行(きょこう) 거행 | 選挙(せんきょ) 선거
	훈 あ·げる	挙(あ)げる 예를 들다
拒 거부 (거)	음 きょ	拒否(きょひ) 거부
	훈 こば·む	拒(こば)む 거부하다
恐 두려울 (공)	음 きょう	恐喝(きょうかつ) 공갈 | 恐怖(きょうふ) 공포
	훈 こわ·い おそ·れる おそ·ろしい	恐(こわ)い 무섭다 恐(おそ)れる 두려워하다 恐(おそ)ろしい 두렵다
脅 위협 (협)	음 きょう	脅威(きょうい) 협위, 위협
	훈 おびや·かす おど·す おど·かす	脅(おびや)かす 협박하다 脅(おど)す 겁주다 脅(おど)かす 겁주다

한자와 뜻	읽기	단어와 뜻
響 울릴 (향)	음 きょう	影響(えいきょう) 영향
	훈 ひび·く	響(ひび)く 울려퍼지다
驚 놀랄 (경)	음 きょう	驚愕(きょうがく) 경악 | 驚異(きょうい) 경이
	훈 おどろ·く	驚(おどろ)く 놀라다
緊 긴장 (긴)	음 きん	緊張(きんちょう) 긴장 | 緊急(きんきゅう) 긴급 | 緊密(きんみつ) 긴밀
	훈	
筋 줄기 (근)	음 きん	筋肉(きんにく) 근육 | 鉄筋(てっきん) 철근
	훈 すじ	筋(すじ) 줄기 | 本筋(ほんすじ) 본론, 본줄거리
欺 속일 (기)	음 ぎ	詐欺(さぎ) 사기 | 欺瞞(ぎまん) 기만
	훈 あざむ·く	欺(あざむ)く 속이다
凝 엉길 (응)	음 ぎょう*	
	훈 こ·る こ·らす	凝(こ)る 열중하다, 굳어지다 凝(こ)らす 열중하게 하다
仰 우러를 (앙)	음 ぎょう	仰天(ぎょうてん) 놀람
	훈 あお·ぐ おお·せ	仰(あお)ぐ 우러러보다 仰(おお)せ 분부, 지시
駆 달릴 (구)	음 く	駆使(くし) 구사
	훈 か·ける か·る	駆(か)ける 달리다 駆(か)る 달리게 하다
掘 팔 (굴)	음 くつ	盗掘(とうくつ) 도굴
	훈 ほ·る	掘(ほ)る 파다
愚 어리석을 (우)	음 ぐ	愚痴(ぐち) 불만, 불평 | 愚鈍(ぐどん) 우둔
	훈 おろ·か	愚(おろ)か 어리석음
偶 짝 (우)	음 ぐう	偶然(ぐうぜん) 우연 | 配偶者(はいぐうしゃ) 배우자
	훈	

한자와 뜻	읽기	단어와 뜻
憩 쉴 (게)	음 けい	休憩(きゅうけい) 휴게
	훈 いこ·い いこ·う	憩(いこ)い 휴식 憩(いこ)う 쉬다
携 들 (휴)	음 けい	
	훈 たずさ·える たずさ·わる	携(たずさ)える 휴대하다 携(たずさ)わる 종사하다, 관계하다
掲 걸 (게)	음 けい	掲載(けいさい) 게재
	훈 かか·げる	掲(かか)げる 달다, 내걸다, 게재하다
契 맺을 (계)	음 けい	契機(けいき) 계기 | 契約(けいやく) 계약
	훈 ちぎ·る	契(ちぎ)る 약속하다
継 이을 (계)	음 けい	承継(しょうけい) 승계 | 継続(けいぞく) 계속
	훈 つ·ぐ	継(つ)ぐ 잇다
潔 깨끗할 (결)	음 けつ	清潔(せいけつ) 청결 | 潔白(けっぱく) 결백
	훈 いさぎよ·い	潔(いさぎよ)い 맑고 깨끗하다, 결백하다, 떳떳하다
嫌 싫을 (혐)	음 けん	嫌悪(けんお) 혐오
	훈 きら·う いや	嫌(きら)う 싫어하다 嫌(いや)だ 싫어하다
軒 처마 (헌)	음 けん	一軒(いっけん) 한 채
	훈 のき	軒先(のきさき) 처마 끝 | 軒並(のきな)み 모조리
圏 범위 (권)	음 けん	首都圏(しゅとけん) 수도권 | 圏外(けんがい) 권외
	훈	
兼 겸할 (겸)	음 けん	兼備(けんび) 겸비
	훈 か·ねる	兼(か)ねる 겸하다
献 바칠 (헌)	음 けん こん	貢献(こうけん) 공헌 | 献血(けんけつ) 헌혈 献立(こんだて) 메뉴, 식단
	훈	

한자와 뜻	읽기	단어와 뜻
遣 보낼 (견)	음 けん	派遣(はけん) 파견
	훈	小遣(こづか)い★ 용돈
激 격렬할 (격)	음 げき	刺激(しげき) 자극 | 激烈(げきれつ) 격렬함
	훈 はげ·しい	激(はげ)しい 격렬하다
撃 칠 (격)	음 げき	撃沈(げきちん) 격침 | 撃破(げきは) 격파
	훈 う·つ	撃(う)つ 쏘다, 치다
幻 허깨비 (환)	음 げん	幻想(げんそう) 환상
	훈 まぼろし	幻(まぼろし) 환상
厳 엄할 (엄)	음 げん	厳罰(げんばつ) 엄벌 | 威厳(いげん) 위엄 | 厳正(げんせい) 엄정
	훈 おごそ·か きび·しい	厳(おごそ)か 엄숙함 厳(きび)しい 엄격하다
顧 돌아볼 (고)	음 こ	顧客(こきゃく) 고객 | 回顧(かいこ) 회고
	훈 かえり·みる	顧(かえり)みる 회고하다
誇 자랑 (과)	음 こ	誇示(こじ) 과시 | 誇張(こちょう) 과장
	훈 ほこ·る	誇(ほこ)る 긍지로 여기다
慌 허둥댈 (황)	음 こう	恐慌(きょうこう) 공황
	훈 あわ·てる あわ·ただしい	慌(あわ)てる 허둥대다 慌(あわ)ただしい 허둥거리다
抗 겨룰 (항)	음 こう	抵抗(ていこう) 저항 | 抗議(こうぎ) 항의
	훈	
綱 다스릴 (강)	음 こう	紀綱(きこう) 기강
	훈 つな	命(いのち)の綱(つな) 생명 줄
購 구입 (구)	음 こう	購買(こうばい) 구매 | 購読(こうどく) 구독
	훈	
溝 도랑 (구)	음 こう	排水溝(はいすいこう) 배수구
	훈 みぞ	溝(みぞ) 도랑, 앙금, 골

한자와 뜻	읽기	단어와 뜻
興 일으킬 (흥)	음 こう きょう	興行(こうぎょう) 흥행 興味(きょうみ) 흥미
	훈 おこ·る おこ·す	興(おこ)る 일어나다 興(おこ)す 일으키다
衡 저울 (형)	음 こう	均衡(きんこう) 균형
	훈	
巧 교묘할 (교)	음 こう	巧妙(こうみょう) 교묘함
	훈 たく·み たく·む	巧(たく)み 교묘함 巧(たく)む 꾸미다, 획책하다
控 당길 (공)	음 こう	控除(こうじょ) 공제
	훈 ひか·える	控(ひか)える 삼가하다
穀 곡식 (곡)	음 こく	穀物(こくもつ) 곡물
	훈	
魂 넋 (혼)	음 こん	霊魂(れいこん) 영혼
	훈 たましい	大和魂(やまとだましい) 일본 혼
悟 깨달을 (오)	음 ご	覚悟(かくご) 각오
	훈 さと·る	悟(さと)る 깨닫다
豪 호걸 (호)	음 ごう	豪華(ごうか) 호화 | 豪雨(ごうう) 호우
	훈	
さ 彩 색칠 (채)	음 さい	色彩(しきさい) 색채
	훈 いろど·る	彩(いろど)る 색칠하다
裁 재단 (재)	음 さい	裁断(さいだん) 재단 | 裁判(さいばん) 재판
	훈 さば·く た·つ	裁(さば)く 재판하다 裁(た)つ 재단하다
砕 부술 (쇄)	음 さい	粉砕(ふんさい) 분쇄
	훈 くだ·く くだ·ける	砕(くだ)く 부수다 砕(くだ)ける 부서지다, 깨지다, 꺾이다

한자와 뜻	읽기	단어와 뜻
災 재앙 (재)	음 さい	災害(さいがい) 재해
	훈 わざわ·い	災(わざわ)い 재앙
削 깎을 (삭)	음 さく	削除(さくじょ) 삭제 | 添削(てんさく) 첨삭
	훈 けず·る	鎬(しのぎ)を削(けず)る 격렬하게 다투다, 격전을 벌이다
撮 찍을 (촬)	음 さつ	撮影(さつえい) 촬영
	훈 と·る	撮(と)る (사진을) 찍다
暫 잠시 (잠)	음 ざん	暫時(ざんじ) 잠시
	훈 しばらく	暫(しばら)く 잠시 동안
旨 뜻 (지)	음 し	要旨(ようし) 요지 | 趣旨(しゅし) 취지
	훈 むね	旨(むね) 요지
飼 기를 (사)	음 し	飼育(しいく) 사육 | 飼料(しりょう) 사료
	훈 か·う	飼(か)う 기르다
織 짤 (직)	음 しき	組織(そしき) 조직
	훈 お·る	織(お)る 짜다
執 잡을 (집)	음 しつ しゅう	執行(しっこう) 집행 執着(しゅうちゃく) 집착
	훈 と·る	執(と)る 집행하다
芝 잔디 (지)	음	
	훈 しば	芝(しば)·芝生(しばふ) 잔디 | 芝居(しばい) 연극
謝 사죄 (사)	음 しゃ	謝罪(しゃざい) 사죄
	훈 あやま·る	謝(あやま)る 사죄하다
斜 기울 (사)	음 しゃ	斜面(しゃめん) 사면 | 傾斜(けいしゃ) 경사
	훈 なな·め	斜(なな)め 비스듬함, 경사짐
卸 짐 풀 (사)	음 しゃ	
	훈 おろ·す	卸(おろ)す 도매하다 | 卸売(おろしう)り 도매

한자와 뜻	읽기	단어와 뜻
遮 가릴 (차)	음 しゃ	遮断(しゃだん) 차단
	훈 さえぎ·る	遮(さえぎ)る 차단하다
狩 사냥 (수)	음 しゅ	狩猟(しゅりょう) 수렵
	훈 か·る か·り	狩(か)る 사냥하다 狩人(かりうど) 사냥꾼
秀 빼어날 (수)	음 しゅう	優秀(ゆうしゅう) 우수
	훈 ひい·でる	秀(ひい)でる 빼어나다
襲 덮칠 (습)	음 しゅう	襲撃(しゅうげき) 습격 | 空襲(くうしゅう) 공습
	훈 おそ·う	襲(おそ)う 습격하다
縮 줄일 (축)	음 しゅく	縮小(しゅくしょう) 축소 | 凝縮(ぎょうしゅく) 응축
	훈 ちぢ·む ちぢ·まる ちぢ·める ちぢ·れる ちぢ·らす	縮(ちぢ)む 줄다 縮(ちぢ)まる 줄다 縮(ちぢ)める 줄이다 縮(ちぢ)れる 줄다 縮(ちぢ)らす 줄이다
瞬 눈깜박할 (순)	음 しゅん	瞬間(しゅんかん) 순간
	훈 またた·く まばたく	瞬(またた)く間(ま) 눈 깜박할 사이 瞬(まばた)く 눈을 깜박이다
償 물어줄 (상)	음 しょう	補償(ほしょう) 보상 | 賠償(ばいしょう) 배상
	훈 つぐな·う	償(つぐな)う 보상하다
渉 건널 (섭)	음 しょう	渉外(しょうがい) 섭외
	훈	
焦 탈 (초)	음 しょう	焦燥(しょうそう) 초조
	훈 こ·げる こ·がす こ·がれる あせ·る	焦(こ)げる 눋다, 타다 焦(こ)がす 눋게 하다 焦(こ)がれる 그을다, 눋다, 타다 焦(あせ)る 초조하게 굴다

한자와 뜻	읽기	단어와 뜻
衝 부딪힐 (충)	음 しょう	衝突(しょうとつ) 충돌 | 衝撃(しょうげき) 충격 | 緩衝(かんしょう) 완충
	훈	
唱 부를 (창)	음 しょう	合唱(がっしょう) 합창
	훈 とな·える	唱(とな)える 외다, 외치다, 부르다
証 증거 (증)	음 しょう	証拠(しょうこ) 증거
	훈 あかす	証(あか)す★ 증명하다
障 막을 (장)	음 しょう	障害(しょうがい) 장애 | 支障(ししょう) 지장
	훈 さわ·る*	
殖 불릴 (식)	음 しょく	繁殖(はんしょく) 번식 | 養殖(ようしょく) 양식
	훈 ふ·える ふ·やす	殖(ふ)える 번식하다 殖(ふ)やす 늘리다, 번식시키다
嘱 부탁 (촉)	음 しょく	委嘱(いしょく) 위촉
	훈	
飾 꾸밀 (식)	음 しょく	装飾(そうしょく) 장식
	훈 かざ·る	飾(かざ)る 꾸미다
慎 삼갈 (신)	음 しん	慎重(しんちょう) 신중
	훈 つつし·む	慎(つつし)む 삼가다, 신중하다
邪 사악할 (사)	음 じゃ	邪魔(じゃま) 방해 | 邪悪(じゃあく) 사악
	훈	
樹 나무 (수)	음 じゅ	樹木(じゅもく) 수목
	훈 き	樹(き)★ 나무
寿 목숨 (수)	음 じゅ	寿命(じゅみょう) 수명
	훈 ことぶき	寿(ことぶき) 경축
獣 짐승 (수)	음 じゅう	怪獣(かいじゅう) 괴수
	훈 けもの	獣(けもの) 짐승
従 따를 (종)	음 じゅう	従業員(じゅうぎょういん) 종업원 | 服従(ふくじゅう) 복종
	훈 したがう	従(したが)う 따르다

한자와 뜻	읽기	단어와 뜻
渋 떫을 (삽)	음 じゅう	渋滞(じゅうたい) 정체, 체증
	훈 しぶ しぶ·い しぶ·る	渋々(しぶしぶ) 마지못해 渋(しぶ)い 떫다 渋(しぶ)る 떫어하다
熟 익을 (숙)	음 じゅく	完熟(かんじゅく) 완숙
	훈 う·れる	熟(う)れる 익다
循 돌 (순)	음 じゅん	循環(じゅんかん) 순환
	훈	
巡 돌 (순)	음 じゅん	巡視(じゅんし) 순시
	훈 めぐ·る	巡(めぐ)る 돌다 | 巡(めぐ)り 순회
潤 축축할 (윤)	음 じゅん	潤沢(じゅんたく) 윤택
	훈 うるお·う	潤(うるお)う 축축하다, 윤택하다 | 潤(うるお)す 적시다
盾 방패 (순)	음 じゅん	矛盾(むじゅん) 모순
	훈 たて	盾(たて)にする 방패로 삼다
序 시작 (서)	음 じょ	序論(じょろん) 서론 | 序(じょ)の口(くち) 스모의 최하위 계급, 시작
	훈	
縄 노끈 (승)	음 じょう	自縄自縛(じじょうじばく) 자승자박
	훈 なわ	縄(なわ) 포승줄 | 縄張(なわば)り 구역
譲 물려줄 (양)	음 じょう	譲歩(じょうほ) 양보 | 譲渡(じょうと) 양도
	훈 ゆず·る	譲(ゆず)る 양보하다
尋 물을 (심)	음 じん	尋問(じんもん) 심문
	훈 たず·ねる	尋(たず)ねる 묻다
甚 심할 (심)	음 じん	甚大(じんだい) 심대
	훈 はなは·だ はなは·だしい	甚(はなは)だ 매우, 몹시 甚(はなは)だしい 엄청나다

한자와 뜻	읽기	단어와 뜻
垂 드리울 (수)	음 すい	垂直(すいちょく) 수직
	훈 た·れる た·らす	垂(た)れる 처지다, 늘어지다 垂(た)らす 처지게 하다
遂 이룰 (수)	음 すい	遂行(すいこう) 수행 | 完遂(かんすい) 완수
	훈 と·げる	遂(と)げる 완수하다
粋 순수할 (수)	음 すい	純粋(じゅんすい) 순수
	훈 いき	粋(いき)★ 세련됨, 멋있음
炊 불땔 (취)	음 すい	自炊(じすい) 자취 | 炊飯器(すいはんき) 밥솥
	훈 た·く	炊(た)く 밥을 짓다
酔 취할 (취)	음 すい	泥酔(でいすい) 많이 취함 | 酔客(すいきゃく) 취객
	훈 よ·う	酔(よ)う 취하다
衰 몰락할 (쇠)	음 すい	衰退(すいたい) 쇠퇴
	훈 おとろ·える	衰(おとろ)える 쇠퇴하다
省 반성 (성), 생략 (생)	음 せい しょう	反省(はんせい) 반성 省略(しょうりゃく) 생략
	훈 かえりみ·る はぶ·く	省(かえりみ)る 반성하다 省(はぶ)く 생략하다
盛 담을 (성)	음 せい じょう	盛況(せいきょう) 성황 繁盛(はんじょう) 번창
	훈 も·る さか·る さか·ん	盛(も)る 담다 盛(さか)る 번창하다, 유행하다 盛(さか)ん 번성함, 번창함, 왕성함
誓 맹서 (서)	음 せい	宣誓(せんせい) 선서
	훈 ちか·う	誓(ちか)う 맹세하다
誠 정성 (성)	음 せい	誠意(せいい) 성의
	훈 まこと	誠(まこと)に 진심으로
惜 아쉬울 (석)	음 せき	哀惜(あいせき) 애석 | 惜敗(せきはい) 석패
	훈 お·しい お·しむ	惜(お)しい 아깝다 惜(お)しむ 애석하다

한자와 뜻	읽기	단어와 뜻
籍 문서 (적)	음 せき	戸籍(こせき) 호적 | 国籍(こくせき) 국적
	훈	
積 쌓을 (적)	음 せき	面積(めんせき) 면적
	훈 つむ つもる	積(つ)む 쌓다 積(つ)もる 쌓이다
銭 돈 (전)	음 せん	金銭(きんせん) 금전 | 銭湯(せんとう) 공중목욕탕
	훈 ぜに	小銭(こぜに) 잔돈
扇 부채 (선)	음 せん	扇風機(せんぷうき) 선풍기
	훈 おうぎ	扇(おうぎ) 부채
繊 가늘 (섬)	음 せん	繊維(せんい) 섬유 | 繊細(せんさい) 섬세함
	훈	
鮮 선명, 생선 (선)	음 せん	新鮮(しんせん) 신선함
	훈 あざ·やか	鮮(あざ)やか 선명함
宣 베풀 (선)	음 せん	宣言(せんげん) 선언 | 宣誓(せんせい) 선서
	훈	
染 물들일 (염)	음 せん	汚染(おせん) 오염
	훈 そ·める そ·まる し·みる し·み	染(そ)める 물들이다 染(そ)まる 물들다 染(し)みる 스며들다 染(し)み 얼룩
薦 추천 (천)	음 せん	推薦(すいせん) 추천
	훈 すす·める	薦(すす)める 추천하다
潜 물에 잠길 (잠)	음 せん	潜水(せんすい) 잠수 | 潜在(せんざい) 잠재
	훈 もぐ·る ひそ·む	潜(もぐ)る 잠수하다 潜(ひそ)む 잠재하다
繕 기울 (선)	음 ぜん	修繕(しゅうぜん) 수선
	훈 つくろ·う	繕(つくろ)う 수선하다, 매만지다, 겉을 꾸미다

한자와 뜻	읽기	단어와 뜻
狙 노릴 (저)	음 そ	狙撃(そげき) 저격
	훈 ねら·う	狙(ねら)う 노리다
訴 호소할 (소)	음 そ	訴訟(そしょう) 소송 | 告訴(こくそ) 고소
	훈 うった·える	訴(うった)える 고소하다, 호소하다
礎 주춧돌 (초)	음 そ	基礎(きそ) 기초
	훈 いしずえ	礎(いしずえ) 주춧돌, 기초
阻 막을 (저)	음 そ	阻害(そがい) 저해 | 阻止(そし) 저지
	훈 はば·む	阻(はば)む 저지하다
素 본디 (소)	음 そ	質素(しっそ) 검소 | 素朴(そぼく) 소박
	훈 す	素直(すなお) 순진함 | 素肌(すはだ) 맨살, 살결
喪 잃을 (상)	음 そう も	喪失(そうしつ) 상실 喪服(もふく) 상복
	훈	
奏 연주 (주)	음 そう	伴奏(ばんそう) 반주 | 演奏(えんそう) 연주
	훈 かな·でる	奏(かな)でる 연주하다
操 다룰 (조)	음 そう	操縦(そうじゅう) 조종
	훈 みさお あやつ·る	操(みさお) 정조, 지조, 절개 操(あやつ)る 조종하다, 다루다
葬 묻을 (장)	음 そう	葬式(そうしき) 장례식 | 埋葬(まいそう) 매장
	훈 ほうむ·る	葬(ほうむ)る 매장하다, 장사 지내다, 감추다
騒 소란 (소)	음 そう	騒乱(そうらん) 소란 | 騒動(そうどう) 소동
	훈 さわ·ぐ	騒(さわ)ぐ 소란 피우다
促 재촉할 (촉)	음 そく	催促(さいそく) 재촉 | 促進(そくしん) 촉진 | 督促(とくそく) 독촉
	훈 うなが·す	促(うなが)す 재촉하다
贈 선물 (증)	음 ぞう	贈呈(ぞうてい) 증정
	훈 おく·る	贈(おく)る 선물하다

た

한자와 뜻	읽기	단어와 뜻
属 무리 (속)	음 ぞく	所属(しょぞく) 소속 | 直属(ちょくぞく) 직속
	훈	
怠 게으를 (태)	음 たい	怠惰(たいだ) 나태, 게으름 | 怠慢(たいまん) 태만
	훈 おこた·る なま·ける	怠(おこた)る 게을리하다, 태만히 하다, 소홀히 하다 怠(なま)ける 게을리하다, 태만히 하다
拓 넓힐 (척)	음 たく	開拓(かいたく) 개척
	훈	
棚 선반 (붕)	음	
	훈 たな	本棚(ほんだな) 책장 | 網棚(あみだな) 그물 선반
端 끝 (단)	음 たん	端末(たんまつ) 단말 | 先端(せんたん) 첨단
	훈 はし は はた	舞台(ぶたい)の端(はし) 무대의 끝 端(は) 둘레, 가장자리 端(はた) 끝 부분
壇 마루 (단)	음 だん たん	花壇(かだん) 화단 土壇場(どたんば) 사형장, 막판
	훈	
嘆 탄식 (탄)	음 たん	嘆息(たんそく) 탄식 | 感嘆(かんたん) 감탄
	훈 なげ·く	嘆(なげ)く 한탄하다
淡 맑을 (담)	음 たん	淡水(たんすい) 담수, 민물 | 淡白(たんぱく) 담백
	훈 あわ·い	淡(あわ)い 엷다
駄 짐지울 (태)	음 だ た	駄賃(だちん) 싼 품삯 下駄(げた)★ 나막신
	훈	
諾 허락 (락)	음 だく	許諾(きょだく) 허락 | 承諾(しょうだく) 승낙
	훈	
濁 흐릴 (탁)	음 だく	濁流(だくりゅう) 탁류
	훈 にご·る にご·す	濁(にご)る 흐리다, 탁하다 お茶(ちゃ)を濁(にご)す 대충 넘어가다

한자와 뜻	읽기	단어와 뜻
奪 빼앗을 (탈)	음 だつ	奪取(だっしゅ) 탈취 | 争奪(そうだつ) 쟁탈
	훈 うば·う	奪(うば)う 빼앗다
脱 벗을 (탈)	음 だつ	脱税(だつぜい) 탈세 | 脱出(だっしゅつ) 탈출
	훈 ぬ·ぐ	脱(ぬ)ぐ 벗다
弾 튀길 (탄)	음 だん	爆弾(ばくだん) 폭탄 | 弾力(だんりょく) 탄력
	훈 ひ·く はず·む たま	ピアノを弾(ひ)く 피아노를 치다 弾(はず)む 튀다, 탄력있다, 들뜨다 弾(たま) 총알
畜 짐승 (축)	음 ちく	家畜(かちく) 가축
	훈	
蓄 모을 (축)	음 ちく	貯蓄(ちょちく) 저축 | 蓄積(ちくせき) 축적
	훈 たくわ·える	蓄(たくわ)える 저축하다
忠 충성 (충)	음 ちゅう	忠誠(ちゅうせい) 충성 | 忠臣(ちゅうしん) 충신
	훈	
抽 뽑을 (추)	음 ちゅう	抽選(ちゅうせん) 추첨 | 抽象(ちゅうしょう) 추상
	훈	
著 뚜렷할 (저)	음 ちょ	著作(ちょさく) 저작 | 顕著(けんちょ) 현저
	훈 あらわ·す いちじる·しい	著(あらわ)す 저작하다 著(いちじる)しい 뚜렷하다
潮 밀물 (조)	음 ちょう	思潮(しちょう) 사조 | 風潮(ふうちょう) 풍조
	훈 しお	潮(しお) 밀물, 썰물
帳 장부 (장)	음 ちょう	手帳(てちょう) 수첩 | 通帳(つうちょう) 통장
	훈	
澄 맑을 (징)	음 ちょう	清澄(せいちょう) 청징
	훈 す·む	澄(す)む 맑다
彫 새길 (조)	음 ちょう	彫刻(ちょうこく) 조각
	훈 ほ·る	彫(ほ)る 조각하다

한자와 뜻	읽기	단어와 뜻
挑 덤빌 (도)	음 ちょう	挑戦(ちょうせん) 도전
	훈 いど·む	挑(いど)む 도전하다
墜 떨어질 (추)	음 つい	墜落(ついらく) 추락 | 撃墜(げきつい) 격추
	훈	
邸 큰집 (저)	음 てい	邸宅(ていたく) 저택 | 私邸(してい) 사저
	훈 やしき	邸(やしき) 저택
締 맺을 (체)	음 てい	締結(ていけつ) 체결
	훈 し·まる し·める	締(し)まる 조여지다 締(し)める 매다, 죄다
提 끌어당길 (제)	음 てい	提供(ていきょう) 제공 | 提案(ていあん) 제안
	훈 さ·げる	提(さ)げる 손에 들다
摘 딸 (적)	음 てき	指摘(してき) 지적 | 摘発(てきはつ) 적발
	훈 つ·む	摘(つ)む 따다, 뜯다
敵 원수 (적)	음 てき	強敵(きょうてき) 강적 | 宿敵(しゅくてき) 숙적
	훈 かたき	敵(かたき) 원수, 적
徹 통할 (철)	음 てつ	透徹(とうてつ) 투철 | 徹底(てってい) 철저
	훈 と·おる*	
塗 칠할 (도)	음 と	糊塗(こと) 호도
	훈 ぬ·る	塗(ぬ)る 칠하다
稲 벼 (도)	음	
	훈 いね いな	稲(いね)刈(か)り 벼 베기 稲妻(いなずま) 번개
闘 싸울 (투)	음 とう	闘争(とうそう) 투쟁 | 戦闘(せんとう) 전투
	훈 たたか·う	闘(たたか)う 투쟁하다
透 사무칠 (투)	음 とう	透徹(とうてつ) 투철 | 透明(とうめい) 투명
	훈 す·く す·かす す·ける	透(す)く 벌어지다 透(す)かす 비추다 透(す)ける 훤히 보이다

한자와 뜻	읽기	단어와 뜻
踏 밟을 (답)	음 とう	踏襲(とうしゅう) 답습
	훈 ふ·む ふ·まえる	踏(ふ)む 밟다 踏(ふ)まえる 근거로 하다
悼 슬퍼 할 (도)	음 とう	哀悼(あいとう) 애도
	훈 いた·む	悼(いた)む 애도하다
匿 숨길 (익), (닉)	음 とく	匿名(とくめい) 익명 | 隠匿(いんとく) 은닉
	훈	
な 如 같을 (여)	음 にょ	如実(にょじつ) 여실
	훈 ごと·く	矢(や)の如(ごと)く 화살처럼
は 廃 폐할 (폐)	음 はい	廃棄(はいき) 폐기 | 廃止(はいし) 폐지 | 撤廃(てっぱい) 철폐
	훈 すた·れる	廃(すた)れる 쇠퇴하다, 한물가다
排 밀칠 (배)	음 はい	排斥(はいせき) 배척
	훈	排(はい)する 배척하다
輩 무리 (배)	음 はい	後輩(こうはい) 후배 | 先輩(せんぱい) 선배
	훈	
迫 다가갈 (박)	음 はく	迫真(はくしん) 박진 | 脅迫(きょうはく) 협박
	훈 せま·る	迫(せま)る 다가가다, 다가오다
鉢 화분 (발)	음 はち ばち	鉢(はち) 화분 | 鉢巻(はちま)き 머리에 수건을 두름 捨(す)て鉢(ばち) 자포자기
	훈	
煩 번뇌 (번)	음 はん ぼん	煩雑(はんざつ) 번잡 煩悩(ぼんのう) 번뇌
	훈 わずら·う わずら·わす わずら·わしい	煩(わずら)う 번민하다 煩(わずら)わす 번거롭게 하다, 괴롭히다 煩(わずら)わしい★ 번거롭다, 귀찮다, 성가시다
繁 번성 (번)	음 はん	繁盛(はんじょう) 번성 | 繁栄(はんえい) 번영
	훈	

한자와 뜻	읽기	단어와 뜻
範 법 (범)	음 はん	模範(もはん) 모범 | 規範(きはん) 규범
	훈	
賠 물어줄 (배)	음 ばい	賠償(ばいしょう) 배상
	훈	
縛 묶을 (박)	음 ばく	自縄自縛(じじょうじばく) 자승자박
	훈 しば·る	縛(しば)る 묶다, 속박하다
避 피할 (피)	음 ひ	避難(ひなん) 피난 | 待避(たいひ) 대피
	훈 さ·ける	避(さ)ける 피난하다
漂 떠돌 (표)	음 ひょう	漂流(ひょうりゅう) 표류 | 漂泊(ひょうはく) 표백
	훈 ただよ·う	漂(ただよ)う 표류하다, 떠돌다
微 작을 (미)	음 び み	微笑(びしょう·みしょう) 미소 | 微妙(びみょう·みみょう) 미묘함 | 顕微鏡(けんびきょう) 현미경
	훈 かすか	微(かす)か 희미함, 어렴풋함
敷 깔 (부)	음 ふ	敷設(ふせつ) 부설
	훈 し·く	敷(し)く 깔다
腐 썩을 (부)	음 ふ	腐敗(ふはい) 부패 | 陳腐(ちんぷ) 진부
	훈 くさ·る	腐(くさ)る 썩다
赴 다다를 (부)	음 ふ	赴任(ふにん) 부임
	훈 おもむ·く	赴(おもむ)く 부임하다
覆 덮을 (복) 엎을 (복)	음 ふく	覆面(ふくめん) 복면 | 転覆(てんぷく) 전복
	훈 おお·う くつがえ·す くつがえ·る	覆(おお)う 뒤덮다 覆(くつがえ)す 뒤엎다 覆(くつがえ)る 뒤집히다, 전복되다
復 회복할 복(부)	음 ふく	復興(ふっこう) 부흥 | 復旧(ふっきゅう) 복구 復活(ふっかつ) 부활
	훈	

한자와 뜻	읽기	단어와 뜻
奮 떨칠 (분)	음 ふん	奮発(ふんぱつ) 분발 ｜ 興奮(こうふん) 흥분
	훈 ふる·う	奮(ふる)う 떨치다
憤 울분 (분)	음 ふん	憤慨(ふんがい) 분개 ｜ 鬱憤(うっぷん) 울분
	훈 いきどお·る	憤(いきどお)る 분개하다 ｜ 憤(いきどお)り 분노
紛 어지러울 (분)	음 ふん	紛失(ふんしつ) 분실
	훈 まぎ·れる まぎ·らす まぎ·らわす まぎ·らわしい	紛(まぎ)れる 헷갈리다 紛(まぎ)らす 속이다, 얼버무리다, 달래다 紛(まぎ)らわす 속이다, 얼버무리다, 달래다 紛(まぎ)らわしい 비슷하여 헷갈리기 쉽다
噴 뿜을 (분)	음 ふん	噴水(ふんすい) 분수 ｜ 噴出(ふんしゅつ) 분출
	훈 ふ·く	噴(ふ)く 뿜다
侮 깔볼 (모)	음 ぶ	侮辱(ぶじょく) 모욕 ｜ 侮蔑(ぶべつ) 모멸
	훈 あなど·る	侮(あなど)る 깔보다
柄 자루 (병)	음 へい	横柄(おうへい) 건방짐
	훈 がら え	間柄(あいだがら) 관계, 사이 取(と)り柄(え) 특기, 특징
幣 화폐 (폐)	음 へい	紙幣(しへい) 지폐 ｜ 貨幣(かへい) 화폐
	훈	
癖 버릇 (벽)	음 へき	潔癖(けっぺき) 결벽 ｜ 盗癖(とうへき) 도벽
	훈 くせ	癖(くせ)になる 습관이 되다
壁 담 (벽)	음 へき	壁画(へきが) 벽화 ｜ 防壁(ぼうへき) 방벽
	훈 かべ	板壁(いたかべ) 판자 벽
偏 기울 (편)	음 へん	偏愛(へんあい) 편애
	훈 かたよ·る	偏(かたよ)る 치우치다
編 짤 (편)	음 へん	編成(へんせい) 편성
	훈 あ·む	編(あ)む 짜다 ｜ 編物(あみもの) 편물, 뜨개질
蔑 멸시 (멸)	음 べつ	侮蔑(ぶべつ) 모멸
	훈 ないがし·ろ	蔑(ないがし)ろにする 경시하다

한자와 뜻	읽기	단어와 뜻
弁 분별할 (변)	음 べん	弁護(べんご) 변호
	훈 わきま·える	弁(わきま)える 분별하다
舗 가게 (포)	음 ほ	舗装(ほそう) 포장 | 店舗(てんぽ) 점포 老舗(しにせ)★ 전통이 있는 가게
	훈	
倣 본뜰 (방)	음 ほう	模倣(もほう) 모방
	훈 なら·う	倣(なら)う 모방하다
縫 바느질 (봉)	음 ほう	裁縫(さいほう) 재봉
	훈 ぬ·う	縫(ぬ)う 깁다, 꿰매다
芳 향기 (방)	음 ほう	芳香剤(ほうこうざい) 방향제
	훈 かんば·しい	芳(かんば)しい 향기롭다
褒 칭찬 (포)	음 ほう	ご褒美(ほうび) 포상
	훈 ほ·める	褒(ほ)める 칭찬하다
飽 질릴 (포)	음 ほう	飽食(ほうしょく) 포식
	훈 あ·きる あ·かす	飽(あ)きる 질리다 飽(あ)かす 싫증나게 하다
翻 뒤집을 (번)	음 ほん	翻訳(ほんやく) 번역
	훈 ひるがえ·る ひるがえ·す	翻(ひるがえ)る 뒤집히다 翻(ひるがえ)す 뒤집다
慕 그리울 (모)	음 ぼ	恋慕(れんぼ) 연모 | 思慕(しぼ) 사모
	훈 した·う	慕(した)う 공경하여 따르다
模 본뜰 (모)	음 ぼ も	規模(きぼ) 규모 模型(もけい) 모형
	훈	
墓 무덤 (묘)	음 ぼ	墓地(ぼち) 묘지 | 墓穴(ぼけつ) 묘혈
	훈 はか	お墓参(はかまい)り 성묘

한자와 뜻	읽기	단어와 뜻
妨 방해 (방)	음 ぼう	妨害(ぼうがい) 방해
	훈 さまた·げる	妨(さまた)げる 방해하다
冒 무릅쓸 (모)	음 ぼう	冒険(ぼうけん) 모험
	훈 おか·す	冒(おか)す 무릅쓰다
膨 부풀 (팽)	음 ぼう	膨張(ぼうちょう) 팽창 膨大(ぼうだい) 막대함
	훈 ふく·らむ ふく·れる	膨(ふく)らむ 부풀다 膨(ふく)れる 부풀다, 삐지다
乏 모자랄 (핍)	음 ぼう	欠乏(けつぼう) 결핍 | 貧乏(びんぼう) 빈핍, 가난
	훈 とぼ·しい	乏(とぼ)しい 모자라다
墨 먹 (묵)	음 ぼく	水墨画(すいぼくが) 수묵화 | 筆墨(ひつぼく) 필묵
	훈 すみ	入(い)れ墨(ずみ) 문신
没 잠길 (몰)	음 ぼつ	沈没(ちんぼつ) 침몰 | 没頭(ぼっとう) 몰두
	훈	
盆 쟁반 (분)	음 ぼん	お盆(ぼん) 쟁반, 추석 | 盆栽(ぼんさい) 분재
	훈	
魔 마귀 (마)	음 ま	魔法(まほう) 마법 | 悪魔(あくま) 악마 | 邪魔(じゃま) 방해, 훼방
	훈	
幕 장막 (막)	음 まく ばく	閉幕(へいまく) 폐막 | 剣幕(けんまく) 험악한 인상, 무서운 기세 幕府(ばくふ) 막부
	훈	
枕 베개 (침)	음	
	훈 まくら	枕木(まくらぎ) 침목
慢 거만 (만)	음 まん	慢性(まんせい) 만성 | 我慢(がまん) 참음 | 自慢(じまん) 자랑
	훈	
漫 흩어질 (만)	음 まん	漫画(まんが) 만화 | 浪漫(ろうまん) 낭만 | 漫談(まんだん) 만담
	훈	

ま

한자와 뜻	읽기	단어와 뜻
脈 맥 (맥)	음 みゃく	人脈(じんみゃく) 인맥 | 脈(みゃく)を取(と)る 맥을 짚다
	훈	
妙 묘할 (묘)	음 みょう	微妙(びみょう·みみょう) 미묘 | 珍妙(ちんみょう) 진묘
	훈	
滅 망할 (멸)	음 めつ	滅亡(めつぼう) 멸망 | 絶滅(ぜつめつ) 절멸, 근절
	훈 ほろ·びる ほろ·ぼす ほろ·ぶ	滅(ほろ)びる 멸망하다 滅(ほろ)ぼす 멸망시키다 滅(ほろ)ぶ 멸망하다
免 면할 (면)	음 めん	免許(めんきょ) 면허 | 御免(ごめん) 용서, 실례
	훈 まぬが(か)·れる	免(まぬか)れる 모면하다
網 그물 (망)	음 もう	網羅(もうら) 망라
	훈 あみ	網棚(あみだな) 그물 선반
妄 미칠 (망)	음 もう	妄言(もうげん) 망언 | 妄動(もうどう) 망동=盲動(もうどう)
	훈	
黙 말없을 (묵)	음 もく	沈黙(ちんもく) 침묵 | 黙秘権(もくひけん) 묵비권
	훈 だま·る	黙(だま)る 침묵하다
訳 이유 (역)	음	
	훈 わけ	内訳(うちわけ) 내역 | 言(い)い訳(わけ) 이유, 핑계
躍 뛸 (약)	음 やく	飛躍(ひやく) 비약 | 躍進(やくしん) 약진
	훈 おど·る	躍(おど)る 뛰다, 튀다
油 기름 (유)	음 ゆ	油断(ゆだん) 방심 | 油田(ゆでん) 유전
	훈 あぶら	油(あぶら)と水(みず) 기름과 물
誘 꼬실 (유)	음 ゆう	誘惑(ゆうわく) 유혹 | 誘拐(ゆうかい) 유괴
	훈 さそ·う	誘(さそ)う 유혹하다, 권유하다
融 녹을 (융)	음 ゆう	融通(ゆうずう) 융통 | 融資(ゆうし) 융자
	훈	

한자와 뜻	읽기	단어와 뜻
揺 흔들 (요)	음 よう	動揺(どうよう) 동요
	훈 ゆ·れる ゆ·さぶる	揺(ゆ)れる 흔들리다 揺(ゆ)り篭(かご) 요람 揺(ゆ)さぶる 흔들다
翼 날개 (익)	음 よく	右翼(うよく) 우익 | 左翼(さよく) 좌익
	훈 つばさ	翼(つばさ) 날개
抑 억누를 (억)	음 よく	抑制(よくせい) 억제 | 抑揚(よくよう) 억양
	훈 おさ·える	抑(おさ)える 억제하다
雷 천둥 (뢰)	음 らい	雷鳴(らいめい) 뇌명, 천둥소리
	훈 かみなり	雷(かみなり) 천둥
嵐 폭풍 (람)	음 らん	
	훈 あらし	コップの中(なか)の嵐(あらし) 찻잔 속의 태풍
覧 볼 (람)	음 らん	展覧(てんらん) 전람 | 閲覧(えつらん) 열람 | 観覧(かんらん) 관람
	훈	
履 밟을 (리)	음 り	履歴書(りれきしょ) 이력서 | 草履(ぞうり) 짚신
	훈 は·く	履(は)く 신다, 입다
僚 동료 (료)	음 りょう	同僚(どうりょう) 동료 | 閣僚(かくりょう) 각료
	훈	
療 병고칠 (료)	음 りょう	療養(りょうよう) 요양 | 治療(ちりょう) 치료
	훈	
糧 곡식 (량)	음 りょう	食糧(しょくりょう) 식량
	훈 かて	糧(かて) 양식
累 쌓일 (누)	음 るい	累積(るいせき) 누적 | 累計(るいけい) 누계
	훈	
麗 아름다울 (려)	음 れい	華麗(かれい) 화려함
	훈 うるわ·しい	麗(うるわ)しい 아름답다, 우아하다

한자와 뜻	읽기	단어와 뜻
暦 달력 (력)	음 れき	還暦(かんれき) 환갑
	훈 こよみ	暦(こよみ) 달력
烈 세찰 (열)	음 れつ	激烈(げきれつ) 격렬함
	훈 はげ·しい	烈(はげ)しい 격렬하다
裂 찢을 (열)	음 れつ	破裂(はれつ) 파열 | 亀裂(きれつ) 균열
	훈 さ·ける さ·く	裂(さ)ける 찢다 裂(さ)く 찢어지다
露 이슬 (로)	음 ろ ろう	露天風呂(ろてんぶろ) 노천온천 | 暴露(ばくろ) 폭로 披露宴(ひろうえん) 피로연
	훈 つゆ	露(つゆ) 이슬 露(つゆ)ほど 조금도
漏 샐 (누)	음 ろう	漏電(ろうでん) 누전
	훈 も·る も·れる も·らす	漏(も)る 새다 漏(も)れる 새다 漏(も)らす 새게 하다
わ 賄 조달 (회)	음 わい	賄賂(わいろ) 뇌물
	훈 まかな·う	賄(まかな)う 조달하다, 마련하다
惑 현혹 (혹)	음 わく	困惑(こんわく) 곤혹 | 当惑(とうわく) 당혹
	훈 まど·う	惑(まど)う 고민하다
湧 솟을 (용)	음	
	훈 わ·く	湧(わ)く 솟다

問題 1 ＿＿＿の言葉の読み方として最もよいものを、1・2・3・4から一つ選びなさい。

01 事件の真相を推理しています。

1 すうり　2 つうり　3 すいり　4 ついり

02 世界の平和に貢献する。

1 こうけん　2 こうきん　3 かいけん　4 かいきん

03 彼の表情が和らいだようです。

1 なごらいだ　2 さわやいだ　3 おだやいだ　4 やわらいだ

04 仕事を快く引き受ける。

1 いさぎよく　2 こころよく　3 いそがしく　4 いちじるしく

05 春の海は穏やかだ。

1 おだやか　2 さわやか　3 ゆるやか　4 すみやか

06 研究の礎を築く。

1 うつわ　2 もと　3 みなもと　4 いしずえ

07 チームの要となる人。

1 きも　2 なわ　3 かなめ　4 ななめ

08 彼は根性のある人だ。

1 こんせい　2 こんじょう　3 こんしょう　4 こんぜい

09 炭素の元素記号はCです。

1 たんそ　2 たんしょう　3 さんそ　4 さんしょう

10 隣の国との融和を保つ。

1 ようわ　2 ゆうわ　3 かくわ　4 こくわ

한자읽기 완벽대비 문제 ❷ 회

問題 1 ＿＿＿＿の言葉の読み方として最もよいものを、1・2・3・4から一つ選びなさい。

01 季節のせいか食欲が衰える。

1 おとろえる　2 あつらえる　3 あまえる　4 つたえる

02 最近、会社で人材が乏しい。

1 まずしい　2 きびしい　3 とぼしい　4 あやしい

03 その問題は人々の良識に訴えるしかない。

1 うえる　2 うったえる　3 あえる　4 となえる

04 会議で私の意見が採択された。

1 たいたく　2 たいだく　3 さいだく　4 さいたく

05 災害対策本部を設置する。

1 さっち　2 せっち　3 さつち　4 せつち

06 彼の友達は肝の太い人だ。

1 ひじ　2 ひざ　3 きも　4 うで

07 青雲の志を抱く。

1 こころざし　2 たましい　3 むらさき　4 あこがれ

08 立ち退きを拒否する。

1 きょうひ　2 きょうふ　3 きょひ　4 きょふ

09 自分の実力を誇示してはいけません。

1 かじ　2 こうじ　3 かし　4 こじ

10 匿名で密告する。

1 みつこく　2 みっこく　3 びこく　4 びっこく

한자읽기 완벽대비 문제 ❸ 회

問題 1 ＿＿＿の言葉の読み方として最もよいものを、1・2・3・4から一つ選びなさい。

01 晴れ着で華やかに装う。

1 まかなう　2 あきなう　3 よそおう　4 うしなう

02 的を狙って矢を射る。

1 ねらって　2 ねって　3 になって　4 おわって

03 源清ければ流れ清し。

1 いしずえ　2 おおやけ　3 みなと　4 みなもと

04 薬物についての指導を徹底する。

1 てったい　2 てってい　3 てつたい　4 てつてい

05 最近、携帯電話の普及が著しい。

1 ふきゅう　2 ほきゅう　3 ふっきゅう　4 ほっきゅう

06 日本の首相が米国を訪問する。

1 しゅうしょう　2 しゅうそう　3 しゅしょう　4 しゅそう

07 通夜で弔辞を読む。

1 ちょうし　2 ちょうじ　3 とうし　4 とうじ

08 今度のお盆休みには帰省する。

1 きしょう　2 きそう　3 きしょく　4 きせい

09 会社は海外進出を企図している。

1 きと　2 きず　3 かいと　4 かいず

10 普段から奇跡が起こると思っている。

1 きてき　2 きせき　3 かいてき　4 かいせき

한자읽기 완벽대비 문제 ④ 회

問題 1 ＿＿＿＿の言葉の読み方として最もよいものを、1・2・3・4から一つ選びなさい。

01 過労で健康を損なう。

1 そこなう　2 やしなう　3 ともなう　4 おぎなう

02 今度の事件は金が絡んでいる。

1 たのんで　2 おしんで　3 からんで　4 いどんで

03 厳しい躾を受ける。

1 たのしい　2 きびしい　3 けわしい　4 あやしい

04 偽物をつくることを偽造という。

1 きそう　2 いぞう　3 いそう　4 ぎぞう

05 審判の微妙な判定で負けた。

1 みみょ　2 びみょう　3 みぼう　4 びぼう

06 一概に悪いとは言えない。

1 いちがい　2 いっかい　3 いっこ　4 いちかい

07 険悪な空気が漂う。

1 うらなう　2 やしなう　3 ただよう　4 まかなう

08 価格をもうこれ以上譲歩することはできない。

1 ようほ　2 じょうほ　3 ようぼ　4 じょうぼ

09 派閥争いの泥沼にはまりこむ。

1 どろまめ　2 すいまめ　3 すいぬま　4 どろぬま

10 核発電の廃棄物で困っている。

1 はいきぶつ　2 へいきぶつ　3 はいきもの　4 へいきもの

한자읽기 완벽대비 문제 ⑤ 회

問題 1 ＿＿＿の言葉の読み方として最もよいものを、1・2・3・4から一つ選びなさい。

01 長い歴史と文化を誇る都市。

1 ほめる　2 やめる　3 ほこる　4 おごる

02 印象鮮やかな主人公の小説を読む。

1 すみやか　2 あざやか　3 にぎやか　4 なごやか

03 彼は大理石に彫刻をするのが趣味だ。

1 ちょうこく　2 しゅうかく　3 しゅうこく　4 ちょうかく

04 選挙運動の色彩が強い演説会。

1 しきさい　2 しょくさい　3 しきしゅう　4 しょうしゅう

05 勉強の合間にアルバイトをする。

1 ごうかん　2 あいかん　3 ごうま　4 あいま

06 日曜日には街角の風景を描いている。

1 まちかく　2 まちかど　3 がいかく　4 がいかど

07 山のふもとに朽ち果てた山小屋がある。

1 おちはてた　2 くちはてた　3 おちかてた　4 くちかてた

08 電車の出発を告げるチャイム。

1 かげる　2 こげる　3 つげる　4 あげる

09 徐々に夕闇が迫ってくる時間。

1 せきやみ　2 せきあん　3 ゆうあん　4 ゆうやみ

10 信仰と迷信との差は明確だ。

1 めいしん　2 まいしん　3 めいげん　4 まいげん

問題 1 ＿＿＿の言葉の読み方として最もよいものを、1·2·3·4から一つ選びなさい。

01 自ら省みてやましいところがない。

1 こころみて　2 あおぎみて　3 おもいみて　4 かえりみて

02 新たな感動を呼ぶ映画をみる。

1 にいがたな　2 しんがたな　3 あらたな　4 あたらたな

03 解決の道を模索する。

1 もさく　2 ぼさく　3 もそく　4 ぼそく

04 最近政治の腐敗が感じられる。

1 ぶはい　2 ぶへい　3 ふはい　4 ふへい

05 貿易不均衡の是正を求める。

1 ぜしょう　2 ぜせい　3 せしょう　4 せせい

06 地震で鉄塔がもろくも崩れた。

1 たおれた　2 すたれた　3 おとずれた　4 くずれた

07 朝食は昼食を兼ねて遅めに食べた。

1 かさねて　2 おもねて　3 つらねて　4 かねて

08 手軽に扱えるカメラが好きだ。

1 てがろ　2 てがる　3 しゅうけい　4 しゅけい

09 今年も依然として不景気だ。

1 いせん　2 いえん　3 いぜん　4 いねん

10 実務経験者を雇用する。

1 こよう　2 こうよう　3 やくよ　4 やくよう

한자읽기 완벽대비 문제 7 회

問題 1 ＿＿＿＿の言葉の読み方として最もよいものを、1·2·3·4から一つ選びなさい。

01 津波に対する速やかな対策を望む。

1 のどやか　　2 すみやか　　3 すこやか　　4 おだやか

02 事業を縮小する。

1 しゅくしょう　　2 しゅうくしょう　　3 すくしょう　　4 すくしょ

03 在宅介護の範囲が広がる。

1 かいぎょ　　2 かいぎょう　　3 かいご　　4 かいごう

04 その理論は注目に値しない。

1 ね　　2 ねたい　　3 ち　　4 あたい

05 私生活に干渉する。

1 かんちゃく　　2 こんちゃく　　3 こんしょう　　4 かんしょう

06 困ったときは互いに助け合う。

1 たがいに　　2 わらいに　　3 ねらいに　　4 ならいに

07 現代の人々は時間に束縛される。

1 そくはく　　2 たばもち　　3 そくばく　　4 たばしば

08 国際化に共鳴する団体。

1 こうめい　　2 こうみょう　　3 きょうみょう　　4 きょうめい

09 最近はどこの店も自動扉が一般的だ。

1 とびら　　2 ほうき　　3 ちりどり　　4 はさみ

10 魂がぬけたようになる。

1 かたまり　　2 ばけもの　　3 たましい　　4 おに

한자읽기 완벽대비 문제 ⑧ 회

問題 1 ＿＿＿＿の言葉の読み方として最もよいものを、1·2·3·4から一つ選びなさい。

01 両者の意見を折衷する。

1 せっちゅう　　2 せつあい　　3 せっちょう　　4 せつじょう

02 人口が首都圏に偏る。

1 いつわる　　2 あやつる　　3 まつる　　4 かたよる

03 酸素の欠乏を補う。

1 けっぽう　　2 けつぼう　　3 かっぽう　　4 かつぼう

04 普段から技を磨く。

1 えだ　　2 みき　　3 わざ　　4 かぶ

05 交渉が冒頭から難航する。

1 ぼうとう　　2 ぼとう　　3 もうとう　　4 もとう

06 採用の枠を越える。

1 はば　　2 すえ　　3 わけ　　4 わく

07 交渉が円滑に運ぶ。

1 えんまん　　2 えんかつ　　3 おんまん　　4 おんかつ

08 煙草をやめて禁断症状が現れた。

1 そうしょう　　2 そうじょう　　3 しょうじょう　　4 しょうぞう

09 日本留学を志している。

1 めざして　　2 こころざして　　3 いたして　　4 あらわして

10 料理の腕を磨く。

1 みがく　　2 えがく　　3 もがく　　4 あがく

한자읽기 완벽대비 문제 ⑨ 회

問題 1 ＿＿＿＿の言葉の読み方として最もよいものを、1・2・3・4から一つ選びなさい。

01 国民の英雄として崇拝される。

1 そうはい　2 すうはい　3 そうばい　4 すうばい

02 今度の事件に柔軟な態度で臨む。

1 じゅうえん　2 じゅうれん　3 しゅうなん　4 じゅうなん

03 春になって食欲が衰えた。

1 くつがえた　2 ひるがえた　3 おとろえた　4 つたえた

04 迅速に行動する。

1 じんそく　2 しんそく　3 ちんそく　4 ちんぞく

05 遺跡の発掘現場に行く。

1 いそく　2 ゆいそく　3 いせき　4 ゆいせき

06 インフレが家計を脅かす。

1 おびやかす　2 ひやかす　3 ちらかす　4 ごまかす

07 事態の状況を把握する。

1 かあく　2 かおく　3 はあく　4 はおく

08 人材を発掘する。

1 はっくつ　2 ほっくつ　3 はつくつ　4 ほつくつ

09 日本の伝統の芝居を観覧する。

1 すまい　2 すもう　3 しばい　4 せりふ

10 あの部長は人使いが荒い。

1 あわい　2 あらい　3 からい　4 しぶい

한자읽기 완벽대비 문제 ⑩ 회

問題 1 ＿＿＿の言葉の読み方として最もよいものを、1・2・3・4から一つ選びなさい。

01 浜辺に人波が見える。

1 はまべ　2 はまびん　3 へいべん　4 へいべ

02 妥協の産物と言える。

1 じょきょう　2 じゅきょう　3 たきょう　4 だきょう

03 彼の趣味は貝殻収集である。

1 かいこく　2 かいがら　3 かいかく　4 かいばら

04 寄付金を募る。

1 のぼる　2 ほこる　3 つのる　4 まつる

05 澄んだ目でじっと見詰める。

1 すんだ　2 あんだ　3 もんだ　4 やんだ

06 仏道を修行する。

1 しゅうぎょう　2 しゅぎょう　3 しゅうこう　4 しゅこう

07 この店で10年間辛抱してきた。

1 しんぼう　2 しんぽう　3 かんぼう　4 かんぽう

08 木々に太陽光線が遮られる。

1 きられる　2 よこぎられる　3 うらぎられる　4 さえぎられる

09 美しい自然が滅ぶ。

1 およぶ　2 こばむ　3 ほろぶ　4 はこぶ

10 親身になって面倒をみる。

1 おやみ　2 しんみ　3 しんしん　4 おやしん

한자읽기 완벽대비 문제 ⑪ 회

問題 1 ＿＿＿の言葉の読み方として最もよいものを、1·2·3·4から一つ選びなさい。

01 準備の合図に旗をふる。

1 あいと　2 あいず　3 ごうと　4 ごうず

02 金の相場が上がる。

1 そうば　2 そば　3 あいば　4 あいそう

03 この勝負はこちらの頂きだ。

1 かがやき　2 ひらめき　3 うなずき　4 いただき

04 口は災いの門。

1 わざわい　2 うるおい　3 まかない　4 つぐない

05 人質を取って脅迫する。

1 きょうはく　2 きょくはく　3 きょうぱく　4 きょうばく

06 盗人は家のなかに潜伏している。

1 さんぷく　2 ざんぷく　3 せんぷう　4 せんぷく

07 潔く諦めたほうが良い。

1 こころよく　2 いやしく　3 いさぎよく　4 いちじるしく

08 不意を襲われて慌てる。

1 おそわれて　2 さそわれて　3 おおわれて　4 あきなわれて

09 相手に論争を挑む。

1 はばむ　2 ゆがむ　3 いどむ　4 おがむ

10 新学期から寮に入る。

1 ばく　2 まく　3 りょう　4 りゅう

한자읽기 완벽대비 문제 ⑫ 회

問題 1 ＿＿＿＿の言葉の読み方として最もよいものを、1・2・3・4から一つ選びなさい。

01 これは真っ赤な偽物だ。

1 にせぶつ　2 えぶつ　3 にせもの　4 えもの

02 客を笑顔で迎える。

1 しょがん　2 しょうあん　3 えがお　4 わらがお

03 瀬戸物は愛知県が有名だ。

1 せともの　2 せこもの　3 せとぶつ　4 せこぶつ

04 夫婦間の溝が深まる。

1 しまり　2 しこり　3 わく　4 みぞ

05 長年の苦労も泡となる。

1 あわ　2 つぶ　3 しお　4 あせ

06 書類を添付してください。

1 せんぶ　2 てんぷ　3 せんぷ　4 てんぶ

07 解決の道を模索する。

1 ぼさく　2 もそく　3 ぼそく　4 もさく

08 うちの学校の罰則がもっと緩い。

1 ゆるい　2 あさい　3 のろい　4 にぶい

09 責任を逃れる人ばかりだ。

1 にがれる　2 のがれる　3 おそれる　4 たよれる

10 厳しいしつけを受ける。

1 わずらわしい　2 わびしい　3 さびしい　4 きびしい

한자읽기 완벽대비 문제 ⑬ 회

問題 1 ＿＿＿＿の言葉の読み方として最もよいものを、1・2・3・4から一つ選びなさい。

01 口数の多い人。

1 こうかず　2 くちかず　3 くちすう　4 こうすう

02 小さな家屋を小屋という。

1 こうや　2 こうおく　3 こおや　4 こや

03 宅地を分譲する。

1 ぶんじょう　2 ふんじょう　3 ぶんぞう　4 ふんぞう

04 漁船が沈没する。

1 しんぼつ　2 しんもつ　3 ちんぼつ　4 ちんもつ

05 頼もしい若者が見えない。

1 たよもしい　2 たみもしい　3 たまもしい　4 たのもしい

06 吐気を催す。

1 もよおす　2 うるおす　3 たおす　4 けたおす

07 太陽が輝く。

1 ひらく　2 うつむく　3 つぶやく　4 かがやく

08 涙の芝居が上手だ。

1 しきょ　2 しばい　3 しばふ　4 しきょう

09 工場を閉鎖する。

1 はいしょう　2 はいしょ　3 へいさ　4 はいさ

10 部下を監督する。

1 かんとく　2 らんとく　3 かんそく　4 らんそく

한자읽기 완벽대비 문제 ⑭ 회

問題 1 ＿＿＿の言葉の読み方として最もよいものを、1・2・3・4から一つ選びなさい。

01 姿勢を崩す。

1 たおす　2 とおす　3 いかす　4 くずす

02 懐が寂しい。

1 さびしい　2 むなしい　3 うれしい　4 わびしい

03 朗らかに笑う。

1 やわらか　2 なめらか　3 ほがらか　4 きよらか

04 墓地に埋葬する。

1 ぼち　2 ぼうち　3 ぼじ　4 ぼうじ

05 人影のない街。

1 ひとかげ　2 いんえい　3 じんえい　4 ひとさつ

06 幽霊会員が多い。

1 けいれい　2 けいりょう　3 ゆうりょう　4 ゆうれい

07 終始変わらない態度。

1 しゅうじ　2 しゅうし　3 じゅうし　4 じゅうじ

08 夜に無言電話があった。

1 ぶごん　2 ぶげん　3 むごん　4 むごう

09 交通費は実費を支給する。

1 しつび　2 しつひ　3 じっぴ　4 じつひ

10 税金を徴収する。

1 ちょしゅう　2 ちょうしゅう　3 ちょじゅう　4 ちょうじゅう

한자읽기 완벽대비 문제 ⑮ 회

問題１ ＿＿＿の言葉の読み方として最もよいものを、1・2・3・4から一つ選びなさい。

01 戦場の露と消える。

1 つゆ　　2 ゆき　　3 きり　　4 つらら

02 貯蓄の生活を身につける。

1 ちょうちく　　2 ちょうせき　　3 ちょせき　　4 ちょちく

03 昔の拷問捜査はなくなった。

1 とうもん　　2 ともん　　3 ごうもん　　4 こもん

04 友人との別れが切ない。

1 せつない　　2 さいない　　3 さちない　　4 さつない

05 若くて経験に乏しい。

1 かなしい　　2 とぼしい　　3 まずしい　　4 せわしい

06 震災の街が復興する。

1 ふっきょう　　2 ふくこう　　3 ふくきょう　　4 ふっこう

07 年老いて老衰した。

1 ろうすい　　2 ろうさい　　3 のうすい　　4 のうさい

08 派閥をめぐる生臭い話。

1 きぐさい　　2 いきおい　　3 なまおい　　4 なまぐさい

09 田に苗を植える。

1 なえ　　2 たね　　3 ふえ　　4 はえ

10 焼物の種類で陶器がある。

1 こうき　　2 そうき　　3 ぞうき　　4 とうき

한자읽기 완벽대비 문제 ⑯ 회

問題 1 ＿＿＿＿の言葉の読み方として最もよいものを、1・2・3・4から一つ選びなさい。

01 才能の芽を伸ばす。

1 め　2 ま　3 も　4 え

02 患者を隔離する。

1 ゆうり　2 ゆうい　3 かくい　4 かくり

03 申し入れを許諾する。

1 きょらく　2 きょだく　3 きゅらく　4 きゅだく

04 雨の日は出掛けるのが煩わしい。

1 わずらわしい　2 いまわしい　3 うるわしい　4 につかわしい

05 厳めしく警護を固める。

1 うらめしく　2 まめしく　3 いかめしく　4 いためしく

06 本校の規則は緩やかだ。

1 にぎやか　2 ゆるやか　3 すこやか　4 すみやか

07 質素に暮らす。

1 じっそ　2 しちす　3 じちす　4 しっそ

08 誘拐事件を防ぐ。

1 しゅかい　2 ゆかい　3 ゆうかい　4 しゅうかい

09 疑惑の目で見る。

1 ぎおく　2 ぎわく　3 きわく　4 きおく

10 反対派の入場を阻止する。

1 そうし　2 さくし　3 しょし　4 そし

한자읽기 완벽대비 문제 ⑰ 회

問題 1 ＿＿＿の言葉の読み方として最もよいものを、1・2・3・4から一つ選びなさい。

01　松の枝が伸びる。

1 みき　2 こずえ　3 ふし　4 えだ

02　翼を広げる。

1 はた　2 つばさ　3 はね　4 くちばし

03　下品な言葉遣い。

1 げひん　2 かひん　3 したひん　4 しもひん

04　粗末な扱いを受ける。

1 あらまつ　2 からまつ　3 そまつ　4 そうまつ

05　事業の失敗に焦燥する。

1 しょうそう　2 しょうしょう　3 そうしょう　4 そうそう

06　街頭募金をする。

1 かいとう　2 がいとう　3 まちかど　4 まちみち

07　状況を把握する。

1 はあく　2 はおく　3 ふあく　4 ふおく

08　そうは問屋が卸さない。

1 かんおく　2 かんや　3 とんおく　4 とんや

09　人質を解放する。

1 ひとしつ　2 ひとじち　3 にんしつ　4 じんしつ

10　ピアノで伴奏する。

1 はんそう　2 へんそう　3 ばんそう　4 べんそう

한자읽기 완벽대비 문제 ⑱ 회

問題 1 ＿＿＿＿の言葉の読み方として最もよいものを、1・2・3・4から一つ選びなさい。

01 前例に倣う。

1 はらう　2 うばう　3 ならう　4 ふるう

02 友達との溝が深まる。

1 なわ　2 みぞ　3 どろ　4 ぬま

03 退屈な話だ。

1 たいくつ　2 たいくう　3 たいきゅう　4 たいきゅ

04 修理代を償う。

1 おぎなう　2 つちかう　3 やしなう　4 つぐなう

05 予算を削減する。

1 そくげん　2 さくげん　3 そくめつ　4 さくめつ

06 無尽蔵な太陽エネルギ。

1 むしんぞう　2 ぶじんぞう　3 ぶしんぞう　4 むじんぞう

07 額に刻まれたしわ。

1 きざまれた　2 たのまれた　3 なやまれた　4 いどまれた

08 売り上げを胸算用する。

1 むねざんよう　2 むなざんよう　3 むねさんよう　4 むなさんよう

09 訴訟を起こす。

1 そうしょう　2 そうそう　3 そしょう　4 そそう

10 義理と人情の板挟みになる。

1 いたいさみ　2 まないさみ　3 まなばさみ　4 いたばさみ

問題 1 ＿＿＿＿の言葉の読み方として最もよいものを、1・2・3・4から一つ選びなさい。

01 寄付金を募る。

1 つのる　2 のぼる　3 まさる　4 あおる

02 小児科の専門医。

1 しょうじか　2 しょうあか　3 しょうにか　4 しょうみか

03 手柄を立てる。

1 しゅへい　2 しゅぼう　3 てのひら　4 てがら

04 平等に分配する。

1 びょうとう　2 びょうどう　3 へいとう　4 へいどう

05 芝生に寝そべる。

1 しばい　2 しばお　3 しばふ　4 しばえ

06 映画の脚本を書く。

1 かくほん　2 あしもと　3 あしほん　4 きゃくほん

07 借金して車を買う。

1 しゃっきん　2 しゃっこん　3 かりきん　4 かりこん

08 沈黙を破る。

1 しんむく　2 ちんもく　3 ちんむく　4 しんもく

09 食器を消毒する。

1 そうとく　2 しょうとく　3 しょうどく　4 そうどく

10 適当に措置する。

1 しょうち　2 そち　3 そうち　4 しょち

한자읽기 완벽대비 문제 ⑳ 회

問題 1 ＿＿＿＿の言葉の読み方として最もよいものを、1・2・3・4から一つ選びなさい。

01 いい芝居をする。

1 しばふ　2 しばい　3 えだい　4 えだふ

02 首相が演説をする。

1 しゅしょう　2 しゅそう　3 しゅうしょう　4 しゅうそう

03 慎重な行動を取る。

1 そんちょう　2 そんじゅう　3 しんちょう　4 しんじゅう

04 円滑な運営をする。

1 おんはつ　2 えんかつ　3 えんはつ　4 おんかつ

05 快く承知する。

1 いさぎよく　2 うるおく　3 こころよく　4 ここちよく

06 津波が襲う。

1 さそう　2 おおう　3 あきなう　4 おそう

07 全権を委ねる。

1 そこねる　2 たずねる　3 ゆだねる　4 おもねる

08 食糧を蓄える。

1 たくわえる　2 くわえる　3 あまえる　4 あつらえる

09 気障な話し方。

1 きしょう　2 きざ　3 けしょう　4 けざ

10 冬がしだいに更ける。

1 かける　2 よける　3 いける　4 ふける

問題 1 ＿＿＿の言葉の読み方として最もよいものを、1・2・3・4から一つ選びなさい。

01 大雑把な見積もりを出す。

1 おおざっぱ　2 おおぞうぱ　3 だいざっぱ　4 だいぞうぱ

02 実体がなくはかない幻想。

1 がんそう　2 かんそう　3 けんそう　4 げんそう

03 過剰な生産物。

1 かしょう　2 かそう　3 かじょう　4 かおう

04 殺人未遂の罪。

1 みす　2 みすい　3 みしゅう　4 みしゅ

05 堂々とした門構えの邸。

1 やしき　2 やしろ　3 うしろ　4 えじき

06 窓際に本棚がある。

1 そうさい　2 そうざい　3 まどきわ　4 まどぎわ

07 健気な少年だ。

1 けんぎ　2 けなげ　3 けなけ　4 けんき

08 不均衡を是正する。

1 ぜせい　2 しせい　3 せせい　4 しぜい

09 書類を添付する。

1 てんぶ　2 せんぶ　3 てんぷ　4 せんぷ

10 頼みを無造作に引き受ける。

1 むそうさ　2 むぞうさ　3 ぶそうさ　4 ぶぞうさ

한자읽기 완벽대비 문제 ㉒ 회

問題 1 ＿＿＿の言葉の読み方として最もよいものを、1・2・3・4から一つ選びなさい。

01 妥協の余地がない。

1 さぎょう　2 だきょう　3 たきょう　4 さきょう

02 進歩的な色彩が強い。

1 しきさい　2 しきそ　3 しょくさい　4 しょくそ

03 余計なお世話だ。

1 ようけい　2 よかく　3 ようかく　4 よけい

04 郊外に邸宅を構える。

1 せいたく　2 ぜいたく　3 ていたく　4 でいたく

05 匿名で投書する。

1 とくめい　2 よくめい　3 とくな　4 よくな

06 利口そうな人だ。

1 りく　2 ききこう　3 ききぐち　4 りこう

07 寄附で費用を賄う。

1 まかなう　2 あきなう　3 ともなう　4 つぐなう

08 交渉の成立を危ぶむ。

1 あぶぶむ　2 おやぶむ　3 いかぶむ　4 あやぶむ

09 他国を漂う。

1 やしなう　2 うしなう　3 ただよう　4 おぎなう

10 道の端に車をとめる。

1 そと　2 はた　3 ぎわ　4 へり

問題 1 ＿＿＿の言葉の読み方として最もよいものを、1・2・3・4から一つ選びなさい。

01 公聴会で意見を<u>陳述</u>する。

1 ちんじゅつ　2 じんじゅつ　3 ちんじゅう　4 じんじゅう

02 一国の大臣が<u>妄言</u>を吐く。

1 ほうげん　2 ほうごん　3 もうげん　4 ぼうごん

03 <u>偽善</u>に満ちた社会。

1 ぎぜん　2 いぜん　3 ぎせん　4 いせん

04 万歳の<u>合唱</u>が聞こえてくる。

1 ごうしょう　2 ごうそう　3 がっしょう　4 がっそう

05 あの小説家は心理<u>描写</u>が優れている。

1 みょうしゃ　2 びょうしゃ　3 みょうさ　4 びょうさ

06 長い<u>沈黙</u>を破って活動する。

1 ちんむく　2 じんむく　3 じんもく　4 ちんもく

07 総選挙で地方を<u>遊説</u>する。

1 ゆうせつ　2 ようせつ　3 ゆうぜい　4 ようぜい

08 熱意と努力に<u>感嘆</u>する。

1 げんたん　2 かんたん　3 かんげき　4 げんげき

09 <u>砂場</u>で子供が遊んでいる。

1 しゃじょう　2 すなば　3 さばく　4 さじょう

10 今日は<u>雨戸</u>の修理をします。

1 うと　2 うこ　3 あまど　4 あめど

한자읽기 완벽대비 문제 ㉔ 회

問題 1 ＿＿＿の言葉の読み方として最もよいものを、1・2・3・4から一つ選びなさい。

01 工場の廃水が河川を汚染する。

1 ごせん　2 ごえん　3 おえん　4 おせん

02 彼は潜在能力を引き出す力がある。

1 そんざい　2 せんざい　3 そんたい　4 せんたい

03 先生はいつも蛇足を加える。

1 だそく　2 じゃそく　3 だぞく　4 しゃぞく

04 壁に大型の鏡がかかっている。

1 おうぎ　2 かがみ　3 がくぶち　4 こよみ

05 この居酒屋は土足厳禁のようだ。

1 とぞく　2 どあし　3 とあし　4 どそく

06 台風の名残の高波がまだおさまらない。

1 めいざん　2 なごり　3 めいさん　4 なのこり

07 夏の蒸し暑い日々が続いている。

1 むしあつい　2 あしあつい　3 めしあつい　4 ましあつい

08 彼は枕を高くして寝るのんきな性格だ。

1 あたま　2 ひじ　3 まくら　4 ひざ

09 田中課長は会社の頭脳と呼ばれている。

1 とうのう　2 ずのう　3 とうず　4 ずとう

10 彼のお得意の台詞は「もうだめだ」という。

1 たいか　2 だいか　3 せりし　4 せりふ

問題 1 ＿＿＿＿の言葉の読み方として最もよいものを、1・2・3・4から一つ選びなさい。

01 懸賞小説に応募するつもりだ。

1 おぼう　2 おうぼ　3 ようぼ　4 ようぼう

02 夜遅く家路につくのは危ない。

1 いえじ　2 いえみち　3 かろ　4 かろう

03 預金の残高が乏しい。

1 せんだか　2 せんたか　3 さんだか　4 ざんだか

04 本物と紛らわしい模造品が出回っている。

1 まぎらわしい　2 わずらわしい　3 げがらわしい　4 うらわしい

05 万事に慎重な男性。

1 しんじゅう　2 しんちょう　3 ちんじゅう　4 ちんちょう

06 あの店は偽物をつかませる。

1 にせもの　2 にせぶつ　3 ぎもの　4 ぎもつ

07 秋の紅葉の見物をする。

1 こうば　2 こうじょう　3 もみじ　4 もみば

08 このままでは優勝は怪しい。

1 おかしい　2 あやしい　3 せわしい　4 いやしい

09 至急ご連絡ください。

1 しきゅう　2 ちきゅう　3 しきょう　4 ちきょう

10 図書館に辞書を贈呈する。

1 そうてい　2 そうとう　3 ぞうてい　4 ぞうとう

問題 1 ＿＿＿＿の言葉の読み方として最もよいものを、1･2･3･4から一つ選びなさい。

01 この町は櫻並木で有名だ。

1 へいぼく　2 へいもく　3 なみこ　4 なみき

02 鋭い批判を浴びる。

1 もろい　2 せわしい　3 するどい　4 にぶい

03 今年の新人は粒が揃っている。

1 つぶ　2 こめ　3 むぎ　4 たま

04 役員の不正を暴露する。

1 ぼうろう　2 ぼうろ　3 ばくろ　4 ばくろう

05 最近労使紛争が多くなった。

1 ぶんそう　2 ふんそう　3 ふんしょう　4 ぶんしょう

06 予想を遥かに上回る。

1 はるか　2 のどか　3 にわか　4 にぎやか

07 この件は親の承諾が要ります。

1 しょうたく　2 しゅうらく　3 しょうらく　4 しょうだく

08 人の作品を模倣する。

1 もほう　2 もぼう　3 まくほう　4 まくぼう

09 政権を奪取する

1 たっしゅ　2 だっしゅ　3 たっとり　4 だっとり

10 会費を滞納する。

1 たいのう　2 ていのう　3 たいおう　4 ていおう

問題 1 ＿＿＿の言葉の読み方として最もよいものを、1・2・3・4から一つ選びなさい。

01 雨で畳が湿っぽくなった。

1 からっぽく　2 うすっぽく　3 しめっぽく　4 しげっぽく

02 両親を誇りに思う。

1 いかり　2 おこり　3 かおり　4 ほこり

03 戦闘機が墜落する。

1 すいとう　2 ついらく　3 すいらく　4 ついとう

04 我慢強く機会を待つ。

1 わがみ　2 がべん　3 わがまん　4 がまん

05 最近の社会は変化が著しい。

1 おびただしい　2 いちじるしい　3 めずらしい　4 はなはだしい

06 たくましく頑丈な体である。

1 かんじょうな　2 がんじょうな　3 じょうぶな　4 しょうぶな

07 心の垣根を取り除く。

1 かきこん　2 かんこん　3 かんね　4 かきね

08 公園の真ん中に花壇をつくる。

1 かたん　2 かだん　3 はなだん　4 はなたん

09 友達と怪獣映画をみる。

1 かいじゅう　2 かいじゅ　3 かいしゅう　4 かいしゅ

10 廊下でばったりと先生に会う。

1 りょうか　2 りょうげ　3 ろうげ　4 ろうか

한자읽기 완벽대비 문제 ㉘ 회

問題 1 ＿＿＿＿の言葉の読み方として最もよいものを、1・2・3・4から一つ選びなさい。

01 任地に一人で赴任する。

1 ぶにん　2 ぼにん　3 ふにん　4 ほにん

02 署名を拒否する。

1 きょうび　2 きょうひ　3 きょび　4 きょひ

03 構造上の欠陥を衝く。

1 けっかん　2 けつがん　3 けっこう　4 けっこ

04 万全の措置をとる。

1 そうち　2 しょうち　3 しょち　4 そち

05 住宅介護が広がっている。

1 かいごう　2 かいこ　3 かいご　4 かいこう

06 彼は優れた脚本家である。

1 きゃくほん　2 かくほん　3 きゃくもと　4 かくもと

07 今は新聞のコラムの執筆を担当している。

1 しゅうひつ　2 しゅひつ　3 しっぴつ　4 しゅっぴつ

08 選挙で候補を推薦することにした。

1 ちゅうせん　2 ちゅせん　3 すいせん　4 すうせん

09 児童虐待の件数が増えている。

1 ぎゃくたい　2 がくたい　3 きゃくたい　4 かくたい

10 卒業作品の戯曲を書いている。

1 ききょく　2 ぎきょく　3 けきょく　4 げきょく

한자읽기 완벽대비 문제 ㉙ 회

問題 1 ＿＿＿＿の言葉の読み方として最もよいものを、1・2・3・4から一つ選びなさい。

01 一万円札を小銭に換える。

1 こせん　2 おせん　3 こぜに　4 おぜに

02 神話に素材を求めたオペラ。

1 そざい　2 そさい　3 すざい　4 すさい

03 企画書を吟味する。

1 きんみ　2 ぎんみ　3 きんまい　4 ぎんまい

04 この店の焼肉は本場韓国に負けない。

1 ほんじょう　2 もとじょう　3 もとば　4 ほんば

05 各種の品をそろえる。

1 かくしゅ　2 かくしゅう　3 めいしゅ　4 めいしゅう

06 柔軟な態度で臨む。

1 ゆうなん　2 ゆうえん　3 じゅうえん　4 じゅうなん

07 澄んだ目でじっとみつめる。

1 もんだ　2 すんだ　3 とんだ　4 あんだ

08 もう帰ろうと連れを促す。

1 うながす　2 たやがす　3 ころがす　4 ゆるがす

09 本物に紛らわしい品。

1 けがらわしい　2 わずらわしい　3 まぎらわしい　4 にぎらわしい

10 類似商品が売れている。

1 りゅうじ　2 りゅうさ　3 るいさ　4 るいじ

問題 1 ＿＿＿の言葉の読み方として最もよいものを、1·2·3·4から一つ選びなさい。

01 夕食の献立を選ぶ。

1 けんだて　2 こんだて　3 けんりゅう　4 こんりゅう

02 和洋折衷の住宅が人気ある。

1 せっちゅう　2 せっしょう　3 ぜっしょう　4 ぜっちゅう

03 隣の子が私を姉のように慕ってくる。

1 かばって　2 きらって　3 したって　4 つのって

04 工場を閉鎖する。

1 へいそ　2 はいさ　3 はいそ　4 へいさ

05 抗議の目的で断食する。

1 だんじき　2 だんしょく　3 たんじき　4 たんしょく

06 時計を担保にして質屋からお金を借りる。

1 しつや　2 しちや　3 じちや　4 じちおく

07 季節のせいか食欲が衰える。

1 つかえる　2 あつらえる　3 おとろえる　4 おびえる

08 部下の判断に委ねる。

1 ゆだねる　2 おもねる　3 かさねる　4 たばねる

09 石炭の埋蔵量を調べる。

1 まいそう　2 りそう　3 りぞう　4 まいぞう

10 母の面影が残る顔つき。

1 おもかたち　2 おもかげ　3 めんがた　4 めんかげ

시나공 JLPT 일본어능력시험 N1

음성강의 듣기

둘째마당 어휘편

1교시 완벽대비 언어지식(문자 · 어휘)

문제분석과 완벽대비법

01 | 問題2 문맥규정 문제

문제 소개

문자 · 어휘의 問題2는 문맥에 따라 의미적으로 규정되는 단어가 무엇인지 묻는 문제입니다. 전체 문장의 뜻이 통하도록 (　　) 속에 들어갈 적당한 말을 고르는 문제이며, 7문항이 출제됩니다.

문제 미리 풀어보기 및 풀이

> **問題 1**
>
> (　　　)に入れるのに最もよいものを、1・2・3・4から一つ選びなさい。
>
> 私はA案の方を賛成したが、（　　　）を言えばB案の方がいいと思う。
>
> 1 本気　　2 強み　　3 本音　　4 弱み

정답 3

해석 나는 A안을 찬성했지만, 본심을 말하면 B안 쪽이 좋다고 생각한다.

해설 1번 本気(ほんき)는 '진심', 2번 強(つよ)み는 '강도, 세기, 장점', 3번 本音(ほんね)는 '본심', 4번 弱(よわ)み는 '약한 정도, 약점'인데, 이 문제에서는 본심을 말한다는 것이므로 정답은 3번이다.

어휘 案(あん) 안 | 賛成(さんせい)する 찬성하다

문제분석과 완벽대비법

문맥규정 문제는 개정 전의 問題V와 같으며, 품사별로는 동사, 명사, 형용사, 부사, 접속어, 접두어, 접미어, 관용구, 가타카나어 등 그 범위가 다양한 점이 특징이며 7문제 정도 출제됩니다.

한자 단어의 경우는 우리말의 한자와 다른 경우에 특히 주의해야 하며 관용어구가 출제되므로 평소에 관심을 가지고 학습하여야 합니다. 문맥규정을 풀 때는 단어 하나하나에 유의하기보다는 전체 문맥 속에서 어떠한 단어가 적합한지를 이해하여야 하며 기본적인 국어의 실력을 바탕으로 하며, 다양한 품사의 단어를 습득해야 하므로 신문 사설이나 순수 단편소설을 정독하는 것도 좋은 학습법이라 할 수 있습니다. 또한 짧은 문장을 통해서 단어의 개념이나 전후 관계를 파악하는 것도 중요합니다.

본 교재에 수록된 단어를 바탕으로, 첫째마당에서 제시한 N1 핵심한자를 한 글자씩 익혀서 복합의 단어가 출제되더라도 응용할 수 있도록 하며, 예로 제시한 동사, 명사 등은 반드시 학습하세요.

기출문제 분석 과거 20년간 기출어 및 개정 후의 기출어를 연도별로 정리하여 실었습니다. 아래 기출어는 반복 출제될 가능성이 많으므로 반드시 익혀두도록 합니다.(명사형 な형용사 어간은 명사로도 취급)

기출어 보기

1990년

명사

□□ 安静(あんせい) 안정
□□ 突破(とっぱ) 돌파
□□ 精力的(せいりょくてき) 정력적
□□ 無効(むこう) 무효

동사

□□ くだす 내리다
□□ 受(う)ける 받다

부사

□□ うっかり 깜박
□□ とりあえず 일단, 우선

가타카나어

□□ コミュニケーション 커뮤니케이션

관용구

□□ 長(なが)い目(め)で見(み)る
긴 안목으로 보다
□□ 波(なみ)に乗(の)る
분위기를 타다, 시류에 편승하다
□□ 焼石(やけいし)に水(みず)
언 발에 오줌 누기, 효과가 없음
□□ これといった 이렇다 할
□□ うなぎのぼり 순조로운 상향
□□ 頭打(あたまう)ち 한계에 달함

1991년

명사

□□ 時期(じき) 시기
□□ 認識(にんしき) 인식
□□ 無計画(むけいかく) 무계획
□□ 確実(かくじつ) 확실
□□ 考慮(こうりょ) 고려
□□ 主張(しゅちょう) 주장
□□ 休養(きゅうよう) 휴양

동사

□□ 生(い)かす 살리다
□□ 込(こ)み上(あ)げる 치밀다, 솟다
□□ やわらげる 부드럽게 하다
□□ 使(つか)いこなす 잘 다루다
□□ 込(こ)める 넣다, 담다
□□ 差(さ)し支(つか)える 지장이 있다

부사

□□ あらかじめ 미리, 사전에

가타카나어

□□ ユーモア 유머

1992년

명사

□□ 過労(かろう) 과로
□□ 発足(ほっそく) 발족

□□ 規制(きせい) 규제

□□ 満場(まんじょう) 만장

□□ 画期的(かっきてき) 획기적

□□ めど 목표, 전망

□□ 短縮(たんしゅく) 단축

□□ 参照(さんしょう) 참조

□□ 適応(てきおう) 적응

□□ 有望(ゆうぼう) 유망

동사

□□ ぼやける 희미해지다

□□ まぬがれる 면하다

な형용사

□□ のどか 한가함, 화사함

부사

□□ ぐっすり 푹

가타카나어

□□ キャリア 경력, 커리어

1993년

명사

□□ 配慮(はいりょ) 배려

□□ 猛烈(もうれつ) 맹렬

□□ 良識(りょうしき) 양식

□□ 仕組(しく)み 구조

□□ 楽観的(らっかんてき) 낙관적

□□ 背景(はいけい) 배경

□□ 明朗(めいろう) 명랑

동사

□□ 保(たも)つ 보존하다

□□ 見合(みあ)わせる 보류하다

い형용사

□□ すがすがしい 상쾌하다

□□ なにげない 아무렇지 않다

부사

□□ はらはら 조마조마

□□ てっきり 분명히, 틀림없이

가타카나어

□□ レベル 수준, 레벨

관용구

□□ さじを投(な)げる 중도에 포기하다

1994년

명사

□□ 加減(かげん) 가감

□□ 類推(るいすい) 유추

□□ 応急(おうきゅう) 응급

□□ 合間(あいま) 틈, 짬

□□ 迅速(じんそく) 신속

□□ 対処(たいしょ) 대처

동사

□□ かさ張(ば)る 부피가 커지다

□□ きしむ 삐걱거리다

부사

□□ わざわざ 일부러

□□ いっそ 차라리

い형용사

□□ 煩(わずら)わしい 번거롭다

な형용사

□□ 和(なご)やか 온화함

가타카나어

□□ スタイル 스타일

관용구

□□ 顔(かお)が広(ひろ)い 발이 넓다

1995년

명사

□□ 無難(ぶなん) 무난

□□ 領域(りょういき) 영역

□□ 理性的(りせいてき) 이성적

□□ 浪費(ろうひ) 낭비

□□ 運用(うんよう) 운영

□□ 気兼(きがね) 꺼림

□□ 行(ゆ)き違(ちが)い 엇갈림

동사

□□ 仕上(しあ)げる 끝내다, 완성하다

□□ こだわる 구애되다

い형용사

□□ 乏(とぼ)しい 부족하다

□□ 切(せつ)ない 애절하다

부사

□□ おおかた 대부분, 거의

□□ 一概(いちがい)に 일괄적으로

가타카나어

□□ ルーズ 칠칠맞음, 느슨함

관용구

□□ 鼻(はな)をつく 코를 찌르다

1996년

명사

□□ 確保(かくほ) 확보

□□ 没収(ぼっしゅう) 몰수

□□ 趣(おもむ)き 풍취

□□ 手際(てぎわ) 솜씨

동사

□□ よみがえる 소생하다

□□ 怠(おこた)る 게으르다

□□ まく 뿌리다

い형용사

□□ あくどい 악랄하다

□□ ふさわしい 어울리다, 적합하다

□□ むなしい 허무하다

な형용사

□□ 無茶(むちゃ) 당치않음, 터무니없음

부사

□□ はらはら 조마조마

□□ つくづく 곰곰이

□□ おおまか 대범함, 대충임

가타카나어

□□ ムード 무드, 분위기

1997년

명사

□□ 一面(いちめん) 일면, 온통

□□ 円満(えんまん) 원만

□□ 圧倒(あっとう) 압도

□□ 介抱(かいほう) 간호

□□ かたわら 옆

동사

□□ 交(まじ)わる 사귀다, 교차하다

□□ 緩(ゆる)める 느슨하게 하다

□□ 練(ね)る 짜내다

い형용사

□□ 煩(わずら)わしい 성가시다

□□ おびただしい 엄청나다

な형용사

□□ 細(こま)やか 세밀함

부사

□□ のきなみ 모두, 일제히, 집집마다

□□ かろうじて 간신히

□□ だぶだぶ 헐렁헐렁

가타카나어

□□ エレガント 우아함

1998년

명사

□□ 抗議(こうぎ) 항의

□□ 制限(せいげん) 제한

□□ 大胆(だいたん) 대담함

□□ 養成(ようせい) 양성

□□ 手(て)がかり 실마리

□□ ゆとり 여유

동사

□□ 唱(とな)える 주장하다

□□ 受(う)け入(い)れる 받아들이다

□□ 粘(ねば)る 끈덕지다, 버티다

□□ 治(おさ)まる 수습되다, 진정되다

い형용사

□□ 心細(こころぼそ)い 불안하다

□□ 口(くち)がかたい 입이 무겁다

부사

□□ いかにも 자못, 정말로, 퍽이나

□□ きっぱりと 단호히

가타카나어

□□ ガレージ 차고

1999년

명사

□□ 反応(はんのう) 반응

□□ 過密(かみつ) 과밀

□□ 見込(みこ)み 전망

□□ 概念(がいねん) 개념

□□ 緊急(きんきゅう) 긴급

□□ 強制(きょうせい) 강제

□□ 棄権(きけん) 기권

□□ 交渉(こうしょう) 교섭

□□ ぞんざい 적당히 함, 아무렇게나 함

동사

□□ こころがける 명심하다

□□ 改(あらた)める 개정하다

い형용사

□□ たくましい 늠름하다

□□ あっけない 싱겁다, 어이없다

부사

□□ ろくに 제대로

가타카나어

□□ デザイン 디자인

2000년

명사

□□ 権威(けんい) 권위

□□ 募集(ぼしゅう) 모집

□□ 直感的(ちょっかんてき) 직감적

□□ 同感(どうかん) 동감

□□ 視野(しや) 시야

동사

□□ こじれる 뒤틀리다

□□ 貫(つらぬ)く 관철하다

□□ 割(わ)り込(こ)む 끼어들다

い형용사

□□ のぞましい 바람직하다

부사

□□ あっさり 깨끗이

□□ しいて 굳이

□□ おどおど 쭈뼛쭈뼛

□□ ありのままに 있는 그대로

가타카나어

□□ フォーム 모양, 폼

□□ オーバ 초과, 오버

2001년

명사

□□ 辞退(じたい) 사퇴

□□ 模型(もけい) 모형

□□ 断言(だんげん) 단언

□□ 収容(しゅうよう) 수용

□□ 論理(ろんり) 논리

□□ こつ 요령

동사

□□ 負(お)う 짊어지다, 업다

□□ 備(そな)わる 준비되다

□□ 深(ふか)まる 깊어지다

□□ 取(と)り締(し)まる 단속하다

□□ 見積(みつ)もる 어림잡다, 어림하다

い형용사

□□ 見苦(みくる)しい 보기 흉하다

부사

□□ さも 자못, 정말

가타카나어

□□ データ 데이터

2002년

명사

□□ 頻繁(ひんぱん) 빈번

□□ 規範(きはん) 규범

□□ 孤立(こりつ) 고립

□□ 一連(いちれん) 일련

□□ 誘惑(ゆうわく) 유혹

□□ 抑制(よくせい) 억제

□□ 同意(どうい) 동의

동사

□□ 誤(あやま)る 실수하다

□□ 生(は)やす 기르다

□□ よみがえる 소생하다

い형용사

□□ 心強(こころづよ)い 든든하다

부사

□□ あえて 굳이

□□ 大(おお)げさ 허풍, 과장

□□ ふらふら 비틀비틀

가타카나어

□□ サイズ 사이즈

2003년

명사

□□ 忠告(ちゅうこく) 충고

□□ 自覚(じかく) 자각

□□ 意図(いと) 의도

□□ 連帯(れんたい) 연대

□□ 再発(さいはつ) 재발

□□ 網(もう) 망

□□ 閲覧室(えつらんしつ) 열람실

□□ 気品(きひん) 기품

동사

□□ 取(と)り締(し)まる 단속하다

□□ いじる 만지작거리다

い형용사

□□ 煙(けむ)たい 맵다

□□ だるい 나른하다

부사

□□ きっちり 딱, 꼭 맞음

가타카나어

□□ カンニング 커닝

□□ ナンセンス 넌센스

2004년

명사

□□ 愛想(あいそ) 붙임성

□□ 圧迫(あっぱく) 압박

□□ 目下(もっか) 목하, 지금

□□ 特技(とくぎ) 특기

□□ 密接(みっせつ) 밀접

□□ 教訓(きょうくん) 교훈

□□ 健全(けんぜん) 건전

□□ 危害(きがい) 위해

동사

□□ 自惚(うぬぼ)れる 자만하다

관용구

□□ 面倒(めんどう)を見(み)る 뒤를 봐주다

い형용사

□□ しぶとい 끈질기다, 강인하다, 고집스럽다

부사

□□ あやふや 애매모호

가타카나어

□□ シック 세련됨

□□ リード 리드

2005년

명사

□□ 形勢(けいせい) 형세

□□ 厳密(げんみつ) 엄밀

□□ 付録(ふろく) 부록

□□ 返却(へんきゃく) 반납

□□ 肝心(かんじん) 핵심, 중요함

□□ 未練(みれん) 미련

□□ 概説(がいせつ) 개설

□□ 圏(けん) 권

동사

□□ 取(と)り次(つ)ぐ 전하다, 연결하다

□□ さえる 정신이 맑아지다

い형용사

□□ ややこしい 까다롭다

な형용사

□□ おろか 어리석음

부사

□□ もろに 제대로, 완전히, 정면으로

□□ 何(なに)とぞ 부디, 아무쪼록

가타카나어

□□ スペース 공간

2006년

명사

□□ 明白(めいはく) 명백

□□ 野心(やしん) 야심

□□ しかけ 장치, 조작, 속임수

□□ 頑固(がんこ) 완고

□□ 起伏(きふく) 기복

□□ 補充(ほじゅう) 보충

□□ 統合(とうごう) 통합

□□ 打開(だかい) 타개

동사

□□ けなす 헐뜯다

□□ 興(きょう)じる 흥겹다

い형용사

□□ いやらしい 불쾌하다, 징그럽다

な형용사

□□ おろそか 소홀함

부사

□□ ことごとく 모조리

□□ ひいて 나아가서

가타카나어

□□ セレモニー 세리머니, 의식

2007년

명사

□□ 過疎(かそ) 과소

□□ 便宜(べんぎ) 편의

□□ 台無(だいな)し 엉망

□□ 安静(あんせい) 안정

□□ 主導権(しゅどうけん) 주도권

□□ 進呈(しんてい) 진정, 드림

□□ 名誉(めいよ) 명예

□□ 処置(しょち) 처치

동사

□□ 察(さっ)する 살피다

□□ とぼける 시치미 떼다

□□ はじく 튀기다

관용구

□□ ことによると 어쩌면

い형용사

□□ せつない 애절하다

부사

□□ 到底(とうてい) 도저히

가타카나어

□□ ジャンル 장르

2008년

명사

□□ 回収(かいしゅう) 회수

□□ 革新(かくしん) 혁신

□□ 介入(かいにゅう) 개입

□□ 向上(こうじょう) 향상

□□ 切実(せつじつ) 절실

□□ 手順(てじゅん) 수순

□□ 誇張(こちょう) 과장

□□ 意欲(いよく) 의욕

□□ 心得(こころえ) 이해, 마음가짐

동사

□□ あかす 밝히다

い형용사

□□ なれなれしい 허물없다

□□ すばしこい 잽싸다

부사

□□ あえて 굳이, 감히

□□ きっぱりと 딱 잘라

가타카나어

□□ ファイト 투지, 파이팅

2009년

명사

□□ 摂取(せっしゅ) 섭취

□□ 身(み)なり 옷차림

□□ 振(ふ)り出(だ)し 출발점

□□ 選考(せんこう) 선고, 선발

□□ ゆとり 여유

□□ つじつま 사리, 이치

□□ 破棄(はき) 파기

□□ 壮大(そうだい) 장대

□□ 設立(せつりつ) 설립

□□ 手遅(ておく)れ 때를 놓침

□□ 一息(ひといき) 한숨

□□ 貧弱(ひんじゃく) 빈약

□□ 改修(かいしゅう) 개수

□□ 規格(きかく) 규격

동사

□□ ぼやける 흐려지다

□□ 覆(くつがえ)す 뒤엎다

□□ もてなす 대접하다

い형용사

□□ うっとうしい 우울하다

□□ すがすがしい 상쾌하다

□□ ばかばかしい 바보스럽다

□□ めざましい 눈부시다

부사

□□ 予(あらかじ)め 미리, 사전에

□□ ごろごろ 데굴데굴

□□ 一挙(いっきょ)に 일거에

□□ ぶらぶら 어슬렁어슬렁

□□ どうにか 그럭저럭, 겨우

□□ かつ 또한

가타카나어

□□ デザート 후식, 디저트

□□ ウイルス 바이러스

□□ ロマンチック 로맨틱, 낭만적

2010년

명사

□□ 円滑(えんかつ) 원활

□□ 背景(はいけい) 배경

□□ 結束(けっそく) 결속

□□ 完結(かんけつ) 완결

□□ 念願(ねんがん) 염원

□□ 本音(ほんね) 속내, 본심

□□ 綿密(めんみつ) 면밀

동사

□□ 報(ほう)じる 보도하다

□□ 及(およ)ぼす 미치다

부사

□□ やんわり 부드럽게, 온화하게

가타카나어

□□ キャリア 커리어, 경력

□□ フォロー 보조, 지원

접미어

□□ 歴史上(れきしじょう) 역사상

접두어

□□ 当(とう)ホテル 당 호텔

2011년

명사

□□ 修復(しゅうふく) 복원(수복)

□□ 実情(じつじょう) 실정

□□ 逸材(いつざい) 일재, 우수한 인재

□□ 抜粋(ばっすい) 발췌

□□ 並行(へいこう) 병행

□□ 無謀(むぼう) 무모

□□ 会心(かいしん) 회심, 마음에 듦

□□ 猛反対(もうはんたい) 맹반대

□□ 強(つよ)み 강점, 장점

동사

□□ 弾(はず)む 튀다, 탄력 받다, 들뜨다

な형용사

□□ 不備(ふび) 불비, 제대로 갖추지 않음

가타카나어

□□ ニュアンス 뉘앙스

□□ ストック 재고

접미어

□□ ～まみれ ~투성이

2012년

명사

□□ 加工(かこう) 가공

□□ 改訂版(かいていばん) 개정판

□□ 大筋(おおすじ) 요점, 대강

□□ 妥協(だきょう) 타협

□□ 人手(ひとで) 남의 도움

□□ 寄与(きよ) 기여

동사

□□ 察知(さっち)する 헤아려 알다

□□ 和(やわ)らぐ 수그러들다

□□ 催(もよお)す 개최하다

□□ 言(い)い張(は)る 주장하다

い형용사

□□ 紛(まぎ)らわしい 헷갈리다

부사

□□ 急遽(きゅうきょ) 허둥지둥, 갑작스럽게

가타카나어

□□ リストアップ 나열, 열거

□□ ハードル 장애물, 기준

2013년

명사

□□ 念頭(ねんとう) 염두

□□ 腕前(うでまえ) 솜씨, 역량, 기량

□□ 一任(いちにん) 일임

동사

□□ 練(ね)る 짜다, 다듬다

□□ ためらう 망설이다, 주저하다

□□ 立(た)て替(か)える 대신 갚다

□□ 担(にな)う 짊어지다, 담당하다

□□ 気(き)に障(さわ)る 비위에 거슬리다

い형용사

□□ 荷(に)が重(おも)い 짐(책임)이 무겁다

な형용사

□□ 強硬(きょうこう) 강경함

부사

□□ 無性(むしょう)に 몹시, 무턱대고

□□ とりわけ 특히, 유달리

□□ じめじめ 축축, 끈적끈적

□□ そわそわ 안절부절 못함

2014년

명사

□□ 予測(よそく) 예측

□□ 支障(ししょう) 지장

□□ 異色(いしょく) 이색

동사

□□ 駆使(くし)する 구사하다

□□ 可決(かけつ)する 가결되다

□□ 食(く)い止(と)める 저지하다

□□ 揺(ゆ)らぐ 흔들리다

□□ たどる 더듬어 가다

い형용사

□□ 心細(こころぼそ)い 불안하다

□□ おびただしい 엄청나다(주로 양)

な형용사

□□ 絶大(ぜつだい) 절대, 아주 큼

부사

□□ てきぱきと 척척

가타카나어

□□ ノルマ 기준, 목표치, 할당량

□□ ウエイト 무게, 중점

2015년

명사

□□ 該当(がいとう) 해당

□□ 直面(ちょくめん) 직면

□□ 稼働(かどう) 가동

□□ 起伏(きふく) 기복

□□ 強制(きょうせい) 강제

□□ 合意(ごうい) 합의

동사

□□ 取(と)り戻(もど)す 되돌리다

□□ 紛(まぎ)れる 헷갈리다, 뒤섞이다

い형용사

□□ すさまじい 엄청나다, 무섭다, 처절하다

□□ 幅広(はばひろ)い 폭넓다

な형용사

□□ おおらか 대범함

부사

□□ しいて 굳이, 억지로

□□ くよくよ 끙끙, 우물쭈물

가타카나어

□□ メディア 미디어, 방송매체

2016년

명사

□□ 教訓(きょうくん) 교훈

□□ 流出(りゅうしゅつ) 유출

동사

□□ 尽(つ)くす (온힘을) 다하다

□□ 切(き)り出(だ)す (이야기를) 꺼내다

부사

□□ へとへと(に) 녹초, 기진맥진

□□ 頻繁(ひんぱん)に 빈번하게

가타카나어

□□ センス 센스

2017년

명사

□□ 一環(いっかん) 일환

□□ 一体(いったい) 일체, 한몸, 도대체

□□ 一部(いちぶ) 일부

□□ 意欲(いよく) 의욕

□□ 志願(しがん) 지원

□□ 内部(ないぶ) 내부

□□ 念願(ねんがん) 염원

□□ 部門(ぶもん) 부문

□□ 欲求(よっきゅう) 욕구

접두어

□□ 悪(あく)〜 악~

□□ 苦(く)〜 구~

□□ 非(ひ)〜 비~

□□ 没(もつ)〜 몰~

동사

□□ 蘇(よみがえ)る 되살아나다, 소생하다

□□ 遡(さかのぼ)る 거슬러 올라가다

□□ 引(ひ)き返(かえ)す 되찾다, 뒤집다

□□ 立(た)ち直(なお)る 다시 일어서다

□□ 称(たた)える 칭송하다

□□ 敬(うやま)う 공경하다

□□ 仰(あお)ぐ 우러러보다

□□ もてなす 대접하다

부사

□□ もっぱら 오로지, 전적으로

□□ ますます 점점, 더욱 더

□□ しきりに 빈번히, 자주

□□ せめて 적어도

외래어

□□ コンスタント 콘스턴트, 부단, 불변, 일정

□□ クリア 클리어, 명석, 분명

□□ ストレート 스트레이트, 계속적

□□ シンプル 심플, 단순, 간단, 소박

예상어휘 보기

전반부의 단어와 중복도 있으나 문맥규정에 나올 만한 예상 단어를 정리해 본다.

명사

□□ 逸話(いつわ) 일화
□□ 瀬戸際(せとぎわ) 운명의 갈림길
□□ 会釈(えしゃく) 목례
□□ 台無(だいな)し 엉망이 됨
□□ 意地(いじ) 고집
□□ 人並(ひとな)み 평범
□□ 苦情(くじょう) 불평, 불만, 푸념
□□ 愚痴(ぐち) 불평, 푸념
□□ 口調(くちょう) 어투, 말투
□□ 口論(こうろん) 말다툼
□□ 雲行(くもゆき) 추세, 형세
□□ 始末(しまつ) 꼴, 형편
□□ 一面(いちめん) 온통
□□ 執着(しゅうちゃく) 집착
□□ 世論(よろん) 여론
□□ 精巧(せいこう) 정교
□□ 窮屈(きゅうくつ) 거북, 빡빡
□□ 粗品(そひん) 조잡함
□□ 感心(かんしん) 감탄
□□ 中毒(ちゅうどく) 중독
□□ 廃棄(はいき) 폐기
□□ 手際(てぎわ) 솜씨, 수완
□□ 根気(こんき) 끈기
□□ 物議(ぶつぎ) 물의
□□ 一切(いっさい) 일절, 모조리
□□ 本気(ほんき) 본심, 진짜
□□ 軒並(のきなみ) 모조리
□□ 無口(むくち) 과묵, 말이 없음
□□ 過剰(かじょう) 과잉
□□ 弱音(よわね) 죽는 소리, 약한 소리
□□ 気配(けはい) 낌새, 경향
□□ 理屈(りくつ) 이론, 이치
□□ 子煩悩(こぼんのう) 자기 자식을 아낌
□□ 根回(ねまわ)し 사전교섭
□□ 質素(しっそ) 검소
□□ 善(よ)し悪(あ)し 선악, 좋고 나쁨
□□ 真剣(しんけん) 진지
□□ 身(み)の程(ほど) 분수

동사

□□ ためらう 망설이다
□□ 省(かえり)みる 반성하다
□□ 仰(あお)ぐ 우러러보다, 의견을 구하다
□□ 顧(かえり)みる 회고하다
□□ 挑(いど)む 도전하다
□□ 鍛(きた)える 단련하다
□□ 阻(はば)む 저지하다
□□ 凌(しの)ぐ 참고 견디다
□□ 拒(こば)む 거부하다
□□ 拘(こだわ)る 집착하다
□□ 悼(いた)む 애도하다
□□ 自惚(うぬぼ)れる 자만하다
□□ 歪(ゆが)む 왜곡되다
□□ 競(きそ)う 경쟁하다

□□ 拝(おが)む 숭배하다
□□ 誤(あやま)る 실수하다
□□ 謝(あやま)る 사과하다
□□ 翻(ひるがえ)す 뒤집다, 나풀거리다
□□ 覆(くつがえ)す 뒤엎다
□□ うごめく 꿈틀거리다
□□ 首肯(うなず)く 수긍하다
□□ とどろく 울려퍼지다, 자자하다
□□ へりくだる 겸손하다
□□ とぼける 얼빠지다, 얼버무리다
□□ 罵(ののし)る 매도하다, 야단치다
□□ 緩(ゆる)む 느슨하다, 늦추다
□□ ぼやく 주절거리다
□□ うつむく 고개 숙이다
□□ 侮(あなど)る 깔보다
□□ 委(ゆだ)ねる 일임하다
□□ 控(ひか)える 대기하다, 삼가다

い형용사

□□ あどけない 천진난만하다
□□ うるさい 귀찮다, 짜증나다, 시끄럽다
□□ 潔(いさぎよ)い 뒤끝이 없다, 결백하다
□□ 厚(あつ)かましい 뻔뻔하다
□□ ずうずうしい 뻔뻔하다
□□ けたたましい (소리가) 엄청나다
□□ 甚(はなは)だしい 심하다, 터무니없다
□□ おびただしい (양이) 엄청나다
□□ にべもない 쌀쌀맞다
□□ とんでもない 말도 안 된다
□□ 呆気(あっけ)ない 싱겁다, 어이없다
□□ 厳(いか)めしい 위엄 있다
□□ 女々(めめ)しい 여리다, 연약하다
□□ しぶとい 끈질기다, 고집스럽다
□□ せちがらい 야박하다, 세상 살기 어렵다
□□ たくましい 늠름하다, 다부지다
□□ だらしない 칠칠치 못하다
□□ 煩(わずら)わしい 번거롭다
□□ もどかしい 안타깝다, 초조하다
□□ はかない 무상하다, 덧없다
□□ なれなれしい 친숙하다, 허물없다
□□ 浅(あさ)ましい 천박하다
□□ 心細(こころぼそ)い 불안하다
□□ 照(て)れ臭(くさ)い 쑥스럽다
□□ 著(いちじる)しい 현저하다
□□ うっとうしい 우울하다
□□ みっともない 꼴불견이다
□□ いやしい 야비하다
□□ みすぼらしい 초라하다, 누추하다
□□ のぞましい 바람직하다
□□ 騒(さわ)がしい 소란스럽다

な형용사

□□ 速(すみ)やか 신속함
□□ 穏(おだ)やか 온화함
□□ 爽(さわ)やか 상쾌함
□□ しなやか 유연함
□□ 淑(しと)やか 정숙함
□□ きらびやか 휘황찬란함

□□ 健(すこ)やか 건강함
□□ 重宝(ちょうほう) 애지중지함
□□ おろか 어리석음
□□ 几帳面(きちょうめん) 꼼꼼함
□□ おろそか 소홀히 함
□□ 健気(けなげ) 기특함, 씩씩함
□□ 気障(きざ) 치사함, 아니꼬움
□□ けち 인색함

부사

□□ あたかも 마치, 흡사
□□ 極(きわ)めて 지극히
□□ あいにく 공교롭게도
□□ うっとり 멍하니, 황홀하게
□□ あえて 굳이, 감히
□□ うんざり 지긋지긋
□□ しいて 무리하게, 억지로
□□ 案(あん)の定(じょう) 아니나 다를까
□□ おおらかに 대범하게
□□ もっぱら 오로지
□□ 徐(おもむろ)に 서서히
□□ だぶだぶ 헐렁헐렁
□□ 今(いま)さら 새삼스럽게
□□ てっきり 영락없이
□□ 改(あらた)めて 새롭게, 다시 한번
□□ まちまち 각각
□□ くれぐれも 아무쪼록
□□ とりわけ 특히
□□ ぐったり 축 늘어짐
□□ はらはら 아슬아슬, 조마조마, 뚝뚝(눈물)
□□ 辛(かろ)うじて 간신히
□□ まして 하물며
□□ こもごも 번갈아, 교대로
□□ いっそう 더더욱
□□ ちんぷんかんぷん 엉망진창, 뒤죽박죽
□□ にわかに 갑자기
□□ めちゃくちゃ 엉망으로
□□ ひしひし 절실히, 절절히
□□ ちぐはぐ 짝짝이로, 언밸런스
□□ やけに 몹시
□□ やにわに 즉석에서, 당장에
□□ ひそかに 몰래, 살짝
□□ やんわり 살며시

관용구

□□ 気(き)が置(お)けない 허물없다
□□ 口車(くちぐるま)に乗(の)る 감언이설에 속다
□□ 舌(した)を巻(ま)く 혀를 내두르다, 감탄하다
□□ 横車(よこぐるま)を押(お)す 억지 부리다
□□ 足(あし)が出(で)る 적자가 나다
□□ 濡(ぬ)れ衣(ぎぬ)を着(き)せる 누명 씌우다
□□ 風上(かざかみ)にも置(お)けない 몹시 비열하다
□□ 歯(は)が立(た)たない 상대가 안 된다
□□ 大目(おおめ)に見(み)る 관대히 봐주다
□□ あごを出(だ)す 기진맥진하다
□□ 気(き)がとがめる 양심에 찔리다
□□ 呆気(あっけ)に取(と)られる 어안이 벙벙하다
□□ 肩(かた)を持(も)つ 편들다
□□ 途方(とほう)に暮(く)れる 어찌 할 바를 모르다

□□ 手(て)も足(あし)も出(で)ない 어찌할 도리가 없다

□□ 恩(おん)に着(き)せる 생색 내다

□□ 調子(ちょうし)に乗(の)る 분위기를 타다

□□ やぶから棒(ぼう) 아닌 밤중에 홍두깨

□□ 鬼(おに)に金棒(かなぼう) 범에 날개

□□ 二(に)の舞(まい)を演(えん)じる 전철을 밟다

□□ 反故(ほご)にする 백지화하다

□□ 破(やぶ)れかぶれ 자포자기

□□ 自腹(じばら)を切(き)る 생돈 내다, 자비를 내다

□□ 目(め)がない 사족을 못 쓰다

□□ 目(め)を通(とお)す 훑어 보다

□□ 腹(はら)を据(す)える 각오하다

□□ 鼻(はな)につく 질리다

□□ 鎬(しのぎ)を削(けず)る 격렬하게 다투다

가타카나어

□□ カルチャー 문화

□□ アナウンス 안내 방송

□□ ネック 목, 장애, 애로

□□ スクープ 특종

□□ リストラ 인원 삭감, 구조조정

□□ ドリル 반복 학습

□□ ダイヤ 열차 운행시간

□□ カルテ 진료카드

□□ ジレンマ 딜레마

□□ テキスト 교재, 교과서

□□ エコ 친환경

□□ テナント 세입자, 임차인

□□ デリケート 섬세함

□□ シニカル 냉소적

□□ ユニーク 독특

□□ モラル 도덕

□□ フォロー 지원

□□ コスト 경비, 원가

□□ ハイブリッドカー 저공해 차

02 | 問題3 유의표현 문제

문제 소개

問題3은 출제되는 말이나 표현과 의미적으로 가장 가까운 말이나 표현을 고르는 〈유의표현〉 문제로, 6문항이 출제됩니다.

문제 미리 풀어보기 및 풀이

> **問題 1**
>
> ＿＿＿＿＿の言葉に意味が最も近いものを、1・2・3・4から一つ選びなさい。
>
> 来られない方は<u>あらかじめ</u>ご連絡下さい。
>
> 1 かたわら　　2 ついでに　　3 まえもって　　4 あいま

정답 3

해석 못 오시는 분은 사전에 연락 주십시오.

해설 1번 かたわら는 '~하는 한편', 2번 ついでに는 '~하는 김에', 3번 まえもって는 '미리, 사전에', 4번 あいま는 '~하는 틈틈이'이다. 문제의 あらかじめ는 '미리, 사전에' 이므로, 이와 가장 비슷한 뜻은 3번이다.

어휘 連絡(れんらく) 연락

문제분석과 완벽대비법

유의표현 문제는 개정 전 2급에서 출제되던 유형으로, 비슷한 말 찾기라 할 수 있습니다. 총 6문항이 출제되며 최근의 출제 경향을 품사별로 분류하면, 동사, 명사, 형용사, 문형과 가타카나어 등이 주로 출제되고 있습니다.

학습법으로는 단어를 정리할 때 유사어 찾기를 습관화하는 것이 중요합니다. 가령 '자포자기'를 예를 들어 보면, ① 自暴自棄(じぼうじき) ② 捨(す)て鉢(ばち) ③ 自棄糞(やけくそ) ④ やぶれかぶれ와 같이 4개의 유사어를 정리할 수 있습니다.

또한 가타카나어도 자주 출제되므로 가타카나어도 유의표현을 알아 둘 필요가 있습니다. 가령 '가격'을 예로 들면 ① 価格(かかく) ② コスト(cost)와 같이 정리할 수 있습니다. 이러한 유의표현은 평소에 일일사전을 찾아보는 습관을 들인다면 자연스럽게 습득이 가능합니다.

기출문제 분석

2010년 개정 후의 유의표현 기출문제를 살펴보면, 부사, 동사, 명사, 형용사, 가타카나어 등이 골고루 출제되고 있습니다.

기출어 보기

2010년

명사

□□ 朗報(ろうほう) 낭보
　＝喜(よろこ)ばしい知(し)らせ 기쁜 소식

□□ 丹念(たんねん) 정성, 성의
　＝じっくり 차분하게, 시간을 들여 꼼꼼하게

동사

□□ なじむ 익숙하다
　＝慣(な)れる 익숙하다, 익숙해지다

□□ 張(は)り合(あ)う 서로 경쟁하다
　＝競争(きょうそう)する 경쟁하다

□□ はかどる 진행되다
　＝順調(じゅんちょう)に進(すす)む
　순조롭게 진행되다

□□ 見合(みあ)わせる 보류하다
　＝中止(ちゅうし)する 중지하다

い형용사

□□ 煩(わずら)わしい 번거롭다, 귀찮다
　＝面倒(めんどう)だ 귀찮다

な형용사

□□ まばら 드문드문함
　＝少(すく)ない 적다

부사

□□ どんより 날씨가 잔뜩 흐린 모양
　＝曇(くも)る 흐리다

관용구

□□ いやみを言(い)う 불쾌한 말을 하다
　＝皮肉(ひにく)を言(い)う 빈정거리다

□□ やむを得(え)ず 부득이
　＝仕方(しかた)ない 어쩔 수 없다

가타카나어

□□ ルーズ 칠칠맞지 못함
　＝だらしない 칠칠맞지 못하다

2011년

명사

□□ 極力(きょくりょく) 극력, 최대한
　＝できる限(かぎ)り 가능한 한

□□ 手(て)がかり 단서
　＝ヒント 힌트

□□ ありきたりの 흔해 빠진
　＝平凡(へいぼん)な 평범한

동사

□□ もくろむ 계획하다, 기획하다
　＝計画(けいかく)する 계획하다

□□ 重宝(ちょうほう)している 소중히 여김
　＝役(やく)に立(た)っている
　도움이 되다, 쓸모 있다

□□ 落胆(らくたん)する 낙담하다
　＝がっかりする 실망하다

□□ 歴然(れきぜん)としている 확실하다
　＝はっきりしている 확실하다

い형용사

□□ あっけない 어이없다, 맥없다
　＝意外(いがい)につまらない
　의외로 시시하다

な형용사

□□ 画期的(かっきてき)な 획기적인
　＝今(いま)までになく新(あたら)しい
　여태껏 없는 새로운

부사

□□ にわかに 갑자기, 별안간
　＝すぐに 바로

가타카나어

□□ シビアだ 엄격하다
　＝厳(きび)しい 엄격하다, 매섭다

□□ コントラスト 대비, 상대비교
　＝対比(たいひ) 대비

2012년

명사

□□ 先方(せんぽう) 상대방
　＝相手(あいて) 상대

동사

□□ けなされる 비방당하다
　＝悪(わる)く言(い)われる 나쁘게 말 듣다

□□ 触発(しょくはつ)される 촉발되다
　＝刺激(しげき)をうける 자극 받다

□□ 断念(だんねん)する 단념하다
　＝あきらめる 포기하다

い형용사

□□ すがすがしい 시원시원하다, 상쾌하다
　＝さわやかな 상쾌한

な형용사

□□ おっくうだ 성가시다, 번거롭다
　＝面倒(めんどう)だ 귀찮다

□□ 簡素(かんそ)な 간소한
　＝シンプルな 심플한, 단순한

부사

□□ 自(おの)ずと 자연히, 저절로
　＝自然(しぜん)に 자연히, 자연스레

□□ 当面(とうめん)ない 당분간 없다
　＝しばらくない 한동안 없다

□□ ひそかに 몰래, 은밀히
　＝こっそり 살짝, 몰래

□□ しきりに 빈번히, 자꾸만
　＝何度(なんど)も 몇 번이나

가타카나어

□□ スケール 스케일, 규모
　＝規模(きぼ) 규모

2013년

명사

□□ 従来(じゅうらい) 종래
　＝これまで 지금까지

□□ 裏(うら)付(づ)け 뒷받침
　＝証拠(しょうこ)증거

□□ 雑踏(ざっとう) 붐빔, 혼잡
　＝人(ひと)込(ご)み 붐빔

□□ 抜群(ばつぐん)だった 발군이었다
　＝ほかと比(くら)べてとくによかった
　다른 것과 비교해 특히 좋았다

동사

□□ せかす 재촉하다
　＝急(いそ)がせる 재촉하다

□□ 仰天(ぎょうてん)した 깜짝 놀랐다
　＝とても驚(おどろ)いた 매우 놀랐다

い형용사

□□ すべがない 방법이 없다
　＝方法(ほうほう)がない 방법이 없다

부사

□□ ことごとく 모조리
　＝すべて 모두, 모조리

□□ おおむね 대체로, 대강
　＝だいたい 대체로

□□ あらかじめ 사전에, 미리
= 事前(じぜん)に 사전에

가타카나어

□□ メカニズム 매커니즘
= 仕組(しく)み 구조

□□ バックアップ 백업, 지원
= 支援(しえん) 지원

□□ 格段(かくだん)に 각별히, 현격하게
= 大幅(おおはば)に 대폭으로

□□ いたって 지극히, 몹시
= 非常(ひじょう)に 매우, 몹시

가타카나어

□□ ストレートに 스트레이트로, 직접적으로
= 率直(そっちょく)に 솔직히

2014년

명사

□□ 気掛(きが)かり 걱정
= 心配(しんぱい) 걱정

□□ 不用意(ふようい) 조심성이 없음
= 不注意(ふちゅうい) 부주의

□□ 手分(てわ)け 분담
= 分担(ぶんたん) 분담

□□ 無償(むしょう)で 무상으로
= ただで 공짜로

동사

□□ 打(う)ち込(こ)んでいる 몰두하고 있다
= 熱心(ねっしん)に取(と)り組(く)んでいる 열심히 하고 있다

□□ 回想(かいそう)する 회상하다
= 思(おも)いかえす 상기시키다

な형용사

□□ お手上(てあ)げだ 두손 들다
= どうしようもない 어쩔 방법이 없다

□□ 厄介(やっかい)な 번거로운, 성가신
= 面倒(めんどう)な 귀찮은

부사

□□ 案の定(あんのじょう) 아니나 다를까
= やはり 역시

2015년

명사

□□ 助言(じょげん) 조언
= アドバイス 어드바이스, 조언, 충고

□□ 糸口(いとぐち) 실마리, 단서
= ヒント 힌트

동사

□□ 殺到(さっとう)した 쇄도했다
= 一度(いちど)に大勢(おおぜい)の人(ひと)が来(き)た
한 번에 많은 사람이 왔다

□□ 錯覚(さっかく)する 착각하다
= 勘違(かんちが)いする 착각하다

□□ 仕上(しあ)げる 마감하다, 완성하다
= 完成(かんせい)する 완성하다

□□ 誇張(こちょう)して 과장하여
= 大(おお)げさに 과장하여, 과장되게

□□ ありふれた 흔해 빠진
= 平凡(へいぼん)な 평범한

□□ うろたえずに 허둥대지 않고
= 慌(あわ)てずに 허둥대지 않고

□□ 弁解(べんかい)して 변명하고
= 言(い)い訳(わけ)して 핑계 대고

な형용사

□□ 互角(ごかく)だ 호각이다, 우열이 없다

= 大体(だいたい)同(おな)じだ 대체로 같다

부사

□□ ふいに 갑자기, 느닷없이

= 突然(とつぜん)돌연, 갑자기

가타카나어

□□ クレーム 크레임, 불만

= 苦情(くじょう) 불만, 불평

2016년

명사

□□ 端的(たんてき)に 단적으로

= 明白(めいはく)に 명백히

□□ 自尊心(じそんしん)자존심

= プライド 프라이드, 긍지, 자존심

동사

□□ とまどって 당황하여

= 困(こま)って 곤란하여

い형용사

□□ わずらわしい 번거로운

= 面倒(めんどう)な 귀찮은

な형용사

□□ 小(ちい)さな 자그마한

= ささいな 자질구레한, 소소한

부사

□□ 何(なん)とか 그럭저럭, 겨우

= かろうじて 간신히, 겨우

2017년

명사

□□ 難点(なんてん) 난점

= 不安(ふあん)なところ 불안

□□ 抱負(ほうふ) 포부

= 決意(けつい) 결의

□□ ゆとり 여유

= 余裕(よゆう) 여유

동사

□□ 照会(しょうかい)する 조회하다

= 問(と)い合(あ)わせる 문의하다

□□ 撤回(てっかい)する 철회하다

= 取(と)り消(け)す 취소하다

□□ 諦(あきら)めない 포기하지 않다

= 粘(ねば)り強(づよ)い 끈기 있다

□□ 張(は)り合(あ)う 경쟁하다

= 競(きそ)い合(あ)う 경쟁하다

□□ むっとする 욱하다, 화내다

= 怒(おこ)る 화나다, 화내다

な형용사

□□ かたくなな 고집이 센

= 頑固(がんこ)な 완고한

부사

□□ うすうす 희미하게, 어렴풋하게

= なんとなく 어쩐지, 왠지 모르게

□□ 若干(じゃっかん) 약간, 어느 정도

= わずかに 간신히, 겨우

□□ 入念(にゅうねん)に 꼼꼼히, 정성들여

= 細(こま)かく丁寧(ていねい)に
섬세하고 정성껏

예상어휘 보기

전반부의 단어와 중복도 있으나 특히, 유의표현에 나올 만한 단어를 정리했습니다.

명사

□□ 羨望(せんぼう) 선망 = 羨(うらや)む 부러워하다

□□ 憎悪(ぞうお) 증오 = 憎(にく)む 증오하다

□□ 思惑(おもわく) 생각, 의도 = 意図(いと) 의도

□□ 怨恨(えんこん) 원한 = 恨(うら)む 원망하다

□□ 割合(わりあい) 비율 = 比率(ひりつ) 비율

□□ 愚痴(ぐち) 불평, 불만 = 文句(もんく), 苦情(くじょう) 불평, 불만

□□ 言(い)い訳(わけ) 변명 = 弁明(べんめい) 변명

□□ 趣(おもむ)き 취지 = 趣旨(しゅし) 취지, 内容(ないよう) 내용

□□ コツ 요령 = 要領(ようりょう) 요령

□□ てんてこ舞(ま)い 눈코 뜰 새 없이 바쁨 = 猫(ねこ)の手(て)も借(か)りたい, 慌(あわ)ただしい 황망하다

□□ 要(かなめ) 핵심, 중요 = 肝心(かんじん) 중요

□□ 阻止(そし) 저지 = 阻(はば)む 저지하다

□□ 歪曲(わいきょく) 왜곡 = 歪(ゆが)む 일그러지다, 삐뚤어지다

□□ 閉口(へいこう) 질림 = 手(て)に負(お)えない 처치곤란이다

□□ 白状(はくじょう) 자백 = 申(もう)し述(の)べる 진술하다

□□ 間柄(あいだがら) 관계, 사이 = 仲(なか) 사이

□□ 根回(ねまわ)し 사전 교섭 = 下工作(したこうさく) 사전 공작

□□ 体裁(ていさい) 체면, 면목 = 面目(めんぼく) 면목

동사

□□ 滞(とどこお)る 밀리다, 체납하다 = 滞納(たいのう) 체납, 渋滞(じゅうたい) 정체

□□ ひるむ 겁먹다, 기가 죽다 = 萎縮(いしゅく)する 위축되다

□□ 侮(あなど)る 깔보다 = 見(み)くびる 얕보다, 馬鹿(ばか)にする 깔보다

□□ 育(はぐく)む 양육하다, 기르다 = 育(そだ)てる 키우다, 発展(はってん)させる 발전시키다

□□ 遮(さえぎ)る 차단하다 = 遮断(しゃだん)する 차단하다

□□ 拝(おが)む 숭배하다 = 崇拝(すうはい) 숭배

□□ 募(つの)る 모집하다 = 募集(ぼしゅう)する 모집하다

□□ 欺(あざむ)く 속이다 = だます 속이다

□□ 拒(こば)む 거부하다 = 拒否(きょひ) 거부

□□ もめる 옥신각신하다 = ごたごたする 분규하다, 紛糾(ふんきゅう) 분규

□□ 見合(みあ)わせる 중지하다, 보류하다 = 中止(ちゅうし) 중지, 見守(みまも)る 지켜보다

□□ 挑(いど)む 도전하다 = 挑戦(ちょうせん) 도전

□□ 断(ことわ)る 거절(거부)하다 = 拒否(きょひ) 거부, 拒絶(きょぜつ) 거절

□□ 謝(あやま)る 사과하다 = 詫(わ)びる, 謝罪(しゃざい)する 사죄하다

□□ 悼(いた)む 애도하다 = 哀悼(あいとう) 애도

い형용사

□□ 著(いちじる)しい 현저하다 = 顕著(けんちょ) 현저

□□ けたたましい 시끌벅적하다 = 騒(さわ)がしい 소란스럽다

□□ 浅(あさ)ましい 비천하다 = 浅薄(せんぱく) 천박, 卑劣(ひれつ) 비열

□□ ややこしい 복잡하다, 까다롭다 = 複雑(ふくざつ) 복잡, 煩(わずら)わしい 번거롭다

□□ 夥(おびただ)しい 양이 엄청나다 = 非常(ひじょう)に多(おお)い, ものすごい 상당히 많다

□□ 清々(すがすが)しい 상쾌하다 = 爽快(そうかい) 상쾌, 爽(さわ)やか 상쾌

□□ はかない 덧없다, 허무하다 = むなしい, 無常(むじょう) 무상

□□ 素(そ)っ気(け)ない 쌀쌀맞다 = 冷淡(れいたん) 냉담, 思(おも)いやりがない 배려심이 없다

□□ 尊(とうと)い 존엄하다 = 高貴(こうき) 고귀, 貴重(きちょう) 귀중

□□ 忌々(いまいま)しい 부아가 치밀다 = 非常(ひじょう)に腹立(はらだ)たしい 굉장히 화가 난다

な형용사

□□ 面倒(めんどう)だ 귀찮다, 번거롭다 = 煩(わずら)わしい 성가시다, 귀찮다

□□ 利口(りこう)だ 똑똑하다 = 頭(あたま)が良(よ)い 머리가 좋다

□□ ちぐはぐだ 뒤죽박죽이다 = 食(く)い違(ちが)う 어긋나다

□□ 打(う)って付(つ)けだ 안성맞춤이다 = ぴったりあう 딱 맞다, 持(も)ってこい 안성맞춤

□□ 無造作(むぞうさ)だ 손쉽다 = 容易(たやす)い 용이하다

□□ 窮屈(きゅうくつ)だ 답답하다 = 堅苦(かたぐる)しい 답답하다

□□ 月並(つきな)み 평범함, 보통임 = 平凡(へいぼん) 평범함

부사

□□ きちんと 똑바로, 정확히 ＝ 整(ととの)っている 가지런하다, 的確(てきかく)だ 정확하다

□□ 恰(あたか)も 마치, 흡사 ＝ 丁度(ちょうど), まるで 마치

□□ うんざり 지겨움 ＝ 嫌(いや)になる 싫증나다

□□ 専(もっぱ)ら 오로지 ＝ ひたすら 오로지

□□ こりごり 지긋지긋 ＝ ひどく懲(こ)りる 몹시 질리다

□□ うっとり 황홀한 모양 ＝ 恍惚(こうこつ) 황홀

□□ やにわに 즉석에서 ＝ その場(ば)で, 直(ただ)ちに 바로

□□ たまたま 우연히 ＝ 偶然(ぐうぜん) 우연

□□ あえて 굳이, 감히 ＝ しいて 굳이

□□ 辛(かろ)うじて 간신히 ＝ ようやく 겨우, 간신히

관용구

□□ ざっくばらんに言(い)う 숨김없이 말하다 ＝ 打(う)ち明(あ)ける 솔직히 말하다

□□ 日和見主義(ひよりみしゅぎ) 기회주의 ＝ 機会主義(きかいしゅぎ), 洞ヶ峠(ほらがとうげ) 기회주의

□□ 途方(とほう)に暮(く)れる 어찌할 바를 모르다 ＝ 手段(しゅだん)に迷(まよ)う 방법을 찾지 못하다

□□ 呆気(あっけ)に取(と)られる 어안이 벙벙하다 ＝ 驚(おどろ)きあきれる 너무 놀라다

□□ 足(あし)が出(で)る 적자가 나다 ＝ 赤字(あかじ)になる 적자가 되다

□□ 物色(ぶっしょく)する 물색하다 ＝ 人(ひと)や物(もの)などを捜(さが)す 사람이나 물건 등을 찾다

□□ とんでもない 말도 안 된다 ＝ もってのほか, 意外(いがい) 의외, 당치도 않다

가타카나어

□□ ユニーク 유니크, 독특 ＝ 独特(どくとく) 독특

□□ シック 세련, 순수 ＝ 粋(いき), あか抜(ぬ)け 세련, 순수

□□ コンプレックス 열등감 ＝ 劣等感(れっとうかん), 引(ひ)け目(め) 열등감

□□ キャンペーン 캠페인 ＝ 宣伝活動(せんでんかつどう) 선전활동

□□ ルート 루트, 경로, 노선 ＝ 道筋(みちすじ), 道路(どうろ) 순서, 도로

□□ ニーズ 니즈, 필요성, 요구 = 必要(ひつよう), 要求(ようきゅう) 필요, 요구

□□ モラル 모럴, 도덕 = 道徳(どうとく) 도덕

□□ ジレンマ 딜레마 = 板挟(いたばさ)み 진퇴유곡

□□ ピンチ 위기, 궁지 = 危機(きき) 위기, 窮地(きゅうち) 궁지

□□ ネーチャー 자연 = 自然(しぜん) 자연

□□ コスト 경비, 원가 = 経費(けいひ) 경비, 原価(げんか) 원가

□□ リストラ 인원 삭감 = 人員削減(じんいんさくげん) 인원 삭감

□□ コメント 비평 = 批評(ひひょう) 비평

□□ カルチャー 문명, 문화 = 文明(ぶんめい) 문명, 文化(ぶんか) 문화

03 | 問題4 용법 문제

문제 소개

문자 · 어휘의 問題4 문제는 출제어가 문장 속에서 어떻게 쓰이는지 묻는 용법 문제입니다. 4개의 선택지 문장을 읽어보고 제시된 출제어가 올바로 쓰인 정답을 고르는 문제이며, 6문항이 출제됩니다.

문제 미리 풀어보기 및 풀이

問題 4

次の言葉の使い方として最もよいものを、1·2·3·4から一つ選びなさい。

発足

1 これから、先日発足した問題について検討します。

2 新技術を発足したおかげで、他社との勝負に勝てた。

3 この団体は、先月発足したばかりです。

4 この出版社は、来月、新しい週刊紙を発足する。

정답 3

해석 이 단체는 지난달에 막 발족하였습니다.

해설 '発足(ほっそく) 발족'은 조직이나 기구가 설치되어 활동을 개시한다는 의미이므로 정답은 3번이다. 1 발족한 문제, 2 신기술을 발족, 4 주간지를 발족은 정확한 용법이 아니다.

어휘 検討(けんとう)する 검토하다 | 新技術(しんぎじゅつ) 신기술 | 勝負(しょうぶ) 승부 | 勝(か)つ 이기다 | 団体(だんたい) 단체 | 出版社(しゅっぱんしゃ) 출판사 | 週刊紙(しゅうかんし) 주간지

문제분석과 완벽대비법

용법 문제는 2000년부터 출제되었으며 개정 후 6문항으로 늘어났습니다. 제시된 단어의 바른 사용법을 묻는 문제로 단어의 정확한 의미와 용법의 지식을 측정하는 것입니다. 주로 출제된 단어의 품사는 동사와 명사, 형용사와 부사, 그리고 가타카나어 등으로 여러 품사에 걸쳐 출제되고 있으나, 주로 용언 즉, 동사나 형용사가 많습니다. 그러므로 단어를 공부할 때 특히 다의어의 예문을 중심으로 하는 것이 좋습니다. 'さす'의 예를 들어 보면, 아래와 같이 다양한 의미로 쓰입니다.

① 後光(ごこう)が差(さ)す 후광이 비치다

② 床下(ゆかした)まで水(みず)が差(さ)す 마루 바닥까지 물이 차다

③ 頬(ほお)に赤(あか)みが差(さ)す 볼이 발그스레해지다

④ 관용구

嫌気(いやけ)がさす 싫증 나다

魔(ま)が差(さ)す 마가 끼다

眠気(ねむけ)が差(さ)す 졸음이 오다

⑤ 傘(かさ)を差(さ)す 우산을 쓰다

⑥ 刀(かたな)を差(さ)す 칼을 꽂다

⑦ 本(ほん)にしおりを差(さ)す 책에 책갈피를 끼우다

⑧ 액체를 주입하다
目薬(めぐすり)を注(さ)す 안약을 주입하다
機械(きかい)に油(あぶら)を注(さ)す 기계에 기름을 치다
花瓶(かびん)に水(みず)を注(さ)す 화병에 물을 주다

위와 같이 한 단어의 의미가 여러 가지 있는 단어를 다의어라고 하며, 용법 파악 문제에 자주 등장하므로 평소 학습시에 유의하여 공부한다면 문제를 풀 때 쉽게 풀 수 있을 것입니다.

기출문제 분석 주로 출제된 단어의 품사는 동사, 명사, 형용사, 부사, 가타카나어 등으로 여러 품사에 걸쳐 출제되고 있습니다.

기출어 보기

2000년

명사

□□ 極端(きょくたん) 극단

동사

□□ とぐ 갈다

부사

□□ なんとか 그럭저럭, 어떻게든

□□ わざわざ 일부러

□□ ぼつぼつ 슬슬, 조금씩

2001년

な형용사

□□ あざやか 선명함

부사

□□ よほど 상당히, 훨씬

□□ ぺこぺこ 굽실굽실

□□ 仮(かり)に 임시로, 가령

가타카나어

□□ ショック 쇼크, 충격

2002년

명사

□□ 中毒(ちゅうどく) 중독

□□ 不満(ふまん) 불만

부사

□□ 一見(いっけん) 언뜻 보기에

□□ どうやら 아무래도, 어쩐지

□□ おろか ~물론, ~고사하고, ~커녕

2003년

명사

□□ 終日(しゅうじつ) 종일

□□ 両立(りょうりつ) 양립

□□ 単一(たんいつ) 단일

な형용사

□□ しなやか 부드러움, 나긋나긋함

부사

□□ ぶかぶか 헐렁헐렁

2004년

명사

□□ かんぺき 완벽

□□ 一括(いっかつ) 일괄

동사

□□ ののしる 매도하다, 욕을 하다

부사

□□ いやに 몹시, 이상하게, 묘하게

가타카나어

□□ ボイコット 보이콧

2005년

명사

□□ 露骨(ろこつ) 노골

□□ 軽率(けいそつ) 경솔

□□ 交付(こうふ) 교부

동사

□□ おごる 한턱내다

부사

□□ まるまる 완전히, 전부

2006년

명사

□□ 欠如(けつじょ) 결여

□□ 相応(そうおう) 상응

□□ 高尚(こうしょう) 고상

동사

□□ にじむ 번지다

부사

□□ 案(あん)の定(じょう) 아니나 다를까, 예상대로, 생각대로

2007년

명사

□□ 執着(しゅうちゃく) 집착

□□ 禁物(きんもつ) 금물

□□ 不順(ふじゅん) 불순

동사

□□ そらす 돌리다, 놓치다

부사

□□ ずらっと 주욱 늘어선 모습

2008년

명사

□□ 昇進(しょうしん) 승진

□□ 忠実(ちゅうじつ) 충실

□□ 指図(さしず) 지시, 지휘

동사

□□ へりくだる 겸손하다

부사

□□ とっさに 순간적으로

2009년

명사

□□ 品種(ひんしゅ) 품종

□□ 親善(しんぜん) 친선

□□ 巧妙(こうみょう) 교묘

□□ 照合(しょうごう) 조회, 대조, 조합

□□ 手際(てぎわ) 수완, 솜씨

な형용사

□□ きざ 비위에 거슬림, 아니꼬움

동사

□□ つぶやく 중얼거리다

□□ はかどる 진척되다

부사

□□ 突如(とつじょ) 갑자기, 별안간

관용구

□□ 腹(はら)が立(た)つ 화가 나다

2010년

명사

□□ 満喫(まんきつ) 만끽

□□ 密集(みっしゅう) 밀집

□□ 発足(ほっそく) 발족

□□ 調達(ちょうたつ) 조달

□□ 細心(さいしん) 세심

□□ 目先(めさき) 눈앞, 당장

동사

□□ にぎわう 번성하다, 번화하다

□□ 見落(みお)とす 못보다, 놓치다

い형용사

□□ 潔(いさぎよ)い 깨끗하다, 뒤끝이 없다

부사

□□ ひとまず 일단, 우선

□□ めきめき 눈에 띄게, 눈부시게

관용구

□□ 意地(いじ)を張(は)る 고집 피우다

2011년

명사

□□ 赴任(ふにん) 부임

□□ 連携(れんけい) 연계, 제휴

□□ 不服(ふふく) 불복

□□ ゆとり 여유

□□ 配布(はいふ) 배포

□□ 質素(しっそ) 검소

동사

□□ ほどける 풀리다, 풀어지다

□□ かなう 이루어지다

□□ 見失(みうしな)う 보던 것을(시야에서) 놓치다

い형용사

□□ 目覚(めざ)ましい 눈부시다, 놀랍다

부사

□□ とっくに 벌써, 훨씬 전에

□□ まちまち 각양각색, 가지가지

2012년

명사

□□ 有数(ゆうすう) 유수

□□ 見込(みこ)み 전망, 비전, 예상

□□ 免除(めんじょ) 면제

□□ 発散(はっさん) 발산

□□ 仕業(しわざ) 소행, 짓거리

동사

□□ 秘(ひ)める 숨기다, 간직하다

□□ 怠(おこた)る 게으름피우다, 방심하다

い형용사

□□ 満(み)たない 채우지 못하다, 충족시키지 못하다

な형용사

□□ 広大(こうだい) 광대함

□□ 無造作(むぞうさ) 대수롭지 않음, 손쉬움

부사

□□ 総(そう)じて 일반적으로, 대체적으로

가타카나어

□□ ブラック 블랙

2013년

명사

□□ 合致(がっち) 합치, 일치

□□ 気配(けはい) 낌새, 기색

□□ 加味(かみ) 가미, 더함

□□ 打開(だかい) 타개

□□ 煩雑(はんざつ) 번잡

□□ 処置(しょち) 처치, 조치

□□ 拍子(ひょうし) 박자, 리듬, ~하는 바람에

□□ 口出(くちだ)し 말참견

□□ 優位(ゆうい) 우위

동사

□□ かばう 감싸주다, 커버하다

□□ 当(あ)てはめる 적용시키다, 딱 맞게 하다

な형용사

□□ 円滑(えんかつ) 원활함

2014년

명사

□□ 工面(くめん) 마련, 융통(주로 금전)

□□ 心構(こころがま)え 마음가짐, 각오

□□ 復旧(ふっきゅう) 복구

□□ 人一倍(ひといちばい) 남보다 더, 갑절, 더 한층

□□ 一律(いちりつ) 일률

□□ 裏腹(うらはら) 정반대

동사

□□ 抱(かか)え込(こ)む 껴안다, 떠안다

□□ 損(そこ)なう 해치다, 손상시키다

□□ はがす 벗기다, 떼어내다

□□ 携(たずさ)わる 관계하다, 종사하다

い형용사

□□ 耐(た)えがたい 견디기 어렵다

2015년

명사

□□ 統合(とうごう) 통합

□□ 安静(あんせい) 안정

□□ 人手(ひとで) 일손

□□ 没頭(ぼっとう) 몰두

□□ 辞任(じにん) 사임

□□ 軌道(きどう) 궤도

명사

□□ 帯(お)びる 띠다(성질, 경향 등)

□□ 思(おも)い詰(つ)める 골똘히 생각하다

い형용사

□□ はなはだしい 엄청나다, 매우 심하다

부사

□□ くまなく 빠짐없이, 구석구석

□□ もはや 이제는, 바야흐로

□□ 今更(いまさら) 새삼스레, 이제 와서

2016년

명사

□□ 規制(きせい) 규제

□□ 入手(にゅうしゅ) 입수

□□ 経緯(けいい) 경위

□□ 還元(かんげん) 환원

동사

□□ 退(しりぞ)く 물러나다, 사임하다

2017년

명사

□□ 昇進(しょうしん) 승진

□□ 配布(はいふ) 배포

□□ 発足(ほっそく) 발족

□□ 提起(ていき) 제기

동사

□□ 見落(みお)とす 간과하다, 빠뜨리다, 못 보다

□□ 滅(ほろ)びる 멸망하다, 쇠퇴하다

예상어휘 보기

명사 (연체사 포함)

□□ 獲物(えもの) 획득물, 사냥감

□□ 首脳(しゅのう) 수뇌

□□ 夢中(むちゅう) 열중

□□ 微妙(びみょう) 미묘

□□ 改善(かいぜん) 개선

□□ 観察(かんさつ) 관찰

□□ 割合(わりあい) 비율

□□ 関(せき)の山(やま) 고작

□□ 専(もっぱ)ら 오로지

□□ あらゆる 모든

□□ 世間並(せけんなみ) 평범, 보통

□□ 刺激(しげき) 자극

□□ 素朴(そぼく) 소박

□□ 油断(ゆだん) 방심

□□ 願望(がんぼう) 간절히 바람

□□ 口調(くちょう) 어투, 어조, 말투

□□ 契機(けいき) 계기

□□ 兆候(ちょうこう) 징후

□□ 気(き)まぐれ 변덕

□□ 過疎(かそ) 과소

□□ 侮辱(ぶじょく) 모욕

□□ 苦情(くじょう) 불평, 불만

□□ 取(と)り柄(え) 특기, 장점

□□ 浮彫(うきぼ)り 부각

□□ 呼(よ)び水(みず) 시초, 시작

□□ いわゆる 이른바

□□ 木枯(こが)らし 늦가을의 차가운 바람

□□ 根気(こんき) 끈기

□□ 大盛(おおも)り 곱빼기

□□ 国柄(くにがら) 국풍, 그 나라만의 풍

동사

□□ 盛(も)り上(あ)がる 달아오르다, 웅성거리다

□□ うごめく 꿈틀거리다

□□ 見合(みあ)わせる 보류하다, 중지하다

□□ 覆(くつがえ)す 뒤엎다

□□ 賄(まかな)う 조달하다, 마련하다, 충당하다

□□ 省(かえり)みる 반성하다

□□ 侮(あなど)る 멸시하다

□□ 仰(あお)ぐ 우러러보다, 공경하다

□□ 競(せ)り合(あ)う 경합하다

□□ 収(おさ)まる 수납하다, 수습하다

□□ 翻(ひるがえ)す 뒤집다

□□ 潤(うるお)う 촉촉하다, 윤택하다

□□ 試(こころ)みる 시도하다

□□ 首肯(うなず)く 수긍하다

□□ 養(やしな)う 양육하다

□□ 商(あきな)う 영업하다, 장사하다

□□ もがく 바둥거리다

□□ うつむく 고개 숙이다

□□ 償(つぐな)う 보상하다

□□ こなす 소화시키다, 잘 활용하다

□□ わめく 울부짖다

□□ けなす 헐뜯다

□□ 補(おぎな)う 보충하다

い형용사

□□ あくどい 악랄하다

□□ 厳(いか)めしい 근엄하다

□□ せちがらい 야박하다

□□ もどかしい 안타깝다, 답답하다

□□ たくましい 늠름하다

□□ 麗(うるわ)しい 아름답다

□□ 呆気(あっけ)ない 어이없다

□□ 夥(おびただ)しい 양이 엄청나다

な형용사

□□ 風変(ふうが)わり 특이함, 색다름

□□ おおらか 대범함

□□ 質素(しっそ) 검소함

□□ 地味(じみ) 수수함

□□ 頑(かたく)な 완고함

□□ 健気(けなげ) 기특함, 듬직함

□□ 遠慮(えんりょ) 사양함, 꺼림

부사

□□ やにわに 당장에, 즉석에서

□□ あたかも 마치

□□ 徐(おもむろ)に 서서히

□□ うんざり 지겨움

□□ 軒並(のきな)み 모조리, 전부 다

□□ はらはら 조마조마

□□ やんわりと 부드럽게, 온화하게

□□ まちまち 각각

□□ 案外(あんがい) 의외

□□ 一概(いちがい)に 일률적으로

□□ 相(あい)まって 더불어, 어울려

□□ 精一杯(せいいっぱい) 온힘을 다해

관용구

□□ 反古(ほご)にする 없는 걸로 하다, 백지화하다

□□ 立(た)ち往生(おうじょう) 오도 가도 못함

□□ いながらにして 가만히 앉아서, 그 자리에서

□□ 訳(わけ)がない 너무 쉽다

□□ ないがしろにする 무시하다, 경멸하다

□□ 序(じょ)の口(くち) 시작에 불과함

□□ 瀬戸際(せとぎわ) 운명의 갈림길

□□ 問(と)わず 불문하고

□□ 目(め)に余(あま)る 눈 밖에 나다, 두고 볼 수 없다

가타카나어

□□ ダイヤ 열차 운행시간표

□□ モラル 도덕

□□ ドリル 드릴, 반복연습

□□ エピソード 일화

□□ フォロー 지원

□□ テナント 세입자

□□ ネック 목, 장애, 애로

□□ ファイト 파이팅, 투지

□□ デリケート 섬세함

□□ フリーター 임시고용직

□□ コスト 비용, 원가, 경비

□□ リストラ 인원 삭감

□□ ドライ 건조, 합리적

□□ ハイブリッドカー 저공해 자동차

핵심어휘 완벽대비

N1 핵심 어휘

N1 단계에서 반드시 익혀야 할 어휘를 선정하여 일본어 읽기와 뜻을 함께 수록하였습니다. 부사, 가타카나어, 관용구는 기출어와 예상어휘를 통해서 학습하도록 하세요. 중요어휘는 ★로 중요도를 표시하였습니다.

(★★★ 중요도 3 / ★★ 중요도 2 / ★ 중요도 1)

01 | 음훈 혼용 (숙어 포함)

□□에 체크하면서 학습하세요!

あ행

★ □□	合鍵(あいかぎ)	여벌 열쇠
★★★ □□	挨拶(あいさつ)	인사
★★ □□	合図(あいず)	신호, 눈짓, 손짓
★★★ □□	合間(あいま)	틈, 짬
★★★ □□	間柄(あいだがら)	사이, 관계
□□	相手(あいて)	상대
□□	青空(あおぞら)	창공, 파란 하늘
★ □□	青菜(あおな)	푸성귀
□□	朝寝坊(あさねぼう)	늦잠꾸러기
★ □□	足音(あしおと)	발소리
□□	足踏(あしぶ)み	제자리걸음
□□	明日(あした·あす)	내일
★ □□	汗(あせ)まみれ	땀투성이
★ □□	後始末(あとしまつ)	뒤치다꺼리
★★★ □□	跡地(あとち)	철거부지, 유적
★★ □□	雨足(あまあし)	빗발, 빗줄기
★ □□	雨雲(あまぐも)	비구름
★★★ □□	雨戸(あまど)	덧문, 비막이문
★★★ □□	雨水(あまみず)	빗물
★ □□	雨宿(あまやど)り	비피하기
□□	言(い)い訳(わけ)	핑계
★★★ □□	家柄(いえがら)	가풍, 가문

★★ □□	家路(いえじ)	귀가
★ □□	生(い)き甲斐(がい)	삶의 보람
★★★ □□	憩(いこ)い	쉼, 휴식
□□	居酒屋(いざかや)	주점
□□	石工(いしく)	석공
□□	椅子(いす)	의자
□□	痛手(いたで)	깊은 상처, 충격
★★★ □□	板挟(いたばさ)み	딜레마, 난관
★★★ □□	板前(いたまえ)	주방장, 요리사
□□	銀杏 (いちょう)	은행나무
★ □□	糸口(いとぐち)	실마리
□□	田舎町(いなかまち)	시골동네
□□	命拾(いのちびろ)い	목숨 건짐
□□	嫌(いや)がらせ	앙갚음
□□	入(い)れ歯(ば)	틀니
□□	色眼鏡(いろめがね)	색안경
★★ □□	受付(うけつけ)	접수
★★★ □□	腕前(うでまえ)	솜씨, 역량, 기량
□□	海辺(うみべ)	바닷가
★ □□	裏腹(うらはら)に	반대로
□□	売(う)り上(あ)げ	매상
□□	瓜二(うりふた)つ	쏙 빼닮음
□□	うわ言(ごと)	헛소리
★★ □□	笑顔(えがお)	웃는 얼굴
★ □□	絵柄(えがら)	도안, 무늬
□□	絵空事(えそらごと)	허풍, 과장, 비현실적
★★★ □□	枝(えだ)	가지, 갈래
□□	枝豆(えだまめ)	완두콩
□□	海老(えび)	새우
□□	襟元(えりもと)	목 언저리, 옷깃 언저리, 멱살
□□	縁側(えんがわ)	툇마루
★★ □□	お勘定(かんじょう)	계산
★★ □□	お辞儀(じぎ)	(머리 숙여 하는) 인사, 절
★★ □□	お世辞(せじ)	아부, 입발림
★ □□	お互(たが)い様(さま)	피차일반
□□	お盆(ぼん)	쟁반, 추석

★★★ □□	生(お)い立(た)ち	성장 과정
□□	王様(おうさま)	임금님
□□	逢瀬(おうせ)	밀회
★★★ □□	大柄(おおがら)	몸집이 보통 사람보다 큼, 무늬가 큼
★★ □□	大雑把(おおざっぱ)	대충, 대략
★★★ □□	大筋(おおすじ)	요점, 대강
□□	女将(おかみ)	안주인, 여주인
★★ □□	女同士(おんなどうし)	여자끼리
□□	奥歯(おくば)	어금니
□□	押入(おしい)れ	벽장
□□	男柄(おとこがら)	남자다운 인품
□□	鬼歯(おにば)	뻐드렁니
□□	思(おも)い出(で)	추억
★★★ □□	面影(おもかげ)	(옛)모습, 용모
□□	重石(おもし)	추, 무거운 돌, 누름 돌
★★ □□	重荷(おもに)	무거운 짐
□□	親知(おやし)らず	사랑니 = **親知**(おやし)**らず歯**(ば) 사랑니
★ □□	親指(おやゆび)	엄지

か행

★★★ □□	貝殻(かいがら)	조개 껍데기
★★★ □□	垣根(かきね)	울타리, 담
□□	陽炎(かげろう)	아지랑이
□□	片想(かたおも)い	짝사랑
□□	片隅(かたすみ)	한쪽 구석
★★★ □□	片道(かたみち)	편도
★★★ □□	要(かなめ)	가장 중요한 점, 요점
□□	片目(かため)	한쪽 눈
★★ □□	株式(かぶしき)	주식
★★★ □□	株主(かぶぬし)	주주
□□	紙屑(かみくず)	종이쓰레기, 휴지
★★ □□	紙芝居(かみしばい)	종이연극
□□	紙一重(かみひとえ)の差(さ)	종이 한 장 차이
□□	神様(かみさま)	신, 하느님
★★★ □□	神業(かみわざ)	신기, 기막힌 재간
□□	空手(からて)	맨손
★★ □□	感心(かんしん)	감탄

★★★ □□	観念(かんねん)	단념, 체념, 포기, 각오
★ □□	切手(きって)	우표
★★★ □□	兆(きざ)し	징조, 조짐
□□	切符(きっぷ)	표, 티겟
★ □□	気晴(きば)らし	기분 전환
★ □□	肝試(きもだめ)し	담력 시험
★★ □□	偽名(ぎめい)	가명
□□	薬指(くすりゆび)	약지
★★★ □□	苦情(くじょう)	불평, 불만
□□	苦労話(くろうばなし)	고생담, 고생한 이야기
★ □□	果物(くだもの)	과일
★★★ □□	口調(くちょう)	어투, 어조, 말투
★★ □□	口数(くちかず)	말수
★★ □□	口答(くちごた)え	말대답, 말대꾸
★ □□	口火(くちび)	도화선, 계기, 원인
□□	口振(くちぶ)り	말투, 말씨
□□	口元(くちもと)	입가
★ □□	靴箱(くつばこ)	신발장
□□	国柄(くにがら)	국풍, 국가적 특징
□□	工夫(くふう)	연구, 생각
★★ □□	車椅子(くるまいす)	휠체어
★ □□	具合(ぐあい)	상태, 상황
★★★ □□	愚痴(ぐち)	불평
□□	怪我(けが)	부상
★★★ □□	景色(けしき)	경치
★★★ □□	気配(けはい)	기색, 기척
□□	喧嘩(けんか)	싸움
★★ □□	見当(けんとう)	짐작
□□	見物(けんぶつ)	구경
★★★ □□	懸命(けんめい)	열심
★★★ □□	源氏名(げんじな)	예명
□□	現場(げんば)	현장
★ □□	小柄(こがら)	작은 몸집, 모양 · 무늬가 작음
□□	小声(こごえ)	작은 목소리
□□	小言(こごと)	잔소리
★★ □□	小雨(こさめ)	이슬비

★★□□	小銭(こぜに)	잔돈, 동전
□□	小遣(こづか)い	용돈
□□	小物(こもの)	자질구레한 도구, 소품
□□	小屋(こや)	오두막
□□	小指(こゆび)	새끼손가락
□□	心当(こころあ)たり	마음 짚히는 곳
□□	心遣(こころづか)い	마음을 씀, 배려
★★★□□	志(こころざし)	뜻, 마음, 친절
□□	乞食(こじき)	거지
★□□	事柄(ことがら)	일의 내용, 사항
□□	堪(こら)え性(しょう)	참을성, 인내력
□□	婚姻届(こんいんとどけ)	혼인 신고
★★★□□	献立(こんだて)	식단, 메뉴
□□	今夜(こんや)	오늘밤
★★★□□	困惑(こんわく)	곤혹

さ행

□□	財布(さいふ)	지갑
□□	先行(さきゆ)き	전망, 앞길, 동향
□□	酒癖(さけぐせ)	술버릇
★★★□□	指図(さしず)	지시
□□	皿洗(さらあら)い	접시 닦기
★★□□	残高(ざんだか)	잔고
★□□	借金(しゃっきん)	빚
★★★□□	終電(しゅうでん)	(전철) 막차
★★★□□	敷金(しききん)	월세 보증금
★□□	仕草(しぐさ)	동작, 태도, 표정
★★□□	刺激(しげき)	자극
★★□□	下請(したう)け	하청
□□	下着(したぎ)	속옷
★□□	舌打(したう)ち	혀를 참
★★□□	支度(したく)	준비, 채비
□□	質問攻(しつもんぜ)め	질문 공세
□□	品物(しなもの)	물품
★★□□	芝居(しばい)	연극
★★★□□	芝生(しばふ)	잔디밭
★□□	始末(しまつ)	경위, 자초지종, 결과, 꼴

★★□□	素面(しらふ)	술에 취하지 않은 말짱한 상태 · 정신
□□	尻餅(しりもち)	엉덩방아
★□□	心中(しんじゅう)	동반자살
□□	親身(しんみ)	부모의 몸(입장)
★□□	砂利道(じゃりみち)	자갈길
★□□	上機嫌(じょうきげん)	기분이 매우 좋음
□□	冗談(じょうだん)	농담
□□	常連客(じょうれんきゃく)	단골 손님
★★□□	自供(じきょう)	자백
□□	地元(じもと)	출신지, 자란 곳, 지방, 그 고장
★★□□	素顔(すがお)	(화장을 하지 않은) 민낯
□□	隙間(すきま)	(빈)틈, 겨를, 짬
★★□□	筋合い(すじあい)	(사물에 대한) 도리, 이유, 사정, …할 처지 · 입장
★★★□□	砂浜(すなはま)	모래 해변, 모래 사장
□□	砂場(すなば)	모래밭, 모래터
□□	咳払い(せきばらい)	헛기침
□□	世間(せけん)	세상
□□	瀬戸物(せともの)	사기그릇, 도자기
★★★□□	背広(せびろ)	양복
□□	台詞(せりふ)	대사
□□	線香(せんこう)	선향
★★□□	葬儀(そうぎ)	장례식
□□	掃除(そうじ)	청소
★★★□□	相場(そうば)	시세
★□□	空耳(そらみみ)	헛들음, 잘못 들음, 짐짓 못 들은 체함
□□	雑巾(ぞうきん)	걸레

た행

★★□□	退屈(たいくつ)	심심함, 지루함
□□	立場(たちば)	입장
★□□	建前(たてまえ)	겉으로 내세우는 말 또는 행동, 겉치레, 형식적, 표면상의 방침, 원칙
★★★□□	棚上げ(たなあげ)	보류, 따돌림, 정지, 내팽개침
□□	煙草(たばこ)	담배
□□	旅支度(たびしたく)	여행 준비
★★★□□	魂(たましい)	혼, 영혼, 넋, 정신
□□	溜(た)め息(いき)	한숨
★★□□	短気(たんき)	성격이 급함

□□	短所(たんしょ)	단점
★★★ □□	大工(だいく)	목공
□□	台所(だいどころ)	부엌
□□	茶碗(ちゃわん)	밥공기, 찻종
□□	長所(ちょうしょ)	장점
★ □□	血眼(ちまなこ)	혈안, 핏발선 눈, 충혈된 눈
□□	血(ち)まみれ	피투성이
□□	月極(つきぎ)め	월정, 한 달을 단위로 계약함
★ □□	都合(つごう)	사정, 형편
□□	綱渡(つなわた)り	줄타기
★★★ □□	翼(つばさ)	날개
★★★ □□	粒(つぶ)	알, 알갱이, 알맹이
★★ □□	梅雨(つゆ)	장마
★★★ □□	露(つゆ)	이슬, 덧 없는 것
★★★ □□	強(つよ)み	강점, 장점
★★ □□	手当(てあて)	수당, 급여, 처치, 치료, 대비, 준비
★★★ □□	手(て)がかり	단서, 실마리
□□	手柄(てがら)	공훈, 공로, 공명
★★★ □□	手際(てぎわ)	일처리 솜씨, 수완
□□	手応(てごた)え	반응, 느낌
★★ □□	手順(てじゅん)	수순, 순서
□□	手摺(てす)り	손잡이, 난간
□□	手続(てつづ)き	수속
□□	手(て)の甲(こう)	손등
□□	天気予報(てんきよほう)	일기예보
★★ □□	点滴(てんてき)	정맥주사
□□	出来高(できだか)	생산고, 수확량
★ □□	出前(でまえ)	배달
★★ □□	吐息(といき)	탄식
★ □□	当惑(とうわく)	당혹
★ □□	得意(とくい)	특기
★★ □□	匿名(とくめい)	익명
★★ □□	年子(としご)	연년생
★★★ □□	扉(とびら)	문
★ □□	共働(ともばたら)き	맞벌이
□□	取(と)り柄(え)	장점, 특징

★□□	取(と)り越(こ)し苦労(ぐろう)	기우, 쓸데없는 걱정
★★□□	取引(とりひき)	거래
★★★□□	問屋(とんや)	도매상
□□	土足(どそく)	신을 신은 채로의 발, 흙투성이의 발
★★★□□	泥沼(どろぬま)	수렁, 진구렁
な행		
★★□□	内緒(ないしょ)	비밀
★★★□□	苗(なえ)	모종, 볏모
★★★□□	尚更(なおさら)	더더욱
★□□	仲間(なかま)	동료, 친구
★□□	中身(なかみ)	속에 든 것, 알맹이, 내용물
□□	中指(なかゆび)	중지
□□	長生(ながい)き	장수
□□	何者(なにもの)	뭐하는 사람, 왠 놈
□□	名前(なまえ)	이름
★★□□	怠(なま)け者(もの)	게으름뱅이
★★★□□	並木(なみき)	가로수
★★□□	苦手(にがて)	잘못함, 질색임
★★□□	偽物(にせもの)	가짜
★★★□□	日夜(にちや)	밤낮, 늘
★★□□	二(に)の次(つぎ)	차후의 문제, 둘째 문제, 뒤로 미룸
□□	荷物(にもつ)	짐
★★□□	寝言(ねごと)	잠꼬대
★□□	値段(ねだん)	가격
□□	寝床(ねどこ)	침상, 잠자리
□□	寝袋(ねぶくろ)	침낭
★★□□	軒下(のきした)	처마 밑
は행		
★★□□	灰皿(はいざら)	재떨이
★□□	墓参(はかまい)り	성묘
□□	歯車(はぐるま)	톱니바퀴
□□	梯子(はしご)	사다리
★★★□□	端(はた)	가장자리, 끝
★□□	裸足(はだし)	맨발
□□	初恋(はつこい)	첫사랑
★★□□	初耳(はつみみ)	금시초문

□□	初雪(はつゆき)	첫눈
★□□	花束(はなたば)	꽃다발
★□□	花火(はなび)	불꽃놀이
★★★□□	浜辺(はまべ)	바닷가, 해변
□□	歯磨(はみが)き	양치질
□□	刃物(はもの)	날붙이, 칼, 칼날
□□	早口(はやくち)	말이 빠름, 빠른 말투
□□	腫(は)れ物(もの)	종기
★□□	場合(ばあい)	경우
★★★□□	控(ひか)え室(しつ)	대기실
□□	日帰(ひがえ)り	당일치기
★□□	日付(ひづけ)	날짜
□□	日(ひ)の出(で)	일출, 해오름
□□	引受人(ひきうけにん)	인수인
★★□□	引(ひ)き金(がね)	방아쇠, 계기
□□	陽射(ひざ)し	햇살, 햇빛
★★★□□	人影(ひとかげ)	사람 그림자
★★□□	人柄(ひとがら)	인품
★□□	人気(ひとけ)	인기척
□□	人指(ひとさ)し指(ゆび)	인지 =人差(ひとさ)し指(ゆび)
★★★□□	人質(ひとじち)	인질
★★★□□	人手(ひとで)	남의 도움, (나들이) 인파
□□	人通(ひとどお)り	인파, 오가는 사람
□□	人目(ひとめ)	남의 눈, 이목
□□	一言(ひとこと)	한마디
□□	独(ひと)り暮(ぐら)し	독신 생활
□□	独(ひと)り言(ごと)	독백, 혼잣말
□□	独(ひと)り占(じ)め	독점
★□□	火花(ひばな)	불똥
★★□□	冷(ひ)や汗(あせ)	식은땀
★□□	節穴(ふしあな)	동태눈 (눈앞에 두고도 보지 못하거나, 사물을 보는 능력이 없음을 욕하여 이르는 말)
★★□□	普段(ふだん)	평소
□□	二日酔(ふつかよ)い	숙취
★★★□□	船酔(ふなよ)い	배멀미
★★□□	振(ふ)り込(こ)み	돈을 입금함, 이체

□□	不精髭(ぶしょうひげ)	덥수룩한 수염
★★★ □□	返済(へんさい)	변제
★★★ □□	弁当(べんとう)	도시락
★★ □□	包丁(ほうちょう)	식칼
★★★ □□	誇(ほこ)り	자랑, 긍지
□□	掘(ほ)り出(だ)し物(もの)	횡재, 우연히 얻게 된 진귀한 물건, 뜻밖에 싸게 산 물건
★★★ □□	本気(ほんき)	진심
★★★ □□	本筋(ほんすじ)	본 줄거리, 도리, 주제, 정도
★★ □□	本音(ほんね)	본심
□□	本物(ほんもの)	진짜, 진품

ま행

★ □□	前掛(まえか)け	앞치마 ＝エプロン
□□	前歯(まえば)	앞니
□□	負(ま)け犬(いぬ)	실패자
□□	孫娘(まごむすめ)	손녀
□□	待合室(まちあいしつ)	대합실
★★★ □□	街角(まちかど)	길모퉁이
★★ □□	間近(まぢか)	아주 가까움
★★★ □□	窓際(まどぎわ)	창가
★★ □□	窓口(まどぐち)	창구
□□	眼差(まなざ)し	눈빛, 눈초리, 눈길
★ □□	真似(まね)	흉내
□□	丸太(まるた)	통나무
□□	万引(まんび)き	물건을 훔침, 들치기, 도둑질
□□	身内(みうち)	일가, 친척, 집안
★★ □□	身柄(みがら)	신병
★★ □□	身元(みもと)	신원
★★★ □□	源(みなもと)	수원, 근원
★ □□	見方(みかた)	견해
□□	見習(みなら)い	견습, 보고 배움
□□	水商売(みずしょうばい)	물장사
★★★ □□	溝(みぞ)	개천, 도랑
□□	味噌汁(みそしる)	된장국
★★ □□	道端(みちばた)	길거리
★ □□	耳打(みみう)ち	귀엣말, 귓속말
□□	昔話(むかしばなし)	옛날이야기

□□	虫歯(むしば)	충치
□□	胸算用(むなざんよう)	속셈
★★★ □□	芽(め)	싹, 싹틈, 징조
★★ □□	銘柄(めいがら)	상품의 상표. 특히 일류 상품의 명칭 ＝ブランド
★★★ □□	名刺(めいし)	명함
□□	命日(めいにち)	제삿날
★ □□	迷惑(めいわく)	폐
□□	眼鏡(めがね)	안경
□□	目鼻立(めはなだ)ち	이목구비, 얼굴의 생김새
□□	申(もう)し訳(わけ)	해명, 변명, 드릴 말씀
★★ □□	持(も)ち主(ぬし)	소유주, 소유자
□□	物柄(ものがら)	품질
□□	物事(ものごと)	사물
★★★ □□	紅葉(もみじ)	단풍
□□	揉(も)め事(ごと)	옥신각신하는 일, 사소한 다툼
□□	桃色(ももいろ)	복숭아색
★ □□	文句(もんく)	불평불만

や행

★ □□	八重歯(やえば)	덧니
□□	野次馬 (やじうま)	구경꾼
★★★ □□	邸(やしき)	저택
★ □□	家賃(やちん)	집세
□□	八(や)つ当(あ)たり	화풀이
★★ □□	雇(やと)い主(ぬし)	고용주
□□	屋根(やね)	지붕
□□	やり甲斐(がい)	하는 보람
★★★ □□	夕立(ゆうだち)	소나기
□□	夕焼(ゆうや)け	저녁노을
★★★ □□	夕闇(ゆうやみ)	땅거미
★★ □□	油断(ゆだん)	방심
□□	指先(ゆびさき)	손끝
□□	夢物語(ゆめものがたり)	꿈같은 이야기
★ □□	用意(ようい)	준비
□□	用心棒(ようじんぼう)	경호원, 보디가드
□□	様子(ようす)	모양, 상태
★★ □□	翌朝(よくあさ)	다음날 아침

□□	善(よ)し悪(あ)し	좋고 나쁨
□□	夜空(よぞら)	밤하늘
□□	夜更(よふ)かし	밤늦게까지 자지 않음, 밤샘
★★□□	弱音(よわね)	나약한 소리, 우는 소리
□□	弱虫(よわむし)	겁쟁이

ら행

★★★□□	両替(りょうがえ)	환전
□□	両側(りょうがわ)	양측
★□□	理屈(りくつ)	이론, 이유, 도리, 이치, 핑계
★★★□□	留守(るす)	부재
□□	連中(れんちゅう)	일당, 무리

わ행

□□	若返(わかがえ)り	회춘, 젊어짐
□□	若造(わかぞう)	어린놈, 애송이, 풋내기
□□	脇腹(わきばら)	옆구리
□□	脇目(わきめ)	곁눈, 한눈
★★★□□	枠(わく)	틀, 테두리
★★★□□	災(わざわ)い	재앙, 재난, 화
★★□□	割(わ)り勘(かん)	각자 부담, 더치 페이
□□	悪口(わるぐち)	욕

02 | 음독명사

□□에 체크하면서 학습하세요!

あ행

□□	曖昧(あいまい)	애매
□□	悪評(あくひょう)	악평
□□	悪臭(あくしゅう)	악취
★★★□□	悪夢(あくむ)	악몽
□□	圧縮(あっしゅく)	압축
★□□	圧倒(あっとう)	압도
★★□□	圧迫(あっぱく)	압박
□□	暗殺(あんさつ)	암살
□□	暗示(あんじ)	암시
★★□□	遺骨(いこつ)	유골
★★★□□	異色(いしょく)	이색
□□	意図(いと)	의도
★□□	依頼(いらい)	의뢰

★★★ □□	一環(いっかん)	일환
★★★ □□	逸材(いつざい)	인재
★★★ □□	一切(いっさい)	일절
★★★ □□	一体(いったい)	일체, 한몸, 도대체
★★★ □□	一任(いちにん)	일임
★★★ □□	一部(いちぶ)	일부
★★★ □□	意欲(いよく)	의욕
★★★ □□	有無(うむ)	유무
□□	運賃(うんちん)	운임
□□	演技(えんぎ)	연기
★★ □□	演説(えんぜつ)	연설
□□	円満(えんまん)	원만
★★★ □□	汚染(おせん)	오염
□□	汚名(おめい)	오명
□□	黄金(おうごん)	황금
★★ □□	押収(おうしゅう)	압수
□□	殴打(おうだ)	구타
★ □□	応募(おうぼ)	응모
□□	温暖(おんだん)	온난

か행

★★★ □□	加工(かこう)	가공
★★★ □□	可決(かけつ)	가결
★★★ □□	過剰(かじょう)	과잉
□□	仮装(かそう)	가장
★★★ □□	稼働(かどう)	가동
★★★ □□	改革(かいかく)	개혁
□□	怪獣(かいじゅう)	괴수
★★★ □□	会心(かいしん)	마음에 듬
□□	快晴(かいせい)	쾌청
★★★ □□	改訂版(かいていばん)	개정판
□□	快楽(かいらく)	쾌락
□□	開拓(かいたく)	개척
★★★ □□	街頭(がいとう)	가두
★★★ □□	該当(がいとう)	해당
★★★ □□	概略(がいりゃく)	개략
★★★ □□	獲得(かくとく)	획득

★★□□	隔離(かくり)	격리
□□	確固(かっこ)	확고
□□	喝采(かっさい)	갈채
★□□	合唱(がっしょう)	합창
★★★□□	合併(がっぺい)	합병
□□	葛藤(かっとう)	갈등
★★★□□	環境(かんきょう)	환경
□□	歓迎(かんげい)	환영
★□□	歓声(かんせい)	환성
★★□□	還元(かんげん)	환원
★★□□	勧告(かんこく)	권고
★★□□	患者(かんじゃ)	환자
★★□□	感染(かんせん)	감염
□□	感嘆(かんたん)	감탄
★★★□□	鑑定(かんてい)	감정
□□	完璧(かんぺき)	완벽
□□	奇襲(きしゅう)	기습
★★□□	奇跡(きせき)	기적
□□	寄宿舎(きしゅくしゃ)	기숙사
★□□	寄贈(きぞう)	기증
★★□□	寄付(きふ)	기부
★★★□□	寄与(きよ)	기여
□□	帰省(きせい)	귀성
□□	季節(きせつ)	계절
□□	基礎(きそ)	기초
★□□	企図(きと)	기도
★★★□□	危篤(きとく)	위독
★★□□	犠牲(ぎせい)	희생
★★□□	偽善(ぎぜん)	위선
★★★□□	起伏(きふく)	기복
□□	疑惑(ぎわく)	의혹
□□	吉報(きっぽう)	길보
★★□□	虐待(ぎゃくたい)	학대
□□	求人(きゅうじん)	구인
□□	救助(きゅうじょ)	구조
□□	給料(きゅうりょう)	급료

□□	巨額(きょがく)	거액
□□	虚偽(きょぎ)	허위
□□	虚構(きょこう)	허구
□□	拒絶(きょぜつ)	거절
★★★ □□	拒否(きょひ)	거부
★ □□	許諾(きょだく)	허락
□□	距離(きょり)	거리
★★ □□	供給(きょうきゅう)	공급
□□	協議(きょうぎ)	협의
□□	競技(きょうぎ)	경기
★★★ □□	教訓(きょうくん)	교훈
★★★ □□	凝縮(ぎょうしゅく)	응축
★ □□	強制(きょうせい)	강제
□□	強烈(きょうれつ)	강렬
★★ □□	脅迫(きょうはく)	협박
□□	凶報(きょうほう)	흉보
★★ □□	興味(きょうみ)	흥미
★★ □□	緊急(きんきゅう)	긴급
★★ □□	緊張(きんちょう)	긴장
□□	金髪(きんぱつ)	금발
□□	銀河(ぎんが)	은하
★★★ □□	駆使(くし)	구사
□□	苦戦(くせん)	고전
□□	口伝(くでん)	구전
□□	偶然(ぐうぜん)	우연
★★★ □□	群衆(ぐんしゅう)	군중
★★★ □□	屈辱(くつじょく)	굴욕
★★★ □□	化粧(けしょう)	화장
★★★ □□	外科(げか)	외과
★ □□	下宿(げしゅく)	하숙
★★ □□	下旬(げじゅん)	하순
★ □□	下落(げらく)	하락
□□	傾向(けいこう)	경향
□□	掲載(けいさい)	게재
★★ □□	掲示(けいじ)	게시
□□	軽率(けいそつ)	경솔

★□□	軽蔑(けいべつ)	경멸
★★★□□	携帯(けいたい)	휴대
□□	契約(けいやく)	계약
□□	激怒(げきど)	격노
□□	激励(げきれい)	격려
□□	撃破(げきは)	격파
★★□□	欠陥(けっかん)	결함
★★★□□	潔白(けっぱく)	결백
□□	月給(げっきゅう)	월급
★★□□	険悪(けんあく)	험악
★★□□	検索(けんさく)	검색
□□	検察(けんさつ)	검찰
□□	厳格(げんかく)	엄격
□□	厳重(げんじゅう)	엄중
★★★□□	幻想(げんそう)	환상
□□	故郷(こきょう)	고향
★□□	誇示(こじ)	과시
★★□□	誇大(こだい)	과대
★★□□	個性(こせい)	개성
★★★□□	戸籍(こせき)	호적
□□	雇用(こよう)	고용
□□	誤報(ごほう)	오보
★□□	娯楽(ごらく)	오락
★★★□□	合意(ごうい)	합의
★★★□□	交渉(こうしょう)	교섭
□□	交替(こうたい)	교체, 교대
□□	交付(こうふ)	교부
★★□□	更新(こうしん)	갱신
★□□	肯定(こうてい)	긍정
★★★□□	興奮(こうふん)	흥분
★★□□	強盗(ごうとう)	강도
★□□	拷問(ごうもん)	고문
★★★□□	考慮(こうりょ)	고려
□□	告訴(こくそ)	고소
★★□□	克服(こくふく)	극복
□□	酷寒(こっかん)	혹한

□□ 骨折(こっせつ) 골절
□□ 極寒(ごっかん) 극한
□□ 婚姻(こんいん) 혼인
★□□ 根拠(こんきょ) 근거
★★□□ 根性(こんじょう) 근성
□□ 根絶(こんぜつ) 근절
□□ 根本(こんぽん) 근본
□□ 痕跡(こんせき) 흔적
□□ 懇談(こんだん) 간담

さ행

□□ 詐欺(さぎ) 사기
★★★□□ 作業(さぎょう) 작업
★□□ 左右(さゆう) 좌우
□□ 災害(さいがい) 재해
□□ 採択(さいたく) 채택
□□ 削減(さくげん) 삭감
★□□ 削除(さくじょ) 삭제
★★□□ 撮影(さつえい) 촬영
★★□□ 早速(さっそく) 조속(히)
★★★□□ 殺菌(さっきん) 살균
★★★□□ 察知(さっち) 헤아려 앎
□□ 酸素(さんそ) 산소
□□ 惨敗(ざんぱい) 참패
★★★□□ 志願(しがん) 지원
□□ 四季(しき) 사계
★★★□□ 至急(しきゅう) 시급
★□□ 支給(しきゅう) 지급
★★★□□ 支障(ししょう) 지장
★★□□ 指示(しじ) 지시
★★□□ 指摘(してき) 지적
★★□□ 姿勢(しせい) 자세
□□ 自己(じこ) 자기
□□ 自筆(じひつ) 자필
□□ 辞退(じたい) 사퇴
□□ 事態(じたい) 사태
★★★□□ 実情(じつじょう) 실정

□□ 叱責(しっせき) 질책
□□ 執拗(しつよう) 집요
□□ 謝罪(しゃざい) 사죄
□□ 謝絶(しゃぜつ) 사절
□□ 釈放(しゃくほう) 석방
★★★□□ 釈明(しゃくめい) 해명, 설명
□□ 借款(しゃっかん) 차관
★□□ 授業(じゅぎょう) 수업
★□□ 需要(じゅよう) 수요
★★★□□ 襲撃(しゅうげき) 습격
□□ 収集(しゅうしゅう) 수집
□□ 収納(しゅうのう) 수납
□□ 修正(しゅうせい) 수정
★★★□□ 修復(しゅうふく) 복원
□□ 終点(しゅうてん) 종점
□□ 醜聞(しゅうぶん) 추문
□□ 終了(しゅうりょう) 종료
□□ 重唱(じゅうしょう) 중창
★★★□□ 柔軟(じゅうなん) 유연
★★□□ 祝賀(しゅくが) 축하
□□ 祝辞(しゅくじ) 축사
□□ 縮小(しゅくしょう) 축소
□□ 瞬間(しゅんかん) 순간
★□□ 純粋(じゅんすい) 순수
★□□ 潤沢(じゅんたく) 윤택
★□□ 順応(じゅんのう) 순응
★□□ 順風(じゅんぷう) 순풍
□□ 初旬(しょじゅん) 초순
□□ 処罰(しょばつ) 처벌
□□ 庶民(しょみん) 서민
□□ 消極(しょうきょく) 소극
★★□□ 衝撃(しょうげき) 충격
★★★□□ 衝突(しょうとつ) 충돌
□□ 衝動(しょうどう) 충동
★★★□□ 証拠(しょうこ) 증거
□□ 召集(しょうしゅう) 소집

★□□	昇進(しょうしん)	승진
□□	招請(しょうせい)	초청
★★★□□	焦燥(しょうそう)	초조
□□	焦点(しょうてん)	초점
★★□□	承諾(しょうだく)	승낙
★★★□□	象徴(しょうちょう)	상징
★□□	消毒(しょうどく)	소독
□□	小児科(しょうにか)	소아과
□□	勝負(しょうぶ)	승부
★★□□	省略(しょうりゃく)	생략
□□	上司(じょうし)	상사
□□	譲歩(じょうほ)	양보
★□□	新規(しんき)	신규
□□	真偽(しんぎ)	진위
□□	親善(しんぜん)	친선
□□	慎重(しんちょう)	신중
□□	侵犯(しんぱん)	침범
□□	親睦(しんぼく)	친목
□□	侵略(しんりゃく)	침략
★★★□□	頭痛(ずつう)	두통
★□□	頭脳(ずのう)	두뇌
★★□□	炊事(すいじ)	취사
★★★□□	随時(ずいじ)	수시로
★★□□	推薦(すいせん)	추천
□□	推測(すいそく)	추측
□□	推理(すいり)	추리
★★★□□	衰退(すいたい)	쇠퇴
□□	是正(ぜせい)	시정
□□	斉唱(せいしょう)	제창
□□	正常(せいじょう)	정상
★□□	成績(せいせき)	성적
□□	征服(せいふく)	정복
★★★□□	誓約(せいやく)	서약
★□□	積極(せっきょく)	적극
★□□	接触(せっしょく)	접촉
□□	切断(せつだん)	절단

□□	切迫(せっぱく)	절박
□□	窃盗(せっとう)	절도
★★□□	絶妙(ぜつみょう)	절묘
★★□□	潜在(せんざい)	잠재
★★★□□	潜入(せんにゅう)	잠입
★★□□	潜伏(せんぷく)	잠복
□□	洗剤(せんざい)	세재
□□	宣伝(せんでん)	선전
□□	組織(そしき)	조직
★★★□□	訴訟(そしょう)	소송
★★□□	措置(そち)	조치
□□	壮観(そうかん)	장관
□□	倉庫(そうこ)	창고
□□	操作(そうさ)	조작
★□□	争奪(そうだつ)	쟁탈
□□	騒動(そうどう)	소동
★★□□	憎悪(ぞうお)	증오
★★□□	贈呈(ぞうてい)	증정
★★★□□	相場(そうば)	시세
□□	率直(そっちょく)	솔직
□□	卒倒(そっとう)	졸도

た행

★★★□□	多岐(たき)	다방면
★□□	妥協(だきょう)	타협
□□	妥当(だとう)	타당
★★□□	蛇足(だそく)	사족
★□□	打倒(だとう)	타도
★★□□	滞在(たいざい)	체재
★★□□	滞納(たいのう)	체납
□□	逮捕(たいほ)	체포
★□□	奪取(だっしゅ)	탈취
□□	脱落(だつらく)	탈락
□□	嘆声(たんせい)	탄성
□□	弾劾(だんがい)	탄핵
★★★□□	断食(だんじき)	단식
□□	断髪(だんぱつ)	단발

□□ 治療(ちりょう) | 치료
□□ 着陸(ちゃくりく) | 착륙
□□ 忠告(ちゅうこく) | 충고
□□ 中旬(ちゅうじゅん) | 중순
★★★ □□ 中枢(ちゅうすう) | 중추
★★ □□ 中毒(ちゅうどく) | 중독
★★★ □□ 貯蓄(ちょちく) | 저축
□□ 超越(ちょうえつ) | 초월
★ □□ 弔辞(ちょうじ) | 조사
□□ 弔問(ちょうもん) | 조문
★★★ □□ 直面(ちょくめん) | 직면
□□ 挑発(ちょうはつ) | 도발
□□ 鎮火(ちんか) | 진화
★★ □□ 陳述(ちんじゅつ) | 진술
□□ 賃貸(ちんたい) | 임대
★★★ □□ 沈没(ちんぼつ) | 침몰
★★ □□ 沈黙(ちんもく) | 침묵
★★★ □□ 陳列(ちんれつ) | 진열
□□ 追跡(ついせき) | 추적
□□ 追突(ついとつ) | 추돌
★★★ □□ 墜落(ついらく) | 추락
★★ □□ 通常(つうじょう) | 통상
□□ 通知(つうち) | 통지
★ □□ 提案(ていあん) | 제안
★★★ □□ 抵抗(ていこう) | 저항
□□ 定評(ていひょう) | 정평
★★ □□ 適応(てきおう) | 적응
★★ □□ 摘発(てきはつ) | 적발
★★★ □□ 撤去(てっきょ) | 철거
★★ □□ 添付(てんぷ) | 첨부
□□ 電波(でんぱ) | 전파
□□ 途中(とちゅう) | 도중
★ □□ 努力(どりょく) | 노력
★★ □□ 投影(とうえい) | 투영
★★ □□ 頭角(とうかく) | 두각
□□ 統計(とうけい) | 통계

□□ 搭乗(とうじょう) 탑승
★★□□ 逃走(とうそう) 도주
□□ 盗聴(とうちょう) 도청
□□ 当直(とうちょく) 당직
□□ 唐突(とうとつ) 당돌
□□ 頭髪(とうはつ) 두발
□□ 逃避(とうひ) 도피
□□ 逃亡(とうぼう) 도망
□□ 動揺(どうよう) 동요
★★□□ 特徴(とくちょう) 특징
□□ 独唱(どくしょう) 독창
★★□□ 独身(どくしん) 독신
★□□ 独走(どくそう) 독주
□□ 独白(どくはく) 독백
□□ 毒舌(どくぜつ) 독설
□□ 特急(とっきゅう) 특급
□□ 突然(とつぜん) 돌연
□□ 突破(とっぱ) 돌파
□□ 突風(とっぷう) 돌풍
★□□ 鈍感(どんかん) 둔감

な행

★★★□□ 内部(ないぶ) 내부
□□ 納得(なっとく) 납득
□□ 日没(にちぼつ) 일몰
□□ 乳児(にゅうじ) 유아
★★★□□ 念願(ねんがん) 염원
★★★□□ 念頭(ねんとう) 염두
★□□ 年俸(ねんぽう) 연봉
□□ 燃料(ねんりょう) 연료
★□□ 脳裏(のうり) 뇌리
□□ 能力(のうりょく) 능력

は행

★★★□□ 把握(はあく) 파악
□□ 破壊(はかい) 파괴
★★★□□ 破損(はそん) 파손
□□ 廃刊(はいかん) 폐간
★★★□□ 背景(はいけい) 배경

★□□ 賠償(ばいしょう) 배상
□□ 拍手(はくしゅ) 박수
★★□□ 薄情(はくじょう) 박정
□□ 白状(はくじょう) 자백
□□ 漠然(ばくぜん) 막연
□□ 莫大(ばくだい) 막대
□□ 爆破(ばくは) 폭파
□□ 爆発(ばくはつ) 폭발
★★★□□ 暴露(ばくろ) 폭로
★★□□ 発揮(はっき) 발휘
★★★□□ 抜粋(ばっすい) 발췌
□□ 罰則(ばっそく) 벌칙
□□ 反射(はんしゃ) 반사
★★★□□ 伴奏(ばんそう) 반주
★□□ 万能(ばんのう) 만능
□□ 卑屈(ひくつ) 비굴
□□ 否定(ひてい) 부정
□□ 避難(ひなん) 피난
□□ 否認(ひにん) 부인
★★□□ 悲鳴(ひめい) 비명
★★★□□ 微笑(びしょう) 미소
□□ 標的(ひょうてき) 표적
★★□□ 評判(ひょうばん) 평판
★□□ 描写(びょうしゃ) 묘사
□□ 品行(ひんこう) 품행
★□□ 頻出(ひんしゅつ) 빈출
□□ 敏感(びんかん) 민감
★★★□□ 貧富(ひんぷ) 빈부
□□ 不振(ふしん) 부진
□□ 不評(ふひょう) 악평
□□ 不倫(ふりん) 불륜
□□ 侮辱(ぶじょく) 모욕
□□ 武装(ぶそう) 무장
★★★□□ 部門(ぶもん) 부문
□□ 復活(ふっかつ) 부활
★★★□□ 復帰(ふっき) 복귀

□□	紛争(ふんそう)	분쟁
★★□□	扮装(ふんそう)	분장
★★□□	分譲(ぶんじょう)	분양
★★□□	分析(ぶんせき)	분석
★★★□□	並行(へいこう)	병행
★★★□□	閉鎖(へいさ)	폐쇄
□□	閉幕(へいまく)	폐막
□□	返還(へんかん)	반환
★★★□□	変遷(へんせん)	변천
□□	保管(ほかん)	보관
□□	保証(ほしょう)	보증
□□	補修(ほしゅう)	보수
★□□	補償金(ほしょうきん)	보상금
□□	募集(ぼしゅう)	모집
□□	墓地(ぼち)	묘지
□□	崩壊(ほうかい)	붕괴
□□	宝石(ほうせき)	보석
★★□□	冒険(ぼうけん)	모험
□□	暴言(ぼうげん)	폭언
□□	暴行(ぼうこう)	폭행
□□	暴風(ぼうふう)	폭풍
□□	暴落(ぼうらく)	폭락
★□□	牧場(ぼくじょう)	목장
□□	発作(ほっさ)	발작
□□	没収(ぼっしゅう)	몰수
★★★□□	没頭(ぼっとう)	몰두
□□	没落(ぼつらく)	몰락
□□	翻訳(ほんやく)	번역

ま행

★★★□□	埋葬(まいそう)	매장
□□	摩擦(まさつ)	마찰
★★★□□	未遂(みすい)	미수
□□	密会(みっかい)	밀회
★□□	密告(みっこく)	밀고
★★□□	無言(むごん)	무언
□□	無謀(むぼう)	무모

★★ □□	矛盾(むじゅん)	모순
★★★ □□	名誉(めいよ)	명예
★★★ □□	妄言(もうげん)	망언
★★ □□	毛布(もうふ)	모포
★★★ □□	網羅(もうら)	망라
★★★ □□	模索(もさく)	모색
★ □□	模倣(もほう)	모방
□□	問責(もんせき)	문책

や행

□□	遺言(ゆいごん)	유언
★★★ □□	由緒(ゆいしょ)	유서, 내력
□□	憂鬱(ゆううつ)	우울
□□	有益(ゆうえき)	유익
★★ □□	誘拐(ゆうかい)	유괴
★ □□	誘惑(ゆうわく)	유혹
□□	優秀(ゆうしゅう)	우수
□□	優勝(ゆうしょう)	우승
□□	友情(ゆうじょう)	우정
★★★ □□	融通(ゆうずう)	융통
★★ □□	融和(ゆうわ)	융화
□□	遊説(ゆうぜい)	유세
□□	遊覧(ゆうらん)	유람
□□	幽霊(ゆうれい)	유령
□□	様式(ようしき)	양식
□□	預金(よきん)	예금
★★ □□	翌日(よくじつ)	익일
★ □□	抑制(よくせい)	억제
★ □□	予言(よげん)	예언
★★★ □□	予測(よそく)	예측
★★★ □□	欲求(よっきゅう)	욕구

ら행

□□	裸体(らたい)	나체
★★★ □□	流出(りゅうしゅつ)	유출
□□	流通(りゅうつう)	유통
★★★ □□	了承(りょうしょう)	승낙, 양해
□□	離陸(りりく)	이륙
□□	輪郭(りんかく)	윤곽

□□	冷酷(れいこく)	냉혹
□□	冷静(れいせい)	냉정
□□	冷淡(れいたん)	냉담
★★★ □□	冷徹(れいてつ)	냉철
★★ □□	冷凍(れいとう)	냉동
□□	連載(れんさい)	연재
□□	老後(ろうご)	노후
□□	朗読(ろうどく)	낭독
□□	露出(ろしゅつ)	노출
□□	露店(ろてん)	노점

わ행

★★ □□	歪曲(わいきょく)	왜곡
□□	和解(わかい)	화해

03 | い형용사

□□에 체크하면서 학습하세요!

あ행

□□	あくどい	악랄하다, 악착같다
★★ □□	浅(あさ)い	얕다, 깊지 않다, 정도가 낮다
★★ □□	浅(あさ)ましい	천하다, 비열하다
★ □□	厚(あつ)い	두껍다
★ □□	厚(あつ)かましい	철면피다, 뻔뻔하다
□□	あっけない	어이없다, 싱겁다, 맥없다
□□	あどけない	천진난만하다
★★ □□	危(あぶ)ない	위험하다
★★★ □□	怪(あや)しい	수상하다
□□	荒(あら)い	거칠다, 난폭하다, 성기다
□□	有(あ)り難(がた)い	고맙다
★★★ □□	淡(あわ)い	연하다, 흐리다
□□	良(い)い, 良(よ)い	좋다
□□	言(い)いにくい	말하기 어렵다
★★★ □□	厳(いかめ)しい	근엄하다, 위엄 있다, 삼엄하다
□□	寝穢(いぎたな)い	잠꾸러기이다, 잠버릇이 나쁘다
★★★ □□	潔(いさぎよ)い	맑고 깨끗하다, 결백하다, 깨끗하다, 뒤끝 없다
★★ □□	勇(いさ)ましい	용감하다
□□	忙(いそが)しい	바쁘다
□□	痛(いた)い	아프다

★★★ □□	著(いちじる)しい	현저하다, 뚜렷하다, 두드러지다
□□	いまいましい	화가 치밀다, 분하다, 부아가 나다
★★ □□	卑(いや)しい	천하다, 비열하다, 초라하다, 너저분하다
★ □□	嫌(いや)らしい	징그럽다
★ □□	色(いろ)っぽい	야하다
□□	後(うし)ろめたい	뒤가 켕기다
★ □□	薄(うす)い	연하다, 얇다
□□	鬱陶(うっとう)しい	우울하다
□□	疎(うと)い, 疎々(うとうと)しい	소원하다, 사정에 어둡다
★★ □□	恨(うら)めしい	원망스럽다
□□	羨(うらや)ましい	부럽다
□□	五月蝿(うるさ)い	시끄럽다, 귀찮다, 성가시다
□□	嬉(うれ)しい	기쁘다
□□	えげつない	야비하다
★★ □□	偉(えら)い	위대하다
★★★ □□	遠慮深(えんりょぶか)い	조심성이 많다, 신중하다
□□	美味(おい)しい	맛있다
□□	おかしい	이상하다
□□	おこがましい	주제넘다, 우습다, 어이없다, 아니꼽다
★★ □□	幼(おさな)い	어리다
□□	惜(お)しい	애석하다, 섭섭하다
★ □□	押(お)し付(つ)けがましい	억지로 떠맡기다
□□	遅(おそ)い	느리다
★★★ □□	恐(おそ)ろしい	두렵다
□□	男(おとこ)らしい	남자답다
□□	おとなしい	얌전하다, 어른스럽다
★★ □□	夥(おびただ)しい	엄청나다, 굉장히 많다
★ □□	面白(おもしろ)い	재미있다
□□	女(おんな)らしい	여자답다

か행

□□	かいがいしい	바지런하다, 활달하다
★★ □□	掛(か)け替(が)えのない	둘도 없다
★ □□	賢(かしこ)い	현명하다
★ □□	固(かた)い	단단하다
□□	かっこいい	잘생겼다

□□	痒(かゆ)い	가렵다
★□□	辛(から)い	맵다
□□	かわいい	귀엽다
□□	ぎこちない	어색하다, 딱딱하다
★★□□	汚(きたな)い	더럽다
□□	きつい	빡빡하다
★★★□□	厳(きび)しい	엄하다
★□□	気(き)まずい	어색하다
★★□□	決(き)まり悪(わる)い	어쩐지 쑥스럽다, 겸연쩍다, 부끄럽다
□□	気持(きも)ち悪(わる)い	기분이 안 좋다
□□	くすぐったい	간지럽다, 근질근질하다
□□	くだらない	시시하다, 하찮다
★★★□□	悔(くや)しい	분하다
□□	苦(くる)しい	고통스럽다
★★□□	詳(くわ)しい	상세하다
★★□□	険(けわ)しい	험하다
★★★□□	濃(こ)い	진하다
□□	神々(こうごう)しい	거룩하다, 성스럽다, 숭고하다
★★★□□	心地(ここち)よい	기분 좋다, 상쾌하다
□□	心無(こころな)い	인정머리 없다
★□□	心細(こころぼそ)い	불안하다, 허전하다
★□□	快(こころよ)い	기분이 좋다, 상쾌하다
□□	細(こま)かい	잘다, 자세하다
□□	恐(こわ)い	무섭다

さ행

★□□	寂(さび)しい, 淋(さび)しい	외롭다
□□	然(さ)り気無(げな)い	아무 일도 없는 듯하다, 자연스럽다
★□□	塩辛(しおから)い, しょっぱい	짜다
□□	仕方(しかた)ない	방법이 없다, 할 수 없다
□□	しがない	보잘것없다, 하찮다, 초라하다
★★□□	親(した)しい	친하다
□□	しつこい	집요하다
★★□□	渋(しぶ)い	떫다
□□	しぶとい	끈질기다, 완고하다, 고집이 세다, 강인하다
★□□	湿(しめ)っぽい	축축하다, 눅눅하다

□□	じれったい	애달다, 속이 타다, 안타깝다
□□	しゃら臭(くさ)い	시건방지다
□□	しんどい	힘들다, 어렵다, 벅차다, 고단하다
★★ □□	辛抱強(しんぼうづよ)い	인내심이 많다
□□	すごい	굉장하다
★★★ □□	すさまじい	엄청나다, 처절하다, 무섭다
□□	涼(すず)しい	시원하다
□□	酸(す)っぱい	시다
★ □□	素晴(すば)らしい	근사하다
□□	済(す)まない	미안하다
□□	鋭(するど)い	예리하다
★★ □□	図々(ずうずう)しい	뻔뻔하다
□□	狡(ずる)い	교활하다
□□	せこい	소심하다, 쪼잔하다
□□	せせこましい	옹졸하다, 좀스럽다, 답답하도록 비좁다
★ □□	切(せつ)ない	애절하다
□□	狭(せま)い	좁다
□□	せわしい	성급하다
□□	忙(せわ)しない	바쁘다
□□	そそっかしい	덜렁거리다
□□	そっけない	쌀쌀맞다
□□	そっけもない	멋대가리 없다

た행

□□	逞(たくま)しい	늠름하다
□□	ださい	촌스럽다
□□	正(ただ)しい	올바르다
★★ □□	頼(たの)もしい	믿음직하다
□□	たまらない	참을 수 없다
□□	たやすい	손쉽다
★★ □□	だらしない	칠칠맞다
★★★ □□	調子(ちょうし)がいい	상태가 좋다
★ □□	都合(つごう)が悪(わる)い	형편이 안 좋다, 사정이 안 좋다
□□	つまらない	쓸데없다, 소용없다, 재미없다, 시시하다, 하찮다
□□	冷(つめ)たい	차다, 냉정하다
★★ □□	辛(つら)い	괴롭다
□□	でかい	크다

	일본어	한국어
□□	手強(てづよ)い	만만치 않다, 강경하다, 거세다
□□	照(て)れ臭(くさ)い	멋쩍다
□□	途方(とほう)もない	엄청나다, 터무니없다
★★★□□	乏(とぼ)しい	부족하다, 모자라다
□□	取(と)り留(と)めもない	두서가 없다, 종잡을 수 없다
□□	とんでもない	말도 안 된다, 터무니없다

な행

	일본어	한국어
□□	無(な)い	없다
★★□□	名残惜(なごりお)しい	헤어지기 섭섭하다
★★□□	情(なさ)けない	한심하다, 딱하다, 비참하다
★★★□□	懐(なつ)かしい	그립다
□□	何気(なにげ)ない	무심하다, 아무렇지도 않다, 태연하다
□□	生臭(なまくさ)い	비린내 나다
★□□	生々(なまなま)しい	생생하다
□□	生(なま)ぬるい	미지근하다, 흐리멍덩하다
□□	馴(な)れ馴(な)れしい	허물없다
★★★□□	煮(に)えきらない	애매하다, 미적지근하다, 분명하지 않다
★★□□	苦(にが)い	쓰다
★□□	憎(にく)らしい	얄밉다
□□	似(に)げない	어울리지 않다
★★□□	鈍(にぶ)い	둔하다
★□□	にべもない	쌀쌀맞다, 인정머리 없다
★□□	温(ぬる)い	미지근하다
★□□	粘(ねば)り強(づよ)い	끈덕지다, 끈질기다
□□	眠(ねむ)い	졸리다
★★□□	望(のぞ)ましい	바람직하다
□□	のろい	굼뜨다

は행

	일본어	한국어
□□	馬鹿馬鹿(ばかばか)しい	바보스럽다
□□	歯痒(はがゆ)い	성에 차지 않다
★★□□	激(はげ)しい	격렬하다
□□	はしたない	상스럽다, 경박하다, 경망하다
□□	恥(は)ずかしい	부끄럽다, 창피하다
★★★□□	華々(はなばな)しい	화려하다
★★□□	等(ひと)しい	똑같다
□□	酷(ひど)い	지독하다

□□	ひもじい	공복이다, 배고프다
□□	ふがいない	기개가 없다, 힘없다
★□□	福々(ふくふく)しい	복스럽다
□□	ふさわしい	어울리다, 걸맞다
□□	太(ふと)い	굵다
□□	欲(ほ)しい	갖고 싶다, 탐나다
★★□□	細(ほそ)い	가늘다

ま행

□□	まだるっこい	굼뜨다, 미적지근하다, 답답하다
□□	丸(まる)い	둥글다
★★□□	紛(まぎ)らわしい	헷갈리다
□□	不味(まず)い	맛없다, 찝찝하다, 재미없다
★★★□□	貧(まず)しい	가난하다
□□	眩(まぶ)しい	눈부시다
□□	まめまめしい	부지런하다
★★□□	満更(まんざら)でもない	그다지 싫지도 않다
★★□□	水臭(みずくさ)い	서먹하다, 싱겁다
□□	水(みず)っぽい	싱겁다
□□	みすぼらしい	초라하다
□□	みっともない	꼴불견이다
★★□□	醜(みにく)い	흉하다
□□	惨(むご)い	잔인하다
□□	むさくるしい	누추하다
★★★□□	蒸(む)し暑(あつ)い	무덥다
□□	難(むずか)しい	어렵다
★□□	空(むな)しい, 虚(むな)しい	허무하다
★□□	目覚(めざ)ましい	눈에 띄다
★★□□	珍(めずら)しい	드물다, 신기하다
□□	目出度(めでた)い	축하할 만하다
★★★□□	面倒(めんどう)くさい	귀찮다, 성가시다
□□	もったいない	아깝다, 과분하다
□□	尤(もっと)もらしい	그럴 듯하다
□□	もどかしい	초조하다
★★□□	物凄(ものすご)い	굉장하다
★□□	脆(もろ)い	무르다, 약하다

や행

□□	喧(やかま)しい	시끄럽다, 떠들다
★□□	優(やさ)しい	친절하다
★□□	易(やさ)しい	쉽다
□□	安(やす)っぽい	싸구려다
□□	やばい	위태롭다
★★□□	野暮(やぼ)ったい	세련되지 못하다
□□	やむを得(え)ない	부득이하다
□□	やりきれない	딱 질색이다
□□	やるせない	안타깝다, 야릇하다
★★★□□	柔(やわ)らかい	부드럽다
★★★□□	緩(ゆる)い	느슨하다
★★★□□	余儀(よぎ)ない	어쩔 수 없다, 하는 수 없다
□□	よそよそしい	서먹서먹하다
□□	喜(よろこ)ばしい	경사스럽다
□□	宜(よろ)しい	좋다(공손)
★□□	弱々(よわよわ)しい	연약하다

わ행

★□□	若(わか)い	젊다
□□	わざとらしい	꾸민 듯하다, 부자연스럽다
★★□□	煩(わずら)わしい	번민스럽다
□□	忘(わす)れっぽい	잘 잊다
□□	侘(わび)しい	쓸쓸하다
□□	割(わ)り切(き)れない	납득이 되지 않다, 풀리지 않다

04 | な형용사

あ행

★□□	明(あき)らか	명확함
★★★□□	鮮(あざ)やか	선명함
★★□□	哀(あわ)れ	가련함, 애처로움
□□	嫌(いや)	징그러움, 싫음
★★★□□	遠慮(えんりょ)がち	조심스러움
★★□□	大雑把(おおざっぱ)	대범함, 대략임, 조잡함
★★★□□	おおらか	느긋하고 대범함
□□	同(おな)じ	똑같음
★★★□□	愚(おろ)か	어리석음

かᅢ행

★★★ □□	微(かす)か	희미함, 미미함
★★★ □□	画一的(かくいつてき)	획일적
★★ □□	勝手(かって)	멋대로임, 시건방짐
□□	我武者羅(がむしゃら)	앞뒤 생각 없이 무턱대고 함, 마구잡이임
□□	かわいそう	불쌍함
★ □□	感心(かんしん)	감탄스러움
□□	完全(かんぜん)	완전함
★ □□	感心(かんしん)	기특함, 신통함
★★★ □□	肝心(かんじん)	중요함
□□	簡単(かんたん)	간단함
★ □□	気(き)さく	싹싹함
★★★ □□	気障(きざ)	비위에 거슬림, 아니꼬움
★★★ □□	几帳面(きちょうめん)	꼼꼼함
★★★ □□	気(き)の毒(どく)	안됨, 딱함, 가엾음, 불쌍함
★ □□	急(きゅう)	급함
★★★ □□	強硬(きょうこう)	강경함
□□	嫌(きら)い	싫음
□□	綺麗(きれい)	예쁨, 깨끗함
★★ □□	気楽(きらく)	마음 편함, 속 편함, 홀가분함
★ □□	けち	구두쇠임, 인색함, 쫀쫀함
★★ □□	結構(けっこう)	괜찮음, 훌륭함
□□	健気(けなげ)	기특함, 갸륵함, 씩씩함
□□	元気(げんき)	활기참, 힘이 넘침, 원기가 좋음, 건강함
★★ □□	健康(けんこう)	건강함
★★★ □□	巧妙(こうみょう)	교묘함
★ □□	滑稽(こっけい)	우스움, 익살스러움

さ행

□□	ささやか	사소함, 변변찮음, 조촐함, 아담함
□□	爽(さわ)やか	상쾌함
□□	残酷(ざんこく)	참혹함
★ □□	残念(ざんねん)	유감임, 섭섭함
□□	静(しず)か	조용함
★★★ □□	質素(しっそ)	검소함
□□	地味(じみ)	수수함
□□	十分(じゅうぶん), 充分(じゅうぶん)	충분함

□□	正直(しょうじき)	정직함, 솔직함
★□□	上品(じょうひん)	고상함
□□	上手(じょうず)	잘함, 능숙함
□□	丈夫(じょうぶ)	튼튼함, 단단함
★★□□	真剣(しんけん)	진지함
□□	親切(しんせつ)	친절함
□□	新鮮(しんせん)	신선함
★★★□□	健(すこ)やか	건강함
★★□□	素的(すてき)	멋짐
□□	素直(すなお)	순진함, 솔직함
★□□	贅沢(ぜいたく)	사치스러움
★★★□□	絶大(ぜつだい)	아주 큼
★□□	粗末(そまつ)	조잡함, 변변치 않음

た행

★★★□□	退屈(たいくつ)	지루함, 심심함
★□□	大事(だいじ)	소중함
□□	大丈夫(だいじょうぶ)	괜찮음, 문제 없음
□□	大変(たいへん)	큰일임, 고생임, 힘듦
★□□	大切(たいせつ)	중요함
★★□□	平(たい)ら	평탄함, 평평함, 납작함
□□	確(たし)か	확실함, 분명함
□□	だめ	안 됨, 못씀, 소용없음, 허사임
□□	単純(たんじゅん)	단순함
□□	丁寧(ていねい)	정중함, 정성임
★★★□□	手薄(てうす)	허술함, 불충분함
□□	出鱈目(でたらめ)	엉터리임, 아무렇게나 되는 대로임

な행

□□	なだらか	완만함
□□	賑(にぎ)やか	번화함, 북적거림, 활기참
□□	にこやか	상냥함, 생글생글함
□□	のどやか	평화스러움
□□	呑気(のんき)	무사태평함, 성격이 낙관적이고 느긋함

は행

★★★□□	派手(はで)	화려함
★★□□	華(はな)やか	화려함
□□	遥(はる)か	아득함
□□	ハンサム	핸섬함

□□	必要(ひつよう)	필요함
★★□□	暇(ひま)	한가함
□□	冷(ひ)ややか	냉담함, 쌀쌀맞음
★★□□	貧乏(びんぼう)	가난함
★□□	不機嫌(ふきげん)	불쾌함
★□□	複雑(ふくざつ)	복잡함
□□	不思議(ふしぎ)	불가사의함, 신기함
★★★□□	不備(ふび)	제대로 갖추지 않음
□□	不便(ふべん)	불편함
□□	平気(へいき)	태연함, 아무렇지 않음
□□	下手(へた)	못함, 서투름, 어설픔
□□	変(へん)	이상함
□□	便利(べんり)	편리함
★★□□	朗(ほが)らか	명랑함
□□	本気(ほんき)	본심임, 진짜임, 진심임

ま행

★□□	真面目(まじめ)	성실함, 착실함, 진지함
□□	まとも	제대로임, 성실함
□□	稀(まれ)	드묾
★□□	まろやか	순함, 부드러움
□□	身軽(みがる)	가벼움
□□	見事(みごと)	멋드러짐, 훌륭함
□□	淫(みだ)ら	음란함, 문란함
□□	無邪気(むじゃき)	천진난만함, 순진함
□□	無神経(むしんけい)	무신경함
★★□□	無尽蔵(むじんぞう)	무진장함
★★★□□	無造作(むぞうさ)	손쉽게 하는 모양
★□□	無駄(むだ)	낭비임, 쓸데없음
□□	無茶苦茶(むちゃくちゃ)	당치도 않음, 터무니없음, 엉망임
★□□	無暗(むやみ)	무턱댐
□□	無理(むり)	무리임
□□	めちゃくちゃ	형평없음, 엉망진창임, 뒤죽박죽임
★□□	めった	분별이 없음, 함부로 함
□□	面倒(めんどう)	귀찮음

や행

★★□□	厄介(やっかい)	성가심, 귀찮음

□□	柔(やわ)らか	부드러움
□□	有名(ゆうめい)	유명함
★★□□	愉快(ゆかい)	유쾌함
★□□	豊(ゆた)か	풍요로움, 넉넉함
★★★□□	緩(ゆる)やか	느슨함
□□	余計(よけい)	쓸데없음

ら행

□□	楽(らく)	편함, 힘들지 않음
□□	乱暴(らんぼう)	난폭함
★□□	利口(りこう)	똑똑함, 영리함
★★□□	立派(りっぱ)	훌륭함

わ행

□□	わがまま	버릇없음, 제멋대로임
□□	僅(わず)か	약간임, 조금임

05 | 동사

あ행

★★★□□	仰(あお)ぐ	우러러 보다
□□	飽(あ)きる	질리다, 물리다
□□	商(あきな)う	장사하다
□□	諦(あきら)める	포기하다
□□	呆(あき)れる	어이없다, 기가 차다, 질리다
□□	憧(あこが)れる	동경하다
□□	漁(あさ)る	잡다, 따다, 찾아다니다
□□	欺(あざむ)く	속이다, 사기 치다
★□□	味(あじ)わう	맛보다
□□	預(あず)かる	맡다, 보관하다
★★★□□	値(あたい)する	~할 가치가 있다
★□□	扱(あつか)う	다루다, 취급하다
★★★□□	侮(あなど)る	깔보다, 업신여기다
★★□□	暴(あば)く	폭로하다, 들추어내다, 파헤치다
□□	暴(あば)き出(だ)す	폭로하다
★★□□	暴(あば)れる	날뛰다, 설치다, 날치다, 난폭하게 굴다
★★□□	怪(あや)しむ	수상히 여기다
★★★□□	操(あやつ)る	조종하다
★★□□	危(あや)ぶむ	위태롭다

★★★ □□	謝(あやま)る	사과하다
□□	表(あら)わす	나타내다, 표현하다
□□	現(あらわ)れる	나타나다, 드러나다
★★★ □□	憤(いきどお)る	분개하다
□□	痛(いた)む	아프다
□□	至(いた)る	도달하다, 이르다
★ □□	偽(いつわ)る	거짓말하다, 속이다
★★ □□	営(いとな)む	경영하다
★★ □□	挑(いど)む	도전하다
□□	威張(いば)る	으스대다, 폼 잡다, 뽐내다, 빼기다
□□	忌(い)み嫌(きら)う	기피하다, 싫어서 피하다
★ □□	要(い)る	필요하다
★★★ □□	植(う)える	심다
□□	伺(うかが)う	여쭈다, 찾아뵙다
★★ □□	承(うけたまわ)る	접수받다, 삼가 듣다
□□	渦巻(うずま)く	소용돌이치다, 맴돌다
★ □□	埋(うず)まる	묻히다
★ □□	疑(うたが)う	의심하다
★★★ □□	訴(うった)える	호소하다, 고소하다
★★★ □□	促(うなが)す	재촉하다
□□	首肯(うなず)く	수긍하다, 끄덕이다
★★★ □□	奪(うば)う	빼앗다
□□	生(う)まれ育(そだ)つ	태어나 자라다
★★ □□	埋(う)める	묻다, 매장하다
★★ □□	敬(うやま)う	공경하다
★ □□	占(うらな)う	점치다
★★ □□	恨(うら)む	원망하다
□□	羨(うらや)む	부러워하다
□□	潤(うる)む	축축해지다, 촉촉이 젖다, 눈물 젖다, 울먹이다
★ □□	生(お)い茂(しげ)る	우거지다, 무성하다
★★ □□	覆(おお)う	덮다
□□	補(おぎな)う	보충하다, 보완하다
★★★ □□	怠(おこた)る	게으르다, 게으름 피우다, 방심하다
□□	怒(おこ)る	화나다
★ □□	収(おさ)める	거두다
★★ □□	収(おさ)まる	수습되다

□□	納(おさ)める	납입하다
★□□	治(おさ)める	진정시키다, 수습하다, 가라앉히다, 다스리다, 지배하다
□□	惜(お)しむ	아깝다, 애석해하다
★★★□□	襲(おそ)う	습격하다
□□	恐(おそ)れ入(い)る	황송하다, 죄송하다
★★□□	陥(おちい)る	빠지다
□□	脅(おど)かす	협박하다
★★□□	訪(おとず)れる	방문하다
★★□□	劣(おと)る	뒤지다, 열등하다, 훨씬 못하다
★★★□□	衰(おとろ)える	쇠퇴하다
★★□□	帯(お)びる	달다, 차다, 어떤 성질 · 경향을 띠다, 보이다
★★□□	重(おも)んじる	중요시하다

か행

★□□	関(かか)わる	관계되다
□□	輝(かがや)く	반짝거리다, 빛나다
□□	匿(かくま)う	은닉하다, 감추다
□□	隠(かく)れる	숨다
□□	嗅(か)ぐ	냄새를 맡다
□□	囲(かこ)まれる	둘러싸이다
□□	囲(かこ)む	둘러싸다, 포위하다
□□	重(かさ)ねる	겹치다, 거듭하다
□□	稼(かせ)ぐ	돈을 벌다
□□	肩(かた)が凝(こ)る	어깨가 결리다(뭉치다)
□□	傾(かたむ)く	기울다, 치우치다
□□	傾(かたむ)ける	기울이다, 비스듬히 하다
★★★□□	担(かつ)ぐ	메다, 지다, 짊어지다
□□	庇(かば)う	감싸다, 두둔하다, 비호하다
★★□□	噛(か)む	씹다, 깨물다
□□	可愛(かわい)がる	귀여워하다
□□	乾(かわ)く	마르다, 건조하다
□□	軽(かろ)んじる	가볍게 여기다
□□	刻(きざ)む	새기다, 조각하다
★★★□□	競(きそ)う	겨루다, 경쟁하다
★★★□□	腐(くさ)る	썩다
□□	崩(くず)す	무너뜨리다, 허물어뜨리다, 흩뜨리다
□□	崩(くず)れる	무너지다, 붕괴되다

★ □□	朽(く)ちる	썩어 못쓰게 되다, 썩다
□□	組(く)む	(조직을) 짜다
□□	悔(く)やむ	후회하다, 뉘우치다, 애도하다
★ □□	暮(く)らす	생활하다, 살다
□□	狂(くる)う	미치다
□□	暮(く)れる	해가 지다, 어두워지다
□□	削(けず)る	깎다, 삭감하다
□□	凍(こお)る	얼다
□□	焦(こ)げる	그을리다, 눌어붙다
□□	凍(こご)える	얼어붙다
□□	擦(こす)る	비비다, 문지르다
★★ □□	拘(こだわ)る	구애되다
□□	異(こと)なる	다르다, 차이가 있다
★★ □□	拒(こば)む	거부하다
□□	込(こ)む	붐비다
★ □□	壊(こわ)す	부수다
★ □□	壊(こわ)れる	부서지다, 망가지다

사행

★★★ □□	遮(さえぎ)る	차단하다
★★★ □□	遡(さかのぼ)る	거슬러 올라가다
★ □□	逆(さか)らう	거역하다
★ □□	裂(さ)く	찢다
★ □□	探(さぐ)る	뒤지다
★★★ □□	避(さ)ける	피하다
□□	裂(さ)ける	찢어지다
★ □□	支(ささ)える	바치다, 지탱하다, 버티다
★★★ □□	悟(さと)る	깨닫다
□□	錆(さ)びる	녹슬다
★★★ □□	妨(さまた)げる	방해하다
★★ □□	冷(さ)める	식다
□□	騒(さわ)ぐ	소란 피우다, 떠들다
□□	触(さわ)る	만지다, 건드리다
□□	強(し)いる	강요하다
□□	萎(しお)れる	시들다, 처지다
□□	叱(しか)られる	혼나다, 야단맞다
★★ □□	敷(し)く	깔다

□□	しくじる	실패하다
□□	繁(しげ)る	우거지다, 무성하다
★★□□	沈(しず)む	잠기다
★★★□□	慕(した)う	사모하다
★□□	従(したが)う	따르다
□□	滴(したた)る	방울방울 떨어지다
□□	痺(しび)れる	저리다, 마비되다
□□	渋(しぶ)る	내키지 않다, 꺼리다
□□	絞(しぼ)る	(꼭) 짜다
□□	閉(し)まる	닫히다
□□	染(し)み入(い)る	스며들다
★□□	染(し)みる	스며들다, 번지다
□□	締(し)め切(き)る	마감하다
□□	湿(しめ)る	습기 차다, 축축하다
□□	占(し)める	차지하다, 점하다
□□	絞(し)める	죄다
★□□	写真(しゃしん)を撮(と)る	사진을 찍다
□□	焦(じ)らす	약 올리다, 애태우다
□□	焦(じ)れる	애타다, 초조하다
□□	過(す)ぎる	지나치다, 과하다, 지나가다
□□	救(すく)う	구원하다,건지다,푸다
□□	滑(すべ)る	미끄러지다
□□	済(す)ます	다하다, 마치다
□□	迫(せま)る	다가오다, 촉박해지다
★□□	添(そ)える	첨부하다
□□	損(そこ)なう	해치다, 파손하다, 부수다, 망가뜨리다, 상하게 하다
★□□	損(そこ)ねる	해치다, 파손하다, 부수다, 망가뜨리다, 상하게 하다
□□	注(そそ)ぐ	따르다, 주입시키다
★★★□□	染(そ)める	물들이다
□□	揃(そろ)える	갖추다

た행

□□	耐(た)える	참다, 견디다
★★★□□	炊(た)く	밥을 짓다
★★★□□	託(たく)す	맡기다, 부탁하다
□□	企(たくら)む	기도하다, 꾀하다
★□□	蓄(たくわ)える	저축하다, 축적하다

□□	携(たずさ)わる	관계하다, 종사하다
□□	尋(たず)ねる	묻다
□□	訪(たず)ねる	방문하다
★★★ □□	称(たた)える	칭송하다
□□	畳(たた)む	개다, 접다
□□	漂(ただよ)う	표류하다, 감돌다, 맴돌다
★ □□	辿(たど)る	더듬어 가다
□□	頼(たの)む	의뢰하다, 부탁하다
□□	貯(た)まる	(돈이) 모이다
□□	溜(たま)る	쌓이다, 모아지다
★ □□	試(ため)す	시험하다
★★★ □□	ためらう	망설이다, 주저하다
□□	保(たも)つ	보존하다
★ □□	頼(たよ)る	의지하다
□□	垂(た)れる	처지다, 드리우다
□□	抱(だ)く	안다, 포옹하다
□□	黙(だま)る	침묵하다
□□	誓(ちか)う	맹세하다, 서약하다
□□	近寄(ちかよ)る	다가가다
★ □□	縮(ちぢ)まる	줄다, 줄어들다, 오그라들다
□□	縮(ちぢ)める	축소하다, 줄이다
★★★ □□	費(つい)やす	사용하다, 소비하다
□□	捕(つか)まる	붙잡히다
□□	継(つ)ぐ	잇다, 계승하다
★★★ □□	尽(つ)くす	(온힘을) 다하다
★★★ □□	償(つぐな)う	보상하다
□□	培(つちか)う	배양하다, 경작하다
★★ □□	包(つつ)む	포장하다
★★ □□	努(つと)める	노력하다
□□	勤(つと)める	근무하다
★★ □□	募(つの)る	모집하다
□□	潰(つぶ)す	찌그러뜨리다, 부수다, 으깨다
□□	呟(つぶや)く	중얼거리다, 투덜거리다
★★ □□	詰(つ)まる	막히다
★ □□	詰(つ)める	채우다
□□	貫(つらぬ)く	관철하다, 일관하다

★□□	照(て)らす	비추다, 대조하다
□□	通(とお)す	통과시키다
□□	尖(とが)らせる	삐죽거리다
□□	尖(とが)る	뾰족하다
★★□□	説(と)く	설명하다
□□	嫁(とつ)ぐ	시집가다
★★□□	届(とど)く	(우편물 등이) 닿다, 도착하다
□□	届(とど)ける	신고하다, 보내다
□□	整(ととの)える	가지런하게 하다, 정돈하다, 가다듬다, 조절하다
□□	伴(ともな)う	동반하다, 수반하다
□□	取(と)り消(け)す	취소하다

な행

□□	流(なが)す	흘려보내다
★□□	眺(なが)める	바라보다
★★★□□	慰(なぐさ)める	위로하다
★□□	嘆(なげ)く	한탄하다
★★□□	怠(なま)ける	게으르다
★□□	悩(なや)む	고민하다
★★□□	慣(な)れる	익숙해지다
□□	賑(にぎ)わう	떠들썩거리다, 흥청거리다
★★□□	握(にぎ)る	꼭 쥐다
★□□	憎(にく)む	미워하다
□□	濁(にご)す	얼버무리다, 흐리게 하다
□□	濁(にご)る	탁해지다, 흐려지다
□□	滲(にじ)む	번지다
★□□	担(にな)う	짊어지다, 등에 지다, 담당하다
★★★□□	鈍(にぶ)る	둔해지다, 무디어지다
★□□	煮(に)る	익히다, 삶다
★□□	似(に)る	닮다, 비슷하다
★□□	縫(ぬ)う	깁다, 재봉하다
★□□	脱(ぬ)ぐ	벗다
□□	拭(ぬぐ)う	닦다, 훔치다
★□□	盗(ぬす)む	훔치다
★★□□	塗(ぬ)る	칠하다
★★★□□	練(ね)る	짜다, 다듬다
□□	捻(ねじ)る	비틀다

□□	眠(ねむ)る	자다
★★ □□	狙(ねら)う	겨누다, 노리다
★★★ □□	逃(のが)れる	벗어나다, 피하다
□□	覗(のぞ)く	들여다보다, 엿보다
★★★ □□	臨(のぞ)む	임하다, 직면하다
□□	罵(ののし)る	매도하다, 큰 소리로 비난하다, 욕설을 퍼붓다

は행

□□	這(は)う	기다
★ □□	生(は)える	(나무, 풀, 수염, 손톱 등이) 자라다
□□	羽織(はお)る	(옷을) 걸치다
★ □□	吐(は)く	토하다, 뱉다, 뿜어내다
□□	履(は)く	(신발을) 신다, (바지를) 입다
★★★ □□	励(はげ)ます	격려하다
★★★ □□	励(はげ)む	힘쓰다
□□	禿(は)げる	(머리가) 벗겨지다
□□	弾(はず)む	튀다, 탄력 받다
★ □□	放(はな)つ	방치하다, 놓아주다, 풀어주다
□□	跳(は)ねる	튀다
□□	流行(はや)る	유행하다
★ □□	腫(は)れる	붓다
★ □□	化(ば)ける	둔갑하다
□□	控(ひか)える	대기하다, 앞두다, 삼가다
□□	日(ひ)が暮(く)れる	해가 지다
★★ □□	潜(ひそ)む	잠재하다, 내재하다, 숨다, 잠복하다
□□	浸(ひた)る	잠기다, 빠지다, 젖다
★★★ □□	響(ひび)く	울려퍼지다, 울리다, 메아리치다
□□	冷(ひ)やかす	희롱하다, 조롱하다
□□	冷(ひ)やす	식히다, 차게 하다
★★★ □□	膨(ふく)らむ	부풀다
★★★ □□	老(ふ)ける	늙다
★★ □□	防(ふせ)ぐ	방어하다, 막다
□□	太(ふと)る	살찌다
★★ □□	踏(ふ)む	밟다
□□	降(ふ)り注(そそ)ぐ	쏟아지다
★ □□	震(ふる)える	흔들리다, 떨리다
★ □□	隔(へだ)たる	간격이 벌어지다

★★□□ 葬(ほうむ)る | 묻다, 매장하다, 장사 지내다, 감추다, 버리다
□□ 放(ほう)る | 방치하다, 내버려두다
□□ 吠(ほ)える | 짖다, 으르렁거리다
★★★□□ 誇(ほこ)る | 자부하다, 자랑삼다, 긍지로 삼다
□□ 干(ほ)す | 말리다, 건조시키다
★□□ 微笑(ほほえ)む | 미소 짓다
★★□□ 褒(ほ)める | 칭찬하다
★★□□ 掘(ほ)る | 파다
□□ 滅(ほろ)びる | 멸망하다
□□ 滅(ほろ)ぼす | 멸망시키다
□□ 呆(ぼ)ける | 지각이 둔해지다, 멍청해지다, 희미해지다, 흐릿해지다, 바래다

ま행

□□ 舞(ま)う | 춤추다, 너울거리다
□□ 巻(ま)き込(こ)む | 말려들게 하다, 휩쓸리게 하다
□□ 紛(まぎ)れる | 혼동되다, 헷갈리다, 뒤섞이다
□□ 勝(まさ)る | 더 낫다, 뛰어나다
★□□ 混(ま)じる | 섞이다
★★★□□ 混(ま)ぜる | 섞다, 혼합하다
★★□□ 招(まね)く | 초대하다
□□ 守(まも)る | 지키다
□□ 磨(みが)く | 닦다, 갈다
□□ 導(みちび)く | 인도하다, 이끌다
★★★□□ 見逃(みのが)す | 못 보고 넘기다, 간과하다, 눈감아 주다, 못 본 체하다
★★□□ 剥(む)く | 벗기다, 까다, 부릅뜨다 ≒剥(は)ぐ
★★□□ 報(むく)いる | 보답하다
□□ 群(むら)がる | 무리 짓다, 떼 지어 모이다, 군집하다
□□ 儲(もう)かる | 벌다, 한 밑천 잡다
□□ 儲(もう)ける, 設(もう)ける | 벌다, 설치하다
★★★□□ 潜(もぐ)る | 잠수하다
★★★□□ もくろむ | 계획하다, 기획하다
□□ 用(もち)いる | 쓰다, 사용하다, 이용하다, 채용하다, 임용하다
★★★□□ もてなす | 대접하다
★□□ 求(もと)める | 요구하다, 구하다
★★□□ 戻(もど)す | 되돌리다
★★★□□ 催(もよお)す | 개최하다

□□	戻(もど)る	되돌아오다
□□	漏(も)れる	(물이) 새다

や행

★□□	焼(や)く	(불에) 굽다, 질투하다
★★□□	養(やしな)う	양육하다, 기르다
★★□□	雇(やと)う	고용하다
□□	破(やぶ)る	찢다, 부수다, 깨다
□□	破(やぶ)れる	찢어지다, 깨지다
★★★□□	和(やわ)らぐ	수그러들다
□□	譲(ゆず)る	양보하다, 물려주다
□□	委(ゆだ)ねる	위임하다, 믿고 맡기다
★★★□□	緩(ゆる)む	느슨해지다
★★□□	緩(ゆる)める	완화하다, 늦추다, 느슨하게 하다
★★★□□	揺(ゆ)らぐ	흔들리다
★★□□	揺(ゆ)れる	흔들리다
□□	汚(よご)す	더럽히다
□□	横切(よこぎ)る	가로지르다
★□□	汚(よご)れる	더러워지다
□□	寄(よ)せる	밀려오다, 접근하다, 다가오다
★□□	装(よそお)う	가장하다, 장식하다
★★★□□	蘇(よみがえ)る	되살아나다, 소생하다

わ행

★★★□□	弁(わきま)える	변별하다, 분별하다
□□	沸(わ)く	끓다, 솟아오르다
★★★□□	煩(わずら)わせる	번거롭게 하다, 애먹이다

문맥규정 완벽대비 문제 ❶ 회

問題 2 （　　　）に入れるのに最もよいものを、1·2·3·4から一つ選びなさい。

01 新知識を（　　　）する努力を怠らない。

1 接種　　2 窃取　　3 接収　　4 摂取

02 不要な資料を（　　　）する。

1 破棄　　2 排気　　3 平気　　4 覇気

03 二人の証言はまるで（　　　）が合わない。

1 みちのり　　2 ちかみち　　3 つじつま　　4 つじどう

04 欠席の方は行事の前（　　　）ご連絡下さい。

1 のちほど　　2 あらかじめ　　3 かろうじて　　4 まして

05 きちんとした（　　　）で出掛ける。

1 身なり　　2 手がかり　　3 ひきがね　　4 よびみず

06 方便でもうそは（　　　）がとがめる。

1 気　　2 目　　3 頭　　4 足

07 あの画家の（　　　）な画風は有名だ。

1 ピクニック　　2 サプライ　　3 ユニーク　　4 シクレット

08 地震の（　　　）の津波が来る。

1 名札　　2 名刺　　3 名前　　4 名残

09 時間つぶしで（　　　）もない話ばかりしている。

1 とりとめ　　2 ほんすじ　　3 あらすじ　　4 まじめ

10 勉強は（　　　）にしてゲームばかりする。

1 床上げ　　2 床卸し　　3 棚上げ　　4 棚卸し

문맥규정 완벽대비 문제 ❷ 회

問題 2（　　）に入れるのに最もよいものを、1・2・3・4から一つ選びなさい。

01 三点差を（　　）して優勝する。

1 裏　　2 覆　　3 醸　　4 養

02 インフルエンザ（　　）の研究に没頭する。

1 ウイルス　　2 ウインク　　3 ウインカー　　4 ウインター

03 説明は面白く（　　）理解しやすかった。

1 あえて　　2 まして　　3 かろうじて　　4 かつ

04 同窓生の訪問に手料理で（　　）つもりだ。

1 おぎなう　　2 みなす　　3 もてなす　　4 つぐなう

05 早く病院に運ばないと（　　）になる。

1 もってこい　　2 お見合い　　3 玄人　　4 手遅れ

06 野球の決勝戦をかたずを（　　）見守る。

1 のんで　　2 あんで　　3 うんで　　4 もんで

07 彼は素的な点だけが（　　）だ。

1 取り引き　　2 取り消し　　3 取り決め　　4 取り柄

08 そんな話は（　　）だ。

1 初詣で　　2 初目　　3 初耳　　4 初恋

09 友達の（　　）言葉に傷つけられた。

1 むごい　　2 やさしい　　3 せこい　　4 わびしい

10 最近（　　）が苦しくて困っている。

1 かねて　　2 かねがね　　3 かって　　4 かつて

문맥규정 완벽대비 문제 ③ 회

問題 2 (　　　) に入れるのに最もよいものを、1·2·3·4 から一つ選びなさい。

01 言いにくいことを（　　　）言う必要はない。

1 いっそ　2 あえて　3 むしろ　4 かねて

02 あのチームは（　　　）がわいている。

1 ファイト　2 ファイア　3 ファイナル　4 ファイル

03 実力が（　　　）されて伝わる。

1 緊張　2 膨張　3 拡充　4 誇張

04 彼はいつも身のこなしが（　　　）。

1 すばしこい　2 あっけない　3 こころよわい　4 にがい

05 友人は今度の試合を（　　　）とあきらめた。

1 のろのろ　2 じろじろ　3 きっぱり　4 うんざり

06 最近、旅券を（　　　）する犯罪が増えている。

1 為造　2 偽造　3 創造　4 倉造

07 事故があったが（　　　）命だけは助かった。

1 辛い　2 苦い　3 荒い　4 幸い

08 もうけばかり追う（　　　）男だ。

1 あさましい　2 のぞましい　3 たのもしい　4 いさましい

09 目もとに母親の（　　　）がある。

1 面陰　2 名所　3 面影　4 名残

10 事件の裏には犯罪が（　　　）んでいる。

1 覆　2 潜　3 替　4 伏

문맥규정 완벽대비 문제 ❹ 회

問題 2 （　　　）に入れるのに最もよいものを、1·2·3·4から一つ選びなさい。

01 雨で着物が（　　　）になる。

1 晴れ　　2 滑らか　　3 華奢　　4 台無し

02 友人との別れが（　　　）。

1 せつない　　2 かんばしい　　3 こうばしい　　4 まめまめしい

03 延命のための（　　　）ばかり考えている。

1 知識　　2 常識　　3 処置　　4 放置

04 様々な映画の（　　　）を考察する。

1 ジャンル　　2 アンケート　　3 ユニーク　　4 ニーズ

05 このレーンコートはよく水を（　　　）。

1 だます　　2 もどす　　3 ささやく　　4 はじく

06 馬を自由に乗り（　　　）。

1 こなす　　2 こえる　　3 きる　　4 あげる

07 容疑者は動かぬ（　　　）のため白状した。

1 証根　　2 証明　　3 証所　　4 証拠

08 彼は生命が危ういほど（　　　）に陥っている

1 危篤　　2 危徳　　3 気徳　　4 気篤

09 鳩は平和の（　　　）と言われている。

1 像徴　　2 像微　　3 象徴　　4 象微

10 日本が（　　　）伝統技術だ。

1 奪る　　2 誇る　　3 奮る　　4 課る

문맥규정 완벽대비 문제 ⑤ 회

問題 2 (　　　) に入れるのに最もよいものを、1・2・3・4から一つ選びなさい。

01 娯楽に夢中で勉強が（　　　）になる。

1 まじめ　2 おろそか　3 すなお　4 しんけん

02 人の作品を悪く（　　　）ことはよくない。

1 けなす　2 しかる　3 ほめる　4 となえる

03 意見という意見は（　　　）対立している。

1 あわてて　2 たのもしく　3 ことごとく　4 いさましく

04 中国の文化は韓国の文化に（　　　）日本の文化に影響を与えた。

1 しいて　2 ひいては　3 あえて　4 かねて

05 会社の創立30周年の（　　　）が華やかに展開された。

1 セレナーデ　2 セルフ　3 セラミックス　4 セレモニー

06 遅刻した彼は（　　　）に弁解している。

1 必死　2 至極　3 至急　4 極致

07 不可能なことと分かったら（　　　）くあきらめた方がいい。

1 快　2 喫　3 決　4 潔

08 感情が高ぶって（　　　）状態になる。

1 興奮　2 興奪　3 強奪　4 強奮

09 相手の態度に（　　　）を感じる。

1 低抗　2 低杭　3 抵抗　4 抵杭

10 スピード違反を見（　　　）さない警察。

1 挑　2 逃　3 跳　4 桃

문맥규정 완벽대비 문제 ❻ 회

問題 2 (　　　) に入れるのに最もよいものを、1·2·3·4 から一つ選びなさい。

01 最近の強盗はお金は (　　　) 命まで奪う。

1 おろか　　2 あらゆる　　3 おろし　　4 あいにく

02 頭が (　　　) きて眠れなくなる。

1 にごって　　2 はえて　　3 さえて　　4 にぶって

03 各国の南極 (　　　) の探査が激しくなっいる。

1 券　　2 圏　　3 拳　　4 巻

04 壁に頭を (　　　) ぶつかった。

1 あながち　　2 あえて　　3 しいて　　4 もろに

05 今の成績に (　　　) はない。

1 娯楽　　2 未練　　3 快楽　　4 試練

06 人身事故で電車の (　　　) の混乱が起った。

1 ダイヤ　　2 タイヤ　　3 タイガー　　4 タイガ

07 (　　　) ばかりの贈り物です。

1 言いつけ　　2 言い訳　　3 申し訳　　4 申し分

08 いくら相手が弱くても (　　　) な。

1 侮る　　2 悔る　　3 軽　　4 輪

09 上司の不正を (　　　) する。

1 爆露　　2 爆路　　3 暴露　　4 暴路

10 宝くじの (　　　) で当たる。

1 推選　　2 抽選　　3 推薦　　4 抽薦

문맥규정 완벽대비 문제 7 회

問題 2 (　　　) に入れるのに最もよいものを、1·2·3·4から一つ選びなさい。

01 (　　　) は悪いが根はいい人だ。

1 愛称　　2 愛情　　3 愛想　　4 愛唱

02 彼女はいつも美人だと (　　　)。

1 うぬぼれる　　2 まぬかれる　　3 あふれる　　4 ありふれる

03 この子の (　　　) をお願いします。

1 渉外　　2 邪魔　　3 圧倒　　4 面倒

04 新婦の (　　　) なドレスがうらやましい。

1 ラッシュ　　2 シック　　3 キャッシュ　　4 ショック

05 記憶が (　　　) で確答できない。

1 ちやほや　　2 じめじめ　　3 ふらふら　　4 あやふや

06 君が (　　　) 悪いとは言えない。

1 一概に　　2 一体に　　3 一面に　　4 一方に

07 大学に合格して (　　　) になる。

1 金輪際　　2 几帳面　　3 未曾有　　4 有頂天

08 工事現場から足場を (　　　) する。

1 撤去　　2 徹去　　3 撤廃　　4 徹底

09 季節のせいか食欲が (　　　)。

1 哀える　　2 縮える　　3 衰える　　4 廃える

10 親の顔に泥を (　　　)。

1 張る　　2 塗る　　3 貼れる　　4 潤う

문맥규정 완벽대비 문제 ❽ 회

問題 2 (　　　) に入れるのに最もよいものを、1・2・3・4から一つ選びなさい。

01 東京は電車や地下鉄の交通（　　　）が便利だ。

1 緒　2 編　3 網　4 岡

02 今月は違法建築を（　　　）月間だ。

1 取り扱う　2 取り合わせる　3 取り立てる　4 取り締まる

03 外が寒いから窓を（　　　）しめる。

1 ふわりと　2 きっちりと　3 ほどよく　4 ゆるく

04 微熱があって全身が（　　　）。

1 だるい　2 かるい　3 おごそかだ　4 いやしい

05 （　　　）のところ犯人は不明だ。

1 目前　2 目印　3 目下　4 目上

06 （　　　）その半分でもお金があったならと思う。

1 まるで　2 せめて　3 しいて　4 あえて

07 難癖をつけて企画の進行を（　　　）。

1 妨げる　2 防ぐ　3 企む　4 図る

08 もはや不可能と（　　　）する。

1 観察　2 勧念　3 勧誘　4 観念

09 団体の秘密を（　　　）。

1 爆く　2 暴く　3 乱す　4 漏れる

10 （　　　）ご連絡下さい。

1 時急　2 至極　3 時極　4 至急

問題 2（　　）に入れるのに最もよいものを、1·2·3·4 から一つ選びなさい。

01 つい（　　）誘惑にのってしまう。

1 ぴったり　2 ふらふら　3 きっぱり　4 めらめら

02 あの映画の感動が心に（　　）。

1 よみがえる　2 くつがえる　3 ひるがえる　4 うらがえる

03 壊滅と言うも（　　）誇張ではない。

1 まさか　2 いっそ　3 あえて　4 まして

04 （　　）な議論ばかりで時間が過ぎる。

1 ユニーク　2 セーフ　3 ナンバー　4 ナンセンス

05 ギャンブルの（　　）に負ける。

1 誘惑　2 魅惑　3 困惑　4 疑惑

06 アメリカから帰国した彼は（　　）免許をとった。

1 暇　2 休　3 付　4 仮

07 事件の政治的な（　　）が気になる。

1 背景　2 背経　3 景色　4 気配

08 将来に備えて（　　）する。

1 貯畜　2 停畜　3 停蓄　4 貯蓄

09 肩に荷物を（　　）。

1 負ぐ　2 運ぶ　3 担ぐ　4 架ぐ

10 敵の背後から（　　）する。

1 襲撃　2 襲激　3 来激　4 来襲

問題 2 （　　　）に入れるのに最もよいものを、1·2·3·4から一つ選びなさい。

01 運転の（　　　）をのみこむ。

1 けが　　2 こつ　　3 かげ　　4 ほね

02 子供に（　　　）飛行機を贈った。

1 模型　　2 模形　　3 漠型　　4 漠形

03 彼の話はいつも（　　　）だ。

1 大けが　　2 大あたま　　3 大あな　　4 大げさ

04 優勝した選手は（　　　）うれしそうな顔をする。

1 ついに　　2 ふと　　3 さも　　4 さじ

05 最新式の設備の（　　　）ったホテル。

1 そなわ　　2 そこな　　3 おそわ　　4 ことわ

06 この作品は芸術（　　　）が優れている。

1 姓　　2 製　　3 性　　4 制

07 新しい発電（　　　）として太陽光を利用することにした。

1 プロジェクト　　2 プロペラ　　3 プロポーション　　4 プロマイド

08 心理（　　　）が優れている小説。

1 描射　　2 苗射　　3 苗写　　4 描写

09 謀反を（　　　）。

1 企む　　2 配る　　3 諮る　　4 画む

10 山の色がだんだん（　　　）くなる。

1 厚　　2 濃　　3 鈍　　4 鋭

問題 2 (　　　) に入れるのに最もよいものを、1·2·3·4 から一つ選びなさい。

01 今度の投手の投球（　　　）には悪いクセがある。

1 フード　2 スイング　3 ヘッド　4 フォーム

02 川が市街地を（　　　）いて流れる。

1 慣　2 貫　3 実　4 宝

03 人前では（　　　）している落ち着かない性格。

1 おどおど　2 てきぱき　3 ころころ　4 なよなよ

04 （　　　）言えば音楽より文学に関心がある。

1 まして　2 むしろ　3 しいて　4 いっそ

05 人の話に（　　　）のはあまりよくない。

1 割り当てる　2 割り込む　3 割り出す　4 割り戻す

06 震災の復旧の（　　　）が立たない。

1 見方　2 味方　3 見舞い　4 見通し

07 勉強が（　　　）に乗る。

1 調子　2 横車　3 障子　4 歯止め

08 受験に失敗して（　　　）っている。

1 負　2 朽　3 腐　4 敗

09 第一次産業が（　　　）している。

1 哀退　2 衰退　3 哀滞　4 衰滞

10 事業の失敗に（　　　）する。

1 焦燥　2 燥焦　3 焦繰　4 繰焦

問題 2 (　　　) に入れるのに最もよいものを、1·2·3·4 から一つ選びなさい。

01 優勝候補が（　　　）敗れた。

1 しぶとく　2 あっけなく　3 あどけなく　4 ねばりづよく

02 この問題は機会を（　　　）て再び論議しよう。

1 改め　2 乗じ　3 疑っ　4 応じ

03 投票に（　　　）しないよう呼び掛ける。

1 機権　2 棄観　3 機観　4 棄権

04 適正な値段を（　　　）する。

1 比較　2 比喩　3 交渉　4 交番

05 （　　　）に調査もしないで発表した。

1 ろく　2 とう　3 すで　4 わり

06 自分で（　　　）した制服を着る。

1 デザート　2 ディーエム　3 フォロー　4 デザイン

07 処理の仕方がまだ（　　　）だ。

1 未宿　2 未熟　3 末宿　4 末熟

08 （　　　）的な敗北を喫する。

1 掘辱　2 掘欲　3 屈欲　4 屈辱

09 ぐずぐずと（　　　）返事ばかりだ。

1 煮えきらない　2 二つ　3 確かな　4 裏

10 彼はまるで公私の別を（　　　）ない人だ。

1 構え　2 捕まえ　3 弁え　4 踏まえ

問題 2 （　　　）に入れるのに最もよいものを、1·2·3·4 から一つ選びなさい。

01 審判の判定に（　　　）する。

1 抗議　2 杭議　3 抗義　4 杭義

02 雨が激しくて車を（　　　）に入れる。

1 ギャル　2 キャラクタ　3 カレー　4 ガレージ

03 まだ会費が（　　　）っていない。

1 あやま　2 おさま　3 あてはま　4 かしこま

04 決勝戦で敗れて選手らは（　　　）残念そうな顔つきだ。

1 かろうじて　2 ふしょうぶしょう　3 いかにも　4 いっそう

05 一人だけで出掛けるのは（　　　）。

1 たのもしい　2 こころぼそい　3 いさぎよい　4 なごりおしい

06 いたずらに時間を（　　　）してはだめだ。

1 ついや　2 もてはや　3 もや　4 はや

07 向こうとは考え方が（　　　）く異なる。

1 そっけな　2 いさぎよ　3 いちじるし　4 けたたし

08 年の割には（　　　）てみえる。

1 吹け　2 更け　3 深け　4 老け

09 ぜいたくでなく（　　　）に暮らす。

1 豪華　2 質素　3 派手　4 地元

10 お値段はいくらでも（　　　）です。

1 高慢　2 自慢　3 決構　4 結構

문맥규정 완벽대비 문제 ⑭ 회

問題 2 (　　　) に入れるのに最もよいものを、1·2·3·4 から一つ選びなさい。

01 会員加入に際しては（　　　）手続きはない。

1 えらそうな　　2 よわよわしい　　3 あつかましい　　4 わずらわしい

02 あの人は（　　　）な物腰が長所だ。

1 エレベーター　　2 エスカレーター　　3 エレガント　　4 エレジー

03 野球場には（　　　）観衆が集まった。

1 けたたましい　　2 おびただしい　　3 にがい　　4 しぶい

04 負傷者を手厚く（　　　）する。

1 介抱　　2 辛抱　　3 鉄砲　　4 抱擁

05 新しい構想を（　　　）のに時間がかかる。

1 氷る　　2 要る　　3 練る　　4 凝る

06 まだ日本の生活に（　　　）していない。

1 適応　　2 敵応　　3 摘応　　4 滴応

07 わずかな収入で（　　　）に日を送る。

1 はるか　　2 わずか　　3 ひそか　　4 かすか

08 激痛に（　　　）れて一睡もできなかった。

1 襲わ　　2 養わ　　3 償わ　　4 賄わ

09 はかない（　　　）を抱く。

1 幻覚　　2 相棒　　3 幻想　　4 相手

10 拉致された（　　　）が解放された。

1 人質　　2 人脈　　3 質屋　　4 問屋

問題 2 （　　　）に入れるのに最もよいものを、1・2・3・4 から一つ選びなさい。

01 最近の（　　　）商売にはお手上げだ。

1 あどけない　2 あくどい　3 むなしい　4 わびしい

02 （　　　）な考えが計画を台無しにする。

1 几帳面　2 確か　3 積極的　4 無茶

03 注意を（　　　）って失敗した。

1 わた　2 おこた　3 すみわた　4 すきとお

04 万事に（　　　）な仕事ぶりはいけない。

1 おおがた　2 おおて　3 おおまた　4 おおまか

05 すべての財産を（　　　）する。

1 没集　2 没収　3 収集　4 応収

06 政府の経済に対する（　　　）調査に応じる。

1 アンケート　2 アングル　3 サポート　4 サポータ

07 資格の（　　　）にかかわらず参加できる。

1 高低　2 勝敗　3 善悪　4 有無

08 果物は（　　　）な生産で価格が暴落した。

1 過疎　2 過剰　3 過乗　4 過速

09 自分の軽率を（　　　）。

1 悔いる　2 誇る　3 敬う　4 尊ぶ

10 麦をひいて（　　　）にする。

1 枠　2 塊　3 粉　4 砕

문맥규정 완벽대비 문제 ⑯ 회

問題 2 (　　　) に入れるのに最もよいものを、1·2·3·4 から一つ選びなさい。

01 お話の（　　　）は分かりました。

1 さしつかえ　　2 さしさわり　　3 おもむき　　4 おもてむき

02 時間に（　　　）な人は嫌いだ。

1 ルーキー　　2 ルート　　3 ループ　　4 ルーズ

03 つんと（　　　）をつく異臭。

1 目　　2 鼻　　3 耳　　4 口

04 他の人に（　　　）して声をひそめる。

1 きがね　　2 きもち　　3 きぶん　　4 はきけ

05 女性学の（　　　）は私のはたけではない。

1 領城　　2 要地　　3 要域　　4 領域

06 失敗するんじゃないかと思っていたら（　　　）失敗した。

1 案の定　　2 もってのほか　　3 もともと　　4 案外

07 たばこの（　　　）は灰皿に捨ててください。

1 吸穀　　2 煙殻　　3 煙穀　　4 吸殻

08 頼みを（　　　）に引き受ける。

1 几帳面　　2 無造作　　3 大丈夫　　4 不愛想

09 期待を一身に（　　　）。

1 断る　　2 負う　　3 勝る　　4 担う

10 五輪で金メダルを（　　　）する。

1 獲得　　2 穫得　　3 収穫　　4 収獲

문맥규정 완벽대비 문제 ⑰ 회

問題 2 (　　　) に入れるのに最もよいものを、1·2·3·4 から一つ選びなさい。

01 激しいと思ったが話し合いは（　　　）に進んだ。

1 すこやか　　2 けなげ　　3 なごやか　　4 あざやか

02 マスコミは（　　　）な報道が生命だ。

1 迅速　　2 鋭敏　　3 鈍感　　4 拙速

03 勉強の（　　　）にアルバイトをする。

1 合谷　　2 渋谷　　3 渋間　　4 合間

04 入れ物が大きいので（　　　）。

1 はれる　　2 かさばる　　3 かさねる　　4 ふれる

05 彼は財界に（　　　）が広い。

1 足　　2 肩　　3 目　　4 顔

06 彼女は甘いものに（　　　）がない。

1 目　　2 手　　3 足　　4 舌

07 不況の対策で交替勤務制に（　　　）させる。

1 セルフ　　2 シフト　　3 セールス　　4 シーエム

08 不吉で恐ろしい（　　　）から覚める。

1 吉夢　　2 吉凶　　3 悪凶　　4 悪夢

09 公務執行を（　　　）する。

1 妨害　　2 防害　　3 訪害　　4 坊害

10 交通事故の修理代を（　　　）。

1 賞う　　2 補う　　3 償う　　4 浦う

問題 2 （　　　）に入れるのに最もよいものを、1・2・3・4 から一つ選びなさい。

01 悲しい映画を見て（　　　）涙を落とす。

1 はらはら　　2 ばらばら　　3 ぱらぱら　　4 ぺらぺら

02 有名な医者も（　　　）を投げるほどの難病。

1 しゃくし　　2 くし　　3 さじ　　4 はし

03 災難の当事者の気持ちを（　　　）する。

1 配戻　　2 気配　　3 気慮　　4 配慮

04 徹夜の勉強は体が（　　　）たない。

1 待　　2 保　　3 存　　4 損

05 先進国は生活の（　　　）が高い。

1 レベル　　2 ラベル　　3 ラマダン　　4 レシート

06 いつも彼は（　　　）にノートをとる。

1 がむしゃら　　2 むてっぽう　　3 でたらめ　　4 きちょうめん

07 社会の不正に（　　　）。

1 自惚れる　　2 憤る　　3 誉める　　4 侮る

08 （　　　）能力を引き出す。

1 潜在　　2 潜伏　　3 交替　　4 為替

09 署名を（　　　）する。

1 巨否　　2 巨絶　　3 拒説　　4 拒否

10 肉を（　　　）のまま買う。

1 魂　　2 塊　　3 魅　　4 鬼

문맥규정 완벽대비 문제 ⑲ 회

問題 2 (　　　) に入れるのに最もよいものを、1･2･3･4 から一つ選びなさい。

01 解決の（　　　）が立たない。

1 まど　　2 めど　　3 したく　　4 しわざ

02 疲れて（　　　）と眠り込む。

1 ぐっすり　　2 てっきり　　3 きっぱり　　4 くっきり

03 彼の論文は歴史上（　　　）的な発見に等しい。

1 満期　　2 最期　　3 時期　　4 画期

04 今度の事件の責任を（　　　）手はみえない。

1 まねく　　2 もたらす　　3 まぬがれる　　4 まねする

05 長い（　　　）を持つ専門家を呼ぶつもりだ。

1 キャリア　　2 ギャル　　3 キャンセル　　4 キャンドル

06 契約の条件が複雑で話が（　　　）くなってきた。

1 たやす　　2 ややこし　　3　てがる　　4 ぞうさな

07 寝食を忘れて執筆に（　　　）する。

1 没頭　　2 放棄　　3 執着　　4 放牧

08 会費を（　　　）する。

1 帯納　　2 結納　　3 収集　　4 滞納

09 大雨で通勤の足が（　　　）われる。

1 奪　　2 奮　　3 結　　4 滞

10 でたらめな（　　　）を繰り返す政治家。

1 忘言　　2 忘語　　3 妄言　　4 妄語

問題 2 （　　　）に入れるのに最もよいものを、1・2・3・4から一つ選びなさい。

01 相手の立場を（　　　）する。

1 考案　　2 思慕　　3 思案　　4 考慮

02 三か国語を使い（　　　）有能な人材。

1 つぶす　　2 やぶる　　3 はてる　　4 こなす

03 今年から物価が（　　　）のぼりに上がる。

1 うなぎ　　2 やなぎ　　3 とびうお　　4 どじょう

04 不況の影響で株価が（　　　）のままだ。

1 頭金　　2 腕前　　3 板前　　4 頭打ち

05 警戒網を（　　　）する。

1 発端　　2 突破　　3 突撃　　4 発破

06 上司との（　　　）をはかってみる。

1 コミュニケーション　　2 マスコミ
3 コミュニティ　　4 マスメディア

07 受験も終わって気が（　　　）。

1 置けない　　2 尽きる　　3 乗る　　4 緩む

08 研究の（　　　）を築く。

1 礎　　2 器　　3 棟　　4 軒

09 テレビを見て（　　　）をまぎらす。

1 屈辱　　2 発掘　　3 屈指　　4 退屈

10 人形を上手に（　　　）。

1 練る　　2 操る　　3 狂う　　4 振う

유의표현 완벽대비 문제 1 회

問題 3 ＿＿＿の言葉に意味が最も近いものを、1・2・3・4から一つ選びなさい。

01 彼の成功は私の羨望の的となった。

1 うらめしく思うこと　2 まめまめしく思うこと
3 たのもしく思うこと　4 うらやましく思うこと

02 優勝という朗報が舞い込んできた。

1 朗らかな便り　2 落ち込んだ新聞　3 うんざりした情報　4 嬉しい知らせ

03 なによりも戦争を憎悪する。

1 くやむ　2 にくむ　3 このむ　4 いたむ

04 病院の入院の手続きがわずらわしい。

1 やっかいだ　2 簡単だ　3 訳がない　4 たやすい

05 家賃が半年分もとどこおる。

1 凍る　2 貫く　3 滞納する　4 渋滞する

06 彼のユニークな発想にはみんなびっくりする。

1 陳腐　2 独特　3 創作　4 放置

07 同意が得られるという思惑が外れる。

1 もくろみ　2 案外　3 たのしみ　4 案の定

08 考え方がいちじるしく異なる。

1 目がなく　2 鼻が高くて　3 鼻について　4 目立って

09 部屋がきちんとかたづけてある。

1 ちらかしている　2 とどまっている　3 ととのっている　4 ちらばっている

10 怨恨による傷害事件が起る。

1 うらむこと　2 はばむこと　3 こばむこと　4 このむこと

유의표현 완벽대비 문제 ❷ 회

問題 3 ＿＿＿＿の言葉に意味が最も近いものを、1・2・3・4から一つ選びなさい。

01 人影もまばらな夜の市街地。

1 大きい　2 わずかな　3 なにもかも　4 多い

02 収入に占める食費の割合が高い。

1 比率　2 引率　3 割り算　4 割り勘

03 相手の意見にいちいち文句をつける。

1 説明　2 説得　3 偶然　4 愚痴

04 時間にルーズな人とは付き合わない。

1 しっかりとした　2 歯切れのよい　3 締りのない　4 間に合う

05 いまさらいいわけしても遅い。

1 弁明　2 弁護　3 介護　4 看護

06 お話のおもむきは承知しました。

1 趣味　2 申し分　3 申し訳　4 趣旨

07 人生はあたかも映画のようだ。

1 しいて　2 まるで　3 あえて　4 まして

08 どうしたらよいかジレンマに陥る。

1 板挟み　2 板前　3 紙挟み　4 腕前

09 大口を開けてけたたましく笑う。

1 うらやましく　2 うらめしく　3 おびただしく　4 さわがしく

10 師をいたみ、ここに歌をささげます。

1 哀悼して　2 愛情して　3 哀願して　4 愛好して

유의표현 완벽대비 문제 ❸ 회

問題 3 ＿＿＿＿の言葉に意味が最も近いものを、1·2·3·4から一つ選びなさい。

01 子どもの面倒を見るのが一番苦手だ。

1 愚痴　2 文句　3 不平　4 世話

02 運転のコツをのみこむ。

1 習慣　2 要領　3 技量　4 器用

03 風邪を引いたのでやむを得ず早退した。

1 仕方なく　2 まじめに　3 無暗に　4 きちょうめんに

04 シックなデザインの着物を選ぶ。

1 くたびれた　2 みすぼらしい　3 あか抜けている　4 ほころびた

05 客が殺到しててんてこまいする。

1 慌ただしい　2 新しい　3 楽しい　4 嬉しい

06 外出する内容を先生に断ってから出掛ける。

1 拒否して　2 了解して　3 承諾して　4 前もって知らせて

07 お金ばかり考えるあさましい男。

1 賢明な　2 卑劣な　3 きれいな　4 まじめな

08 誤解したことをあやまる。

1 謝罪する　2 ほめる　3 たたえる　4 感謝する

09 お金ならうんざりするほどある。

1 きになる　2 すこし　3 いやになる　4 たくさん

10 消費者のニーズが多様化する。

1 期待　2 供給　3 希望　4 要求

유의표현 완벽대비 문제 ④ 회

問題 3 ＿＿＿＿の言葉に意味が最も近いものを、1・2・3・4から一つ選びなさい。

01 野球場は連休でおびただしい観衆が集まった。

1 目立たない　2 非常に多い　3 ばらばらと　4 ちらほら

02 一度も勝ったことのない選手はコンプレックスを感じている。

1 優越感　2 死に目　3 達成感　4 引け目

03 彼は組織のかなめとなる人物だ。

1 肝心　2 斜め　3 臆病　4 弱虫

04 双方一歩も譲らずに張り合う。

1 競り合う　2 譲り合う　3 和らぐ　4 緩む

05 日曜日はもっぱらテレビばかり見ている。

1 ますます　2 みえみえ　3 みるみる　4 ひたすら

06 両者の関係はややこしい。

1 複雑だ　2 簡単だ　3 遠い　4 近い

07 誘いをことわる。

1 許諾する　2 承諾する　3 応答する　4 拒絶する

08 厳格で面白みのない性格。

1 しぶとい　2 ねばり強い　3 堅苦しい　4 朗らか

09 政治家としてモラルに欠けている。

1 名誉　2 道徳　3 観念　4 念頭

10 とんでもない人にばったり出会う。

1 意外の　2 予想の　3 見込みの　4 予測の

유의표현 완벽대비 문제 ⑤ 회

問題 3 ＿＿＿＿の言葉に意味が最も近いものを、1・2・3・4から一つ選びなさい。

01 人身事故で電車は運転を見合わせている。

1 お見合いする　2 お見舞いする　3 面倒を見る　4 様子をみる

02 地球環境保全のキャンペーンを張る。

1 宣伝活動　2 拒否運動　3 阻止運動　4 予告活動

03 反対派の入場を阻止する。

1 こばむ　2 いどむ　3 あゆむ　4 はばむ

04 おびただしい人出で盛り上がっている野球場。

1 いちかばちか　2 ものすごい　3 ものあつかい　4 のるかそるか

05 真夏のマラソンはもうこりごりだ。

1 いかる　2 こりる　3 おごる　4 こる

06 ピンチを脱するのに苦労する。

1 窮地　2 生地　3 楽園　4 地獄

07 新記録にいどむ。

1 後退する　2 陥る　3 賄う　4 挑戦する

08 空き巣が室内を物色する。

1 抜け出す　2 探し出す　3 引き出す　4 打ち出す

09 きちょうめんな人として認められる。

1 あさましい　2 おおまかな　3 だらしない　4 折り目正しい

10 平凡な発想では画期的な商品開発は難しい。

1 並木　2 月並み　3 並み盛り　4 軒並み

유의표현 완벽대비 문제 ⑥ 회

問題 3 ＿＿＿の言葉に意味が最も近いものを、1・2・3・4から一つ選びなさい。

01 友だちからいやみを言われた。

1 皮肉　2 苦手　3 得意　4 得手

02 売り上げのための販売ルートを調査する。

1 道路　2 路線　3 線路　4 経路

03 この報告書は事実を歪曲している。

1 はばめて　2 ゆがめて　3 いどめて　4 いためて

04 会議がもめて長引く。

1 ごたごたして　2 じめじめして　3 いらいらして　4 かさかさして

05 すがすがしい表情を見せる。

1 おだやかな　2 すこやかな　3 すみやかな　4 さわやかな

06 遠足にはもってこいの季節。

1 もってのほか　2 けしからぬ　3 うってつけの　4 もとのもくあみ

07 音楽にうっとりと聞きほれている。

1 心を奪われて　2 足を出して　3 目がなく　4 気が利いて

08 事がうまく運ぶように関係者に根回ししておく。

1 後調べ　2 後工作　3 下工作　4 下調べ

09 映画をみる程度の間柄だ。

1 つきあい　2 ころあい　3 合間　4 広間

10 旅行は運賃値上げ分だけ赤字になった。

1 腹がすわった　2 腹が決まった　3 足が出た　4 足が棒になった

유의표현 완벽대비 문제 7 회

問題 3 ＿＿＿＿の言葉に意味が最も近いものを、1·2·3·4から一つ選びなさい。

01 購買者のニーズはもっと複雑になる。

1 失望　2 要求　3 挑む　4 阻む

02 どんよりとして生気のない目の人。

1 濁っていて　2 晴れていて　3 油断で　4 利口で

03 人生ははかないものだと思う。

1 きれいな　2 うらやましい　3 むじゃきな　4 むなしい

04 難事をむぞうさにやってのける。

1 たやすく　2 念入りに　3 まじめに　4 むずかしく

05 会議ではやにわに結論を出した。

1 きりがなく　2 じょじょに　3 おそく　4 ただちに

06 上司の指示を拒んで退社に追い込まれる。

1 おうじて　2 きょひして　3 いどんで　4 ひそんで

07 懸賞小説に月並みな表現では当たらない。

1 平凡　2 非凡　3 あらなみ　4 なみぎわ

08 論文としての体裁を整える。

1 面目　2 資格　3 内容　4 形式

09 突然の出来事にあっけに取られている。

1 喜ぶ　2 驚く　3 悲しむ　4 楽しむ

10 彼のうそにまんまと欺かれる。

1 だまされる　2 答える　3 応える　4 まぬかれる

유의표현 완벽대비 문제 ❽ 회

問題 3 ＿＿＿＿の言葉に意味が最も近いものを、1・2・3・4から一つ選びなさい。

01 誰にでもすぐなじむ性格だ。

1 悔む　2 みにくくなる　3 親しくなる　4 恨む

02 趣味としてネーチャー写真にはまっている。

1 自然　2 天然　3 事実　4 想像

03 信仰と偶像崇拝とは差がある。

1 ゆがむこと　2 たゆむこと　3 ひそむこと　4 おがむこと

04 彼女のそっけない態度にはあきれる。

1 冷淡な　2 なさけのある　3 温情　4 したしい

05 この仕事はわたしに打って付けだ。

1 合っていない　2 びっくりする　3 ぴったりあう　4 向いていない

06 たまたま現場に居合わせていた。

1 偶然　2 必然　3 選択　4 必須

07 道に迷って途方に暮れる。

1 日が暮れる　2 困る　3 踊る　4 道草を食う

08 話がちぐはぐになる。

1 はかどる　2 すすむ　3 あなどる　4 くいちがう

09 津波の寄付金を募集する。

1 つのる　2 すてる　3 ひろう　4 なぐる

10 今度の夏の蒸し暑さにはやりきれない。

1 やり遂げる　2 成し遂げる　3 たえられない　4 がまんできる

유의표현 완벽대비 문제 ⑨ 회

問題 3 ＿＿＿＿の言葉に意味が最も近いものを、1·2·3·4から一つ選びなさい。

01 資料を一つ一つ丹念に調べる。

1 快く　2 丁寧に　3 不審に　4 潔く

02 子どもの夢をはぐくむ。

1 あわてる　2 あおる　3 つむ　4 そだてる

03 とうとい教訓を得る。

1 貴重な　2 慎重な　3 尊重な　4 厳重な

04 あなたのためにあえて言おうと思う。

1 すすんで　2 しいて　3 やむをえず　4 まして

05 二つの相反する事柄のジレンマに陥る。

1 板につく　2 いちかばちか　3 のるかそるか　4 板挟み

06 木々に太陽光線がさえぎられる。

1 遮断される　2 切断される　3 禁断される　4 横断される

07 彼のしつこさには閉口する。

1 うれしい　2 手に負えない　3 はかない　4 腹を据える

08 自分の犯した罪を白状する。

1 申し述べる　2 言いつける　3 申し訳する　4 言い換える

09 彼はいつも形勢をうかがう態度をとる機会主義のようだ。

1 三猿主義　2 塞翁が馬　3 馬耳東風　4 日和見主義

10 隣りの子どもは利口そうで賢い子だ。

1 朗らか　2 頭がよい　3 気持ちがいい　4 やわらか

유의표현 완벽대비 문제 ⑩ 회

問題 3 ＿＿＿＿の言葉に意味が最も近いものを、1・2・3・4から一つ選びなさい。

01 試験の勉強がはかどっている。

1 真面目にやっている　2 順調に進んでいる
3 歯止めをかけている　4 無鉄砲に進んでいる

02 不景気のせいで会社にリストラされる。

1 雇用　2 回顧　3 解答　4 解雇

03 人を見下すいまいましい態度だ。

1 明快な　2 不愉快な　3 冷徹な　4 不自由な

04 いくら弱い相手でも侮ってはならない。

1 ばかにしては　2 つよくみては　3 えらくしては　4 ものすごくしては

05 辛うじて最終便に間にあった。

1 ゆったりと　2 ぴったりと　3 まして　4 ようやく

06 今日はざっくばらんに話し合おう。

1 打ち明けて　2 打ち砕いて　3 隠して　4 気取って

07 相手のひるんだすきをついて勝つ。

1 強み　2 弱み　3 萎縮した　4 丈夫な

08 留学の面倒な手続きを省いてもらう。

1 煩わしい　2 簡単な　3 たやすい　4 やさしい

09 審議は滞ることなく運んだ。

1 滑らかな　2 滞納　3 順調な　4 停滞する

10 新商品の核心はコストの削減だ。

1 新柄　2 経費　3 消費　4 事柄

용법 완벽대비 문제 ❶ 회

問題 4 次の言葉の使い方として最もよいものを、1·2·3·4から一つ選びなさい。

01 指図

1 誕生日に贈り物として指図をもらった。
2 これから、人の指図は受けないつもりだ。
3 地方の旅行の際には、指図を持った方がいい。
4 若者の時代には、指図して勉強に打ち込むべきだ。

02 関の山

1 ここから関の山だから、気をつけたほうがいい。
2 運命をかけた関の山の戦いに負けるわけにはいかない。
3 力を込めて関の山の覚悟で行きましょう。
4 一日に本一冊読むのが関の山だ。

03 手際

1 僕の彼女は何もかもできるが、料理の手際が悪い。
2 新型インフルエンザの防ぐために手際作戦に出る。
3 彼はいつも手際のところでしくじる。
4 手際の悪いチームだけあって決勝戦に出た。

04 ドリル

1 事故で電車の運転がドリルとなった。
2 連休のドリルに本を読む。
3 外国語の習得の早道はドリル学習が何よりです。
4 山登りの基本は、焦らずドリルと歩くことです。

05 へりくだる

1 目の下の人にはへりくだったものの言い方が適切だ。
2 取引先の人の訪問にへりくだった態度で接する。
3 本社の田中さんは生意気なへりくだった言葉で有名だ。
4 決勝戦で選手たちはへりくだって疲れてしまった。

06 やにわに

1 今年の春にはやにわに花の種をまくつもりだ。
2 運動は時間をかけてやにわに始めたほうがいい。
3 お暇の時はやにわに私の家に来てください。
4 彼女は僕を見るや否ややにわに走り出した。

07 盛り上がる

1 あまり心配したせいか、目が盛り上がっている。
2 新しい商品の開発で値段が盛り上がっている。
3 真夏の昼間の温度がだんだん盛り上がっている。
4 自然の災害で原発廃止の世論が盛り上がっている。

08 潔い

1 成功のためなら、潔い努力が欠かせない。
2 潔い毎日の勉強のおかげで、彼の今日があるわけだ。
3 今度の試合は十分な練習さえもなかったので、潔く諦める。
4 結婚式で潔い祝賀の歌をうたってもらった。

09 見合わせる

1 体調が悪いので、今回の旅行は見合わせることにした。
2 もっとも見合わせる知人の昇進を喜んでいる。
3 十年前から見合わせてきた彼女と別れたせいで、落ち込んでいる。
4 気晴らしは前もって見合わせておいた店に決めた。

10 もっぱら

1 休日はもっぱら子どもの相手をする。
2 もっぱらの努力なしで合格はない。
3 明日はもっぱら晴れる予定だ。
4 山の上で声もっぱらで叫ぶ。

問題 4 次の言葉の使い方として最もよいものを、1・2・3・4から一つ選びなさい。

01 あらゆる

1 売り上げの拡大のためあらゆる可能性を検討する。
2 最善のあらゆるのやり方で前向きに進めよう。
3 台風の被害をあらゆるまま受け入れることにした。
4 学生としてあらゆる態度ではない。

02 禁物

1 世界の禁物不足は深刻だ。
2 立ち入り禁物の地域にもぐりこむ。
3 未来の発展のため禁物に努める。
4 パソコンに湿気は禁物だ。

03 エピソード

1 経済活性化にはエピソードが要る。
2 開業当時のエピソードは有名だ。
3 映画のエピソード場面で涙が出る。
4 ベストセラーの小説はエピソードに売れている。

04 おもむろに

1 疲れたから今夜はおもむろに寝込みたい。
2 失敗しないようおもむろに方法はやめてください。
3 彼はおもむろにたばこをくわえた。
4 おもむろに自転車が駅の周辺に放置してある。

05 そらす

1 彼は自信満々と得意気に頭をそらす。
2 室内の展示品をすべてそらしておく。
3 そらしそうな壁のがくぶちを固定する。
4 三年ぶりで会う友だちから目をそらす。

06 ほごにする

1 新政府がはやくも公約をほごにした。
2 自然保護で山をほごにしてはならない。
3 勉強をほごにするのが一番だ。
4 悪夢を見て体がほごにしてしまった。

07 侮る

1 いくら相手が弱くても侮ってはいけません。
2 いつも親の意見には侮る心がまえが大事です。
3 侮る姿勢で新しい計画に臨んでください。
4 候補者は侮る有権者を抱きしめた。

08 刺激

1 今度の選挙の方針の一つは世論を刺激しないことだ。
2 常連のお客様に一々刺激を配る。
3 夏休みには普段どおりの刺激を取る。
4 日本の料理のなかで刺激が大好きだ。

09 世間並み

1 映画が世間並みで評判がいい。
2 株価が世間並みに上がっている。
3 引退の後は世間並みな生活を暮らしたい。
4 太平洋から世間並みの大津波が押し寄せている。

10 欠如

1 歳月は矢の欠如みたいに流れていく。
2 彼はチームの主張として判断力が欠如している。
3 結婚相手は性格の欠如いかんで決める。
4 これから指摘された欠如を補わなければならない。

問題 4 次の言葉の使い方として最もよいものを、1・2・3・4から一つ選びなさい。

01 案の定

1 難しく思っていたのに案の定簡単に解けた。
2 しくじるかも知れないと思ったら案の定失敗した。
3 うまくいくと思った競技は案の定な結果になった。
4 会社の規則の案の定がなかなか決まらない。

02 派手

1 葬式には派手な色の服装がふさわしい。
2 派手な花火大会が開かれる。
3 瀬戸物の派手な姿が気にいる。
4 派手な人柄が彼の取り柄だ。

03 フォロー

1 後輩にフォローを頼まれて悩んでいる。
2 世界のフォローに解決を求める。
3 会社のフォローが見合わせになった。
4 私のフォローを捨てて相手を接する。

04 軒並み

1 軒並みの努力では成功するはずがない。
2 社長の軒並みの役にはうんざりする。
3 公共料金が軒並み値上がりする一方だ。
4 道路の両側に軒並みが植えてある。

05 競り合う

1 競馬場で人波が競り合っている。
2 波が競り合っている海辺を散歩する。
3 首位をめざして競り合っている両チーム。
4 不景気のため物価が競り合っている。

06 瀬戸際

1 生死の瀬戸際に立たされた後輩を励む。
2 南の瀬戸際の景色が美しい。
3 観光地の瀬戸際で宿泊する人が多い。
4 海の瀬戸際で遊んでいる。

07 ないがしろ

1 約束は必ずないがしろに守ります。
2 新入社員がないがしろに宣誓をする。
3 代表選手はないがしろの訓練が欠かせない。
4 親をないがしろにしてはいけません。

08 はかどる

1 作業が順調にはかどっているのでひと安心だ。
2 計画をはかどってこれから仕事を進めようと思う。
3 人生の空しさをはかどる。
4 顧客をはかどって迎える姿勢を貫く。

09 大盛り

1 仕事の大盛りのところで辞めるとは情けない。
2 自動車の速度が大盛りの目安になる。
3 お昼はいつも牛丼の大盛りを注文する。
4 商売で大盛りの利益だけ追求する人。

10 にじむ

1 悲しい映画で目に涙がにじんでいる。
2 予選脱落で選手たちの雰囲気はにじんでいる。
3 観衆席で応援の声がにじんでいく。
4 朝早く起きるのににじんでいくしかない。

問題 4 次の言葉の使い方として最もよいものを、1・2・3・4から一つ選びなさい。

01 おごる

1 何でもないことでもおごってしまう性格の人だ。
2 試験中におごってしまうと、それでおしまいだ。
3 お手洗いの前に列ができておごってしまった。
4 昨日は僕の誕生日で先輩からおごってもらった。

02 願望

1 明日は受験発表日なので合格を願望しながら眠る。
2 いくら憎む人でも願望してはならない。
3 初めての挑戦で、しくじっても願望する必要はない。
4 うまくいかなくても願望より勇気を出してもう一回挑んでみよう。

03 口調

1 自分の口調を主張しても相手に受け入れない。
2 中村さんのいつものの演説口調にはあきれてしまう。
3 他人の口調は気にしなくてもいいから自分の意見を言ってください。
4 団体でのお互いの口調の違いによって派閥ができる。

04 テナント

1 夏休みは海辺のテナント村に入る計画だ。
2 最近の不景気を受けてテナントの賃貸料の引き下げ動きがある。
3 世界の貧民層の問題の解決策としてテナント建設案が出された。
4 被災地のテナントの提供をよびかけている。

05 きざ

1 今度の首相の国民に対するきざな話し方が物議をかもしている。
2 隣りの子どもの健気できざな行動。
3 危ないときはきざを求めたほうがいい。
4 試験で後ろの人がきざをした。

06 やんわりと

1 彼のことがいやな場合はやんわりと「好きじゃないと」言いきった方が最善だ。
2 サッカー試合は守るよりやんわりと攻めるのが一番だ。
3 知人のお金の頼みをやんわりと断る。
4 もう6月だからやんわりと真夏の季節が迫ってくる。

07 翻す

1 そんな簡単に約束を翻すなんてあの人も信じられないね。
2 朝出勤の際、駅で翻してあやうく大けがをするところだった。
3 秋になってきたから落ち葉に翻された道を歩いてみよう。
4 相撲の競技場は翻す熱気で満ちている。

08 序の口

1 運動場の序の口から長い列ができている。
2 居酒屋の玄関から序の口までは土足禁止になっている。
3 露天風呂は序の口を除いて浴衣を着る。
4 冬といってもこんな寒さはまだ序の口に過ぎない。

09 けなす

1 普段から実力をけなしておいたらいざというとき役に立つ。
2 人の作品を悪い点ばかりけなすのは作家として正しくないと思う。
3 結婚前に料理の腕をけなすのはもはや昔の考えだ。
4 最近の運転免許は二、三日の勉強をけなしても取られる。

10 まるまる

1 まるまる回りながらまっ逆さまに落ちてしまった。
2 新入社員の教育はまるまる一週間かかる課程だ。
3 コロンブスのまるまる航海がなかったらアメリカ大陸の発見はできなかった。
4 鳩が庭でまるまるまでえさを探している姿はあわれな気がする。

問題 4 次の言葉の使い方として最もよいものを、1・2・3・4から一つ選びなさい。

01 契機

1 二度とない契機を逃さないよう、覚悟を決める。
2 株投資の失敗を契機に、自分の判断力を見直す。
3 商店街の店を契機して、これからの再起の足場にする。
4 ここがこの曲の一番契機ところのはずだ。

02 まちまち

1 A県のダム建設に対する住民の意見はまちまちだ。
2 自然保護の実践として周りの公園をまちまちまで掃除する。
3 登山の遭難者の捜索に消防隊員まちまちがそろった。
4 市内のまちまちにわたって選挙運動が行われている。

03 試みる

1 毎日の自分の行動を試みてから日記をつける。
2 出張から試みるやいなや報告書を出さなければならない。
3 他人のことを他山の石として我が身を試みるつつ、前へ進むつもりだ。
4 いろいろな方法で実験を試みてから発表する計画だ。

04 立ち往生

1 東京市内は全面歩きたばこを立ち往生している。
2 工事現場につき誰でも立ち往生禁止になっている。
3 大雪で新幹線が立ち往生するのは10年ぶりだ。
4 立ち往生の所を勝手に入らない方がいい。

05 わけがない

1 難しいところは過ぎたから、これからはもうわけがないと思う。
2 2点もとられて、逆転はもうわけがないかも知れない。
3 大雪の登山はわけがないから断念するしかない。
4 大雪の車の運転は誰でもわけがないからやめたほうがいい。

06 省みる

1 試験の問題はまず難しいのは省みてあとで解く。
2 面接の際はあいさつなんかは省みてもいいんじゃない。
3 自ら省みて恥ずかしいところがないように行動する。
4 山の奥のあちこちを省みて安全に泊まれるところを探す。

07 いやに

1 先日のお歳暮はいやにありがとうございます。
2 いやにありがたいと思いますが、写真一枚撮ってもらえませんか。
3 ふだんのいたずらっ子が今日はいやにおとなしくふるまう。
4 いやに運動をし過ぎると、かえって体によくない。

08 ボイコット

1 不況で従業員を余儀なくボイコットするようになった。
2 髪を短く切った彼女はいつものの服装からすっかりボイコットに変わった。
3 怒りがちな部長が今日に限ってボイコットなことを言う。
4 今度の地方選挙は若者を中心に投票をボイコットする動きがある。

09 兆候

1 景気回復の兆候は全然みえてこない。
2 会社の赤字を兆候するため最善を尽くす。
3 大雨で土砂の崩壊が兆候になってならない。
4 税金の兆候にご協力ください。

10 しなやか

1 梅雨の雨が朝からしなやかに降り続けている。
2 前の自動車のヘッドライトがしなやかでまばゆい。
3 受付の相談役はいつもしなやかに顧客を接している。
4 松の枝がしなやかでたわんでいる。

問題 4 次の言葉の使い方として最もよいものを、1·2·3·4から一つ選びなさい。

01 気まぐれ

1 友だちの気まぐれな性格のため悩んでいる。
2 受験勉強はいつものとおり気まぐれな努力が一番だ。
3 電車の中で気まぐれを感じて吐気がした。
4 気まぐれな能力で彼は成功を得た。

02 ネック

1 交通渋滞はネックのおかけで順調に解決できた。
2 朝からネックの問題で部長と話し合った。
3 雨にぬられてからネックした。
4 土地補償の問題が駐車場建設のネックとなった。

03 案外

1 心配していたが結果は案外だった。
2 努力が実って案外合格した。
3 重そうな荷物に見えたが案外軽かった。
4 今回だけは負けないと思ったら案外勝った。

04 養う

1 日ごろから実力を養っておいた人が頭角を現す。
2 将来の夢を養うためには現実の仕事にまじめでなければ困る。
3 かぶと虫を養うのが彼の唯一の趣味のようだ。
4 鉢に朝顔を養う隣りの人がうらやましい。

05 問わず

1 年齢・性別は問わず、社員募集をする。
2 東京から大阪は問わず、新幹線が走る。
3 まじめに問わず、運転免許の準備をしてきた。
4 せっせと問わず、部屋を掃除する。

06 目に余る

1 目に余るほどかわいい孫がいる。
2 目に余るほどの実力を誇るべきである。
3 最近の彼の言動は目に余る。
4 世界市場の株価は目に余るほど上がった。

07 覆す

1 池の面は蓮の葉で覆すばかりになっている。
2 無理な投資のあげくあの会社はとうとう覆した。
3 玄関の前に覆した下駄がある。
4 昨日の盆を覆したような大雨で電車は運転中止になった。

08 獲物

1 虎が獲物を狙っている。
2 地方の米の獲物物価を調べてみる。
3 アメリカの獲物価格は暴騰している。
4 ふだんの練習では五輪で獲物はできないはずだ。

09 過疎

1 天気の不順で野菜生産が過疎になった。
2 宝石の過疎価値を重んじるべきである。
3 過疎化が進む農村の対策を立てる。
4 だんだん大学の過疎化が進んでいる。

10 ぶかぶか

1 ズボンがぶかぶかで窮屈だ。
2 ぶかぶかな帽子で顔が見えない。
3 室内でたばこをぶかぶか吸っている彼が気に入らない。
4 部屋のなかに紙くずがぶかぶかと転んでいる。

問題 4 次の言葉の使い方として最もよいものを、1·2·3·4から一つ選びなさい。

01 一見

1 家を一見した。広くて気にいるが、家賃が高い。
2 一見気が弱そうな人に見えるが、強盗と向き合ったそうだ。
3 一見の映画は勉強の後、気晴らしに役に立つ。
4 人々の一見は厳しい警戒の網が張られた。

02 ファイト

1 相手チームの選手たちはみんなファイトがわいているようだ。
2 今回の試合はもらえるファイトが少なすぎるのでやめてしまった。
3 試験の前にファイトを感じていい成績は期待できない。
4 ファイトが終わった学生たちが道ばたにあふれている。

03 あたかも

1 必要な資金が調達されてあたかもの気持ちだ。
2 まるで相撲取りのような選手と相手になってあたかもしている。
3 美術展覧会の作品はあたかも傑作ばかりである。
4 この山の風景はあたかも絵を思わせる風情である。

04 どうやら

1 どうやら行く海外修学旅行なら遠いところがいいと思います。
2 五輪ではどうやら向うの選手が優勝しそうな気がする。
3 いくら練習したところで予選通過がどうやらです。
4 今度の会議では結論が出ないのがどうやらである。

05 もがく

1 十年ぶりに代表選手に選ばれた彼はもがいている。
2 あまりの嬉しさに跳ねるほどもがいている。
3 どん底の生活からはい上がろうともがいている。
4 団体旅行の発表で社内はもがいている雰囲気だ。

06 いながらに

1 人工衛星の発達でいながらにして気象情報が分かる時代になる。
2 礼儀教育の不備で親をいながらにする人が増えたようだ。
3 下調べの準備がいながらにしてしまって困っている。
4 すべての道具がいながらにして新しいものを買うはめになった。

07 呼び水

1 不用意な発言が議会混乱の呼び水となった。
2 真夏の日照りの天気の影響で田に呼び水が要る。
3 彼の呼び水のようなお金使いにはあきれた。
4 友たちの英語は呼び水のようでよどみなくしゃべる。

08 うんざり

1 ふだん願っている携帯が手に入れるようになってうんざりした。
2 予選通過でうんざりしているチームをもっと取り締まるべきだ。
3 成績の上昇でうんざりしている学生を先生はほめる。
4 いつもの社長の長話にはみんながうんざりしている。

09 つぐなう

1 つぐなった中古車のためもっとお金がかかります。
2 今回の無礼はわびてもつぐえない過ちだと思います。
3 服をつぐなうためクリーニングに出します。
4 壊れてしまった自転車はつぐえないほどで捨てました。

10 侮辱

1 みんなの前で侮辱を受けて穴に入りたいほどだった。
2 全校優等賞の成績で卒業することになって侮辱に考える。
3 春の侮辱がまさにのどやかで、暖かい日々である。
4 毎日の暮らしが退屈で侮辱なのでもっとがんばろうと思う。

용법 완벽대비 문제 ⑧ 회

問題 4 次の言葉の使い方として最もよいものを、1・2・3・4から一つ選びなさい。

01 苦情

1 経済の悪化の影響で家計の苦情がもっと悪くなった。
2 今回の都市計画について市民からの苦情が殺到する。
3 大型地震のあとの津波で苦情の人が出る一方だ。
4 几帳面な計画の一つとして苦情の必要性がもたげる。

02 木枯らし

1 晩秋のせいか木枯らしがだんだん強くなってきた。
2 春の兆しとして木枯らしが吹いてくるようになった。
3 真夏の木陰の下で木枯らしの爽やかさを感じる。
4 山々の木枯らし対策を立てるのが難問である。

03 リストラ

1 代表選手のリストラがそろえた。
2 リストラを冒して彼は海外の進出を図っている。
3 世界の地球環境問題会議が盛んにリストラ式に関心が上がっている。
4 景気の悪化で会社からリストラされる人が増える一方だ。

04 国柄

1 海外旅行に出てみたら自分の国柄が表れるものだ。
2 最近の中国は世界経済大国としてだんだん国柄が強くなりがちだ。
3 国の交通文化の尺度はその国の国柄の尺度に等しい。
4 自由民主主義の國の力は国柄を基に表れるものである。

05 精一杯

1 スポーツはまず精一杯の姿勢から習った方が一番なんだと思う。
2 何もかも人々のもめ事は精一杯から始まるもんなんだ。
3 弱肉強食の世界で精一杯は強者の武器にほかならない。
4 田中さんは精一杯努力しただけあって大学に合格したようだ。

06 わめく

1 隣りのお母さんは子供が泣こうがわめこうが構わないたちだ。
2 受験の教室ではみんながわめいて静まりかえっている様子だ。
3 騒いでいた講堂は先生の怒鳴り声でしんとわめいている。
4 市民たちは息をのむ姿勢でわめいてテレビの中継を見ている。

07 浮彫り

1 城のまわりには必ず浮彫りを掘るのが基本的な構造になっている。
2 社会の浮彫りの構造が解消できなければ文句はあとを絶たない。
3 世界貿易機構は新興国間の貿易の浮彫りが合っていないと発表した。
4 大事件の問題点としてあらかじめの準備がなかったのが浮彫りになった。

08 はらはら

1 我が子の初舞台をはらはらしながら見守っている。
2 監督は選手の動作をはらはらと指摘した。
3 マラソン試合で無名の選手がはらはらしながら決勝点を通過した。
4 猿がはらはらと背伸びしている。

09 デリケート

1 高層ビルにはデリケート設置が欠かせない。
2 デパートのデリケート事件が相次いで、担当者は悩んでいる。
3 この機械の操作にはデリケートな神経の持ち主がぴったりだ。
4 高齢者の問題がますますデリケートしていく一方だ。

10 取り柄

1 最新の取り柄模様のデザイン服がはやっている。
2 何の特徴もない彼は素直な点だけが取り柄だ。
3 前任者の取り柄を踏まないよう努力している。
3 団体生活にはお互いの取り柄を守ってやるのが何より大事だ。

問題 4 次の言葉の使い方として最もよいものを、1·2·3·4から一つ選びなさい。

01 根気

1 弟は夜空を根気よく望遠鏡で覗いている。
2 紙にのりをはっても根気がないからはずれるおそれがある。
3 緑の日に町の裏山に木を植えたが根気がないからすぐ抜けちゃった。
4 髪の毛が根気のせいで縮んでしまう。

02 とぐ

1 彼女の日課は毎朝、鏡をとぐことから始まる。
2 坂道だから自転車をとぐのに骨が折れる。
3 遊び場で子供たちがブランコをといで遊んでいる。
4 湖でボートをとぐカップルが見える。

03 ぺこぺこ

1 勝った相手のチームの選手は自慢げに頭をぺこぺこもたげている。
2 庭で鶏がぺこぺこと天をあおいで鳴いている。
3 本棚に本や雑誌がぺこぺことさしこんでいる。
4 部長の前で中村さんはぺこぺこしながら言い訳をする。

04 補う

1 友たちにあまり借金の返済を補われて落ち込んでいる。
2 盗人を補って縄を準備するとは情けないね。
3 彼の誠実さは他の欠点を補って余りある。
4 今回の投資資金を何とか補わなければならない。

05 首脳

1 朝早く遠足に出かけたが首脳が痛くて一人で帰ってきた。
2 石につまずいて転んだせいで足の首脳が折れた。
3 医師が幼児の首脳検査をしているところだ。
4 地球温暖化の解決策を協議するため各国の首脳が集まる。

06 夢中

1 親を夢中にしては道徳に背く行動だ。
2 明日試験なのに娯楽に夢中になっている。
3 これは僕の夢中にしている電子辞書なんだ。
4 交通規則を夢中にしては結局その害は自分に及ぶ。

07 微妙

1 サッカー試合で微妙な判定のため負けてしまった。
2 経済の不況で誰でも微妙と暮らしている。
3 優秀な弟子の業績で先生は微妙している。
4 数学の微妙な点数の差のため不合格した。

08 一概に

1 他のところはけっこういいと言えますがここの一概に過ちがある。
2 あと一概にすべてが終わろうとする。
3 今度の事件で君が一概に悪いとは言えない。
4 朝の通勤電車の一概に事故があったようです。

09 フリーター

1 最近、若者のフリーターという働き方が社会問題になっている。
2 歩道の上で自転車をフリーターに自由自在で動かすのは危ない。
3 会社からフリーターにされて一日中退屈にしている。
4 これから趣味としてフリーターの勉強をしてみるつもりだ。

10 いわゆる

1 世の中のいわゆる方面に影響している。
2 急がば回れというふうにいわゆる進めるべきだ。
3 一面にいわゆるの花が咲き乱れている。
4 これこそ、君にとっていわゆるもってこいの仕事だ。

問題 4 次の言葉の使い方として最もよいものを、1・2・3・4から一つ選びなさい。

01 意地を張る

1 彼はいつもつまらないことに意地を張る性格だ。
2 取引先との打ち合わせは意地を張るのが何よりだ。
3 交通事故の場合はまず意地を張って相手を察してみる。
4 登山は下り道がもっと意地を張らなければならない。

02 相まって

1 事件の解決に相まった点ばかりで困っている。
2 団体での摩擦はいつも相まって寄せられてくるものだ。
3 今度の受験は実力と運が相まって合格したと思う。
4 交差点で車が相まって込んでいるらしい。

03 うごめく

1 地獄で罪人たちがうごめいている夢を見た。
2 観衆席で人波が活気にうごめいている。
3 運動会で学生たちがうごめき回っている。
4 新幹線が富士山のそばを速くうごめいて走り抜ける。

04 油断

1 日本のラーメンは油断で食べにくいのが欠点だ。
2 相手が強くないと油断したあげく負けてしまった。
3 勝負の分かれ道には油断の心構えが要る。
4 水も漏らさぬ油断の防御が最善の攻撃につながる。

05 潔い

1 議員選挙で潔い選挙運動のため候補者は辞職した。
2 新人女優の潔い化粧にみんなが新鮮さを感じる。
3 コーヒーの味があまり潔いので苦い気がする。
4 何の汚点もない彼は裁判で潔い態度を貫いた。

06 観察

1 隣りの子どもは幼いときからアリの生態を観察していた。
2 今週の映画観察には家族そろって行く予定だ。
3 学校で博物館の団体観察が来週ある。
4 首相の災害地の観察には全大臣が同行することになった。

07 割合

1 居酒屋でのコンパはみんな割合で勘定した。
2 西洋人の割合の使い方はおかしくてたまらない。
3 彼の業績は割合に知られていないらしい。
4 数学の割合算は僕は特に苦手だ。

08 改善

1 労働界でも日雇いの待遇を改善する動きが活発になった。
2 首相は人気のばんかいを図るため内閣の改善を試みた。
3 日曜日、梅雨の前に屋根の改善をすることにした。
4 食糧自給のため品種改善に力を入れてきた。

09 賄う

1 次期の会長として総務を担当した彼が賄う。
2 収納のコツは役に立たないものを最優先賄うものだ。
3 政治を賄う人の資質の一番目は正直さである。
4 留学生たちはアルバイトをして学費を賄う傾向がある。

10 コスト

1 不景気の影響で生産工場ではコストの削減をめざしている。
2 入社三年目の彼は人事異動で重要なコストに就いた。
3 門の近くに郵便コストを設けるべきではない。
4 現政府のコストとして彼が選ばれることになったようだ。

시나공 JLPT 일본어능력시험 N1

음성강의 듣기

셋째마당 문법편

1교시 완벽대비 언어지식(문법) · 독해

문제분석과 완벽대비법

01 | 問題5 문법형식 판단 문제

문제 소개

問題5는 문장 내용에 맞는 문법 형식이 무엇인지를 묻는 〈문법형식 판단〉 문제로, 괄호 안에 들어갈 알맞은 어구나 표현을 찾는 문제입니다. 10문항이 출제됩니다.

문제 미리 풀어보기 및 풀이

問題 5

次の文の（　　）に入れるのに最もよいものを、1・2・3・4から一つ選びなさい。

アパートの住人が突然追い出される（　　　）保護する必要がある。

1 ことになる　　2 ことのないよう

3 ことにすればこそ　　4 ことがなければ

정답　2

어휘　突然(とつぜん) 돌연, 갑자기 | 追(お)い出(だ)す 쫓아내다 | 保護(ほご) 보호

해석　아파트 주민이 갑자기 쫓겨나는 일이 없도록 보호할 필요가 있다.

해설　'주민이 쫓겨나지 않도록 보호가 필요하다'는 의미이므로 ～ないように 문형이 들어가는 것이 답이다. 그러므로 답은 2번 ～ことのないよう(に) '～하는 일이 없도록'이다. 1번 ～ことになる는 '～하게 되다', 3번 ～ことにすればこそ는 '～하기로 하기 때문에', 4번 ～ことがなければ는 '～일이 없다면'이다.

문제 유형 분석과 완벽대비법

문법형식 판단 문제는 개정 전에도 있던 문제 유형으로 총 10문항이 출제됩니다. 괄호 안에 들어가는 말은 문법적인 기능을 가진 어구나 표현이 중심을 이룹니다.

괄호 안에 알맞은 문법적인 기능을 찾는 형식의 문제가 주로 출제되는데, 2010년 개정 후에는 상사와 부하직원의 대화, 어머니와 아들의 대화 등의 대화문 형식의 문제 비중이 더 늘어났습니다. 대화문 장면 중에서도 식당 주인과의 인터뷰 내용, 우주비행사와의 인터뷰 내용이 문제로 출제되고 있습니다. 커뮤니케이션 활용능력을 측정하는 것이 목표이므로 문법 문제에서도 문어체 표현보다는 일상생활에서 자주 접할 수 있는 회화체 표현의 출제 비중이 늘고 있습니다.

또 다른 최근에 출제되고 있는 문법형식 문제의 특징은 2가지 요소가 결합된 복합적인 문법 표현 출제 비중이 높아지고 있으며 기존의 N1 기능어에 국한되지 않고 N2, N3를 넘나드는 문제가 출제되고 있는 점입니다. 따라서 기본에 충실한 문법실력을 우선 갖추어 놓는 것이 중요합니다. 기본을 잘 닦아 놓은 학습자라면 어려움 없이 정답을 찾을 수 있을 것입니다. 아울러 개정 후 N4~N1의 모든 단계에서 자주 출제

되고 있는 경어에 대한 지식은 반드시 갖추어 놓기를 바랍니다.

본서에서 정리한 N1 핵심문법 항목과 함께 신경향 문법 및 사역, 수동, 경어 표현 등을 꼼꼼하게 학습해 놓으면 고득점 획득도 문제없으리라 생각합니다. 평소에 노래, 드라마, 애니메이션, 영화, 소설, 신문 등을 꾸준히 보면서 정확한 일본어를 구사할 수 있는 감각을 익혀놓기를 바랍니다.

기출문제 분석

최근에 출제된 문법형식 문제는 기존의 N1 기능어에 국한되지 않고 N2, N3를 넘나드는 문제가 출제되고 있습니다.

회화문도 많이 출제되고 있으니, 이에 대비하도록 합시다.

기출어 보기

2010년 7월

□□ 半日(では)足りない
반나절(로는) 부족하다

□□ 店員に勧められる(まま)
점원이 권유하는 (대로)

□□ 突然の解雇を不当(として)
갑작스런 해고를 부당(하다고 하며)

□□ どうかご理解(いただきたく)
아무쪼록 이해(해 주시기를 바라며)

□□ 失礼(極まりない)
너무 예의가 없다

□□ どうりですいている(はずだ)
그래서 한산한 (거로군요)

□□ 影響力が完全に失われる(ことはないにしても)
영향력이 완전하게 없어지는 (일은 없다고 할지라도)

□□ 子育てをするのが母親で(なくてはならないかというと)
육아를 하는 것이 엄마가 (아니면 안 되는 것인가라고 한다면)

□□ もう二度と恋(などするものか)と固く心に誓ったはずだったが
이제 다시는 사랑 (같은 것을 할까보냐) 고 굳게 맹세했었는데

□□ 問題点を指摘(しようとしたにすぎず)
문제점을 지적(하려고 했던 것뿐이고)

2010년 12월

□□ 開業90周年を迎えるの(を機に)

개업 90주년을 맞이하는 것(을 계기로)

□□ 多くの人に(受け入れられは)しない

많은 사람에게 (받아들여지지는) 않는다

□□ 添加物を(いっさい)使用していない

첨가물을 (전혀) 사용하고 있지 않은

□□ 責任の重さに身が引き締まる(思い)です

그 책임감으로 긴장이 됩니다

□□ お客様に大変ご迷惑をかけしましたことを深く(おわび申し上げます)

고객님께 폐를 끼치게 된 점에 대해 깊은 (사과의 말씀을 드립니다)

□□ 君、困る(じゃないか)!

자네, 곤란하(지 않은가)!

□□ 優良企業の条件の一つ(となりつつある)ようだ

우량기업 조건의 하나(가 되고 있는 것) 같다

□□ 万が一、(刺されでもしたら)大変でしょ

만일 (벌에 쏘이기라도 하면) 큰일이야

□□ 自慢する(ほどのことではない)が

자랑할 (만한 것은 아니지)만

□□ 本人が気づくまで、もう何も言う(べきではないのでしょうか)

본인이 알아차릴 때까지 이제는 아무 말도 (하지 말아야 하는 것이 아닐까요)

2011년 7월

□□ 講演会が無料(とあって)

강연회가 무료(라서)

□□ 話を聞く(につけ)

이야기를 들을 (때마다)

□□ この鍋は、いため物に、揚げ物に(と)何にでも使えて

이 냄비는 볶음요리에도 튀김요리에(도) 어떤 용도로도 사용할 수 있어

□□ あれこれ質問に答え(させられた)あげく

이것저것 질문에 답변만 (실컷 하게 하고서는)

□□ ところが、電車は反対方向に走り始めた(ではないか)
그런데 전철은 반대 방향으로 달리기 시작(하였던 것이다)

□□ お客様に食事を(お出しする以上)
고객님께 식사를 (올리는 이상)

□□ ほんの小さな一部(でしかないことに)気づいていなかった
그저 작은 일부(에 지나지 않는 것을) 알지 못했다

□□ 今まであんなに時間をかけてたのが(ばかばかしく思えるくらい)簡単に
지금까지 그렇게 시간을 들였었던 것이 (어처구니없다고 생각될 정도로) 간단하게

□□ あと3日(待っていただくわけにはいきませんか)
앞으로 3일 (기다려 줄 수는 없을까요?)

□□ 実は、初めから宇宙飛行士になる(つもりだったかっていうと)、そうじゃないんです
실은 처음부터 우주비행사가 되고자 (했는가 하면), 그렇지 않습니다

2011년 12월

□□ 燃料価格の高騰(を受けて)
연료 가격의 급등(을 반영하여)

□□ 次回、改めて検討すること(と)致します
다음번에 다시 검토하기(로) 하겠습니다.

□□ その手軽さ(ゆえに)
그 간편함 (때문에)

□□ 大人の私で2時間半といった(ところ)でしたから
어른인 제가 2시간 반 걸리(는 정도)이니까

□□ 老舗旅館(ならではの)細やかな心遣いが感じられる
전통 있는 여관(만의) 세심한 배려가 느껴진다

□□ 問題がある気が(しないでもないが)
좀 문제가 있다고 생각이 들지 (않는 것도 아니지만)

□□ 何週間も海外に(行くわけじゃあるまいし)
몇 주 동안 해외여행을 (가는 것도 아닌데)

□□ 今の気持ちを(お聞かせ願えますか)
지금의 기분을 (말씀해 주시겠어요?)

□□ 目が多少かゆくなる（くらいはいいとしても）
눈이 조금 가려워질 (정도라면 괜찮다고 해도)

□□ すぐには（受け入れがたい）のではないかと思われる
당장에는 (받아들이기 어려운) 것이 아닐까 생각된다

2012년 7월

□□ 40代（も）後半となり
40대(도) 후반이 되어서

□□ 毒も（使いようによっては）薬になる
독도 (사용하기에 따라서는) 약이 된다

□□ 主人公が（見え）ざる敵におびえる
주인공이 (보이지) 않는 적을 무서워 하는

□□ 安くない値段で買ったことは（まず）間違いない
싸지 않은 가격에 산 것은 (거의) 틀림없다

□□ ご変更（願いたい）のですが
변경을 (부탁드리고 싶습니다)만

□□ ぜひこれからも（続けていってほしいものです）
부디 앞으로도 (계속 해주시기를 바랍니다)

□□ 返品対応は（いたしかねます）ので、ご了承ください
상품을 사용한 후의 반품은 (해드릴 수가 없으)므로 양해 부탁드립니다

□□ 不正に現金を（引き出そうとしたとして）
부정하게 현금을 (인출하려고 했다고 하여)

□□ 親に無理やり（別れさせられそうになる）
부모가 강제로 (헤어지게 하여 헤어질 뻔하게 되는)

□□ どうぞもらって（やってください）
부디 (받아 주세요)

2012년 12월

□□ 急激な経済成長（にともなって）
급격한 경제성장(에 따라서)

□□ ご注文の品をお届けに(上がり)たいのですが

주문한 상품을 배송하러 (찾아뵙고) 싶은데요

□□ それくらいのことで怒った君(も)君だよ

그 정도의 일로 화를 낸 너도 너네

□□ 急いで帰る(べく)

서둘러 퇴근하(기 위해서)

□□ (雨だろうと雪だろうと)、毎日楽しそうに

(비가 오든 눈이 오든) 매일 즐겁게

□□ 子供のため(を思って)のことなのだが

자식(을 위해서)인데

□□ 彼の政治家としての能力は(疑いようがないものの)

그의 정치가로서의 능력은 (의심할 바가 없지만)

□□ 私たち営業の立場(から言わせてもらえば)

영업 입장(에서 말씀드리자면)

□□ (間に合いそうになかったら)、また連絡するね

(시간 안에 못갈 것 같으면) 다시 연락할게

□□ 見ているだけでほっとする(といいましょうか)

보고 있는 것만으로도 안심이 된다(고나 할까?)

2013년 7월

□□ 今年3月31日(をもって)廃止された

올해 3월 31일(로) 폐지되었다

□□ せめて気分(だけでも)

적어도 기분(만이라도)

□□ (はたして)子供の読書量は

(과연) 어린이의 독서량은

□□ ご検討いただければ幸いに(存じます)

검토해 주시면 좋겠다고 (생각합니다)

□□ 捨てないで(取っといて)

버리지 말고 (잘 둬)

□□ 利用規約を（ご覧になった上で）
이용 규정을 (보신 후에)

□□ ぜったいに、（夢を夢で）終わらせない
반드시 (꿈을 꿈만으로) 끝내지 않겠다

□□ じゃあ、残りはあした（やるとするか）
그럼 나머지는 내일 (하는 걸로 할까?)

□□ また新しい恋をしようと（思わせてくれた）
또 새로운 사랑을 하자고 (생각하게 해 준)

□□ 猫好き（にもほどがある）だろう
고양이 사랑도(어느 정도껏) 해야지

2013년 12월

□□ 時期（が）時期だけに
시기(가) 시기인지라

□□ 計画的（かつ）具体的に進める
계획적이고 또한 구체적으로 추진하기 위해서

□□ （危険）極まりない行為だ
(위험) 천만한 행위다

□□ 一時的な現象のように（思われる）
일시적인 현상처럼 (여겨진다)

□□ 初めて一般に公開される（にあっては）
최초로 일반에게 공개되(므로)

□□ 友達に（言わせると）
친구의 (이야기로는)

□□ たくさん人が並んでいたので（待たされるかと思いきや）、意外にも
많은 사람이 줄을 서 있어서 (오래 기다릴 거라 생각했더니) 뜻밖에도

□□ うれしさ（といったらない）
정말이지 기쁘기 이를 데 없다

□□ 店長から一言（おっしゃってくださいませんか）
점장님이 한소리 (해주시면 안 될까요?)

□□ 仕事で忙しく、行けそうにないので、（どうしたものか）と悩んでいる
일이 바빠서 갈 수 없을 것 같아서 (어떻게 하면 좋을까) 하고 고민하고 있다

2014년 7월

□□ 定年後も（働ける）かぎりは働きたいと
정년 후에도 (일할 수 있는) 한 일하고 싶다고

□□ 周囲からどのような批判を（浴びようとも）
주변으로부터 어떤 비난을 (받더라도)

□□（それを）、納期まで2週間の今になって
(그것을) 납기까지 2주일 남은 지금 시점에서

□□ 難しくて、全然（わかんないんだもん）
어려워서 전혀 (모르겠는 걸)

□□ 私自らが先頭に立って実行して（まいります）
나 자신부터가 앞장서서 실행해 (나가겠습니다)

□□ 日本一（といっても過言ではない）だろう
일본에서 최고(라고 해도 과언이 아닐) 것이다

□□ もっと時間があればと思うが、（あったらあったで）、きっと
더 시간이 있으면 하고 생각하지만 (있으면 있는 만큼) 분명히

□□ 参加者には（知らされておらず）
참가자에게는 (알려지지 않아서)

2014년 12월

□□ 春になると、花（という）花が一斉に咲いて
봄이 되면 꽃(이란) 꽃은 모두 일제히 피어서

□□（どうやら）カメラのレンズが怖いようだ
(아무래도) 카메라 렌즈가 무서운 모양이다

□□ 今年は、景気の回復傾向（を受けて）
올해는 경기 회복 경향(을 반영하여)

□□ 少しきついが、Mサイズも（着られなくはなかった）
조금 조였지만 M사이즈도 (입을 수 없는 건 아니었다)

□□ お客様から（頂戴した）ご意見
고객님으로부터 (받은) 의견

□□ 悪いと思うなら素直に「ごめん」と（謝ればいいものを）
미안하다고 생각되면 솔직하게 “미안해” 라고 (사과하면 될 텐데)

□□ 私が小学校に（入るか入らないか）のころ
내가 초등학교에 (막 들어갔을) 무렵

□□ 山道を走るバスに（揺られながらにしては）
산길을 달리는 버스에 (흔들리면서 찍은 것치고는)

□□ 大事な場面でのミスが（悔やまれてならない）
중요한 때에 한 실수가 (너무 원통하다)

□□ 当分お米は（買わなくて済みそうだ）
당분간 쌀은 (사지 않아도 되겠네)

2015년 7월

□□ 私はオリンピックには（まるで）興味がない
나는 올림픽에는 (전혀) 관심이 없다

□□ そもそも何（をもって）幸せとするのだろうか
도대체 무엇(을) 행복이라고 하는 것일까?

□□ あのときあのお芝居を（見ていなければ）
그때 그 연극을 (보지 않았더라면)

□□ 決してそれを（認めようとはしなかった）
결코 그것을 (인정하지 않으려 했다)

□□ あのころのことが昨日のことのように（思い出される）
그 시절의 일이 어제 일인 것처럼 (생각이 떠오른다)

□□ 生態系に大きな影響が（出てからでは）遅い
생태계에 큰 영향이 (발생하고 나서는) 늦다

□□ A国の象徴（ともいうべき）存在となっている
A국의 상징(이라 해야 할) 존재가 되어 있다

□□ 意外と簡単に（作れるものだ）と思った
의외로 간단히 (만들 수 있는 거구나) 라고 생각했다

□□ じゃあ、先に食べ物、（頼んじゃわないか）
그럼 먼저 (주문해 버릴까)

□□ なるべく早く（見ていただけると助かるんですが）
가급적 빨리 (봐 주시면 감사하겠습니다만)

2015년 12월

□□ (大人は大人で)大変なことがいろいろあるのだ
(어른은 어른대로) 힘든 일이 여러 가지 있다

□□ 昔、幼稚園の先生を(していただけあって)
예전에 유치원 선생님을 (했던 만큼)

□□ (いっさい)認められていない
(일절) 허락하지 않는다

□□ 地元の人(にしてみれば)
현지인의 (입장에서는)

□□ よく(存じ上げています)よ
잘 (알고 있습니다)

□□ (抜かずに済むものなら)そうしたいが
(뽑지 않아도 되면) 그렇게 하고 싶지만

□□ (言われるに決まっている)が
무리라고 (말할 것이 분명하지)만

□□ 時間があるとき(でいいから)
시간이 될 때(면 되니까)

□□ 本当に教育の質が向上している(といえるだろうか)
정말로 교육의 질이 향상되고 있다 (라고 할 수 있을까)

□□ (落ち込んでばかりいても始まらない)と思い
(계속 침울하게 있어봤자 좋을 게 없다)고 생각해서

2016년 7월

□□ (果たして)どちらが勝つでしょうか
(과연) 어느 쪽이 이길까요

□□ どんな反論を(しようと)
어떤 반론을 (하든지 간에)

□□ 週末(ともなれば)
주말(이 되면)

□□ このプロジェクトが成功(するもしないも)
이 프로젝트가 성공(할지 어떨지도)

□□ 今度は絶対おいしく(作ってみせる)
이번에는 기필코 맛있게 (만들어 보이겠다)

□□ 中古なら高くても4, 5万円(といったところだ)
중고라면 비싸도 4,5만 엔 (정도일 것이다)

□□ 天才(であるがゆえに)
천재(이기에)

□□ 市民の心を(つかもうとしたものの)
시민의 마음을 (사로 잡으려고 했으나)

□□ 自分の力で(頑張ってもらうしかない)
자신의 힘으로 (열심히 해주기를 바랄 수밖에 없다)

□□ 一日も早く回復(されますように)
하루라도 빨리 회복(하시기를 바랍니다)

2016년 12월

□□ 車内の混雑を(よそに)
차 내의 혼잡에도 아랑곳하지 않고

□□ (読み)もしないで漫画を批判するから
읽지도 않고 만화를 비평하기 때문에

□□ (もっとも)、それは去年企画チームのリーダーになって始めて気づいたことですが
(하긴), 그것은 작년 기획팀 팀장이 되고 나서 처음으로 깨달게 된 것이지만요

□□ 村に初めて汽車が走ったときのことを鮮明に覚えて(おいでになり)
마을에 처음 기차가 운행했을 때의 일을 선명하게 기억하고 (계셔서)

□□ 知識はある(に越したことはありません)が
지식이 있으면 (더할 나위 없이 좋겠지)만

□□ 復旧状況(次第では)、営業再開が遅れる可能性がありますので
복구 상황(에 따라서는) 영업재개가 늦어질 가능성이 있으므로

□□ 他人に(知られては)困る情報は
타인에게 (알려져서는) 곤란한 정보는

□□ 単に時間をかけて(がんばればいいというものではない)と私は思う
그저 시간을 들여서 (노력만 하면 되는 것이 아니라)고 나는 생각한다

□□ 海底のより詳細な地質構造が明らかに(なるものと思われる)
해저의 보다 상세한 지질 구조가 밝혀질 (것으로 생각한다)

□□ 私、今日でこのサークルを(辞めさせてもらおうかと思って)
저 오늘로 이 동아리를 (그만두려고요)

2017년 7월

□□ 応援してくれるファンがひとりでも(いる限り)
응원해 주시는 팬이 한 분이라도 (있는 한)

□□ 石川さんでない(とすれば)、誰なのだろう
이시카와 씨가 아니라(고 한다면) 누구일까요?

□□ 品質には(なんら)問題はない
품질에는 (아무런) 문제가 없다

□□ 確かに体力が落ちてきた(ことは否めない)が
분명히 체력이 떨어진 (것은 부정할 수 없지)만

□□ 課長がご説明(なさいます)
과장님이 설명(하십니다)

□□ 脳科学の研究が進んだと言われる現代(においてさえ)
뇌과학의 연구가 진보했다고 하는 현대(에 있어서 조차)

□□ 相手の激しい攻撃に(耐えぬいた末に)、見事勝利を収めた
상대의 격렬한 공격에 (견디어 낸 끝에) 멋지게 승리를 거두었다

□□ 新入生が話しやすい(ようにしたつもりが)
신입생이 이야기하기 쉽(게 한다고 한 게)

□□ あとは出発を(待つばかりとなった)
이제는 출국을 (기다릴 뿐이다)

□□ そんなに絶対(読みきれっこない)と思ったが
그렇게 절대로 (다 읽을 수 없다)고 생각했는데

2017년 12월

□□ 開館(に先立ち)
개관(에 앞서)

□□ 父親が有名な水泳選手である(がゆえに)
아버지는 유명한 수영선수(이기 때문에)

□□ 新宿に(行くんなら)
신주쿠에 (갈 거면)

□□ 桜が花を(咲かせた)
벚꽃이 꽃을 (피웠다)

□□ 人事課の田村までお知らせ(願います)
인사과의 다무라 씨에게 알려주시기 (바랍니다)

□□ 解決に至らない(までも)
해결은 안 되(더라도)

□□ きちんと手を(洗ったつもりでも)
깔끔하게 손을 (씻었다고 해도)

□□ ラーメンなんか(食べるんじゃなかった)
라면 같은 건 (먹는 게 아니었다)

□□ 水不足への関心は急速に(高まりつつある)
물부족에 대한 관심은 급속하게 (높아지고 있다)

□□ クレーン車が電線に接触したのが原因(としている)
크레인이 전선을 접촉한 것이 원인(이라고 하고 있다)

02 | 問題6 문장만들기 문제

문제 소개

問題6는 전체 문장을 뜻이 통할 수 있도록 문법적으로 올바르게 낱말들을 배열하여 문장을 만들 수 있는지를 묻는 〈문장만들기〉 문제입니다. 4개의 공란 중에서 ★표가 있는 부분에 배열하기에 적당한 말을 찾는 문제이며, 5문항이 출제됩니다.

문제 미리 풀어보기 및 풀이

問題 6

次の文の＿＿★＿＿に入る最もよいものを、1・2・3・4から一つ選びなさい。

話し合いの＿＿＿＿ ＿＿＿＿ ＿＿★＿＿ ＿＿＿＿覚悟だ。

1 ストライキ　　2 も辞さない　　3 いかんでは　　4 結果

정답　1

어휘　話(はな)し合(あ)い 논의, 교섭 | ～いかんでは ～여하로는, ～에 따라서는 | ストライキ 스트라이크, (노동자의) 동맹파업 | 辞(じ)さない 불사하다, 마다하지 않다 | 覚悟(かくご) 각오

완성문 話し合いの結果いかんでは、ストライキも辞さない覚悟だ。

해석　교섭의 결과에 따라서 스트라이크도 불사할 각오다.

문제 유형 분석과 완벽대비법

문장만들기 문제는 개정 후 새로 추가된 형식으로 5문항이 출제됩니다. 선택지에 나와 있는 4개의 말들을 문장 전체의 문맥이 통하게 알맞게 배열한 후 ★표에 들어갈 말의 번호를 찾으면 됩니다.

제시된 단어를 가지고 문법적으로 완전한 문장을 만드는 문제이므로 기본 어법 구조에 맞춰 단어를 조합하여 배열하면 됩니다. 우선 문법 기능어가 어디에 배치되어야 하는가를 먼저 정하고 전체적인 문장의 흐름에 따라서 단어를 배열하는 것이 중요합니다. 단어와 단어가 연결될 때의 접속형태 등에 주의하여 전체적인 뜻을 추측하면서 문장을 완성시키면 됩니다. 개정 후 새롭게 도입되어 익숙한 형태가 아니라서 처음에는 어렵게 느껴질 수 있으나 실제로는 일본어는 한국어와 어순이 같기 때문에 기본 어법 지식만으로도 충분히 풀 수 있는 문제입니다. 문장만들기에서 좋은 점수를 받으려면 시험 전에 연습을 충분히 해놓는 것이 중요합니다.

기출문제 분석

문장만들기 기출 문제를 살펴보면, 1문장인 경우도 있지만, 점점 2문장 정도로 내용이 길어지고 있습니다. 즉 보다 명확한 뜻의 문장을 만들기 위하여 앞서 상황 설명문을 자세하게 제시하는 것입니다. 그리고 대화문 등의 회화체 문장도 많이 등장하고 있다는 것도 참고하시기 바랍니다.

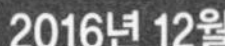

기출 문제 보기

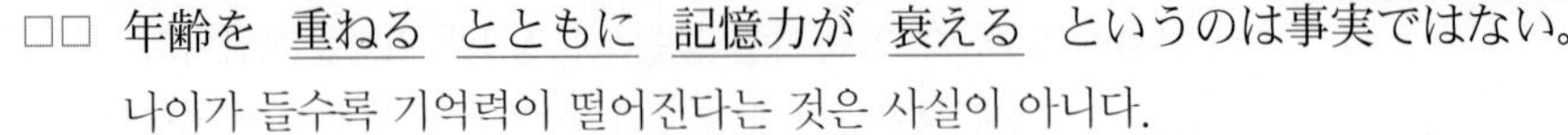

2016년 12월

□□ 年齢を 重ねる とともに 記憶力が 衰える というのは事実ではない。

나이가 들수록 기억력이 떨어진다는 것은 사실이 아니다.

□□「アセビ」という、白い花を咲かせる樹木を漢字で「馬酔木」と書くのは、アセビには 有毒成分があり 馬が食べると酔ったような 状態になることに 由来する そうです。

'아세비'라고 하는 하얀 꽃을 피우는 나무를 한자로 '馬酔木'라고 쓰는 것은 마취목에는 유독성분이 있어서 말이 먹으면 취한 것 같은 상태가 되는 데에서 유래한다고 한다.

□□ 家族の時間を大切にする夫は、つい 仕事に夢中になりすぎる 私に 本当に大切なものは何なのか 気づかせてくれる ありがたい存在です。

가족 시간을 소중하게 생각하는 남편은, 자신도 모르는 사이에 일에 지나치게 몰두하게 되는 나에게 있어서 정말로 중요한 것이 무엇인지를 깨닫게 해주는 감사한 존재입니다.

□□ Z県知事の林和夫氏は、週刊誌で、脱税を行った 疑いがあるなどと 報じられた ことに対し 事実とは全く異なり、名誉を傷つけられたとして、発行元のX社を相手取り訴訟を起こした。

Z현지사인 하야시 가쓰오 씨는 주간지에서 탈세를 한 혐의가 있다고 보도된 것에 대하여 사실과는 다르며 명예를 훼손당했다고 하여 발행사인 X사를 상대로 소송을 했다.

□□ Q鉄道が10年ぶりに運賃値上げに踏み切った。安全対策や原油の高騰で支出が増え、経営努力だけでは対応しきれないと判断して の ことだという。

Q철도가 10년만에 운임을 인상했다. 안전대책이나 원유급등으로 지출이 늘어서 경영노력만으로는 대처할 수 없는 상황이 되었다고 판단하여 인상한 것이라고 한다.

□□ 世の中にはさまざまな資格があふれているが、資格を取った だけで 希望の職につける ほど 世間は甘くないらしい。

세상에는 다양한 자격이 넘쳐나지만 자격을 취득한 것만으로 원하는 직업을 얻을 수 있을 정도로 세상이 호락호락하지는 않은 것 같다.

2017년 7월

□□ みなみ水族館は普段から来館者が多いが、先日ペンギンの赤ちゃんが生まれた ことも あって 赤ちゃんを一目見よう という 多くのひとで いつも以上賑わっている。

미나미 수족관은 평소에도 찾아오는 사람이 많지만 지난번에 펭귄이 새끼를 낳은 것도 있어서 새끼를 한번 보려고 하는 많은 사람들로 평소보다 붐비고 있다.

□□ 新社長は労働条件に問題はないと考えているようだが、実態をわかっていない。労働条件 の 改善 なくして 何 が業績向上だ。

새로운 사장은 노동조건에 문제가 없다고 생각하는 모양이나 실태를 모르고 있는 것이다. 노동조건의 개선 없이 무슨 업적향상이란 말인가.

□□ 現代の映画音楽界で、作品の世界観合わせて 音楽を作る 才能にかけては 彼女以上に優れている 作曲家はまずいない。

현대 영화음악계에서 작품의 세계관을 합쳐서 음악을 만드는 재능에 있어서는 그녀 이상 뛰어난 작곡가는 지금으로서는 없다.

□□ 教え子達が新しい技術を使ったソーラーカーの開発に成功した。実用化が近いとされている A社が開発した ものには 遠く及ばないにしろ それなりに 効率よく走れるものができたと思う。

제자들이 새로운 기술을 사용한 솔라카 개발에 성공했다. 실용화가 곧 될 것이라고 하는 A사의 그것에는 상당히 미치지 못할지라도 그 나름대로 효율적으로 달릴 수 있는 것이 만들어졌다고 생각한다.

□□ これまでにないウェディングドレスを作ろうと思い、デザイン画を描いては 直す を 繰り返すこと 数十回 やっと納得いくものができた。

이제껏 없는 웨딩드레스를 만들려고 생각하여 디자인그림을 그리고는 고치기를 수십 번 반복한 끝에 마침내 만족할 만한 것이 완성되었다.

2017년 12월

□□ 乗った船が岸を離れれば途中で降りることができない ことから 物事を始めてしまった 以上 途中でやめる わけにはいかない。

탄 배가 언덕을 떠나면 도중에서 내릴 수 없는 것에서 일을 시작한 이상 도중에 그만둘 수는 없다.

□□ あの時ああしていたら もっと素晴らしい人生を送れていたはずと 後悔するような 生き方は したくない。

그때 그렇게 했었더라면 좀더 멋진 인생을 보낼 수 있었는데라고 후회하는 삶을 살고 싶지 않다.

□□ 音楽の夢に よって 豊かな社会の実現に寄与する ことを 目的に、活動しています。

음악의 꿈에 따라서 풍요로운 사회 실현에 기여하는 것을 목적으로 활동하고 있습니다.

□□ この小学校は かつては少子化で 存続は難しい のでは という 危機感があった。

이 초등학교는 전에는 저출산으로 존속이 어려운 것이 아닌가 하는 위기감이 있었다.

□□ 教育現場の長 として あるまじき 行為。

교육 현장의 수장으로서 해서는 안 될 행위.

03 | 問題7 글의 문법 문제

문제 소개

問題7는 전체 문장의 흐름에 맞게 공란에 적당한 말을 넣을 수 있는지 어떤지를 묻는 문제입니다. 문맥상 적당한 어휘, 접속사, 부사 등을 고르는 문제로, 5문항이 출제됩니다.

문제 미리 풀어보기 및 풀이

問題 7

次の文章を読んで、文章全体の内容を考えて 01 から 05 の中に入る最もよいものを、1・2・3・4から一つ選びなさい。

正しい言葉というものは、必ずしも、美しい言葉ではない。正しい言葉は、誰がつかっても正しい言葉であるが、美しい言葉は、つかう人によって、美しい言葉となるのである。

方言の美しさ、子供の片言の美しさなどを感じ得る人は、「言葉の魅力」について、世間の人達が、どんなに無関心であるかに気がつくはずである。

装飾は借り物ですむ場合もあるが、「言葉」だけは、決して、「借り物」で 01 、一つの秘密があるのである。

言葉の魅力は、それ故、初めにもいったとおり、せんじつめれば、「表情の美」である。意識 02 、自分がそのまま「言葉」の中に出るものであるから、極端にいえば、「言葉」を美しくしようと思えば、自分自身を鍛え上げるよりほかはない。信念を披瀝する人間の言葉、愛情を吐露する人間の言葉が、常に、何等かの意味で美しいと同じく、素朴な人、感情の濃やかな人、控え目な人などと、それぞれ、その人らしい言葉を使うものである。そして、それは、それぞれの意味で美しい響をもっている。

言葉は性格を反映するばかりでなく、その人の「品位」を決定する。この中には多少趣味というものも含まれているから、上品な言葉遣いとか、下品な言葉遣いとかいっても、それだけで、その人の「品位」全体を推断することはできないが、言葉の撰択に示されたある標準が、少くとも、この人を上品にし、または下品にする。この場合、上品な言葉をつかうからその人が上品であるとは限らない。練習次第では、どんな「言葉遣い」でも 03 。それがただ、ほんとうに自分の撰択によって、自分のものになっているかいないかである。例えば、俗に云う、「遊ばせ言葉」なる一種の 04 は、必ずしも「品位」のある言葉ではなく、時には、形式的な儀礼を示すに過ぎず、時には、相手の貴族的階級心に媚びる卑屈な調子ともなるのである。

品位のある言葉とは、[05]、その人の「高い教養」から発する「矜持（プライド）」の現われであって、己れを知り、相手を知り、礼節と信念とをもって、真実を美しく語る言葉である。

〈岸田國士『言葉の魅力』による〉

01

1 終わらせられるところに　　2 すまされるところに
3 終わらせられないところに　　4 すまされないところに

02

1 するとしないとはともかく　　2 するとしないとに限らず
3 するとしないとにかかわらず　　4 するとしないとを問わず

03

1 まねらせるものである　　2 まねらせられるものである
3 まねられるものである　　4 まねられることである

04

1 流行語　　2 遊戯語　　3 上流語　　4 方言

05

1 たとえば　　2 要するに　　3 しかも　　4 ちなみに

정답 문제 01 4 문제 02 3 문제 03 3 문제 04 3 문제 05 2

해석 올바른 말이라는 것은 반드시 아름다운 말은 아니다. 올바른 말은 누가 사용해도 올바른 말이지만 아름다운 말은 사용하는 사람에 따라서 아름다운 말이 되는 것이다.

방언의 아름다움, 아이들의 떠듬거리는 말의 아름다움 등을 느낄 수 있는 사람은 '말의 매력'에 대해서 세상 사람들이 얼마나 무관심한가를 알아차릴 것이다.

장식은 빌려온 물건으로 끝나는 경우도 있지만 '말'만은 결코 '빌려온 물건'으로 끝나지 않는 점에 하나의 비밀이 있는 것이다.

말의 매력은 그러므로 처음에도 말한 대로 요약하면 '표정의 미'이다. 의식하든 하지 않든 자신이 그대로 말 속에 나오기 때문에 극단적으로 말하면 '말'을 아름답게 하려고 생각하면 자기 자신을 잘 단련할 수밖에 없다. 신념을 피력하는 인간의 말, 애정을 토로하는 인간의 말이 항상 무언가의 의미로 아름다움과 마찬가지로 소박한 사람, 감정이 세밀한 사람, 소극적인 사람 등으로 각각 그 사람에 어울리는 말을 사용하는 것이다. 그리고 그것은 각각의 의미로 아름다운 여운을 가지고 있다.

말은 성격을 반영할 뿐만 아니라 그사람의 '품위'를 결정한다. 이 가운데는 다소 취미라는 것도 포함되어 있기 때문에 고상한 말씨라든가 상스러운 말씨라고 해도 그것만으로 그사람의 '품위' 전체를 추측하여 단정할 수 없지만 말의 선택으로 나타난 어느 표준이 적어도 이 사람을 고상하게 하고 또는 상스럽게 한다. 이 경우, 고상한 말을 사용하니까 그사람이 고상하다고는 할 수 없다. 연습에 따라서는 어떤 말씨라도 흉내 낼 수 있는 것이다. 그것이 단지 정말로 자신의 선택에 따라서 자신의 것이 되어 있는가이다. 예를 들면 흔히 말하는 'あそばせ라는 경어를 붙이는 공손한 말'인 일종의 상류말은 반드시 '품위'가 있는 말은 아니라 때로는 형식적인 의례를 나타내는 것에 지나지 않고, 때로는 상대의 귀족적 계급성에 아첨하는 비굴한 어조도 되는 것이다.

품위 있는 말이란 요컨대 그사람의 '높은 교양'에서 발하는 '긍지(프라이드)'의 발로이고 자기를 알고 상대를 알고 예절과 신념을 가지고 진실을 아름답게 얘기하는 말이다.

어휘 方言(ほうげん) 방언 | 片言(かたこと) 서투른 말씨 | 魅力(みりょく) 매력 | 装飾(そうしょく) 장식 | 借(か)り物(もの) 빌려온 물건, 차용물 | それ故(ゆえ) 그러므로, 그런 까닭으로 | ～にかかわらず ～와 관계없이 | せんじつめる 요약하다, 끝까지 생각해 보다 | 極段(きょくだん) 극단 | 鍛(きた)え上(あ)げる 충분히 단련하다 | ～よりほかはない ～할 수 밖에 없다 | 披瀝(ひれき) 피력 | 吐露(とろ) 토로 | 何等(なんら)かの 얼마간의 | 素朴(そぼく)な 소박한 | 濃(こま)やかな 세밀한, 짙은, 두터운, 미묘한 | 響(ひびき) 울림, 반향, 여운 | 反映(はんえい) 반영 | 多少(たしょう) 다소 | 言葉遣(ことばづか)い 말씨, 말투 | 上品(じょうひん) 고상함, 품위가 있음 | 下品(げひん) 천함, 상스러움, 품위가 없음 | 品位(ひんい) 품위 | 推断(すいだん) 추단, 추측하여 단정함 | 選択(せんたく) 선택 | ～とは限(かぎ)らない ～라고 말할 수 없다, ～라고 할 수 없다 | ～次第(しだい)では ～에 따라서는 | ～かいないか ～인지 아닌지 | 俗(ぞく)にいう 흔히 말하면, 쉽게 말하면 | 遊(あそ)ばせ言葉(ことば) 「あそばせ」라는 경어를 붙여 말하는 공손한 말 | 一種(いっしゅ) 일종 | 上流語(じょうりゅうご) 상류말 | 儀礼(ぎれい) 의례 | 貴族的(きぞくてき) 귀족적 | 階級心(かいきゅうしん) 계급심 | 媚(こ)びる 알랑거리다, 아첨하다 | 卑屈(ひくつ) 비굴 | 調子(ちょうし) 가락, 음조, 어조, 상태 | 要(よう)するに 요컨대, 결국 | 教養(きょうよう) 교양 | 矜持(きょうじ) 긍지 | 現(あら)われ 나타남, 발로, 결과 | 己(おの)れ 그 자신, 자기자신 | 礼節(れいせつ) 예절

문제 유형 분석과 완벽대비법

〈글의 문법〉 문제는 개정 후 새로 추가된 형식의 문제 형식으로, 5문항이 출제됩니다. 문장 내용과 흐름에 맞는 말을 01 ~ 05 까지의 공란에 넣는 문제이며, 다양한 문법 문제가 출제됩니다.

〈글의 문법〉은 긴 문장을 읽고 푸는 문제라서 독해 문제처럼 보이지만 내용이나 주제와 관련된 문제가 아니라 문법 관련 문제가 출제됩니다. 글의 흐름 속에에서 문맥에 맞는 적절한 어구나 문장, 접속사, 문법적인 표현 문형 등 여러 가지를 묻습니다. 앞의 〈문법형식판단〉과 〈문장만들기〉 문제가 단편적인 문법 문제라고 한다면 〈글의 문법〉 문제는 종합적인 문법력을 측정하는 문제라고 할 수 있습니다.

〈글의 문법〉 문제를 풀 때는 크게는 글의 전체 내용과 흐름을 빨리 파악하는 것이 중요하며, 작게는 문장과 문장의 관계를 파악해서 공란에 알맞은 답을 찾으면 됩니다. 그러나 전체 내용을 읽어 볼 시간이 없는 경우에는 빈칸이 있는 문장의 앞뒤의 내용을 정확하게 이해하여 빈칸에 들어갈 표현을 찾는 것도 문제를 푸는 하나의 요령이 될 것입니다. 글의 흐름을 파악하고 문장과 문장 간의 연결고리를 잘 찾아서 이해할 수 있는지가 중요한 문제 풀이 포인트가 되겠습니다.

핵심문법 완벽대비

N1 핵심 문법

N1 단계에서 반드시 익혀야 할 문법 350개를 선정하여 뜻과 사용예문 및 해설을 함께 수록하였습니다. 예문을 통해 잘 익혀두시기 바랍니다.

※ 각 문법의 뜻은 제시 순서대로 /로 구분하여 정리하였습니다.

あ

문법	뜻과 예문
～あげく ～あげくに	~한 끝에 さんざん苦労したあげく、結局探せなかった。 몹시 고생한 끝에 결국 찾을 수 없었다.
～あっての	~가 있어서, ~가 있기에 ホテル業務は顧客あっての仕事だから、だれに対しても親切にしなければならない。 호텔업무는 고객이 있어서 가능한 일이니까 누구에게나 친절하게 해야 한다.
～あまり ～あまりに	너무 ~한 나머지 現代人は物質的な面にこだわるあまり、もっと重要な精神的な面を見失うきらいがある。 현대인은 물질적인 면에 집착한 나머지 더 중요한 정신적인 면을 놓쳐 버리는 경향이 있다.
～いかんで(は) ～いかんによって(は)	~ 여하에 따라서는 試験の結果いかんでは、卒業できないこともある。 시험의 결과 여하에 따라서는 졸업할 수 없는 경우도 있다.
～いかんによらず ～いかんにかかわらず ～いかんを問わず	~ 여하에 관계없이 理由のいかんによらず、無断欠席は許されない。 이유 여하에 관계없이 무단결석은 허락이 안 된다.
いざ～となると いざ～となれば	막상(정작) ~하려고 ~하면 いざ試験となると、緊張でたまらなくなる。 막상 시험을 보려하면 긴장이 돼서 견딜 수 없다.

문법	뜻과 예문
～以上(いじょう) ～以上は	~한 이상(은), ~인 이상(은) 母に立派な医者になると約束した以上、夢をかなえるためにがんばらないといけない。 어머니께 훌륭한 의사가 되겠다고 약속한 이상 꿈을 이루기 위해서 노력하지 않으면 안 된다.
～一方(いっぽう) ～一方で ～一方では	~하는 한편(으로) 交通が発達すればするほど、都市に人口が集中する一方、田舎はますます人口が減って行く。 교통이 발달하면 할수록 도시에 인구가 집중하는 한편, 시골은 더욱더 인구가 감소해 간다.
～一方(いっぽう)だ	오로지 ~할 뿐이다, ~하기만 하다 年をとると、お腹が出る一方だ。 나이를 먹으면 계속해서 배가 나온다.
～上(うえ) ～上に	~한데다가, ~인데다가 この町は物価も安いうえに、交通も便利で、とても暮らしやすい。 이 마을은 물가도 싼데다가 교통도 편리해서 매우 살기 편하다.
～上(うえ)で ～上の	~하고 나서, ~한 후에 志望校は自分の実力を弁えたうえで、選択した方が望ましいと思う。 지망 학교는 자신의 실력을 분별한 후에 선택하는 편이 바람직하다고 생각한다.
～上(うえ)は	~한 이상은 両親が交通事故でなくなった上は、私が家族の面倒を見なければならない。 양친이 교통사고로 돌아가신 이상은 내가 가족을 돌보아야 한다.
～(よ)うが～まいが ～(よ)うと～まいと	~하든 ~안 하든 / ~하더라도 ~하지 않더라도 あなたが日本へ行こうが行くまいが、私の知ったことではない。 당신이 일본에 가든 안 가든 내가 알 바는 아니다.
～(よ)うではないか ～(よ)うじゃないか	(함께) ~하자, ~해야 하지 않겠는가 試験に落ちたからといって落ち込まないで、気晴らしのためにお酒でも飲もうじゃないか。 시험에 떨어졌다고 해서 침울해 하지 말고, 기분 전환을 위해서 술이라도 마시자.
～(よ)うにも～ない	~하려고 해도 ~할 수 없다 彼女には忘れようにも忘れられないつらい思い出がある。 그녀에게는 잊으려고 해도 잊을 수 없는 괴로운 추억이 있다.

문법	뜻과 예문
~得る(え/う) ~得(え)ない	~할 수 있다 / ~할 수 없다 末期ガンの彼女のために、考え得る治療法は全部試みたがだめだった。 말기 암인 그녀를 위해서 생각할 수 있는 치료법은 모두 시도했지만 허사였다. 大学生が簡単な算数問題も解けないなんて、あり得ない話だ。 대학생이 간단한 산수 문제도 풀 수 없다니 있을 수 없는 이야기다.
~か否(いな)か	~인지 아닌지, ~할지 않을지 彼が成功するか否かは、彼の努力次第である。 그가 성공할지 못 할지는 그의 노력에 달려 있다.
~かいもなく ~かいもない ~かいがある	~한 보람도 없이/ 보람도 없다/ 보람이 있다 努力したかいもなく、また失敗してしまった。 노력한 보람도 없이 또 실패해 버렸다.
~が欠(か)かせない ~に欠かせない	~가 필수적이다, ~에 꼭 필요하다, ~를 빠트릴 수 없다 成功には不断の努力が欠かせない。 성공에는 부단한 노력이 불가결하다.
~かぎり ~ないかぎり	~한 / ~하지 않는 한 国民の支持を得られないかぎり、選挙には勝てないはずだ。 국민의 지지를 얻지 못하는 한 선거에는 이길 수 없다.
~かぎりだ	매우 ~하다, 하기 그지없다 息子が大学に合格したと聞いて、嬉しいかぎりだ。 아들이 대학에 합격했다고 듣고 기쁘기 그지없다.
~かける ~かけだ ~かけの	~하다 말다, ~하다만 今回の連休には読みかけの本をじっくり読みたいです。 이번 연휴에는 읽다 만 책을 차분히 읽고 싶습니다.
~が最後(さいご) ~たら最後	일단 ~하면 그만, ~했다 하면 彼女は本に夢中になったが最後、いくら呼んでも返事をしない。 그녀는 일단 책에 열중하면, 아무리 불러도 대답을 하지 않는다.
~がたい	~하기 어렵다 世の中には信じがたい話がたくさんある。親が子供を捨てるのもそのひとつだ。 세상에는 믿기 어려운 이야기가 많이 있다. 부모가 아이를 버리는 것도 그 하나이다.

문법	뜻과 예문
～かたがた	～도 겸해서, ～도 할겸 新年のあいさつかたがた、恩師の家を訪ねた。 신년인사를 겸하여 은사의 집을 방문했다.
～かたわら	～하는 한편, ～하면서 彼は会社で働くかたわら、ボランティアとして学生を教えている。 그는 회사에서 일하는 한편 자원봉사자로서 학생을 가르치고 있다.
～がちの ～がちだ	～(이, 가) 많은, ～하기 쉬운 / 자주 ～하다 私も幼いころは絵本や童話を読むことが好きな夢見がちの少女だった。 나도 어린 시절은 그림책이나 동화를 읽는 것을 좋아하는 꿈 많은 소녀였다.
～がてら	～을 겸해서, ～하는 김에 散歩がてら買い物に行ってくるから、ご飯は先に済ませてください。 산책을 겸해서 쇼핑하러 다녀올 테니까 밥은 그 먼저 해결하세요.
～かと思う(おも)と ～かと思ったら	～나 싶더니 곧, ～하자 곧 うちの子は病気がちで、風邪が治ったかと思ったら、またひいてしまう。우리 아이는 병이 잦아 감기가 나은 듯싶더니 또 걸려 버린다.
～か～ないかのうちに	～하자마자 私が講堂に入るか入らないかのうちに式が始まった。 내가 강당에 들어가자마자 식이 시작되었다.
～かねない	～할지도 모른다 彼は望むものを手に入れるためには人をもだましかねない。 그는 바라는 것을 손에 넣기 위해서는 남도 속일지도 모른다.
～かねる	～하기 어렵다, ～할 수 없다 国民はどちらの候補者を支持するかについて、未だに決めかねています。국민은 어느 쪽 후보를 지지할지에 대해서 아직 결정을 못하고 있습니다.
～かのようだ	～인 것 같다 昨日の出来事はまるで悪夢を見ているかのようだった。 어제 사건은 마치 악몽을 꾸고 있는 것 같았다.

문법	뜻과 예문
～が早(はや)いか	～하자마자, ～하기가 무섭게 子供は私の顔を見るが早いか、いきなり泣き出した。 아이는 내 얼굴을 보자마자 갑자기 울기 시작했다.
～がまま(に)	～대로 何もかも欲張らないで、すべてをあるがままに受け入れると、気が楽になる。 무엇이든 욕심 부리지 않고 모든 것을 있는 그대로 받아들이면 마음이 편해진다.
～から～にかけて	～부터 ～에 걸쳐서 札幌では今日から明日にかけて大雪が降るという注意報が出された。 삿포로에서는 오늘부터 내일에 걸쳐서 큰눈이 내린다는 주의보가 나왔다.
～からある(수량) ～からの ～からする(금액)	～이상 되는, ～이나 되는 彼は400ページからある英語の本を一日で読み通した。 그는 400페이지나 되는 영어책을 하루에 다 읽었다.
～からこそ	～이기 때문에, ～이기에 あなたを大切に思うからこそ、しかるんです。 당신을 소중히 생각해서 혼내는 것입니다.
～からして	～부터가 あの小説は、書名からしておもしろくなさそうだ。 저 소설은 책 제목부터가 재미없을 것 같다.
～からといって	～라고 해서 金持ちだからといって、必ずしも幸せだとは限らない。 부자라고 해서 반드시 행복하다고는 할 수 없다.
～からには ～からは	～한 이상은, ～인 이상은 日本に来たからには日本の文化を学びたいです。 일본에 온 이상은 일본의 문화를 배우고 싶습니다.
～から見(み)ると ～から見れば ～から見ても	～에서 보면 / ～에서 봐도 少し離れたところから見れば、それは人の顔のように見える。 조금 떨어진 곳에서 보면 그것은 사람의 얼굴처럼 보인다.

문법	뜻과 예문
~かわりに	~ 대신에 上司が病気になって、彼のかわりに私が会議に出席した。 상사가 병이 나서 그 대신에 내가 회의에 출석했다.
~気味(ぎみ)	약간 ~한 느낌이 있다 食欲をそそる秋は、何でもおいしくて太り気味になる時期ですね。 식욕을 돋우는 가을은 무엇이든 맛있어서 약간 살이 찌는 시기네요.
~きらいがある	~하는 경향이 있다 (바람직하지 못한 경향에 씀) 彼はお金さえあれば、全部宝くじに使うきらいがある。 그는 돈만 있으면 전부 복권에 사용하는 경향이 있다.
~きり ~きりだ	~한 채로 / ~한 채이다 彼女はつきっきりで彼の面倒を見ている。 그녀는 꼬박 붙어서 그의 시중을 들고 있다.
~きる ~きれる ~きれない	완전히 ~하다 / 다 ~할 수 없다 世の中にはいいか悪いか判断しきれないことがたくさんある。 세상에는 좋은지 나쁜지 다 판단할 수 없는 일이 많이 있다.
~きわまりない ~きわまる	~하기 짝이 없다, 너무 ~하다 最近は非常識きわまりない大人達が増えている。 최근에는 몰상식하기 짝이 없는 어른들이 늘고 있다.
~くせに	~한(인) 주제에, ~한(인)데도 彼は文学について何にも知らないくせに、いつも知ったかぶりをする。 그는 문학에 대해서 아무것도 모르는 주제에 늘 아는 체를 한다.
~くらい(ぐらい) ~くらいだ(ぐらいだ)	~ 정도 / ~ 정도다 穴があったら入りたいくらい、恥ずかしかった経験ないですか。 쥐구멍이라도 있으면 들어가고 싶을 정도로 창피했던 경험 없어요?
~げ	~한 듯, ~한 듯한 모양 田中さん、大の大人がおとなげないことをしてたら、恥ずかしいでしょ。 다나카 씨, 다 큰 어른이 철없는 짓을 하면 부끄럽지 않나요?

문법	뜻과 예문
～こそ	～야말로 今こそ決断する時だ。 지금이야말로 결단을 내릴 때이다.
～ことか	～인가, ～던가, ～한지 念願の大学に合格してどんなに嬉しかったことか。 염원하는 대학에 합격해서 얼마나 기뻤던지.
～ことから	～ 때문에, ～데에서 彼は優しくて親切なことから、クラスの皆から好かれている。 그는 상냥하고 친절하기 때문에 학급의 모두로부터 사랑을 받고 있다.
～(の)ごとく ～(の)ごとき ～かのごとく	～처럼, ～같이/ ～같은/ ～하는 것처럼 彼は獲物を狙う鷹のごとく、相手を見つめている。 그는 사냥감을 노리는 매처럼, 상대를 응시하고 있다.
～ことだ	～ 것이다, ～해야 한다 健康になりたければ、「どうすればもっと健康になれるか」を考えることだ。 건강해지고 싶으면 '어떻게 하면 더 건강하게 될 수 있을까'를 생각해야 한다.
～ことだから	～이니까 自分の身の程をわきまえる木村さんのことだから、心配は無用です。 자신의 분수를 아는 기무라 씨이니까 걱정은 필요 없습니다.
～(の)ことだし	～이니, ～이고 将来の進路も決まったことだし、これからもう心配は要らないよ。 장래의 진로도 결정됐고 앞으로 더 이상 걱정은 필요 없어요.
～(の)こととて	～이라서, ～이므로 何も知らぬこととて、大変ご迷惑をおかけして申し訳ありません。 아무것도 몰라서 대단히 폐를 끼쳐서 죄송합니다.
～ことなく	～하지 않고, ～하는 일 없이 あれほどゲームをするなと注意されても、彼は飽きることなく続けている。 그만큼 게임을 하지 말라고 주의를 들어도 그는 질리지 않고 계속하고 있다.

문법	뜻과 예문
～ことなしに(は)	～없이(는), ～하지 않고서(는) 子供は教育を受けることなしには、まともな人間になれない。 어린이는 교육을 받지 않고서는 제대로 된 인간이 될 수 없다.
～ことに ～ことには	～하게도 残念なことに、あれほど愛し合った二人がついに別れてしまった。 유감스럽게도 그토록 서로 사랑했던 두 사람이 결국 헤어져 버렸다.
～ことになっている ～こととなっている	～하기로 되어 있다 来月アメリカに行くことになっているのですが、もしかしたらその滞在中にイギリスに一週間ほど旅行することになるかもしれません。 다음 달 미국에 가기로 되어 있는데, 어쩌면 체재 중에 영국에 일주일쯤 여행하게 될지도 모릅니다.
～ことは～が、～ない	～기는 ～지만 ～지 않다 彼は日本語を話すことは話すが、日常生活で困らないほど流暢には話せない。 그는 일본어를 하기는 하지만 일상생활에서 곤란하지 않을 만큼 유창하게는 말할 수 없다.
～ことはない	～할 필요는 없다 彼女と口げんかしたからといって、そんなに気にすることはない。 그녀와 말다툼했다고 해서 그렇게 신경 쓸 필요는 없다.
さ ～際(さい) ～際は ～際に ～に際して	～ 때(는), ～ 때에, ～에 즈음하여 韓国に旅行した際に食べたジャージャー麺がとてもおいしかった。 한국을 여행했을 때에 먹었던 자장면이 매우 맛있었다.
～最中(さいちゅう)に ～最中だ	한창 ～하고 있을 때 / 한창 ～ 중이다 相手がまじめに話している最中に、つい笑ってしまった。 상대가 진지하게 이야기하는 중에 그만 웃고 말았다.
～さえ ～でさえ	～도, ～조차 専門家でさえ解決できないこの問題を一般市民の私にできるわけがない。 전문가조차 해결할 수 없는 이 문제를 일반시민인 내가 해결할 수 있을 리가 없다.

문법	뜻과 예문
～さえ～ば	～만 ～하면, ～만 ～이면 お金さえあれば何でもできると思ったら、大間違いだろう。 돈만 있으면 무엇이든 할 수 있다고 생각하면 큰 잘못일 것이다.
～ざるをえない	～하지 않을 수 없다 仕事をばりばりこなしていた女性が子育てのために仕事をやめざるをえないのは残念でならない。 일을 왕성하게 하던 여성이 육아를 위해서 일을 그만둘 수밖에 없다는 것은 정말이지 유감이다.
～しかない ～よりほかない ～ほかしかたがない	～할 수밖에 없다 ここまで病気が進んだのでは、手術をするよりほかないだろう。 여기까지 병이 악화되어서는 수술을 할 수밖에 없을 것이다.
～次第(しだい)	～하면 바로, 하는 대로 旅行の日程が決まり次第、ご連絡いたします。 여행 일정이 정해지는 대로 연락드리겠습니다.
～次第(しだい)だ ～次第で ～次第では	～인 것이다, ～나름이다 / ～에 따라서, ～에 따라서는 大雪のため、ご注文の商品の配達が遅れた次第です。 폭설 때문에 주문하신 상품의 배달이 늦어졌던 것입니다. 調査の結果次第では、社長が責任をとって辞めるかもしれない。 조사 결과에 따라서는 사장님이 책임을 지고 사직할지 모릅니다.
～しまつだ	～라는 꼴이다, ～라는 나쁜 결과이다 彼は借金した上に、妻と離婚するしまつだ。 그는 빚을 진데다가 아내와 이혼하게 됐다.
～上(じょう) ～上は ～上も	～상, ～상은, ～상으로나 あの二人は本当は仲が悪いが表面上は仲良くしている。 저 두 사람은 실제로는 사이가 나쁘지만 표면상은 사이좋게 지내고 있다. 先週、田中社長が健康上の理由で電撃辞任すると発表した。 지난주 다나카 사장님이 건상상의 이유로 전격 사임한다고 발표했다.

문법	뜻과 예문
～末(すえ) ～末に ～末の	～한 끝에 長時間の話し合いの末、次のような結論に達しました。 장시간의 논의 끝에 다음과 같은 결론에 이르렀습니다.
～ずくめ	～뿐, ～일색의 人生はいいことずくめの毎日が待っているわけじゃない。 인생은 좋은 일만 있는 나날이 기다리고 있는 것은 아니다.
～ずじまい	～하지 못하고 말았다 以前からほしかったものをとうとう買わずじまいだった。 이전부터 갖고 싶었던 것을 결국 사지 못하고 말았다.
～ずにはおかない ～ないではおかない	반드시 ～하고야 말겠다, 분명 ～할 것이다 今回新しく開発された製品は消費者に大きな反響を呼び起こさずにはおかないだろう。이번에 새롭게 개발된 제품은 소비자에게 분명 커다란 반향을 불러일으킬 것이다.
～ずにはいられない	～하지 않고는 있을 수가 없다 悪いこととは知りつつ、彼女の日記を読まずにはいられなかった。 나쁜 것은 알면서도 그녀의 일기를 읽지 않을 수 없었다.
～ずには済(す)まない ～ないではすまない	～하지 않고서는 해결되지 않는다, 반드시 ～해야 한다 家族を養うためには、毎日働かずには済まない。 가족을 부양하기 위해서는 매일 일을 해야 한다.
～ずもがな	～하지 않는 편이 좋다, ～하지 않느니만 못하다 言わずもがなのことを言って、彼女を怒らせてしまった。 말하지 않느니만 못한 말을 해서 그녀를 화나게 하고 말았다.
～すら/～ですら	～조차(도), ～(라)도 先生ですらわからないような問題を十歳の子供が解いたなんて、信じられない。선생님조차 모르는 문제를 10살의 아이가 풀다니 믿을 수 없다.
～せいだ ～せいで ～せいか	～탓이다 / ～탓으로 / ～탓인지 最近あまり運動しなかったせいか、寝付きも悪いし、頭もすっきりしない。최근에 그다지 운동을 하지 않은 탓인지 잠도 잘 오지 않고 머리도 상쾌하지 않다.

문법	뜻과 예문
~そばから	~해도 곧, ~하자마자 私が片付けるそばから、息子はすぐ散らかしてしまう。 내가 치우자마자 아들은 곧 어질러 버린다.
~そびれる	~할 기회를 놓쳤다, ~하려다 못하다 いねむりしたせいで、危うくのりかえ駅で降りそびれるところだった。 졸았던 탓으로 하마터면 환승역에서 내리지 못할 뻔했다.
~だけあって	~한 만큼, ~인 만큼, ~답게 専門家だけあって彼はその分野に詳しい。 전문가답게 그는 그 분야에 정통하다.
~だけに	~한 만큼, ~인 만큼 彼女は日本に留学しただけに日本語の発音がいい。 그녀는 일본에 유학한 만큼 일본어 발음이 좋다.
~だけの	~껏, ~ 만큼 彼はもともと一流大学に合格するだけの実力がある。 그는 원래 일류대학에 합격할 만한 실력이 있다.
ただ~のみ(だ)	그저 ~뿐이다, 오직 ~할 따름이다 今はただ被害にあった方々の無事を祈るのみだ。 지금은 단지 피해를 당한 분들이 무사함을 기도할 뿐이다.
たとえ~ても	설령 ~라고 해도 たとえ大雨が降っても、明日出発するつもりです。 설령 큰비가 내려도 내일 출발할 예정입니다.
~たところ	~했더니, ~한 결과 奨学金について問い合わせたところ、もう締め切り日が過ぎていた。 장학금에 대해서 문의했더니 벌써 마감일이 지나 있었다.
~たところで	~해봤자, ~해본들 いまさら過去の過ちを悔やんだところで、どうにもならない。 이제 와서 과거의 잘못을 후회해본들 어쩔 도리가 없다.

문법	뜻과 예문
~たとたん ~たとたんに	~하자마자, ~한 순간에 別れ話を切り出したとたん、彼女は泣き出した。 헤어지자는 이야기를 꺼내자마자 그녀는 울기 시작했다.
~だに	~하기만 해도, ~(조차)도 別れた恋人に再会できるとは、夢にだに思わなかった。 헤어진 연인을 다시 만날줄은 꿈에도 생각 못 했다.
~たび ~たびに	~할 때마다 私はこの曲を聴くたびに、昔別れた彼女との思い出が蘇る。 나는 이 곡을 들을 때마다 옛날에 헤어진 그녀와의 추억이 되살아난다.
~だらけ	~투성이 久しぶりに子供と一緒に海辺に行って、皆で泥だらけになって遊んだ。 오랜만에 아이와 함께 바닷가에 가서 모두 진흙투성이가 돼서 놀았다.
~たらそれまでだ ~ばそれまでだ	~해 버리면 그것으로 끝(장)이다 いくら金持ちでも死んでしまえばそれまでだ。 아무리 부자라도 죽어 버리면 그것으로 끝이다.
~たりとも~ない	~(라)도 ~않다, 비록 ~일지라도 ~않다 資源が足りないわが国で、紙一枚たりとも無駄にしてはいけない。 자원이 부족한 우리나라에서 종이 한 장이라도 낭비해서는 안 된다.
~たる	~인, ~의 입장에 있는 一家の大黒柱たるものが、弱音を吐いてはいけない。 일가의 가장인 자가 나약한 소리를 해서는 안 된다.
~ついでに	~하는 김에 大阪出張のついでに京都まで足を伸ばしてみた。 오사카에 출장 가는 김에 교토까지 가보았다.
~っこない	~할 리가 없다 私がどんなに苦労したか、誰にもわかりっこない。 내가 얼마나 고생했는지 아무도 알 리 없다.

문법	뜻과 예문
～つ～つ	～하거나, ～하거나 하면서 震災の時ほど持ちつ持たれつの精神がもっとも問われることはない。 지진 재난 때야말로 상부상조의 정신이 가장 필요하다.
～つつ	～하면서 (동시) この論文では、現代文学の特徴を分析しつつ、今後の課題を明らかにしようと思う。 이 논문에서는 현대문학의 특징을 분석하면서 앞으로의 과제를 밝히려고 생각한다.
～つつある	지금 ～하고 있다 その地域の人口は急激に増加しつつある。 그 지역의 인구는 급격하게 증가하고 있는 중이다.
～つつも	～하면서도 (역설) 今夜英語の勉強をしようと思いつつも、テレビゲームをやってしまった。 오늘밤 영어 공부를 하려고 생각하면서도 텔레비전 게임을 하고 말았다.
～っぱなし	～한 채로, ～ 상태로 電気をつけっぱなしにしたら、電気代が嵩むのは当然だ。 전기를 계속 켜놓고 있으면 전기료가 늘어나는 것은 당연하다.
～っぽい	～한 느낌이 들다, 잘 ～하다 妻がささいなことでも子供に怒りっぽくて困っている。 아내가 사소한 일에도 아이에게 걸핏하면 화를 내서 난처하다.
～て(は)～て(は)	～하고(서는) ～하고(서는) 彼は最近食べては寝て、食べては寝てばかりいる。 그는 최근에 먹고는 자고 먹고는 자기만 한다.
～であれ	～일지라도, ～이든 だれであれ、過ちは一つや二つくらい犯す。 누구든 잘못은 한둘 정도는 저지른다.

문법	뜻과 예문
～て以来	～한 이래, ～한 이후 母がなくなって以来、彼は一度も笑顔を見せたことがない。 어머니가 돌아가신 이래로 그는 한번도 웃는 얼굴을 보인 적이 없다.
～て(は)かなわない	～해서 견딜 수없다, ～해서 참을 수가 없다 クーラーが故障して暑くてかなわない。 에어컨이 고장이 나서 더워서 견딜 수 없다.
～てからでないと ～てからでなければ	～하고 나서가 아니면 社長に報告してからでないとお返事できませんが。 사장님에게 보고하고 나서가 아니면 대답할 수 없습니다만.
～てからというもの	～하고 나서(부터) 腰を痛めてからというもの、歩くことさえできなくなった。 허리를 다치고 나서부터 걸을 수조차 없게 되었다.
～でしかない	～에 지나지 않는다 いくら早いと言っても、彼は子供でしかない。 아무리 빠르다고 해도 그는 아이에 지나지 않는다.
～てしかるべきだ	～하는 것이 마땅하다, 당연하다 災難に対する今回の政府の対策は批判されてしかるべきだ。 재난에 대한 정부의 이번 대책은 비판을 받아도 마땅하다.
～てしょうがない ～てしかたがない	～해서 어쩔 도리가 없다, 너무 ～하다 セミ時雨は勉強ができないほどうるさくてしょうがない。 요란한 매미소리는 공부를 할 수 없을 만큼 너무 시끄럽다.
～てたまらない	～해서 참을 수가 없다, 너무 ～하다 クーラーをつけてください。この部屋は暑くてたまりません。 에어컨을 틀어 주세요. 이 방은 너무 덥습니다.
～でなくてなんだろう	～이 아니고 무엇이겠는가, 이것이야말로 바로 ～이다 彼は周りの反対を押し切って彼女と結婚した。これが愛でなくてなんだろう。 그는 주위의 반대를 무릅쓰고 그녀와 결혼했다. 이것이 사랑이 아니고 무엇일까?

문법	뜻과 예문
～てならない	～해서 참을 수가 없다, 너무 ～하다 私が一等賞をもらうなんて、夢のように思えてならない。 내가 일등상을 받다니 정말 꿈만 같다.
～ではあるまいし ～じゃあるまいし	～도 아니고, ～도 아닐 테고 小学生じゃあるまいし、彼の行動は大の大人がすることではない。 초등학생도 아니고 그의 행동은 다 큰 어른이 할 짓은 아니다.
～てはじめて	～하고 나서 비로소 私は病気になってはじめて健康の大切さを思い知った。 나는 병이 들고 나서야 비로소 건강의 중요함을 뼈저리게 깨달았다.
～てはばからない	거리낌 없이 ～하다 彼は英語に関しては自信があると公言してはばからない。 그는 영어에 관해서는 자신이 있다고 거리낌 없이 공언한다.
～てまえ	～한 체면상, ～ 때문에 両親に自信があると言ったてまえ、必ず合格してみせなければならない。 양친에게 자신 있다고 말한 체면상 반드시 합격해야 한다.
～てまで	～해서 까지 自分の健康を損なってまでダイエットをする必要はない。 자신의 건강을 해치면서까지 다이어트를 할 필요는 없다.
～ても差し支ない	～해도 상관없다, ～해도 좋다, ～해도 지장이 없다 親友同士なら、呼び捨てにしても差し支えないだろう。 친구끼리는 경칭을 붙이지 않고 불러도 지장이 없겠지.
～て(も)もともとだ ～でもともとだ	～해도 본전치기다, ～해도 손해가 없다 失敗してももともとだから、一度やってみたらどうですか。 실패해도 손해가 없으니까 한번 해보면 어떻습니까?
～てもやむをえない	～해도 어쩔 수가 없다 将来の幸せのために、現在苦労してもやむをえないだろう。 장래의 행복을 위해서 현재 고생을 해도 어쩔 수가 없겠지요.

문법	뜻과 예문
～てやまない	~해 마지않다, 진심으로 ~하다 あんなに一生懸命努力したから、彼の成功を信じてやまない。 그렇게 열심히 노력했으니까 그의 성공을 진심으로 믿는다.
～と相まって	~와 어울려서, ~와 더불어, ~가 더해져 今日の運動会は好天気と相まって、 学校は人出で賑わっている。 오늘 운동회는 좋은 날씨와 어우러져 학교는 인파로 붐비고 있다.
～とあって	~라서, ~라고 해서 両親とも芸術家とあって、彼女のセンスのよさは抜群だ。 양친 모두 예술가여서 그녀는 센스가 출중하다.
～とあれば	~라면 上司の命令とあれば、残業も引き受けざるをえない。 상사의 명령이라면 잔업도 떠맡지 않을 수 없다.
～といい～といい	~로 보나 ~로 보나, ~나 ~나 能力といい、人柄といい、あの人をおいてその地位にふさわしい人はいない。 능력으로 보나 인품으로 보나 저 사람 외에 그 자리에 어울리는 사람은 없다.
～というか～というか	~이랄까 ~이랄까 ラッキーというか、ほっとしたというか、とにかく目指した大学に受かって嬉しかった。 운이 좋다고 할까 안심했다고 할까 어쨌든 목표로 한 대학에 합격해서 기뻤다.
～ということは ～とのことは ～ということだ ～とのことだ	~라고 하는 것은/ ~라고 한다 大人になるということは、自分のしたことにきちんと責任を持つ人になるということだ。 어른이 된다는 것은 자신이 한 일에 확실하게 책임을 지는 사람이 된다는 것이다.
～というと	~라고 하면 なぜ行かないかというと、気が進まないからです。 왜 안 가냐 하면 마음이 내키지 않기 때문입니다.

문법	뜻과 예문
～というもの	무려 ~ 동안 この三日間というもの彼は何も食べていない。 무려 3일 동안 그는 아무것도 먹지 않았다.
～というものは ～というものだ	~라는 것은/~라는 것이다 勉強というものは、決して楽なものではなく、苦しいものだ。 공부라는 것은 결코 편한 것이 아니라 괴로운 것이다.
～というものではない ～というものでもない	~라는 것은 아니다 「安かろうわるかろう」という言葉があるように、商品が安ければいいというものではない。 싼 게 비지떡이란 말이 있듯이 상품이 싸다고 좋은 것은 아니다.
～というより	~라기 보다 あの映画を見て悲しいというよりむなしい気持ちになった。 그 영화를 보고 슬프다기 보다는 허무한 기분이 들었다.
～といえども	~이라 해도, ~이라 할지라도 ふだんおとなしい彼女といえども、時には怒る事もある。 평소에 얌전한 그녀라 하더라도 때로는 화내는 일도 있다.
～といえば	~라고 하면, ~을 화제로 삼으면 もう秋ですね。秋といえば、天高く馬肥ゆる季節ですね。 벌써 가을이군요. 가을이라고 하면 천고마비의 계절이지요.
～といったところだ ～というところだ	겨우 ~ 정도다 今年の作物のできは、まあまあといったところだ。 올해 농작물의 작황은 그저 그런 정도이다.
～といったら	~로 말할 것 같으면, ~는 (정말) その景色の美しさといったら、言葉では言い表せないほどです。 그 경치의 아름다움으로 말할 것 같으면 말로 다 표현할 수 없을 정도입니다.
～といったらない ～といったらありゃしない ～といったらありはしない	매우 ~하다 生で彼女の音楽を聞いたときの感動といったらなかった。 생음악으로 그녀의 음악을 들었을 때의 감동은 매우 컸다.

문법	뜻과 예문
～といっても	~이라고 해도 英語ができるといっても、簡単な会話くらいですから、たいしたものじゃないですよ。 영어를 할 수 있다고 해도 간단한 회화 정도이니까 대단한 것은 아니에요.
～といってもいいくらい	~라고 해도 될 정도로 彼はまったくといってもいいくらいお酒を飲んだことがない。 그는 전혀라고 해도 될 정도로 술을 마신 적이 없다.
～といわず～といわず	~이며~이며, ~뿐만 아니라~뿐만 아니라 あの俳優は今とても人気があって、テレビといわず、ラジオといわず、どこでもよく出演している。 저 배우는 지금 매우 인기가 있어서 텔레비전이며 라디오며 이곳저곳 자주 출연하고 있다.
～とおり ～とおりに ～どおり ～どおりに	~대로 試験にしろ、恋愛にしろ、自分の思ったとおりに行かないのが世の常というものです。 시험이든 연애든 자신이 생각했던 대로 되지 않는 것이 세상의 상례라는 것입니다.
～(か)と思(おも)いきや	~라고 생각했더니, ~한줄 알았는데 雨が止んだかと思いきや，午後からまた激しく降り出した。 비가 그친 줄 알았는데 오후부터 또 심하게 내리기 시작했다.
～とか	~라고 한다, ~라든가 A：彼女は最近離婚したとか。 그녀는 최근에 이혼했다고 해요. B：本当ですか。信じられませんね。 정말입니까? 믿을 수 없네요.
～ときたら	~은(는), ~로 말하자면, ~로 말할 것 같으면 今時の若者ときたら、平気で地べたに座ったり、屋外で平然とものを食べたりする。 요즘 젊은이는 아무렇지 않게 땅바닥에 앉기도 하고, 바깥에서 태연하게 음식을 먹기도 한다.
～どころか	~은커녕 彼は漢字どころか、平仮名も知らない。 그는 한자는커녕 히라가나도 모른다.

문법	뜻과 예문
～ところを	～한데, ～인데도, ～인 중에 ご多忙のところを、おじゃまして申し訳ありません。 대단히 바쁘신데 방해해서 죄송합니다.
～ところだった	(하마터면) ～할 뻔했다 私はもう少しで宿題を忘れるところだった。 나는 자칫하면 숙제를 잊을 뻔했다.
～どころではない	～할 상황이 아니다, ～할 경황이 아니다 最近はとても忙しくて、休暇どころではありません。 최근에는 너무 바빠서 휴가를 보낼 상황이 아닙니다.
～としたところで ～としたって ～にしたところで ～にしたって	～한들, ～하더라도 彼の解決策はあまりにも現実から掛け離れている。しかし私としたところで、いい考えがあるわけではない。 그의 해결책은 너무나도 현실과 동떨어져 있다. 그러나 나라고 한들 좋은 생각이 있는 것은 아니다.
～ところに ～ところへ ～ところを	～ 시점에, ～ 참에 ～ところに(마침 그때에 ～가 일어나다), ～ところを(마침 그때 ～을 하다), ～ところへ(ところに와 같은 의미) 昼ごはんを食べているところに電話がかかってきた。 마침 점심을 먹고 있을 참에 전화가 걸려 왔다. 授業をサボって遊んでいるところを、先生に見られてしまった。 수업을 빼먹고 놀고 있는 참에 선생님께 들켜버렸다.
～ところをみると	～ 것을 보면 彼女があんなに悲しそうな顔をしているところをみると、何かよくない知らせでもあったようだ。 그녀가 저렇게 슬픈 얼굴을 하고 있는 것을 보면, 뭔가 좋지 않은 소식이라도 있었던 것 같다.
～としたら ～とすれば ～とすると	～라고 하면 仮にあなたが言っていることが本当だとしたら、彼は私をだましたことになる。 가령 네가 말하고 있는 것이 정말이라고 한다면 그는 나를 속인게 된다.

문법	뜻과 예문
～として ～としては	~로서 先生は先生として教えるべき義務があり、学生は学生として学ぶべき義務がある。 선생님은 선생님으로서 가르쳐야 할 의무가 있고 학생은 학생으로서 배워야 할 의무가 있다.
～としても	~라고 해도, ~로서도 彼が賢そうに見えるとしても、本当に賢いかどうかわからない。 그가 현명해 보인다고 해도 정말로 현명한지 어떤지 모르겠다. 彼女は女優もさることながら、モデルとしても活躍ぶりは目覚ましいものがある。 그녀는 여배우도 물론이거니와 모델로서도 활약하는 모습이 눈부시다.
～とともに	~와 함께 年をとるとともに、気力も衰えてきた。 나이를 먹는 것과 함께 기력도 쇠약해졌다.
～とは	~하다니, ~할 줄이야 いつもおとなしい彼があんなに怒るとは驚いた。 늘 얌전한 그가 그렇게 화를 내다니 놀랐다.
～とはいえ	~라고는 해도, ~이긴 하지만 一流大学の学生とはいえ、皆が大企業に就職できるとは限らない。 일류대학의 학생이라 해도 모두가 대기업에 취직할 수 있다고는 할 수 없다.
～とばかりに	(마치) ~라는 듯이 野党は政府の失策を「待ってました」とばかりに批判した。 야당은 정부의 정책을 '기다렸다'는 듯이 비판했다.
～ともなく ～ともなしに	무심코 ~, 문득 ~ テレビを見るともなく見ていたら、小学校の友達がゲストで出演していた。 텔레비전을 무심코 보고 있었더니 초등학교 친구가 게스트로 출연했다.
～ともなると ～ともなれば	~ 정도 되면 一家の家長ともなると、家族の生活を支える責任がある。 일가의 가장 정도가 되면 가족의 생활을 지탱할 책임이 있다.

な

문법	뜻과 예문
～ないことには	～하지 않고서는 人はみかけによらない。実際付き合って見ないことには、その人の真価がわからない。 사람은 겉보기만으로는 알 수 없다. 실제로 사귀어보지 않고서는 그 사람의 진가를 알 수 없다.
～ないことはない ～ないこともない	～하지 않는 것은 아니다 英語は話せないことはないんですが、日本語の方が話しやすいです。 영어는 말하지 못하는 것은 아니지만 일본어 쪽이 말하기 편합니다.
～ないではいられない ～ずにはいられない	～하지 않고서는 있을 수가 없다/～하지 않을 수 없다 あの小説を読めば、感動せずにはいられないだろう。 저 소설을 읽으면 감동하지 않을 수 없을 것이다.
～ないまでも	～하지 않을지언정, ～까지는 아니더라도 漢字は全部書けないまでも、せめて読めることくらいはしてほしい。 한자는 전부 쓸 수는 없을지언정, 적어도 읽을 수 있을 정도는 하기 바란다.
～ないものでもない ～ないでもない	～ 못할 것도 없다, ～할 수도 있다 ひとりでやるより三人でやれば、間に合わないものでもない。 혼자서 하기보다는 세 명이서 하면 시간에 대지 못할 것도 없다.
～ながら	～하(이)지만, ～하(이)면서 彼はご飯を食べながらテレビを見ています。 그는 밥을 먹으면서 텔레비전을 보고 있습니다.
～ながらに ～ながらの	～한 채로, ～하면서, ～그대로 あの町は昔ながらの下町の面影を色濃くとどめている。 저 마을은 옛날 그대로의 서민 마을의 모습을 현저하게 남기고 있다.
～ながらも	～면서도, ～지만 彼は英語がうまくできないながらも、英語の弁論大会に挑戦してみた。 그는 영어를 잘할 수 없으면서도 영어 변론대회에 도전해 보았다.

문법	뜻과 예문
～なきにしもあらず	～이 없는 것도 아니다, ～이 없지도 않다 希望はなきにしもあらずだ。 희망은 없는 것도 아니다.
～なくして(は)	～없이(는), ～가 없으면 この映画は涙なくしては見られない大傑作である。 이 영화는 눈물 없이는 볼 수 없는 대작이다.
～なしに(は)	～없이(는), ～하지 않고서(는) 彼の今の成功は涙ぐましい努力なしには得られなかった。 그의 지금의 성공은 눈물겨운 노력 없이는 얻을 수 없었다.
～など ～なんか ～なんて	～등, ～따위 彼女はお化粧なんかしなくてもいいのに。素っぴんでもきれいだから。 그녀는 화장 같은 건 하지 않아도 되는데. 맨 얼굴이라도 예쁘니까.
～ならいざ知(し)らず	～라면 모르겠지만, ～라면 예외지만 息子ならいざ知らず、娘をひとりで海外旅行に行かせるなんて、信じられない。 아들이라면 모르겠지만, 딸을 혼자서 해외여행에 가게 하다니 믿을 수 없다.
～ならではの	～이 아니고서는 안 되는, ～(에서)만 今回の旅行では京都ならではの風情ある時間と料理を満喫したい。 이번 여행에서는 교토만의 운치 있는 시간과 요리를 만끽하고 싶다.
～なら未(ま)だしも	～라면 또 모르되, ～이라면 몰라도, ～라면 그런대로 괜찮지만 昔なら未だしも、今は携帯電話を持っていない人はほとんどいないでしょう。 옛날이면 또 몰라도 지금은 휴대폰을 가지고 있지 않는 사람은 거의 없겠지요.
～なり	～하자마자, ～함과 거의 동시에 課長は電話を切るなり、事務室を出て行った。 과장님은 전화를 끊자마자 사무실을 나갔다.

문법	뜻과 예문
〜なり〜なり	〜든지〜든지 痴呆にならないために、日本語なり、英語なり、外国語を学ばなければならない。 치매가 되지 않기 위해서 일본어든지 영어든지 외국어를 배우지 않으면 안 된다.
〜なりに 〜なりの	〜나름대로, 〜나름의, 〜나름대로의 勉強のできない子は、できないなりに生きる道はある。 공부를 못하는 아이는 못하는 나름대로 살아가는 길은 있다.
〜にあたって 〜にあたり	〜할 때에, 〜을 맞이하여 この本を翻訳するにあたり、キリシャ神話を参考にした。 이 책을 번역할 때 그리스 신화를 참고로 했다.
〜に(は)あたらない	〜할 필요는 없다, 〜할 만한 일은 아니다 受験に失敗したからといって、がっかりするにはあたらない。来年またチャンスがある。 수험에 실패했다고 해서 실망할 필요는 없다. 내년에 또 기회가 있다.
〜にあって	〜에 (있어서), 〜(상황)에서도 この不景気にあって必要とされるのは、人材を育てることである。 이 불경기에 필요로 하는 것은 인재를 기르는 것이다.
〜に至(いた)って(は)	〜에 이르러서(는), 〜라는 중대한 사태에 이르러서(는) 事態がこのように悪化するに至っては、担当者は責任をとらざるを得ないだろう。 사태가 이렇게 악화됨에 이르러서는 담당자는 책임을 지지 않을 수 없을 것이다.
〜に至(いた)るまで	〜에 이르기까지, 〜까지도 ハリー·ポッターは子供から大人に至るまで楽しめる映画である。 해리포터는 어린이부터 어른에 이르기까지 즐길 수 있는 영화이다.
〜において 〜においては 〜においても 〜における	〜에서 / 〜에서의 民主主義社会においては自分の権利だけでなく、義務も重要である。 민주주의 사회에 있어서는 자신의 권리뿐만 아니라 의무도 중요하다. 日本のゆとり教育における問題点について話し合った。 일본의 유토리교육(여유 있는 교육)에 있어서의 문제점에 대해서 논의했다.

문법	뜻과 예문
～に応(おう)じて(は) ～に応じた	～에 따라서, ～에 맞게 / ～에 맞는 英語授業はレベルに応じてクラスわけを行うことにした。 영어수업은 수준에 따라서 분반을 하기로 했다.
～にかかわる	～에 관계되는 原発事故は個人のみならず、全人類の生存にかかわる問題である。 원전사고는 개인뿐만 아니라 전 인류의 생존에 관련된 문제이다.
～に託(かこつ)けて	～를 핑계 삼아, ～을 빙자해서, ～을 구실삼아 夫は研究に託けて、家事を全く手伝ってくれない。 남편은 연구를 핑계 삼아 가사를 전혀 도와주지 않는다.
～にかたくない	～하기 어렵지 않다, 충분히 ～할 수 있다 今回の震災による影響で、多くの人々の苦労は、想像にかたくない。 이번 진재로 의한 영향으로 많은 사람들의 고생은 상상하기 어렵지 않다.
～にこしたことはない	～가 최고다, ～보다 더 나은 것은 없다, ～보다 더 좋을 수는 없다 いくら安全な場所であっても、戸締まりに用心するにこしたことはない。 아무리 안전한 장소라도 문단속을 조심하는 것보다 더 나은 것은 없다.
～にして	～로써, ～하게도, ～에 와서, ～하고도 ローマは一日にして成らず。 로마는 하루아침에 이루어지지 않았다.
～に即(そく)して ～に即した	～에 입각해서, ～에 따라서/～에 입각한 外交はあくまで各国の置かれた状況に即して判断しなければならない。 외교는 어디까지나 각국이 놓인 상황에 알맞게 판단해야 한다.
～にたえない ～にたえる	차마 ～할 수 없다/ ～할 가치가 있다, ～할 만하다 たまたま交通事故を目撃したが、あの光景は悲惨で見るにたえないものだった。 우연히 교통사고를 목격했지만, 그 광경은 비참해서 차마 눈 뜨고 볼 수 없는 정도였다.
～にたる ～にたりない	～할 수 있는, ～할 만한, ～할 가치가 있는 /～할 가치가 없다, ～할 필요 없다 彼は一生懸命に勉強して満足にたる成績がとれた。 그는 열심히 공부해서 만족할만한 성적을 얻을 수 있었다.

문법	뜻과 예문
～にてらして	～에 비추어, 참조해서, 비교해서 売春は韓国の法律にてらしてみれば、違法になる。 매춘은 한국의 법률에 비추어 보면 위법이 된다.
～にとどまらず	～에 그치지 않고 この映画は日本にとどまらず、世界中に人気を博した。 이 영화는 일본에 그치지 않고 전 세계에서 인기를 얻었다.
～に～ない	～하려야 ～할 수 없다. ～하려고 해도 ～할 수 없다 私には忘れるに忘れられない思い出がある。 나에게는 잊으려고 해도 잊을 수 없는 추억이 있다.
～に(は)及(およ)ばない	～할 필요는 없다, ～하지 않아도 된다. / ～에는 미치지 못한다 いくら試験が難しくても、復習さえすれば、心配するに及びません。 아무리 시험이 어려워도 복습만 하면 걱정할 필요는 없습니다.
～にひきかえ	～와(과)는 반대로, ～와(과)는 대조적으로 努力家の兄にひきかえ、弟は遊んでばかりいます。 노력가인 형과는 반대로 남동생은 놀기만 하고 있습니다.
～に(も)かかわらず ～に(は)かかわりなく	～에 관계없이, ～에 상관없이 ～인데도 불구하고 悪天候にもかかわらず、彼らは頂上にまで登る決心をした。 악천후에도 불구하고 그들은 정상까지 오를 결심을 했다.
～に限(かぎ)らず	～뿐만 아니라 ここ数年、コンピューターは仕事に限らず、多方面に利用されるようになった。 요 수년 컴퓨터는 일뿐만 아니라 다방면에 이용되게 되었다.
～に限(かぎ)り ～に限って	～만은, ～에 한하여 急いでいる時に限って電車が遅れる。 꼭 서두를 때에 전철이 늦게 온다.
～に限(かぎ)る	～이 가장 좋다, ～이 최고다 疲れたときは寝るに限る。 피곤할 때는 잠자는 것이 최고다.

문법	뜻과 예문
~にかけては ~にかけても	~에 있어서는, ~에서는 英語にかけては彼の右に出るものはいない。 영어에 있어서는 그를 능가할 사람은 없다.
~に加(くわ)えて ~に加え	~에 덧붙여, ~에 더하여 彼は歌に加えて楽器の演奏もうまい。 그는 노래에 더하여 악기 연주도 잘한다.
~にきまっている	당연히 ~이다, ~가 당연하다 そんなゆきあたりばったりのやり方では成功しないにきまっている。 그런 닥치는 대로 하는 방법으로는 당연히 성공하지 못할 것이다.
~に比(くら)べて ~に比べ	~에 비해 今年は去年に比べ、夏の気温が低い。 올해는 작년에 비해 여름의 기온이 낮다.
~にこたえ ~にこたえて ~にこたえる	~에 따라, ~에 부응하여 /~에 부응하는 彼は親の期待にこたえて勉強しすぎたあまり、健康に異常が生じた。 그는 부모님의 기대에 부응하여 공부를 너무 열심히 한 나머지 건강에 이상이 생겼다.
~に先立(さきだ)って	~에 앞서 試合に先立って開会式が行われます。 시합에 앞서서 개회식이 거행되겠습니다.
~にもまして	~이상으로, ~보다 더 経済の不況によって、就職活動が以前にもまして厳しくなっていく。 일본경제의 불황 때문에 취업활동이 이전보다 더 어려워지고 있다.
~にしたがって ~にしたがい	~에 따라 年をとるにしたがって白髪も増える一方です。 나이를 들어감에 따라서 흰머리도 점점 늘어갑니다.

문법	뜻과 예문
~にしたら ~にすれば ~にしても	~로서는, ~에게는 / ~로서도 共稼ぎは経済的な面においてはいいが、子供にしたら大変だろう。 맞벌이는 경제적인 면에서는 좋지만 어린아이에게는 힘들 것이다. 先生にしても、人間だから、間違えることはある。 선생님도 역시 인간이니까 틀리는 경우가 있다.
~にしては	~치고는 彼は子供にしてはしっかりしている。 그는 어린아이치고는 철이 들었다.
~にしても~にしても	~도 ~도, ~하든 ~하든 今回の討論会には日本人にしても外国人にしても参加できる。 이번 토론회에는 일본인도 외국인도 참가할 수 있다.
~にしろ ~にせよ	~라고 해(도), ~든 ~든 勉強にせよ、運動にせよ、規則的に続けることが大切だ。 공부든 운동이든 규칙적으로 계속하는 것이 중요하다.
~にすぎない	~에 불과하다, ~에 지나지 않다 原発無用という君の主張は、代案がないかぎり机上の空論にすぎない。 원전 불필요라는 너의 주장은 대안이 없는 한 탁상공론에 불과하다.
~に沿(そ)って	~에 따라 会社の経営方針に沿って、来年度の計画が立てられた。 회사의 경영방침에 따라서 내년도 계획이 세워졌다.
~に対(たい)して ~に対する	~에게, ~에 대해서 / ~에 대한 政府の政策に対して市民団体が異議を申し立てた。 정부의 정책에 대해서 시민단체가 이의를 제기했다.
~に違(ちが)いない ~に相違(そうい)ない	~임에 틀림없다, 틀림없이 ~이다 あんなふうに振る舞うなんて、彼は狂っているに違いない。 저런 식으로 행동하다니 그는 미쳤음에 틀림없다.

문법	뜻과 예문
~について	~에 대해, ~에 관해서 最近自分の将来について考えることが多い。 최근에 자신의 장래에 대해서 생각하는 것이 많다.
~につき	~이기 때문에 本日の運動会は、雨天につき、中止となりました。 오늘 운동회는 우천으로 중지되었습니다.
~につけ(ても)	~과 관련하여 항상, ~때마다 私は彼女を見るにつけ、なくなった妹を思い出します。 나는 그녀를 볼 때마다 죽은 여동생이 생각납니다.
~につれて	~에 따라서 年をとるにつれて、彼はもっと賢くなってきた。 나이을 먹음에 따라서 그는 더욱 현명해졌다.
~にとって	~에게 있어서 現代人にとってコンピューターはなくてはならないものです。 현대인에게 있어서는 컴퓨터는 없어서는 안 되는 물건입니다.
~に伴(ともな)って ~に伴い ~に伴う	~에 따라(서) / ~에 따른 少子化や高齢化が進むに伴って、いろいろな社会的な問題が生じてくる。 저출산이나 고령화가 진행됨에 따라서 여러 가지 사회적인 문제가 발생하게 된다.
~に反(はん)して	~와 달리, ~에 반해 親の期待に反して、彼は志望した大学に失敗した。 부모의 기대와는 달리 그는 지망했던 대학에 실패했다.
~にほかならない	바로 ~이다, ~임에 틀림없다 この事業が成功したのは、社員の皆さんの惜しまない努力があったからにほかならない。 이 사업이 성공했던 것은 사원 여러분의 아낌없는 노력이 있었기 때문이다.
~にもかかわらず	~에도 불구하고, ~이지만 悪天候にもかかわらず、彼らは頂上にまで登る決心をした。 악천후에도 불구하고 그들은 정상까지 오를 결심을 했다.

문법	뜻과 예문
~に基(もと)づいて ~に基づき	~에 따라 / ~에 따른 これは小説に基づいて作られた映画です。 이것은 소설을 근거로 해서 만들어진 영화입니다.
~によって ~による	~에 따라 / ~에 따른 外国語は一日も欠かさず練習することによって上達することができます。 외국어는 하루도 빼지 않고 연습함으로써 향상될 수 있습니다.
~にわたって ~にわたり ~にわたる	~에 걸쳐서 / ~에 걸친 原発の事故は広範囲にわたってその被害が予想されている。 원전 사고는 광범위하게 그 피해가 예상되고 있다.
~ぬく	끝까지 ~하다, 몹시 ~하다 このような困難な時期にあって何事も最後までやりぬく粘り強さが求められる。 이와 같은 곤란한 시기에는 어떤 일이나 끝까지 해내는 끈질김이 요구된다.
~の至(いた)り	매우 ~하다, 몹시 ~하다 一流の大学に合格して感激の至りである。 일류 대학에 합격해서 몹시 감격하다.
~の極(きわ)み	몹시 ~하다 普段は朝早く起きるので、日曜日に遅くまで寝られるのは至福の極みである。 평소에는 아침 일찍 일어나기 때문에 일요일에 늦게까지 잘 수 있어서 몹시 행복하다.
~のなんの	~이러니저러니 하며, ~이러쿵저러쿵 하며 息子はいつも食べ物にうるさい。手作りのお弁当を作ってあげてもまずいのなんのと文句ばかり言っている。 아들은 늘 음식에 까다롭다. 손수 만든 도시락을 만들어 주어도 맛없느니 어쩌니 하며 불평만 하고 있다.
~のみならず	~뿐만 아니라 彼女は成績のみならず、人付き合いも大変良い。 그녀는 성적뿐만 아니라 사교성도 대단히 좋다.

문법	뜻과 예문
～のもとで ～のもとに	～하에서, ～아래에서, (범위가 미치는)곳으로 私が三宅先生のもとで勉強して以来、もはや六年の歳月が過ぎました。 내가 미야케 선생님 밑에서 공부한 지 벌써 6년의 세월이 지났습니다.
～のももっともだ	～하는 것도 당연하다 非は私にあるから、あなたが怒るのももっともだ。 잘못은 나에게 있으니까 네가 화를 내는 것도 당연하다.
～はおろか	～은커녕, ～은 고사하고 彼は漢字はおろか、カタカナさえろくに書けない。 그는 한자는커녕 가타카나조차 제대로 쓸 수 없다.
～ばかりか ～ばかりでなく	～뿐만 아니라 私は動物が好きで、犬ばかりか猫も飼っている。 나는 동물을 좋아해서 개뿐만 아니라 고양이도 키우고 있다.
～ばかりに	～ 탓에, ～바람에 うっかり口を滑らせたばかりに、相手を怒らせてしまった。 무심코 입을 잘못 놀린 바람에 상대를 화나게 해버렸다.
～ばこそ	～기 때문에, ～이기에 親は子供を愛すればこそ、厳しく叱るのだ。 부모는 아이를 사랑하기 때문에 엄하게 꾸짖는 것이다.
～はずみに	～한 순간에, ～한 찰나에 転んだはずみにケータイを落としてしまった。 넘어진 순간 휴대폰을 떨어뜨리고 말았다.
～ばそれまでだ ～ならそれまでのことだ	～해버리면 그것으로 끝(장)이다, ～하면 그뿐이다 いくら高いパソコンを買っても、使い方がわからなければそれまでだ。 아무리 비싼 컴퓨터를 사도 사용법을 모르면 그뿐이다.

문법	뜻과 예문
~はともかく(として)	~은 차치하고, ~은 어쨌든 成功できるかどうかはともかく、一度試して見るつもりだ。 성공할 수 있는지 어떤지는 차치하고 한번 시도해 볼 생각이다.
~ば~ほど	~하면 ~할수록 高い山に登れば登るほど、酸素が希薄になる。 높은 산에 오르면 오를수록 산소가 희박해진다.
~はもちろん ~はもとより	~은 물론(이고) 彼は英語はもとより、フランス語もドイツ語も話せる。 그는 영어는 물론 프랑스어와 독일어도 말할 수 있다.
~反面(はんめん) ~半面(はんめん)	~인 반면 この薬はよく効く反面、副作用もある。 이 약은 잘 드는 반면 부작용도 있다.
ひとり~だけでなく ひとり~のみならず	단지 ~뿐만 아니라 子供の教育はひとり学校の先生のみならず、社会全体が考えなければならない問題である。 아이의 교육은 단지 학교뿐만 아니라 사회 전체가 생각해야 할 문제다.
~べからず ~べからざる	~해서는 안 된다, ~할 수 없는 この芝生に入るべからず。 이 잔디에 들어가서는 안 된다.
~べきだ ~べきではない べくもない	~해야 한다 / ~해서는 안 된다/도저히~할 수 없다, ~할 여지가 없다 約束はどんなことがあっても守るべきだ。 약속은 어떤 일이 있어도 지켜야 한다. どんなに貧しくても、人のものを盗むべきではない。 아무리 가난해도 남의 물건을 훔쳐서는 안 된다. これ以上のぜいたくは望むべくもない。 이 이상의 사치는 도저히 바랄 수 없다.
~べく	~하기 위해서, ~하고자 試験に合格すべく、皆一生懸命に勉強している。 시험에 합격하기 위해서 모두 열심히 공부하고 있다.

ま

문법	뜻과 예문
～ほど ～ほどだ	～만큼/ ～ 정도다 彼は少女時代のファンなので、すべてのメンバーの名前を暗記しているほどだ。 그는 소녀시대의 팬이기 때문에 모든 멤버의 이름을 기억하고 있을 정도다.
～まい ～まいか	①～하지 않을 것이다 (부정의 의지) 冬山に登る途中で遭難したが、無事に救助された。それ以来二度と冬山には登るまいと決心した。 겨울 산에 오르는 도중에 조난당했지만, 무사히 구조되었다. 그 후에 두 번 다시 겨울산에 오르지 않겠다고 결심했다. ②～하지 않을 것이다 (부정의 추량) /～하지 않을까? 正直に話したら、母も理解してくれまいか。 정직하게 말하면 어머니도 이해해 주시지 않을까?
～まじき	～해서는 안 되는 学生をいじめるのは教師にあるまじき行為である。 학생을 괴롭히는 것은 교사로서 있을 수 없는 행위이다.
～までだ ～までのことだ	～뿐이다, ～하면 그만이다, ～했을 뿐이다, ～할 따름이다 いくら努力してもできなければ、あきらめるまでだ。 아무리 노력해도 할 수 없으면 포기하면 그만이다.
～までもない ～までもなく	～할 것까지도 없다, ～할 필요도 없다/～할 것까지도 없이 言うまでもなく、人間誰しも失敗はあるものだ。 말할 필요도 없이 인간 누구라도 실패는 있는 법이다.
～まみれ	～범벅, ～투성이 汗まみれになって働いてから浴びるシャワーは、なんと爽やかな気分を味わえることか。 땀투성이가 되어 일하고 나서 하는 샤워는 얼마나 상쾌한 기분인지!
～向(む)きの ～向きに ～向きだ	～에게 적합한/～적합하게/～적합하다 この家は日本人向きに建てられている。 이 집은 일본인에게 적합하게 지어져 있다.

문법	뜻과 예문
~向(む)けに ~向けの ~向けだ	~용으로, ~용의, ~용이다 この映画は成人向けなので、子供たちに見せるのは良くない。 이 영화는 성인용이기 때문에 아이들에게 보게 하는 것은 좋지 않다.
~めく	~다워지다, ~처럼 보인다 原稿の締め切りに間に合わず、あの作家はいつも言い訳めいたことばかり言っている。 원고의 마감에 대지 못하고 그 작가는 늘 변명하는 듯한 말만 한다.
~もかまわず	~도 신경 쓰지 않고, ~도 아랑곳하지 않고 人の目もかまわず、公の場で抱き合ったり、キスしたりするのはみっともない。 남의 눈도 아랑곳하지 않고 공공의 장소에서 서로 껴안기도 하고 키스하거나 하는 것은 꼴사납다.
~もさることながら	~도 그렇지만, ~도 물론이거니와 あの女優は器量もさることながら、演技もまたすばらしい。 그 배우는 용모는 물론이거니와 연기도 훌륭하다.
~もそこそこに	~도 하는 둥 마는 둥, 대강대강 하고 彼はサッカー練習もそこそこに、彼女と映画を見に行った。 그는 축구연습도 하는 둥 마는 둥 하고는, 그녀와 영화를 보러 갔다.
~もってのほかだ	~하다니 당치도 않다, 말도 안 된다 遊び半分で動物を虐待するのはもってのほかだ。 장난 삼아 동물을 학대하는 것은 당치도 않다.
~も同然(どうぜん)だ	~한 것이나 마찬가지다 私に音楽がなければ、死んだも同然である。 나에게 음악이 없으면 죽은 것이나 마찬가지다.
~ものか	~하나 봐라! 私の目の黒いうちはそんなことを許すものか。 내가 살아 있는 동안은 그런 일을 허락하나 봐라!

문법	뜻과 예문
~ものがある ~ところがある	~하는 것이 있다 他の俳優とはここが違う彼だけにみえるものがある。 다른 배우와는 이 점이 다른 그에게만 보이는 것이 있다. 彼女の小説は人の心の琴線に触れるところがある。 그녀의 소설은 사람의 심금을 울리는 것이 있다.
~ものだ ~ものではない	~ 것이다 / ~ 것이 아니다 良薬は口に苦いものだ。 양약은 입에 쓴 법이다. 一国のリーダーは私利私欲を満たすものではない。 한 나라의 지도자는 사리사욕을 채워서는 안 된다.
~ものだから ~もので	~하기 때문에, ~하므로 子供のときは弱かったものだから、母親の心配のタネでした。 어렸을 때는 약했기 때문에 어머니의 걱정거리였습니다. 家賃を払う金が足りないもので、少し貸していただけないでしょうか。 집세를 지불할 돈이 부족한데, 조금 빌려 주시지 않겠습니까?
~ものなら	만약 ~와 같은 일을 하기만 하면, 만약 ~을 할 수 있다면 授業中にちょっとでもわき見をしようものなら、先生にひどく怒られる。 수업 중에 조금이라도 한눈을 팔기만 하면 선생님께 심하게 꾸지람을 듣는다.
~ものの	~하지만 日本語能力試験N1に申し込みはしたものの、受けるかどうかはまだ決めていない。 일본어능력시험 N1에 신청을 하기는 했지만, 시험을 볼지 어떨지는 아직 결정하지 못했다.
~も~ば、~も	~도 ~하고, ~도 人生は楽しいこともあれば、悲しいこともある。 인생은 즐거운 일도 있고 슬픈 일도 있다.
~ものを	~을 텐데, ~을 것을 嫌なら嫌だと言えばいいものを、あいまいな返事をするから、こんな始末になるんだよ。 싫으면 싫다고 말하면 좋을 텐데 애매한 대답을 하니까 이런 결과가 되는 거예요.

문법	뜻과 예문
～や否(いな)や ～や	～하자마자 妹は私の部屋に入るや否や、いきなり泣き出した。 여동생은 내 방에 들어오자마자 갑자기 울기 시작했다.
～矢先(やさき)に	막 ~하려는 참에, ~하려고 하던 때에 泥棒騒ぎがやっと収まった矢先に、また別の事件が起きた。 도둑 소동이 겨우 가라앉으려는 참에 또 다른 사건이 일어났다.
～やら	～인지 ～인지 田中さんは来るのやら来ないのやらよくわからない。 다나카 씨는 오는지 안 오는지 잘 모르겠다.
～やら～やら	～나 ～등, ～며, ～랑 ～랑 休みの日は洗濯やら掃除やらで忙しい。 쉬는 날은 빨래나 청소로 바쁘다.
～(が)ゆえに ～ゆえの	～ 때문에, ～이니까 若さゆえに間違うこともある。若い時は挑戦を恐れるな。 젊음 때문에 실수하는 경우도 있다. 젊을 때는 도전을 두려워하지 마라.
～ように	～하도록 君は忘れっぽいんだから、約束を忘れないようにメモしといた方がいいよ。 너는 건망증이 심하니까 약속을 잊지 않도록 메모해 두는 편이 좋아.
～ようがない	～할 수가 없다 彼の発言はばかばかしいとしか言いようがない。 그의 발언은 어처구니없다고밖에 말할 수 없다.
～ようによっては	～에 따라서는 考えようによっては、この世の中は地上の楽園かもしれない。 생각하기에 따라서는 이 세상은 지상의 낙원일지도 모른다.
～わけがない	～할 리가 없다, ～일 리가 없다 こんなやさしい問題を君が解けないわけがない。 이런 쉬운 문제를 네가 풀지 못할 리가 없다.

문법	뜻과 예문
~わけではない	반드시 ~한 것은 아니다 金持ちだからといってそれだけ幸せというわけではない。 부자라고 해서 그만큼 반드시 행복하다는 것은 아니다.
~わけにはいかない	~할 수는 없다 私はその問題を黙って見過ごすわけにはいかない。 나는 그 문제를 그대로 묵과할 수는 없다.
~わりに(は)	~에 비해서(는) 彼女は年のわりには老けて見える。 그녀는 나이에 비해서 늙어 보인다.
~をおいて	~이외에는, ~을 제외하고서는 この問題は彼をおいて解ける者はいない。 이 문제는 그를 제외하고는 풀 수 있는 사람은 없다.
~をおして	~을 무릅쓰고 親の反対をおして日本へ行った。 부모의 반대를 무릅쓰고 일본에 갔다.
~を顧(かえり)みず ~も顧みず	~을(도) 돌보지 않고 彼は自らの身を顧みず、人命救助に必死に努めた。 그는 스스로의 몸을 돌보지 않고 인명 구조에 필사적으로 힘썼다.
~を限(かぎ)りに	~을 끝으로, ~을 마지막으로 私はきょうを限りにたばことお酒をやめることにした。 나는 오늘을 끝으로 담배와 술을 끊기로 했다.
~を皮切(かわき)りに(して)	~을 시작으로, ~부터 시작해서 彼のコンサートは東京を皮切りに大阪、名古屋、北海道、福岡で行われた。 그의 콘서트는 도쿄를 시작으로 오사카, 나고야, 홋카이도, 후쿠오카에서 열렸다.
~をきっかけに ~を契機(けいき)に	~을 계기로 親睦会をきっかけに、彼は仲間たちと仲よくなった。 친목회를 계기로 그는 동료들과 사이가 좋아졌다.

문법	뜻과 예문
～を禁(きん)じ得(え)ない	～을 금할 수가 없다 飼い主に虐待されたり、捨てられたりする動物を見て、私は涙を禁じ得なかった。 기르는 주인에게 학대 받기도 하고, 버려지기도 하는 동물을 보고 나는 눈물을 금할 수가 없었다.
～をこめて	～을 담아 彼女は心をこめて息子の成功を祈った。 그녀는 정성을 기울여 아들의 성공을 빌었다.
～を通(つう)じて ～を通(とお)して	～을 통해서, ～에 걸쳐서 インターネットを通じて世界中の人々に情報を発することができる。 인터넷을 통해서 전 세계 사람들에게 정보를 전할 수 있다.
～を中心(ちゅうしん)に(して) ～を中心として	～을 중심으로 伝染病は都心を中心にして急激に広がった。 전염병은 도심을 중심으로 급격하게 퍼졌다.
～を問(と)わず	～을 불문하고, ～에 관계없이 この仕事は国籍、年齢、性別を問わず、誰でも応募できます。 이 일은 국적, 연령, 성별을 불문하고 누구라도 응모할 수 있습니다.
～は(を)ぬきにして	～은(를) 빼고서 冗談はぬきにして本題に入りましょう。 농담은 빼고 본론으로 들어갑시다.
～をはじめ(として)	～을 비롯해서 今回の映画祭には監督や俳優をはじめ、多くの著名人が参加した。 이번 영화제에는 감독이나 배우를 비롯하여 많은 저명인이 참가했다.
～を踏(ふ)まえて	～에 근거해서, ～에 입각하여 大学を志望する時には、自分の実力をふまえて決めなければならない。 대학을 지망할 때에는 자신의 실력을 근거로 해서 정해야 한다.
～を経(へ)て	～을 거쳐서 漢字は朝鮮半島を経て、日本に伝えられた。 한자는 한반도를 거쳐서 일본에 전해졌다.

문법	뜻과 예문
～をめぐって	～을 둘러싸고 国連安保理は北朝鮮の核実験をめぐって、緊急会合を開催することを明らかにした。 유엔안보리는 북한의 핵실험을 둘러싸고 긴급 회합을 개최할 것을 밝혔다.
～をもって	～으로, ～으로써, ～을 가지고서 彼は外国語における語彙の大切さを身をもって痛感した。 그는 외국어에서 어휘의 중요함을 몸소 통감했다.
～をもとに(して)	～을 소재 · 기초 · 힌트 · 토대로 하여 クラスわけはいままでの成績と出席率をもとにして行うことにした。 분반은 지금까지의 성적과 출석률을 토대로 하여 하기로 했다.
～をものともせず(に)	～에 굴하지 않고 彼女は世間の非難をものともせず、自身の意志を押し通す。 그녀는 세상의 비난에 굴하지 않고 자신의 의지를 관철한다.
～を余儀(よぎ)なくされる	어쩔 수 없이 ～하다 悪天候のために海外旅行は延期を余儀なくされた。 악천후 때문에 해외여행은 어쩔 수 없이 연기되었다.
～をよそに	～을 아랑곳하지 않고, ～을 무시하고 両親の反対をよそに、彼女は結婚に踏み切った。 양친의 반대를 아랑곳하지 않고 그녀는 결혼하기로 결단을 내렸다.
～んがために ～んがための	～하기 위해서, ～하기 위한 真実を明らかにせんがために、彼はあらゆる努力を尽くした。 진실을 밝히기 위해서 그는 모든 노력을 다했다.
～んばかりだ ～んばかりに ～んばかりの	～ 듯하다/～ 듯이/～ 같은 その犬は彼女を見ると、噛みつかんばかりに猛然とダッシュした。 그 개는 그녀를 보자 덤벼들어 물 듯이 맹렬히 돌진했다.

신경향 예상 문법 완벽대비

N1 신경향 예상 문법 N1에서 출제되고 있는 신경향 문법을 따로 모아 정리했습니다. 예문과 함께 잘 익혀두시기 바랍니다.

~あげく	~한 끝에 ('동사 た형+あげく' 형태로 쓰임) さんざん苦労したあげく、結局探せなかった。 몹시 고생한 끝에 결국 찾을 수 없었다. 仕事も失ったあげく、家族も失った。 일도 잃은 끝에 가족도 잃었다.
~かというと、そうではない	~한 가 하면 그렇지 않다 頭のいい人が勉強ができるかというと、必ずしもそうではない。 머리가 좋은 사람이 공부를 잘하는가 하면 반드시 그렇지는 않다. ベイビーシーターが女性でなくてはならないかというと、必ずしもそうではない。 베이비시터가 여성이 아니면 안 되는가 하면 반드시 그렇지 않다.
~からして	~부터, ~부터가 あの人は態度からして気にくわない。 저 사람은 태도부터가 마음에 들지 않는다. あの小説は、書名からしておもしろくなさそうだ。 저 소설은 책 제목부터가 재미없을 것 같다.
~からには	~하는 한, ~하는 이상, ~할 바에는 日本語を勉強するからには上手に話せるようになりたい。 일본어를 공부하는 한, 잘할 수 있게 되었으면 좋겠다. 日本に来たからには日本の文化を学びたいです。 일본에 온 이상에는 일본의 문화를 배우고 싶습니다.

～こそ	～야 말로, ～야, ～야 비로소 (특별히 어떤 말을 강조할 때) ①명사에 접속하는 경우 子供こそ未来の宝物である。 어린이야말로 미래의 보배이다. 今でこそ落ちぶれているが、昔は盛んだったこともある。 지금이야 영락했지만 옛날은 번성한 적도 있다. ②조사에 접속하는 경우 それは自分で体験してこそはじめてわかる。 그것은 스스로 체험하고 나서야 비로소 알 수 있다.
	～은(는)～지만 (동사 ます형+こそ+……が/けれども) きのうの公演は泣きこそしなかったが、とても感動した。 어제의 공연은 울지는 않았지만, 매우 감동했다. 母に叱りこそうけなかったが、一日中心が穏やかでなかった。 어머니에게 야단은 맞지 않았지만 하루 종일 마음이 편치 않았다.
	～하면 ～하였지 (동사 ます형+こそ+가정형) 感謝されこそすれ、恨まれる理由は何一つない。 감사를 받으면 받았지 원망 받을 이유는 하나도 없다. 白髪は増えこそすれ、減ることはない。 백발은 늘면 늘었지 적어지는 일은 없다.
～ては	～하면, ～해서는 (바람직한 일이 아님을 나타낼 때 사용함) 親友同士でも絶対話してはいけないことがある。 친구끼리라도 절대로 말해서는 안 되는 일이 있다. これだけは忘れては困る。 이것만은 잊어서는 곤란하다.
	～하고서는 ～하고 (같은 동작이 반복됨을 나타냄) 彼は最近食べては寝て、食べては寝てばかりする。 그는 최근에 먹고는 자고, 먹고는 자기만 한다. 梅雨のせいか、雨が降っては止み、降っては止みの繰り返しである。 장마 탓인지 비가 내리고는 그치고 내리고는 그치고를 되풀이 한다.

～で(は)	～에(는), ～으로서(는) (시기 · 시간을 나타냄) ディズニーランドを全部見ようと思ったが、一日では足りなかった。 디즈니랜드를 전부 보려고 생각했지만, 하루로는 부족했다. 彼は40歳でようやく結婚できた。 그는 40살에 겨우 결혼할 수 있었다. 彼女は一ヶ月で体重を10kg落とした。 그녀는 한 달 만에 체중을 10kg 뺐다. 携帯電話でのメールのやりとりは今日ではごく当たり前のことである。 휴대폰으로 메일을 주고받는 것은 오늘날에는 극히 당연한 일이다.
～ではないか (～じゃないか)	～잖아 (상대를 비난하는 의미를 포함하는 용법) A: あなたのせいでミスをしたじゃないか。 자네 탓으로 실수했잖아. B: どうも、すみません。 대단히 죄송합니다.
～ではないですか (～じゃないですか)	～잖아요 (지식의 활성화, 상대방에게 동의를 구할 때 사용하는 용법) 最近人工知能ってよく聞くじゃないですか。 최근에 인공지능이라고 자주 듣잖아요. 学生時代って楽しいじゃないですか。 학창시절이란 재미있잖아요.
～たら～たで	～하면 ～한 대로, ～하면 ～한 채로 晴れたら晴れたで暑いですね。 날이 개면 갠 대로 덥네요. 雨に濡れたら濡れたで少し我慢すればいいじゃありませんか。 비에 젖으면 젖은 대로 조금 참으면 되지 않아요?
～とする ～とした ～として	～로 하는 最近女性を対象とする犯罪が増えている。 최근에 여성을 대상으로 하는 범죄가 늘고 있다. 健康を中心とする食品開発に興味がある。 건강을 중심으로 하는 식품개발에 흥미가 있다.
	～로 한 最近料理をテーマとした番組がはやっている。 최근에 요리를 테마로 한 프로가 유행하고 있다. これは主婦を対象としたドラマです。 이것은 주부를 대상으로 한 드라마입니다.

	~로 해서 彼は解雇理由を不当として裁判を起こした。 그는 해고 이유를 부당하다고 해서 제소했다. 警察は無実な人を現行犯として逮捕した。 경찰은 무고한 사람을 현행범으로서 체포했다.
どうりで～はずだ どうりで～わけだ	그럼 그렇지 (결과로서 그것이) 당연하다 日本で育ったのか。どうりで日本語がうまいはずだ。 일본에서 자랐다고? 그럼 그렇지 일본어를 잘할 수밖에. どうりで今朝とても暑いと思ったわけだ。 오늘 아침 그렇게 더웠던 것도 무리가 아니었군요.
～とも～とも	~도 ~도 好きとも嫌いともいわない。좋다 싫다 말이 없다. うんともすんともいわない。이렇다 저렇다 말이 없다. いいとも悪いともいわない。좋다 나쁘다 말이 없다. 親とも友達ともうまく行かない。부모와도 친구와도 잘 지내지 못한다.
～さえ	~조차 (극단적인 예를 들어 설명함) この問題は子供さえ解ける。이 문제는 어린이조차 풀 수 있다. 彼は自分の名前さえ書けない。그는 자신의 이름조차 쓸 수 없다.
	~조차 (어떤 일에 첨가의 뜻을 나타냄) 彼は両親のもちろん、妹にさえ死に別れた。 그는 양친은 물론 여동생까지(조차) 사별했다. 山道なのに雪さえ降っている。산길인데 눈까지 내리고 있다.
	~만 (さえ+가정형의 형태로 오직 하나뿐임을 강조함) 息子が生きていさえすればいいのに。 아들이 살아만 있으면 좋겠는데. 学生は一生懸命勉強しさえすればいい。 학생은 열심히 공부하기만 하면 된다.

~しも	말의 뜻을 강조 (강조의 조사 'し'에 감동의 조사 'も'를 붙인 말) だれしも知っている。 누구라도 알고 있다. 子供ならまだしも大の大人が口にする言葉ではない。 어린애라면 또 몰라도 다 큰 어른이 입에 올릴 말은 아니다.
	부분 부정의 표현 必ずしも合格するとは限らない。 반드시 합격한다고만 할 수는 없다. 望みなきにしもあらずだ。 희망이 없는 것도 아니다.
~でも	~라도 (동사 ます형에 접속함) 蜂に刺されでもしたら、大変です。 벌에 쏘이기라도 한다면 큰일입니다. 会議に遅れでもしたら、部長に叱られます。 회의에 늦기라도 한다면 부장님에게 꾸중을 들어요.
~てまで	~까지 해서 (그런 일까지 해서라는 놀라움을 나타낼 때) 借金してまで家を買う必要はないだろう。 빚까지 져서 집을 살 필요는 없잖아. 徹夜してまでアイフォンを買いたがる若者が多いですね。 철야까지 해서 i-Phone을 사고 싶어하는 젊은이가 많네요.
~に	~에 ('명사+に+명사'의 형태로 첨가의 의미를 나타냄) 豚に真珠 돼지에 진주 ニンニクにチシャ、それから豚肉を買おう。 마늘에 상추 그리고 돼지고기를 사자.
	~(하)고 ('동사ます형+に+동사'의 형태로 쓰임) 待ちに待った機会が訪れた。 기다리고 기다린 기회가 찾아왔다. 走りに走ってやっと間に合った。 달리고 달려서 겨우 시간에 맞췄다.
	~는 ~지만 ('활용어의 연체형+には+활용형が'의 형태로 쓰임) 行くには行くが、しばらく待ってください。 가기는 가지만 잠시 기다려 주세요. いいにはいいが、値段が高い。 좋기는 좋지만 가격이 비싸다.
	~려고 하여야 ~수 없는 ('동사 종지형+に+가능동사의 부정형'의 형태로 쓰임) 泣くに泣けない状況に置かれる。 울려야 울 수 없는 상황에 놓이다. 忘れるに忘れられない思い出がある。 잊으려야 잊을 수 없는 추억이 있다.

	~(하건)데, ~하니 ('활용어의 연체형+に'의 형태로 쓰임) 思うに彼はああいう性格なのだ。 생각하건대 그는 저런 성격인 것이다. 努力すれば合格できるだろうに、怠けた彼は結局失敗してしまった。 노력하면 합격할 수 있을 건데 게을리 한 그는 결국 실패해 버렸다.
~にして	~이면서, ~로써, ~하게도, ~에 와서, ~하고도 学者にして詩人 학자이면서 시인 簡にして要を得る。 간단하면서 요령이 있다. ローマは一日にしてならず。 로마는 하루아침에 이루어지지 않았다.
~にしても	~이라 하여도, ~으로서도 역시 食べるにしても、飲むにしても、東京はお金がかかるところだ。 먹는 데도 마시는 데도 도쿄는 돈이 드는 곳이다. 暇であるにしても、忙しいにしても、日曜日には山に登ることにしている。 한가해도 바빠도 일요일에는 산에 오르기로 하고 있다. 先生にしても間違えることはある。 선생님이라 하여도 틀리는 경우도 있다. 今回の対策で犯罪が100%なくなることはないにしても、せめて少なくなることは間違いないだろう。 이번 대책으로 범죄가 100% 없어지는 일은 없다 해도, 적어도 줄어드는 것은 틀림없을 것이다.
~にすぎない	~불과하다, ~에 지나지 않다('동사/형용사/ 명사+にすぎない' 형태로 쓰임) 単なる誤解にすぎない。 단순한 오해임에 틀림없다. 彼の答弁は国民の目を欺こうとしたにすぎず、真実を明らかにするものではなかった。 그의 답변은 국민의 눈을 속이려고 한 것에 불과하고, 진실을 밝히려는 것은 아니었다.
~につけ	~인 때도, ~인 때나 ~할 때마다 雨、風につけ、彼は魚をとりに海へ出かける。 비가 오나 바람이 부나 그는 물고기를 잡으러 바다에 나간다. いいにつけ、悪いにつけ、彼女は世間の評判を気にしない。 좋을 때나 나쁠 때나 그녀는 세상의 평판에 신경을 쓰지 않는다. この歌を聞くにつけ、別れた恋人を思い出す。 이 노래를 들을 때마다 헤어진 연인이 생각난다.

～の～(ない)のと	～느니 ～(않)느니 (나열을 나타내는 표현) 眺めのいい部屋なのに、田中さんはせまいのきたないのと文句ばかり言う。 전망이 좋은 방인데 다나카 씨는 좁다느니 더럽다느니 하며 불평만 한다. 木村さんは何か行事がある度に、参加するのしないのと曖昧な態度をとる。 기무라 씨는 뭔가 행사가 있을 때마다, 참가하느니 마느니 하며 애매한 태도를 취한다.
～のなんのと	～느니 ～어쩌니 하여, 너무 ～이라서 彼は少しでもややこしい問題に直面したら、すぐあきらめるのなんのとうるさくてしょうがない。 그는 조금이라도 까다로운 문제에 직면하면 곧 포기하느니 어쩌니 하여 몹시 성가시다. 大雨のため、野菜の値段が高いのなんのと目が飛び出るほどだ。 폭우 때문에 채소 가격이 너무 비싸서 깜짝 놀랄 정도다.
～は	동사의 연용형에 접속하는 경우 あなたの恩は一生忘れはしない。 당신의 은혜는 평생 잊지 않겠다. 彼は我慢強い性格だから、そんなことぐらいで怒りはしないだろう。 그는 참을성이 많은 성격이니까 그런 일 정도로 화는 내지 않을 것이다. 형용사 연용형에 접속하는 경우 日本の夏は暑いですが、今日は思ったより暑くはないですね。 일본의 여름은 덥지만, 오늘은 생각했던 것보다 덥지는 않네요. そのかばんは高くはあるまい。 그 가방은 비싸지는 않을 것이다.
～べきだ ～べきだった ～べきではない ～べきではなかった	～해야 한다 / ～해야 했다 / ～해서는 안 된다 / ～지 않으면 좋았는데 学生はすべからく勉強すべきだ。 학생은 모름지기 공부해야 한다. もっと文法の勉強をするべきだった。 문법 공부를 더 했어야 했다. そんなことは絶対すべきではない。 그런 일은 절대로 해서는 안 된다. 親友だからといって何でも話すべきではなかった。 친한 친구라고 해서 모든 것을 이야기하는 게 아니었다.

～ほど	～가량, ～쯤, ～정도, ～만큼, ～처럼, ～할수록 どれほどお金を稼いでも金銭に対する欲はきりがない。 아무리 돈을 벌어도 금전에 대한 욕심은 끝이 없다. これくらいの苦労なら、別段苦労したというほどのことではない。 이 정도의 고생이라면 별로 고생했다고 할 정도는 아니다. 痛いには痛いが、我慢できないほどではない。 아프기는 아프지만 참을 수 없을 정도는 아니다.
～まま ～ままに ～ままで ～ままを	～인 채, ～인대로 / ～대로를 동사 た형+まま 彼女は昨日服を着たまま寝てしまった。 그녀는 어제 옷을 입은 채 자 버렸다. 椅子に座ったままできる簡単な運動を教えて上げましょうか。 의자에 앉은 채 할 수 있는 간단한 운동을 가르쳐 드릴까요? あなたが感じたままを書いてください。 당신이 느낀 대로를 써 주세요. 명사+のまま 自分の思いのままに生きたい。 내가 생각한 대로 살고 싶다. 君は君のままでいいよ。 너는 너 그대로가 좋아. 동사 종지형+まま 足の向くまま気の向くまま自由を満喫したい。 발이 가는 대로 마음이 내키는 대로 자유를 만끽하고 싶다. 店員に勧められるまま、要らぬものまで買ってしまった。 점원에게 권유받는 대로 필요 없는 물건까지 사 버렸다.
～も	～도, ～이나, ～정도 동사 ます형에 접속하는 경우 教科書をちゃんと読みもしないで合格するなんて信じられない。 교과서를 제대로 읽지도 않고 합격하다니 믿을 수 없다. 食べもしないでおいしいとは、うそに決まっている。 먹지도 않고 맛있다니 거짓말임에 틀림없다.

	い형용사 및 형용사형 조동사 연용형에 접속하는 경우 聞きたくもない話を聞かされる。 듣고도 싶지 않은 이야기를 들려 주다. いくら非難されても痛くも痒くもない。 아무리 비난받아도 아무렇지 않다.
～ものか	~할까보냐, ~할 리가 없다('もんか', 'もんですか'의 형태도 사용함) そんなこと知るものか。 그런 일 알까보냐?(알 리가 없다) こんなきたない国に二度と来るものか。 이런 더러운 나라에 두 번 다시 올까보냐?(오지 않겠다)
～をして（～しめる）	~하여금 ~하게 하다 私をして言わしめれば、彼こそ天才だ。 나로 하여금 말하게 하면 그야말로 천재다. 文学には他者をして語らしめるものもある。 문학에는 다른 사람으로 하여금 말하게 하는 것도 있다.

주제별 문법 완벽대비

N1 주제별 문법

N1 단계에서 자주 출제되고 있는 사역, 수동, 사역수동 표현 및 경어의 사용예를 수록하였습니다. 예문을 통해 잘 익혀두시기 바랍니다.

01 | 존경어

존경어 동사

보통어	존경어	예문
いる	いらっしゃる	明日は一日中家にいらっしゃいますか。 내일은 하루종일 집에 계십니까?
する	なさる	鈴木さんは休みの日に何をなさいますか。 스즈키 씨는 휴일에 무엇을 하십니까?
くれる	くださる	社長が社員にご褒美をくださいました。 사장님이 사원에게 상을 주셨습니다.
与える	たまわる	これは神が人間にたまわったものです。 이것은 신이 인간에게 하사하신 물건입니다.
行く	いらっしゃる	明日どこかへいらっしゃいますか。 내일 어딘가에 가십니까?
	おいでになる	夏休みにどこかへおいでになりましたか。 여름방학에 어딘가에 가셨습니까?
来る	いらっしゃる	ジョンさんはカナダからいらっしゃいましたか。 존 씨는 캐나다에서 오셨습니까?
	おいでになる	ジョンさんはカナダからおいでになりましたか。 존 씨는 캐나다에서 오셨습니까?
	おいでください	ソウルへぜひおいでください。 서울에 꼭 오세요.
	おいでくださる	ソウルへようこそおいでくださいました。 서울에 잘 오셨습니다.
	お越(こ)しになる	ジョンさんはカナダからお越しになりましたか。 존 씨는 캐나다에서 오셨습니까?
	お越しください	夏休みは韓国へお越しください。 여름방학은 한국에 오세요.

	お越しくださる	韓国へようこそお越しくださいました。 한국에 잘 오셨습니다.
	見える	ジョンさんはカナダからお見えになりましたか。 존 씨는 캐나다에서 오셨습니까?
言う	おっしゃる	お子さんのお名前は何とおっしゃいますか。 자제분의 성함은 뭐라고 합니까?
見る	ご覧(らん)になる	あの映画はもうご覧になりましたか。 저 영화는 벌써 보셨습니까?
	ご覧ください	詳しくはこちらをご覧ください。 자세한 것은 이쪽을 보십시오.
	ご覧くださる	奨学金申し込みの知らせは掲示板をご覧くださるようにお願い致します。 장학금 신청의 통지는 게시판을 보시도록 부탁드립니다.
食べる	召(め)し上(あ)がる	健康のためにたくさん召し上がってください。 건강을 위해서 많이 드세요.
飲む	召し上がる	健康のためにお酒は召し上がらないでください。 건강을 위해서 술은 마시지 마세요.
着る	お召しになる	すてきなお着物をお召しになっていますね。 멋진 옷을 입고 계시네요.
寝る	お休(やす)みになる	竹下さんは何時にお休みになりますか。 다케시타 씨는 몇 시에 주무십니까?
死ぬ	お亡(な)くなりになる	地震でお亡くなりになった方々のご冥福を祈ります。 지진으로 돌아가신 분들의 명복을 빕니다.
知っている	ご存知(ぞんじ)だ	皆さんはたばこの害についてどれくらいご存知ですか。 여러분은 담배의 해에 대해서 어느 정도 알고 계십니까?
気に入る	お気(き)に召(め)す	このプレゼント、先生のお気に召したでしょうか。 이 선물 선생님의 마음에 드셨을까요?
(年を)とる	(お年を)召(め)す	お年を召した方でも安心して召し上がれます。 나이를 드신 분이라도 안심하고 드실 수 있습니다.
(風邪を)引く	(お風邪を)召(め)す	皆さんもどうかお風邪を召されませんように。 여러분도 부디 감기에 걸리지 않도록 하십시오.

일반동사

문형	예문
~(ら)れる	どのくらい夏休みをとられましたか。 어느 정도 여름 휴가를 가지셨어요?
お(ご)+ます형+になる	この料理は社長の奥様がお作りになりました。 이 요리는 사장님의 사모님이 만드셨습니다.
お(ご)+ます형+です	今日はどこかへお出かけですか。 오늘은 어딘가에 외출하십니까?
お(ご)+동사성 명사+です	ご主人はご在宅ですか。 남편께서는 댁에 계십니까?
お(ご)+ます형+ください	ここにお名前とご住所をお書きください。 여기에 성함과 주소를 써 주세요.
お(ご)+동사성 명사+ください	古い建物のゆえの不便さを予めご了承ください。 오랜 건물로 인한 불편함을 미리 양해해 주세요.
~てください	ここにお名前とご住所を書いてください。 여기에 이름과 주소를 써 주세요.
お(ご)+ます형+なさる	先生にお会いなさらなかったのですか。 선생님을 만나시지 않았던 것입니까?
お(ご)+동사성 명사+なさる	禁煙にご苦労をなさった方は多いですね。 금연에 고생하신 분은 많지요.
~ていらっしゃる	田中さんのお父さんは文学を研究していらしゃいます。 다나카 씨의 아버님은 문학을 연구하고 계십니다.
~ておいでになる	田中さんのお父さんは文学を研究しておいでになります。 다나카 씨의 아버님은 문학을 연구하고 계십니다.
お~でいらっしゃる	堀江先生、相変わらずお元気でいらっしゃいますか。 호리에 선생님, 여전히 잘 계시는지요?
お~ていらっしゃる	森本さんは四十過ぎても、お若くていらっしゃる。 모리모토 씨는 마흔이 지나도 젊으시다.

02 | 겸양어

겸양어 동사

보통어	겸양어	예문
する	いたす	私から話をいたします。 저부터 이야기를 드리겠습니다.
いる	おる	私はここにおります。 저는 여기에 있습니다.
あげる	さしあげる	この花を田中さんにさしあげます。 이 꽃을 다나카 씨에게 드리겠습니다.
もらう	いただく	先生から本をいただきました。 선생님에게 책을 받았습니다.
	頂戴(ちょうだい)する	先生から本を頂戴しました。 선생님에게서 책을 받았습니다.
	たまわる	ありがたきお言葉をたまわり、大変嬉しく思っております。 감사의 말씀을 해 주셔서 대단히 기쁘게 생각하고 있습니다.
行く	まいる	今すぐまいりますから、ちょっと待っててください。 지금 막 갈 테니까 잠깐 기다려 주세요.
来る	まいる	ソウルからまいりました。 서울에서 왔습니다.
言う	申(もう)す	私は木村と申します。 저는 기무라라고 합니다.
	申し上げる	子供の教育に関して一言申し上げたい。 아이들의 교육에 관해서 한마디 말씀드리고 싶다.
見る	拝見(はいけん)する	では、あなたのお手並みを拝見しようか。 그럼 당신의 솜씨를 좀 볼까?
	拝見いたす	では、あなたのお手並みを拝見いたしましょう。 그럼 당신의 솜씨를 좀 봅시다.
見せる	お目(め)にかける	今回は普段決してお目にかけることのない舞台です。 이번에는 평소에 결코 보여드린 적이 없는 무대입니다.
会う	お目にかかる	またお目にかかれる日を楽しみにしております。 또 뵐 수 있을 날을 기대하고 있겠습니다.
借りる	拝借(はいしゃく)する	人間関係についてお知恵を拝借したいのですが。 인관관계에 대해서 지혜를 빌리고 싶습니다만.
	拝借いたす	これは先日私が拝借いたしました本です。 이것은 일전에 제가 빌린 책입니다.
聞く	うかがう	堀江先生から貴重なお話をうかがいました。 호리에 선생님에게서 귀중한 이야기를 들었습니다.
	うけたまわる	先生のご意見をうけたまわりたいのですが。 선생님의 고견을 삼가 듣고 싶습니다만.

尋ねる	うかがう	ちょっと道をうかがいたいのですが。 잠깐 길을 묻고 싶은데요.
訪ねる	うかがう	先週、社長のお宅にうかがいました。 지난주 사장님 댁을 방문했습니다.
	あがる	先週、社長のお宅にあがりました。 지난주 사장님 댁을 방문했습니다.
食べる/飲む	いただく	前菜からデザートまでおいしくいただきました。 전채부터 디저트까지 맛있게 먹었습니다(마셨습니다).
受ける	うけたまわる	ご希望に応じてご注文をうけたまわります。 희망에 따라서 주문을 받겠습니다.
知る	存じる/存ずる	どういう理由か私もよく存じませんが。 무슨 이유인지 저도 잘 모르겠습니다만.
	存じ上げる	その件でしたら存じ上げております。 그 건이라면 알고 있습니다만.
思う	存じる/存ずる	どうかご理解いただきたく存じます。 부디 이해해 주셨으면 좋겠다고 생각합니다.

일반동사

문형	예문
お(ご)+ます형+する	田中さんには私がお知らせします。다나카 씨에게는 제가 알려드리겠습니다.
お(ご)+ます형+いたす	田中さんには私がお知らせいたします。다나카 씨에게는 제가 알려드리겠습니다.
お(ご)+동사성 명사+する	田中さんには私がご連絡します。다나카 씨에게는 제가 연락드리겠습니다.
お(ご)+동사성 명사+いたす	田中さんには私がご連絡いたします。다나카 씨에게는 제가 연락드리겠습니다.
お(ご)+ます형+申し上げる	一言お祝い申し上げたくてやってまいりました。 한마디 축하 말씀 드리고 싶어서 찾아왔습니다.
お(ご)+ます형+いただく	使用の前にぜひお読みいただきたいです。 사용 전에 반드시 읽어 주셨으면 합니다.
お(ご)+동사성 명사+いただく	上司にそれをご指摘いただきました。상사에게 그것을 지적 받았습니다.
お(ご)+ます형+願う	ご意見をお聞かせ願いたいです。의견을 들려주셨으면 좋겠습니다. 金メダル、おめでとうございます。ご自分の今の気持ちをお聞かせ願えますか。금메달, 축하드립니다. 지금의 기분을 말씀해 주시겠습니까?
お(ご)+동사성 명사+願う	必要事項をご入力願います。필요사항을 입력해 주십시오.
おいでいただく	雨の中多くのお客様においでいただきました。 비오는 가운데 많은 손님이 와 주셨습니다.
おいで願う	もう一度おいで願えますか。다시 한번 와 주시겠습니까?
ご覧いただく	先生、私が書いた論文をご覧いただけないでしょうか。 선생님 제가 쓴 논문을 봐 주시지 않겠습니까?
ご覧願う	先生、私が書いた論文をご覧願いたいんですが。 선생님, 제가 쓴 논문을 봐 주셨으면 하는데요.
～てさしあげる	皆さんの願いを叶えてさしあげます。여러분의 소원을 이루게 해드리겠습니다.
～ていただく	私は先生に英語を教えていただきました。저는 선생님에게 영어를 배웠습니다.
～(さ)せていただく	検討させていただきます。검토하겠습니다.
～ておる	来週の日程の変更を考えております。다음 주 일정의 변경을 생각하고 있습니다.
～てまいる	行ってまいります。다녀오겠습니다.

정중어

보통어	정중어	예문
ある/いる	ございます	生活用品はこちらにございます。 생활용품은 이쪽에 있습니다.
～です	～でございます	サザエでございます。 사자에입니다.
～てある · ～ている	～てございます	お買い得の品をたくさんご用意してございます。 특매품이 많이 준비되어 있습니다.
～て来る	～てまいる	雨が降ってまいりました。 비가 내렸습니다.
い형용사	형용사 음편형+ございます	今日もお暑うございますね。(暑い) 오늘도 덥네요. ご意見をお聞かせいただけると嬉しゅうございます。(嬉しい) 고견을 들려주신다면 기쁘겠습니다.

03 | 사역 · 수동 · 사역수동

사역	私は母を泣かせるようなことはしたくない。 나는 어머니를 울리는 일은 하고 싶지 않다. いやおうなしに見させてしまうやり方は、いわば暴力に等しい。 좋든 싫든 보이는 방식은 말하자면 폭력과 같다.
수동	昨日泥棒に財布をとられた。 어제 도둑에게 지갑을 빼앗겼다. 私は夜遅く友達に来られて、困ってしまった。 나는 밤늦게 친구가 찾아와서 곤란했다.
사역수동	いろいろ考えさせられる一冊の本と出合った。 여러 가지로 생각하게 하는 한 권의 책과 만났다. 私は母に父の靴を磨かせられた。 어머니는 나에게 아버지 신발을 닦도록 시켰다.

問題 5 次の文の（　　）に入れるのに最もよいものを、1·2·3·4から一つ選びなさい。

01 あなたが賛成しよう（　　）、私は計画したとおりに実践してみます。

1 ものなら　2 としたら　3 として　4 としまいと

02 私がこの仕事に専念できるのも、すべて皆さんの協力（　　）ことです。

1 にしての　2 あっての　3 にあっての　4 としての

03 お父さんは頑固でいったん言い出した（　　）、自分の意見を曲げない。

1 として　2 としたら　3 ものなら　4 が最後

04 彼が日本語スピーチ大会で一等賞をもらったとは、うらやましい（　　）。

1 に限らない　2 に限る　3 限りではない　4 限りだ

05 今回のテストの結果（　　）、志望したい大学に行けないかもしれないので、努力するしかない。

1 いかんでは　2 を問わず　3 にもかかわらず　4 いかんによらず

06 まことに厚かましいお願いとは存じますが、欠食の児童のために寄付して（　　）お願い申し上げます。

1 申し上げたく　2 差し上げたく　3 いたしたく　4 いただきたく

07 8時をもちまして本日の営業を終了（　　）。

1 させて申し上げます　2 させてくださいます
3 いたしております　4 させていただきます

08 事態がこうなった（　　）、手をこまぬいてはいられない。

1 だけに　2 上に　3 あまり　4 上は

09 A : 母がなんでそんなに怒るのかわからないんです。
B : あなたのためだと思っている（　　）、そう厳しくしつけるのです。

1 からして　2 からといって　3 からには　4 からこそ

10 死産とはいえ、自分の腹を痛めて産んだ子供を棄てた母親に関する信じ（　　）記事を読んだ。

1 かねない　2 ようがない　3 っこない　4 がたい

문법형식 판단 완벽대비 문제 ❷ 회

問題 5 次の文の（　　）に入れるのに最もよいものを、1・2・3・4から一つ選びなさい。

01 あの会社は経営悪化でさんざん借金した（　　）、ついに首が回らなくなって倒産した。

1 矢先に　2 や否や　3 あげく　4 あまり

02 人間が成功するには、学歴が高く（　　）、かならずしもそうではない。

1 なるわけにはいかないかというと　2 なるわけにはいかないからといって
3 なくてはならないかというと　4 なくてはならないからといって

03 感謝され（　　）、憎まれる筋合いはありません。

1 こそあれ　2 などすれ　3 などあれ　4 こそすれ

04 原発事故が起きた地域に住み続けるのは危険（　　）。

1 しだいだ　2 にたえない　3 かぎりない　4 きわまりない

05 何も知らぬ（　　）、いろいろご迷惑をおかけして申し訳ございませんでした。

1 ことは　2 ことなしに　3 ことには　4 こととて

06 このたびは冷蔵庫を（　　）、まことにありがとうございます。

1 お買い上げ願い　2 お買い上げさしあげ
3 お買い上げちょうだいして　4 お買い上げいただき

07 あの映画はあまりにも有名なので、すでに（　　）方も多いと思います。

1 ご覧くださった　2 拝見した　3 ご覧になった　4 ご覧になられた

08 彼はお金もない（　　）見栄を張って、つい高いものを買ってしまう。

1 ながら　2 つつ　3 くせに　4 まま

09 愛する人と死に別れたらどんなに悲しい（　　）と想像するだけでも涙がこぼれる。

1 わけか　2 ものか　3 ことか　4 ことなのか

10 今週の週末はやり（　　）仕事を全部片づけるつもりだ。

1 きりの　2 かけの　3 たての　4 つけの

問題 5 次の文の（　　）に入れるのに最もよいものを、1·2·3·4から一つ選びなさい。

01 夏目漱石の「ぼっちゃん」の資料を調べる（　　）、松山市の観光スポットを巡ってくるつもりです。

1 かたわら　2 がてら　3 にもまして　4 とあって

02 今年の経済指標が示した（　　）、成長曲線は右肩上がりになっている。

1 ごとき　2 ごとく　3 ことだし　4 まま

03 私の合格は、陰で支えてくれた家族の協力（　　）なしえませんでした。

1 なしには　2 いかんによっては　3 ことなしには　4 をおして

04 彼の努力もさることながら、生まれつきの才能にはいつも（　　）。

1 感心された　2 感心させられた　3 感心させた　4 感心せられた

05 上司:「君、遅い（　　）。今日だけは早く来るようにと、あれほど注意したのに。」
部下:「すみません。寝坊しちゃって…」

1 のではないか　2 じゃないか　3 のではないのか　4 じゃないのか

06 社長、木村さんという方が3時に（　　）そうです。

1 おいでいただく　2 おみえになる
3 お越しくださる　4 まいられていらっしゃる

07 鈴木:「そろそろお別れですね。」
キム:「もう当分お会いできなくて残念ですけど、ぜひ一度韓国へいらしゃってください。鈴木さんのお好きなキム チをご用意して（　　）。」

1 お待ちです　2 お待ちしていらっしゃいます
3 お待ちでおります　4 お待ちしております

08 彼はフランス語を話す（　　）話すが、日常生活で困らないほど流暢には話せない。

1 ものは　2 わけは　3 はずは　4 ことは

09 後輩からそんなことを言われる（　　）、さぞ不愉快だっただろう。

1 とは　2 には　3 かは　4 では

10 この部屋には、関係者以外入ってはいけない（　　）。

1 ことではない　2 ことにしている　3 ことでもない　4 ことになっている

問題 5 次の文の（　　　）に入れるのに最もよいものを、1・2・3・4から一つ選びなさい。

01 息子：「お母さん、今週の土曜日、深夜映画を見に行ってもいい？」
母親：「だめよ。夜遅く街を歩き回って、よからぬ事件に（　　　）大変でしょ。」
1 巻き込まれでもしたら　　2 巻き込まれさえしたら
3 巻き込ませるなどしたら　　4 巻き込ませるくらいしても

02 寮は門限もあるし、規則（　　　）だから、入りたくない。
1 だらけ　　2 ずくめ　　3 まみれ　　4 っぱなし

03 年をとると、物覚えが悪くなる。聞いた（　　　）すぐ忘れてしまう。
1 かたわら　　2 かたがた　　3 がてら　　4 そばから

04 田中さんときたら、お金もないのにアメリカに留学して、一年で帰国する（　　　）。
1 至りだ　　2 しまつだ　　3 あまりだ　　4 ところだ

05 この小説は、読む人を（　　　）作品である。
1 感動させずにおかない　　2 感動させるにはあたらない
3 感動させるにかたくない　　4 感動させてかなわない

06 私は田中さんのことは、お名前は（　　　）が、生前に実際にお目にかかったことはございません。
1 ご存じです　　2 存じていらっしゃいます
3 存じ上げております　　4 ご存じでおります

07 調理師：「家庭でおいしく（　　　）ためにステーキの焼き方についてご説明いたします。」
1 召し上がってくださる　　2 召し上がっていただく
3 召し上がっておる　　4 お食べしていらっしゃる

08 母の病気に（　　　）、懇談会の出席を断った。
1 かんして　　2 かこつけて　　3 かぎって　　4 かけて

09 鈴木さんは、この一週間と（　　　）、勉強どころではないようだ。
1 いっては　　2 いえず　　3 いうのに　　4 いうもの

10 休み中、（　　　）眠り、（　　　）眠りの連続で、すっかり太ってしまった。
1 食べては/食べては　　2 食べるなら/食べるなら
3 食べるのか/食べるのか　　4 食べても/食べても

問題5 次の文の（　　）に入れるのに最もよいものを、1・2・3・4から一つ選びなさい。

01 原発事故が起きてから、いまさら安全対策を講じた（　　）手遅れだ。

1 であれ　2 ところを　3 とばかりに　4 ところで

02 藤原さんは、この間彼女自身が入院した時の話をして、「私は手術の前には水さえ飲めなくてつらい（　　）をした。」と言った。

1 思い　2 考え　3 始末　4 見込み

03 原発事故の影響はどこまで及ぶのか、想像する（　　）恐ろしい。

1 までも　2 だに　3 にして　4 であって

04 A:「田中さん彼氏できたらしいよ。」

B:「どうりで機嫌がいい（　　）。」

1 こともある　2 に違いない　3 わけだ　4 に決まっている

05 どんなんに最新型のスマートフォンを買っても、使い方がわからなければ（　　）。

1 それまでだ　2 それにとどまる　3 それしかない　4 それまでもない

06 遠いところを、わざわざ（　　）ありがとうございます。

1 おいでくださり　2 いらっしゃられて　3 うかがって　4 まいられて

07 社長に（　　）光栄です。

1 お目にかけて　2 ご覧になって　3 ご覧に入れて　4 お目にかかれて

08 雪がとけて、野の花もさきはじめ、日ざしも春（　　）きた。

1 ぎみに　2 めいて　3 らしく　4 っぽく

09 急なこと（　　）たいした準備もできず、申しわけないことをしてしまった。

1 ゆえに　2 ほどに　3 からに　4 なりに

10 彼は自分の罪を白状しようかするまいかと、部屋の中を（　　）考えた。

1 行くも戻るも　2 行きつ戻りつ　3 行くやら戻るやら　4 行くなり戻るなり

문법형식 판단 완벽대비 문제 ❻ 회

問題 5 次の文の（　　　）に入れるのに最もよいものを、1·2·3·4から一つ選びなさい。

01 政治家は、国民の税金を使うときは一円（　　　）疎かにしてはいけない。

1 など　　2 からある　　3 たりとも　　4 からして

02 教師（　　　）者は、いつでもどこでも言葉を正しく使えなければならない。

1 に足りる　　2 なる　　3 からある　　4 たる

03 この家に引っ越してから（　　　）、あまり運動をしたことがない。

1 こそ　　2 として　　3 というもの　　4 といえども

04 これだけの品質なら、値段を高くして（　　　）。

1 しかるべきだ　　2 やまない　　3 はばからない　　4 もともとだ

05 どんなに料理がおいしくても、サービスに不満を持った顧客は「もう二度とこんな店（　　　）」という気になる。

1 こそ来るものか　　2 など来るものなのか
3 こそ来るものなのか　　4 など来るものか

06 子供のとき、寝る前にいつも昔話を（　　　）おばあさんが大好きでした。

1 聞かせていただいた　　2 聞いてくださった
3 聞いていただいた　　4 聞かせてくださった

07 A「この漢字がよく書けないんですが。」
B「私が（　　　）。」

1 書いていただけますか　　2 書いてさしあげましょうか
3 書かせていただけますか　　4 お書きさし上げましょうか

08 長期は無理だが、短期間ならその依頼に協力でき（　　　）。

1 ないものでもない　　2 ないまでもない　　3 るまでもない　　4 るものでもない

09 田中選手は今日の天皇杯の決勝戦を（　　　）引退した。

1 ばかりに　　2 かぎりに　　3 かぎって　　4 しまって

10 見舞いに来ない（　　　）電話ぐらいはするものだ。

1 までに　　2 からも　　3 からに　　4 までも

問題 5 次の文の（　　　）に入れるのに最もよいものを、1・2・3・4から一つ選びなさい。

01 「いくら試合に負けたからといって、泣く（　　　）」と監督は努めて前向きに話した。

1 だけのことではない　　2 だけのことにすぎない
3 ほどのことではない　　4 ほどのことにすぎない

02 今朝寝坊しちゃって約束時間に遅れそうになったが、（　　　）やっと間に合った。

1 走って走って　2 走りに走れて　3 走るに走って　4 走りに走って

03 コンビニで買った弁当より母が作ってくれた手料理の方がもっとおいしい。これがおふくろの味（　　　）。

1 ではあるまい　2 ではないだろう　3 ですらない　4 でなくてなんだろう

04 素人（　　　）、こんなにささいなミスを犯してはいけない。

1 はおろか　2 じゃあるまいし　3 はなんであれ　4 にあるまじき

05 彼は英語を流暢に話せると自慢して（　　　）。

1 はばからない　2 いばらない　3 やまない　4 やむをえない

06 これはお年を（　　　）方も安心して気軽にできる運動です。

1 召された　2 お召しになれた　3 召しておる　4 お召しいたされた

07 先生の辞書を（　　　）よろしいですか。

1 拝借なされて　　2 お借りされても
3 借りていただいても　　4 拝借しても

08 知らないくせに知っているようなふりをする（　　　）。

1 ものじゃない　2 までじゃない　3 ようじゃない　4 ことじゃない

09 ひどすぎると思うかもしれないが、親が鞭をとるのは子供の将来を案じて（　　　）。

1 いたならこそだ　2 いるならこそだ　3 いればこそだ　4 いたらこそだ

10 調査の結果を（　　　）次のような図表が導き出される。

1 もとづいて　2 めぐって　3 もとにして　4 かぎりにして

問題 5 次の文の（　　）に入れるのに最もよいものを、1・2・3・4から一つ選びなさい。

02 「ご褒美をあげる」と言い出した（　　）、取り消すわけにはいかない。

1 として　2 てまえ　3 につけ　4 まま

02 人間が（　　）幸せというものは、実は幻かもしれない。

1 求めずにすまない　2 求めるにかたくない
3 求めてやまない　4 求めんばかりの

03 この音楽を聞く（　　）、子供の時の思い出が蘇る。

1 につけ　2 にしても　3 にして　4 ともなると

04 「うそも方便」という言葉があるが、うそは絶対に許す（　　）と思う。

1 べくだ　2 べきではない　3 べきだ　4 べからずではない

05 店員に勧められる（　　）、つい衝動買いしてしまった。

1 ままを　2 ままでも　3 ままなのに　4 まま

06 先生にお話を（　　）。

1 うかがわせてまいりました　2 うかがいにまいりました
3 うかがいにみえます　4 うけたまわりにみえます

07 お口に合うかどうかわかりませんが、どうぞ（　　）。

1 いただいてください　2 おあがりください
3 めしあがれてください　4 お召しになってください

08 犯人は買い物をしていた（　　）警官に逮捕された。

1 そばから　2 ところを　3 ところに　4 あいだ

09 今回の出版に関してご配慮をたまわり感謝に（　　）。

1 たえません　2 そえません　3 やむをえません　4 こたえません

10 勉強よりまず健康のことを考えるべきだ。試験に合格しても、病気になってしまったら（　　）。

1 それまでだ　2 それほどだ　3 それのみだ　4 それからだ

問題 5　次の文の（　　）に入れるのに最もよいものを、1・2・3・4から一つ選びなさい。

01　いくら成績がよくても、今回もらえる奨学金は精々５万円（　　）でしょう。

1 ということ　2 というところ　3 といったらない　4 にはおよばない

02　政治家の税金の無駄遣いは、税金を納める国民として（　　）。

1 怒りを禁じえない　2 怒りを余儀なくされた
3 怒りをものともしなかった　4 怒ってやまなかった

03　親が子供を虐待するのは、人間として（　　）行為である。

1 あるべき　2 あるともない　3 あるまじき　4 あるような

04　私たちはあいさつをすませてから、しばらくは外の竹やぶに降る雨の音を聞く（　　）聞いていた。

1 べく　2 までもなく　3 にもまして　4 ともなく

05　受験生（　　）、お正月もへったくれもなくてひたすら勉強に励むしかない。

1 にもまして　2 ともなれば　3 にして　4 にあって

06　先日社長に私が書いた企画書を（　　）。

1 ご覧くださいました　2 お目にかかりました
3 お目にかかれました　4 ご覧いただきました

07　用意させていただいたスイトルームが（　　）幸いでございます。

1 お気に召させていただければ　2 お気に召していただければ
3 お気に召させてくだされば　4 お気に召して願えば

08　あの名人も初めからこんなに仕事ができたわけではない。若いころは、先輩のやることを見て、できない（　　）そのまねをしていたのだった。

1 つつも　2 ながらも　3 からでも　4 たりとも

09　環境破壊を（　　）工業化をおし進めていくのには疑問がある。

1 すればこそ　2 しただけで　3 するにせよ　4 してまで

10　あの大統領は庶民性をそなえているが（　　）、人気を集めているという。

1 ゆえに　2 だけに　3 のみに　4 くせに

問題 5 次の文の（　　）に入れるのに最もよいものを、1･2･3･4から一つ選びなさい。

01 学生（　　）、いい年してアイドルのおっかけなんて本当にみっともないです。

1 はおろか　2 をおいて　3 をよそに　4 なら未だしも

02 時給の安さ（　　）彼はあまりまじめに働こうとしない。

1 にかこつけて　2 にもまして　3 にてらして　4 にあって

03 留学する時、すべての金額を両親に仕送ってもらえば、それ（　　）が、せめて自分の小遣いくらいは自ら解決した方がいい。

1 にかたくない　2 を余儀なくされる
3 にこしたことはない　4 にはあたらない

04 フランス語が読めないなら、わざわざこの本を買う（　　）。

1 というところです　2 かのようです　3 には及びません　4 にたりない

05 彼女は自分の人生を変えるきっかけを作る（　　）、アメリカ留学を決断した。

1 べく　2 べきで　3 べからず　4 んがために

06 お忙しいとは（　　）、ぜひご出席くださいますようお願い申し上げます。

1 存じますが　2 存じて上げますが　3 申しますが　4 申し上げますが

07 A:「ご注文の品物ができあがりましたので、今度の日曜日にお届けに（　　）よろしいでしょうか。」
B:「ええ、お願いします。」

1 あがっても　2 うけたまわっても　3 おいでになっても　4 みえても

08 最近、日本では電話料金が下がり、手続きも簡単になった。また電話機も小さくなり、性能もよくなったことから携帯電話の利用者は（　　）。

1 減り気味だ　2 増えかねる　3 増える一方だ　4 減りつつある

09 土地が高い都会では、家などそう簡単に手に入る（　　）。

1 べきだ　2 べくもない　3 べきではない　4 べからざるものだ

10 どのコンピュータにしたらよいか、なかなか一つには（　　）。

1 決めかねない　2 決めがたい　3 決めてたまらない　4 決めるしかない

문장만들기 완벽대비 문제 ❶ 회

問題 6 次の文の＿＿★＿＿に入る最もよいものを、1・2・3・4から一つ選びなさい。

01 がんばって＿＿＿＿ ＿＿★＿＿ ＿＿＿＿ ＿＿＿＿負けてしまった。

1 あっけなく　2 かいもなく　3 練習した　4 相手チームに

02 倒産寸前の会社を経営陣は＿＿＿＿ ＿＿★＿＿ ＿＿＿＿ ＿＿＿＿会議を続けている。

1 をめぐって　2 今日も　3 存続させる　4 か否か

03 子供たちの遊び道具として＿＿＿＿ ＿＿＿＿ ＿＿★＿＿ ＿＿＿＿だろう。

1 その弊害も　2 無視できない
3 欠かせない存在だが　4 テレビゲームは

04 昨日大雪で道路が＿＿＿＿ ＿＿＿＿ ＿＿＿＿ ＿＿★＿＿行けなくなった。

1 行こうにも　2 通行止めに　3 なって　4 学校に

05 出張で札幌に行ったのに、＿＿＿＿ ＿＿＿＿ ＿＿★＿＿ ＿＿＿＿ことになった。

1 寄らずじまいで　2 どこにも　3 帰国する　4 忙しくて

06 彼女は＿＿＿＿ ＿＿＿＿ ＿＿★＿＿ ＿＿＿＿見つめていた。

1 とばかりに　2 じっと　3 彼を　4 信じられない

07 その役柄は＿＿＿＿ ＿＿★＿＿ ＿＿＿＿ ＿＿＿＿だろう。

1 女優はいない　2 ほかに　3 彼女をおいて　4 上手に演じる

08 新作映画の＿＿＿＿ ＿＿＿＿ ＿＿＿＿ ＿＿★＿＿で行われた。

1 を皮切りに　2 全国各地　3 ソウル　4 試写会は

09 今年の夏＿＿＿＿ ＿＿＿＿ ＿＿★＿＿ ＿＿＿＿涼しくならない。

1 なかなか　2 きかせても　3 ときたら　4 クーラーを

10 彼は親の＿＿＿＿ ＿＿＿＿ ＿＿＿＿ ＿＿★＿＿道を歩み続けた。

1 と思う　2 自分が正しい　3 猛烈な反対を　4 ものともせず

문장만들기 완벽대비 문제 ❷ 회

問題 6 次の文の___★___に入る最もよいものを、1・2・3・4から一つ選びなさい。

01 彼は授業____ __★__ ____ ____行った。

1 ベルが鳴る　2 教室を飛び出して　3 や否や　4 もそこそこに

02 やっと____ ____ __★__ ____しまって寝込んでいる。

1 また風邪を　2 こじらせて　3 治った　4 かと思いきや

03 小さい子供なら____ ____ __★__ ____なんて信じられない。

1 解けない　2 簡単な数学も　3 大学生が　4 いざ知らず

04 今回の京都の旅には、____ __★__ ____ ____場所を訪ねてみたい。

1 満喫できる　2 京都　3 風情を　4 ならではの

05 もうすぐ海外旅行に行くというのに____ ____ __★__ ____いない。

1 はおろか　2 パスポートも　3 切符の手配　4 用意して

06 公共の場所でたばこを吸うのは、____ __★__ ____ ____人々にとっても有害なものだ。

1 周囲の　2 ひとり　3 のみならず　4 本人

07 練習の時はうまく____ ____ __★__ ____あがってしまう。

1 いざ　2 人の前で　3 話すとなると　4 できるのに

08 彼は____ __★__ ____ ____登っている。

1 素手で　2 高さ20メートル　3 高層ビルを　4 からある

09 社長の____ ____ __★__ ____を得ない。

1 引き受けざる　2 危険な仕事も　3 命令　4 とあれば

10 田中さんのうちは二人兄弟だが、__★__ ____ ____ ____いつも遊んでばかりいる。

1 弟　2 にひきかえ　3 ときたら　4 勉強家の兄

문장만들기 완벽대비 문제 ③ 회

問題 6 次の文の ★ に入る最もよいものを、1・2・3・4から一つ選びなさい。

01 一国の未来は子供の教育にかかっている。子供たちの正しい成長＿＿＿＿ ＿＿＿＿ ＿★＿ ＿＿＿＿だろう。

1 期待できない　2 明るい将来は　3 一国の　4 なくして

02 彼は＿＿＿＿ ＿★＿ ＿＿＿＿ ＿＿＿＿を続けている。

1 未だに　2 たばこと酒　3 医者の忠告　4 をよそに

03 大雨にもかかわらず、彼は＿＿＿＿ ＿＿＿＿ ＿★＿ ＿＿＿＿で働いている。

1 まみれ　2 工事現場　3 になって　4 泥

04 彼は＿＿＿＿ ＿＿＿＿ ＿★＿ ＿＿＿＿と結婚した。

1 彼女　2 をおして　3 の反対　4 親

05 母は自分の＿＿＿＿ ＿★＿ ＿＿＿＿ ＿＿＿＿のために働いた。

1 健康　2 成功　3 も顧みず　4 子供の

06 会話が上手な人は相手の話をよく聞いて＿＿＿＿ ＿★＿ ＿＿＿＿ ＿＿＿＿を話すことができる人である。

1 その内容　2 自分の考え　3 を踏まえて　4 や意見

07 手塩にかけて育ててくれた親に＿＿＿＿ ＿＿＿＿ ＿★＿ ＿＿＿＿。

1 振るう　2 なんて　3 暴力を　4 もってのほかだ

08 先生はいつも私たちに「若者に夢が＿＿＿＿ ＿＿＿＿ ＿★＿ ＿＿＿＿」と話した。

1 なければ　2 同然だ　3 も　4 死んだ

09 うちの子は学校から帰ってきて＿＿＿＿ ＿★＿ ＿＿＿＿ ＿＿＿＿に出かけてしまった。

1 遊び　2 また　3 宿題　4 もそこそこに

10 ようやく復興の道を＿＿＿＿ ＿＿＿＿ ＿★＿ ＿＿＿＿大きな地震が起きた。

1 また　2 矢先に　3 歩もう　4 とした

문장만들기 완벽대비 문제 ❹ 회

問題 6 次の文の＿＿★＿＿に入る最もよいものを、1・2・3・4から一つ選びなさい。

01 彼は東京出張＿＿＿＿ ＿＿＿＿ ＿＿★＿＿ ＿＿＿＿伸ばした。

1 まで　　2 足を　　3 日光に　　4 かたがた

02 人間は年を取ると、＿＿＿＿ ＿＿★＿＿ ＿＿＿＿ ＿＿＿＿がある。

1 きらい　　2 人の話を　　3 ほかの　　4 聞かなくなる

03 英語資格試験に＿＿＿＿ ＿＿★＿＿ ＿＿＿＿ ＿＿＿＿が得られない。

1 国立大学の　　2 受験資格　　3 合格する　　4 ことなしに

04 彼は＿＿★＿＿ ＿＿＿＿ ＿＿＿＿ ＿＿＿＿しまった。

1 妻を　　2 言わずもがなの　　3 ことを言って　　4 怒らせて

05 水道の水を＿＿＿＿ ＿＿★＿＿ ＿＿＿＿ ＿＿＿＿水道代はばかにならない。

1 流し　　2 来月の　　3 にしたら　　4 っぱなし

06 あなたは他の学生より一年早いから、今回＿＿＿＿ ＿＿★＿＿ ＿＿＿＿
＿＿＿＿みよう。

1 と考えて　　2 チャレンジして　　3 もともとだ　　4 だめでも

07 兄は、まじめというか、＿＿＿＿ ＿＿＿＿ ＿＿★＿＿ ＿＿＿＿で融通が利かない。

1 頑固　　2 というか　　3 頭が固い　　4 何事にも

08 娘は私の＿＿＿＿ ＿＿★＿＿ ＿＿＿＿ ＿＿＿＿流した。

1 涙を　　2 嬉しい　　3 顔を　　4 見るなり

09 株価が＿＿＿＿ ＿＿＿＿ ＿＿★＿＿ ＿＿＿＿。そのうちまた上がるでしょう。

1 にはあたらない　　2 急落した　　3 からといって　　4 心配する

10 原稿の締め切りに間に合わせるためには、＿＿＿＿ ＿＿＿＿ ＿＿★＿＿
＿＿＿＿。

1 ことはない　　2 計画を立てておく　　3 に越した　　4 あらかじめ

문장만들기 완벽대비 문제 ⑤ 회

問題6 次の文の＿★＿に入る最もよいものを、1·2·3·4から一つ選びなさい。

01 大地震により家族を＿＿＿ ＿＿＿ ＿★＿ ＿＿＿。今回の地震では例年と比べて特に人命の被害が大きかった。

1 想像する　2 にかたくない　3 被害者の悲しみを　4 失った

02 この本は工学の＿＿＿ ＿★＿ ＿＿＿ ＿＿＿分野にわたって書かれている。

1 幅広い　2 分野　3 人文や社会など　4 にとどまらず

03 昨日私は＿＿＿ ＿＿＿ ＿★＿ ＿＿＿手首を骨折してしまった。

1 ついただけで　2 倒れた　3 手を　4 はずみに

04 考えよう＿★＿ ＿＿＿ ＿＿＿ ＿＿＿時代はないのかもしれない。

1 今の時代　2 おもしろい　3 によっては　4 ほど

05 彼は冷笑家だ。彼が言う言葉には＿＿＿ ＿＿＿ ＿＿＿ ＿★＿がある。

1 どこか　2 皮肉　3 ところ　4 めいた

06 現在我が国の経済は＿＿＿ ＿＿＿ ＿★＿ ＿＿＿ インフレ率も急騰している。

1 に照らしてみると　2 深刻なうえ　3 前年度の統計　4 失業問題が

07 会社が給料を払ってくれないのなら、＿＿＿ ＿＿＿ ＿★＿ ＿＿＿。

1 ことだ　2 に訴える　3 までの　4 裁判所

08 もう＿＿＿ ＿＿＿ ＿＿＿ ＿★＿ なぜ途中であきらめたんですか。

1 頂上まで　2 登れた　3 少しで　4 ものを

09 あの歌手は＿＿＿ ＿＿＿ ＿★＿ ＿＿＿を許さない。

1 他の追随　2 歌唱力も　3 器量　4 もさることながら

10 あの記者は大統領候補の政治資金の＿＿＿ ＿＿＿ ＿★＿ ＿＿＿。

1 調べんがために　2 四方八方に　3 出所を　4 走り回った

글의 문법 완벽대비 문제 ❶ 회

問題 7 次の文章を読んで、[01]から[05]の中に入る最もよいものを、1・2・3・4から一つ選びなさい。

　われわれは子供のときから、嘘をいってはならぬものだということを、十分に教えこまれています。おそらく、世の中の人々は── 一人の例外もなくすべて──嘘はいってはならぬものと信じているでしょう。理由は[01]、なんとなく皆そう考えているに違いありません。「嘘」という言葉を聞くと、われわれの頭にはすぐに、「狼がきたきた」と、しばしば嘘をついたため、だんだんと村人の信用を失って、ついには本当に狼に食われてしまった羊飼の話が自然と浮かび出ます。それほど、われわれの頭には嘘をいってはならぬということが、深く深く教えこまれています。[02]、それほど深く刻みこまれ、教えこまれているにもかかわらず、われわれの世の中には嘘がたくさん行われています。やむをえずいう嘘、やむをえるにかかわらずいう嘘、[03-a]にいわれ陰に行われている嘘、[03-b]に行われている嘘、否時には法律によって保護された──したがってそれを否定すると刑罰を受けるようなおそろしい──嘘までが、堂々と天下に行われているほど、この世の中には、種々雑多な嘘が無数に行われています。[04]、全く嘘をつかずにこの世の中に生き長らえることは、全然不可能なようにこの世の中ができているのです。そこで、われわれお互いにこの世の中に生きてゆきたいと思う者は、これらの嘘をいかに処理すべきか、というきわめて重大なしかもすこぶる困難な問題を解決せねばなりません。なにしろ、嘘を[05]、さらばといって、嘘をつかずには生きてゆかれないのですから。

〈末弘厳太郎『嘘の効用』による〉

01　1 というと　　2 おろか　　3 もとより　　4 ともかくとして

02　1 ところが　　2 ところで　　3 そこで　　4 さて

03　1 a 公 / b 私的　　2 a おおっぴら / b ひそか
　　3 a ひそか / b おおっぴら　　4 a 私的 / b 公

04　1 そのうえ　　2 俗にいうと　　3 実をいうと　　4 その結果

05　1 ついて　　2 つかなくて　　3 ついていて　　4 ついてはならず

問題 7 次の文章を読んで、[01]から[05]の中に入る最もよいものを、1・2・3・4から一つ選びなさい。

「デジタル」と「アナログ」という言葉は、毎日のように見聞きする技術用語のひとつである。本来は純粋なコンピュータ技術用語であるが、「デジタル的発想」とか「アナログ人間」などという文学的表現のような用法が[01]、本来の技術用語の枠を超えたさまざまな意味やイメージでデジタルとアナログという言葉は使用されている。

技術用語の枠を超えたような用法では、デジタルやアナログという言葉が漠然としたイメージで使用されているため、これらの意味にはさまざまな混乱や誤解も含まれている。デジタルとアナログの本来の技術的な意味を正確に理解[02]、そのような混乱が解消できるかといえば、[03]単純なことではない。

明確な定義の範囲で使用される言葉の範囲を超えてしまうことのような言葉の意味は、高度に発展と変容を続ける情報社会にあって、それが使用される社会的現実を鋭敏に反映するものとなっている。明確な技術的な用語であったはずのデジタルとアナログという語の意味は、その意味が拡散したり曖昧になっているだけでなく、時には反転したり融合したりさえしているような現象もしばしば見受けられる。

本章では具体的にデジタルとアナログという言葉がどのようなイメージで使用されているかを分析する[04]、現在の情報社会を形成している根幹の情報や技術というものを、私たちがどのような感覚やイメージで受容しているかを考察していく。[05]、デジタルの概念が情報社会の中でどのように機能し、どのような方向を目指して進化しているのかを見極めていく。

01 1 あるだけに 2 あるように 3 あることに 4 ありそうに

02 1 しさえすれば 2 しさえあれば 3 しだけすれば 4 しだけあれば

03 1 それだけ 2 それのみ 3 それほど 4 それさえ

04 1 ことにして 2 ことをもって 3 ことについて 4 ことを通じて

05 1 それゆえ 2 そして 3 それで 4 ちなみに

問題 7　次の文章を読んで、 01 から 05 の中に入る最もよいものを、1・2・3・4 から一つ選びなさい。

日本の俳句が、伝統的に、「季」がなければ俳句と 01 、何を意味するであろうか。ありきたりの月並連中は、蝶は春、虫は秋ときめてしまっているが、こんなことはもちろんナンセンスな形式主義であり、かかる伝統に対して「季」のない俳句を作るということももちろん当然なことである。

 02 、深く考えてみるならば、俳句に「季」があるということは、ほかのことをいおうとしてそのことを簡単にいい現わすために「季」が必ずいるということをいっているのではあるまいか。

「ああ自分はまさしく、今天地自然と共に生きてここにいる」という深い存在感がなければ、芸術が生まれないということをいいたかったのではあるまいか。

自分が、ここに生きていると、えらそうな顔をしているけれども自分の身体の構造すら、はっきりわかっていないのである。宇宙の大きな動きに対しても何もわかってはいないのである。百合一本の花の構造すら、何一つわかっていないのである。このわかっていない多くのものの中に、何かあるらしいことだけが、われわれには 03 。そのことが、百合は美しいということでもある。星が美しいということでもある。またそして 04-a がいとおしむべきものであるということを知るのである。

今、秋になりつつある。そして、今ほんとうに 04-b は生きているんだろうか。この「あっ」という驚きの感覚なくして、物を見ずして、どうして俳句ができようか。「寂かに観ずれば、物みな自得す」という芭蕉の感覚も一言にしていえば、「あっ」というこの驚きを、しかつめらしくいったにちがいない。

この存在の中に、自分自身をひたす感覚、その驚きを人々に強要するために、「季感」が必ず俳句にいるといったのではあるまいか。

かかる考えかたをするならば、いずれの芸術か、この切々たる存在への哀感なくして芸術そのものが 05 。どうして俳句だけにとどまりえようか。

〈中井正一『映画と季感』による〉

01 1 みなさないということは　2 みなすということは　3 みなされるということは　4 みなされないということは

02 1 それに　2 そこで　3 しかし　4 ところで

03 1 感じているのである　2 感じていないのである　3 感ぜられていないのである　4 感ぜられているのである

04 1 a 自分 / b　自分　2 a 自分 / b　私　3 a 私 / b　自分　4 a 私 / b　私

05 1 成立しそうじゃない　2 成立しないわけにはいかない　3 成立しそうもない　4 成立しないわけでもない

問題7 次の文章を読んで、01 から 05 の中に入る最もよいものを、1・2・3・4から一つ選びなさい。

私に親しいある老科学者がある日私に次のようなことを 01 。

「科学者になるには『あたま』がよくなくてはいけない」これは普通世人の口にする一つの命題である。これはある意味ではほんとうだと思われる。しかし、一方でまた「科学者はあたまが 02 」という命題も、ある意味ではやはりほんとうである。そうしてこの後のほうの命題は、それを指摘し解説する人が比較的に少数である。

この一見相反する二つの命題は実は一つのものの互いに対立し共存する二つの半面を表現するものである。この見かけ上の 03 は、実は「あたま」という言葉の内容に関する定義の曖昧不鮮明から生まれることはもちろんである。

論理の連鎖のただ一つの輪をも取り失わないように、また混乱の中に部分と全体との関係を見失わないようにするためには、正確でかつ緻密な頭脳を要する。紛糾した可能性の岐路に立ったときに、取るべき道を誤らないためには前途を見透す内察と直観の力を持たなければならない。 04 この意味ではたしかに科学者は「あたま」が 05 のである。

しかしまた、普通にいわゆる常識的にわかりきったと思われることで、そうして、普通の意味でいわゆるあたまの悪い人にでも容易にわかったと思われるような日常茶飯事の中に、何かしら不可解な疑点を認めそうしてその闡明に苦吟するということが、単なる科学教育者にはとにかく、科学的研究に従事する者にはさらにいっそう重要必須なことである。この点で科学者は、普通の頭の悪い人よりも、もっともっと物わかりの悪いのみ込みの悪い田舎者であり朴念仁でなければならない。

〈寺田寅彦『科学者とあたま』による〉

01 1 語って聞いてくれた 2 語って聞かされた
3 語って聞かせた 4 語って聞いてもらった

02 1 よくなくてはいけない 2 よくてもかまわない
3 悪くてもかまわない 4 悪くなくてはいけない

03 1 アイロニー 2 パラドックス 3 ユーモア 4 メタファー

04 1 しかも 2 だから 3 たとえば 4 すなわち

05 1 よくなくてはならない 2 悪くなくてはならない
3 よくてもかまわない 4 悪くてもかまわない

問題 7 次の文章を読んで、[01]から[05]の中に入る最もよいものを、1・2・3・4から一つ選びなさい。

この半年ばかりのうちに、私たちの生活におこった変化は、日本のこれまでのいつの歴史にもその例がないほど、激しいものです。日本は今、非常な困難と[01]、一日も早く民主の国となり、平和の保証された国となり、世界に再び独立国として登場するための努力をはじめております。これからの私たち日本人は、世界に恥しくない市民として、どういう風でなければならないでしょうか。新しい躾の問題も、こういう広い、雄大な立場から考えられなければならないであろうと思います。

躾という字をみますと、美しく身をもつ、ことと思えます。美しく身を持した生活態度というのは、どういうことをさしていうのでしょう。

昔から躾というと、とかく[02]、折りかがみのキチンとしたことを、躾がよいと[03]。しかし、今日の生活は遑しく、変化が激しく、混んだ電車一つに乗るにしても、実際には昔風の躾とちがった事情がおこって来ています。しとやかに、男の人のうしろについて、つつましく乗物にのるのが、昔の若い女性の躾でした。

毎朝、毎夕、あの恐しい省線にワーッと押しこまれ、ワーッと押し出されて、お勤めに通う若い女性たちは、昔の躾を守っていたら、電車一つにものれません。生活の現実が、昔の形式的な躾の型を、押し流してしまいました。

[04]、私たちの心には、やはり美しく、立派な生きかたをしたいと思う念願は、つよくあります。そうだとすれば、新しい躾の根本は、第一に、毎日の荒っぽい生活に、[05]の根深い根拠をもつものでなければならないということが分ります。そのように、しっかりした躾は、どこから、生れて来るものでしょうか。

〈宮本百合子『新しい躾』による〉

01 1 たたかうやいなや　2 たたかうかたわら
3 たたかいながら　4 たたかう一方

02 1 行為作法　2 礼節作法　3 行動作法　4 行儀作法

03 1 いいならわして来ました　2 いいならわされて来ました
3 いいならって来ました　4 いいならわれて来ました

04 1 けれども　2 ですから　3 しかも　4 つまり

05 1 さらってしまわないだけの　2 さらわれてしまわないだけの
3 さらってしまうだけの　4 さらわれてしまうだけの

시나공
JLPT
일본어능력시험
N1

음성강의 듣기

넷째마당 독해편

1교시 완벽대비 언어지식(문법) · 독해

문제분석과 완벽대비법

01 | 問題8 단문이해 문제

문제 소개

問題8는 200자 내외의 글을 읽고 그 요지를 묻는 질문에 답하는 〈단문이해〉 문제로, 4개 지문에서 1문항씩 출제됩니다.

문제 미리 풀어보기 및 풀이

問題 8

次の文章を読んで、後の問いに対する答えとして、最もよいものを1・2・3・4から一つ選びなさい。

　音楽といえば芸術の代表的な分野のひとつであると考えられているので、地域的にも歴史的にも確固たる地位を与えられていると考えられがちだが、実際にはそのような扱いを受けない場合も多い。日本においても、人が亡くなった場合には歌舞音曲の類は慎むべきだというような通念が生きている。このような場合に、音楽は崇高な芸術の一分野というよりも娯楽という一段地位の低い分野に属するものであり、喪に服する[注]ような謹慎しなければならない状況では不謹慎なものとして扱われてしまうのである。

(注) 喪に服する：人の死後、その近親の者が、一定の期間、外出や社交的な行動を避けて身を慎むという風習に従うこと。

問　筆者はなぜ音楽が芸術的分野においてそれにふさわしい待遇を受けないと考えているか。

1 音楽の芸術分野における確固とした地位は人々の錯覚から生じたものだから
2 音楽が崇高な芸術の一分野というより娯楽という低い分野に属するから
3 音楽が他の芸術分野より謹慎すべき状況には合わないから
4 音楽は謹厳な状況で不謹慎に見えるという一般に共通した考えがあるから

정답 4

해석 음악이라고 하면 예술의 대표적인 분야의 하나라고 여겨지고 있으므로, 지역적으로도 역사적으로도 확고한 지위가 주어지고 있다고 생각되기 쉽지만, 실제로는 그러한 취급을 받지 않는 경우도 많다. 일본에 있어서도, 사람이 죽었을 경우에는 가무음곡과 같은 것은 삼가야 한다고 하는 통념이 살아 있다. 이러한 경우에 음악은 숭고한 예술의 한 분야라고 하기보다도 오락이라고 하는 한층 지위가 낮은 분야에 속하는 것이며 상중이라든가 하는 근신해야 하는 상황에서는 조심스럽지 못한 것으로 취급되는 것이다.

(주) 상복을 입다 : 사람이 죽은 후에 그 근친이 일정한 기간 동안 외출이나 사교적인 행동을 삼가하고 근신한다고 하는 풍습에 따르는 것.

문제 필자는 왜 음악이 예술적 분야에 있어서 거기에 어울리는 대우를 받지 못한다고 생각하고 있는가?

1 음악의 예술 분야에 있어서 확고한 지위는 착각이니까
2 음악이 숭고한 예술의 한 분야라고 하는 것보다 오락이라고 하는 낮은 분야에 속하니까
3 음악이 다른 예술 분야보다 근신해야 할 상황에는 맞지 않으니까
4 음악은 근엄한 상황에서 근신하지 않는 것으로 보인다는 일반적으로 공통된 생각이 있으니까

어휘 芸術(げいじゅつ) 예술 | 代表的(だいひょうてき) 대표적 | 分野(ぶんや) 분야 | 地域的(ちいきてき) 지역적 | 歴史的(れきしてき) 역사적 | 確固(かっこ)たる 확고한 | 地位(ちい) 지위 | 扱(あつか)い 취급 | 慎(つつし)む 조심하다, 삼가다 | 通念(つうねん) 통념 | 崇高(すうこう)だ 숭고하다 | 娯楽(ごらく) 오락 | 一段(いちだん) 한층, 더욱 | 属(ぞく)する 속하다 | 喪(も)に服(ふく)する 상복을 입다 | 謹慎(きんしん)する 근신하다 | 不謹慎(ふきんしん) 불근신 | 相応(ふさわ)しい 어울리다, 걸맞다, 적합하다 | 待遇(たいぐう) 대우 | 謹厳(きんげん)だ 근엄하다

해설 필자는 음악이 다른 예술보다 자신에 걸맞은 대우를 못 받고 있는 것은 죽음과 같은 근엄한 상황에서는 음악의 오락적 기능으로 인해 저속하고 일반적으로 생각하는 '통념'에 있다고 생각하므로 답은 4번이다. 1번은 질문의 의도와 동떨어진 예시이기 때문에 틀렸고, 2번은 본문에 '사람이 죽었을 경우'의 국한된 상황의 예를 일반화하였기 때문에 답이 아니고, 3번은 다른 예술 분야의 언급이 없기 때문에 비교 대상이 될 수 없어서 답이 아니다.

문제분석과 완벽대비법

단문이해 문제는 총 4문항이 출제됩니다. 200자 내외의 짧은 문장을 읽고 그 내용을 얼마나 이해했는지를 묻는 문제인데 여기에서 가장 중요한 것은 필자가 이 짧은 문장에서 무엇을 가장 중요하게 생각하는지 '필자의 주장'을 빨리 파악해야 합니다. 보통 학생들이 독해를 시험을 볼 때 가장 낭패를 보는 이유는 첫째는 단문을 읽을 때 필자의 생각과 자신의 생각을 혼동해서 글을 읽는 습관이고, 두 번째는 너무 글 속에 깊이 빠져서 생각하다 보면 자신이 답이라고 생각하는 예문이 선택지에 없는 경우입니다. 세 번째는 자신이 확실하게 답이라고 생각한 지문이 문제 선택지의 예시에 없는 경우에는 반드시 필자가 강조하는 키워드가 다른 표현으로 바뀌어 나오는 경우이므로 당황해서 틀리는 일이 없도록 해야 합니다. 또한 출제자는 항상 답과 거의 비슷한 예제를 선택지 중에 최소한 한 문장 정도 끼워 넣는데 그러한 경우는 정도나 범위를 너무 지나치게 표현하는 어구를 사용하거나 글을 일반화시키는 등하여 수험자를 현혹시키므로 항상 조심해야 합니다. 마지막으로 이러한 모든 상황들로 인해서 단문에서 너무 많은 시간을 잡아먹으면 마음이 초조해져서 그 다음의 중문과 장문을 풀 때 집중력이 흐트러져서 독해 전체 시험을 망치게 되므로 가능한 빠르게 요지를 파악해서 시간을 단축하고 장문에 더 많은 시간을 할애하도록 해야 합니다.

기출문제 분석

2010년 개정 이후 단문이해 기출문제를 분석해 보면, 언어와 커뮤니케이션, 정보사회와 인간과의 관계, 매스미디어와 인간, 인간의 창의력 등 필자의 주장이 뚜렷이 드러나 있는 문장이 많이 출제되는 것이 특징이고 특히 변화하는 사회 속에서 인간이 어떻게 생각하고 느끼는가가 주된 포인트가 되고 있습니다.

02 | 問題9 중문이해 문제

문제 소개

問題9는 500자 정도의 비교적 평이한 내용의 설명문, 평론, 해설, 수필 등을 읽고 내용의 개요나 핵심에 대한 질문에 답하는 형태의 〈중문이해〉 문제로, 지문 3개와 각 지문당 3개의 문제가 출제됩니다. 즉 총 문항수는 9개입니다.

문제 미리 풀어보기 및 풀이

問題 9

次の文章を読んで、後の問いに対する答えとして最もよいものを、1・2・3・4から一つ選びなさい。

今日映像という言葉は日常的に頻繁に使われている。しかし改めて「映像とは何か」と問われると、①必ずしも正確には答えられないのではないだろうか。映画の世界では伝統的に「写真」という言葉が映画の動く映像にしばしば使われてきた。それは、映画、すなわち「動く写真」motion pictureを「活動写真」と呼んできた習慣からきている。テレビでは従来から、音声に対する「映像」というようにかなり限定的に使われてきた。写真は昔から「写真」といってきたし、ことさら「映像」という言葉は使っていない。しかし、今日「映像」という言葉がこのように日常的に頻繁に使われるようになり、またその使われ方が曖昧で広範囲になっている背景には二つの理由があるように思われる。第一には、写真や映画やテレビさらにはビデオの映像がわれわれの生活の中に大量に氾濫(注1)してきていること、第二には、テクノロジー、特にコンピュータに代表されるようなエレクトロニクス技術の急速な発展により、映像の拡散とその多様な形式、個々の映像相互の融合が生まれてきていること、である。従来、ある程度明確な概念規定が可能であった「写真」、「映画」、「テレビ」もそれらの境界が極めて曖昧になり、相互浸透が起こっている。従って、ある意味では大雑把(注2)に、曖昧に「映像」という言葉が使われているのであり、一方そのような消極的な意味ではなく、むしろ積極的にそれらを区別せず、現代の映像環境を踏まえて総体として「映像」を捉える必要性から、この言葉が使われていると考えることができるだろう。

このような映像の状況を考える時、②われわれは改めて「映像」の意味を基本的なことから捉えておく必要があるのではないだろうか。

(注1) 氾濫：川の水などが増して勢いよくあふれ出ること。洪水になること。事物があたりいっぱいに出回ること。

(注2) 大雑把：細部にまで注意が届かず、雑であるさま。細部にわたらず、全体を大きくとらえるさま。おおまか。

問1 筆者はなぜ今日「映像は何か」の問いに①<u>必ずしも正確には答えられない</u>と述べているか。

1 写真と映像の区別がはっきりしていないから

2 言葉の使われ方が曖昧で、広範囲になっているから

3 使われる範囲が音声と同じく、かなり限られているから

4 映像という言葉が日常的に頻繁に使われているから

問2 ②<u>われわれは改めて「映像」の意味を基本的なことから捉えておく必要がある</u>とあるが、なぜか。

1 明確な概念を規定する消極的な意味ではなく、積極的に区別しない方が便利だから

2 映像がわれわれの生活に大量に氾濫することによってその意味の誤用を防ぐ必要性があるから

3 映像という言葉の意味があやふやで、また現代の状況に合わせた映像の意味を捉える必要性があるから

4 昔と同様に現在の映像に対す捉え方が曖昧で複雑なので、映像の意味をよりはっきりさせる必要性があるから

問3 筆者によれば、昔の映像の意味と現在のそれとの違いは何か。

1 昔も現在も写真の意味を含む曖昧で大雑把な意味として使われている。

2 昔も現在も写真に対する映像のように限られた意味として使われている。

3 昔は写真に対する映像のように限られた意味だが、現在は曖昧で広範囲な意味として使われている。

4 昔は音声に対する映像のように限られた意味だが、現在は幅広い意味として使われている。

정답 **문제 1** 2 **문제 2** 3 **문제 3** 4

해석 오늘날 영상이라는 말은 일상적으로 빈번하게 사용되고 있다. 그러나 막상 '영상이란 무엇인가'라고 질문 받으면, ①<u>반드시 정확하게는 대답할 수 없는</u> 것은 아닐까? 영화의 세계에서는 전통적으로 '사진'이라고 하는 말이 영화의 움직이는 영상으로 자주 사용되어 왔다. 그것은 영화, 즉 '움직이는 사진' motion picture를 '활동사진'이라고 불러 온 습관으로부터 온 것이다. 텔레비전에서는 종래부터 음성에 대한 '영상'이라고 하는 것처럼 꽤 한정적으로 사용되어 왔다. 사진은 예로부터 '사진'이라고 말해 왔고, 새삼스럽게 '영상'이라고 하는 말은 사용하지 않았다. 그러나 오늘 '영상'이라고 하는 말이 이와 같이 일상적으로 빈번하게 사용되고 또 그 사용되는 방법이 애매하고 광범위하게 된 배경에는 두 가지 이유가 있는 것으로 생각된다. 첫째는 사진이나 영화나 텔레비전 또 비디오의 영상이 우리의 생활 속에 대량으로 범람해 오고 있는 것, 둘째로는 테크놀로지, 특히 컴퓨터로 대표되는 전자공학 기술의 급속한 발전에 의해, 영상의 확산과 그 다양한 형식, 개개의 영상 상호의 융합이 생겨나고 있는 것이다. 종래 어느 정도 명확한 개념 규정이 가능했던 '사진', '영화', '텔레비전'도 그러한 경계가 지극히 애매해져서 상호 침투가 일어나고 있다. 따라서 어떤 의미로는 대충, 애매하게 '영상'이라고 하는 말이 사용되고 있는 것이고, 한편 그러한 소극적인 의미가 아니라 오히려 적극적으로 그것들을 구별하지 않고, 현대의 영상 환경을 근거로 해 총체로서 '영상'을 파악할 필요성 때문에 이 말이 사용되고 있다고 생각할 수 있을 것이다.

이러한 영상의 상황을 생각할 때, ②우리는 다시 '영상'의 의미를 기본적인 것부터 파악해 둘 필요가 있는 것은 아닐까?

(주1) 범람 : 강의 물 등이 불어나 힘차게 넘쳐 나는 것. 홍수가 되는 것. 사물이 여기저기에 넘쳐나는 것.
(주2) 대략적임 : 세부까지 주의가 미치지 않고, 엉성한 모양. 세부까지 보지 않고, 전체를 크게 보는 것. 대범함, 대충임.

문제 1 필자는 왜 오늘날 '영상은 무엇인가'라는 물음에 ①반드시 정확하게는 대답할 수 없다고 말하고 있는가?

1 사진과 영상의 구별이 분명하지 않기 때문에
2 말의 사용법이 애매하고, 광범위하게 되어 있기 때문에
3 사용되는 범위가 음성과 마찬가지로 한정되어 있기 때문에
4 영상이라는 말이 일상적으로 빈번하게 사용되고 있기 때문에

문제 2 ②우리는 다시 '영상'의 의미를 기본적인 것부터 파악해 둘 필요가 있는 것이라고 하는데 왜 그러한가?

1 명확한 개념을 규정하는 소극적인 의미가 아니고, 적극적으로 구별하지 않는 것이 편리하기 때문에
2 영상이 우리의 생활에 대량으로 범람함에 따라서 그 의미의 오용을 막을 필요성이 있기 때문에
3 영상이라는 말의 의미가 애매모호하고, 또 현대 상황에 맞춘 영상의 의미를 파악할 필요성이 있기 때문에
4 옛날과 마찬가지로 현재의 영상을 파악하는 방식이 애매하고 복잡해서, 영상의 의미를 보다 확실히 할 필요성이 있기 때문에

문제 3 필자에 의하면 옛날의 영상의 의미와 현재의 그것과의 차이는 무엇인가?

1 옛날도 현재도 사진의 의미를 포함한 애매하고 대략적인 의미로서 사용되고 있다.
2 옛날도 현재도 사진에 대한 영상과 같이 한정된 의미로서 사용되고 있다.
3 옛날은 사진에 대한 영상과 같이 한정된 의미였지만, 현재는 애매하고 광범위한 의미로서 사용되고 있다.
4 옛날은 음성에 대한 영상과 같이 한정된 의미였지만, 현재는 폭넓은 의미로서 사용되고 있다.

어휘 **映像**(えいぞう) 영상 | **日常的**(にちじょうてき) 일상적 | **頻繁**(ひんぱん)に 빈번하게 | **改**(あらた)めて 다른 기회에, 다시 | **伝統的**(でんとうてき) 전통적 | しばしば 자주 | **習慣**(しゅうかん) 습관 | **従来**(じゅうらい) 종래 | **音声**(おんせい) 음성 | **限定的**(げんていてき) 한정적 | ことさら 특별히, 각별히, 새삼스럽게 | **曖昧**(あいまい)だ 애매하다 | **広範囲**(こうはんい) 광범위, 넓은 범위 | **背景**(はいけい) 배경 | **大量**(たいりょう) 대량 | **氾濫**(はんらん)する 범람하다 | **急速**(きゅうそく)だ 급속하다 | **発展**(はってん) 발전 | **拡散**(かくさん) 확산 | **多様**(たよう)だ 다양하다 | **形式**(けいしき) 형식 | **相互**(そうご) 상호 | **融合**(ゆうごう) 융합 | **明確**(めいかく)だ 명확하다 | **概念**(がいねん) 개념 | **規定**(きてい) 규정 | **境界**(きょうかい) 경계 | **極**(きわ)めて 지극히 | **浸透**(しんとう) 침투 | **大雑把**(おおざっぱ) 대략적임, 조잡함, 엉성함 | **消極的**(しょうきょくてき) 소극적 | **積極的**(せっきょくてき) 적극적 | **区別**(くべつ)する 구별하다 | **踏**(ふ)まえて 판단의 근거로 삼아서 | **総体**(そうたい) 총체, 전체 | **捉**(とら)える 파악하다 | **基本的**(きほんてき) 기본적

해설 **문제 1**

문제가 '영상이란 무엇인가'에 대한 물음에 반드시 정확하게 대답할 수 없는 이유를 물어 본 것이데, 위에서 8행부터 읽어 보면 영상이 사용되는 법이 애매하고 광범위하게 된 이유를 두 가지로 설명하고 있는데 이것이 영상이 무엇인가에 대해 정확하게 대답할 수 없는 이유가 되므로 답은 2번이다.

문제 2

문제1과 마찬가지로 영상의 의미를 기본적인 것으로부터 파악해 둘 필요가 있는 이유에 대해 묻는 문제로 영상의 사용법이 애매하고 광범위하게 된 이유에는 '사진'이나 '영화', '텔레비전' 더더욱 비디오 영상이 우리들의 생활 속에 대량으로 범람하고 있는 점과 영상의 확산과 융합으로 그 다른 매체와의 경계선이 모호해짐에 따라서 그래서 더 적극적으로 현대 상황에 기반을 두고 총체적으로 영상을 파악할 필요성이 있다는 점에서 이 말을 사용하게 되었기 때문에 답은 3번이다.

문제 3
이 문제는 옛날과 지금의 영상의 의미의 차이를 묻는 것인데 위에서 5번째 행에서 종래부터 영상은 텔레비전에서 음성에 대한 영상이라는 뜻으로 상당히 한정적으로 사용되어 왔으나 오늘날에는 적극적으로 그것을 구별하지 않고 총체적으로 영상을 파악한다고 했으므로 4번이 답이다. 3번은 '옛날에는 사진에 대한 영상처럼 한정된 의미이지만'이 틀렸으므로 답이 아니다.

문제분석과 완벽대비법

중문이해 문제는 500자 내외의 비교적 난이도가 높지 않은 평론이나 수필이 출제되고 문제는 3개의 지문에 각각 3문항이 출제되어 총 9문항이 출제됩니다. 문제의 유형은 주로 밑줄 친 내용에 대해 어느 정도 정확히 파악했는지 그렇지 않으면 필자의 생각이나 지문에 제시되는 논점에 대한 전체적인 이해나 개요를 묻는 문제가 출제됩니다.

중문이해는 500자 정도의 중문이기 때문에 첫 단락은 주제, 중간 단락은 주제에 관한 설명, 마지막 단락은 그 주제에 대한 결론인 경향이 많습니다. 따라서 질문의 문제를 먼저 읽고 지문을 읽어 내려가면 시간 절약을 할 수 있고, 글을 읽을 때 더 명확한 목적을 가지고 읽을 수 있습니다. 또한 글을 읽어내려 가면서 '필자의 생각과 맞는 것은 어느 것인가'와 같은 유형을 보다 효율적으로 풀기 위해서는 키 센텐스와 키워드에 자신의 방식에 따라 무언가의 표시를 남겨 두어야 합니다. 예를 들면 키 센텐스는 밑줄 키워드는 동그라미 키워드와 반대 되는 개념은 세모 등 글을 읽어 가면서 자신만의 약속된 기호를 남겨두면 나중에 다시 한 번 해당되는 부분을 찾아갈 때 시간을 줄일 수 있습니다. 마지막으로 접속사, 즉 순접, 역접, 인과관계 등을 나타내는 접속사에 유의하여 읽으면 필자의 생각을 더욱더 효율적으로 파악할 수 있습니다. 특히 역접 접속사(しかし, でも, ところが 등)는 앞서 진술한 내용과는 달리 필자 자신의 생각을 더욱 명확하게 주장할 때 사용하므로 역접 접속사 다음에 오는 내용이 '필자가 가장 말하고 싶은 것'이 대부분입니다.

기출문제 분석

2010년 개정 이후의 중문이해 기출문제를 분석해 보면 환경문제, 인생관, 처세술, 언어와 커뮤니케이션, 인간과 정보사회, 시사문제, 보도자료, 평생교육, 문장을 쓰는 법 등에 관한 평론이나 설명문, 수필 중에서 밑줄 친 부분이 뜻하는 바, 필자가 주장하는 바, 글의 요지 등을 묻는 문제 등이 출제되고 있습니다.

03 | 問題10 장문이해 문제

문제 소개

問題10는 1000자 정도의 설명문, 평론, 해설, 수필 등을 읽고 내용의 개요나 핵심에 대한 질문에 답하는 형태의 〈장문이해〉 문제로, 지문 1개와 각 지문당 4개의 문제가 출제됩니다. 총 문항수는 4개입니다.

문제 미리 풀어보기 및 풀이

問題 10

次の文章を読んで、後の問いに対する答えとして最もよいものを、1·2·3·4から一つ選びなさい。

現代の多くの人間に都会と田舎とどちらが好きかという問いを出すのは、蛙に水と陸とどっちがいいかと聞くようなものかもしれない。

田舎だけしか知らない人には田舎はわからないし、都会から踏み出したことのない人には都会はわからない。都鄙(注1)両方に往来する人は両方を少しずつ知っている。その結果はどちらもわからない前の二者よりも悪いかもしれない。性格が分裂して徹底した没分暁漢(注2)になれなくなるから。それはとにかく、自分は今のところでは田舎よりも都会に生活することを希望し、それを実行している。

田舎の生活を避けたい第一の理由は、①田舎の人のあまりに親切なことである。人のすることを冷淡に見放しておいてくれないことである。たとえば雨のふる日に傘をささないで往来を歩きたいと思ったとしても、なかなかそうはさせてくれない。鼻の先に止まった蚊をそっとしておきたいと思っても、それは一通りの申し訳では許されない。 親切であるために人の一挙一動は絶えず注意深い目で四方から監視されている。たとえば何月何日の何時ごろに、私がすすけた麦藁帽(注3)をかぶって、某の橋を渡ったというような事実が、私の知らない人の口から次第に伝わって、おしまいにはそれが私の耳にもはいるのである。個人の一挙一動は寒天のような濃厚な媒質を透して伝播するのである。

反応を要求しない親切ならば受けてもそれほど恐ろしくないが、田舎の人の質朴さと正直さはそのような投げやりなことは許容しない。それでこれらの人々から受けた親切は一々明細に記録しておいて、②気長にそしてなしくずしにこれを償却しなければならないのである。

そこへ行くとさすがに都会の人の冷淡さと薄情さはサッパリしていて③気持ちがいい。大雨の中を頭からぬれひたって銀座通りを歩いていてもだれもとがめる人もなければ、よけいな心配をする人もない。万一受けた親切の償却も簡易な方法で行なわれる。

それだから一見閑静な田舎に住まっていては、とても一生懸命な自分の仕事に没頭しているわけにはいかない。それには都会の④「人間の砂漠」の中がいちばん都合がいい。田舎では草も木も石も人間くさい呼吸をして四方から私に話しかけ私に取りすがるが、都会ではぎっしり詰まった満員電車の乗客でも川原の石ころどうしのように黙ってめいめいが自分のことを考えている。そのおかげで私は電車の中で難解の書物をゆっくり落ち付いて読みふけることができる。家にいれば子供や老人という代表的田舎者がいるので困るが、電車の中ばかりは全く閑静である。このような静かさは到底田舎では得られない静かさである。静か過ぎてあまりにさびしいくらいである。これで都会に入り込んでいる「田舎の人」がいなければどんなに静かなことであろう。

〈寺田寅彦『田園雑感』による〉

(注1) 都鄙：都会と田舎
(注2) 没分暁漢：ものの道理がわからない男。わからずや。
(注3) 麦藁帽：麦稈真田をとじつけて作った帽子。夏に日よけ用として用いる。

問1 ①田舎の人のあまりに親切なことである。とあるが、筆者のどういう心境を表わしているか。

1 とても親切なので感謝する気持ちである。
2 恩返しに戦々恐々としている。
3 ありがためいわくそうに思っている。
4 いつも不安な日々を送っている。

問2 ②気長にそしてなしくずしにこれを償却しなければならないとあるが、どういうことを意味するか。

1 田舎の人から受けた恩はゆっくり後で返してもよいこと
2 田舎の人から受けた恩は一々覚えて長期間にわたって少しずつ返すこと
3 田舎の人から受けた恩は早く返した方がよいこと
4 田舎の人から受けた恩は気を長く持って後で一遍に返した方がよいこと

問3 筆者はなぜ③気持ちがいいと述べているか。

1 都会の人は相手への気配りや付き合い方が上手だから
2 都会の人はそもそも冷淡で薄情者だということを知っているから
3 都会ではあまり干渉されないし、また恩返しもあまり気を使わなくて済むから
4 雨の日には田舎より都会では、周りの人に気を使わなくてすっきりした気分になれるから

問4 ④「人間の砂漠」の中が一番都合がいいとあるが、筆者は都会のどういう面を比喩して説明しているか。

1 都会の満員電車では黙ってめいめい自分のことを考える最適な場所だということ

2 都会の人間は砂のような存在だから、常に人間的な情への渇きを求めていること

3 都会では人が大勢いるにもかかわらず、お互いの絆が弱く他人に口を挟まないこと

4 都会の人口増加によってかえって満員電車は孤独を感じながら本を読むに最適な場所になったこと

정답 문제 1 3　문제 2 2　문제 3 3　문제 4 3

해석 현대의 많은 사람들에게 도시와 시골 중 어느 쪽을 좋아하느냐고 질문하는 것은 개구리에게 물과 육지 중 어느 쪽이 좋은지를 묻는 것일지도 모른다.

시골밖에 모르는 사람에게는 시골은 알 수 없고, 도시 밖으로 발을 내디딘 적이 없는 사람에게는 도시는 모른다. 시골과 도시 양쪽 모두를 왕래하며 사는 사람은 양쪽 모두를 조금씩 알고 있다. 그 결과는 모두 모르는 앞의 양자보다 나쁠지도 모른다. 성격이 분열해 철저한 벽창호가 될 수 없기 때문이다. 그것은 어쨌든 나는 현재로는 시골보다 도시에서 생활하는 것을 희망하여 그것을 실행하고 있다.

시골의 생활을 피하고 싶은 제일의 이유는 ①시골 사람이 지나치게 친절하다는 점이다. 사람이 하는 일을 냉담하게 내버려 두지 않는 것이다. 예를 들어 비가 내리는 날에 우산을 쓰지 않고 길을 걷고 싶다고 해도 좀처럼 그렇게는 하게 두지 않는다. 코끝에 앉은 모기를 가만히 놔두고 싶어도, 그것은 웬만한 변명으로는 통하지 않는다.

친절하기 때문에 사람의 행동 하나하나는 끊임없이 주의 깊은 눈으로 사방에서 감시받고 있다. 예를 들어 몇 월 며칠의 몇 시 경에, 내가 낡고 거무데데해진 밀짚모자를 쓰고, 아무개 다리를 건넜다고 하는 사실이, 나도 모르는 사람의 입으로 전해져서 끝내는 그것이 나의 귀에도 들어오는 것이다. 개인의 일거일동은 겨울 하늘과 같이 농후한 공간을 통해 전파하는 것이다.

반응을 요구하지 않는 친절함이라면 받아도 그다지 무섭지 않겠지만, 시골 사람의 소박함과 정직함은 그러한 무책임한 것은 허용되지 않는다. 그래서 이러한 사람들로부터 받은 친절은 하나하나 정확하고 명확하게 기록해 두고, ②느긋하게 그리고 조금씩 갚아 나가야 하는 것이다.

도시에 가면 과연 도시 사람의 냉담함과 몰인정함은 담백해서 ③기분이 좋다. 장대비 속을 머리부터 젖어서 긴자 거리를 걷고 있어도 아무도 나무라는 사람도 없으며 쓸데없는 걱정을 하는 사람도 없다. 만일 받은 친절을 갚는 것도 간단하고 쉬운 방법으로 한다.

그렇기 때문에 일견 한적한 시골에 살고 있어서는 도저히 열심히 자신의 일에 몰두할 수가 없다. 자신의 일을 하기에는 도시의 ④'인간의 사막' 안이 가장 적당하다. 시골에서는 풀도 나무도 돌도 인간 냄새 나는 호흡을 하고서는 사방에서 나에게 말을 건네며 나에게 매달리지만, 도시에서는 가득 찬 만원 전철의 승객들이 모두 모래밭의 자갈들과 같이 입을 다물고 제각기가 자신만의 생각을 하고 있다. 그 덕분에 나는 전철 안에서 난해한 서적을 천천히 차분하게 탐독할 수 있다. 집에 있으면 아이나 노인이라고 하는 대표적 시골 사람이 있으므로 곤란하지만, 전철 안만은 완벽하게 한적하다. 이러한 조용함은 도저히 시골에서는 얻을 수 없는 조용함이다. 너무 조용해 너무나 외로울 정도이다. 그래서 도시에 와 있는 '시골 사람'이 없으면 얼마나 조용할까?

〈데라다 도라히코「전원 잡감」〉

(주1) 도비: 도시와 시골

(주2) 사리에 어두운 사람: 사리에 어두운 남자. 벽창호.

(주3) 밀짚모자: 밀짚을 납작하게 꼰 끈으로 만든 모자. 여름에 해를 피하기 용으로 사용함.

어휘 都会(とかい) 도시 | 田舎(いなか) 시골 | 蛙(かえる) 개구리 | 踏(ふ)み出(だ)す 걸음을 내딛다 | 分裂(ぶんれつ)する 분열하다 | 徹底(てってい)する 철저하다 | 実行(じっこう)する 실행하다 | 避(さ)ける 피하다 | 冷淡(れいたん) 냉담 | 見放(みはな)す 버리고 돌보지 않다. 포기하다 | 往来(おうらい) 길, 도로, 왕래 | 一通(ひととお)り 대충. 대강. 한차례 | 一挙一動(いっきょいちどう) 일거일동 | 絶(た)える 끊어지다 | 注意深(ちゅういぶか)い 조심스럽다 | 四方(しほう) 사방 | 監視(かんし)する 감시하다 | 煤(すす)ける 낡아서 거무데데해지다, 그을다 | 被(かぶ)る 쓰다 | 寒天(かんてん) 한천, 겨울 하늘 | 濃厚(のうこう)だ 농후하다 | 媒質(ばいしつ) 매질 | 伝播(でんぱ)する 전파하다 | 反応(はんのう) 반응 | 質朴(しつぼく)さ 소박함 | 許容(きょよう)する 허용하다 | 明細(めいさい) 아주 정확하고 명확함 | 気長(きなが) 느긋함 | なし崩(くず)し 조금씩 해나감, 빚을 조금씩 갚아감 | 償却(しょうきゃく)する 빚을 갚다 | 薄情(はくじょう) 몰인정 | 万(まん)が一(いち) 만일 | 閑静(かんせい)だ 한적하다, 조용하다, 고요하다 | 没頭(ぼっとう)する 몰두하다 | 砂漠(さばく) 사막 | ぎっしり 가득 | 難解(なんかい) 난해 | 書物(しょもつ) 서적 | 心境(しんきょう) 심경 | 恩返(おんがえ)し 보은 | 気配(きくば)り 배려 | 孤独(こどく) 고독 | 最適(さいてき)だ 최적하다

문제 1 ①<u>시골 사람이 지나치게 친절하다는 점이다</u>라고 되어 있는데 필자의 어떤 심경을 나타내고 있는가?
1 매우 친절해서 감사하는 기분이다.
2 보은에 전전긍긍하고 있다
3 고맙지만 성가신 호의로 생각한다.
4 언제나 불안한 날들을 보내고 있다.

문제 2 ②<u>느긋하게 그리고 조금씩 갚아 나가야 하는 것</u>이라고 되어 있는데, 무엇을 의미하는가?
1 시골 사람으로부터 받은 은혜는 천천히 다음에 갚아도 괜찮은 것
2 시골 사람으로부터 받은 은혜는 하나하나 기억해 장기간에 걸쳐서 조금씩 갚는 것
3 시골 사람으로부터 받은 은혜는 빨리 갚는 것이 좋은 것
4 시골 사람으로부터 받은 은혜는 천천히 생각하고 다음에 한 번에 갚는 것이 좋은 것

문제 3 필자는 왜 ③<u>기분이 좋다</u>고 말하고 있는가?
1 도시 사람은 상대에게의 배려나 교제하는 방법이 능숙하기 때문에
2 도시 사람은 원래 냉담하고 몰인정한 것을 알고 있기 때문에
3 도시에서는 별로 간섭받지 않고, 또 보은도 별로 신경을 쓰지 않아도 되니까
4 비오는 날에는 시골보다 도시에서는, 주위 사람들을 신경을 쓰지 않아서 상쾌한 기분이 될 수 있기 때문에

문제 4 ④<u>'인간의 사막' 안이 가장 적당하다</u>고 되어 있는데, 필자는 도시의 어떤 면을 비유해 설명하고 있는가?
1 도시의 만원 전철에서는 말없이 제각기 자신을 생각하는 최적인 장소라고 하는 것
2 도시의 인간은 모래와 같은 존재이니까, 항상 인간적인 정에의 갈증을 요구하고 있는 것
3 도시에서는 사람이 여럿 있는 것에도 불구하고, 서로의 유대가 약하고 타인에게 말참견하지 않는 것
4 도시의 인구증가에 의해서 오히려 만원 전철은 고독을 느끼면서 책을 읽기에 최적의 장소가 된 것

해설 **문제 1**
필자가 시골 사람이 지나치게 친절하다고 느끼는 심정은 '너무 친절하기 때문에 일거일동이 끊임없이 사방에서 감시받고 있다'고 느끼고 있기 때문에 답은 3번이다.

문제 2
어휘를 알고 있으면 그리 어렵지 않은 문제이다. 気長になしくずしに償却する(느긋하게 빚을 조금씩 갚다)을 알고 있으면 답은 2번이다.

문제 3
도시에서는 비를 맞고 돌아다녀도 나무라거나 걱정해 주는 사람도 없고 설사 친절한 도움을 받는다 해도 그에 대한 답례도 간단하게 끝낼 수 있는 도시 사람의 냉담함과 박정함이 도리어 후련해서 기분이 좋다고 필자는 생각하므로 답은 3번이다.

문제 4
'인간의 사막 속이 가장 형편이 좋다'란에서 '인간의 사막'이란 비유적으로 우선 모래알처럼 유대감이 없는 것을 이미지화 할 수 있다. 또한 앞뒤의 문장을 살펴보면 시골에서는 자신의 일에 몰두할 수 없다는 것, 시

골에서는 풀도 나무도 돌도 말을 걸고 매달린다는 것은 시골에서는 끊임없이 감시받고 간섭받고 있다는 것을 비유적으로 나타내고 있고, 반면에 도시는 만원 전철의 승객이라도 강가 모래밭의 돌멩이 사이처럼 잠자코 각자가 자신에 관해 생각하니까 간섭을 받지 않는다고 했으므로 답은 3번이다.

문제분석과 완벽대비법

장문이해 문제는 설명문, 수필, 소설 등의 1000자 정도의 긴 지문을 읽고 필자의 생각을 파악하는 문제로 긴 지문 1개와 지문에 달린 문제 4문항이 출제됩니다. 장문 독해는 주로 지시대명사, 밑줄 친 부분이 무엇을 나타내는지, 아니면 밑줄 친 부분에 대한 필자의 생각이나 이유를 묻는 문제가 주로 출제되고 있습니다. 그런데 주목할 만한 점은 2010년 개정 이후의 문제를 분석해 보면 장문 이해 문제가 가장 학문적인 문장을 많이 사용하고 있다는 점입니다. 예를 들면 2010년에는 2회 모두 심리학에 관한 지문을 사용했고 2011년에는 1회는 학문에 관한 지문, 2회는 철학과 과학과의 관계에 관한 지문을 사용했습니다. 일단 이러한 학문적인 글은 부분적으로 어려운 대목이 있어도 한 곳에 너무 시간을 빼앗겨서 전체적인 문맥을 잡는 데 실패해서는 안 됩니다. 우선 중문에서도 설명했듯이 먼저 세 문항 중 첫 문항의 문제를 읽고 중요한 포인트에 밑줄이나 동그라미 세모 등, 자기 나름대로 기억하기 쉬운 표시를 하면서 읽어나가다가 첫 문항에 해당되는 키 센텐스가 나오면 문제 예문과 일치되는지 아니면 유사한 표현으로 바꾸어 놓았는지 확인하고 풀면서 그 다음 2번과 3번, 4번 문항도 마찬가지로 읽으면서 풀어나갑니다. 만일에 문제에서 본문의 전체적인 내용을 묻는 문제가 있다면 그때는 지금까지 자기 다름대로 표시했던 기호를 참조하면서 가능한 한 시간을 낭비하지 말고 본문하고 예문을 참조하면서 풀면 더 정확하게 풀 수 있습니다.

그리고 밑줄 친 부분이 가리키는 부분의 문제는 그리 멀리 있지 않고 최소한 같은 단락 안에 그 가리키는 의미가 있다는 것을 염두에 두고 문제를 풀어 나가면 됩니다. 전문에도 말했듯이 필자가 주장하고 싶거나 강조하고 싶을 때는 항상 역접 접속사를 써서 표현하니 문장을 읽을 때는 항상 염두에 두고 읽는 것이 좋겠지요. 또한 밑줄 친 부분에 대한 이유나 작가가 생각하는 이유도 그리 멀리서 찾지 말고 가까이에서 찾되 제시하는 문제의 예문의 함정에 빠지지 않도록 해야 합니다. 문제의 난이도가 높다는 것은 지문이 더 어렵다는 것이 아니라 문제의 예문이 더 어렵다는 것을 의미하기 때문에 너무 강조하는 말이나 극단적인 표현 일부를 전체로 일반화하는 문장 등 올바른 선택문을 고르는 훈련이 필요합니다. 그리고 마지막으로 웬만한 지시대명사는 답이 다 앞쪽에 있지만 가끔 문장을 더 읽어내려 가면 나오는 경우도 있습니다. 특히 これ는 뒤쪽에 나오는 경우가 많으니 주의하기 바랍니다.

기출문제 분석

2010년 개정 이후의 장문이해 기출 문제를 분석해 보면 심리학에서 마음과 감정에 관한 지문, 또한 학문에 관한 지문과 철학과 과학과의 관계에 관한 지문 등이 출제되고 있습니다.

04 | 問題11 통합이해 문제

문제 소개

問題11은 새롭게 추가된 문제 유형으로, 600자 정도의 2~3개의 복수의 본문을 서로 비교, 통합하면서 읽은 후에 각 내용간의 공통점이나 주장에 대한 질문에 답하는 〈통합이해〉 문제로, 600자의 지문 1개에서 3문항이 출제됩니다.

문제 미리 풀어보기 및 풀이

問題 11

次の文章は「夫婦別姓制度」に関する記事の一部です。二つの文章を読んで、後の問いに対する答えとして、最もよいものを1・2・3・4から一つ選びなさい。

A

私の周囲でも夫婦別姓制度をどうしても導入したいと主張する人は殆どいません。しかし、実はそれを公表してしまうと少数派扱い(変わった人扱い)されてしまうために、声をあげないだけのようです。結婚している人だと、ご主人やそのご実家に気兼ねしている場合も多いです。

事実、私も夫婦別姓を強く望んでいますが、変人扱いされるのがイヤで、人前でそんな主張はおくびにも出しません。また、最初は「どうしてもって訳じゃないけど…」と言っていた人でも、少し仲良くなると「選択性になれば、すぐにでもそうするのに」とか「選択性にしてくれれば、すぐにでも結婚するのに」と言い出す人は、かなり多くいます。最初から夫婦別姓を主張するのは、変態扱いされたり、親戚に迷惑がかかったり、変な目で見られたりすることが多いので、それだけ勇気がいることなんだと思います。

というわけで、意外と夫婦別姓を望んでいる人は多いけど、それを公表すると出る杭は打たれる状態になるのを避けるために、主張できない人が多くてなかなか世論が盛り上がらず、男性にとってはどちらでも良い問題と受け止める人が多く、また他にも問題が山積みの国会では、なかなか取り上げてもらえないのではないでしょうか。選択性夫婦別姓導入で結婚する人が増えれば、僅かながらにも少子化対策にもなると個人的に思うので、ないがしろにされるのはとても残念なことですが…。

B

わかりにくいかも知れませんが、消極的な賛成ということになります。仕事(特に研究者など)の理由などで、別姓を選択したいという気持ちは良くわかります。また、手続きの煩雑さや姓を変えるということの精神的な負担も否定はできません。ただ、世界的に夫婦別姓が多いとかということが言われるのは違和感があります。

今の日本は行き過ぎた個人主義や稚拙な人間関係、家族の問題、教育の問題などなど社会全体が取り組むべき課題があまりにも多いように感じます。このことが直接的に夫婦別姓に関わるかどうかは異論もあるでしょうが、今までの少数派の不利益を解消しながら、当面はある程度の制約を持ちながら制度改正をしたほうが良いのではないでしょうか。現在の改正案が広く別姓を推し進めるものでないことはわかっていますが、少数派はいつまでも少数派であるとは限りません。単なる風潮や流行で左右されることがあまりないような配慮をお願いしたいと思います。

問1 夫婦別姓制度の導入に対するAとBで共通して述べられていることは何か。

1 夫婦別姓による違和感
2 少子化対策に対するきっかけ
3 この制度の導入に対する否定的な見解
4 夫婦別姓に関わる議論

問2 夫婦別姓導入について、AとBの筆者が最も重視しているのは何か。

1 夫婦別姓を主張する人に積極性を持たせること
2 手続きの煩雑さや姓を変えるということへの負担感を減らすこと
3 夫婦別姓導入に関する自分の意見を明確に示すこと
4 夫婦別姓導入に関する法改正に力を入れること

問3 AとBとのどちらの記事にだけ触れられている内容はどれか。

1 夫婦別姓制度を導入すべきであること
2 法改正への努力を怠らないこと
3 現在日本には抱えている問題が山積していること
4 自分の意見を主張すると出る杭は打たれること

정답 문제 1 3 문제 2 4 문제 3 4

해석 A

제 주위에서도 부부 별성 제도(夫婦別姓制)를 꼭 도입하고 싶다고 주장하는 사람은 거의 없습니다. 그러나 사실은 그것을 공표해 버리면 소수파 취급(특이한 사람 취급)을 받기 때문에 주장하지 않는 것뿐인 것 같습니다. 결혼한 사람이라면 남편이나 그 친가의 눈치를 보고 있는 경우도 많습니다.

사실 저도 부부 별성을 매우 바라고 있습니다만, 특이한 사람 취급받는 것이 싫어서 남 앞에서 그런 주장은 전혀 꺼내지도 않습니다. 또, 처음에는 '꼭은 아닌데…'라고 한 사람이라도, 조금 사이가 좋아지면 '선택성이 되면, 당장에라도 그렇게 하는데…'라든가 '선택성으로 해 준다면 당장이라도 결혼하는데…'라고 말하는 사람이 꽤 많이 있습니다. 처음부터 부부 별성을 주장하는 것은 특이한 사람 취급을 받거나 친척에게 폐가 되거나 사람들로부터 이상한 눈총을 받거나 하는 경우가 많기 때문에 그 만큼 용기가 필요한 것이라고 생각합니다.

그래서 의외로 부부 별성을 바라고 있는 사람은 많지만, 그것을 공표하면 모난 돌이 정 맞는 것 같은 일을 피하기 위해서 주장할 수 없는 사람이 많아 좀처럼 여론화되지 못하고, 남성 입장에서는 어찌 되든 별 상관없는 문제라고 받아들이는 사람이 많으며, 또 다른 문제가 산적한 국회에서는 좀처럼 문제 삼지 않는 것이 아닐까요? 선택적 부부 별성 제도 도입으로 결혼하는 사람이 늘면, 다소나마 저출산에 대한 대책이 된다고 개인적으로 생각하므로, 소홀히 다루어지는 것은 매우 유감스러운 일입니다만….

B

이해하기 어려울지도 모릅니다만, 소극적인 찬성이라고 하겠습니다. 일(특히 연구자 등)로 인한 이유 등으로 다른 성을 선택하고 싶다고 하는 마음은 잘 압니다. 또 수속의 번잡함이나 성을 바꾸는 것의 정신적인 부담도 부정할 수 없습니다. 단지, 세계적으로 부부 별성이 많기 때문이라고 하는 것에 대해서는 위화감이 있습니다.

지금의 일본은 지나친 개인주의나 치졸한 인간관계, 가족 문제, 교육 문제 등등 사회 전체가 해결해야 할 과제가 너무 많다고 생각합니다. 이것이 직접적으로 부부 별성에게 관련이 있는가에 대해서는 다른 견해도 있겠지만, 지금까지의 소수파의 불이익을 해소하면서, 당장은 어느 정도의 제약을 가지면서 제도 개정을 하는 편이 좋은 것이 아닐까요? 현재의 개정안이 넓게 별성을 추진하는 것이 아닌 것은 알고 있습니다만, 소수파는 언제까지나 소수파라고는 할 수 없습니다. 단순한 풍조나 유행으로 좌우되지 않는 배려를 부탁하고 싶습니다.

문제 1 부부 별성 제도 도입에 대한 A와 B의 공통 인식은 무엇인가?

1 부부 별성에 대한 위화감
2 저출산 대책에 대한 계기
3 이 제도의 도입에 대한 부정적인 견해
4 부부 별성에 관련된 논의

문제 2 부부 별성 도입에 대해서, A와 B의 필자가 가장 중시하고 있는 것은 무엇인가?

1 부부 별성을 주장하는 사람에게 적극성을 갖게 하는 것
2 수속의 번잡함이나 성을 바꾸는 것에 대한 부담감을 줄이는 것
3 부부 별성 도입에 관한 자신의 의견을 명확하게 나타내 보이는 것
4 부부 별성 도입에 관한 법 개정에 힘을 쏟는 것

문제 3 A와 B의 어느 한쪽의 기사에서만 접할 수 있는 내용은 무엇인가?

1 부부 별성 제도를 도입해야 하는 것
2 법 개정에 대한 노력을 게을리하지 않는 것
3 현재 일본에는 안고 있는 문제가 산적되어 있다는 것
4 자신의 의견을 주장하면 비판 받는 것

어휘 周囲(しゅうい) 주위 | 導入(どうにゅう)する 도입하다 | 主張(しゅちょう)する 주장하다 | 殆(ほと)んど 대부분 | 少数派(しょうすうは) 소수파 | 実家(じっか) 친가 | 気兼(きがね) 마음을 씀, 거리낌 | 望(のぞ)む 바라다 | おくびにも出(だ)さない 내색도 하지 않다 | 変態(へんたい) 변태 | 親戚(しんせき) 친척 | 勇気(ゆうき)용기 | 意外(いがい) 의외 | 公表(こうひょう)する 공표하다 | 出(で)る杭(くい)は

打(う)たれる 모난 돌이 정 맞는다 | 避(さ)ける 피하다 | 世論(せろん) 여론 | 盛(も)り上(あ)がる 비등하다 | 山積(やまづ)み 산적 | 国会(こっかい) 국회 | 消極的(しょうきょくてき) 소극적 | 賛成(さんせい) 찬성 | 手続(てつづ)き 수속 | 煩雑(はんざつ) 번잡함 | 精神的(せいしんてき) 정신적 | 負担(ふたん) 부담 | 違和感(いわかん) 위화감 | 個人主義(こじんしゅぎ) 개인주의 | 稚拙(ちせつ)だ 치졸하다 | 取(と)り組(く)む 대처하다 | 直接(ちょくせつ)に 직접적으로 | 異論(いろん) 이론 | 不利益(ふりえき) 불이익 | 解消(かいしょう)する 해소하다 | 当面(とうめん) 당면 | 制約(せいやく) 제약 | 改正(かいせい) 개정 | 風潮(ふうちょう) 풍조 | 左右(さゆう)する 좌우하다 | 配慮(はいりょ) 배려 | 見解(けんかい) 견해

해설 **문제 1**

부부 별성 제도의 도입에 대해서 A와 B에서 공통적으로 진술되어 있는 것은 A에서 부부 별성의 도입을 공표하면 이상한 사람 취급을 받거나 괴짜 취급을 받아서 입 밖에도 꺼내지 못한다는 기술과 B에서는 성을 바꾼다는 것은 정신적인 부담을 준다는 것을 부인할 수 없고, 부부 별성 제도를 도입하는 것에 대해 세계에서 많이 하고 있다고 도입하는 데는 위화감이 있다고 언급한 점에서 '이 제도 도입에 대한 부정적 견해'인 3번이 답이다.

문제 2

A는 의외로 부부 별성을 바라는 사람이 많지만 이 사실을 공표하기 꺼려지기 때문에 떳떳하게 말할수 있는 사회 분위기를 만들기 위해서는 국회에서도 노력해 주기를 바란다고 언급했고 B는 지금까지의 소수파의 불이익을 해소하면서 당장은 어느 정도 제약을 가지면서 제도 개정을 하는 편이 좋지 않을까라고 언급한 점으로부터 '부부 별성 제도 도입에 관한 법 개정에 힘을 쏟는 것'이 답이다.

문제 3

A만이 자신의 의견을 주장하면 특이한 사람 취급을 받거나 눈총을 받거나 하는 경우가 많다고 말하고 있으므로 4번이 정답이다.

문제분석과 완벽대비법

통합이해 문제는 2010년 개정 이후에 새롭게 등장한 문제로 같은 주제에 관한 두 가지의 글을 읽고 두 글을 비교하여 읽고 난 후에 두 글의 주장 내용에 대해 공통점이나 차이점을 묻거나 두 글의 내용을 종합적으로 이해하고 있는가를 묻는 문제입니다.

비교적 평이한 내용으로 우리 주변에서 토론으로 쓸 말한 주제를 많이 다루고 있는데 자료는 신문, 잡지, 인터넷 블로그나 상담 내용이고 비슷한 주제를 가지고 썼던 책의 일부를 발췌해서 내는 경향도 있습니다. 가장 일반적으로 묻고 있는 질문은 '두 글에서 공통적으로 언급되어 있는 사항은 무엇인가?'나 '두 글의 필자가 각각 주장하고 있는 내용은 무엇인가?' 등 두 글의 주요 포인트를 표시하면서 읽으면 쉽게 정답을 찾을 수 있고 만약 시간이 부족한 경우에는 질문과 선택지를 먼저 읽고 체크해나가면 의외로 답이 빨리 나오는 경우도 있습니다.

기출문제 분석

2010년 개정 이후의 통합이해 기출문제를 분석해 보면 '각각의 본문에 관한 공통점'이나 '한쪽의 비판점'을 묻다가 점점 '각각의 필자가 주장하는 바가 맞는지' 쪽으로 문제의 흐름이 바뀌고 있습니다.

05 | 問題12 주장이해 문제

문제 소개

問題12는 1000자 정도의 추상적이고 논리적인 평론, 논설, 칼럼을 읽고, 전달하고자 하는 주장 또는 의도 등에 대한 질문에 답하는 〈주장이해〉 문제로, 지문 1개에서 4문항이 출제됩니다.

문제 미리 풀어보기 및 풀이

問題 12

次の文章を読んで、後の問いに対する答えとして、最もよいもの1・2・3・4から一つ選びなさい。

私は方言の専門的研究家ではないが、人一倍その魅力に惹きつけられる。十人十色(注1)という言葉は、人間の個性は個々に色別し得ることを指すに相違ないが、同一国語を使う同一国土の中で、地方々々に特有の言語的風貌というものがあり、それぞれ、その地方に生れ、育ち、住む人々の気風を伝えることにおいて、①これくらい微妙で、正直なものはない。

人間というものは、とにかく、おもしろいものだ。どんなに単純な性格だといっても、そこには、いろいろの影響が、二重三重に染み込んでいて、一見同じ型の気質のうちに、意外な陰影の相違を発見し、またこれと逆に、どう見ても正反対だと思われる人物の輪郭を通じて、どことなく共通の感じが迫って来るような場合がある。

私はかつて、そういう見方から、紀州人(注2)という一文を書いたことがあるが、紀州に限らず、あらゆる地方の方言が、性、年齢、教養、稟質(注3)、職業、身分等によって調味されつつ、なお厳然として、独特の「あるもの」を保ち、これが風土そのもののような印象によって、人間固有の属性に、一抹の、しかも、甚だ鮮明な縁取を加えていることは、なんといっても見逃すことはできないのである。

②例を世界の諸国、諸民族にとれば、なお話が解り易いであろう。英語は英国民の、フランス語はフランス国民の、ロシア語はロシア人のと、それぞれ語られる言葉の色調が、直ちに、その民族の風尚(注4)気質を帯びてわれわれの耳に響いて来る。厳密に云えば、英国人の感情は、英語を通してでなければ表わし難く、フランス人の生活は、フランス語によらなければ描き出すことが困難なのである。

そう考えて来ると、ある地方の方言を耳にするということは、その地方の山水、料理、風習、女性美に接する如く、われわれの感覚と想像を刺激し、偶々その意味がわからなくても、なんとなく異国的な情趣と、一種素朴な雰囲気を楽しむことができる。

さて、私の方言讃は、比較の問題にはいらなければならぬが、それは略するとして、それなら、どういう場合にでも、③方言はかかる魅力を発揮するかという疑問について答えねばなるまい。

(中略)

そうかと思うと、また議会の壇上で、放送局のマイクロフォンを前にして、政治家、学者、官吏などが、やはり方言的抑揚をもって、天下国家を、学問技芸を論じ、聴くものを危く失笑せしめることがある。子供などはほんとに笑いころげるのである。そうかと思うと、これは面白い例であるが、ある映画の説明者が東京で修業をして、郷里の常設館に職を得、かつて使い慣れたその地方の方言をもって、思いのまま熱弁を振るおうとしたところ、観客は一斉に笑いこけ、馬鹿野郎の声さえそのうちに混ざったという話を聞いた。この消息も私にはわからぬことはない。

結論を急げば、方言の魅力は、その地方に結びつく生活伝統、ないし個人の私的感情に裏づけられた談話的表現においてのみ、その本来の面目を発揮し、こと、公にわたる場合、わけても、「社会」一般に呼びかけるような問題の説述にあたっては、その魅力が言葉の内容から遊離して、奇癖または仮面の如く滑稽感を誘うものである。これは、地方の方言のみがそうなのでなく、地方の人々が、標準語そのものと考えている東京弁が、その方言性によって、同様な結果を見せるのである。

〈岸田国士『方言について』による〉

(注1) 十人十色：考え方や好みなどが各人それぞれに違っていること。
(注2) 紀州人：紀伊國の人。紀州は紀伊国の別称で、紀伊國は現在の和歌山県と三重県南部の一帯に当たる。
(注3) 稟質：天からうけた性質。稟性。
(注4) 風尚：けだかいこと。人々の好み。その時代の人の好み。

問1 ①これはこの文章で何を指すか。

1 言語的風貌
2 気風
3 方言
4 個性

問2 ②例を世界の諸国、諸民族にとれば、なお話が解り易いであろうとあるが、筆者はどういうことを説明するために外国語を例にとるのか。

1 方言の構造を説明するため
2 方言の特質を称賛するため
3 日本語の方言と外国語とを比較·分析するため
4 外国語の特質を分析するために

問3 ③方言はかかる魅力とあるが、筆者は方言の魅力はどこにあると述べているか。

1 その地方の生活伝統と個人から発せられる会話

2 公の場で行われる社会的な発言や演説

3 大都会の笑いを誘う標準語

4 方言の抑揚をもって発せられる標準語

問4 本文で筆者が最も言いたいことは何か。

1 地方の方言をもって思いのまま熱弁を振るってはいけない。

2 地方の人も公の場でなるべく標準語を使うべきである。

3 方言の魅力はその地方ならではの風習や個人的な感情から発する会話によって発揮できる。

4 都会の人も、方言の良さを見直して、積極的に使うべきである。

정답 문제 1 3 문제 2 2 문제 3 1 문제 4 3

해석 나는 방언의 전문적 연구가는 아니지만, 다른 사람의 두 배나 그 매력에 끌린다. 각양각색이라는 말은 인간의 개성은 각각 색별할 수 있는 것을 가리키는 것이 틀림없는데, 같은 국어를 사용하는 같은 국토 안에서, 지방마다 특유의 언어적 풍모라는 것이 있어, 각각 그 지방에서 태어나고 자라서 사는 사람들의 기풍을 전하는 데에 있어서, ①이것보다 미묘하고 정직한 것은 없다.

인간이라는 것은 어쨌든 재미있는 것이다. 아무리 단순한 성격이라고 할지라도 거기에는 여러 가지 영향이 이중 삼중으로 녹아 있어서 언뜻 보기에는 같은 형태의 기질 가운데 뜻밖의 음영의 차이를 발견하며, 또 이것과 반대로 아무리 봐도 정반대라고 생각되는 인물의 윤곽을 통해서 어딘지 모르게 공통의 느낌이 전해지는 경우가 있다.

나는 이전에 그러한 견해로부터, 기슈진이라고 하는 글을 썼던 적이 있는데 기슈에 한정하지 않고, 모든 지방의 방언이 성, 연령, 교양, 천성, 직업, 신분 등에 의해서 맛이 더해지면서 더욱 엄연하고 독특한 '어떤 것'을 유지하고 이것이 풍토 그 자체와 같은 인상에 의해서, 인간 고유의 속성에, 일말의, 게다가, 매우 선명한 테두리를 더하고 있는 것은 결코 놓칠 수 없는 것이다.

②세계의 여러 나라, 모든 민족을 예를 들면 더욱 이야기가 알기 쉬울 것이다. 영어는 영국 국민의, 프랑스어는 프랑스 국민의, 러시아어는 러시아 국민의 것으로, 각각 사용되는 말의 색조가, 바로 그 민족의 취향과 기질을 띠고 우리의 귀에 전달된다. 엄밀하게 말하면, 영국인의 감정은 영어를 통해서가 아니면 나타내기 어렵고, 프랑스인의 생활은 프랑스 말을 통해서가 아니면 그려내기 힘든 것이다.

그렇게 생각하면 어느 지방의 방언을 듣는 것은, 그 지방의 산수, 요리, 풍습, 여성미에 접하듯이, 우리의 감각과 상상을 자극하여 마침 그 의미를 몰라도 어딘지 모르게 이국적인 정취와 일종의 소박한 분위기를 즐길 수 있다.

자, 이제 저의 방언 예찬은 비교의 문제로 들어가야 하지만, 그것은 생략하기로 하고 그렇다면, 어떤 경우라도, ③방언은 이러한 매력을 발휘하는가 하는 의문에 대해 대답해야만 한다.

(중략)

그런가 하면, 또 의회의 단상에서 방송국의 마이크로폰 앞에서, 정치가, 학자, 관리 등이 역시 방언 억양으로, 세상과 국가 문제로, 학문 기예를 논하여 듣는 사람들이 실소할 뻔하게 만든 일도 있다. 아이라도 정말 배꼽을 잡고 웃을 일이다. 그런가 하면, 또 이것은 재미있는 예인데, 어느 영화의 설명자가 도쿄에서 영화를 배워서 고향의 상설관에 일자리를 얻게 되었는데 이전부터 늘 사용해온 그 지방의 방언으로 마음 가는 대로 열변을 하려는데, 관객은 일제히 자지러지게 웃으며 바보자식이라는 소리마저 그중에 섞여 있었다고 하는 이야기를 들었다. 이 이야기도 나에게는 이해되지 않는 것은 아니다.

결론을 서두르자면 방언의 매력은 그 지방에 뿌리내린 생활 전통, 또는 개인의 사적 감정에 뒷받침된 담화적 표현에 대해서만 그 본래의 면목을 발휘하며, 일이 공적이 되는 경우, 그중에서도 특히 '사회' 전체에 호소하는 문제의 서술을 하는데 있어서는, 그 매력이 말의 내용과 동떨어져 기벽 또는 가면과 같이 우스꽝스러움을 불러일으키는 것이다. 이것은 지방의 방언만이 그런 것이 아니라 지방 사람들이 표준어 그 자체라고 생각하고 있는 도쿄 사투리가 그 방언성 때문에 동일한 결과를 보이는 것이다.

〈기시타 쿠니오 「방언에 대해」에서〉

(주1) 십인십색 : 생각이나 취향 등이 사람마다 각기 다른 것.
(주2) 기슈인(紀州人): 기이국(紀伊國)의 사람. 기슈는 기이국의 별칭으로 기이국은 현재의 와카야마현(和歌山県)과 미에현(三重県) 남부 일대에 해당함.
(주3) 천성: 품질, 품성, 천성.
(주4) 취향: 사람들의 기호나 취향.

어휘 方言(ほうげん) 방언, 사투리 | 専門的(せんもんてき) 전문적 | 研究家(けんきゅうか) 연구가 | 魅力(みりょく) 매력 | 惹(ひ)き付(つ)ける 끌리다 | 十人十色(じゅうにんといろ) 십인십색, 각양각색 | 個性(こせい) 개성 | 特有(とくゆう) 특유 | 風貌(ふうぼう) 풍모 | 気風(きふう) 기풍, 기질 | 微妙(びみょう)だ 미묘하다 | 正直(しょうじき)だ 정직하다 | 単純(たんじゅん)だ 단순하다 | 染(し)み込(こ)む 스며들다, 배어들다 | 気質(きしつ) 기질, 성미, 성향 | 発見(はっけん)する 발견하다 | 輪郭(りんかく) 윤곽 | 共通(きょうつう) 공통 | 見方(みかた) 견해 | 紀州(きしゅう)옛 지명의 하나, 지금의 和歌山(わかやま)현의 대부분과 三重(みえ)현의 남부, 紀伊(きい)の国(くに)·紀(き)の国(くに)라고도 함 | 教養(きょうよう) 교양 | 稟質(ひんしつ) 품성, 천성 | 身分(みぶん) 신분 | 固有(こゆう) 고유 | 一抹(いちまつ) 일말 | 鮮明(せんめい)だ 선명하다 | 縁取(ふちど)り 가장자리를 꾸미는 것 | 見逃(みのが)す 놓치다 | 厳密(げんみつ)だ 엄밀하다 | 困難(こんなん)だ 곤란하다 | 山水(さんすい) 산수 | 風習(ふうしゅう) 풍습 | 感覚(かんかく) 감각 | 想像(そうぞう) 상상 | 刺激(しげき)する 자극하다 | 異国的(いこくてき) 이국적 | 情趣(じょうしゅ) 정취 | 素朴(そぼく)だ 소박하다 | 発揮(はっき)する 발휘하다 | 抑揚(よくよう) 억양 | 熱弁(ねつべん) 열변 | 振(ふ)るう 휘두르다, 털다, 떨다 | 一斉(いっせい) 일제 | 結(むす)び付(つ)く 맺어지다, 결합되다 | 伝統(でんとう) 전통 | ないし 내지 | 裏付(うらづ)ける 안을 대다, 배접하다, 뒷받침하다 | 談話(だんわ) 담화 | 奇癖(きへき) 기벽, 기묘한 버릇 | 仮面(かめん) 가면, 탈 | 滑稽(こっけい) 골계, 해학, 익살 | 誘(さそ)う 권유하다, 권하다 | 標準語(ひょうじゅんご) 표준어 | 構造(こうぞう) 구조 | 称賛(しょうさん)する 상찬하다, 칭찬하다 | 分析(ぶんせき)する 분석하다 | 積極的(せっきょくてき) 적극적

문제 1 ①이것은 이 문장으로 무엇을 가리키는가?

1 언어적 풍모　　2 기풍
3 방언　　4 개성

문제 2 ②세계의 여러 나라, 모든 민족을 예를 들면 더욱 이야기가 알기 쉬울 것이다고 하는데, 필자는 무엇을 설명하기 위해서 외국어를 예를 드는 것인가?

1 방언의 구조를 설명하기 위해서
2 방언의 특질을 칭찬하기 위해서
3 일본어의 방언과 외국어를 비교 · 분석하기 위해서
4 외국어의 특질을 분석하기 위해서

문제 3 ③방언은 이러한 매력이라고 하는데, 필자는 방언의 매력은 무엇이라고 말하고 있는가?

1 그 지방의 생활 전통과 개인으로부터 표현되는 회화
2 공공장소에서 행해지는 사회적인 발언이나 연설
3 대도시의 웃음을 유발하는 표준어
4 방언의 억양을 가지고 표현되는 표준어

문제 4 본문에서 필자가 가장 말하고 싶은 것은 무엇인가?

1 지방 방언으로 마음 가는 대로 열변을 해서는 안 된다.
2 지방 사람도 공공장소에서 되도록 표준어를 사용해야 하는 것이다.
3 방언의 매력은 그 지방만이 가능한 풍습이나 개인적인 감정으로부터 나오는 회화를 통해서 발휘할 수 있다.
4 도시 사람도 방언의 좋은 점을 재평가하여 적극적으로 사용해야 하는 것이다.

해설 문제 1

지시대명사는 문제의 예문을 넣어서 말이 되면 답이기 때문에 즉 '기풍을 전하는 점에 있어서 ①이것만큼 미묘하고 정직한 것은 없다'에서 '기풍을 전하는 것은'에서 기풍은 언어로 전하기 때문에 즉 방언을 넣으면 말이 되므로 답은 3번이다.

문제 2

필자는 방언을 성, 연령, 교양, 품성, 직업, 신분 등에 의해서 조미되고 더욱 뚜렷이 독특한 '어느 것'을 유지하는 것이라고 설명하면서 더 쉬운 예로 각 나라의 언어의 특질에 대해서 진술하고 있다. 그러므로 답은 '방언의 특질을 설명하기 위해서'인 2번이다.

문제 3

필자가 맨 마지막 문단에서 방언의 매력에 대해서 '그 지방에 결부되는 생활 전통이나 개인의 사적 감정에 입증된 담화적 표현에 있어서만 그 본래의 체면을 발휘하고'라고 하였으므로 답은 1번이다.

문제 4

필자가 본문에서 가장 말하고 싶은 것은 '방언의 매력은 그 지방에 결부되는 생활 전통이나 개인의 사적 감정에 입증된 담화적 표현에 있어서만 그 본래의 체면을 발휘하고 특히 공공, 즉 사회 일반에 호소하는 문제를 설명하고 진술할 때는 그 매력이 말의 내용과 유리되어 기벽 또는 가면처럼 익살감을 유발하는 것이다'고 진술하고 있으므로 답은 3번이다.

문제분석과 완벽대비법

주장이해 문제는 1000자의 지문 1개와 지문에 달린 문제 4문항이 출제됩니다. 물론 주장이해는 추상적이고 논리적인 사설이나 평론 등에서 필자가 전달하고자 하는 생각들을 빠른 속도로 읽어 나가면서 정확하게 이해하는데 중점이 있습니다.

먼저 시험 유형은 장문이해와 거의 비슷한 수준의 지문이 나오지만 때로는 더 추상적인 내용이 나오기도 하기 때문에 장문이해 문제보다 난이도가 더 높다고 볼 수 있습니다. 하지만 주장이해 문제도 장문이해와 똑같이 밑줄이 나타내는 내용이지만 지시어가 가리키는 것, 필자가 가장 말하고 싶은 것, 때로는 본문의 주장 내용이 본문과 맞는 것 등 전체적으로 자신의 생각을 버리고 필자의 논리에 맞추어서 중요 부분은 밑줄을 치고 키 워드는 표시를 하고 앞글과 뒤글의 연결이 필요할 때는 메모를 하면서 논리적으로 읽어 나가야 합니다. 그러나 수험을 위해서 글을 읽어 내려가는 것과 일반적으로 지식을 쌓기 위해서 글을 읽어 내려가는 것과는 다른 것입니다. 일반적으로 지식을 쌓기 위해 글을 읽을 때는 책의 저자와 나 사이의 끊임없이 대화를 하면서 내 생각과 저자의 생각과 교감을 하면서 책을 읽어도 좋지만 수험 때의 글이란 시험 출제자라고 하는 또 한 사람과의 관계를 유지하면서 글을 읽어가면서 문제를 풀어야 합니다. 즉 한 지문에서 내 자신이 아무리 깊은 감동을 받고 공감을 했다 하더라도 출제자의 관심 밖의 사항이라면 그냥 지나쳐야 합니다. 따라서 수험생은 글을 읽을 때는 작가의 생각을 따라가면서 또 한 사람 즉 문제 출제자의 생각도 따라갈 필요가 있습니다. 단적으로 말하면 문제 출제자의 의도는 지문에 달린 문제의 예시 문항에 있으므로 그 예시 항을 항상 생각하면서 읽는 훈련을 해야 합니다.

기출문제 분석

2010년 개정 이후의 주장이해 기출문제를 분석해 보면 언어와 정보, 언어와 사상, 자연과 인간과의 관계 등이 출제되고 있습니다.

06 | 問題13 정보검색 문제

문제 소개

問題13은 새롭게 추가된 문제 유형으로, 700자 정도의 정보문을 읽고 필요한 정보를 찾아낼 수 있는지를 묻는 〈정보검색〉 문제로, 1개의 지문에서 2문항이 출제됩니다.

문제 미리 풀어보기 및 풀이

問題 13

右のページは、「現役」の大学·短大進学状況である。下の問いに対する答えとして最もよいものを、1·2·3·4から一つ選びなさい。

問1 都道府県の中で現役進学率と上昇率のトップはそれぞれどこか。

1 京都府と東京都

2 東京都と京都府

3 大阪府と秋田県

4 京都府と島根県

問2 現役進学率が前年度に満たない都道府県はいくつあるか。

1 二つ

2 三つ

3 五つ

4 六つ

「現役」の大学·短大進学状況

◆「現役進学率」は過去最高の54.4%

高校新卒者(中等教育学校含む)の進路別調査では、大学·短大等(大学学部、短大本科、大学、短大の通信教育部等) への進学者数は58万2千人(前年度より８千人増)。

大学·短大への現役進学率は過去最高の54.4%(前年度比0.5%ポイント増)で、男女別にみると、男子は52.8%、女子は56.0%と共に過去最高となった(表２参照)。

● 高校卒業者(現役)における進学状況の推移(表２)

卒業年	高校 卒業者数(人)	大学·短大等卒業者数(人)	大学·短大等現役進学率（%）		
			計	男	女
平成9年3月	1,503,748	611,431	40.7	34.5	46.8
10年	1,441,061	611,841	42.5	37.2	47.6
11年	1,362,682	602,078	44.2	40.2	48.1
12年	1,328,940	599,779	45.1	42.6	47.6
13年	1,327,109	599,026	45.1	43.1	47.1
14年	1,315,079	589,826	44.8	42.8	46.9
15年	1,281,656	572,181	44.6	42.7	46.6
16年	1,235,482	560,055	45.3	43.6	47.1
17年	1,203,251	568,710	47.3	45.9	48.7
18年	1,172,087	578,525	49.4	48.1	50.6
19年	1,148,108	587,999	51.2	50.0	52.5
20年	1,089,188	575,659	52.9	51.4	54.4
21年	1,065,412	574,333	53.9	52.3	55.6
22年	1,070,585	581,940	54.4	52.8	56.0

(注) 12年度以降の高卒者数には中等学校教育分を含む。
進学者数には大学·短大の通信教育部·別科等を含む。

◆ 都道府県別の現役進学率トップは京都の67.０％

中等教育学校卒業者を含まない高校卒業者の大学·短大等への現役進学率のトップは京都(67.0%)、次いで東京(65.3%)、神奈川(61.7%)と続く。アップ率が顕著だったのは、島根(2.3ポイント増)、秋田(2.0ポイント増)、宮城(1.6ポイント増)などとなっている(表３参照)。

●現役進学率(大学等)が全国平均を上回った都府県(表３)

順位	都府県名	進学率(%)	前年度増減(ポイント)	順位	都府県名	進学率(%)	前年度増減(ポイント)	順位	都府県名	進学率(%)	前年度増減(ポイント)
1	京都	67.0	1.1	8	大阪	59.2	0.9	15	千葉	55.2	-0.2
2	東京	65.3	0.3	9	滋賀	58.9	-0.2	15	富山	55.2	1.0
3	神奈川	61.7	0.5	10	山梨	58.5	-1.1	17	栃木	54.5	1.1
4	広島	61.6	0.0	11	福井	57.4	0.5	18	群馬	54.4	0.5
5	兵庫	60.8	0.6	12	埼玉	57.0	0.7	19	静岡	54.3	0.0
6	愛知	60.1	1.1	13	岐阜	56.5	1.1				
7	奈良	59.8	1.1	14	石川	55.3	0.1				

(注) 現役進学率（中等教育学校卒業者は含まず）の全国平均は、54.3%（大学·短大の通信教育部への進学を含む)。

정답 **문제 1** 4 **문제 2** 2

해석 **문제 1** 도도부현(都道府県) 내에서 현역 진학률과 상승률의 톱은 각각 어디인가?

1 교토부와 도쿄도
2 도쿄도와 교토부
3 오사카부와 아키타현
4 교토부와 시마네현

문제 2 현역 진학률이 전년도에 미치지 못하는 도도부현은 몇 개 있는가?

1 2개
2 3개
3 5개
4 6개

'현역'의 대학 · 단기대학 진학 상황

◆ '현역 진학률'은 과거 최고의 54.4%

고교 신졸업자(중등 교육 학교 포함)의 진로별 조사에서는, 대학 · 단기 등(대학 학부, 단기 대학 본과, 대학, 단기 대학의 통신교육부 등)에의 진학자 수는 58만 2천명(전년도보다 8천 명 증가).

대학 · 단기대학에의 현역 진학률은 과거 최고의 54.4%(전년도 대비 0.5% 포인트 증가)로, 남녀별로 보면, 남자는 52.8%, 여자는 56.0%로 남녀 모두 과거 최고의 진학률이 되었다 (표2 참조).

● 고교 졸업자(현역)의 진학 상황 추이 (표 2)

졸업년	고교 졸업자수 (사람)	대학 · 단기 대학 등 졸업자수(사람)	대학 · 단기 대학 등 현역 진학률(%)		
			계	남	녀
헤이세이 9년 3월	1,503,748	611,431	40.7	34.5	46.8
10年	1,441,061	611,841	42.5	37.2	47.6
11年	1,362,682	602,078	44.2	40.2	48.1
12年	1,328,940	599,779	45.1	42.6	47.6
13年	1,327,109	599,026	45.1	43.1	47.1
14年	1,315,079	589,826	44.8	42.8	46.9
15年	1,281,656	572,181	44.6	42.7	46.6
16年	1,235,482	560,055	45.3	43.6	47.1
17年	1,203,251	568,710	47.3	45.9	48.7
18年	1,172,087	578,525	49.4	48.1	50.6
19年	1,148,108	587,999	51.2	50.0	52.5
20年	1,089,188	575,659	52.9	51.4	54.4
21年	1,065,412	574,333	53.9	52.3	55.6
22年	1,070,585	581,940	54.4	52.8	56.0

(주) 12년도 이후의 고졸자 수는 중등학교 교육분을 포함한다.
진학자 수에는 대학 · 단기대학의 통신교육부 · 별과 등을 포함한다.

◆ 도도부현별의 현역 진학률 톱은 쿄토 67.0%

중등교육학교 졸업자를 포함하지 않는 고교 졸업자의 대학 · 단기 대학 등에의 현역 진학률의 톱은 교토(67.0%), 그 다음이 도쿄(65.3%), 가나가와(61.7%)로 이어진다. 상승률이 현저했던 곳은, 시마네(2.3 포인트 증가), 아키타(2.0 포인트 증가), 미야기(1.6 포인트 증가) 등이다 (표 3 참조).

● 현역 진학률(대학 등)이 전국 평균을 넘은 도부현 (표 3)

순위	도부현명	진학률 (%)	전년도증감 (포인트)	순위	도부현명	진학률 (%)	전년도증감 (포인트)	순위	도부현명	진학률 (%)	전년도증감 (포인트)
1	교토	67.0	1.1	8	오사카	59.2	0.9	15	치바	55.2	−0.2
2	도쿄	65.3	0.3	9	시가	58.9	−0.2	15	도야마	55.2	1.0
3	가나가와	61.7	0.5	10	야마나시	58.5	−1.1	17	도치기	54.5	1.1
4	히로시마	61.6	0.0	11	후쿠이	57.4	0.5	18	군마	54.4	0.5

5	효고	60.8	0.6	12	사이타마	57.0	0.7	19	시즈오카	54.3	0.0
6	아이치	60.1	1.1	13	기후	56.5	1.1				
7	나라	59.8	1.1	14	이시카와	55.3	0.1				

(주) 현역 진학률(중등교육학교 졸업자는 포함하지 않음)의 전국 평균은 54.3%(대학 · 단기대학의 통신교육부으로의 진학을 포함한다).

어휘 現役(げんえき) 현역 | 進学率(しんがくりつ) 진학률 | 新卒者(しんそつしゃ) 신졸업자 | 進路(しんろ) 진로 | 推移(すいい) 추이 | 以降(いこう) 이후 | トップ 톱 | 上回(うわまわ)る 상회하다, 웃돌다

해설 **문제 1**

도도부현에서 현역 진학률 톱은 교토로 67.0%이고, 상승률이 현저했던 것은 시마네현이 2.3% 증가이므로 답은 4번이다.

문제 2

현역 진학률이 전년도에 미치지 못하는 도도부현은 시가현, 야마나시현, 치바현 3개로 정답은 2번이다.

문제분석과 완벽대비법

정보검색 문제는 2010년 개정 이후 새롭게 출제 되는 문제 유형으로 광고 팸플릿, 정보지, 비즈니스 문서 등 일본에서 실제로 많이 접하게 되는 정보지를 짧은 시간 내에 본인이 원하는 정보를 빨리 얻을 수 있는 능력을 키우는 훈련입니다. 그러므로 일단 여러 가지 내용이 기재된 글 중에서 본인이 원하는 정보를 얻기 위해서는 빠른 속도로 필요 없는 사항은 뛰어넘고 읽어내려 가는 능력이 필요합니다.

정보검색 문제는 처음부터 자세히 읽을 필요가 없습니다. 먼저 질문을 보고 그 질문이 무엇을 요구하는지 확인하고 그 질문에 해당되는 부분을 따라가서 큰 타이틀부터 작은 타이틀로 그리고 그 질문과 딱 들어맞는 부분은 좀 더 자세히 읽고 나서 마지막에 단서 항목을 항상 체크하는 습관을 들여야 합니다.

정보검색 문제는 독해 문제 중에서 난이도가 가장 낮지만 시간에 쫓기거나 할 때 서두르다가는 자주 틀리는 항목이기도 합니다. 자신에게 맞는 정보를 빠른 시간 안에 찾는 훈련을 하기 위해서는 일본 사이트에 자주 들어가 보는 것도 좋습니다. 특히 여행을 좋아하는 사람은 자신이 직접 일정을 짜서 팸플릿을 보면서 본인이 가고 싶은 기간 내에 어떻게 하면 가장 싸게 갈 수 있는지 체크해 보는 것도 정보검색 공부에 도움이 될 것입니다.

기출문제 분석

2010년 개정 이후의 정보검색 문제로는 미술 콩쿠르 작품 모집, 일본 대학 장학금 응모, 아르바이트 모집 , 디자인 작품 응모 등에 관한 문제가 출제되었습니다.

 次の文章を読んで、後の問いに対する答えとして最もよいものを、1・2・3・4から一つ選びなさい。

01

マンガが描く世界は、人物であれ世界であれ、現実の世界のイメージを基本的には基礎としながらも、極端な誇張や省略をしたり、現実にはあり得ない世界を自由に構築したりすることが許される。このような制約の少なさの点では、テキストであらゆるものを表現しうる<u>文学の世界とも共通する点が多い</u>。文学の世界では実際の視覚情報を直接扱わないことでテキストで世界を描くことでこの自由度が与えられたが、マンガの世界ではイラスト(注1)的視覚表現によって実写的な視覚情報をいくらでも省略、誇張、変形ができることから、実写中心の視覚情報の制約を脱することに見事に成功している。

(注1) イラスト:「イラストレーション」の略。書物や広告に用いられる説明や装飾のための挿絵・図解や写真。

問 筆者はマンガと文学の世界との共通点はどのようなものだと言っているか。

1 現実の世界からかけ離れた、制約がまったくない点
2 視覚のイメージを直接扱うことなく、自由に現実の世界を描く点
3 現実の世界の視覚的イメージを主観的に変えて実写の制約を脱する点
4 現実を基礎としながらも、虚構の世界を構築できる制約の少ない点

豚が猪に向かって自慢をしました。「私ぐらい結構な身分はない。食べることから寝ることまですっかり人間に世話をしてもらって、ご馳走はイヤという程食べるからこんなに太っている。人と喧嘩をしなくてもいいから牙なんぞは入り用[注1]がない。私とお前さんとは親類だそうだが、同じ親類でもこんなに身分が違うものか。」

猪はこれを聞くと笑いました。「人間というものはただでいつまでもご馳走[注2]を食わせて置くような親切なものじゃないよ。人の厄介になって威張るものは今にきっと罰が当たるから見ておいで。」

猪の言ったことはとうとう本当になりました。豚はまもなく人間に殺されて食われてしまいました。

〈夢野久作『豚と猪』による〉

(注1) 入り用：用事のために必要なこと(さま)
(注2) ご馳走：饗応すること。また、そのための立派な料理。

問 筆者がこの文章で伝えたかったのは何か。

1 豚と猪とは身分において大きな違いがあること
2 猪はそもそも疑い深い動物であること
3 物事には必ずそれ相応の理由があること
4 人間は皆親切なものばかりいるとは限らないこと

03 下は、ある会社が取引先に向けて出した文書である。

2018年8月22日

株式会社 グッド　チェアズ
仕入部長 田中和夫様

株式会社 家具通販のロウヤ
営業部長 本田一郎

(　　　　　)

拝復
貴社ますますご隆盛のことと存じます。
さて、先般ご照会申し上げました貴社製品「らくらくチェア」の取引条件につきましては、さっそくに07月29日付け文書番号00232号にてご回答をいただき、まことにありがとうございました。当社といたしましては、ぜひとも貴社製品を扱わせていただきたく存じますが、下記の点で若干のご配慮を賜ればとお願い申し上げる次第でございます。
なにとぞご検討のうえ、よろしくご返答のほどをお願い申し上げます

敬具

記

1. 支払い条件
約束手形決済を90日後から120日後へ変更

以上

問 この文書の件名として、(　　　)に入るのはどれか。

1 出荷遅延のお詫びと報告
2 納期延期についてのお願い
3 弊社製品価格改定のお願い
4 取引条件緩和のお願い

アナログ志向とテジタル志向という区別は基本的には文学的な表現であり、新しいものがたまたま現在ではデジタルというイメージで総括できるからそのような表現が成立するに過ぎない。若い世代が古い世代に比べて新しいものに対しての受け入れが敏感で柔軟であるのは普遍性のあることかもしれないが、「新しいもの」＝「デジタル」という定義などありはしないのである。このように注意して全体像を考慮しなければ、文学的な表現のアナログとデジタルについても、木を見て森を見ずといったような判断の間違いや誤解が起きたりするのである。

問 筆者が考える木を見て森を見ずとは、どのようなものか。

1 アナログ志向がデジタル志向より優れていること
2 デジタル志向がアナログより優れていること
3 若い世代の新しいものに対しての受け入れやすさが間違っていること
4 いつまでも新しいものを求めることがデジタル志向とは限らないこと

バーチャルという言葉はに日本語では仮想と訳されることが圧倒的に多い。そのため、仮想という熟語がもつイメージが一人歩き(注1)してバーチャルという言葉のイメージと混同され、「現実ではない虚構の世界」、「現実とは対応しないうつろいやすく不確かな思い込み(注2)の世界」「仮に設定されただけの実質的意味が希薄な擬似的な世界」などというイメージが日本語的には織り込まれてしまったのであろう。しかし、これは日本語での独特の解釈が混じってしまった結果であり、本来の英語にはそのような意味はなく、むしろ現実と代替可能だという感覚での「人工的」という意味に近いものなのである。

(注1) 一人歩き：自立すること
(注2) 思い込み：深く信じ込むこと

問 筆者はバーチャルという言葉が日本語と英語とどのような違いがあると述べているか。

1 日本語には仮想と訳されることが多く、英語には人工的と訳されることが多いこと
2 日本語にも英語にも現実からかけ離れた絵空事のようなイメージを持っていること
3 日本語には現実に基づいていない作りごとの世界に対し、英語には現実と代えられる人為的な意味を持っていること
4 日本語にも英語にも現実を踏まえた人工的という意味を持っていること

問題 8 次の文章を読んで、後の問いに対する答えとして、最もよいものを1·2·3·4から 一つ選びなさい。

01

書物は他人の労作であり、贈り物である。他人の精神生活の、あるいは物的の研究の報告である。高くは聖書のように、自分の体験した人間のたましいの深部をあまねく人類に宣伝的に感染させようとしたものから、哲学的の思索、科学的の研究、芸文的の制作、厚生実地上の試験から、近くは旅行記や、現地報告の類にいたるまで、ことごとく他人の心身の労作にならぬものはない。そしてそのような①他人の労作の背後には人間共存の意識が横たわっているのであり、著者たちはその共生の意識から書を共存者へと贈ったものである。

したがって、②書を読むとはこのような共存感からの他人の贈る物を受けることを意味する。

人間共存のシンパシー(注1)と、先人の遺産ならびに同時代者の寄与とに対する敬意と感謝の心とをもって書物は読まれるべきである。たとい孤独や、呪詛(注2)や、非難的の文字の書に対するときにも、これらの著者がこれを公にした以上は、共存者への「訴えの心」が潜在していることを洞察して、ゼネラス(注3)な態度で、その意をくみとろうと努むべきである。

人間は宿命的に利己的であると説くショウペンハウァーや、万人が万人に対して敵対的であるというホッブスの論の背後には、やはり人間関係のより美しい状態への希求と、そして諷刺の形をとった「訴え」とがあるのである。

その意味において書物とは、人間と人間との心の橋梁であり、人間共働の記念塔である。

読書の根本原理が暖かき敬虔でなくてはならぬのはこのためである。

〈倉田百三『学生と読書』による〉

(注1) シンパシー：共感、共鳴
(注2) 呪詛：神仏や悪霊などに祈願して相手に災いが及ぶようにすること。呪うこと
(注3) ゼネラス：寛大な、好意的な、気前のいい

問1 筆者はなぜ①他人の労作の背後には人間共存の意識が横たわっていると述べているか。

1 他人の労作は自分の精神生活だけでなく物質研究への努力の結晶だから

2 人間はそもそも利己的であるため、人間関係の望ましい状態を求めて、書物を通して人間と人間の心がつながるように願うから

3 他人の労作には必ずといっていいほど、人間共存への道が書かれているから

4 人間共存の意識をくみとるために、他人の労作の背後にまで調べる必要があるから

問2 ②書を読むとはこのような共存感からの他人の贈る物を受けるとあるが、筆者が考える望ましい読書の姿勢は何か。

1 書物の内容が人間の利己的な面を書いたことに批判を加えて読むこと

2 書物の内容が呪いや批判的な文章に満ちたので、その内容を飛ばして読むこと

3 読む側の心の琴線に触れる個所だけを敬意と誠意を持って読むこと

4 書物の内容が非難的な文字や批判的な見方でも寛容な気持ちで読むこと

問3 筆者の考えと合っているのはどれか。

1 聖書や哲学などの高度な精神的作用に関わる書物は労作だが、実用的な受験書や旅行書は労作ではない。

2 ショウペンハウァーやホッブスの理論は結局人間関係を絶望的に見なしている証である。

3 読書とは書く側と読む側の共生に対する共感を覚えさせる架け橋である。

4 読者は精神的レベルの高い書物を読むべきで、呪詛や非難的な書物は読むべきではない。

昔から俳優の素質を論じる場合に、誰でも「感性」を第一に挙げているが、これはつまり、他の芸術家の如く、一方において同じ程度の「想像力」を必要としない結果、「感性」の必要が著しく目立つからであろう。

ある演劇論者の如きは、①俳優には「感性」さえあれば「知力」は不必要だとまで主張したくらいである。

なるほど、俳優がある人物に扮する(注1)場合、その「役の解釈」に、さほど頭を使う必要のなかった時代は、そうであったろう。つまり類型的(注2)な人物はただ「感性」の助けによって、それを「いかに」表出するかの問題を解決すればよかったのである。俳優がその「人物になりきる(注3)」ことを唯一の仕事とするならば、たしかに「感性」は何よりも大切である。何となれば(注4)、その仕事は②「模倣」から遠くないものであるから。

しかるに、ある種の戯曲、殊に近代劇においては、俳優の職分は、決して、ある人物を「いかに」表出すればいいかといふ点に尽きてはいないのである。それ以前に、それ以上根本的な「仕事」が控えている。即ち、「如何なる人物」を表出すべきかということである。言い換えれば、人物の解釈である。

そこで③俳優の素質は、「感性」よりも「知力」に重きをおかなければならなくなったのである。しかも、「知力」さえあれば「感性」はどうでもいいのではなく、往時の俳優に必要であっただけ「感性」が必要であることに変りはなく、その上、昔の俳優には、さほど必要でなかつた「知力」が、今度は、何よりも必要だということになる。

〈岸田國士『俳優の素質』による〉

(注1) 扮する： 扮装する、役を演ずる
(注2) 類型的：ありふれていて特色がないようす
(注3)なりきる：すっかりそのものになる
(注4) 何となれば：なぜならば

問1 ①俳優には「感性」さえあれば「知力」は不必要だとあるが、なぜそう主張したか。

1 昔は俳優がある人物に扮する場合、その役の解釈に全然頭を使わなかったから
2 昔は俳優にその役に対してもっと想像力を要求したから
3 昔は俳優の知力より感性をもっと重要視したから
4 昔は決まった役柄をどのようにうまく演じられるかが重要視されたから

問2 ②「模倣」から遠くないものは結局何を指しているのか。

1 新しい人物を創造すること
2 その人物になりきること
3 自分なりにその人物を解釈すること
4 知力によって作られた役柄のこと

問3 筆者は③俳優の素質にはどのようなものが必要だと述べているか。

1 感性や知力よりも想像力を備えること
2 感性はさほど重要ではなく、知力がますます大切になっていくこと
3 感性も知力も必要だが、これからは感性の方がもっと必要になっていくこと
4 感性も知力も必要だが、これからは知力の方がもっと必要になっていくこと

03

科学への関心が、いくらか流行の風潮ともなって、昨今たかめられて来ている。いろいろの面から観察されることだろうが、私として頻りに(注1)考えられることは、そういう今日の傾向のなかで、科学知識と科学の精神という二つのものが、どんな具合いに互の相異や連関を明らかにされて来ているのだろうかという点である。部分的にとりあげれば多極な問題も、根源に横たわる鍵はこの二つのものの生きて動くところにあって、特に日常生活に即した面では①この点が非常に大きく深く作用しているのではなかろうかと考えられる。

科学的な学識や知識が、素人(注2)が考えるよりはるかに科学の精神とは切りはなされたままで一人のひとの中に持たれているという場合も、現代の実際にはある。

ある婦人があって、そのひとは医学のある専門家で、その方面の知識は常に新しくとりいれているし、職業人として立派な技量もそなえているのだけれども、都会人らしい、いろいろの迷信めいた(注3)ものも一方にそのままもっていて、それは決してやめない。科学の知識は、極めて局限された範囲内で持っていることは確かなのだろうが、この場合、その人の全精神が、客観的な真実を愛すという科学の精神によって一貫されてはいないこともまた確だと言わざるを得ない。ちょっと考えると、②ありそうもないこういうことが現実に存在する。

若い女性について、科学の知識は相当あるはずなのにそれが生活の中では一向(注4)生かされていない、という非難が屡々(注5)言われている。それなども、つまりはそれらの女性たちが方程式の形だのではかなりの科学知識を与えられているのに、教育のうちに肝心の科学精神を何も体得させられていないために、実験室があるわけでもない日々の暮しの中では、③その知識も死物となって行くのだろうと思う。

〈宮本百合子『科学の精神を』による〉

(注1) 頻りに：たびたび．ひっきりなしに
(注2) 素人：専門家でない人、未熟な人、アマチュア
(注3) 迷信めいた：あまりに迷信的な
(注4) 一向：すこしも．まったく
(注5) 屡々：たびたび

問1　①この点は何を指すか。

1 科学への関心が最近高められている点
2 科学知識と科学の精神が互いに結び付いている点
3 科学的知識は素人が考えるよりはるかに難しい点
4 科学知識と科学の精神とは関係がない点

問2　筆者は②ありそうもないこういうことが現実に存在すると述べているが、それはどのような意味か。

1 医学の専門職に勤めつつ、女性だから迷信めいたものも持っていること
2 都会人がいろいろの迷信めいたものを信じていること
3 科学的な知識が科学の精神とは切りはなされたままで一人のひとの中に存在すること
4 医学の知識を常に新しく取り入れるから、迷信めいたものは信じないこと

問3　③その知識も死物となって行くとあるが、なぜか。

1 習った科学知識を実験できる実験室がないから
2 若い女性たちに方程式の形しか教えないから
3 科学の知識はもともと生活の場では無用の長物だから
4 科学の知識はかなりあるのに生活の中では少しも生かされていないから

問題 10 次の文章を読んで、後の問いに対する答えとして最もよいものを、1・2・3・4から一つ選びなさい。

01

わが子はいたずらの名人である。「見た。壊した。叱られた。」という手順のくりかえしで、われわれの生活は、絶え間ない彼との鬼ごっこでもある。

朝早く夢うつつ(注1)のうちに、起床らっぱのような子供の声によって眠りから覚める。目覚まし時計が無用の長物になったのも、とっくの昔のこと。さあ、今日一日のラウンドのない戦いの始まり、始まり。

自分のおもちゃ箱を取り出し、それをひっくり返し、部屋じゅうにあちこち散らかしておく。手の届くすべてのものを握り、一応触って見る。物ひとつ、音ひとつ見逃さないほど細かなことが得意である。彼にとっては、世のあらゆるものが新しいらしい。限りない知的好奇心をかきたてられる。些細なものに目がきらめき、手にとって矯めつすがめつ(注2)している。テレビの朝の子供番組が始まると、一時休憩の状態に入る。

朝食後は、場外ゲームに突入する。宅舎の遊び場はいつも子供たちでいっぱいである。その時まで、おきてのある、平穏な場所に招かざる客が訪れたのある。顔色や目鼻立ちがまったく同様であるおかげで、なんらのこだわりもなく、遊び仲間に入れてもらうが、①なんとなく風変わりで突飛なのである。いささかのはばかりもなく、無鉄砲で臆面(注3)もない。いつの間にか、家内の口癖が「いたずらっ子でどうもすみません」になってしまった。

が、かのお山の大将(注4)にも②思いがけない出来事が起こった。ある日のこと。中国人夫婦の友人が訪ねてきた。いつもと違ってその日は、甚だ人見知りをしてコタツの中から出ようともしない。不思議なものだ。思いも寄らない滑稽な光景で、むりやりに引っ張り出したら、どっとばかり泣きはじめた。多分幼い心に傷ついたのであろうか。友人が帰ってまもなく部屋の片隅で布団に頭をうずめてむせび泣いていた子供の姿を見てびっくり仰天。一年八ヶ月の子供にも自分のプライドがあるものか。

当然のことながら、その点まで思いやりが行き届いていなかった③大人の軽率さであった。自分だけのとりでで、ほかの言葉との出会いという二重言語の混乱ーこれは留学生の子につきものだがーさらに見知らない人との出会いから醸し出された不安感の所以(注5)かも知れない。二重言語の混乱という悩みを抱えて暮らす彼の生活は当分の間は、「いばらの道」になりかねない。にもかかわらず郷に入っては郷に従え(注6)ばよい。異言語にせよ、異文化にせよ、④白紙に描く彼の人生は、前途洋々。

健康を保つには、バランスのとれた栄養の摂取が必要不可欠のように、真のインターナショナルな人になるためには、つりあいの取れた文化の理解が望まれる。ふと、わが子がこういう人間になってほしいと思うのは欲深いだろうか。

〈朱鍾官『留学生の子』による〉

(注1) 夢うつつ：夢とも現実とも区別がつかない状態、ぼんやりしている状態
(注2) 矯めつすがめつ：あるものを、いろいろの方面からよく見るようす
(注3) 臆面：気後れした顔つき
(注4) お山の大将：狭い範囲の中で自分が一番だと得意になっている人のこと
(注5) 所以：わけ、理由
(注6) 郷に入ってては郷に従え：その土地に行ったら、そこの習慣に従うべきだ

問1 ①なんとなく風変わりで突飛なのであるとあるが、なぜか。

1 性格が無鉄砲で臆面もないから
2 突然仲間にいれてもらうことによって態度がぎこちなくなったから
3 招かざる客として受け入れられたから
4 顔色と容貌は同じでも文化圏の違いによる行動様式が異なるから

問2 ②思いがけない出来事とは何を意味しているのか。

1 幼い子供にも変なプライドをもっていること
2 友人が訪ねるたびにコタツの中から出ようとしなかったこと
3 普段は何のはばかりもなくふるまったのに、その日に限って変な行動を見せたこと
4 中国語をはじめて聞いてびっくりしたこと

問3 ③大人の軽率さとは、何を指すか。

1 子供をむりやりにコタツの中から引っ張り出したこと
2 自分の家で異なる言語に接して起きた精神的な混乱を十分理解してくれなかったこと
3 友人の前で泣いた子供を叱ったこと
4 心に傷ついて布団の中で泣いている子供の姿を見てびっくりしたこと

問4 ④白紙に描く彼の人生は、前途洋々とあるが、なぜか。

1 異文化であれ、異言語であれ、子供にとって白紙と同じだから

2 子供の頭は白紙のようにからっぽなので、なんでも吸収しやすいから

3 異文化にせよ、異言語にせよ、子供には偏見がないため、なんでも受け入れやすいから

4 頭が白紙のような状態の方が何の心配もなく、希望に満ちているから

02

最近、①従来の外国語教育がいろいろの角度から批判されるようになって、例えば、外国語教育が偏重(注1)されていたという見方から、授業時間の削減などが行われるようになった。これに対して、外国語が果して偏重されていたかどうか、むしろ今日の時局なればこそ外国語の教育はなお一層これを重要視しなければならないのではないか、という考え方が対立している。この点についてのわたし自身の見解は、やはり外国語の教育は一層重視しなければならぬ——ということを前提とするけれども、しかし、重要視するにしても、今日までの教育方法がかなり根本的に改革されるべきであると思う。即ち、外国語教育において真にその成果を挙げるためには、②従来の教育方法にはいくつかの重大な欠点があるように思うのである。

まず日本人が外国語を学ぶ目的をもっと明確に認識する必要がある。従来は、専門的な知識を習得するために、外国語を通じてそれぞれの国の文化に触れてこれを摂取(注2)するということが、外国語を学ぶ最も大きな目的であった。また更に一つの大きな目的は、実用的に外国人とある程度まで自由に意志の疏通ができるように、ということであった。しかし、一般に中等学校で外国語を学ぶ場合には、将来いま述べたような意味で外国語を実際に活用するような職業に進むもの以外は——即ちその数において大部分のものは——常識として一通り(注3)初歩的な外国語を習得しておいたほうがいいというふうなこと、例えば看板の横文字(注4)だとか新しい外来語の意味ぐらいはわからなければいけないとか、もっと滑稽な例をいうと、女学校などでは、横文字が読めなくては缶詰の使い方がわからないとか、甚だ他愛のない(注5)ことが、しかも公然の理由になっていたと思う。ところで、この第一、第二の目的は、外国語習得の理由として、かなりハツキリもしているし、また納得もできるけれども、第三のいはゆる常識として——という考えは、今後はぜひとも一掃しなければならない。これはまったく欧米依存の精神の現われであって、つまりは日本人の生活のいたるところに③欧米崇拝、あるいは欧米依存の事実があったことを物語るものだと言わなければならない。しかも、事実において、中等学校だけの外国語などは殆んどなんの役にも立っていないのである。例えば、前述の缶詰の使用法を読みこなせるだけの力でさえ、果して充分についているかどうか、甚だ疑問であろう。したがって、多くの場合、ただ英語を習ったという安易な自己満足にしまっているという有様である。

しかし、そうだからといって、中等学校卒業者が外国語に対して、まったく無知であっていいかといえば、必ずしもそうではないと思う。殊に外来語などもかなり日本語のなかにはいっているのだし、またこれからもそういう傾向が全くなくなるわけでもない。したがって、何かにつけて外国語に関する知識は国民としてやはりある程度はもっていなければならない。しかし、わたしの考えでは、従来のように、外国語といえばすぐ英語だと考えるような態度は捨てなければならない。そして、中等学校全体を通じて、日本と関係のある諸外国の言葉を教える、そしてどの程度の数にいずれの外国語を教えるかというようなことを、計画的にやってゆくべきだと思う。また、日常生活を通じて日本人が触れる可能性のある外国語を、──これは新しい方法に依らなければならないと思うが──例えば、各国語の簡単な発音だとか、同じ意味の言葉がそれぞれ国に依ってどう異るかとか、そう言うようなことを中等学校で教えるのも一つの方法ではなかろうか。見分け方ぐらい覚えておくとずいぶん役に立つ。これは外国語にたいする知識を与えるための、いくぶん新しい方式であり、考え方であろうと思う。

〈岸田国士『外国語教育』による〉

(注1) 偏重：物事の一面だけを重んじること
(注2) 摂取：取り入れて自分のものにすること。また、栄養物などを体内に取り入れること
(注3) 一通り：一応、全体にわたっていること
(注4) 横文字：西洋語、また、その文章
(注5) 他愛のない：1 正体がない。また、しまりがない　2 しっかりした考えがない。また、幼くて思慮分別がない

問1 筆者は①従来の外国語教育に対してどのような姿勢をとっているか。

1 従来の教育方法をすべて否定する。
2 従来の教育方法をすべて賛成する。
3 従来の教育方法を一部を除いて批判する。
4 従来の教育方法に中立的な姿勢をとっている。

問2 ②従来の教育方法にはいくつかの重大な欠点があるとあるが、筆者の一番の改善策は何か。

1 外国語を通じてそれぞれの国の文化に触れてそれを摂取すること
2 実用的に外国人とある程度まで自由に意思の疏通ができること
3 常識として外国語を習得すること
4 日常生活を通じて日本人が触れる可能性のある外国語を見分けできるくらい教えること

問3 ③欧米崇拝、あるいは欧米依存の事実があったことを物語るものとは何か。

1 外国語を通じて外国の文化を吸収するための学習
2 常識として外国語の習得
3 外国語を実際に活用するような職業に進むもの
4 外国人とある程度まで自由に意思の疏通ができるような学習

問4 筆者の考えと合っているのはどれか。

1 従来の外国語教育は偏重されているから、授業時間を削減すべきである。
2 外国語教育はもっと重視すべきであり、特に常識としての外国語教育を強化しなければならない。
3 外国語といえばすぐ英語だと考えるような態度は捨て、国際交流のために耳慣れない外国語を学ぶべきだ。
4 外国語教育はもっと重視すべきであり、従来の教育方法には短所があるため、ある程度修正しなければならない。

03

近頃の若い人達は、もうこんな言葉は使わないかもしれないが、それでも、言葉そのものは、まだなくなってはいない。

「あの男はハイカラだ」といえば、その男がどういう風な男であるかは問題ではなく、寧ろ、そういうことをいう人間が、どんな人間であるかを知りたいほどの時代になっているのかもしれない。

一体、この①「ハイカラ」という言葉は、だれがどういう機会に作りだし、いつ頃世間でもっとも流行したのであるか、私は記憶しないのであるが、なんでもその当時、洋服に「高いカラアをつけている男」は、一般に「低いカラアをつけている男」よりも、「ハイカラ」であったに違いない。これは、西洋でもそうなのであるか、②私の観察するところでは、必ずしもそうだとは思えないが、洋服を着ることだけでもまだ珍しかった時代の日本では、たしかに「高いカラア」をつけることが、いわゆる「ハイカラ」であったに違いない。

そこで、その「ハイカラ」は、「高いカラア」をつけることばかりを意味しないのはもちろんであって、好んで「高いカラア」をつけるような男は、好んで派手なネクタイを結び、好んで素透し[注1]の眼鏡をかけ、好んでまた、先のとがった靴を穿いたに違いない。かくの如き[注2]男はまた、好んで英語を操り、好んで淑女たちの御機嫌をとったに違いない。

ここにおいて、「ハイカラ」なる言葉は、単に服装の上ばかりでなく、その態度の上に、その趣味の上に、そのテンペラメント[注3]の上に加えられる言葉となり、しかも、③幾分、軽蔑、揶揄[注4]の意味を含む言葉とさえなったようである。なんとなれば、この「ハイカラ」なる言葉は、少くとも、自ら「ハイカラ」をもって任ずる[注5]人間が口にする言葉ではないからである。

また、この言葉は、単に男性のみに限らず、一方、女性の上にも加えられる言葉となった。④「ハイカラな女」は、ただ、その頭髪を、いわゆる「ハイカラ」に結うばかりでなく、これまた眼鏡をかけ、時計を持ち、オペラバツグ[注6]を提げ……などするを常とした。殊に男性の前では、黙ってうつむいてばかりいることなく、ちょっと首をかしげて、「まあ、素敵!」というようなことをいって見なければならなかった。彼女らはまた、男ばかりが散歩に行くことを不平に思い、女ばかりが子供を生むことを少し残念がりはしなかったか。

こういってくると、「ハイカラ」なる言葉は、思想に触れてくる。そして、生活そのものに触れて来る。

〈岸田国士『「ハイカラ」ということ』による〉

(注1) 素透し：度のない眼鏡　(注2) かくの如き：このような　(注3) テンペラメント：気質、性質
(注4) 揶揄：からかうこと　(注5) 任ずる：自分自身が、その資格や役割にふさわしいと思い込む
(注6) オペラバツグ：観劇用のハンドバック、女性用の小形ハンドバッグ

問1 筆者が述べる①「ハイカラ」という言葉の意味と合っていないものは何か。

1「ハイカラ」にはある程度相手を見下げたり、からかったりする意味が含まれていること
2 自ら「ハイカラ」をもって任ずる人間はその言葉に触れないこと
3「ハイカラ」には身なりのみならず、気質、趣味、態度の意味も含まれていること
4 西洋でも洋服を着て高いカラーをつけていることを「ハイカラ」と呼ばれること

問2 ②私の観察するところでは、必ずしもそうだとは思えないがとあるが、筆者はなぜこのように述べているか。

1 西洋では「ハイカラ」の人が多くなかったから
2 西洋でも低いカラーよりも高いカラーが好まれたから
3 当時日本人が洋服を着るのを誇りに思ったから
4 洋服を着るのが珍しかった日本人に対して西洋人はあまりそれを気にしなかったから

問3 筆者はなぜ③幾分、軽蔑、揶揄の意味を含む言葉とさえなったようであると言ったか。

1「ハイカラ」の人は自らそう言わないから
2「ハイカラ」が男性だけでなく、女性にも使われる言葉だから
3「ハイカラ」の男は好んで英語を操り、好んで淑女たちの機嫌をとるから
4「ハイカラ」の人は身なりだけをつくろう傾向があるから

問4 ④「ハイカラな女」と合っていないものは何か。

1 おしゃれを好むモダンな女性
2 控え目な態度よりがもっと積極的に自分の意思を表する女性
3 男ばかりが散歩に行くことをなんとも思わない女性
4 男女平等の思想をもっている女性

問題 11 次の文章は「教育」に関する記事の一部です。二つの文章を読んで、後の問いに対する答えとして、最もよいもの1·2·3·4から一つ選びなさい。

01

A

長い間、日本では詰め込み教育が行われ、それが絶対的な悪のように言われ続けてきましたが、詰め込み教育の全てが悪いわけではありません。詰め込んだ知識はすぐ忘れるというのも、必ずしも正しくはありません。例えば、学校のテストにおける一夜漬けと比べて大学受験レベルの暗記では、詰め込んだ時に使う頭の部分が違います。表面的な暗記だけで、大学受験レベルの膨大な量を覚えることなど出来ません。そこには必ずそれなりの理解力が伴うのです。たくさんのことを覚えるためには、理解することが近道であることに気付くわけです。このことに気付かない人たちは、まともに勉強したことがないのだろうと思います。問題なのは詰め込み自体ではなく、自分なりに深く理解する時間が足りないことなのです。

B

数年前に公的機関が行った調査の結果、国語も算数も記述式の問題に白紙回答の子供が３～４割位はいたそうです。考えるためには自分なりに理解していることが大切ですが、それが出来ていなかったということです。これは、一方的に話を聞かされても考える力はつきにくい、ということを表していると思います。教えられたことが実になるためには、自分なりに理解する時間が必要なのです。またできる子供の解答も、自分なりに咀嚼して記述したものというよりは、どこかで聞いたような模範的なものになってしまう傾向にあるのです。もちろん模範的解答を踏み台にして、そこから将来的に伸びる可能性があることも確かではあります。これはあくまでも本人の意識次第です。

問1 AとBとのどちらの記事にだけ触れられている内容はどれか。

1 詰め込み教育の社会的認識

2 詰め込み教育の利点

3 学んだ内容を理解するための時間

4 勉強法に対する学生の意識

問2 詰め込み教育について、Aの筆者とBの筆者はどのような立場をとっているか。

1 AもBも詰め込み教育について批判的である。

2 AもBも詰め込み教育について好意的である。

3 Aは好意的であるが、Bはやや批判的である。

4 Aはやや批判的であるが、Bは好意的である。

問3 詰め込み教育について、AとBの筆者が最も重視しているのは何か。

1 型にはまった模範的な解答をしないこと

2 自分なりに理解する時間が確保できること

3 学校のテストに備えて一夜漬けの勉強をしないこと

4 大学受験レベルの膨大な量を覚えること

問題 11　次の文章は「英語の教育」に関する記事の一部です。 二つの文章を読んで、後の問いに対する答えとして、 最もよいもの1·2·3·4から 一つ選びなさい。

02

A

子供の仕事は「遊び」と言われることがあります。その言葉通り、子供は「遊び」の中からいろいろなことを学んで行きます。つまり、「勉強としての英語」ではなく「遊びの一つとしての英語」として取り入れていけばよいのです。

しかし、乳幼児期は母国語である日本語を吸収する大事な時期でもあります。あまり、英語漬けにするのではなく一日に数時間は「英語の遊び」の時間、残りはきちんとした日本語の時間として区切るのが大切です。

英語ばかり聞かせていてもあまり関心がないようだと効果も薄くなり、また日本語の吸収もなくなってしまいどちらの言葉も中途半端になってしまう……そんなことにならないように気をつけましょう。

最後に、忘れてはいけないことは、子供と共に親も英語を一緒に楽しむことが大切です。いくら子供に英語を習得させようとしても、親が嫌がっていたら、子供にもそのいやな気持ちが伝わってしまうものです。とはいえ、それがなかなか難しいのですけれど。

B

何のために英語を勉強しているのか、何が面白くて勉強しなくてはいけないのか、という考えでは、決して英語が身につくわけがありません。しかし、子供は違います。赤ちゃんが言葉を覚えるときに、まずお母さんの言葉を聞き、それを真似することで、自分のものとして身につけていきます。そして、意思を相手に伝えるためや、相手を理解するために、言葉を発するようになります。子供は楽しいと感じることは、積極的に進んで覚えようとします。これは、日本語も英語も同じなのです。先生やお友達と英語で歌ったり、それに合わせてダンスしたり、英語を使ってゲームをしたりして、楽しみながら経験することで、知らず知らずのうちに、英語を身につけていくのです。子供は、英語が楽しいと思えば、きっと英語が大好きになります。そして、もっと興味が出てきて、英語のことをもっと知ろうとします。そんな子供たちは、英会話の上達もとても早いです。子供さんが興味を示したら、まずは、お母さんと一緒に英語を楽しむことから、はじめてみましょう。

問1 AとBの認識で共通しているのは何か。

1 英語を上達させる目的のために勉強させるべきだ。
2 幼い時期には日本語の学習に集中すべきだ。
3 英語を聞かせるより話させる方がもっと効果的だ。
4 英語を遊びとして教えるべきだ。

問2 AとBとのどちらの記事にだけ触れられている内容はどれか。

1 子供に英語を楽しむようにすること
2 親も子供と一緒に英語を楽しむこと
3 日本語と英語の時間をわけて教えること
4 英語を遊びとして教えること

問3 英語の早期教育について、Aが批判しているのはどのようなことか。

1 親が子供と一緒に英語を習得しないこと
2 英語教育は遊びだという認識をもつこと
3 英語ばかりきかせると、日本語学習に支障をきたすこと
4 日本語の時間と英語の時間を区切ること

問題 11 次の文章は「司法制度」に関する記事の一部です。 二つの文章を読んで、後の問いに対する答えとして、 最もよいもの1·2·3·4から 一つ選びなさい。

03

A

多くの国民が、もっと司法制度に対して真剣に考える機会になるから裁判員制度に賛成です。昨今、マスメディアによって凶悪犯罪が増えたとか治安が悪くなったとか吹聴されてるせいか、厳罰化を求める風潮が出てきた気がします。

ほかにも、死刑制度の論議にしても、一部の人権派とそれを揶揄する存置派のような、稚拙な論議ばかりが目立ってますし。

裁く側・裁かれる側の立場は違えど、司法制度をもっと身近な問題としてとらえ考え議論していく、良いきっかけになると思います。

厳罰化の是非から、出所後の問題まで、司法の場には多くの問題が転がってるのにもかかわらず、「難しいから」とか「関係ないから」とか言い訳をして考えることをやめ「専門家に丸投げ」してしまっています。いやしくも民主主義を標榜している日本国民が、「専門家に丸投げ」ではあまりにも情けないです。司法制度を身近なものとして議論するよいきっかけになるのではと思っています。

B

裁判に、「一般市民の感覚を取り入れる」として導入が決まった裁判員制度だが、そもそも「一般市民の感覚」というのが曖昧で分からない。さらに「国民にわかりやすい裁判」というのも、曖昧で分からない。また、報道で大きく取り上げられた事件の場合、報道による先入観などから事実の誤認・無視・拡大解釈などを行いかねない。(専門家はその点も訓練しているはず)また、裁判員が早く帰りたいが為に十分な審議も経ないまま判決を下してしまうかもしれない。また、裁判員には国費から日当が支払われるので、「裁判のコスト」もあがることになる。また、「死刑の可能性がある重大事件」が対象になっているので、「死刑判決を出した事を精神的に悔いる人」が社会問題化してしまった場合、それを理由にした安易な「死刑廃止論」が噴出するかもしれない。仕事や育児など、一般生活に影響しないともいえない。裁判に参加したがために不利益を被り、それにより犯罪に走る人が出たら本末転倒かもしれない。

問1 AとBのどちらにも触れられている内容は何か。

1 裁判のコストがあがる

2 死刑制度の廃止に対する議論

3 裁判制度を身近なものにできるきっかけ

4 裁判員制度の導入の意味が曖昧であること

問2 裁判員制度について、AとBの筆者が最も重視しているのは何か。

1 Aは重罪人の厳罰、Bは裁判員制度導入の曖昧さ

2 Aは専門家に丸投げしないこと、Bは重罪人の厳罰

3 Aは関心をもって積極的に参加、Bは素人による重大な判断ミスの悪影響

4 Aは裁判員制度導入の曖昧さ、Bは素人による重大な判断ミスの悪影響

問3 AとBの二つの文章を以下のようにまとめる場合、①と②に入るものの組み合わせとして適切なのはどれか。

「Aの筆者は(①)と考えているが、Bの筆者は(②)と考えている。

1 ①裁判員制度は一般市民が重罪人を厳罰できるいい制度だ。
②裁判員制度には国費から払われるので、税金をもっと払うべき制度だ

2 ①裁判員制度は専門家より責任が軽い制度だ。
②裁判員制度は個人の偏見に左右されやすい制度だ。

3 ①裁判員制度は司法の問題を一気に解決できる制度だ。
②裁判員制度はその役目を務めても一般生活に影響しない制度だ。

4 ①裁判員制度は司法制度を身近なものとして考えるよいきっかけだ。
②裁判員の判断能力は不明でかつ重大な事件に対する判断ミスの後遺症が起こりうる制度だ。

問題 12 次の文章を読んで、後の問いに対する答えとして、最もよいもの1·2·3·4から一つ選びなさい。

01

翻訳という仕事は、いろいろ理屈のつけ方もあるだろうが、大体において、翻訳者自身のためにする仕事なのである。翻訳を読んで原作を云々するのは非常に危険だというようなこともいえるし、また翻訳は一つの文化事業であるというような口実もあるが、翻訳そのものは金になるならないにかかわらず、①誰でもやってみるといいのである。

翻訳するということは、原書を少くとも十遍繰り返して読むことである。

翻訳をやってみると、自分の語学力の底が知れるのである。

翻訳をしながら、おれはこんなに日本語を知らないのかと思うだけでも、たいへんな薬になる。

最初一度読んで面白かった本が、翻訳をしながら、あるいはしてしまうと、つまらなくなる場合がある。大した代物ではなかった証拠である。

出来上がった翻訳を読んでみて、原文の面影が伝えられているかどうか、そんなことはわかるもんじゃない。わかるのは、翻訳の文章がうまいかまずいかである。

いろいろの作家のものを翻訳するのに、その翻訳者が、彼自身の文体をもっていることは、かえって邪魔であるように考えられやすいが、決してそんなことはないと思う。

②翻訳の理想は、意味を正確にとらえる以上に、日本文で原文の味いを出すことにあるとされているようだが、それも、ただ、そう思わせるだけのことで、日本文で、例えば仏蘭西文の味いなど出せるものではない。

モンテーニュならモンテーニュの文体というものは、仏蘭西文でなければならないものなのである。たまたま、モンテーニュを熱愛し、深く理解し、その精神と風貌とを真近に感じ得た翻訳者関根秀雄氏の見事な「文体(スタイル)」が多少の扮装を施したにせよ、原著者の精神と、風貌とを「日本流に」髣髴と描き出す力をもっていたのである。

文章のリズムと、その正確なイマアジュなるものは、断じて翻訳には適せぬものである。ただ、甲の美を乙の美に置き換える技が、翻訳の純文学的営みなのではないかと思う。これは、それ故、翻訳における一種の翻案的部分ともいえるのである。

翻訳という仕事に、この部分がなければ、これは、文学の作業とはいえない、③非常に機械的なものになる。そういう翻訳もあっていいが、訳すものも読むものもつまらないだろう。④危険なコースを択ぶ登山者の気持がなくもない。心配する親がいるわけである。

ミュッセとアナトオル・フランスとを、日本語で読めるように訳すのはむずかしい。

モオパッサンは、なんでもないようで、やってみると、どうにもならない。日本語にすると、味のつけようがないのである。物にもよるが、下手をすると、俗っぽくなって読めないものになりそうだ。ああいうことを書いてあれだけの文学になるのは、仏蘭西語の力ではないかと思う。しかし、それよりもほんとうは仏蘭西の文化の力である。

〈岸田国士『翻訳について』による〉

問1 筆者はなぜ①誰でもやってみるといいと述べているか。

1 自分の語学力の向上に役に立つから
2 翻訳はいろいろな理屈をつける訓練になるから
3 翻訳は一つの文化事業だから
4 自分の語学力の足りなさを実感するよいきっかけになるから

問2 筆者が述べている純文学における②翻訳の理想はどういうことか。

1 翻案を通して本文の内容を美しく表現すること
2 意味を正確にとらえるとともに日本語で原文の味を出すこと
3 意訳だけでなく、たまには逐語的に翻訳することもよいこと
4 フランス語の味を日本語で出せること

問3 ③非常に機械的なものになるとあるが、どういうことを指すか。

1 翻訳者がすばやく翻訳の仕事にとりかかるから
2 原文の面影が伝えられないから
3 文学の作業とはいえないから
4 もし翻訳に翻案的部分がなかったら

問4 ④危険なコースを択ぶ登山者の気持がなくもないとあるが、この文章で「危険なコース」と「登山者」は何を指しているか。

1「危険なコース」は正確なイマジュの浮かばない翻訳、「登山者」は作家
2「危険なコース」は文章のリズムのない翻訳、「登山者」は文学者
3「危険なコース」は翻案的部分のない翻訳、「登山者」は翻訳家
4「危険なコース」は機械的でない翻訳、「登山者」は翻訳家

02

私には「探偵趣味」という意味がはっきりとわからない。同時に「猟奇趣味」という言葉も甚だ曖昧なように感じている。しかもその癖に、そんな趣味の小説や絵画はなかなか好きな方で、つまらないと思う作品にまでもつい引きつけられて行く。自分でも可笑しいと思っているが仕方がない。

一体どうして①こんなに矛盾した心理現象が起るのだろう。

そうした趣味の定義や範囲は、雲を掴むように漠然としているように、そうした趣味から受ける興味はどこまでも深刻痛切を極めている。それ等の作品の一つ一つの焦点は実にはっきりしている。脳味噌の中心にひりひりと焦げ付くくらいである。それでいて、あとから考えるとその興味の焦点と、自分の心理の結ばり具合（ぐあい）がさっぱりわからない。探偵趣味で惹き付けられたのか、猟奇趣味で読まされたのか、わからない場合が非常に多い。わかってもその「探偵」とか「猟奇」とかいう趣味の定義は依然として五里霧中だからおかしい——どうもおかしい——。

子供の時に、自分の家へ郵便が投げ込まれるのを②遠くから見て飛んで帰ったことがある。別に手紙が見たいわけではなかったけど、どこから来た手紙か知りたかったからである。町中の家々に来る手紙をみんな知っている郵便屋さんが羨ましくて仕様がなかったものである。

あんなのが探偵趣味というものであろうか。

それから——やはりそのころのこと、初めて動物園に連れて行かれて火食鳥や駱駝を見せられた時に、いつまでもいつまでもじっと③見詰めたまま帰ろうとしなかったことがある。子供心にそうした鳥や獣が、そんな奇妙な形に進化して来た不可思議な気持ちを、自分の気持ちとぴったりさせたい——というようなぼんやりした気持ちを一心に凝視していた。何ともいえないへんてこな動物の体臭に酔いながら——。

あんなのが猟奇趣味というのであろうか。

もしそんなものならばこんな趣味は取りも直さず人間の本能から出たものでなければならぬ。そうしてこれ等の趣味の定義や範囲は学者たちの客観的な研究によって決定されるべきもので、それにとらわれている私たちが空に考えたとてわかるはずのものでない。しかも、それがわかった時はビタミンの発見と同様、遠からず平々凡々な趣味によってしまうべき運命を持っているので、現在のように大衆を酔わせる力はなくなってしまうであろう——なあんだ。つまらない——というような心細い感じもするようである。

〈夢野久作『ナンセンス』による〉

問1 ①こんなに矛盾した心理現象とあるが、どういうことか。

1 探偵趣味の小説が好きか、猟奇趣味の小説が好きかの心の揺らぎ
2 探偵小説や猟奇小説の定義の曖昧さからくる矛盾した感情
3 探偵小説や猟奇小説から受ける興味はいつも相反する矛盾を含んでいること
4 意味のあやふやな探偵や猟奇趣味の本をつまらないと思いつつ読んでしまうこと

問2 ②遠くから見て飛んで帰ったことがあるとあるが、なぜか。

1 手紙に書いてある受取人を確認したかったから
2 手紙の内容が知りたかったから
3 郵便屋さんに手紙の出どころを聞きたかったから
4 手紙の差出人が知りたかったから

問3 筆者はなぜ③見詰めたまま帰ろうとしなかったことがあると述べているか。

1 変な形の動物に対する不思議な気持を満喫したいと思ったから
2 奇異で不思議な動物を見て気持の上で納得したいと思ったから
3 奇妙な形をしている動物を見たがる猟奇趣味があるから
4 へんてこな動物の体臭に酔っていたから

問4 この文章で筆者は探偵趣味や猟奇趣味とはどういうものだと述べているか。

1 人間の好奇心から出たもの
2 客観的研究によって決まるもの
3 雲をつかむような漠然としたもの
4 人間の本能から出たもの

03

オーストリアのウィーン市のはずれに公園のように美しい墓地がある。そこに、ベートーヴェンの墓やモーツァルトの墓があった。偉大な音楽家の生涯にふさわしく、心をこめて意匠された墓が、晩春の花にかこまれてあるのを見た。

ポーランドのワルシャワ市はポーランド人が自由を求めて幾度の行進した町だが、そこの公園に美しいショパンの記念像がある。大理石の浮彫のその彫像は、五月の若葉のかげにまことに印象深かった。

モスクワの街々にプーシュキンやオストロフスキー、グリボエードフなど文学者の記念像が立っていることは、ひろく知られている。日本の、どの街に、どんな音楽家の像が立てられているだろうか。どんな学者の姿が見られるだろうか。今日まで日本を支配して来た権力は、文化を理解する能力をもたなかった。人間の智慧がこしらえられるものは、①武器と牢獄とであり、人々の間に響く声といえば号令だとしか考えなかった。ましてや、人民解放のために生涯を捧げた解放者の像などはない。

明治末期から大正にかけて、日本のブルジョア・インテリゲンツィアの文学の一つを代表した作家夏目漱石は、文学的生涯の終りに、自分のリアリズムにゆきづまって、東洋風な現実からの逃避の欲望と、近代的な現実探究の態度との間に宙ぶらりんとなって、苦しんだ。最後の作「明暗」は、②ただ現象ばかり追っかけるリアリズムでは現実を芸術として再現することさえ不可能であるということを示している。

漱石は、今日の歴史から顧みれば、③多くの限界の見える作家であるが、知識人の独立性、自主性を主張することにおいては、なかなか強情であった。官僚にこびたりすることは、文学者のするべきことでないという態度をもっていた。東京帝大教授として、文部省の愚劣さを知りぬいていたから、そういうところからくれる博士号などは欲しくないと云って、ことわった。

同じ時、三宅雪嶺という哲学者が博士号をもらってうけた。ことわるほどのものでもなかろう、と笑って受けて、腹が大きいとかほめたものもあった。この雪嶺は、国粋主義者で、中野正剛を婿にした。これもことわるほどの者でもなかろう、というわけだったのかもしれない。誰かから、立派な邸宅をおくられた。ことわるほどのものでもなかったと見えて、それもうけとった。

漱石の妻君の弟に、建築家があった。その人は、建築家仲間がその姓名のゴロを合わせて、「アドヴァンテージ」(利益)というあだ名で呼ぶような人柄であった。漱石は、その人をすかなかった。親類でも、いやな奴はいやな奴として表現する。それが漱石であった。

〈宮本百合子『行為の価値』による〉

問1 ①武器と牢獄とであり、人々の間に響く声といえば号令だとしか考えなかったとあるが、筆者はこの文章で何を言いたいのか。

1 日本の権力層の残虐性
2 日本の権力層の芸術家に対する待遇
3 日本の支配層の文化への没理解性
4 日本の支配層の侵略性

問2 ②ただ現象ばかり追っかけるリアリズムでは現実を芸術として再現することさえ不可能とはどういうことか。

1 現実の中にありながら、芸術を追求するのはあり得ないということ
2 東洋風な現実からの逃避の欲望を持たないと、真の芸術にたどりつけないということ
3 近代的な現実探究の態度を堅持しては真の芸術を求められないということ
4 現実にとらわれて自己の欲望や執着にこだわっては現実を芸術に昇華できないということ

問3 ③多くの限界の見える作家であるがとあるが、筆者はなぜこのように述べたか。

1 彼の最後の作「明暗」が芸術性を具現できなかったから
2 現実逃避の欲望と近代的な現実探究の態度との狭間に立って苦悩したから
3 知識人の独立性や自立性を主張しすぎたから
4 もともと性格が強情なだけあって官僚に媚びないから

問4 この文章で筆者の考えと合っているのはどれか。

1 夏目漱石の世渡りの下手なことと頑固さを残念に思う。
2 夏目漱石は真っ直ぐな気性を持って信念を貫く作家である。
3 夏目漱石の文学的限界を指摘しながら批判している。
4 夏目漱石が理由もなく親類を嫌ったことに不思議がっている。

問題 13 右のページは、東洋大学が主催する『久保田弘信講演会』の案内である。留学生である金さんは、今回の講演会に参加しようと思っている。下の問いに対する答えとして最もよい物を、1·2·3·4から一つ選びなさい。

01 **問1** 金さんは講演会後の懇談会にも参加しようと思っているが、どうしたらよいか。

1 ハガキで運営スタッフに連絡する。
2 講演運営スタッフに直接電話で問い合わせる。
3 大学に電話で直接問い合わせる。
4 メールで予約の際にあわせて問い合わせる。

問2 金さんは同じ大学の友だち三人と一緒にあらかじめ切符を買って第一回講演と第二回講演を続けざまに聴講しようと思っている。金さん一行が払った金額はいくらで、何時から入られるか。

1 金額：2,800円、時間：13時から
2 金額：1,400円、時間：12時10分から
3 金額：1,600円、時間：12時45分から
4 金額：2,800円、時間：12時15分から

東洋大学 / 第52回11月祭

■ 学校名：東洋大学東キャンパス
■ 学園祭名：第52回 11月祭
■ 開催日：11月17日(土) ～ 20日(火)
■ 住所：堺市泉が丘本町
■ HomePage：http://harayamadai.la/

【講演会詳細】
日時：11月18日(日)
第一回講演　13:00～14:30
「アフガン　伝えきれなかった真実」
第二回講演　15:30～17:00
「イラク　伝えきれなかった真実」
※受付開始は、各講演開始の45分前になります。
会場：東洋大学東キャンパス東32教室
(電車「泉が丘駅前」より徒歩10分)

料金：一講演につき
社会人 ― 当日550円 / 前売り 500円
学生 ― 当日400円 / 前売り 350円（中学生以下無料）
講師：フォトジャーナリスト，久保田弘信氏
ホームページ：http://kubotahironobulive.blog114.fc2.com/

予約・問合せ：久保田弘信講演会運営スタッフ khk-nf@hotmail.co.jp

※ご予約の際は、①お名前 ②メールアドレス ③社会人／学生 ④ご希望の講演会(アフガン／イラク)を明記の上、上記アドレスまでご連絡くださいますようお願いいたします。また、今回は特別に懇親会を予定しております。詳細をご希望の方は、ご予約の際にあわせてお問い合わせ下さいませ。

問題 13 右のページは、ある市の外国人登録についての案内文である。下の問いに対する答えとして最もよい物を、1·2·3·4から一つ選びなさい。

01 **問1** 引っ越した時の正しい手続きは次のどれか。

1 30日以内にパスポートをもって旧住所の市役所に行って届け出る。

2 30日以内に外国人登録証をもって新しい市役所に行って届け出る。

3 14日以内にパスポートももって旧住所の市役所に行って届け出る。

4 14日以内に外国人登録証をもって新しい市役所に行って届け出る。

問2 留学生である金さんが卒業して帰国する場合、外国人登録証の正しい返納先はどこか。

1 入国管理局の職員たちに手渡す。

2 所轄の市役所の係りに返納する。

3 日本を出る時に使う空港や港の入国審査官に返納する。

4 管轄の警察署に返納する。

外国人登録の新規登録•変更登録及び外国人登録証の
切替交付•返納について

1 新規に外国人登録をする場合は、入国後９０日以内に行ってください。市区町村役場に外国人登録係がありますので、そこで手続きをします。手続きには、外国人登録申請書、旅券（パスポート）、写真２枚（縦4.5cm×横3.5cm）が必要です。写真は顔の寸法や位置なども決められていますから窓口に訪ねてください。

外国人登録証は申請した日には発行されませんので、同じ窓口で「外国人登録証明書(登録証)？交付予定期間指定書」を発行してもらうことになります。また登録後は「（外国人）登録原票記載事項証明書」を発行してもらうこともできます（有料）。

2 住所が変わったとき、在留期間を更新したとき、名前が変わったときには、変更の日から１４日以内に登録を行った市区町村役場に行き変更登録をしなければなりません。また、それ以外にも登録内容が変わった場合には変更登録をしなければなりません。必要なものは、外国人登録証と、変更したことを証明する資料（在留期間の更新と在留資格変更の場合はパスポート）です。

なお、引っ越しをした場合の変更登録は、１４日以内に新しい住所の市区町村役場で行います。旧住所の市区町村役場に行く必要はありません。

3 外国人登録は、原則として５年に一度登録の確認をしなければなりません。登録の確認は、外国人登録証に書いてある基準日から３０日以内に行ってください。基準日は表面の下側を見てください。登録の確認に必要なものは、旅券・外国人登録証・写真２枚（縦4.5cm×横3.5cm）です。

4 卒業して帰国したり、第三国へ留学する場合には、外国人登録証を返納しなければなりません。返納手続きは、日本を出るときに使う空港あるいは港の入国審査官に直接返してください。

入国・在留資格について詳しいことは、各地の法務省入国管理局で問い合わせてください。各地の入国管理局の問い合わせ先一覧は以下のページに掲載されています。
http://www.immi-moj.go.jp/info/index.html 際にあわせてお問い合わせ下さいませ。

시나공
JLPT
일본어능력시험
N1

강의 및 문제 mp3 듣기

다섯째마당 청해편

2교시 완벽대비 청해

문제분석과 완벽대비법

01 | 問題1 과제이해 문제

문제 소개

청해의 問題1는 대화를 통해 구체적인 과제 해결에 필요한 정보를 듣고, 그 다음에 무엇을 해야 하는지를 묻는 〈과제이해〉 문제로, 6문항이 출제됩니다.

문제 미리 풀어보기 및 풀이

問題 1 예제-01.mp3

この問題では、まず質問を聞いてください。それから話を聞いて、問題用紙の１から４の中から、最もよいものを一つ選んでください。

1 配布資料の準備をする。
2 何回も練習して自信をつける。
3 原稿を読む練習をする。
4 ほかの学生の質問に答えの練習をする。

스크립트

大学で男の学生と女の学生が話しています。男の学生はこの後、何をしますか。

男：あの先輩、来週の研究発表のことで相談があるんですが。

女：うん、どうしたの？配布資料がまだできてないとか。

男：いえ、それは昨日、何とか。実は僕、すぐにあがってしまうんで、発表が不安で。

女：そんなの、誰だって緊張するもんよ。とにかく、何回も練習して自信つけるしかないんじゃない。

男：それが、原稿を暗記するくらい練習したんですが、本番では頭が真っ白になりそうで。

女：まあ、原稿は読んでもいいんだから完璧に覚えなくてもいいって。それより質疑応答でどんな質問が出るか予想してシミュレーションしておいたほうがいいかもね。

男：そうですか、咄嗟に答えるのは難しいもんね。うわあ、ますます緊張してきた。

女：大丈夫。研究テーマについては自分が一番よく分かってるんだから。

男：はい、じゃあ、さっそく、準備しておきます。

男の学生はこの後、何をしますか。

1 配布資料の準備をする。

2 何回も練習して自信をつける。

3 原稿を読む練習をする。

4 ほかの学生の質問に答えの練習をする。

정답 4

해석 대학교에서 남학생과 여학생이 이야기하고 있습니다. 남학생은 이후 무엇을 합니까?

남 : 저, 선배님, 다음 주 연구 발표 건으로 상담이 있는데요.

여 : 응, 왜? 배포자료가 아직 안 된 거야?

남 : 아뇨, 그건 어제 대충 했어요. 사실 저 긴장을 많이 하는 편이라서 발표가 불안해요.

여 : 그래, 누구라도 긴장하는 법이지. 하여튼, 몇 번이건 연습을 많이 해서 자신을 갖는 수밖에 없어.

남 : 그게, 원고를 암기할 정도로 연습했는데, 실전에서는 머리가 하얗게 될 것 같아요.

여 : 뭐, 원고는 읽어도 좋으니까 완벽하게 외우지 않아도 좋아. 그보다 질의응답에서 어떤 질문이 나올지 예상해서 실전 연습을 해 두는 편이 좋을지도 모르겠네.

남 : 그래요? 갑자기 대답하는 건 어려운 거죠? 와, 더욱더 긴장되네.

여 : 괜찮아. 자신의 연구 테마에 관해서는 자신이 제일 잘 아니까.

남 : 예, 그럼, 얼른 대책을 세워놓겠습니다.

남학생은 이후 무엇을 합니까?

1 배포 자료 준비를 한다.

2 몇 번이고 연습해서 자신을 갖는다.

3 원고를 읽는 연습을 한다.

4 다른 학생의 질문에 답을 연습한다.

어휘 研究発表(けんきゅうはっぴょう) 연구발표 | 相談(そうだん) 상담 | 配布資料(はいふしりょう) 배포자료 | 緊張(きんちょう)する 긴장하다 | 自信(じしん)をつける 자신감을 갖다 | 原稿(げんこう) 원고 | 暗記(あんき)する 암기하다 | 頭(あたま)が真(ま)っ白(しろ)になる 머리가 새하얘지다 | 完璧(かんぺき)に 완벽하게 | 質疑応答(しつぎおうとう) 질의응답 | 予想(よそう)する 예상하다 | シミュレーションする 시뮬레이션하다 | 咄嗟(とっさ)に 순간적으로, 즉시, 곧 | 準備(じゅんび)する 준비하다

해설 남학생의 연구 발표에 관한 건으로 남학생이 대화 후 무엇을 해야 하는가를 묻고 있다. 대화에서 키워드는 배포자료, 원고 암기, 긴장하는 성격, 질의응답 등 4가지이다. 이 정도를 파악한다면 정답을 고르는 데 크게 문제가 없다. 그러므로 과제이해 문제는 모르는 단어에 집착하기 보다는 전체의 흐름을 파악하는 것이 중요하다. 여학생의 최종 충고는 질의응답에 있으므로 정답은 4번이다.

문제분석과 완벽대비법

과제이해 문제는 어떤 장면에서 지시나 조언과 같은 과제해결에 필요한 구체적인 정보를 듣고, 과제 해결에 필요한 적절한 행동을 선택할 수 있는지 묻는 문제로, 총 6문항이 출제됩니다. 본문을 듣기 전, 상황설명과 질문을 미리 들려줍니다.

과제이해는 주로 남녀의 대화문으로 내용은 주로 다음과 같습니다.
① 일상생활에서 자주 접하는 내용
② 학교생활에서 자주 접하는 내용
③ 회사의 업무내용의 지시나 조언의 내용
④ 여행, 유학, 출장 등 다른 곳으로 이동하는 내용

질문은 앞으로 해야 할 과제를 묻는 경우가 대부분입니다. 질문은 주로 다음과 같습니다.

① ～はこの後(これから / まず / すぐ / これからまず / この後まず / この後すぐ)何をしますか。~는 이후에(앞으로/우선/ 바로/ 지금부터 우선/이후에 우선/이후에 바로) 무엇을 합니까?
② ～はこの後(これから / まず / これからまず / この後まず / この後すぐ)何をしなければなりませんか。~는 이후에(앞으로/우선/ 바로/ 지금부터 우선/이후에 우선/이후에 바로) 무엇을 해야 합니까?
③ ～はこの後(これから / まず / これからまず / この後まず / この後すぐ)どうしますか。~는 이후에(앞으로/우선/ 바로/ 지금부터 우선/ 이후에 우선/이후에 바로) 어떻게 합니까?

기출문제 분석

2010년 개정 이후의 과제이해 기출문제를 살펴보면, 회사, 대학교, 호텔, 공장, 레스토랑 등 다양한 장면에서 지시나 조언과 같은 과제해결에 필요한 구체적인 정보를 듣고, 과제 해결에 필요한 적절한 행동을 선택할 수 있는지 묻는 문제로 질문은 앞서 언급한, '~는 이후에(앞으로/우선/ 바로/ 지금부터 우선/이후에 우선/이후에 바로) 무엇을 해야 합니까?' 형태 등이 주로 출제되고 있습니다.

기출 문제 보기

□□ 女の人が電話で話しています。女の人は講演会の当日、何をしなければなりませんか。
여자가 전화로 이야기하고 있습니다. 여자는 강연회 당일에 무엇을 해야 합니까?

□□ 会社で女の人と男の人が会議について話しています。男の人は何をしなければなりませんか。
회사에서 여자와 남자가 회의에 대해 이야기하고 있습니다. 남자는 무엇을 해야 합니까?

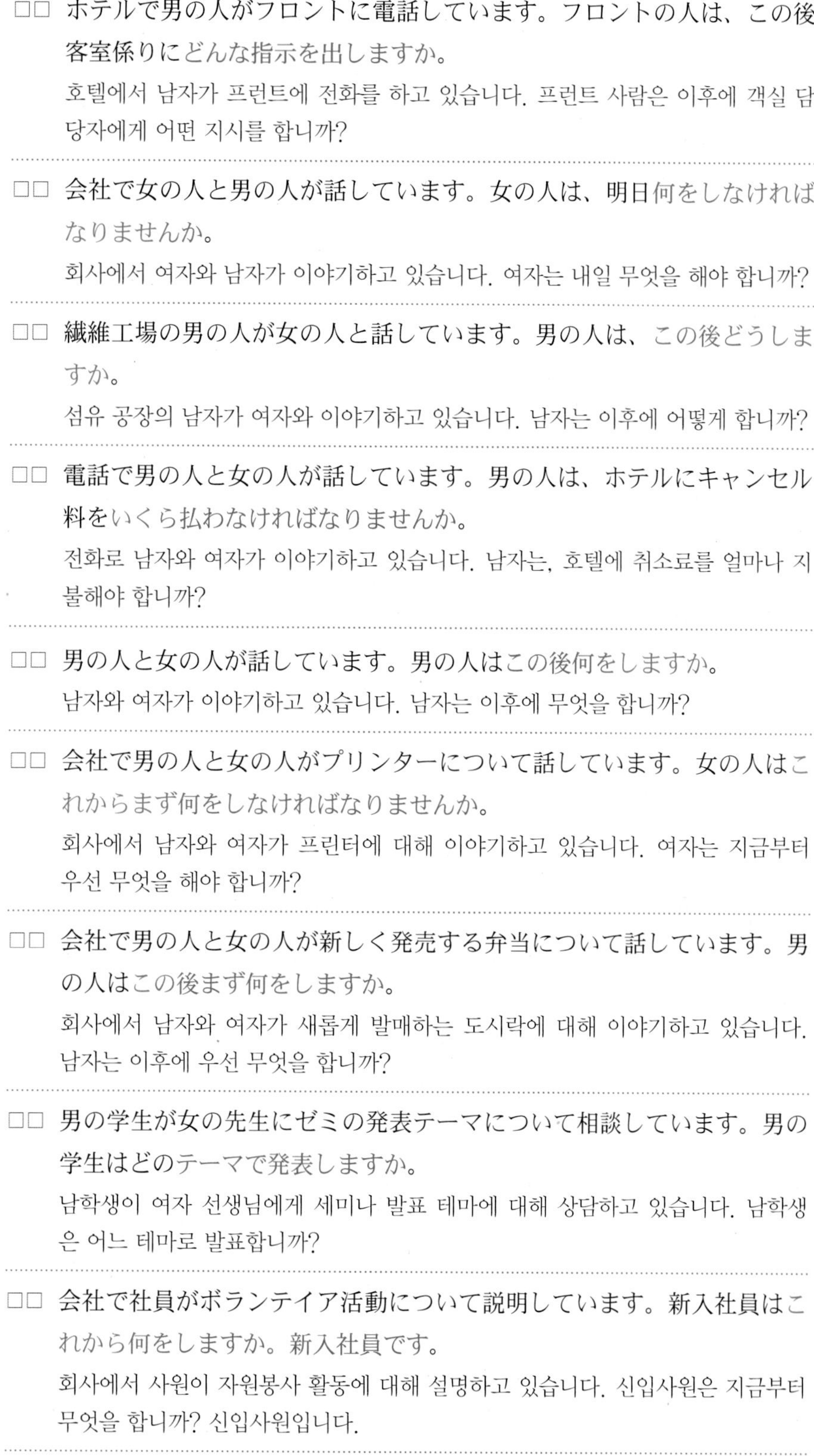

□□ ホテルで男の人がフロントに電話しています。フロントの人は、この後客室係りにどんな指示を出しますか。

호텔에서 남자가 프런트에 전화를 하고 있습니다. 프런트 사람은 이후에 객실 담당자에게 어떤 지시를 합니까?

□□ 会社で女の人と男の人が話しています。女の人は、明日何をしなければなりませんか。

회사에서 여자와 남자가 이야기하고 있습니다. 여자는 내일 무엇을 해야 합니까?

□□ 繊維工場の男の人が女の人と話しています。男の人は、この後どうしますか。

섬유 공장의 남자가 여자와 이야기하고 있습니다. 남자는 이후에 어떻게 합니까?

□□ 電話で男の人と女の人が話しています。男の人は、ホテルにキャンセル料をいくら払わなければなりませんか。

전화로 남자와 여자가 이야기하고 있습니다. 남자는, 호텔에 취소료를 얼마나 지불해야 합니까?

□□ 男の人と女の人が話しています。男の人はこの後何をしますか。

남자와 여자가 이야기하고 있습니다. 남자는 이후에 무엇을 합니까?

□□ 会社で男の人と女の人がプリンターについて話しています。女の人はこれからまず何をしなければなりませんか。

회사에서 남자와 여자가 프린터에 대해 이야기하고 있습니다. 여자는 지금부터 우선 무엇을 해야 합니까?

□□ 会社で男の人と女の人が新しく発売する弁当について話しています。男の人はこの後まず何をしますか。

회사에서 남자와 여자가 새롭게 발매하는 도시락에 대해 이야기하고 있습니다. 남자는 이후에 우선 무엇을 합니까?

□□ 男の学生が女の先生にゼミの発表テーマについて相談しています。男の学生はどのテーマで発表しますか。

남학생이 여자 선생님에게 세미나 발표 테마에 대해 상담하고 있습니다. 남학생은 어느 테마로 발표합니까?

□□ 会社で社員がボランテイア活動について説明しています。新入社員はこれから何をしますか。新入社員です。

회사에서 사원이 자원봉사 활동에 대해 설명하고 있습니다. 신입사원은 지금부터 무엇을 합니까? 신입사원입니다.

□□ 電話で男の人と女の人が話しています。女の人はこの後すぐどうしますか。

전화로 남자와 여자가 이야기하고 있습니다. 여자는 이후에 무엇을 합니까?

□□ 大学で男の留学生と先生が話しています。男の留学生はこの後何をしなければなりませんか。

대학에서 남자 유학생과 선생님이 이야기하고 있습니다. 남자 유학생은 이후에 무엇을 해야 합니까?

□□ 男の人と女の人が話しています。女の人はどうしますか。

남자와 여자가 이야기하고 있습니다. 여자는 어떻게 합니까?

□□ 大学で男の学生と女の学生が話しています。男の学生はこの後何をしますか。

대학에서 남학생과 여학생이 이야기하고 있습니다. 남학생은 이후에 무엇을 합니까?

□□ 会社で男の人と女の人が話しています。女の人はまず何をしなければなりませんか。

회사에서 남자와 여자가 이야기하고 있습니다. 여자는 우선 무엇을 해야 합니까?

□□ レストランで店員と店長が話しています。店員はこの後すぐ何をしなければなりませんか。

레스토랑에서 점원과 점장이 이야기하고 있습니다. 점원은 이후에 무엇을 해야 합니까?

□□ 男の人がプリンターの修理センターに電話しています。男の人は、プリンターと一緒に何を送らなければなりませんか。

남자가 프린터 수리 센터에 전화하고 있습니다. 남자는 프린터와 함께 무엇을 보내야 합니까?

---

02 | 問題2 포인트이해 문제

문제 소개

청해의 問題2는 내용이 갖춰진 본문을 듣고 포인트를 이해할 수 있는지를 묻는 〈포인트이해〉 문제로, 7문항이 출제됩니다.

문제 미리 풀어보기 및 풀이

問題 2 예제-02.mp3

この問題では、まず質問を聞いてください。そのあと、質問用紙の選択肢を読んでください。読む時間があります。それから話を聞いて問題用紙の１から４の中から、最も良いものを一つ選んでください。

1 文献をなくしたから
2 昨日までに文献を渡さなかったから
3 ATMの上に置いといたから
4 文献を持って歩き回ったから

스크립트

大学で女の学生と男の学生が話しています。この男の学生は、先輩がどうして怒ったと言っていますか。

男：ああ、先輩怒らせちゃったみたいなんだ。弱ったなあ。
女：えっ、どうしたの?
男：それがね、先日、先輩に借りた参考文献を返すように言われて、それを昨日までに渡すつもりだったんだ。
女：それで、渡さなかったの? だから先輩、怒っちゃったわけ?
男：あ、いや、そうなんじゃないよ。おととい急に弟に振り込む用事があったんだ。それで銀行に行ったんだけど、大変込んでて、その文献をATMの上に置いてきちゃったんだ。
女：あらら、では、なくなったわけ?
男：ま、銀行の職員のおかげで、出てはきたんだけど。先輩から、どうして大事な文献を持って歩き回るんだって言われてさ。
女：あら、そんなことがあったのね。

この男の学生は、先輩がどうして怒ったと言っていますか。

1 文献をなくしたから
2 昨日までに文献を渡さなかったから
3 ATMの上に置いといたから
4 文献を持って歩き回ったから

정답 4

해석 대학교에서 남학생과 여학생이 이야기하고 있습니다. 이 남학생은 왜 선배가 화가 났다고 말합니까?

남 : 아아, 선배를 화나게 한 것 같아. 죽겠어.

여 : 어, 왜 그래?

남 : 있잖아, 그게 말이야, 며칠 전에 선배에게 빌린 참고문헌을 돌려달라고 해서 그걸 어제까지 돌려줄 작정이었는데.

여 : 그런데 돌려주지 않은 거야? 그래서 선배님이 화가 난 거야?

남 : 아, 아냐, 그런 게 아냐. 그저께 갑자기 동생에게 송금할 일이 있었어. 그래서 은행에 갔었는데, 무척 붐벼서 그 문헌을 ATM 위에 깜빡 두고 오고 말았어.

여 : 어머머, 그럼 잃어버린 거야?

남 : 결국 은행 직원 덕분에 찾긴 찾았는데. 선배한테 왜 중요한 문헌을 가지고 돌아다녔냐고 한소리 들었어.

여 : 어머, 그런 일이 있었구나.

이 남학생은 선배가 왜 화났다고 말합니까?

1 문헌을 잃어 버렸기 때문에

2 어제까지 문헌을 돌려주지 않았기 때문에

3 ATM 위에 두었기 때문에

4 문헌을 가지고 돌아다녔기 때문에

어휘 怒(おこ)る 화내다, 화나다 | 参考文献(さんこうぶんけん) 참고문헌 | 借(か)りる 빌리다 | 振(ふ)り込(こ)む (온라인)입금하다 | ATM 현금 자동 입출금기

해설 우선 포인트이해 문제는 선택지를 읽을 시간을 충분히 주므로 서둘지 말고 찬찬히 보면서 문제를 들어야 한다. 이 문제의 대화 속 등장인물은 4명이다. 직접 대화자는 남학생과 여학생, 다음은 선배와 은행직원이다. 남자가 해야 할 일은 선배에게 빌린 문헌을 건네주는 것이다. 그러나 문제는 '왜 선배가 화가 났는가?'이다. 포인트이해 문제는 문제 포인트가 무엇인지를 확실하게 파악하는 것이 중요하다. 결국 선배가 화가 난 것은 중요한 문헌을 가지고 다녔기 때문이다. 그러므로 정답은 4번이다.

문제분석과 완벽대비법

포인트이해 문제는 총 7문항이 출제됩니다. 포인트이해는 말 그대로 핵심파악 문제입니다. 문제 지문을 듣기 전에 미리, 상황 설명과 질문을 들려주고 보기 지문을 읽을 수 있는 시간을 충분히 줍니다. 그러므로 보기 지문을 읽을 때 대략적인 본문을 구상할 수 있어야 합니다.

내용은 남녀의 대화 내용이나 어느 한 명의 독백이 될 수도 있습니다. 내용과 듣기 포인트는 주로 아래와 같습니다.

① 거래처와의 업무 상담이나 회사의 상품 판매 방안이나 회사생활에 관한 내용이다.

② 학교생활이나 학생과 학생 또는 학생과 선생의 대화 내용이다.

③ 말하는 사람의 심정이나 내용의 이유에 중점을 둔다.

④ 일상생활 관련과 비즈니스 관련 지문이 혼용된다.

⑤ 전체의 내용 중 화자의 흥미나 알고 싶은 포인트를 좁힌다.

주요 질문은 다음과 같습니다.

① 女の人はどうして試験を受けるといっていますか。
여자는 왜 시험을 본다고 말합니까?

② 男の人は何が問題だったといっていますか。男の人です。
남자는 무엇이 문제였다고 말합니까? 남자입니다.
③ デザイナーはどんなアドバイスをしていますか。
디자이너는 어떤 조언을 합니까?
④ どの案を採用しますか。어떤 안을 채택합니까?
⑤ 先生はテレビに何を期待したいといっていますか。
선생은 텔레비전에 무엇을 기대하고 싶다고 말하고 있습니까?
⑥ 男の人はどうして会議を延期しますか。남자는 왜 회의를 연기합니까?
⑦ ～はどうして注目されていますか。~은 왜 주목받고 있습니까?

기출문제 분석

2010년 개정 이후의 포인트이해 기출문제를 살펴보면, 何が, 何を, どこに, 何だと, どこだと, どんな, なん, どの, どうして 등의 의문사를 사용하여 심정, 의견, 이유, 결과 등에 대한 구체적 내용을 묻는 문제가 주로 출제되고 있습니다.

기출 문제 보기

□□ 女の人が大学時代の先生と話しています。女の人は今、何がもっとも大変だと言っていますか。
여자가 대학시절의 선생님과 이야기하고 있습니다. 여자는 지금 무엇이 가장 힘들다고 말하고 있습니까?

□□ 男の人と女の人が話しています。男の人は桜スーパーが閉店する原因は何だと言っていますか。
남자와 여자가 이야기하고 있습니다. 남자는 벚꽃 슈퍼가 폐점하는 원인은 무엇이라고 말합니까?

□□ 男の人と女の人が話しています。男の人は花の育て方のどこに問題があると言っていますか。
남자와 여자가 이야기하고 있습니다. 남자는 꽃 재배법의 어디에 문제가 있다고 합니까?

□□ 会議でデザイナーがお菓子の箱のデザインについてアドバイスしています。デザイナーはどんなアドバイスをしていますか。
회의에서 디자이너가 과자 상자의 디자인에 대해 조언하고 있습니다. 디자이너는 어떤 조언을 하고 있습니까?

□□ テレビで男の人がある会社の電気自動車について話しています。今回の開発で改善された点はなんですか。
텔레비전에서 남자가 어떤 회사의 전기자동차에 대해 이야기하고 있습니다. 이번 개발로 개선된 점은 무엇입니까?

□□ 会社で男の人と女の人がある商品の売上げを伸ばす方法について話しています。どの案を採用することになりましたか。

회사에서 남자와 여자가 어떤 상품의 매상을 늘리는 방법에 대해 이야기하고 있습니다. 어느 안을 채택하게 되었습니까?

□□ テレビで大学の先生が日本の音楽について話しています。先生はテレビに何を期待したいと言っていますか。

텔레비전에서 대학교 선생님이 일본 음악에 대해 이야기하고 있습니다. 선생님은 텔레비전에 무엇을 기대하고 싶다고 말하고 있습니까?

□□ 会社で男の人と女の人が話しています。女の人はどうして受験を受けると言っていますか。

회사에서 남자와 여자가 이야기하고 있습니다. 여자는 어째서 시험을 본다고 말하고 있습니까?

□□ 会社で男の人と女の人が商品の企画について話しています。男の人は何が問題だったと言っていますか。男の人です。

회사에서 남자와 여자가 상품 기획에 대해 이야기하고 있습니다. 남자는 무엇이 문제였다고 말하고 있습니까? 남자입니다.

□□ 男の人と女の人が映画について話しています。この映画はどうして人気が出ましたか。

남자와 여자가 영화에 대해 이야기하고 있습니다. 이 영화는 어째서 인기가 있었습니까?

□□ 支店長が社員に挨拶をしています。支店長は何が一番うれしいと言っていますか。

지점장이 사원에게 인사를 하고 있습니다. 지점장은 무엇이 제일 기쁘다고 말하고 있습니까?

□□ 女の人が 男の人にインタビューをしています。男の人はスキーのコーチとして、何が大切だと言っていますか。

여자가 남자에게 인터뷰를 하고 있습니다. 남자는 스키의 코치로서 무엇이 중요하다고 말하고 있습니까?

□□ テレビのニュースでアナウンサーがある栽培方法について話しています。この栽培方法は最近どうして注目されますか。

텔레비전 뉴스에서 아나운서가 어떤 재배법에 대해 이야기하고 있습니다. 이 재배법은 최근 어째서 주목받습니까?

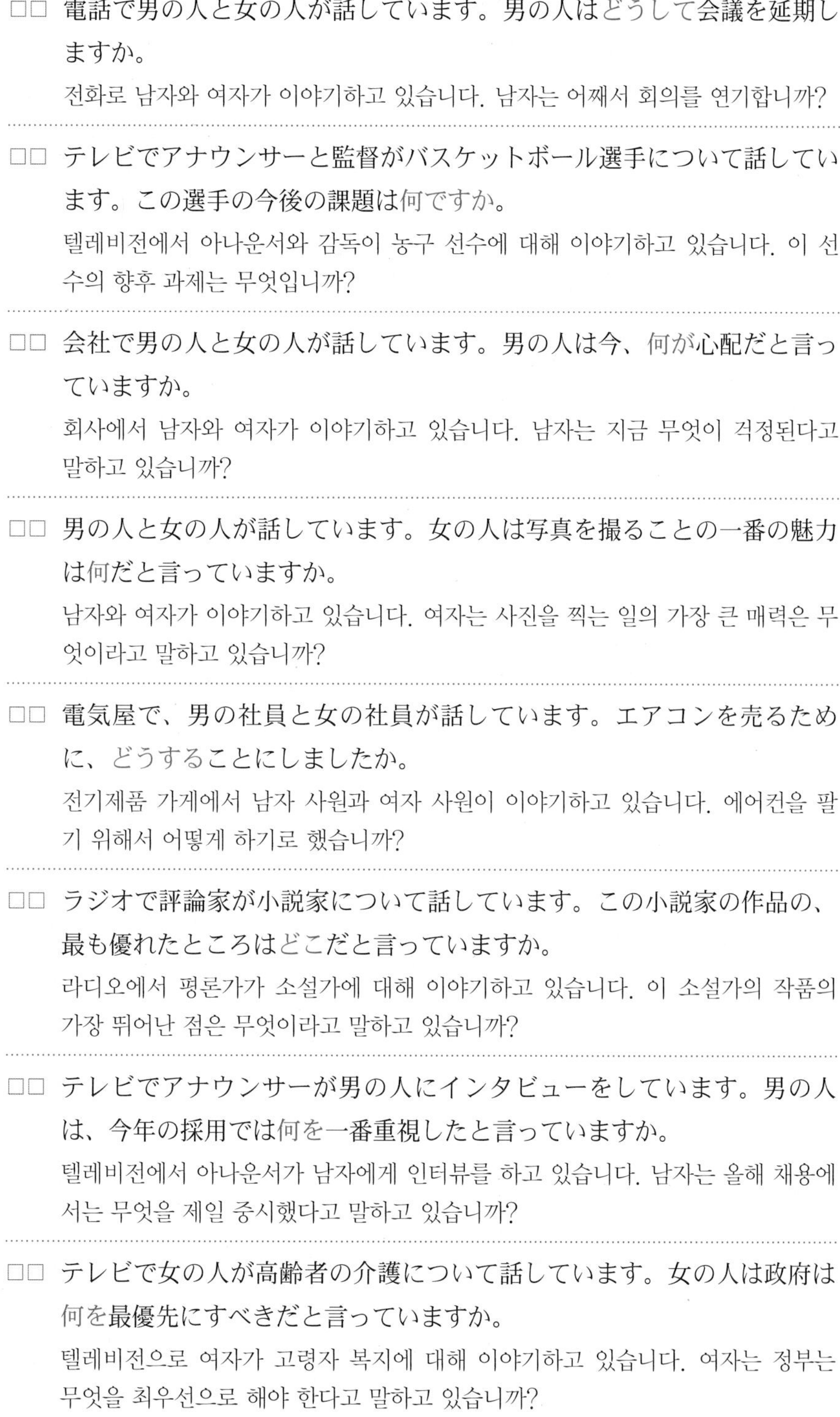

□□ 電話で男の人と女の人が話しています。男の人はどうして会議を延期しますか。

전화로 남자와 여자가 이야기하고 있습니다. 남자는 어째서 회의를 연기합니까?

□□ テレビでアナウンサーと監督がバスケットボール選手について話しています。この選手の今後の課題は何ですか。

텔레비전에서 아나운서와 감독이 농구 선수에 대해 이야기하고 있습니다. 이 선수의 향후 과제는 무엇입니까?

□□ 会社で男の人と女の人が話しています。男の人は今、何が心配だと言っていますか。

회사에서 남자와 여자가 이야기하고 있습니다. 남자는 지금 무엇이 걱정된다고 말하고 있습니까?

□□ 男の人と女の人が話しています。女の人は写真を撮ることの一番の魅力は何だと言っていますか。

남자와 여자가 이야기하고 있습니다. 여자는 사진을 찍는 일의 가장 큰 매력은 무엇이라고 말하고 있습니까?

□□ 電気屋で、男の社員と女の社員が話しています。エアコンを売るために、どうすることにしましたか。

전기제품 가게에서 남자 사원과 여자 사원이 이야기하고 있습니다. 에어컨을 팔기 위해서 어떻게 하기로 했습니까?

□□ ラジオで評論家が小説家について話しています。この小説家の作品の、最も優れたところはどこだと言っていますか。

라디오에서 평론가가 소설가에 대해 이야기하고 있습니다. 이 소설가의 작품의 가장 뛰어난 점은 무엇이라고 말하고 있습니까?

□□ テレビでアナウンサーが男の人にインタビューをしています。男の人は、今年の採用では何を一番重視したと言っていますか。

텔레비전에서 아나운서가 남자에게 인터뷰를 하고 있습니다. 남자는 올해 채용에서는 무엇을 제일 중시했다고 말하고 있습니까?

□□ テレビで女の人が高齢者の介護について話しています。女の人は政府は何を最優先にすべきだと言っていますか。

텔레비전으로 여자가 고령자 복지에 대해 이야기하고 있습니다. 여자는 정부는 무엇을 최우선으로 해야 한다고 말하고 있습니까?

03 | 問題3 개요이해 문제

문제 소개

청해의 問題3은 본문 전체를 듣고 화자의 의도나 주장을 이해할 수 있는지를 묻는 〈개요이해〉 문제로, 6문항이 출제됩니다.

문제 미리 풀어보기 및 풀이

問題 3 예제-03.mp3

この問題では、問題用紙に何も印刷されていません。この問題は、全体としてどんな内容かを聞く問題です。話の前に質問はありません。まず話を聞いてください。それから、質問と選択肢を聞いて、１から４の中から、最も良いものを一つ選んでください。

ー メモ ー

스크립트

女の人が男の人に旅行について聞いています。

女：先日話してた旅行、行ってきたんでしょう。どうだった?

男：うん、結構、豪華だった。食事も豪華で、目でも楽しみ、とても満足した。リゾートホテルなだけあって、施設もよかったし、スタッフもとても親切で、過ごしやすかった。それに、景色も素晴らしかった。海だけじゃなくて、島の隅々まで、とにかく綺麗だった。でも、スケジュールかなあ。新婚の気持ちになってゆったりとくつろげたら、もっと良かったんだけど。ちょっと日程がきつくていまいちだったなあ。

男の人は旅行についてどう思っていますか。

1 景色も美しく、日程も余裕がある。
2 景色は良くないが、日程は余裕がある。
3 景色も良くないし、日程も退屈だ。
4 景色は美しいが、日程がきつい。

정답 4

해석 여자가 남자에게 여행에 대해서 묻고 있습니다.

여 : 요전에 얘기했던 여행, 다녀왔지요? 어땠어요?

남 : 응, 꽤 호화로웠어. 식사도 럭셔리하고 눈으로도 즐기고 아주 만족스러웠어. 리조트 호텔이라서 시설도 훌륭했고 직원도 아주 친절해서 지내기 좋았어. 게다가 경치도 아름다웠어. 바다뿐만 아니라 섬 구석구석까지, 하여튼 아름다웠어. 근데 스케줄이 말이야. 신혼기분이 되어 여유롭게 쉴 수 있었더라면 더 좋았을 텐데 일정이 좀 빡빡해서 그저 그랬어.

남자는 여행에 대해서 어떻게 생각합니까?
1 경치도 아름답고, 일정도 여유가 있다
2 경치는 좋지 않지만, 일정은 여유가 있다
3 경치도 좋지 않고, 일정도 지루하다
4 경치는 아름답지만, 일정이 빡빡하다

어휘 結構(けっこう) 상당히, 꽤 | 豪華(ごうか) 호화로움 | 満足(まんぞく)する 만족하다 | 施設(しせつ) 시설 | 隅々(すみずみ) 구석구석 | ゆったりと 여유 있게, 푹 | くつろぐ 푹 쉬다, 심신을 편안하게 하다 | 日程(にってい) 일정 | きつい 빡빡하다, 힘들다 | いまいち 그저 그런 상태, 조금 모자람

해설 문제3 개요이해는 이야기 전체의 흐름을 파악하는 것이 중요하다. 선택지도 두 종류 이상의 항목을 골라야 하는 경우가 많다. 그러므로 정신을 집중하여, 화자의 이야기 속에서 어떠한 항목이 나오는지를 메모할 필요가 있다. 예제에서는 여행을 주제로, 항목은 경치와 일정이다. 단 일정과 스케줄과 같이 같은 의미의 단어를 파악하지 못하면 문제를 풀 수 없다. 평소 단어를 학습할 때, 일일사전이나 일본 국어사전을 활용하여 유사어 표현에 힘을 쏟도록 한다. 바다, 섬, 이 모두는 배경이며 일정이 빡빡하다고 했으므로 정답은 4번이다.

문제분석과 완벽대비법

개요이해 문제는 총 6문항이 출제됩니다. 이 문제의 어려운 점은 상황설명문은 미리 제시되지만 질문과 선택지가 본문을 다 들은 후에 음성으로 나온다는 점입니다. 그렇기 때문에 앞의 '과제이해', '포인트이해' 문제와는 달리 예상하면서 듣기가 힘듭니다. 또한 문제 내용상으로도 개요 이해는 앞의 두 유형과는 확실히 구별됩니다. 본문 전체의 흐름을 이해하고 말하는 자의 의도나 주장을 묻습니다.

개요이해 문제의 내용은 아래와 같습니다.
① 대화 형식의 본문이 아니라 주로 서술식 내용이다.
② 말하는 사람의 관심 대상과 어떤 생각을 갖고 있는지 파악해야 한다.
③ 본문의 핵심이나 대상이 내가 아니라 화자인 점에 주의한다.
④ 한 단락이나 일부에 중점을 두지 말고 이야기의 전체 흐름에 유의한다.

질문은 주로 다음과 같습니다.
① 話のテーマは何ですか。이야기의 테마는 무엇입니까?
② 何についてのメッセージですか。무엇에 대한 메시지입니까?
③ ～が伝えたいことは何ですか。～가 전하고 싶은 것은 무엇입니까?
④ この授業で取り上げる内容はどのようなことですか。
이 수업에서 다루는 내용은 어떠한 것입니까?
⑤ 何の話をしていますか。무슨 이야기를 하고 있습니까?

기출문제 분석

2010년 개정 이후의 개요이해 기출문제를 살펴보면, 자동 응답 전화의 메시지 내용이 무엇인지, 텔레비전에 나오는 일반인, 아나운서, 전문가들의 이야기의 테마가 무엇인지, 대학 수업의 학장이나 교수의 말하고 싶은 내용이나 테마가 무엇인지를 묻는 문제 등이 출제되고 있습니다.

기출 문제 보기

상황 제시문	질문
□□ 留守番電話のメッセージを聞いています。 자동응답전화의 메시지를 듣고 있습니다.	留守番電話の内容はどのようなことですか。 자동 응답 전화의 내용은 어떠한 내용입니까?
□□ テレビで女の人が話しています。 텔레비전에서 여자가 이야기하고 있습니다.	女の人の話のテーマは何ですか。 여자 이야기의 테마는 무엇입니까?
□□ 食品会社の社長がラジオで話しています。 식품회사 사장이 라디오에서 이야기하고 있습니다.	社長は自分の会社の商品について、どう考えていますか。 사장은 자기 회사의 상품에 대해서 어떻게 생각하고 있습니까?
□□ 大学の授業で先生が話しています。 대학 수업에서 선생님이 이야기하고 있습니다.	先生はどのようなテーマで話していますか。 선생님은 어떠한 테마로 이야기하고 있습니까?
□□ 大学の卒業式で学長が話しています。 대학 졸업식에서 학장이 이야기하고 있습니다.	学長が言いたいことは、どのようなことですか。 학장이 말하고 싶은 것은 어떠한 내용입니까?
□□ テレビで女の人が話しています。 텔레비전에서 여자가 이야기하고 있습니다.	女の人の話のテーマは何ですか。 여자의 이야기 테마는 무엇입니까?
□□ ボランテイアグループの会長が話しています。 자원봉사자단체 회장이 이야기하고 있습니다.	会長の話のテーマは何ですか。 회장 이야기의 테마는 무엇입니까?
□□ テレビで栄養学の専門家が話しています。 텔레비전에서 영양학 전문가가 이야기하고 있습니다.	この専門家が何の話をしていますか。 이 전문가가 무슨 이야기를 하고 있습니까?
□□ 留守番電話のメッセージを聞いています。 자동 응답 전화의 메시지를 듣고 있습니다.	何についてのメッセージですか。 무엇에 대한 메시지입니까?
□□ テレビで作家がインタビューに答えています。 텔레비전에서 작가가 인터뷰에 대답하고 있습니다.	作家が伝えたいことはなんですか。 작가가 전하고 싶은 것은 무엇입니까?
□□ 社員が新入社員に話しています。 사원이 신입사원에게 이야기하고 있습니다.	社長が伝えたいことはなんですか。 사장이 전하고 싶은 것은 무엇입니까?
□□ テレビでレポーターが話しています。 텔레비전에서 리포터가 이야기하고 있습니다.	レポーターは主に何について伝えていますか。 리포터는 주로 무엇에 대해 전하고 있습니까?

□□ 大学で先生がある国について話しています。
대학에서 선생님이 어떤 나라에 대해서 이야기하고 있습니다.

先生はこの国の何について話していますか。
선생님은 이 나라의 무엇에 대해 이야기하고 있습니까?

□□ テレビで男の人が話しています。
텔레비전에서 남자가 이야기하고 있습니다.

男の人はどのようなテーマで話をしていますか。
남자는 어떤 테마로 이야기를 하고 있습니까?

□□ テレビで農業の専門家がキノコについて話しています。
텔레비전에서 농업 전문가가 버섯에 대해 이야기하고 있습니다.

専門家の話のテーマはなんですか。
전문가의 이야기 테마는 무엇입니까?

□□ 大学の授業で先生が話しています。
대학 수업에서 선생님이 이야기하고 있습니다.

今学期の授業のテーマはどのようなことですか。
이번 학기의 수업 테마는 어떠한 내용입니까?

□□ 会議で女の人が男の人に意見を聞いています。
회의에서 여자가 남자에게 의견을 듣고 있습니다.

男の人はどう考えていますか。
남자는 어떻게 생각하고 있습니까?

04 | 問題4 즉시응답 문제

문제 소개

청해의 問題4은 질문 등의 짧은 발화를 듣고, 적절한 응답을 선택할 수 있는지를 묻는 〈즉시응답〉 문제로, 14문항이 출제됩니다.

문제 미리 풀어보기 및 풀이

> **問題 4** 예제-04.mp3
>
> この問題では、問題用紙に何も印刷されていません。まず文を聞いてください。それから、その返事を聞いて、１から3の中から、最も良いものを一つ選んでください。
>
> ー メモ ー

스크립트

もうすぐ夏休みだね。海辺でも行こうよ。

1 そろそろ、おやすみだね。

2 山の方がいいんじゃない？

3 お体をお大事にね。

정답 2

해석 이제 곧, 여름휴가예요. 바닷가라도 가요.
1 슬슬, 휴가군요.
2 산 쪽이 좋지 않아요?
3 몸조심하세요.

어휘 海辺(うみべ) 바닷가 | そろそろ 슬슬

해설 문제4 즉시응답은 상당한 순발력을 요구하는 문제이다. 선택지는 3개이지만 애매한 답이 두 개 정도 제시되는 예가 많으므로 신경 써야 한다. 문제에서 여자가 바라는 것은 바닷가든 어디든 가자는 의미이다. 선택지 1은 여자가 휴가라 했는데도, 남자가 또 휴가라 하므로 동문서답이며, 2가 정답으로, 바다보다는 산이 좋지 않으냐는 의견이다. 3은 주로 몸상태가 안 좋을 때의 인사말이다.

문제분석과 완벽대비법

즉시응답 문제는 총 14문항이 출제됩니다. 새로운 형식의 문제로, 글자 그대로 상대방의 대화를 듣고 즉각적인 대답으로 알맞은 말을 고르는 문제입니다. 선택지는 다른 문제와는 달리 3개가 주어지며 문제지에는 인쇄되어 있지 않고 음성으로 들려줍니다. 짧은 발화문을 듣고 곧바로 음성으로 들려오는 선택지 3개 중에서 1개의 정답을 선택해야 하는 것이므로 순간 판단력과 고도의 집중력이 요구됩니다. 과거, 현재, 미래 등 시간 표현에 유의하여 정답을 골라야 하며 정답이 애매한 경우는 직감적으로 답을 고른 후 다음 문제로 넘어가는 것이 좋습니다.

즉시응답 문제의 내용은 다음과 같습니다.

① 주로 일상생활에서의 간단한 질의응답이 주를 이룬다.

② 우선 선택지에 '엉뚱한 대답'이 하나는 들어가 있다.

③ 존경, 공손, 겸양어 등의 표현이 자주 등장하며, 관용구도 포함한다.

주로 나오는 질문은 다음과 같습니다.

① ご協力いただけますか。협력해 주실 수 있으신지요?

② ～(仕事)にならなかった。~(일)할 수 없었다.

③ ご指示いただけますか。지시해 주시겠습니까?

④ お伺いできなくてすみません。찾아뵙지 못해 죄송합니다.

⑤ 彼を信じて任せたらこの始末だ。그를 믿고 맡겼더니 이 꼴이다.

기출문제 분석

2010년 개정 이후의 즉시응답 기출문제를 살펴보면, 응답으로서 가장 자연스러운 말, 문법적으로 올바른 말, 경어표현, 관용적 인사표현 등이 주로 출제되고 있습니다.

기출 문제 보기

□□ ご都合のよろしい日をご指示いただけますか。→ じゃ、来週の木曜日にしましょう。
적당한 날을 정해주실 수 있습니까? → 그러면 다음 주 목요일로 합시다.

□□ すみません、営業の山田さんにお会いしたいんですが。→ 今、呼んでまいります。
미안합니다, 영업부의 야마다 씨를 만나고 싶습니다만. → 지금 불러 오겠습니다.

□□ 今日はお忙しいところおいでいただき、ありがとうございました。→ お会いできてよかったです。오늘은 바쁘신 중에 와 주셔서 감사드립니다. → 뵙게 되어 좋았습니다.

□□ あの、この計画、このままだとうまくいかないんじゃないでしょうか。
→ いやー、問題ないと思いますけどね。
저~, 이 계획, 이대로라면 잘못되는 거 아닐까요? → 아니, 문제없다고 생각합니다만.

□□ ほら、見て、あの人のプレー。選択チームのメンバーだけのことはあるよね。
→ うーん、さすが、ちょっとちがうよね。
저기 봐봐, 저 사람의 플레이. 선택 팀의 멤버라서 역시 대단하지. → 응, 역시 뭔가 다르네요.

□□ この件ですが、山田部長にもお伝えていただけるとありがたいんですが。
→ では、あとで伝えておきます。
이 건입니다만, 야마다 부장께도 전해주시면 고맙겠습니다만.→ 그럼, 나중에 전해 두겠습니다.

□□ この値段、あと少し何とかなりませんか。→ うーん、これ以上は難しいですねえ。
이 가격, 앞으로 조금 더 조정해 주실 수 없겠습니까? → 글쎄요, 더 이상은 어렵겠는데요.

□□ 今さら急いだところでだめなんじゃない?→ だめってことはないよ。
이제 와서 서둘러봤자 안 되는 것 아니야? → 안 되는 건 아니야.

□□ 部長、この企画、今度こそ通したいと思います。→ 期待していますよ。
부장님, 이 기획, 이번에야말로 통과하고 싶습니다. → 기대하고 있답니다.

□□ あのパソコン、捨てるくらいなら僕が使いたかったのに。
→ でも、古くて使いにくかったんだよ。
그 PC, 버릴 거였다면 내가 사용하고 싶었는데. → 그게, 오래돼서 사용하기 불편했었거든.

□□ では、この件はいったん見合わせるということでよろしいですか。
→ そうですね、あらためて話し合いましょう。
그럼, 이 건은 일단 보류하는 것으로 하시겠습니까? → 그러죠, 다시 서로 이야기합시다.

□□ 彼を信じて任せたら、この始末だよ。→ それは困りましたね。
그를 믿고 맡겼더니 이 모양이야. → 그것 참 문제군요.

□□ 機械の故障とかいろいろあって、まったく今日はさんざんだったよ。→ え? 大変だったね。
기계 고장 등 여러 가지 일이 있어서, 정말 오늘은 힘들었어. → 아~ 힘들었겠다.

□□ 何か書く物を拝借してもよろしいですか。→ これでよろしければ。
필기구를 빌려도 될까요? → 이것으로 괜찮으시면.

□□ よし、今度の試験、合格してみせるぞ。→ 受かるといいね。
자, 이번 시험, 합격할 거야. → 합격하면 좋을 텐데.

□□ お忙しいところ恐れ入りますが、一度うちの事務所にお越し願えませんか。
→ 来週なら伺えますが。
바쁘신 중에 송구합니다만, 한 번 우리 사무소에 와 주실 수 있으신지요?
→ 다음 주라면 방문 가능합니다만.

□□ 山田貿易の業績、最近ずいぶん伸びてるね。→ うちも負けてはいられないね。
야마다 무역의 실적, 최근에 꽤 늘고 있지. → 우리도 지고 있을 수만은 없지.

□□ ほら、さっき返した会議の資料、もう一度見せてくれない？気にかかることがあって。
→ どこか間違ってたでしょうか。
저기, 조금 전에 돌려준 회의 자료, 한 번 더 보여줄래? 마음에 걸리는 게 있어.
→ 어딘가 잘못된 부분이 있었는지요?

□□ 今度の社員旅行行きたいのは山々なんですけど。→ え、行けないんですか。
이번 사원여행에 꼭 가고 싶습니만…. → 어머, 갈 수 없는 건가요?

□□ 悪いけど、今日はゆっくりしてられないんだ。→ なんかあるの？
미안하지만, 오늘은 천천히 있을 수 없어. → 무슨 일 있는 거야?

□□ 今日は忙しいところを手伝わせちゃって悪かったね。→ いいえ、いつでもおっしゃってください。
오늘은 바쁜데, 도와달라고 해서 미안해요. → 아니요, 언제라도 말씀해 주세요.

□□ 明日の映画なんだけど、レポートやら、実習やらでそれどこじゃなくなっちゃったんだ。
→ えー、行けないの? 残念。

내일 영화 말인데, 리포트도 있고 실습도 있고 해서 지금 영화 볼 때가 아니야.
→ 뭐, 갈 수 없는 거야? 아쉽다.

□□ あのー、こちらの傘、お忘れじゃないですか。→あっ、どうも恐れ入ります。
저, 이 우산, 잊으신 거 아닌가요? → 아, 감사합니다.

□□ 悪いね。預かった資料、まだ見てないんだよ。ずっと電話が鳴りっぱなしで…
→ では、お時間のあるときにお願いします。
미안해. 준 자료, 아직 보지 못했어. 계속 전화가 걸려 와서… → 그럼, 시간이 있을 때 부탁합니다.

□□ 今日の先生の講義、ちんぷんかんぷんだったよ。→ 難しくて、私も全然…。
오늘 선생님 강의, 무슨 말인지 하나도 이해 못했어. → 어려워서, 나도 전혀….

□□ ああ、あんな負け方するくらいなら、はじめからやるんじゃなかった。
→ よく頑張ったと思うよ。
아아, 그렇게 질 정도였다면 애당초 시작하지를 말았을 것을. → 열심히 노력했다고 생각하는데.

□□ あのー、先月の家賃なんですけれど、まだ振り込まれてないようですが…。
→ すみません、うっかりしてて…。
저, 지난달 집세가 아직 송금되지 않은 것 같습니다만….→ 미안합니다, 깜빡 잊고 있어서요….

□□ もしもし、もうすぐ社に戻るけど、留守中何かなかった？
→ 先程、田中さんがいらっしゃいました。
여보세요, 곧 회사로 돌아갑니다만 부재중에 아무 일 없었나요? → 조금 전에 다나카 씨가 오셨습니다.

□□ あのー、もう少し席を詰めていただけるとありがたいんですが…。→ あ、気が付きませんで。
저, 좀 더 자리를 좁혀서 앉아 주시면 고맙겠습니다만….→ 아, 미처 깨닫지 못했습니다.

□□ 山本君、まだ来ないね。どういうつもりなんだろう、まったく。
→時間通りに来たこと、ないよね。
야마모토 군, 아직도 안 왔네. 어쩌자는 건지, 정말…→ 시간에 맞춰서 온 적이 없지.

□□ どうしたの？食事もしないで考え込じゃって。→ ちょっと気になっていること、あってね。
무슨 일 있어? 식사도 하지 않고 생각에 잠겨서. → 좀 마음에 걸리는 게 있어서.

□□ プロジェクトもやっと終わったことだし、ようやく一息付けるね。
→ 一時はどうなることかと思ったよね。
프로젝트도 겨우 끝나서 이제 간신히 한숨 돌릴 수 있겠다. → 한때는 어떻게 될까 했었지.

□□ 今度の休み、家族とゆっくりと過ごせたらなと思ってたのにな。
→ えっ、仕事でも入ったんですか。
이번 휴가에는 가족과 느긋하게 보낼 수 있을 거라고 생각했었는데. → 어, 일이라도 생긴 건가요?

05 | 問題5 통합이해 문제

문제 소개

청해의 問題5는 긴 본문을 듣고 복수의 정보를 비교, 통합하면서 내용을 이해할 수 있는지를 묻는 〈통합이해〉 문제로, 2가지 유형의 문제를 통해 총 4문항이 출제됩니다.

문제 미리 풀어보기 및 풀이

問題 5 예제-05.mp3

この問題では長めの話を聞きます。この問題には練習はありません。メモをとってもかまいません。

問題用紙に何も印刷されていません。まず話を聞いてください。それから、質問と選択肢を聞いて、１から4の中から、最も良いものを１つ選んでください。

ーメモー

스크립트

携帯の売り場で女の人が販売員の人と話しています。

女：新しい携帯を買いたいんですが。画面が大きくて、重くなくて、料金プランは毎月3万円以内で。

男：そうですね。画面が広くて軽いのは、このノゾミ携帯ですね。端末は4万円になりますが、料金の方は先程おっしゃった3万円以内です。また、このヒカリ社の新製品の方は、地図案内や漢字の変換の数が3000も出来ますが、料金の方は3万円をちょっと越えます。それから、こちらのコダマ携帯も軽くて画面が大きいです。機能は単純ですが、その分、端末も料金プランも2万5千円で、合計5万円になります。

女：ふ～ん。

男：最後は、このキボウ携帯ですが、便利な機能が満載で、料金プランも今週まで加入なさると、3万千円となっております。

女：う～ん。いろいろありますね。でも、端末の値段より、やっぱり料金の方が気になるし、機能が多くてもかえってじゃまになることもあるよね。じゃ、この料金プランの一番安い、これにします。

女の人はどの携帯を購入しますか。

1 ノゾミ携帯
2 ヒカリ携帯
3 コダマ携帯
4 キボウ携帯

정답 3번

해석 휴대폰 매장에서 여자가 판매원과 이야기하고 있습니다.

여: 새 휴대폰을 사고 싶은데요. 화면이 크고, 무겁지 않고, 요금은 매월 3만엔 이내로.

남: 그렇군요. 화면이 크고 가벼운 것은 이 노조미 휴대폰입니다. 단말기는 4만 엔이 됩니다만, 요금제는 방금 말씀하신 대로 3만 엔 이내입니다. 또, 이 히카리사의 신제품 쪽은 지도 안내나 한자 변환의 수가 3000이나 가능합니다만, 요금은 3만 엔 조금 넘습니다. 그리고 이쪽. 고다마 휴대폰도 가볍고 화면이 큽니다. 기능은 단순합니다만, 단말기도 요금제도 2만 5천 엔으로 합계 5만 엔입니다.

여: 음…

남: 마지막은, 이 키보우 휴대폰입니다만, 편리한 기능이 만재되어 있으며 월 요금도 이번 주까지 가입하면, 3만 천 엔입니다.

여: 음… 여러 가지가 있군요. 그래도 단말기 가격보다 역시 요금제 쪽이 맘에 걸리고, 기능이 많아도 방해가 될 경우도 있지요. 그럼, 이 요금플랜이 가장 싼 이것으로 할게요.

여자는 어느 휴대폰을 구입합니까?

1 노조미 휴대폰
2 히카리 휴대폰
3 고다마 휴대폰
4 기보우 휴대폰

해설 통합이해 파트는 문장이 다소 긴 문제가 출제되므로 메모를 해야 할 경우가 있다. 메모는 전체를 하는 것이 아니라, 핵심 사항만 하면 된다. 이 문제의 경우는 휴대폰의 종류와 특징이다. 따라서 특징 위주로 메모를 하면 된다. 여자가 원하는 것은 화면이 크고, 가볍고, 요금이 매월 3만 엔 이내이다. 1번 노조미는 요금이 3만 엔이며, 2번 히카리는 기능은 많지만 요금이 3만 엔을 넘는다. 고다마는 단말기 가격과 요금이 합쳐서 5만 엔이나, 2개월째부터는 요금만 2만5천 엔이다. 따라서 요금제와 단말기가 모두 가장 싼 고다마가 정답이 된다. 4번 기보우는 요금이 3만 천 엔이다. 여자는 단말기 가격은 신경쓰지 않고, 요금제가 싼 것을 원하고 있다.

어휘 携帯(けいたい)の売(う)り場(ば) 휴대폰 매장 | 販売員(はんばいいん) 판매원 | 端末(たんまつ) 휴대폰 단말기 | 先程(さきほど) 좀 전 | 地図案内(ちずあんない) 지도 안내 | 変換(へんかん) 변환 | お買得(かいどく) 득이 되는 구입 | 単純(たんじゅん) 단순 | 合計(ごうけい) 합계 | お気(き)にいる 맘에 드시다

문제분석과 완벽대비법

통합이해 문제는 총 4문항이 출제됩니다. 타이틀대로 긴 문장을 듣고 2가지 이상의 정보를 통합하여 비교하는 문제입니다. 통합이해 문제로는 뉴스, 설명, 대화 등이 출제되므로 평소 뉴스나 이야기 식의 단편 소설을 듣는 것이 많은 도움이 됩니다.

통합이해에서는 2가지 유형의 문제가 있는데, 하나는 질문이 1개 있으며, 선택지가 인쇄되어 있지 않은 유형이고 또 하나는 질문이 2개 있으며 선택지가 인쇄되어 있는 유형입니다. 첫 번째 유형의 경우 질문과 선택지가 모두 음성으로 나오므로 까다로운 문제입니다. 아무런 정보가 없으므로 무조건 집중해서 잘 들어야 합니다. 그에 비해 두 번째 유형은 선택지는 인쇄되어 있으므로 첫 번째 유형보다 쉽습니다. 또한 두 번째 유형은 질문이 2개가 있는데, 남자와 여자가 각각 무엇을 선택하는지를 묻는 문제가 주로 출제되고 있습니다.

통합이해의 내용은 다음과 같습니다.

① 대화문은 2~3명의 이야기가 혼합되어 있는 형식이다.

② 2~3명이 각자의 입장에서 의견을 이야기하다가 최종적으로 하나의 결과를 이끌어낸다.

③ 설명문이나 서술문은 최근의 화제를 주로 주제로 한다.
④ 물품이나 서비스 상품 구매 시 각 상품의 특징이나 장단점을 언급하는 경우가 있다.

주요한 형식이나 대화의 내용은 다음과 같습니다.
① 貿易会社の人が説明しています。무역회사 사람이 설명하고 있습니다.
② 旅行について3人が話し合っています。
여행에 대해 3명이 이야기하고 있습니다.
③ 会社で中元商戦について社員たちが話しています。
회사에서 여름 문안 선물 영업전에 관해 이야기하고 있습니다.
④ 女の人はどの会社のカメラを買いますか。
여자는 어느 회사 카메라를 삽니까?
⑤ 男の人はとりあえず何をしますか。남자는 일단 무엇을 합니까?

기출문제 분석

2010년 개정 이후의 통합이해 기출문제를 살펴보면, 가족 간, 고객과 점원 간, 상사와 부하 간, 동료 간의 대화로, 카메라 선택, 차 구입 여부 결정, 디자인 개발, 독서, 선물 선택, 연수 선정 관련 질문 등의 문제가 출제되고 있습니다.

기출 문제 보기

□□ 電気店のカメラ売り場で、女の人が店員と話しています。女の人はどのカメラを買いますか。
전자상가의 카메라 판매장에서 여자가 점원과 이야기하고 있습니다. 여자는 어느 카메라를 삽니까?

□□ 車を買うかどうかについて、家族３人で相談しています。車を買うかどうかを決めるときに、一番大切な問題はなんですか。
차를 살지에 대해서 가족 3명이서 상담하고 있습니다. 차 구입 여부를 결정할 때 가장 중요한 문제는 무엇입니까?

□□ テレビを見ながら男の人と女の人が話しています。
① 女の人はどの本を読もうと思っていますか。
② 男の人がまだ読んでいない小説はどれですか。
텔레비전을 보면서 남자와 여자가 이야기하고 있습니다.
① 여자는 어느 책을 읽으려고 생각합니까?
② 남자가 아직 읽지 않은 소설은 어떤 것입니까?

□□ 会社で男の人と女の人がリストを見ながら話しています。新製品のデザインは誰に頼みますか。

회사에서 남자와 여자가 리스트를 보면서 이야기하고 있습니다. 신제품 디자인은 누구에게 부탁합니까?

□□ スポーツショップで店員と大学生の姉と弟が話しています。母親への贈り物は何にしますか。

스포츠점에서 점원과 대학생 누나와 남동생이 이야기하고 있습니다. 모친에게 드릴 선물은 무엇으로 합니까?

□□ 会社で上司が研修の説明をしています。

① 男の人はどの研修を選びましたか。

② 女の人はどの研修を選びましたか。

회사에서 상사가 연수에 대한 설명을 하고 있습니다.

① 남자는 어느 연수를 선택했습니까?

② 여자는 어느 연수를 선택했습니까?

과제이해 완벽대비 문제

問題1 この問題では、まず質問を聞いてください。それから話を聞いて、問題用紙の１から４の中から、最もよいものを一つ選んでください。

01 1-01.mp3

1 会議の前に始める時間と終わる時間を前もって部長に知らせなければならない。
2 会議の変更が初耳の人に携帯で連絡するように注意しなければならない。
3 会議の内容を三つにして会議の前までに参加者にメールで伝えなければならない。
4 会議の参考資料を参加者に前もって持って行かなければならない。

02 1-02.mp3

1 新しい車を買う。
2 猫の遊びものを用意する。
3 男の人に昼ごはんをおごる。
4 男の人に昼ごはんをご馳走しない。

03 1-03.mp3

1 人々は狭いところではなく多方面で経験する必要がある。
2 横断歩道で自動車の進行方向が同じだから事故になった。
3 コンビニから領収書がもらえなかった。
4 いろいろな店でなかなか、おしぼりがでなかった。

04 1-04.mp3

1 朝、顔を化粧する。
2 自殺率を調べる。
3 植木鉢屋へ行く。
4 転勤を取消しする。

05 1-05.mp3

1 先進国以外の国は１、２回参加するように勧める。
2 使い捨てや自動車の排気ガスだけを減らしてもいい。
3 セミナーはたまたま開いてもらいたい。
4 オリンピックのように日時を前もって決めておく。

06 1-06.mp3

1 六日以内
2 一週間以内
3 五日以内
4 二週間以内

포인트이해 완벽대비 문제

問題 2 この問題では、まず質問を聞いてください。そのあと、問題用紙の選択肢を読んでください。読む時間があります。それから話を聞いて問題用紙の１から４の中から、最も良いものを一つ選んでください。

01 2-01.mp3

1 監督がアクション俳優出身のところ
2 思わず舌を巻いてしまうストーリ展開
3 板につく女優の演技
4 きれいな背景の映像美

02 2-02.mp3

1 危険だと感じたからです。
2 いつも忙しかったからです。
3 登るより走る方が気楽だからです。
4 友だちの事故があったからです。

03 2-03.mp3

1 上半期におまけを上げることにする。
2 下半期におまけを上げることにする。
3 サイバービジネスを強化することにする。
4 ネット販売をやめることにする。

04 2-04.mp3

1 自然エネルギー普及のための論議
2 原子力発電所の安全強化の対策
3 地震や津波の危険性の論議
4 原発の普及のための特別措置

05

1 山田選手に勝とうと覚悟を決めた。 2-05.mp3
2 記録更新のため一生懸命に練習した。
3 強敵に勝たないと優勝の意味がない。
4 覚悟が三日坊主になってしまった。

06

1 新米だからホテルの予約が一番大変だと言っている。 2-06.mp3
2 語学が最も大変だと言っている。
3 主人の航空会社が最も大変だと言っている。
4 結婚生活が一番大変だと言っている。

07

1 画面が大きくなって消費者層が広がったこと 2-07.mp3
2 端末機に軽い素材を使って持ち歩くのが便利になったこと
3 コストダウンが求められたこと
4 価格が他社より安価になってきたこと

問題 3 この問題では、問題用紙に何も印刷されていません。この問題は、全体としてどんな内容かを聞く問題です。話の前に質問はありません。まず話を聞いてください。それから、質問との選択肢を聞いて、１から４の中から、最も良いものを一つ選んでください。

ー メモ ー

01 3-01.mp3

02 3-02.mp3

03 3-03.mp3

04 3-04.mp3

05 3-05.mp3

06 3-06.mp3

問題 4 この問題では、問題用紙に何も印刷されていません。まず文を聞いてください。それから、その返事を聞いて、１から3の中から、最も良いものを一つ選んでください。

ー メモ ー

01 4-01.mp3

02 4-02.mp3

03 4-03.mp3

04 4-04.mp3

05 4-05.mp3

06 4-06.mp3

07 4-07.mp3

08 4-08.mp3

09 4-09.mp3

10 4-10.mp3

11 4-11.mp3

12 4-12.mp3

13 4-13.mp3

問題 5 この問題では、長めの話を聞きます。この問題では練習はありません。メモをとってもかまいません。
問題用紙に何も印刷されていません。まず話を聞いてください。それから、質問と選択肢を聞いて、1から4の中から、最も良いものを１つ選んでください。

01　5-01.mp3

02　5-02.mp3

まず話を聞いてください。それから、二つの質問を聞いて、それぞれ問題用紙の1から４の中から、最もよいものを一つ選んでください。

03　5-03.mp3

質問 1

1 農作物の品質の低下
2 熱中症の患者の増加
3 コメの収穫量の減少
4 土砂災害や高潮の被害

質問 2

1 農作物の品質の低下
2 熱中症の患者の増加
3 コメの収穫量の減少
4 土砂災害や高潮の被害

04

5-04.mp3

質問 1

1 １日の乗客数が１万人以上の駅で毎日目の不自由な人の転落事故が起きている。
2 ホームで起きる人身事故の3分の2以上が１日の乗客数が１万人以上の駅である。
3 国土交通省は、新型の点字ブロックの設置を鉄道会社に求める方針を決めた。
4 転落事故を防ぐ切り札とされるホームドアの設置についても検討している。

質問 2

1 新型の点字ブロックの設置が無効だ。
2 ホームドアの設置を模索すべきだ。
3 新型の点字ブロックの設置が有効だ。
4 ホームドアの設置を急ぐべきだ。

5-05.mp3

質問 1

1 業務上横領
2 仕事を放置
3 繰り返し懲戒処分を受ける弁護士
4 倫理面の研修の足りないこと

質問 2

1 業務上横領
2 仕事を放置
3 繰り返し懲戒処分を受ける弁護士
4 倫理面の研修の足りないこと

시나공
JLPT
일본어능력시험
N1

청해 문제 전체 듣기

실전 모의고사 1회

問題1 ＿＿＿＿＿の 言葉の読み方として最もよいものを、1・2・3・4から一つ選びなさい。

1 長い沈黙を破って新作を発表する。

1 しんもく　2 しんむく　3 ちんもく　4 ちんむく

2 意見の衝突が原因で両国は戦争になるところだ。

1 ちゅうとつ　2 ちょうとつ　3 しゅうとつ　4 しょうとつ

3 決勝戦に残れなくて悔しいこと極まり無い。

1 くやしい　2 おかしい　3 あやしい　4 むなしい

4 地震の速やかな対策を望む。

1 すこやか　2 すみやか　3 にぎやか　4 おだやか

5 会議の献立をするのに猫の手も借りたいほどだ。

1 けんりつ　2 こんりつ　3 けんだて　4 こんだて

6 室内は湿って重苦しい雰囲気が漂っている。

1 しめって　2 つまって　3 くもって　4 にごって

問題2　次の文の（　　　）に入れるのに最もよいものを、1・2・3・4から一つ選びなさい。

7　地震の（　　）の津波が来る。

1 名札　2 名刺　3 名前　4 名残

8　友達の（　　）言葉に傷つけられた。

1 むごい　2 やさしい　3 せこい　4 わびしい

9　友人は今度の試合を（　　）とあきらめた。

1 のろのろ　2 じろじろ　3 きっぱりと　4 うんざり

10　容疑者は動かぬ（　　）のため白状した。

1 証根　2 証明　3 証所　4 証拠

11　スピード違反を見（　　）さない警察。

1 挑　2 逃　3 跳　4 桃

12　人身事故で電車の（　　）の混乱が起った。

1 ダイヤ　2 タイヤ　3 タイガー　4 タイガ

13　工事現場から足場を（　　）する。

1 撤去　2 徹去　3 撤廃　4 徹底

問題3 ＿＿＿＿＿の 言葉に意味が最も近いものを、1・2・3・4から一つ選びなさい。

14 優勝という朗報が舞い込んできた。

1 朗らかな便り　2 落ち込んだ新聞

3 うんざりした情報　4 嬉しい知らせ

15 相手の意見にいちいち文句をつける。

1 説明　2 説得　3 偶然　4 愚痴

16 一度も勝ったことのない選手はコンプレックスを感じている。

1 優越感　2 死に目　3 成就感　4 引け目

17 平凡な発想では画期的な商品開発は難しい。

1 並木　2 月並み　3 並み盛り　4 軒並み

18 遠足にはもってこいな季節。

1 もってのほか　2 けしからぬ　3 うってつけ　4 もとのもくあみ

19 論文としての体裁を整える。

1 面目　2 資格　3 内容　4 形式

問題4　次の言葉の使い方として最もよいものを、1・2・3・4から一つ選びなさい。

20　指図

1 人間の指図できる時間はせいぜい15分から30分くらいだそうだ。

2 西尾先生の手術の指図の良さにあらためて感動した。

3 何事にも指図をつかむことが必要だ。

4 彼は人から指図されることが嫌いで、自分の思いどおりにならないと気がすまない。

21　もっぱら

1 最近はもっぱらレンタルショップで昔の名作を探して鑑賞している。

2 国によって習慣ももっぱら違う。

3 財産をもっぱら奪われた。

4 企画は意外にももっぱら通り、すっかり有頂天になった。

22　おもむろに

1 園内の動植物におもむろにさわらないでください。

2 おもむろにビジネスがうまくいかなかった時も、銀行から借りたお金は返す義務がある。

3 彼はライターを探し、おもむろに煙草に火をつけた。

4 最近、家の周りがおもむろに騒がしい。

23　侮る

1 病気の早期発見はとても重要だ。たかが血液検査と侮ってはいけない。

2 旅行では日本でも指折りの広さを侮る大露天風呂を楽しんだ。

3 ツイッターで日常の細かいことを侮って後悔したことがある。

4 近年、多くの人が旅行を楽しみに訪れるため、観光地や繁華街はどこも侮っている。

24 ないがしろに

1 今まで自分の人生を真剣に考え、ないがしろに生きてきた。

2 電車は人身事故のため、ないがしろに遅れた。

3 心身ともにないがしろに過ごし、優しさを身につける。

4 世の中には決められたルールをないがしろにする人がずいぶんいる。

25 ドリル

1 自分の心をドリルできれば、仕事も進めやすくなる。

2 大学で得た知識とは全く違う分野でドリルを積んでいく人も少なくない。

3 1日10分でこつこつとできる漢字ドリルをやっている。

4 全国的にインターネットをめぐる消費者ドリルが 多く見られる。

問題 5　次の文の（　　）に入れるのに最もよいものを、1・2・3・4から一つ選びなさい。

26　A：あの店はとても豪華な品物ばかりそろえているらしいよ。100万円（　　）財布もあるんだって。

B：えっ、うそ！信じられない。

1 たりとも　2 など　3 からある　4 からする

27　看護師が女性でなくてはならない（　　）、必ずしもそうではない。

1 かといって　2 かといえども　3 かというと　4 かとすると

28　彼女が彼のおかげで成功したんだから、彼に感謝（　　）、怒ることはないだろう。

1 こそあれ　2 こそすれ　3 さえあれ　4 さえすれ

29　読みかけた本を全部読もうと思ったが、一週間（　　）足りなかった。

1 には　2 では　3 にして　4 としては

30　成績が落ち（　　）落ち（　　）、もっとがんばればいいじゃありませんか。

1 れば、るほど　2 たら、たで

3 たら、ないで　4 るのやら、ないのやら

31　列に割り込むなんて、小学生（　　）大の大人がする行動とはとても思えない。

1 はさておき　2 はともかく　3 をおいては　4 ならまだしも

32　いくら昇進のためだといっても、体を（　　）仕事をする必要はないだろう。

1 壊してでも　2 壊してこそ　3 壊すまで　4 壊してまで

33 一国の指導者（　　）、世界の情勢を把握できる洞察力が必要だ。

1 だけのことあって　　2 ともすれば

3 ともなれば　　4 ともあろうと

34 客：「おしぼりちょうだい。」

店員：「はい、すぐ（　　）。」

1 持ってあげます　　2 持ってさしあげます

3 持っていたします　　4 お持ちいたします

35 彼女は体を震わせながら、私の部屋へ飛込んできた。
まるで悪夢でも見た（　　）。

1 というところだった　　2 とはかぎらない

3 かのようだった　　4 どころではなかった

問題 6　次の文の ＿★＿ に入る最もよいものを、1･2･3･4から 一つ選びなさい。

36　この試験の解答用紙には名前がない。＿＿＿ ＿＿＿ ＿★＿ ＿＿＿ものかわかるはずがない。

1 だれの　　2 本人が　　3 名乗らない　　4 ことには

37　彼が日本に行きたいといったら親に反対された。でも彼は＿＿＿ ＿★＿ ＿＿＿ ＿＿＿。

1 日本留学　　2 親の反対　　3 に踏み切った　　4 をよそに

38　彼は正真正銘の学者気質の持ち主である。彼は常に真実を＿＿＿ ＿★＿ ＿＿＿ ＿＿＿している。

1 せんが　　2 明らかに　　3 ために　　4 努力

39　彼の文章は内容もさることながら、文体においてもあまりにも＿＿＿ ＿★＿ ＿＿＿ ＿＿＿なかった。

1 ようが　　2 文句の　　3 完璧で　　4 つけ

40　テレビの＿＿＿ ＿★＿ ＿＿＿ ＿＿＿がいかに巨大な災難であるかを痛感した。

1 原発事故　　2 につけ　　3 ニュース　　4 を見る

問題 7　次の文章を読んで、文章全体の内容を考えて、41 から 45 の中に入る最もよいものを、1·2·3·4から一つ選びなさい。

顔は誰でもごまかせない。顔ほど正直な看板はない。顔をまる出しにして往来を歩いていることであるから、人は一切のごまかしを観念して(注1)しまう 41 。いくら化けたつもりでも化ければ化けるほど、うまく化けたということが見えるだけである。一切合切(注2)投げ出してしまうのが一番だ。それが一番美しい。顔ほど微妙にその人の内面を語る 42 。性情から、人格から、生活から、精神の高低から、叡知の明暗から、何から何まで顔に書かれる。閻羅大王のところに行くと見る眼かぐ鼻が居たり浄玻璃(注3)の鏡があって、人間の魂を皆映し出すという。しかしそんな遠いところまで行かずとも、めいめいの顔がその浄玻璃の鏡である。寸分の相違もなく自分の持つあらゆるものを映し出しているのは、考えてみると当然のことであるが、また考えてみるとよくも出来ているものだと感嘆する。仙人じみた風貌をしていて内心俗っぽい者は、やはり仙人じみていて内心俗っぽい顔をしている。がりがり(注4)な慾張でいながら 43 人情の厚い者は、やはりがりがりでいて人情の厚い顔をしている。まじめな熱誠なようでいて感情に無理のあるものは、やはり無理のある顔をしている。お山の大将(注5)はお山の大将、卑屈は卑屈。争われない。だから孔子や釈迦やキリストの顔がどんなに美しいものであったかということだけは想像ができる。言うまでもなく顔の美しさは 44 。容色だけ一寸美しく見えることもあるが、真に内から美しいのか、偶然目鼻立が好いのかはすぐ露れる。世間並に言って醜悪な顔立に 45 美しさが出ていたり、弁天(注6)様のような顔に卑しいものが出ていたり、万人万様で、結局「思無邪(注7)」の顔が一番ありがたい。自分なども自画像を描くたびにまだだなあと思う。顔のことを考えると神様の前へ立つようで恐ろしくもありまた一切自分を投出してしまうよりしかたのない心安さも感じられる。

〈高村光太郎『顔』による〉

(注1) 観念して：あきらめて
(注2) 一切合切：なにもかも。すべて。
(注3) 浄玻璃：くもりのない水晶やガラス。浄玻璃の鏡。地獄の閻魔王庁にあり、生前の行ないを映し出すという鏡。
(注4) がりがり：自分の利益や欲望だけを追うさま。
(注5) お山の大将：狭い範囲の中で自分が一番だと得意になっている人のこと。
(注6) 弁天：弁才天の略。インド神話で、河川の女神。音楽・弁舌・財福・智慧の徳があり、吉祥天とともに信仰された。日本では財福の神として弁財天と書かれるようになり、七福神の一として信仰される。
(注7) 思無邪(おもいよこしまなし)：心情をありのままに表し、偽り飾ることがない、という意味。

41 1 にすぎない 2 ことを余儀なくされる
3 よりほかない 4 にほかならない

42 1 ものではない 2 ことではない
3 ことはない 4 ものはない

43 1 また 2 案外
3 およそ 4 よほど

44 1 容色の美しさにきまっている 2 容色の美しさとはいえる
3 容色の美しさではないか 4 容色の美しさではない

45 1 何とも思わない 2 何とも言えない
3 さりげない 4 何気ない

問題8　次の文章を読んで、後の問いに対する答えとして、最もよいもの1·2·3·4から一つ選びなさい。

　私は善と美、この相反する両者間の合致点を見いだそうとした。私はあらゆるものを美のもとに取り入れようとした。私の欲求は、すべてのことが美である。美は美である。美の反対のものも美である。愛も美である。憎しみもまた美である。善も美である同時に、悪もまた美である。例えば、こういう広範な意味における美の法則に違反するものがあるとすれば、それは無価値的な存在である。このような悪魔的な思想が芽生え始めてきた。

46　筆者によれば、悪魔的な思想とは何を示すか。

1 社会風俗に抵触する欲求を満たすこと
2 あらゆるものを美で定義すること
3 広範な意味における美の法則に基づいて価値を判断すること
4 善と悪を含めてすべてを美と称すること

「表現」という言葉には、自己の内面的な精神性を外に向かって表出していく行為としての意味が含まれている。この意味だけが強調されると、あたかも自我の表出行為のすべてが表現というものに結びついてしまいそうな錯覚に陥るが、表現が表現として成立するためには、単なる自我の排泄行為や露出行為以上の意味が内包されていなくてはいけない。表現しようとする者が実際に自ら意識しようとしまいと、表現行為とはそのような内から外へと向かう一方向のベクトル(注)の精神的行為ではなく、世界や時代との対話の中で生まれ、自己と他者に向けて投げかける行為である。

(注) ベクトル：方向性を持つ力。物事の向かう方向と勢い。

47 筆者が語る単なる自我の排泄行為や露出行為以上の意味とは何か。

1 自分の内面的な精神性を外に向かって表わすこと

2 表現者と受け手双方になされた表現行為であること

3 外に向かう表現行為はもっと浄化して表出しなければならないこと

4 自分の思想や感情をすべて一方的に吐露すること

以下は、ある会社が取引先に出した文書である。

平成23年11月14日

ナンバーワンファスナー株式会社

生産部長　松本健太　殿

エメフィール株式会社

生産部長　山本和夫

ファスナー回収のお願い

前略　用件のみ取り急ぎ申し上げます。

平成23年10月14日に貴社より納入頂いた商品ファスナーN1シリズにつきましては、受入検査の結果、全品にファスナーの不良があり、その回収をお願いしておりましたが、お約束の回収期日を30日過ぎた本日現在、未だ回収いただいておりません。

貴社にも何かとご都合がございましょうが、当方といたしましても、倉庫が手狭なため商品の管理を行ううえで支障が生じております。

至急、お手配のうえ、回収してくださいますようお願い申しあげます。

不一

48　この文書で最も伝えたいことは何か。

1 狭い倉庫のため管理上の問題が生じないように不良ファスナーをなるべく早く一部回収すること

2 狭い倉庫のため管理上の問題が生じないように不良ファスナーをなるべく早く全品回収すること

3 狭い倉庫のため管理上の問題が生じないように不良ファスナーを11月14日まで一部回収すること

4 狭い倉庫のために管理上の問題が生じないように不良ファスナーを11月14日まで全部回収すること

この絵画と彫刻の二次元性と三次元性との差は、文学の世界では、小説と戯曲の上に現われて来るといえるであろう。

例えば、小説で取扱うところの「気持ちが好い」という言葉の取扱いを考えて見よう。この言葉に対するにあたって、いかなる方向によって、いかなるワクの中でこれをとられ得るかという場合、「気持ちが好いと云いなすった」「気持ちが好いと云った」「気持ちが好いとぬかした」等々の立場があり、それを小説は表現する一つの「面」をもたなければならない。ここに小説のもつ空間的性格がある。

〈中井正一『生きている空間』による〉

49 小説のもつ空間的性格とは何を指すか。

1 相手によってその場に見合った言い方をすること

2 自分の感情を平面的な言い方ではなく、空間的に使うこと

3 小説空間においては自分の感情をもっと多様に表現すること

4 小説の言葉は必ず三次元的な表現を使うべきであること

問題9　次の文章を読んで、後の問いに対する答えとして、最もよいもの1･2･3･4から一つ選びなさい。

わたくしが子供の頃から身につけた習慣といえば、一般日本人なみの習慣以外になにもこれといって取り立てて言うほどのことはない。ただ、今から考えて、①これだけはもつと多くの日本人がそうであつたら、と思うような、ごく些細なことだが、案外人の気のつかない習慣を、わたくしは少年期青年期を通じて植えつけられた。現在、老年に達しても、その習慣がさほどの無理もなく続いていて、人から不思議がられることがある。

それはなにかというと、一時間や二時間は立つていることがすこしも苦にならないことである。

乗物のなかなどで、人々が争って席を占めようとするのを見ていると、わたくしは、②なぜそんなに争ってまで腰をかけたいのかと思う。また、若い男が腰をおろし、そのそばに老人や女が突っ立っているのを見ると、どうもおかしいような、恥かしいような気がする。立って席を譲るのが当り前で、そんなことは文明人なら、みんなやることである。若い男が道徳を知らないわけではない。そういう習慣、ことに、立つことが平気だ、という習慣がないためだと思う。

少年時代に、わたくしの両親が、男の子はどんな場合でも、ぐったりしないで、しやんと(注1)立っているものだと厳しく教えこんだのである。瘠せ我慢(注2)と、すこしばかりの「おしやれ」がついに、この習慣を生んだのである。

〈岸田国士『生活から学ぶ』による〉

(注1) しゃんと：姿勢または態度などがだらけていないで、きちんとしているさま
(注2) 痩せ我慢：無理に我慢して、平気を装うこと。

50 ①これだけとは何を指しているか。

1 人の気のつかない習慣

2 1, 2時間立っても苦にならないこと

3 一般日本人なみの習慣

4 人から不思議がられること

51 ②なぜそんなに争ってまで腰をかけたいのかと思うとあるが、なぜ筆者はこのように思ったか。

1 乗り物のなかで立つのが苦にならないから

2 平素立つことに何とも思わない習慣がないから

3 若者はしつけが悪くて道徳を知らないから

4 文明人なら席を譲るのは当たり前だから

52 この文章で筆者が最も言いたいことは何か。

1 習慣は第二の天性だから、なかなか直らない。

2 若い男が席を譲らないのは嘆かわしい。

3 子供のときにしゃんと立つようにしつけるべきだ。

4 子供のときにちゃんとしつけてくれた親に感謝している。

芸術は何らかの自己表現ではあるが、自我を表現する行為を行えばただちに芸術表現となるかといえば、それは誤りである。例えば、自分の欲求や気分で憂さを晴らす(注1)ような行為は確かに自我の表現ではあるが、生理的な欲求に基づく個人的な行為に過ぎないし、特別な理由がなくてもエスカレートするいじめ行為や、自己中心的な異性に対する執着心から相手に迷惑行為を与えるストーカー行為など、いずれも自己中心的な自我の表現であり得ても①芸術表現とは全く無関係の行為であることは明らかである。

②狂気が芸術との関係で取り沙汰されるのは、自我の開放に狂気が深く関係しているからだろうと思われる。一般人は自我が常識という壁で抑制されているが、狂気はこの壁を一挙に取り除く効果があり、自我や創造性を自由奔放に開放する一面がある。それが真の芸術的な才能と結びついた時、狂気と芸術が隣り合わせて両立したり、相乗効果(注2)的な驚異的成果が生まれる可能性が出てくるのであろう。しかし狂気の比重が勝って自己のコントロールを失ってしまうようであれば、狂気と芸術は両立することなく、狂人や廃人への自己破壊の道しか残されはしないだろう。

芸術における自己表現が生まれる根底には自我の存在とそれを表現しようとする根源的な欲求があるだろう。自我表現の根源的な欲求は人を創造行為へと向かわせるパワーの源泉や契機にはなることはあるが、自我表現そのものが芸術の自己表現と同一ではないのである。

(注1) 憂さを晴らす：苦しさやつらさを、何かで紛らして除いたり忘れたりする。
(注2) 相乗効果：二つ以上の要因が同時に働いて、個々の要因がもたらす以上の結果を生じること。シナジー。

53 筆者はなぜ①芸術表現とは全く無関係の行為と言ったか。

1 受ける側の反応が生まれるようなコミュニケーションが全く成立しないから
2 表現する側が露骨に自分の欲求や気分を表わしただけだから。
3 芸術表現は自分の欲求を表に出さずに内に押さえなければならないから
4 芸術表現は個人的な欲求に基づいた行為だから

54 ②狂気が芸術との関係で取り沙汰されるとはどういうことか。

1 芸術は自我が抑制されているが、狂気はそれを取り除くことができること
2 狂気は自我が抑制されているが、芸術はそれを取り除くことができること
3 狂気と芸術は自我表現の根源的な欲求に基づいていること
4 狂気と芸術は自我と創造性を開放する一面において一脈通ずるということ

55 筆者の考えと合っているのはどれか。

1 芸術は自己表現であるから、自我を表現する行為は直ちに芸術表現につながる。
2 狂気と芸術との根本的な違いは自我を抑制できるかどうかによる。
3 自我表現への欲求は創造活動に導く契機にはなるが、自我表現そのものが芸術表現とは限らない。
4 狂気と芸術が隣り合わせて両立する可能性はあり得ない。

四月は、毎年多数の青年が新たに法学に志してその門に入ってくる月である。これらの青年に、法学が学問として一体どういう性質を持つものであるかについて多少の予備知識を与えるのが、この文章の目的である。

無論、本当のことは、入門後自らこの学問と取り組んで相当苦労した上でなければわからない。やかましく言うと、法学の科学的本質如何というような根本的の問題は、勉強してみればみるほどかえってわからなくなると思われるほどむずかしい問題で、現に法学の第一線に立っている学者に聴いてみても、恐らくその答はかなりまちまち(注1)であろうと考えられるほどの難問である。だから、こうしたむずかしい理論を①頭から入門者に説こうとする意思は少しもない。しかし、それにもかかわらず、敢えてここにこの文章を書こうとするのは、次のような理由によるのである。

(中略)

ところで、大学の教育はどうであるかというと、理科や医科のような自然科学系統の学部はもとより文学部のようなところでは、大体そこに入学してくる学生は、初めからその学ぼうとする学問について少なくとも常識程度の知識を持っているのが普通であるように思われるのであるが、法学に志して法学部に入ってくる学生の場合は、一般に事情が著しく違うように思う。私などは、父が長年司法官をしていた関係上、普通一般の学生に比べればかなり法学についての予備知識を持っていた筈であるが、それでさえ、いよいよ入学してみると②甚だ腑に落ちないものがあった。どうも自分が予期したものとは大分違った学問を教えられているような気がして、甚だ取っ付きが悪い(注2)。仕方がないから先生の講義することをそのままノートすることはしたものの、当分の間は五里霧中で、何のために講義を聴くのだか、全く見当がつかないようなありさまであった。

〈末弘厳太郎『法学とは何か』による〉

(注1) まちまち：物事や意見などが、それぞれ異なっていること。
(注2) 取っ付きが悪い：第一印象が悪い。取っ付きは初めて会ったときの印象。

56 筆者はなぜ①頭から入門者に説こうとする意思は少しもないと述べているか。

1 入門者に初めから説明するのは時間がかかるから

2 法学の学者に聞いても様々な答えが出るくらい難しいから

3 自らこの学問と取り組んでかなり苦労した上でもわからないものだから

4 入門者に言葉で説くより文章で書く方が理解しやすいから

57 ②甚だ腑に落ちないものがあったとはどういうことか。

1 法学の勉強を本格的にすればするほど、腹が立つから

2 入学してみると、法学部の第一印象が悪いのが納得できないから

3 入学してみると、勉強が難しくて消化不良で体の調子が悪くなるから

4 自分なりに法学の知識を積んだつもりだったが、予期と違った勉強を教えられるから

58 筆者は何のためにこの文章を書いたか。

1 法学は勉強してもわからない学問であることを教えるため

2 法学がとてつもなく難しい学問だということに気づかせるため

3 法学と他の学部との根本的な違いを伝えるため

4 法学を志す青年に多少の予備知識を与えるため

問題10 次の文章を読んで、後の問いに対する答えとして、最もよいもの1·2·3·4から一つ選びなさい。

伝統の否定と一口に言うけれども、伝統は全て否定しなければならぬというものではなくて、すでに実質を失いながら虚妄の空位(注1)を保って信仰的な存在をつづけていることが反省され否定されなければならぬというだけだ。実質あるものは否定の要なく、又、伝統に限らず、全て、実質を失いながら虚妄の権威を保つものは、反省され、否定される必要があるだけだ。

時代の流行というものは、常に多分に、伝統と同じぐらい空虚なものであり易い。それというのが流行を支える大多数の個人が決して誠実な省察を日常の友とはしていないからで、尚いけないことは、時代の指導的地位にある人々、ジャーナリスト、教授、執筆者、必ずしも誠意ある思索家、内省家ではない。例を私の身辺にとっても、大多数の人々は読みもせぬ小説を批評しているから、魔法使いのようなものだ。×なんて作家つまらんですな。君よんだのかい。いいえ、みんなそう言ってますよ、とくる。肉体の門て怪しからん(注2)エロ芝居ですね。君見たのかい。いいえ、エロだから見ないんです。私がこう書くと皆さんアハハと笑いだすかも知れないが、そういう方々の何割かが実は日常かかる奇怪な論証法を友としておられる筈だ。

①これが一般読者ばかりではないのである。批評家が、そうだ。文士にも、そういう方がある。そして読みもせぬ半可通を堂々と発表する。

バルザック(注3)とかモーパサン(注4)とかいうと、常に歴史的に批評する。その全作品を読んで、時代的な意味を見る。ところが、同じ批評家が、現代については、一ツ二ツの短篇を読んだだけで、作者全部のものを決めつけてかかってくるから勇ましい。

現代文学の貧困、等など近頃のハヤリ言葉であるが、こういうことを言う人は、②すでに御当人が阿呆なのである。

老人というものは、口を開けば、昔はよかった、昔の芸人は芸がたしかであった、今の芸人は見られないと言う。何千年前から、老人は常にそう言うキマリのものなのだ。それは彼らが時代というものに取り残されているからで、彼らの生活が、すでに終っているからだ。

芸術というものは、その実際のハタラキは芸という魔法的なものではなくて、生活でなければならぬ。それが現実の喜怒哀楽にまことのイノチをこめてはたらくところに芸術の生命があるのであり、だから、その在り方は芸術というよりも生活的なものだ。

歴史と現実をゴッチャにして、現代の貧困等など言う奴は、つまり研究室の骨董的老人で、時代に取り残された人、即ち自ら生活せざる愚人であるにすぎない。

歴史的な観察法は現代には通用しないものだ。なぜなら、人間と一口に言うが、いわゆる人間一般と、自分という五十年しか生きられない人間とは違う。人間は永遠に在るが、自分は今だけしかない。そこに現代というものの特性があり、生活というものが歴史的な見方と別に現実だけのイノチによって支えられている抜き差しならぬ(注5)切実性があるのである。

これを知れば、現代の貧困などという言葉はあり得ない。現代は貧困でも豊富でもない。現代は常にただ現実の生活であり、ギリギリの物なのである。

〈坂口安吾『現代とは？』による〉

(注1)空位：ある地位にだれもついていないこと。また、その地位。名ばかりの位。
(注2)怪しからん：道理にはずれていて、はなはだよくない。不届きだ。
(注3)バルザック【Honor de Balzac】：［1799～1850］フランスの小説家。近代リアリズム小説の代表者。フランス社会のあらゆる階層の人物が登場する約90編の小説にみずから「人間喜劇」の総題をつけた。
(注4)モーパサン【Guy de Maupassant】：［1850～1893］フランスの小説家。自然主義の代表的作家の一人。鋭い人間観察と強い厭世思想のもとに、簡潔な文体で人生の一断面を描いた。晩年、発狂。作「脂肪の塊」「女の一生」「ベラミ」など。
(注5)抜き差しならぬ：身動きがとれず、どうにもならない。のっぴきならない。

59 筆者の言う、否定されなければならないものは何か。

1 これまで保たれたすべての伝統
2 実質がなく、名ばかりの嘘の権威
3 移り変わりやすいあらゆる流行
4 名実ともを保ち続けている信仰的な存在

60 ①これが一般読者ばかりではないとあるが、これとは何を指しているか。

1 「肉体の門」の価値に気づいていないこと
2 日常から奇怪な論理を証明すること
3 直接読んだこともない書物を批評すること
4 文士が読みもせぬ本の批評を堂々と言うこと

61 ②すでに御当人が阿呆なのであるとあるが、このような発言から筆者のどのような批評観をうかがうことができるか。

1 批評家が現代より過去の作家や作品を重んずる態度を批判している。
2 ハヤリ言葉しか興味を持たない人間を蔑んでいる。
3 有名な作家には常に歴史的に批評する批評家の態度が気に入らない。
4 現代の作品全体を読んで批評するには、まだ時期尚早に気づいている。

62 筆者は芸術をどのようなものだと述べているか。

1 芸術は現実より魔法の世界でもっと自分の本領を発揮できる。
2 芸術は現実を常に模倣して美的世界を構築しなければならない。
3 芸術は現実から離れて架空の世界でそれ自体の完結を遂げることができる。
4 芸術は現実の世界にしっかり根ざした上で成り立たなければならない。

問題11　次のAとBの意見文を読んで、後の問いに対する答えとして最もよいものを、1・2・3・4から一つ選びなさい。

A

税制による規制とはちょっと違いますが、容器包装リサイクル法という法律がありまして、再処理費用の内部化はすでに図られています。有料化が話題になったのは、マイバッグ(注1)運動を進めたい環境左翼の人が、マイバッグが進展しないのはレジ袋を無料で配っているからだと考えて運動をしているからです。彼らは、資本主義的大量消費社会を嫌悪して、「買い物籠を下げて買い物に行った時代」を懐古しているのです。サーマルリサイクル(注2)を含めた大局的な資源のリサイクルを考えているのではなく、身近なことで自分たちだけで実行できる局所最適的な満足感が欲しいのです。このことは、環境問題をやっている人としばらく話をすればわかります。自分の価値観を他の人にも広めて啓蒙したい。トータルでよくならなくても、非専門家である自分たちの責任ではない。活動の目的は自己満足です。必ず、こう言います。

(注1) マイバッグ：買った品物を入れるために消費者が持参する袋。買い物袋。エコバッグ。
(注2) サーマルリサイクル：Thermal Recycle、熱回収。廃物棄を単に焼却処理せず、焼却の際に発生する熱エネルギーを回収・利用することである。

B

レジ袋自体がゴミになる、という問題があります。レジ袋に限らず、ゴミの大半がプラスチック系の包装用具である現実があります。弁当ガラ、豆腐の容器、お菓子の袋、カップ麺の容器etc.とにかく言ってたらきりがないくらいあります。せめてこのプラごみをリサイクルできればいいのですがその再生技術は未発達です。

ごみを減らし資源を効率的に使うためにも、少しでもプラごみを減らすべく、レジ袋を有料化しようと言うのは一理あると思います。

また「ゴミ袋の有料化」という形でごみ処理費用の負担を乞うている自治体も多くありますので、この政策との相性も問題もあります。

結局、レジ袋代も商品価格に上乗せされてるようなもんなんですから…極力買い物袋を持参し忘れたら袋代を払う、それでいいような気もします。

63 AとBはレジ袋の有料化に対してそれぞれどういう見解を示しているか。

1 Aは環境左翼の人が政府のレジ袋政策に対しての不穏な態度に懸念し、Bはプラゴミの再生技術が未発達のためにレジ袋を有料化した方がいいと考える。

2 Aは昔の買い物籠をさげて買い物した時代の懐かしさによってレジ袋の有料化に好意を示し、Bはゴミ処理費用に負担がかかるので反対する。

3 Aもレジ袋の有料化は環境活動家の自己満足だと言いつつ賛成の態度を取り、Bも資源を効率的に使うために、レジ袋を有料化するのに反対しない。

4 Aはレジ袋の有料化は環境活動家のマイバッグ運動の変質した形として批判し、Bはマイバッグを奨めるが、レジ袋の有料化には反対しない。

64 レジ袋の有料化問題について、Aが批判しているのはどのようなことか。

1 環境活動家が皆左翼の人であること

2 過去志向的で懐古的なあまい考えをもって有料化をすすめること

3 レジ袋の有料化を推進する人間の偽善的な態度

4 レジ袋を無料で配っていること

問題12　次の文章を読んで、後の問いに対する答えとして、最もよいもの1･2･3･4から一つ選びなさい。

イカルス[注1]の物語は、人類の発展的な冒険心の肯定とその終結における否定との矛盾で、わたしたちに同じギリシャ神話の中のプロメテウス[注2]の物語を思いおこさせる。巨人プロメテウスがオリンポスの神々の首長であるジュピターの神殿から火を盗んで来て、それを地上の人類にもたらした。人間は追々[注3]その火を使うことを学び、はじめて鉄を鍛え、それで耕具や武器をこしらえることを発見した。火と鉄とは人類の発展のための端緒であった。①この社会の現実をギリシャの人々は正当に理解した。巨人プロメテウスの勇気は、美しく高く評価された。しかし、当時のギリシャ人はこの巨人プロメテウスの人類的な貢献にたいして、天上と地上の支配者ジュピターは激怒するという想像を拒むことができなかった。プロメテウスが、ジュピターによって地球の骨といわれたコーカサスの山にしばりつけられ、日毎新しくなる肝臓を日毎にコーカサスの禿鷹についばまれて[注4]永遠に苦しみつづけなければならない罰を蒙った、というこの物語の結末を、後代からは叡智の選手のように見られたギリシャの哲人たち誰もが変えようとしなかった。

比類なく自由だったと思われているギリシャ市民が、彼等の伝説の中で、なぜイカルスやプロメテウスのように雄々しく、若く美しい冒険者たちを、黒髯のジュピターの怒りのもとに無抵抗にさらさなければならなかったのだろう。ギリシャの諸都市が、奴隷をもってその繁栄の基礎をなす生産労役をさせていたという現実が、この微妙な自由における矛盾の心理的根拠となっている。ギリシャの自由都市の人々は、自由人一人について奴隷数人という割合であった。自由なギリシャ市民の精神は、自由という面よりイカルスもプロメテウスも積極的に想像し、その想像をうけいれることが可能だった。しかし、その半面の現実である奴隷使役者としての市民感情は、敢てなお人類の勇敢さというものを無際限、無条件に肯定しかねる心理が存在した。自由市民が労役奴隷に対して、どたん場で発揮し得る絶対権力があった。その姿がそっくりそのままギリシャ伝説における②ジュピターの専制権力として反映した。かりに優秀な人間的力量にめぐまれたある奴隷が、奴隷として許された限界を突破して――主人の繁栄と利益のためにだけ献身するという目的を破って、自身の解放のためにその才能を活躍させるとしたら、奴隷所有者の不安はいかばかりだろう。奴隷の能力は、公平に評価され、愛され、一応の屈辱的待遇より彼を自由にするであろう。だが、決してそれは条件なしではなしに――決してそれが、自由市民の安定と繁栄とをゆるがさない条件の下において――さもなければジュピターはたちどころに[注5]天罰をくだすだろう。奴隷自身の自由のための奮闘は、所有者にとって反逆とうけとられる。反逆という観念は、所有者の政策に反した。イカルスを死なせ、プロメテウスをさいなむ(注6)ような残忍さで、主人の怒りは才能と勇気のありすぎる不運な奴隷の頭上におちかかるだろう。身のほどを忘れるな。ギリシャ神話における自由の矛盾のかげには、このような奴隷制の上にきずかれた自由市民の自由そのものにある矛盾が反射しているのである。

〈宮本百合子『なぜ、それはそうであったか』による〉

(注1) イカルス【(ラテン)Icarus】：ギリシャ神話中の若者。父ダイダロスの考案した蝋(ろう)づけの翼でクレタ島から脱出したが、あまりに高く飛んだため、太陽の熱で蝋が溶け、海中に落ちて死ぬ。
(注2) プロメテウス【Promtheus】：ギリシャ神話で、ティタン（巨人神族）の一人。アトラス・エピメテウスの兄弟。天上の火を盗んで人間に与えた罰として、ゼウスの命でカウカソス山に鎖でつながれ、毎日、鷲(わし)に肝を食われるが、ヘラクレスに救われる。
(注3) 追々：順を追って。だんだんに。しだいに。
(注4) ついばむ：鳥がくちばしで物をつついて食う。
(注5) たちどころに：時を移さず、その場ですぐに実現するさま。たちまち。すぐさま。
(注6) さいなむ：叱ったり責めたてたりする。苦しめる。いじめる。

65 「イカルスの物語」と「プロメテウスの火を盗んだこと」は当時のギリシャ社会に照らし合わせると、何を指すか。

1 奴隷所有者に対する反逆行為

2 奴隷所有者に対する忠誠心の現われ

3 ギリシャ社会の発展につながる行動

4 ギリシャ社会の支配層に対する誓い

66 ①この社会の現実をギリシャの人々は正当に理解したとあるが、どういうことか。

1 ギリシャは奴隷制に基づいた社会だから、プロメテウスの行動は称賛に値するが、またジュピターから罰をこうむるのも当然だということ

2 当時のギリシャは法が厳格なだけあって、プロメテウスが重罰を受けるのはやむをえないということ

3 人間が発達するための道具を作るには、必ず火が必要であること

4 神話の主人公であってもジュピターの権力は誰も逆らえないこと

67 ②ジュピターの専制権力とあるが、何を指すか。

1 自由市民から委ねられた絶対権力

2 皇帝が行使する絶対権力

3 自由市民が労役奴隷に対する絶対権力

4 神様から授けられた絶対権力

68 この文章で筆者が最も言いたいことは何か。

1 人類の発展のためにプロメテウスが火を盗んだのは称賛に値すること

2 いくら神話だからといってプロメテウス物語の結末を変えようとしなかったギリシャ人は非情きわまりないこと

3 プロメテウス物語はジュピターの権力に反抗した犠牲者の物語といって過言ではないこと

4 ギリシャ神話における物語は奴隷制に基づいた自由市民社会の上で成り立っていることを忘れてはならないこと

問題13 **右のページは、「おでかけ広場キャンペーン」情報である。田中さんは、今回このサイトに応募しようと思っている。下の問いに対する答えとして最もよいものを、1・2・3・4から一つ選びなさい。**

69 田中さんが当選確率を高めるための方法は何か。

1 最も節約できる場所を見つけて投稿する。

2 期間中になるべく多く投稿する。

3 独創的な方法を工夫して投稿する。

4 二回にわたって投稿する。

70 当選したかどうかを知るためには、田中さんはどうしたらよいか。

1 締め切り後二週間以内に葉書が来るのを待つ。

2 締め切り後二週間以内にホームページを見る。

3 締め切り後二週間以内に電話して聞く。

4 締め切り後二週間以内にメールが来るのを待つ。

節約おでかけのエピソードや感想などを「おでかけ日記」に投稿しよう♪

JTBナイスギフト券2000円分を計20名様に！

rarara.comの「無料スポット＆節約おでかけ特集」を見て、節約おでかけにまつわるエピソードや感想などを「おでかけ日記」に投稿して下さった方の中から、抽選で合計20名様にJTBナイスギフト券2000円分をプレゼント！「ここはこうやって楽しめばおトク！」、「このコースが経済的」など、実際におでかけで体験した節約ポイントやおトクに楽しむコツなどを投稿して下さい！期間中の投稿はすべて抽選対象、投稿すればするほど当選確率UP！

商品: JTBナイスギフト券2000円分を計20名様

応募期間第2回：2017年11月1日（水）～2018年1月15日（月）

※キャンペーンの注意事項

✓ 投稿について

・ご投稿いただく内容や画像などは、すべてオリジナルのものに限ります。流用、違法なコピーなどが判明した際は、抽選対象になりません。

・ご投稿いただく内容において、肖像権、著作権、その他の権利の侵害などは弊社で責任を負いかねます。必ず本人の承諾を得るなど、投稿者の責任においてご投稿ください。

・ご投稿いただいた作品につきましては、rarara.com等のサイトおよび弊社発行の本等に使用させていただく可能性がございますので、ご了承ください。

✓ 抽選結果について

・ご当選された方には、応募締切後、2週間以内に弊社メール（rarara_master@rarara.ne.jp）にてご連絡いたします。住所等の賞品送付先情報についてお聞きいたしますのであらかじめご了承ください。

・賞品のお届け先（日本国内のみ）は、当選通知メールへのご返信でいただくご住所となります。原則的に賞品の配送日や配送時間をご指定いただくことはできませんので何卒ご了承ください。

・当選通知へのご返信には、当社の「個人情報のお取り扱いについて」に同意いただいたうえでご送付ください。

問題1

この問題では、まず質問を聞いてください。それから話を聞いて、質問用紙の１から４の中から、最もよいものを一つ選んでください。

1番

1 畑で水練の演習をする。

2 もっと、発表の練習を繰り返す。

3 ほかの部署に連絡をとる。

4 畑の以外で練習する。

2番

1 受付で入場券を受け取る。

2 受付で名前と連絡先を記入する。

3 参考書籍を20％割引で購入する。

4 入場の一時間前に到着する。

3番

1 八百屋、魚屋

2 八百屋、本屋

3 八百屋、本屋、100円ショップ

4 八百屋、魚屋、100円ショップ

4番

1 ホテル付きの往復に決めなければなりません。

2 ホテルの割引分、4000円を払わなければなりません。

3 ホテル付きの片道に決めなければなりません。

4 ホテル付きの片道か往復か決めなければなりません。

5番

1 すぐバイト探しをやる。

2 明日からバイト先へ行く。

3 首になった男の人のため就職する。

4 首になった男の人のためバイトする。

6番

1 すぐ自分の主張の弱さを補わなければなりません。

2 序論の美学の意味をもっと加えなければなりません。

3 すぐ美学の願書を読まなければなりません。

4 本論の参考文献を美学に換えなければなりません。

問題2

この問題では、まず質問を聞いてください。そのあと、質問用紙の選択肢を読んでください。読む時間があります。それから話を聞いて問題用紙の１から４の中から、最も良いものを一つ選んでください。

1番

1 乾燥機のほうが古くなったから
2 洗濯機の方が古くなったから
3 新しい店舗ができたから
4 室内が狭苦しかったから

2番

1 男の割には愛嬌たっぷりなところ
2 演技力の足りないところ
3 辛抱強く仕事に臨むところ
4 性格が短気なところ

3番

1 ダイエットができるところ
2 日曜日が楽しみになるところ
3 インターネットの魅力のところ
4 世の中を見る目が高くなるところ

4番

1 エサの回数を減らすことと散歩すること

2 外には出さないこととエサを変えること

3 食欲をおさえるためにエサを変えること

4 食欲をそそるためにエサの回数を増やすこと

5番

1 アメリカの生活にうまく慣れるかどうか

2 部屋探し

3 大学院の学費

4 博士課程の進学

6番

1 色合いをもっと淡くして人々の目を引き、サークルの認知度を高める。

2 色合いをもっと強くして人々の目を引き、サークルの名前を知らせる。

3 センターにサークルの名前を入れ、写真を下の左側に寄せる。

4 センターに優勝の写真を用い、左側の下にサークル名を寄せる。

7番

1 半額で売られる商品を全体の5割以上にしなければなりません。

2 広告で半額にならない商品があることを大きな文字で表示しなければなりません。

3 広告で全品半額の文字を以前にも増して大きくしなければなりません。

4 消費者に誤解を与える表示である景品表示をしなければなりません。

問題 3

この問題では、問題用紙に何も印刷されていません。この問題は、全体としてどんな内容かを聞く問題です。話の前に質問はありません。まず話を聞いてください。それから、質問との選択肢を聞いて、１から４の中から、最も良いものを一つ選んでください。

―メモ―

問題 4

この問題では、問題用紙に何も印刷されていません。まず文を聞いてください。それから、それに対する返事を聞いて、 1から3の中から、最も良いものを一つ選んでください。

— メモ —

問題5

問題の5では長めの話を聞きます。この問題には練習はありません。メモをとってもかまいません。

問題用紙に何も印刷されていません。まず話を聞いてください。それから、質問を選択肢を聞いて、１から4の中から、最も良いものを１つ選んでください。

1番

２番

まず話を聞いてください。それから、二つの質問を聞いて、それぞれ問題用紙の1から４の中から、最もよいものを一つ選んでください。

3番

質問 1

1「モンブランの丘」

2「青春の日々」

3「サムライの最後」

4「ミホちゃんとヨシタくん」

質問 2

1「モンブランの丘」

2「青春の日々」

3「サムライの最後」

4「ミホちゃんとヨシタくん」

시나공 JLPT 일본어능력시험 N1

청해 문제 전체 듣기

실전 모의고사 2회

問題1 ＿＿＿＿＿の言葉の読み方として最もよいものを、1・2・3・4から一つ選びなさい。

1 不況を乗り越えなくて工場を閉鎖する。

1 へいさ　2 はいさ　3 へいそく　4 はいそく

2 懸命に出世街道を走ってきた。

1 かいとう　2 がいとう　3 かいどう　4 がいどう

3 社会の腐敗を暴いて記事にする。

1 あばいて　2 さばいて　3 わめいて　4 うなずいて

4 相手が弱いと思って油断するな。

1 ゆうたん　2 ゆうだん　3 ゆたん　4 ゆだん

5 トンネルが山を貫いてやっと工事が終わった。

1 つらぬいて　2 やしなって　3 おやまって　4 かがやいて

6 梅雨の時は土砂崩れに気をつけなければならない。

1 どしゃ　2 どさ　3 としゃ　4 とさ

問題2　（　　　）に入れるのに最もよいものを、1・2・3・4から一つ選びなさい。

7　彼はいつも仕事と（　　）を区別する性格だ。

1 スプライト　　2 プライベート　　3 サポーター　　4 サプライズ

8　彼は最近、受験のため顔が（　　）とやせたいる。

1 がっかり　　2 げっそり　　3 くっきり　　4 すんなり

9　かつての親友と友好関係の（　　）に努める。

1 本場　　2 本番　　3 修復　　4 幸福

10　裁判で彼の疑いは濡れ（　　）だったことが明らかになった。

1 足　　2 服　　3 手　　4 衣

11　母の面影を忘れないつもりで胸に（　　）。

1 兆す　　2 刻む　　3 彫る　　4 掘る

12　次の学習指導要領が（　　）ラーニングを重視するようになった。

1 アクティブ　　2 パッシブ
3 アマチュア　　4 プロフェッショナル

13　まだ事故原因を（　　）する調査結果は出ていない。

1 特徴　　2 特権　　3 特定　　4 特出

問題3 ＿＿＿＿＿の言葉に意味が最も近いものを、1・2・3・4から一つ選びなさい。

14 負けたくせに彼はあたかも勝者のごとく振る舞う。
1 まったく　2 まるで　3 ちょっと　4 まして

15 旅行は当分お預けになった。
1 保留　2 滞留　3 抑止　4 抑制

16 決勝戦を控えて、みんなテンションが高まる。
1 慎重　2 緊張　3 行動　4 振る舞い

17 イギリスにならった制度の導入を検討している。
1 つくった　2 まねた　3 はばんだ　4 こばんだ

18 最近、和服を着こなす人はまれのようだ。
1 上手に着る　2 着そこなう　3 着るまま　4 着たまま

19 周囲からいわれのないそしりを受ける。
1 疑心　2 疑問　3 非難　4 称賛

問題4　次の言葉の使い方として最もよいものを、1・2・3・4から一つ選びなさい。

20　はかどる

1 作業が順調にはかどっているのでひと安心だ。

2 計画をはかどってこれから仕事を進めようと思う。

3 人生の空しさをはかどってみる。

4 顧客をはかどって迎える姿勢を貫く。

21　やにわに

1 今年の春にはやにわに花の種をまくつもりだ。

2 運動は時間をかけてやにわに始めたほうがいい。

3 お暇の時はやにわに私の家に来てください。

4 彼女は僕を見るや否ややにわに走り出した。

22　ほごにする

1 新政府がはやくも公約をほごにする。

2 自然保護で山をほごにしてはならない。

3 勉強はほごにするのが一番だ。

4 夢を見て体がほごにしてしまった。

23　フォロー

1 後輩にフォローを頼まれて悩んでいる。

2 世界のフォローに解決を求める。

3 会社の反対フォローが激しくなってきた。

4 私にフォローして相手を接する。

24 瀬戸際

1 生死の瀬戸際に立たされた後輩を励む。

2 南の瀬戸際の景色が美しい。

3 観光地の瀬戸際で宿泊する人が多い。

4 海の瀬戸際で遊んでいる。

25 序の口

1 運動場の序の口から長い列ができている。

2 居酒屋の玄関から序の口までは土足禁止になっている。

3 露天風呂は序の口を除いて浴衣を着る。

4 冬といってもこんな寒さはまだ序の口に過ぎない。

問題 5　次の文の（　　）に入れるのに最もよいものを、1・2・3・4から一つ選びなさい。

26　三月になってだんだん暖かくなるのかな（　　）、まさかの雪で冬に逆戻りしてしまった。

1 というと　2 と思いきや　3 といっても　4 というものの

27　十年ぶりに行われる行事（　　）、大勢の人々が興奮している。

1 を契機に　2 のせいで　3 のおかげで　4 とあって

28　田中：今回給料が上がりますね。

鈴木：ええ、でもせいぜい1万円とか1万5,000円（　　）です。

1 といったこと　2 といったはず　3 といったところ　4 といったわけ

29　A：今朝の天気予報によると、台風が近づいているそうですよ。

B：どうりで風が強くなった（　　）。

1 こともある　2 に決まっている　3 に違いない　4 わけだ

30　長年一緒に時間をともにした愛犬が死んだ時の悲しみ（　　）。

1 といったらない　2 ほどのことではない

3 ということだ　4 にすぎない

31　今回の対策で投機勢力が完全になくなる（　　）、せめて少なくなることは間違いないだろう。

1 ことはないにもかかわらず　2 しかないにしても

3 ことはないにしても　4 しかないにかかわらず

32 A: 明日のテスト、自信ありますか。

B: 今回の試験に(　　　　)、両親に申し訳ないと思います。

1 落ちるなどしても　　2 落ちさえしたら

3 落ちでもしたら　　4 落とすくらいしても

33 A: 田中さん、上司の命令に逆らって懲戒処分を受けるんだって。

B: 会社の決定には理解(　　　　)、今回の件に限っては納得できないな。

1 できないでもないが　　2 できるはずがないが

3 できないではないが　　4 できることはないが

34 A: 先輩、今回の奨学金の選考に漏れたら、どうすればいいでしょうか。

B: そういう場合(　　　　)、割り切ってまたがんばればいいじゃないの？

1 落ちるとないとでは　　2 落ちるには落ちるが

3 落ちたりなかったりで　　4 落ちたら落ちたで

35 先生のお話通り、論文を修正しました。今(　　　　)。

1 お目にかかりましょうか　　2 ご覧いただきましょうか

3 お目にかけましょうか　　4 お気に召しますか。

問題6　次の　★　に入る最もよいものを、1·2·3·4から一つ選びなさい。

36　政府は経済の＿＿＿ ＿＿＿ ＿★＿ ＿＿＿講じ努力している。

1 あらゆる手段を　　2 経済を回復させるべく

3 再生に向け　　4 今年中にはっきり

37　コンピュータを＿＿＿ ＿＿＿ ＿★＿ ＿＿＿常識も必要です。

1 技術もさることながら　　2 活かすには

3 高度な知識や　　4 人間社会の円満な

38　散歩中に＿＿＿ ＿＿＿ ＿★＿ ＿＿＿してならない。

1 かわいそうな気が　　2 なんとなく

3 現れる猫を見かけると　　4 どこからともなく

39　彼は勉強はあまりできないが、＿＿＿ ＿＿＿ ＿★＿ ＿＿＿いません。

1 にかけては　　2 彼の右に　　3 絵のうまさ　　4 出る者は

40　私は彼女の不幸に＿＿＿ ＿＿＿ ＿★＿ ＿＿＿駆り立てられていた。

1 同時に　　2 禁じ得なかったが

3 激しい好奇心にも　　4 同情を

問題 7　次の文章を読んで、[41] から [45] の中には入る最もよいものを、1·2·3·4から一つ選びなさい。

　どうしてその日彼女と遊ぶことになったのかはわからない。Mさんとは特別仲がよかったわけではないし、[41] 口だってあまりきいたことはなかった。たまたま何かの当番で一緒になったとか、最初は他にも誰かいたのに、一人抜け二人抜けして、気がつくと、二人きりになっていたとか、そういうことだったのかもしれない。

　ともかくも、四年生の、夏休みが始まる直前のその日の夕暮れ、私とMさんは、学校の帰り道にあるY公園で遊んだのだった。ほとんど [42] 彼女と何を話したのかは、あまり記憶に残っていない。覚えているのは、夕方 [43] 公園で、二人して猛烈な勢いで遊んだということだ。鉄棒の片足かけ回りからはじまって、ジャングルジム、ブランコ、シーソー、回転グローブ、柵の上歩き、幅跳び、草摘み、けんけん、かくれんぼと、息を切らし、ブラウスの背中を汗ではりつかせながら、次から次へと [44] 遊びつづけた。

　普通では考えられないことだった。私は痩せっぽちでみんなから“ガイコツ”とからかわれ、昼休みも一人で教室にいるのが好きなほうだったし、目が細くつりあがっているせいで、“キツネ”とあだ名されていたMさんも、血色が悪く走るのがクラスで一番遅かった。[45]「活発」とか「元気」とか「明るい」などという形容からもっとも遠い二人だった。

41　1 それにもまして　　2 それにしては
3 それにしても　　4 それどころか

42　1 目にしたことのなかった　　2 耳にしたことのなかった
3 口もきいたことのなかった　　4 鼻にかけたこのなかった

43　1 暗くなりかけた　　2 暗くなったような
3 暗くなりそうな　　4 暗くならないうちの

44　1 熱に浮かべられたように　　2 熱に浮かされたように
3 熱に浮かんだように　　4 熱に浮かしたように

45　1 直ちに　　2 ようやく
3 要するに　　4 たちまち

問題8　次の文章を読んで、後の問いに対する答えとして、最もよいものを、1・2・3・4から一つ選びなさい。

　ゆとり教育という教育方針が打ち出された時、その方針を考えた側にはいくつかのねらいがありました。一つは、子どもたちの個性を伸ばすということですが、もう一つは、時間的なゆとりを確保するということでした。しかも、その時間的なゆとりは、こどもたちよりむしろ先生たちを対象としていました。

　このような経緯から授業時間が減らされ、週6回の授業が週5回になりました。では、これによって、ゆとりが確保されたかというと、実際には週5回の授業では教えなくてはいけない範囲を全部教えることができませんでした。そこで、結局、足りない部分は、夏休みを削って授業をしようということになってしまいました。

46　筆者がゆとり教育に対して言いたいことは何か。

1 ゆとり教育の個性を伸ばすという目的が無視されてしまった。

2 ゆとり教育は時間的な余裕を作り出せなかった。

3 ゆとり教育により以前よりも授業内容が増えてしまった。

4 ゆとり教育は教師のためだけの教育改革だった。

以下は、ある会社が取引先に出した文章である。

株式会社　ヤマブキ製菓

総務部　山本栄太様

平素はお世話になっております。営業部の田中一郎です。

山本様もお気づきかとは存じますが、3月3日付けの資料の追加分として昨日お送りした資料の中に御社とは全く関わりのない文書が混入しておりました。

山本様にはご迷惑をかけして大変申し訳ございません。つきましては、お送りした資料を破棄していただきますようお願い申し上げます。

さて、破棄していただきたい資料ですが、本来お送りするつもりだった資料と混交して送付したために、該当資料だけを区別するのは難しいと存じます。したがいまして、全文破棄していただき、再度お送りする資料をお使いいただきたいと存じます。

以後、このような不始末(注)がないように徹底して対策をしてまいりたいと思っております。

お忙しいところ恐縮ですが、お取り計らいのほどをよろしくお願いいたします。

(注) 不始末：後始末のしかたが悪いこと

47 この文章で最も伝えたいことは何か。

1 資料の誤って混入した部分を破棄してほしいということ

2 誤って送った3月3日付けの資料の代わりに昨日の資料を使ってほしいということ

3 3月3日付けの資料と昨日の資料のすべてを破棄してほしいということ

4 昨日送った資料を適切な内容も含めすべて破棄してほしいということ

日本では仏教の教えから4本の足で歩く動物を食べてはならないというものがあった。だが、牡丹鍋(注1)、紅葉鍋(注2)、桜鍋(注3)という鍋料理を知っている人もいるはずだ。それぞれ、伝統的なイノシシ、シカ、ウマの肉を使った鍋料理である。動物の肉を食べるということを公に言うと教えに反するので、花や植物の名前を使って、あくまで動物の肉ではないということにしていたわけである。また、ウサギは他の動物のように1匹2匹ではなく1羽2羽と数えるのも似たような事情からだ。4本足の動物はだめだということではあるが、二本足の鶏肉は問題なかったので、ウサギは鶏肉だということにしてしまったのだ。

(注1) 牡丹鍋 : イノシシの肉を野菜·豆腐などと味噌で煮る鍋料理
(注2) 紅葉鍋 : シカの肉鍋のこと
(注3) 桜鍋 : 馬肉にネギ・ゴボウ・焼き豆腐などを添えて味噌仕立てにした鍋料理

48 この文章で、筆者が最も言いたいことは何か。

1 昔から日本人はいろいろと言い訳をしながら動物の肉を食べていた。

2 昔の日本人は牛や豚などの肉を全く食べなかった。

3 昔の日本でも鶏肉を食べることは一般的であった。

4 現在日本では宗教的に動物の肉を食べてはいけないということになっている。

アイヌ民族は、かつてはヤウンモシリと呼ばれ、現在では北海道と呼ばれる地で独自の文化を築いていた。彼らの社会では、火の神、川の神といった神々が人間と対等な存在として、暮らしていた。そして、動物たちもそうした神々の一種であった。例えば、クマやキツネといった動物も神の一種であり、彼らは彼らの国に戻ると人間と同じような姿となり、人間のように暮らしていると考えられていた。人間の世界に来るときにだけ、毛皮をかぶり、動物の姿をして表れているだけなのである。とはいえ、アイヌの人々が動物を狩らなかったというわけではない。動物の身体は、神の国から来た肉であり、「動物=贈物」として狩られる対象であった。だが、肉を受け取った後、身体から切り離された魂は「動物＝神」であり、儀式を通して丁重に自分たちの国に返された。

49 この文章で筆者が動物を「動物=贈物」と「動物＝神」という二つの言葉で表現しているのはなぜか。

1 以前は神であった動物が現在では贈物になってしまったということを説明するため

2 神である動物たちを決して狩猟しなかったという点を印象付けるため

3 動物の体が神として信仰されていたことを指摘するため

4 魂は動物も人も同等の存在であったことを強調するため

問題9　次の文章を読んで、後の問いに対する答えとして、最もよいものを1・2・3・4から一つ選びなさい。

困難な問いと向き合うこと、深く考えること、を後回しにしてはいけない。そうした重たいものと付き合うことは、10代や20代のうちにやっておかなければならないことの一つだ。

10代や20代のうちにそれをやっておかなければならないのは、①中年になってからでは手遅れだからだ。中年になってしまうと、様々な困難が現実の問題として襲い掛かって(注1)くる。そのときにはその困難にどのような心構えで向き合えばいいのか、どのような視点から見ればいいのか、といったことを考えている場合ではなくなってしまう。ただただ、それらに対処することになる。ときには、そうしたものの重さに耐えかねて、折れてしまう。

だから、10代や20代に小説を読むこと、映画を観ることは大切なことなのだ。それらは資産になる。中年の人間が自分の苦労を描いたものに触れ、それを追体験(注2)することの意義はなにより後になってわかる。もちろん、それらはフィクションに過ぎないし、また、そのときに突き付けられた問いに答えがでないこともしばしばある。しかし、その偽物の体験は、②困難な問題への免疫を作る。というのも、その体験は偽物であるがゆえに、第三者的な立場から、その問題を見ることができるからだ。そうした視点は記憶として、残る。そして、実際の困難に直面した時には、困難に直面する視点だけではなく、その困難を第三者の立場から分析する視点を同時に持つことができるのである。

（注1）襲い掛かる：突然，攻撃をしかけて，危害を及ぼそうとする。
（注2）追体験：他人の体験をあとからなぞり、自分の体験のようにとらえること。

50 ①中年になってからでは手遅れだからだとあるが、それはなぜか。

1 中年になって弱くなった心では困難な問いの重みに耐えられないから

2 実際の困難に直面すると考えられなくなるほど追いつめられるから

3 小説を読んだり映画を観たりする時間が中年になるとなくなるから

4 若い時ほど柔軟な考えができなくなってしまっているから

51 ②困難な問題への免疫を作るとあるが、これはどのような意味か。

1 困難な問題に対しても負けない精神力を身に着けられること

2 小説や映画のDVDなどを資産として運用できる能力を得られるということ

3 実際の体験でないフィクションを本当のことかのように思える想像力を得られること

4 事前に困難な状況に対する客観的な視野を身に着けられるということ

52 筆者は、小説を読んだり映画を観ることをどのようなことだと考えているか。

1 困難な問題に対するストレスを発散してくれるもの

2 今抱えている悩みに答えをくれるもの

3 将来の糧となる擬似的な体験を与えてくれるもの

4 多感な青少年に深い感動を与えるもの

日本人が外国人に日本文化を英語で説明しようとすると非常に拙い(注)ものになります。たとえ、英語がかなりうまい人であってもこれは同じです。語彙が洗練されているかどうか、文法が正確かどうかという違いはありますが、伝えられる情報量の観点から見ると大きな差はありません。

普段は気づかないかもしれませんが、私たちは日本語でも①同じように説明しているのです。何の整理もせずに、相手の理解を顧みずに、頭の中に浮かんだことから順番に話し始め、自分でも何を言っているのかわからなくなることさえあります。このような場合、当然、聞き手に正確な情報が伝わることはありません。にもかかわらず、多くの人が聞き手の理解不足のせいにして、自分の問題とは考えずに過ごしているのです。

要するに、このように考えると、②英語でうまく説明ができない理由の一つに日本語があるということがわかります。日本語であれ、英語であれ、どのような言語であれ、論理的な説明の仕方に大きな違いがあるわけではありません。日本語で誰にでも理解できるように説明できる人は、英語で日本文化を説明するのもそれほど難しいことではないのです。日本の学校教育における英語の語彙や文法は多すぎるぐらいですから、中学卒業レベルの語彙と文法があれば十分です。

英語教育に関する議論で、日本語と英語のどちらが大事かという話がありますが、不毛です。英語も日本語も、人と対話するという観点では同じです。現在の社会では、英語は必要です。ですから、英語は必要ないなどという話は、全く受け入れられません。ですが、その日本語力なしに日本人が英語ができるなどということはないと私は考えます。

(注) 拙い : 物事に巧みでない。技術が未熟である。へたである

53 ①同じように説明しているとあるが、これはどのような説明か。

1 洗練さらた語彙や文法を用いた説明

2 聞き手を配慮しない説明

3 正しくない日本語を使った説明

4 英語的な表現を使った説明

54 ②英語でうまく説明ができない理由の一つに日本語があるとあるが、これはどのような意味か。

1 日本語は非論理的な言語であるため、日本語に慣れていると論理的な説明が難しくなるということ

2 英語でうまく話せないのは日本語でもうまく話せないからだということ

3 英語と日本語は違いが大きいので、日本語を話す人にとって英語は難しいということ

4 日本語で英語を授業をしていることが英語力の育成に悪影響を与えているということ

55 筆者はこの文章で日本語というものをどのようなものとしてとらえているか。

1 全ての学問の基盤となるような思考力の基礎

2 英語の文法力を含めた広い意味での語学力

3 様々な言語での対話の土台となりうるもの

4 日本文化を説明するのに適した言語

我々大人は、体の隅々まで社会化されてしまっている。私たちの身体は、たとえ服などを一切まとっていなくても、それは自然のままのものではない。現在、私たちの生まれ落ちた①社会の洗練を受けた身体なのだ。

一例として、歩き方がある。現在の日本社会に生まれた私たちは、歩くときに自然と右足が前に出るとき左手が前に出る。逆に、左足が前に出るときは右手が前に出る。手足は交互に、前に出るようになっている。右足と右手、あるいは、左足と左手が同時に前に出ることはあまりない。これを多くの人が自然なものだと思っている。しかし、これは現代社会の中で学習されて身につけられたものである。実際、江戸時代の日本では、多くの人が、右足と右手、左足と左手を前に出しながら歩いていたという。このような歩き方は、当時の社会の文化のありようと整合的であった。当時は、当然、洋服ではなく和服を着ていたわけであるが、和服はこのように歩いた方が着崩れ(注1)ない。農作業などを行う際も、こちらの方がやりやすい。

これ以外にも、外国で生まれ育った日本人が、一目で日本育ちでないと分かるという経験をしたことがある人も少なくないだろう。笑い方、話すときの仕草(注2)、それ以外の様々な表情の使い方といったものが違うから、それがわかるのだ。

違う社会で生まれ育つということは、異なる宗教を信じ、異なる言語を扱うということだけを意味するのではない。それは、②異なる身体を持つということなのである。

（注１）着崩れる：着物の着付け がゆるみ乱れる
（注２）仕草：ある事をするときの態度や表情

56 ①社会の洗練を受けた身体とは、どのような身体か。

1 宗教的に祝福を受けた身体

2 社会の一員としての通過儀礼を受けた身体

3 自然であるがままの身体

4 学習によって習慣づけられた身体

57 江戸時代の日本人と現在の日本人の歩き方で異なるのはどこか。

1 江戸時代の歩き方は学習されたものではないが現在の歩き方は学習されたものである。

2 江戸時代は右手と右足が中心だが、現代は左手と左足が中心である。

3 江戸時代の歩き方は和服を乱しにくいが現在の歩き方は比較的乱しやすい。

4 江戸時代の歩き方は社会に整合的であるが、現在は整合的でない。

58 ②異なる身体を持つとあるが筆者の言う「異なる身体」を持つのはどのような人か。

1 人種が異なり生物学的に大きな違いがある人

2 生育環境の影響によって体格が違う人

3 文化的な背景から立ち居振る舞いが違う人

4 社会的な差異によって着ている服が異なる人

問題10　次の文章を読んで、後の問いに対する答えとして、最もよいものを1・2・3・4から一つ選びなさい。

集団で行動するとき起こりやすくなるのが手抜きである。最近、とくに問題視されているのは、インターネットを使った手抜きだ。仕事をしているときに、SNSを見たり、業務とは関係のないことをインターネットで検索したりすることが、その一例である。

こうした手抜きによって、仕事の効率が下がることももちろんあるが、これを厳格に制限しようとする考えにも問題がある。インターネットを自由に使える環境では話しやすい雰囲気が作られ、新たなアイディアも生まれやすくなるという側面もあるからだ。以前は、SNSやブログなどを職場で利用することは、問題のある行為としか見なされていなかったが、現在では、職場内での関係を構築する道具として活用されることもある。また、一見仕事と関係のないものであっても、仕事とつながるアイディアが得られるものもある。

そもそも、インターネットの利用に関して、仕事とそれと無関係なものに関する線引きは、明確に言えないこともある。仕事上で現在の経済政策の影響について調べたいとする。「現在」「経済政策」とインターネット上で検索すれば、様々なニュース、調査、研究に関する情報が出てくる。そして、一方で、そうした政策に対する罵詈雑言(注1)、信ぴょう(注2)性の低い週刊誌の記事なども出てくるだろう。だが、後者を関係のないものとして対象とする情報からはずしてもいいかというと非常に難しい。例えば、政府機関が発表した「政策の結果、今年は全般的に企業の収益が上昇している」という調査と匿名(注3)の個人の「私の給料は上がっていないし、友人たちも生活が苦しくなっていると言っている」という書き込みを考えてみてほしい。

さて、話を少し変えよう。私は音楽鑑賞を趣味としている。時間的に余裕があるときには、この趣味に全く問題はないが、仕事が立て込ん(注4)でいるときほど音楽が無性に聞きたくなる。そして、実際に、ついつい気分転換と称して映画を見に行ったりすることもある。

大きなストレスを抱えているとき、人はそれを考えないようにする。そうすることによって、精神を健康的な状態に保とうとするのである。そして、ストレスの原因から気をそらすために、別のことに集中しようとする。それは、人によっては音楽かもしれないし、小説かもしれないし、インターネットかもしれないのである。

うまく気をそらせる人は健康な精神を保つことができるわけだ。現在、日本では多くの人がうつ症状を訴えており、その中には自殺する人もいる。精神的な健康は仕事をするうえで必要不可欠であるから、うまく仕事をするというのには、仕事のストレスとうまく付き合うということも含まれると私は考えている。

仕事中、インターネットサイトでずっと動画サイトを見ていてもいいかといえばそうではないから、完全に自由にすることはできないだろうが、仕事上でのインターネット利用の制限は十分に考えて行うべきだ。そこには、目に見えにくい効用やリスクがあるからだ。日本人の中には、仕事は楽しくないもので、楽しんでしまうとそれは仕事とは言えないと考える人もいる。だが、本当にそれでいいのかはよく考えてほしい。

（注1）罵詈雑言：ありとあらゆる口ぎたない、ののしりの言葉
（注2）信ぴょう性：人の言葉などに対する、信用できる度合い。信頼性
（注3）匿名：自分の実名を隠してあらわさないこと。また、実名を隠して別の名を用いること
（注4）立て込む：用事が一時にたくさん重なる

59　インターネットが自由に使える環境の利点として筆者が考えているのはどのような場合か。

1　企業のブログなどで顧客と職員とのやり取りが活発になる場合

2　メールによって常務連絡などが円滑に行われる場合

3　携帯電話のアプリでスケジュールをオンラインで管理する場合

4　普段からSNSを利用することで部下が上司に悩みをよく相談するようになった場合

60 仕事と関係のあるインターネット利用とそうでないものを区別するのが難しいのはなぜか。

1 仕事と関係ないものによって仕事に関わるアイディアを得られることもあるから

2 一見仕事につかえない質の悪い情報も現実の一側面を表すことがあるから

3 仕事無関係に思える書き込みを行った匿名の個人が仕事の関係者である可能性が否定できないから

4 仕事と関係があると思っている公的な情報が実は仕事と関係ないものであることもあるから

61 筆者は、自分の音楽鑑賞という趣味をどのように考えているか。

1 仕事の妨害になっているためやめたいがどうしてもやめられないもの

2 心の健康を保つために必要であり広い意味では仕事の役に立つもの

3 インターネット利用と同様に新しいアイディアを自分に与えてくれるもの

4 時間があるときのストレス発散になる暇つぶし

62 筆者は職場でのインターネットの制限についてどのような考えを持っているか。

1 業務の効率を落とす原因となるものだから厳しい制限を設け、これを規制すべきだ。

2 企業の利益になるものであるから制限は完全になくし自主性にゆだねるべきだ。

3 仕事の利用と私的な利用を分けて後者のみを制限すべきだ。

4 制限が全くないのも問題であるが、厳しく制限する行為にも問題がある。

問題11　次のAとBは女性の社会進出についての意見である。後の問いに対する答えとして最も良いものを1・2・3・4の中から一つ選びなさい。

A

日本は、女性の社会進出が進んでいないと言われる。それは、誤解である。確かに、ほんの10年前まで日本では就職をしない女性や結婚・出産によりやめてしまう女性が少なくなかった。しかし、近年、女性の雇用率は増え続けており、結婚・出産で仕事を辞める人は激減している。

では、こうした現状は男女平等の意識の広がりによって実現されたのだろうか。残念ながら、そうではない。この女性の社会進出の背景にあるのは、女性の働く権利を援助しようという意志ではなく、男性の雇用の不安定化である。男性だけでは家計を支えられないという事情から、男女の共働きが増えているだけなのである。

B

ヨーロッパが日本よりも女性の社会進出が進んでいると考える人は多い。もちろん、そうした面があるのもたしかである。実際、女性の議員の割合などではヨーロッパの中でも特に男女平等が進んでいる北欧のスウェーデンでは半数近いのに対して、日本は1割を超える程度でしかない。

とはいえ、そうした国の状況をあまりにも理想化するのも問題である。先ほど例として挙げたスウェーデンにおいては、女性の雇用率も非常に高いわけだが、では、女性が民間企業で男性と同じように大きな夢に向けて活躍しているかといえばそうとは言えないのが実情だ。スウェーデンの女性の雇用率の高さの背後にあるのは、政府による保育・介護に従事する職員の雇い入れだ。これは、就職率という観点からだけみると、政府による雇用状況の改善だということになるが、業務形態という観点から見ると、家庭内で行っていた家事・育児・介護労働を家庭外でしているだけだとも言えてしまう。

63 AとBでは、女性の社会進出について何と述べているか。

1 AもBも多くの人が各国の女性の社会進出に関して正確な理解をしていないと述べている。

2 AもBも女性の社会進出の背景には男女平等意識の広がりがあると述べている。

3 Aは日本の女性の社会進出は遅れていると述べ、Bはスウェーデンは進んでいると述べている。

4 Aは日本の女性の社会進出は進展しつつあると述べ、Bはスウェーデンの女性の社会進出は後退してきていると述べている。

64 日本とスウェーデンの女性の社会進出の背景に関して共通している点は何か。

1 雇用環境の変化と関わりがある点

2 貧困の問題と関りがある点

3 男女の平等意識の広がりと関わりがある点

4 少子高齢化と関りがある点

問題12　次の文章を読んで、後の問いに対する答えとして最もよいものを、1・2・3・4から一つ選びなさい。

マックスウェーバーは、西洋のキリスト教の発想が、近代化を促したと考えていました。また、ウェーバーはそうした発想や近代化という現象が一定の普遍性も持っているとも考えていました。ですが、重要なのはそうしたウェーバーも、近代化を手放しで評価していたわけではないということです。

ウェーバーが批判した近代を象徴するものが現在の働き方のシステムです。

近代化の最大の特徴は、効率化と合理性です。近代化を通して、私たちは、非効率的なもの、非合理的なものをそぎ落としてきました。それは、働くということにおいても同じことです。私たちは、働くということからも、非効率的なもの非合理なもの、を取り除いてきました。

合理化の追求として近代以降頻繁に行われるようになったのが、文書化です。働く場において、様々なことが文書として残り、また、人々は文書に基づいて働くようになりました。事業計画、業務内容、進行状況、損益等々さまざまなことが文書として残されます。そして、そうして残された文書を検討し、無駄なものはどんどんと削られていきます。利益につながらない事業・業務といったものがなくなっていくわけです。また、そうして蓄積されてきた効率的な業務のノウハウに逆らって、独自の判断でなされることはほとんど許されません。文書として残されているさまざまなデータに基づいて、マニュアルまたはそれに準じるものが作成され、人々はそれに基づいて合理的に仕事をすることになります。

このように、私たちの働き方は効率化、合理化されたものです。ですが、そのときにそぎ落とされ、捨てられてきたのは何でしょうか。それは、人間性そのものです。自分の判断や感情を仕事に結びつけること、それが捨てられてきてしまったのです。

ウェーバーは、このような状態を「人間は鉄の檻に入れられる」と表現しました。ここで、鉄の檻と表現されているのは合理性のことです。もともとは、人々をより便利にするために行われてきた合理性に人々が囚われてしまって、出られなくなっている状態をこのように表現しているのです。

さて、このように効率化、合理化されてきた働き方ですが、それは本当に効率的で合理的なものなのでしょうか。先ほどにも述べたように、業務の合理化のために、マニュアルが作成されてきたのですが、マニュアルは、マニュアルが想定していないことに直面した時に、何の役にも立ちません。むしろ、マニュアル化した仕事に慣れている人々は、マニュアルが想定していないことに対しても、マニュアルで対処しようとして、大きな問題を起こします。

さらに言うと、働くことの効率化・合理化は何のためのものだったのでしょうか。おそらくは、業務を効率化・合理化することによって、一方では、より多くの人に製品やサービスを提供し、もう一方では、生産者側の利益を拡大して、双方の幸福を高めるためであったはずです。しかしながら、人間性が剝奪された業務は人々から働くことによる幸福を奪います。幸福を高めるために、行われてきた効率化・合理化が人々から幸福を奪っている側面があるわけです。成人すると、多くの人が一日の大半を働くことに費やします。その時間を不幸にしている効率化・合理化は何のためのものなのでしょうか。

（注1）　そぎ落とす：不要な部分をけずって取り去る
（注2）　檻：危険な動物や罪人などを中に入れて逃げられないようにした囲い、あるいは部屋

65 筆者が考える文書を残すことへの影響は何か。

1 自らの判断力に基づいて仕事をすることが認められなくなる。

2 想定されているケースにおいても業務の非効率化を引き起こす。

3 臨機応変な対策を考える上でのヒントを提供する。

4 多くの人が業務内容をいつでも確認できるようにする。

66 「人間は鉄の檻に入れられる」というのはどのような状態か。

1 業務に関わる文書が蓄積されマニュアル化が進んだ状態

2 合理性の追求の結果として人間として判断·感情が傷つけられている状態

3 犯罪行為を行った結果、刑務所に収容されている状態

4 マニュアルが想定している事態にだけ囚われている状態

67 筆者が合理化·効率化の目的について問うているのはなぜか。

1 それらが本来の目的と逆の結果をもたらしていると考えているから

2 合理化も効率化も目的を見失い不徹底なものになってしまっているから

3 それらの目的が何なのか見当もつかず疑問に思っているから

4 目的が最も重要でありそれが分からないと近代化を実現できないから

68 筆者によればマックスウェーバーは、近代化をどのように評価していましたか。

1 合理化と効率化によって人々に幸福をもたらすもの

2 一面では評価できるが、合理性から人々を抜け出せなくするもの

3 合理性という側面では人を不幸にするが、効率性という側面では便利にするもの

4 合理性と効率性によって消費者と生産者双方の利益を高めるもの

問題13　右のページは、警察署の壁にある「フィッシング詐欺への注意」を呼びかける張り紙である。下の問いに対する答えとして最もよいものを、1・2・3・4から一つ選びなさい。

69　次のうちフィッシング詐欺といえるのはどれか。

1 見知らぬ会社から電話でその会社の口座に振り込むように言われた。

2 有名企業のものそっくりのホームページに個人情報を入力した。

3 昔の同級生が訪ねてきたためで高額な商品の契約をしてしまった

4 Webサイトで買った商品が本物ではなかった。

70　各機関の対策の結果、未然に防げるようになったのはどのケースか。

1 Aさんのケース

2 Bさんのケース

3 Cさんのケース

4 AさんとCさんのケース

あなたの情報が危ない!!
フィッシング詐欺に注意しましょう

フィッシング詐欺とは何か？

本当に実在する会社に見せかけて本物と全く同じ形の偽メールや偽のウェブサイトを作って、ID·パスワード·クレジットカード番号などの情報をだまし取る詐欺。

よくある被害

偽のサイトに銀行やクレジットカードのパスワードを入力

⇒銀行口座の預金が全てなくなっている!?　OR　クレジットカードに多額の請求!!

被害者Aさんのケース

丸一銀行からメールが来ており、預金残高を確認してほしいとのことなので確認した。その際に、口座番号と暗証番号を入力してしまった。数日後、口座から預金が見知らぬ口座に送金されて、初めて詐欺に気づいた。

被害者Bさんのケース

会社のパソコンからSNSにアクセスしたところ、本物のサイトではなかった。アクセスする際にパスワードを入れたので、アカウントを乗っ取られてしまった。金銭的な被害はなかったが、多くの人に迷惑をかけた。

被害者Cさんのケース

アカウント更新のために必要だというので、ヨツハシカメラだというサイトにアクセスし、住所、電話番号、ID、パスワード、クレジットカード等々の情報を入れた。後日、多額のクレジットカードによる請求が届いた。

各機関の対策

各金融機関は以前よりもセキュリティを強化したため、インターネット上からのものを含め送金には暗証番号以外の認証が設定できるようになった。また、クレジットカードに関して利用停止の手続きを簡略化した。

各SNSやネットショッピングサイトは不審なアクセスに関して、本人にメールなどの連絡が届くようにした。

自分でできる対策

- 金融機関などがメールで暗証番号を聞くということはありません。そうしたメールに騙されないようにしましょう。
- フィッシング詐欺に騙されたと思ったら、すぐにクレジットカードの利用停止の手続きを行い、警察にも届け出ましょう。

問題1

この問題では、まず質問を聞いてください。それから話を聞いて、問題用紙の１から４の中から、最もよいものを一つ選んでください。

1番

1 食器と洗濯物を片付ける
2 まず炊飯器をなおしてからコンビニに行く
3 課長に電話で仕事を減らす
4 来週からは夕方にちゃんとご飯を食べる

2番

1 とりあえず、案内状の印刷の確認のため総務課に連絡を入れる
2 金曜日までに会社の周りの駐車場を調べる
3 案内人がつらい羽目に陥らないように確認する
4 新商品の作動要領に関する担当部署へ電話をかける

3番

1 時間帯指定配達より即日配達のほうを全面的に見直す
2 即日配達より時間帯指定配達のほうを全面的に見直す
3 送料無料サービスは抑えて、小口の荷物の値上げを検討する
4 小口の荷物の値上げを検討し、送料無料サービスはすべてなくす

4番

1 とりあえず、男の人の健康のためと周りに迷惑をかけないこと

2 自分と食堂などに入れるように禁煙すること

3 受動喫煙のほうがもっと深刻だから真っ先にやめること

4 まずは、自分をタバコをやめるのに先生にすること

5番

1 男の人も女の人も子供の遊ぶ声にはうんざりしているから子供は生まない

2 二人は公園内の保育所の設置には反対しないが、子供は生みたくない

3 二人は子供に対して意見が違うからあまり仲よく過ごす気はない

4 女の人も男の人もいろいろ気が合うからこれから付き合ってみる

6番

1 インターネットで調べをやめて友人に二泊三日の旅行プランを聞く

2 お金は男の人が出すから早速、銀行のATMへ行く

3 日帰りの北海道か沖縄の旅行プランをインターネットで調べてみる

4 人の耳寄りな話は信じられないから直接旅行会社に行く

問題2

この問題では、まず質問を聞いてください。そのあと、問題用紙の選択肢を読んでください。読む時間があります。それから話を聞いて問題用紙の1　から4　の中から、最も良いものを一つ選んでください。

1番

1 特に、初期の認知症の人の運転免許証は必ず取り消したほうがいい
2 認知症の人と一般の高齢者の間では、運転行動の違いは必ずあるから取り消しする
3 ７５歳以上の高齢者には可能なかぎり免許証を取り消しする
4 認知症のおそれがあると判断された場合には自ら免許証を返納するよう促す

2番

1 症状が軽いことで運んで送った人が過半数を占めていたから
2 救急隊の経験者などが相談に応じる専用ダイヤルにまず問い合わせるから
3 大幅に増えた高齢者などが適切な利用のやり方が分からないから
4 まれな例として「タクシー代がかかるから」などの理由の人がいるから

3番

1 社会人として自己責任だから自分の好きなようにしてもかまわない
2 これから髪の色については二度と口出ししない
3 いちおう新採用の立場だから周りの雰囲気をうかがう必要性がある
4 大昔とは全然違うから茶髪で出社しても別に問題はない

4番

1 女の人は風通しのよい職場はなんでも適当に折り合いをつけるからいやだ

2 男の人は最近、兄弟姉妹のいない家庭が多いからこんな会社はいやだ

3 女の人も男の人もバーベキューなど定期的に開催する会社はいやだ

4 女の人も男の人も職場のアットホームぶりをウリにする会社はいやだ

5番

1 企画書の件で部長に報告することがあるから

2 部長から来週までに終わらせるように言われたから

3 部長の快諾で六ヶ月ぶりに休めることになったから

4 男の人が自分のことは棚に上げて悩んでいるから

6番

1 1審では正社員と格差を設ける特別の事情はないとして同じ賃金の支払いを命じました

2 2審では会社が若者などの雇用を確保する必要性のため賃金の差は不合理だと判断した

3 1審も2審も賃金の引き下げ幅は同じ規模のほかの会社と下回っているので不合理と認めた

4 原告のトラックの運転手の男性は2審の判決を受け入れる考えを示した

7番

1 あいさつもしないでドローンを飛ばす人がいるから

2 安全帽もかぶらないで平然とドローンを飛ばす人がいるから

3 もしかしたら緩いルールが定まるかも知らないから

4 退屈しのぎにドローンを飛ばして人に被害を与える人がいるから

問題3

この問題では、問題用紙に何も印刷されていません。この問題は、全体としてどんな内容かを聞く問題です。話の前に質問はありません。まず話を聞いてください。それから、質問との選択肢を聞いて、1から4の中から、最も良いものを一つ選んでください。

— メモ —

問題4

この問題では、問題用紙に何も印刷されていません。まず文を聞いてください。それから、それに対する返事を聞いて、1から3の中から、最も良いものを一つ選んでください。

— メモ —

問題5

問題5では長めの話を聞きます。この問題には練習はありません。メモをとってもかまいません。

問題用紙に何も印刷されていません。まず話を聞いてください。それから、質問と選択肢を聞いて、1から4の中から、最も良いものを1つ選んでください。

1番

2番

まず話を聞いてください。それから、二つの質問を聞いて、それぞれ問題用紙の1から4の中から、最も良いものを1つ選んでください。

3番

質問 1

1 あとで返さなくてもいい制度が必要だ
2 あとで返さなければならない制度が必要だ
3 奨学金を受ける前にまずは自分でお金を貯めるべきだ
4 奨学金を受ける前にまずは勉強すべきだ

質問 2

1 無償にしる貸与にしろ成績に関わること
2 成績に関わりなく貸与すること
3 あとで返さなければならない制度が必要だ
4 あとで返さなくてもいい制度が必要だ

독자의 1초를 아껴주는 정성!

세상이 아무리 바쁘게 돌아가더라도
책까지 아무렇게나 빨리 만들 수는 없습니다.
인스턴트 식품 같은 책보다는
오래 익힌 술이나 장맛이 밴 책을 만들고 싶습니다.

길벗이지톡은 독자 여러분이
우리를 믿는다고 할 때 가장 행복합니다.
나를 아껴주는 어학도서,
길벗이지톡의 책을 만나보십시오.

독자의 1초를 아껴주는
정성을 만나보십시오.

미리 책을 읽고 따라해본 2만 베타테스터 여러분과
무따기 체험단, 길벗스쿨 엄마 2% 기획단,
시나공 평가단, 토익 배틀, 대학생 기자단까지!
믿을 수 있는 책을 함께 만들어주신 독자 여러분께 감사드립니다.

(주)도서출판 길벗 www.gilbut.co.kr
길벗이지톡 www.gilbut.co.kr
길벗스쿨 www.gilbutschool.co.kr

mp3 파일 구성과 활용법

음성강의

저자 직강의 맛보기 해설 강의입니다. 〈시나공법 이론 정리〉와 〈문제 유형별 완벽대비 문제 풀이〉로 내용이 구성되어 있습니다. (문법편과 독해편은 실전모의고사 2회 문제를 가지고 해설 강의를 진행합니다.) 문제 풀이 부분은 반드시 스스로 먼저 풀어본 다음 강의를 들으면서 보충하세요!
(본 책에 수록된 QR코드로도 간편하게 들으실 수 있습니다.)

청해 문제 mp3

1. [시나공법 문제분석 예제] 폴더

▶ 실전용 : 시나공법 예제 문제를 묶어 한 파일로 제공됩니다.
(본 책에 수록된 QR코드로도 간편하게 들으실 수 있습니다.)
▶ 복습용 : 학습하기 편하도록 예제 문제별로 mp3 파일을 분리했습니다.

2. [완벽대비 문제] 폴더

▶ 실전용 : 문제 유형당 한 파일로 제공됩니다. 실전과 똑같이 멈추지 말고 문제를 풀어보세요.
(본 책에 수록된 QR코드로도 간편하게 들으실 수 있습니다.)
▶ 복습용 : 학습하기 편하도록 문제별로 mp3 파일을 분리했습니다.

3. [실전 모의고사] 폴더

▶ 실전용 : 1회분씩 한 파일로 제공됩니다. 실전과 똑같이 멈추지 말고 문제를 풀어보세요.
(본 책에 수록된 QR코드로도 간편하게 들으실 수 있습니다.)
▶ 복습용 : 학습하기 편하도록 문제별로 mp3 파일을 분리했습니다.

mp3 파일 무료 다운로드

길벗 홈페이지(www.gilbut.co.kr)로 오시면 mp3 파일 및 관련 자료를 다양하게 이용할 수 있습니다.

1단계	도서명 ▼ [ ] 검색 에 찾고자 하는 책 이름을 입력하세요.
2단계	검색한 도서로 이동하여 〈자료실〉 탭을 클릭하세요.
3단계	mp3 파일 및 다양한 자료를 받으세요.

시험에 나오는 것만 공부한다!

시나공

일본어능력시험

JLPT

정답&해설

이승대 · 주종관 지음

시나공 JLPT 일본어능력시험 N1

정답과 해설

첫째마당 | 문자편

한자읽기 완벽대비 문제 ❶ 회

문제 1 ______단어의 읽는 방법으로 가장 좋은 것을 1·2·3·4 가운데 하나 고르세요.

01 정답 3

어휘 真相(しんそう) 진상 | 推理(すいり) 추리

해석 사건의 진상을 추리하고 있다.

02 정답 1

어휘 貢献(こうけん) 공헌 ▶ 献立(こんだて) 식단, 차림표 / 貢(みつ)ぐ 바치다

해석 세계의 평화에 공헌하다.

03 정답 4

어휘 和(やわ)らぐ 부드러워지다

해석 그의 표정이 부드러워진 것 같습니다.

04 정답 2

어휘 快(こころよ)い 흔쾌하다 | 引(ひ)き受(う)ける 떠맡다, 맡다, 인수하다

해석 일을 흔쾌히 떠맡다.

05 정답 1

어휘 穏(おだ)やかだ 온화하다

해석 봄의 바다는 온화하다.

06 정답 4

어휘 研究(けんきゅう) | 礎(いしずえ) 초석 | 築(きず)く 쌓다

해석 연구의 초석을 쌓다.

07 정답 3

어휘 要(かなめ) 핵심

해석 팀의 핵심이 되는 사람.

08 정답 2

어휘 根性(こんじょう) 근성 | 混生(こんせい) 혼생

해석 그는 근성이 있는 사람이다.

09 정답 1

어휘 炭素(たんそ) 탄소 | 元素(げんそ) 원소

해석 탄소의 원소기호는 C입니다.

10 정답 2

어휘 融和(ゆうわ) 융화 | 保(たも)つ 보존하다, 유지하다

해석 이웃나라와의 융화를 유지하다.

한자읽기 완벽대비 문제 ❷ 회

문제 1 ______단어의 읽는 방법으로 가장 좋은 것을 1·2·3·4 가운데 하나 고르세요.

01 정답 1

어휘 衰(おとろ)える 쇠하다

해석 계절 탓인지 식욕이 떨어진다.

02 정답 3

어휘 乏(とぼ)しい 모자라다

해석 최근, 회사에 인재가 모자란다.

03 정답 2

어휘 良識(りょうしき) 양식 | 訴(うった)える 호소하다

해석 그 문제는 사람들의 양식에 호소할 수밖에 없다.

04 정답 4

어휘 採択(さいたく) 채택

해석 회의에서 내 의견이 채택되었다.

05 정답 2

어휘 災害対策本部(さいがいたいさくほんぶ) 재해대책본부 | 設置(せっち) 설치

해석 재해대책본부를 설치하다.

06 정답 3

어휘 肝(きも) 담력 ▶ 肝(きも)が太(ふと)い 배포가 크다

해석 그의 친구는 담력 있는 사람이다.

07 정답 1

어휘 青雲(せいうん) 청운 | 志(こころざし) 꿈, 마음, 후의 | 抱(いだ)く 품다

해석 청운의 꿈을 품다.

08 정답 3

어휘 立(た)ち退(の)き 물러섬 | 拒否(きょひ) 거부

해석 물러남을 거부하다.

09 **정답 4**

어휘 誇示(こじ) 과시

해석 자신의 실력을 과시해서는 안 됩니다.

10 **정답 2**

어휘 匿名(とくめい) 익명 | 密告(みっこく) 밀고

해석 익명으로 밀고하다.

한자읽기 완벽대비 문제 ③ 회

문제 1 ______단어의 읽는 방법으로 가장 좋은 것을 1·2·3·4 가운데 하나 고르세요.

01 **정답 3**

어휘 晴(は)れ着(ぎ) 외출복 | 華(はな)やかだ 화려하다 | 装(よそお)う 꾸미다, 치장하다

해석 외출복으로 화려하게 치장하다.

02 **정답 1**

어휘 狙(ねら)う 노리다 | 矢(や) 화살 | 射(い)る 쏘다

해석 과녁을 노리고 화살을 쏘다.

03 **정답 4**

어휘 源(みなもと) 수원(물이 흘러오는 근원), 윗물 | 清(きよ)い 맑다 | 流(なが)れ 시냇물

해석 윗물이 맑으면 아랫물도 맑다.

04 **정답 2**

어휘 薬物(やくぶつ) 약물 | 指導(しどう) 지도 | 徹底(てってい) 철저

해석 약물에 대한 지도를 철저히 하다.

05 **정답 1**

어휘 普及(ふきゅう) 보급 | 著(いちじる)しい 현저하다

해석 최근 휴대 전화의 보급이 급격히 늘었다.

06 **정답 3**

어휘 首相(しゅしょう) 수상 | 米国(べいこく) 미국

해석 일본 수상이 미국을 방문한다.

07 **정답 2**

어휘 通夜(つや) (초상집) 밤샘 | 弔辞(ちょうじ) 조사

해석 초상집에서 조사를 읽다.

08 **정답 4**

어휘 お盆(ぼん)休(やす)み 추석휴가 | 帰省(きせい) 귀성

해석 이번 추석휴가에는 귀성한다.

09 **정답 1**

어휘 企図(きと) 기도, 계획

해석 회사는 해외진출을 계획하고 있다.

10 **정답 2**

어휘 普段(ふだん)から 평소부터 | 奇跡(きせき) 기적

해석 평소부터 기적이 일어난다고 생각하고 있다.

한자읽기 완벽대비 문제 ④ 회

문제 1 ______단어의 읽는 방법으로 가장 좋은 것을 1·2·3·4 가운데 하나 고르세요.

01 **정답 1**

어휘 過労(かろう) 과로 | 損(そこ)なう 해치다

해석 과로로 건강을 해치다.

02 **정답 3**

어휘 絡(から)む 얽히다

해석 이번 사건은 돈이 얽혀 있다.

03 **정답 2**

어휘 厳(きび)しい 엄하다 | 躾(しつけ) 예절교육

해석 엄한 예절교육을 받다.

04 **정답 4**

어휘 偽物(にせもの) 가짜 | 偽造(ぎぞう) 위조

해석 가짜를 만드는 것을 위조라고 한다.

05 **정답 2**

어휘 審判(しんぱん) 심판 | 微妙(びみょう)だ 미묘하다

해석 심판의 미묘한 판정으로 패했다.

06 **정답 1**

어휘 一概(いちがい)に 일괄적으로, 통틀어서

해석 일괄적으로 나쁘다고는 할 수 없다.

07 **정답 3**

어휘 険悪(けんあく)だ 험악하다 | 漂(ただよ)う 감돌다

해석 험악한 공기가 감돈다.

08 **정답 2**

어휘 譲歩(じょうほ) 양보

해석 가격을 이제 더 이상 양보할 수는 없다.

09 **정답 4**

어휘 派閥争(はばつあらそ)い 파벌다툼 | 泥沼(どろぬま) 진흙탕 | はまりこむ 빠지다

해석 파벌다툼의 진흙탕에 빠지다.

10 **정답 1**

어휘 核発電(かくはつでん) 핵발전 | 廃棄物(はいきぶつ) 폐기물

해석 핵 발전의 폐기물로 곤란해 하고 있다.

한자읽기 완벽대비 문제 ⑤ 회

문제 1 ______단어의 읽는 방법으로 가장 좋은 것을 1·2·3·4 가운데 하나 고르세요.

01 **정답 3**

어휘 誇(ほこ)る 자랑하다, 뽐내다

해석 긴 역사와 문화를 자랑하는 도시.

02 **정답 2**

어휘 印象(いんしょう) 인상 | 鮮(あざ)やか 선명함

해석 인상 선명한 주인공의 소설을 읽다.

03 **정답 1**

어휘 大理石(だいりせき) 대리석 | 彫刻(ちょうこく) 조각

해석 그는 대리석에 조각하는 것이 취미다.

04 **정답 1**

어휘 選挙運動(せんきょうんどう) 선거운동 | 色彩(しきさい) 색채 | 演説会(えんぜつかい) 연설회

해석 선거운동의 색채가 강한 연설회.

05 **정답 4**

어휘 合間(あいま) 틈, 짬

해석 공부하는 틈틈이 아르바이트를 하다.

06 **정답 2**

어휘 街角(まちかど) 거리모퉁이, 길거리 | 描(えが)く 그리다

해석 일요일에는 거리모퉁이의 풍경을 그리고 있다.

07 **정답 2**

어휘 麓(ふもと) 산기슭 | 朽(く)ち果(は)てる 썩어빠지다 | 山小屋(やまごや) (산속의) 산막

해석 산기슭에 쓰러져 가는 산막이 있다.

08 **정답 3**

어휘 告(つ)げる 알리다

해석 전철 출발을 알리는 벨소리.

09 **정답 4**

어휘 徐々(じょじょ)に 서서히 | 夕闇(ゆうやみ) 땅거미

해석 서서히 땅거미가 내리는 시간.

10 **정답 1**

어휘 信仰(しんこう) 신앙 | 迷信(めいしん) 미신

해석 신앙과 미신과의 차이는 명확하다.

한자읽기 완벽대비 문제 ⑥ 회

문제 1 ______단어의 읽는 방법으로 가장 좋은 것을 1·2·3·4 가운데 하나 고르세요.

01 **정답 4**

어휘 自(みずか)ら 스스로 | 省(かえり)みる 돌이켜보다, 반성하다 | やましい 뒤가 켕기다

해석 스스로 돌이켜보아 양심에 반하는 점이 없다.

02 **정답 3**

어휘 新(あら)たな | 感動(かんどう)を呼(よ)ぶ 감동을 부르다

해석 새로운 감동을 부르는 영화를 보다.

03 **정답 1**

어휘 模索(もさく) 모색

해석 해결의 길을 모색하다.

04 **정답 3**

어휘 腐敗(ふはい) 부패

해석 최근 정치가 부패된 것이 느껴진다.

05 **정답 2**

어휘 貿易(ぼうえき) 무역 | 不均衡(ふきんこう) 불균형 | 是正(ぜせい) 시정

해석 무역 불균형의 시정을 요구하다.

06 **정답 4**

어휘 鉄塔(てっとう) 철탑 | もろくも 맥없이 | 崩(くず)れる 무너지다

해석 지진으로 철탑이 힘없이 무너졌다.

07 **정답 4**

어휘 兼(か)ねる 겸하다 | 遅(おそ)めに 늦게

해석 조식은 점심을 겸해 늦게 먹었다.

08 **정답 2**

어휘 手軽(てがる) 간편함, 손쉬움 | 扱(あつか)う 다루다

해석 손쉽게 다룰 수 있는 카메라를 좋아한다.

09 **정답 3**

어휘 依然(いぜん)として 여전히 | 不景気(ふけいき) 불경기

해석 올해도 여전히 불경기다.

10 **정답 1**

어휘 雇用(こよう) 고용

해석 실무 경험자를 고용하다.

한자읽기 완벽대비 문제 7 회

문제1 ＿＿＿단어의 읽는 방법으로 가장 좋은 것을 1·2·3·4 가운데 하나 고르세요.

01 **정답 2**

어휘 津波(つなみ) 해일 | 速(すみ)やかだ 신속하다

해석 해일에 대한 신속한 대책을 바란다.

02 **정답 1**

어휘 縮小(しゅくしょう) 축소

해석 사업을 축소한다.

03 **정답 3**

어휘 在宅(ざいたく) 재택 | 介護(かいご) 간호, 간병 | 広(ひろ)がる 확대되다

해석 재택간병의 범위가 확대된다.

04 **정답 4**

어휘 値(あたい) 값, 가치

해석 그 이론은 주목할 가치가 없다.

05 **정답 4**

어휘 私生活(しせいかつ) 사생활 | 干渉(かんしょう) 간섭

해석 사생활에 간섭한다.

06 **정답 1**

어휘 互(たが)いに 서로 | 助(たす)け合(あ)う (서로) 돕다

해석 곤란할 때는 서로 돕는다.

07 **정답 3**

어휘 束縛(そくばく) 속박

해석 현대 사람들은 시간에 속박된다.

08 **정답 4**

어휘 共鳴(きょうめい) 공명

해석 국제화에 공명하는 단체.

09 **정답 1**

어휘 扉(とびら) 문

해석 최근은 어느 가게나 자동문이 일반적이다.

10 **정답 3**

어휘 魂(たましい) 혼 | 抜(ぬ)ける 빠지다

해석 혼이 빠진 것처럼 되다.

한자읽기 완벽대비 문제 ❽ 회

문제 1 ______단어의 읽는 방법으로 가장 좋은 것을 1·2·3·4 가운데 하나 고르세요.

01 정답 1

어휘 両者(りょうしゃ) 양자 | 折衷(せっちゅう) 절충

해석 양자의 의견을 절충하다.

02 정답 4

어휘 首都圏(しゅとけん) 수도권 | 偏(かたよ)る 편중하다

해석 인구가 수도권에 편중한다.

03 정답 2

어휘 酸素(さんそ) 산소 | 欠乏(けつぼう) 결핍 | 補(おぎな)う 보충하다

해석 산소의 결핍을 보충하다.

04 정답 3

어휘 技(わざ) 기술 | 磨(みが)く 닦다, 연마하다

해석 평소부터 기술을 연마한다.

05 정답 1

어휘 交渉(こうしょう) 교섭 | 冒頭(ぼうとう) 모두, 첫머리 | 難航(なんこう) 난항

해석 교섭이 시작부터 난항하다.

06 정답 4

어휘 枠(わく) (제한) 범위, 틀

해석 채용의 범위를 넘다.

07 정답 2

어휘 円滑(えんかつ) 원활 | 運(はこ)ぶ 운반하다, 진척되다 ▸ 交渉(こうしょう)が運(はこ)ぶ 교섭이 진척되다

해석 교섭이 원활히 진행되다.

08 정답 3

어휘 煙草(たばこ) 담배 | 禁断症状(きんだんしょうじょう) 금단증상

해석 담배를 끊고 금단증상이 나타났다.

09 정답 2

어휘 志(こころざ)す 뜻을 품다

해석 일본 유학에 뜻을 품고 있다.

10 정답 1

어휘 腕(うで) 팔, 솜씨 | 磨(みが)く 닦다, 연마하다 ▸ 腕(うで)を磨(みが)く 솜씨를 연마하다

해석 요리 솜씨를 연마하다.

한자읽기 완벽대비 문제 ❾ 회

문제 1 ______단어의 읽는 방법으로 가장 좋은 것을 1·2·3·4 가운데 하나 고르세요.

01 정답 2

어휘 英雄(えいゆう) 영웅 | 崇拝(すうはい) 숭배

해석 국민의 영웅으로 숭배 받다.

02 정답 4

어휘 柔軟(じゅうなん) 유연함 | 臨(のぞ)む 향하다, 임하다

해석 이번 사건에 유연한 태도로 임하다.

03 정답 3

어휘 食欲(しょくよく) 식욕 | 衰(おとろ)える 떨어지다

해석 봄이 되어 식욕이 떨어졌다.

04 정답 1

어휘 迅速(じんそく) 신속 | 行動(こうどう) 행동

해석 신속히 행동하다.

05 정답 3

어휘 遺跡(いせき) 유적 | 発掘(はっくつ) 발굴

해석 유적 발굴 현장에 가다.

06 정답 1

어휘 家計(かけい) 가계 | 脅(おびや)かす 위협하다, 협박하다

해석 인플레가 가계를 위협한다.

07 정답 3

어휘 状況(じょうきょう) 상황 | 把握(はあく) 파악

해석 사태의 상황을 파악하다.

08 정답 1

어휘 人材(じんざい) 인재 | 発掘(はっくつ) 발굴

해석 인재를 발굴하다.

09 정답 3

어휘 伝統(でんとう) 전통 | 芝居(しばい) 연극, 속임수 | 観覧(かんらん) 관람

해석 일본 전통 연극을 관람하다.

10 정답 2

어휘 人使(ひとづか)い 사람 부림 | 荒(あら)い 거칠다

해석 그 부장은 사람을 다루는 게 거칠다.

한자읽기 완벽대비 문제 ⑩ 회

문제 1 ______단어의 읽는 방법으로 가장 좋은 것을 1·2·3·4 가운데 하나 고르세요.

01 정답 1

어휘 浜辺(はまべ) 해변가 | 人波(ひとなみ) 인파

해석 해변가에 인파가 보인다.

02 정답 4

어휘 妥協(だきょう) 타협 | 産物(さんぶつ) 산물

해석 타협의 산물이라 할 수 있다.

03 정답 2

어휘 貝殻(かいがら) 조개껍데기 | 収集(しゅうしゅう) 수집

해석 그의 취미는 조개껍데기 수집이다.

04 정답 3

어휘 寄付金(きふきん) 기부금 | 募(つの)る 모집하다

해석 기부금을 모집하다.

05 정답 1

어휘 澄(す)む 맑다, 맑아지다 | 見詰(みつ)める 응시하다 ▶ 澄(す)んだ目(め) 맑은 눈

해석 맑은 눈으로 지그시 응시한다.

06 정답 2

어휘 仏道(ぶつどう) 불도 | 修行(しゅぎょう) 수행

해석 불도를 수행한다.

07 정답 1

어휘 辛抱(しんぼう) 참고 견딤, 인내

해석 이 가게에서 10년간 참아왔다.

08 정답 4

어휘 光線(こうせん) 광선 | 遮(さえぎ)られる 차단되다

해석 나무에 태양광선이 차단되다.

09 정답 3

어휘 滅(ほろ)ぶ 멸망하다, 망가지다

해석 아름다운 자연이 망가지다.

10 정답 2

어휘 親身(しんみ) 육친, 가족 | 面倒(めんどう) 보살핌 ▶ 面倒(めんどう)を見(み)る 보살피다

해석 가족처럼 보살피다.

한자읽기 완벽대비 문제 ⑪ 회

문제 1 ______단어의 읽는 방법으로 가장 좋은 것을 1·2·3·4 가운데 하나 고르세요.

01 정답 2

어휘 合図(あいず) 신호 | 旗(はた) 깃발

해석 준비 신호로 기를 흔들다.

02 정답 1

어휘 相場(そうば) 시세

해석 금 시세가 오르다.

03 정답 4

어휘 勝負(しょうぶ) 승부 | 頂(いただ)き (승부에서) 이김

해석 이 승부는 이쪽이 이겼다.

04 정답 1

어휘 災(わざわ)い 재난, 화 | 門(かど) 문

해석 말은 화의 근원.

05 정답 1

어휘 人質(ひとじち) 인질 | 脅迫(きょうはく) 협박

해석 인질을 잡고 협박하다.

06 **정답 4**

어휘 盗人(ぬすびと) 도둑 | 潜伏(せんぷく) 잠복

해석 도둑은 집안에 잠복해 있다.

07 **정답 3**

어휘 潔(いさぎよ)い 깨끗하다

해석 깨끗하게 포기하는 편이 좋다.

08 **정답 1**

어휘 襲(おそ)う 습격하다 | 慌(あわ)てる 허둥대다

해석 불의의 습격으로 허둥대다.

09 **정답 3**

어휘 論争(ろんそう) 논쟁 | 挑(いど)む 도전하다

해석 상대에게 논쟁을 걸다.

10 **정답 3**

어휘 寮(りょう) 기숙사, 숙소

해석 신학기부터 기숙사에 들어가다.

한자읽기 완벽대비 문제 ⑫ 회

문제 1 ______단어의 읽는 방법으로 가장 좋은 것을 1·2·3·4 가운데 하나 고르세요.

01 **정답 3**

어휘 真(ま)っ赤(か) 새빨간, 완전한 | 偽物(にせもの) 가짜

해석 이것은 완전한 가짜다.

02 **정답 3**

어휘 笑顔(えがお) 미소 | 迎(むか)える 맞이하다

해석 손님을 미소로 맞이하다.

03 **정답 1**

어휘 瀬戸物(せともの) 도자기

해석 도자기류는 아이치 현이 유명하다.

04 **정답 4**

어휘 夫婦(ふうふ) 부부 | 溝(みぞ) 앙금 | 深(ふか)まる 깊어지다

해석 부부간의 앙금이 깊어지다.

05 **정답 1**

어휘 苦労(くろう) 노고, 고생 | 泡(あわ) 거품

해석 오랫동안의 고생도 물거품이 되다.

06 **정답 2**

어휘 書類(しょるい) 서류 | 添付(てんぷ) 첨부

해석 서류를 첨부해 주세요.

07 **정답 4**

어휘 模索(もさく) 모색

해석 해결의 길을 모색하다.

08 **정답 1**

어휘 罰則(ばっそく) 벌칙 | 緩(ゆる)い 느슨하다

해석 우리 학교의 벌칙이 더 느슨하다.

09 **정답 2**

어휘 責任(せきにん) 책임 | 逃(のが)れる 피하다, 모면하다

해석 책임을 회피하는 사람뿐이다.

10 **정답 4**

어휘 厳(きび)しい 엄하다 | 躾(しつけ) 예절교육

해석 엄한 예절 교육을 받다.

한자읽기 완벽대비 문제 ⑬ 회

문제 1 ______단어의 읽는 방법으로 가장 좋은 것을 1·2·3·4 가운데 하나 고르세요.

01 **정답 2**

어휘 口数(くちかず) 말수

해석 말수가 많은 사람.

02 **정답 4**

어휘 家屋(かおく) 집, 가옥 | 小屋(こや) 오두막

해석 작은 집을 오두막이라고 한다.

03 **정답 1**

어휘 宅地(たくち) 택지 | 分譲(ぶんじょう) 분양

해석 택지를 분양하다.

04 **정답 3**

어휘 漁船(ぎょせん) 어선 | 沈没(ちんぼつ) 침몰

해석 어선이 침몰하다.

05 **정답 4**

어휘 頼(たの)もしい 믿음직스럽다

해석 믿음직한 젊은이가 안 보인다.

06 **정답 1**

어휘 吐気(はきけ) 구역질 | 催(もよお)す 느끼다, 자아내다

해석 구역질을 느끼다.

07 **정답 4**

어휘 輝(かがや)く 빛나다

해석 태양이 빛나다.

08 **정답 2**

어휘 芝居(しばい) 연기

해석 눈물 연기가 능숙하다.

09 **정답 3**

어휘 閉鎖(へいさ) 폐쇄

해석 공장을 폐쇄하다.

10 **정답 1**

어휘 監督(かんとく) 감독

해석 부하를 감독하다.

한자읽기 완벽대비 문제 ⑭ 회

문제 1 ______단어의 읽는 방법으로 가장 좋은 것을 1·2·3·4 가운데 하나 고르세요.

01 **정답 4**

어휘 姿勢(しせい) 자세 | 崩(くず)す 흩트리다, 무너뜨리다

해석 자세를 편히 하다.

02 **정답 1**

어휘 懐(ふところ) 품, 지닌 돈, 속셈, 마음속 | 寂(さび)しい 허전하다, 쓸쓸하다

해석 가진 돈이 얼마 없다.

03 **정답 3**

어휘 朗(ほが)らか 명랑함

해석 명랑하게 웃다.

04 **정답 1**

어휘 墓地(ぼち) 묘지 | 埋葬(まいそう) 매장

해석 묘지에 매장하다.

05 **정답 1**

어휘 人影(ひとかげ) 사람 그림자 | 街(まち) 거리

해석 사람 그림자가 없는 거리.

06 **정답 4**

어휘 幽霊(ゆうれい) 유령 | 会員(かいいん) 회원

해석 유령 회원이 많다.

07 **정답 2**

어휘 終始(しゅうし) 시종 | 変(か)わる 변하다 | 態度(たいど) 태도

해석 시종 변함없는 태도.

08 **정답 3**

어휘 無言(むごん) 무언

해석 밤에 아무 소리도 나지 않는 전화가 왔었다.

09 **정답 3**

어휘 交通費(こうつうひ) 교통비 | 実費(じっぴ) 실비 | 支給(しきゅう) 지급

해석 교통비는 실비를 지급한다.

10 **정답 2**

어휘 税金(ぜいきん) 세금 | 徴収(ちょうしゅう) 징수

해석 세금을 징수한다.

한자읽기 완벽대비 문제 ⑮ 회

문제 1 ______단어의 읽는 방법으로 가장 좋은 것을 1·2·3·4 가운데 하나 고르세요.

01 **정답 1**

어휘 戦場(せんじょう) 전쟁터 | 露(つゆ) 이슬 | 消(き)える 사라지다

해석 전장의 이슬로 사라지다.

02 **정답 4**

어휘 貯蓄(ちょちく) 저축 | 身(み)につける 몸에 익히다

해석 저축 생활을 몸에 익히다.

03 **정답 3**

어휘 拷問(ごうもん) 고문 | 捜査(そうさ) 수사

해석 예전 방식의 고문수사는 없어졌다.

04 **정답 1**

어휘 別(わか)れ 헤어짐 | 切(せつ)ない 애절하다

해석 친구와 이별이 애절하다.

05 **정답 2**

어휘 経験(けいけん) 경험 | 乏(とぼ)しい 부족하다, 모자라다

해석 젊고 경험이 모자란다.

06 **정답 4**

어휘 震災(しんさい) 지진 재해 | 復興(ふっこう) 부흥

해석 지진 재해가 났던 거리가 다시 살아나다.

07 **정답 1**

어휘 年老(としお)いる 나이를 먹다 | 老衰(ろうすい) 노쇠

해석 나이 들어 노쇠했다.

08 **정답 4**

어휘 派閥(はばつ) 파벌 | 生臭(なまぐさ)い 비린내 나다

해석 파벌을 둘러싼 비린내 나는 이야기.

09 **정답 1**

어휘 田(た) 논 | 苗(なえ) 모 | 植(う)える 심다

해석 논에 모를 심다.

10 **정답 4**

어휘 焼物(やきもの) 도자기 | 種類(しゅるい) 종류 | 陶器(とうき) 도기

해석 도자기의 종류로 도기가 있다.

한자읽기 완벽대비 문제 ⑯ 회

문제 1 ______단어의 읽는 방법으로 가장 좋은 것을 1·2·3·4 가운데 하나 고르세요.

01 **정답 1**

어휘 才能(さいのう) 재능 | 芽(め) 싹 | 伸(の)ばす 뻗다

해석 재능의 싹을 키우다.

02 **정답 4**

어휘 患者(かんじゃ) | 隔離(かくり) 격리

해석 환자를 격리하다.

03 **정답 2**

어휘 申(もう)し入(い)れ 신청 | 許諾(きょだく) 허락

해석 신청을 허락하다.

04 **정답 1**

어휘 出掛(でか)ける 외출하다, 나가다 | 煩(わずら)わしい 번거롭다

해석 비오는 날은 외출이 번거롭다.

05 **정답 3**

어휘 厳(いか)めしい 엄하다 | 警護(けいご) 경호 | 固(かた)める 굳히다

해석 엄하게 경호를 굳히다.

06 **정답 2**

어휘 規則(きそく) 규칙 | 緩(ゆる)やかだ 느슨하다

해석 본교의 규칙은 느슨하다.

07 **정답 4**

어휘 質素(しっそ) 검소 | 暮(く)らす 생활하다, 살다

해석 검소하게 살다.

08 **정답 3**

어휘 誘拐(ゆうかい) 유괴 | 防(ふせ)ぐ 막다, 방지하다

해석 유괴사건을 방지하다.

09 **정답 2**

어휘 疑惑(ぎわく) 의혹

해석 의혹의 눈으로 보다.

10 **정답 4**

어휘 反対派(はんたいは) 반대파 | 阻止(そし) 저지

해석 반대파의 입장을 저지하다.

한자읽기 완벽대비 문제 ⑰ 회

문제 1 ＿＿＿단어의 읽는 방법으로 가장 좋은 것을 1・2・3・4 가운데 하나 고르세요.

01 **정답 4**

어휘 松(まつ) 소나무 | 枝(えだ) 가지 | 伸(の)びる 뻗다

해석 소나무 가지가 뻗다.

02 **정답 2**

어휘 翼(つばさ) 날개 | 広(ひろ)げる 펼치다

해석 날개를 펼치다.

03 **정답 1**

어휘 下品(げひん) 저질, 상스러움

해석 저질스러운 어투.

04 **정답 3**

어휘 粗末(そまつ) 조악함, 허술함 | 扱(あつか)い 취급

해석 조악한 취급을 받다.

05 **정답 1**

어휘 事業(じぎょう) 사업 | 焦燥(しょうそう) 초조

해석 사업 실패로 초조하다.

06 **정답 2**

어휘 街頭(がいとう) 가두, 길거리 | 募金(ぼきん) 모금

해석 가두 모금을 하다.

07 **정답 1**

어휘 把握(はあく) 파악

해석 상황을 파악하다.

08 **정답 4**

어휘 問屋(とんや) 도매상 | 卸(おろ)す 도매하다

해석 그렇게는 엿장수 마음대로 안된다.

09 **정답 2**

어휘 人質(ひとじち) 인질 | 解放(かいほう) 해방

해석 인질을 풀어주다.

10 **정답 3**

어휘 伴奏(ばんそう) 반주

해석 피아노로 반주하다.

한자읽기 완벽대비 문제 ⑱ 회

문제 1 ＿＿＿단어의 읽는 방법으로 가장 좋은 것을 1・2・3・4 가운데 하나 고르세요.

01 **정답 3**

어휘 前例(ぜんれい) 전례 | 倣(なら)う 본뜨다, 따르다

해석 전례를 따르다.

02 **정답 2**

어휘 溝(みぞ) 골, 도랑

해석 친구와의 골이 깊어지다.

03 **정답 1**

어휘 退屈(たいくつ) 지루함

해석 지루한 이야기다.

04 **정답 4**

어휘 修理代(しゅうりだい) 수리비 | 償(つぐな)う 보상하다

해석 수리비를 보상하다.

05 **정답 2**

어휘 予算(よさん) 예산 | 削減(さくげん) 삭감

해석 예산을 삭감하다.

06 **정답 4**

어휘 無尽蔵(むじんぞう) 무진장

해석 무진장한 태양 에너지.

07 **정답 1**

어휘 額(ひたい) 이마 | 刻(きざ)まれる 새겨지다 | しわ 주름

해석 이마에 새겨진 주름.

08 **정답 2**

어휘 売(う)り上(あ)げ 매상 | 胸算用(むなざんよう) 속셈, 대략 적인 계산

해석 매출을 대략 계산하다.

09 **정답 3**

어휘 訴訟(そしょう) 소송

해석 소송을 일으키다.

10 **정답 4**

어휘 義理(ぎり) 의리 | 人情(にんじょう) 인정 | 板挟(いたばさ)み 양 틈바구니에 끼어 꼼짝 못함, 진퇴유곡

해석 의리와 인정의 사이에 끼다.

한자읽기 완벽대비 문제 ⑲ 회

문제 1 ______단어의 읽는 방법으로 가장 좋은 것을 1·2·3·4 가운데 하나 고르세요.

01 **정답 1**

어휘 寄付金(きふきん) 기부금 | 募(つの)る 모으다

해석 기부금을 모으다.

02 **정답 3**

어휘 小児科(しょうにか) 소아과 | 専門医(せんもんい) 전문의

해석 소아과 전문의.

03 **정답 4**

어휘 手柄(てがら) 수훈, 공로

해석 수훈을 세우다.

04 **정답 2**

어휘 平等(びょうどう) 평등 | 分配(ぶんぱい) 분배

해석 평등하게 분배하다.

05 **정답 3**

어휘 芝生(しばふ) 잔디밭 | 寝(ね)そべる 엎드리다

해석 잔디밭에 엎드리다.

06 **정답 4**

어휘 脚本(きゃくほん) 각본

해석 영화의 각본을 쓰다.

07 **정답 1**

어휘 借金(しゃっきん) 빚

해석 빚을 내 차를 사다.

08 **정답 2**

어휘 沈黙(ちんもく) 침묵 | 破(わ)る 깨다

해석 침묵을 깨다.

09 **정답 3**

어휘 食器(しょっき) 식기 | 消毒(しょうどく) 소독

해석 식기를 소독하다.

10 **정답 2**

어휘 適当(てきとう) 적당 | 措置(そち) 조치

해석 적당히 조치하다.

한자읽기 완벽대비 문제 ⑳ 회

문제 1 ______단어의 읽는 방법으로 가장 좋은 것을 1·2·3·4 가운데 하나 고르세요.

01 **정답 2**

어휘 芝居(しばい) 연기

해석 좋은 연기를 하다.

02 **정답 1**

어휘 首相(しゅしょう) 수상 | 演説(えんぜつ) 연설

해석 수상이 연설하다.

03 **정답 3**

어휘 慎重(しんちょう) 신중 | 行動(こうどう)を取(と)る 행동을 취하다

해석 신중한 행동을 취하다.

04 **정답 2**

어휘 円滑(えんかつ) 원활 | 運営(うんえい) 운영

해석 원활한 운영을 하다.

05 **정답 3**

어휘 快(こころよ)い 기분 좋다 | 承知(しょうち) 이해

해석 기분 좋게 이해하다.

06 **정답 4**

어휘 襲(おそ)う 덮치다

해석 해일이 덮치다.

07 **정답 3**

어휘 全権(ぜんけん) 전권 | 委(ゆだ)ねる 위임하다

해석 전권을 위임하다.

08 **정답 1**

어휘 食糧(しょくりょう) 식량 | 蓄(たくわ)える 비축하다

해석 식량을 비축하다.

09 **정답 2**

어휘 気障(きざ) 아니꼬움 | 話(はな)し方(かた) 말투

해석 아니꼬운 말투.

10 **정답 4**

어휘 次第(しだい)に 점차 | 更(ふ)ける 깊어지다

해석 겨울이 점차 깊어간다.

한자읽기 완벽대비 문제 21 회

문제 1 ______단어의 읽는 방법으로 가장 좋은 것을 1·2·3·4 가운데 하나 고르세요.

01 **정답 1**

어휘 大雑把(おおざっぱ) 대략 | 見積(みつ)もり 견적

해석 대략적인 견적을 내다.

02 **정답 4**

어휘 実体(じったい) 실체 | はかない 덧없다 | 幻想(げんそう) 환상

해석 실체가 없는 무상한 환상.

03 **정답 3**

어휘 過剰(かじょう) 과잉 | 生産物(せいさんぶつ) 생산물

해석 과잉 생산물.

04 **정답 2**

어휘 未遂(みすい) 미수 | 罪(つみ) 죄

해석 살인미수 죄.

05 **정답 1**

어휘 門構(かどがま)え 대문 구조 | 邸(やしき) 저택

해석 당당한 문구조의 저택.

06 **정답 4**

어휘 窓際(まどぎわ) 창가 | 本棚(ほんだな) 책장

해석 창가에 책장이 있다.

07 **정답 2**

어휘 健気(けなげ) 늠름함, 씩씩함, 꿋꿋함, 갸륵함, 부지런함

해석 늠름한 소년이다.

08 **정답 1**

어휘 窓際(ふきんこう) 불균형 | 是正(ぜせい) 시정

해석 불균형을 시정하다.

09 **정답 3**

어휘 添付(てんぷ) 첨부

해석 서류를 첨부하다.

10 **정답 2**

어휘 頼(たの)み 부탁 | 無造作(むぞうさ) 손쉽게 하는 모양

해석 부탁을 선뜻 수락하다.

한자읽기 완벽대비 문제 22 회

문제 1 ______단어의 읽는 방법으로 가장 좋은 것을 1·2·3·4 가운데 하나 고르세요.

01 **정답 2**

어휘 妥協(だきょう) 타협 | 余地(よち) 여지

해석 타협의 여지가 없다.

02 **정답 1**

어휘 進歩(しんぽ) 진보 | 色彩(しきさい) 색채

해석 진보적인 색채가 강하다.

03 **정답 4**

어휘 余計(よけい) 쓸데없음 | 世話(せわ) 보살핌

해석 쓸데없는 보살핌이다.

04 정답 3

어휘 郊外(こうがい) 교외 | 邸宅(ていたく) 저택 | 構(かま)える 갖추다

해석 교외에 저택을 마련하다.

05 정답 1

어휘 匿名(とくめい) 익명 | 投書(とうしょ) 투서

해석 익명으로 투서하다.

06 정답 4

어휘 利口(りこう) 현명함, 영리함

해석 현명해 보이는 사람이다.

07 정답 1

어휘 費用(ひよう) 비용 | 賄(まかな)う 조달하다

해석 기부로 비용을 조달하다.

08 정답 4

어휘 交渉(こうしょう) 교섭 | 成立(せいりつ) 성립 | 危(あや)ぶむ 불안해 하다, 걱정하다

해석 교섭의 성립을 불안해 하다.

09 정답 3

어휘 他国(たこく) 타국 | 漂(ただよ)う 떠돌다

해석 타국을 떠돌다.

10 정답 2

어휘 端(はた) 가장자리

해석 길가에 차를 세우다.

한자읽기 완벽대비 문제 23 회

문제 1 ______단어의 읽는 방법으로 가장 좋은 것을 1·2·3·4 가운데 하나 고르세요.

01 정답 1

어휘 公聴会(こうちょうかい) 공청회 | 陳述(ちんじゅつ) 진술

해석 공청회에서 의견을 진술하다.

02 정답 3

어휘 大臣(だいじん) 대신 | 妄言(もうげん) 망언 | 吐(は)く 토하다, (내)뱉다

해석 일국의 대신이 망언을 내뱉다.

03 정답 1

어휘 偽善(ぎぜん) 위선 | 満(み)ちる (가득) 차다

해석 위선에 찬 사회.

04 정답 3

어휘 万歳(ばんざい) 만세 | 合唱(がっしょう) 합창 | 聞(き)こえる 들리다

해석 만세의 합창이 들려온다.

05 정답 2

어휘 描写(びょうしゃ) 묘사 | 優(すぐ)れる 훌륭하다, 뛰어나다

해석 저 소설가는 심리묘사가 뛰어나다.

06 정답 4

어휘 沈黙(ちんもく) 침묵 | 活動(かつどう) 활동

해석 긴 침묵을 깨고 활동하다.

07 정답 3

어휘 総選挙(そうせんきょ) 총선거 | 遊説(ゆうぜい) 유세

해석 총선거에서 지방을 유세하다.

08 정답 2

어휘 熱意(ねつい) 열의 | 努力(どりょく) 노력 | 感嘆(かんたん) 감탄

해석 열의와 노력에 감탄하다.

09 정답 2

어휘 砂場(すなば) 모래터

해석 모래터에서 어린이가 놀고 있다.

10 정답 3

어휘 雨戸(あまど) 덧문, 빈지문

해석 오늘은 덧문 수리를 합니다.

한자읽기 완벽대비 문제 ㉔ 회

문제 1 ______단어의 읽는 방법으로 가장 좋은 것을 1·2·3·4 가운데 하나 고르세요.

01 정답 4

어휘 廃水(はいすい) 폐수 | 河川(かせん) 하천 | 汚染(おせん) 오염

해석 공장의 폐수가 하천을 오염시킨다.

02 정답 2

어휘 潜在(せんざい) 잠재 | 能力(のうりょく) 능력 | 引(ひ)き出(だ)す 끌어내다

해석 그는 잠재능력을 끌어내는 힘이 있다.

03 정답 1

어휘 蛇足(だそく) 사족, 군더더기 | 加(くわ)える 더하다

해석 선생님은 늘 사족을 더한다.

04 정답 2

어휘 壁(かべ) 벽 | 大型(おおがた) 대형 | 鏡(かがみ) 거울

해석 벽에 대형 거울이 걸려 있다.

05 정답 4

어휘 居酒屋(いざかや) 선술집 | 土足(どそく) 신을 신은 발

해석 이 술집은 신발 신은 채로 들어갈 수 없는 것 같다.

06 정답 2

어휘 名残(なごり) 여운, 자취 | 高波(たかなみ) 높은 파도 | 治(おさ)まる 진정되다, 조용해지다

해석 태풍의 여운인 높은 파도가 아직 진정되지 않는다.

07 정답 1

어휘 蒸(む)し暑(あつ)い 무덥다 | 続(つづ)く 계속되다, 이어지다

해석 여름의 무더운 나날이 이어지고 있다.

08 정답 3

어휘 枕(まくら) 베개 | のんき 안이함, 무사태평함

해석 그는 베개를 높게 하고 자는 무사태평한 성격이다.

09 정답 2

어휘 頭脳(ずのう) 두뇌

해석 다나카 과장은 회사의 두뇌라 불리고 있다.

10 정답 4

어휘 得意(とくい) 습관적, 잘함 | 台詞(せりふ) 말, 대사

해석 그가 습관적으로 잘하는 말은 "이제 소용없다"라고 한다.

한자읽기 완벽대비 문제 ㉕ 회

문제 1 ______단어의 읽는 방법으로 가장 좋은 것을 1·2·3·4 가운데 하나 고르세요.

01 정답 2

어휘 懸賞(けんしょう) 현상 | 応募(おうぼ) 응모

해석 현상 소설에 응모할 작정이다.

02 정답 1

어휘 家路(いえじ)につく 귀가하다, 귀로하다

해석 밤늦게 귀가하는 건 위험하다.

03 정답 4

어휘 預金(よきん) 예금 | 残高(ざんだか) 잔고

해석 예금 잔고가 모자란다.

04 정답 1

어휘 紛(まぎ)らわしい 헷갈리다 | 模造品(もぞうひん) 모조품 | 出回(でまわ)る 나돌다

해석 진짜와 헷갈리는 모조품이 나돌고 있다.

05 정답 2

어휘 万事(ばんじ) 만사 | 慎重(しんちょう) 신중

해석 만사에 신중한 남성.

06 정답 1

어휘 偽物(にせもの) 가짜 | つかませる 쥐게 하다, 사게 하다

해석 저 가게는 가짜를 사게 한다(판다).

07 정답 3

어휘 紅葉(もみじ) 단풍 | 見物(みもの) 구경

해석 가을 단풍을 구경한다.

08 정답 2

어휘 怪(あや)しい 불가사의하다, 이상하다, 의심스럽다, 수상하다

해석 이대로는 우승할지 의심스럽다.

09 **정답 1**

어휘 至急(しきゅう) 시급함

해석 시급히 연락 주십시오.

10 **정답 3**

어휘 贈呈(ぞうてい) 증정

해석 도서관에 사전을 증정하다.

한자읽기 완벽대비 문제 26 회

문제 1 ______단어의 읽는 방법으로 가장 좋은 것을 1・2・3・4 가운데 하나 고르세요.

01 **정답 4**

어휘 並木(なみき) 가로수

해석 이 마을은 벚꽃 가로수로 유명하다.

02 **정답 3**

어휘 鋭(するど)い 날카롭다 | 批判(ひはん)を浴(あ)びる 비판을 받다

해석 날카로운 비판을 받다.

03 **정답 1**

어휘 粒(つぶ)が揃(そろ)う 우수한 사람이 모이다, 크기나 질이 고르다

해석 올해 신인은 우수하다.

04 **정답 3**

어휘 役員(やくいん) 임원 | 暴露(ばくろ) 폭로

해석 임원의 부정을 폭로하다.

05 **정답 2**

어휘 労使紛争(ろうしふんそう) 노사분쟁

해석 최근 노사분쟁이 많아졌다.

06 **정답 1**

어휘 遥(はる)かに 아득히, 훨씬 | 上回(うわまわ)る 웃돌다

해석 예상을 훨씬 웃돌다.

07 **정답 4**

어휘 承諾(しょうだく) 승낙 | 要(い)る 필요하다

해석 이 건은 부모의 승낙이 필요합니다.

08 **정답 1**

어휘 模倣(もほう) 모방

해석 남의 작품을 모방하다.

09 **정답 2**

어휘 政権(せいけん) 정권 | 奪取(だっしゅ) 탈취

해석 정권을 탈취하다.

10 **정답 1**

어휘 滞納(たいのう) 체납

해석 회비를 체납하다.

한자읽기 완벽대비 문제 27 회

문제 1 ______단어의 읽는 방법으로 가장 좋은 것을 1・2・3・4 가운데 하나 고르세요.

01 **정답 3**

어휘 畳(たたみ) 다다미 | 湿(しめ)っぽい 축축하다, 눅눅하다

해석 비로 다다미가 축축해졌다.

02 **정답 4**

어휘 誇(ほこ)り 자랑, 긍지

해석 부모를 자랑으로 삼다.

03 **정답 2**

어휘 墜落(ついらく) 추락

해석 전투기가 추락하다.

04 **정답 4**

어휘 我慢(がまん) 참음, 견딤

해석 참을성 있게 기회를 기다리다.

05 **정답 2**

어휘 著(いちじる)しい 현저하다

해석 최근의 사회는 변화가 현저하다.

06 **정답 2**

어휘 たくましい 늠름하다, 씩씩하다 | 頑丈(がんじょう)だ 튼튼하다

해석 늠름하고 튼튼한 몸이다.

07 **정답 4**

어휘 垣根(かきね) 울타리 | 取(と)り除(のぞ)く 빼다, 제거하다

해석 마음의 울타리를 제거하다.

08 **정답 2**

어휘 花壇(かだん) 화단

해석 공원의 한가운데에 화단을 만들다.

09 **정답 1**

어휘 怪獣(かいじゅう) 괴수

해석 친구하고 괴수 영화를 보다.

10 **정답 4**

어휘 廊下(ろうか) 복도 | ばったり 뜻밖에 마주치는 모양, 딱

해석 복도에서 선생님과 딱 만나다.

한자읽기 완벽대비 문제 28 회

문제 1 ______단어의 읽는 방법으로 가장 좋은 것을 1·2·3·4 가운데 하나 고르세요.

01 **정답 3**

어휘 任地(にんち) 임지 | 赴任(ふにん) 부임

해석 임지에 혼자서 부임하다.

02 **정답 4**

어휘 署名(しょめい) 서명 | 拒否(きょひ) 거부

해석 서명을 거부하다.

03 **정답 1**

어휘 構造(こうぞう) 구조 | 欠陥(けっかん) 결함 | 衝(つ)く 찌르다

해석 구조상의 결함을 공략하다.

04 **정답 4**

어휘 措置(そち)をとる 조치를 취하다

해석 만전의 조치를 취하다.

05 **정답 3**

어휘 介護(かいご) 간병, 간호

해석 재택 간병이 확대되고 있다.

06 **정답 1**

어휘 脚本(きゃくほん) 각본

해석 그는 뛰어난 각본가이다.

07 **정답 3**

어휘 コラム 컬럼 | 執筆(しっぴつ) 집필 | 担当(たんとう) 담당

해석 지금은 신문 컬럼의 집필을 담당한다.

08 **정답 3**

어휘 選挙(せんきょ) 선거 | 候補(こうほ) 후보 | 推薦(すいせん) 추천

해석 선거에서 후보를 추천하기로 했다.

09 **정답 1**

어휘 児童(じどう) 아동 | 虐待(ぎゃくたい) 학대 | 増(ふ)える 늘다

해석 아동학대 건수가 늘고 있다.

10 **정답 2**

어휘 戯曲(ぎきょく) 희곡

해석 졸업 작품으로 희곡을 쓰고 있다.

한자읽기 완벽대비 문제 29 회

문제 1 ______단어의 읽는 방법으로 가장 좋은 것을 1·2·3·4 가운데 하나 고르세요.

01 **정답 3**

어휘 小銭(こぜに) 잔돈

해석 만 엔 지폐를 잔돈으로 바꾸다.

02 **정답 1**

어휘 素材(そざい) 소재 | 求(もと)める 구하다 | オペラ 오페라

해석 신화에서 소재를 구한 오페라.

03 **정답 2**

어휘 企画書(きかくしょ) 기획서 | 吟味(ぎんみ) 음미

해석 기획서를 음미하다.

04 **정답 4**

어휘 焼(や)き肉(にく) 불고기 | 本場(ほんば) 본고장

해석 이 가게의 불고기는 본고장 한국에 지지 않는다.

05 **정답 1**

어휘 各種(かくしゅ) 각종 | 品(しな) 물건 | そろえる 갖추다, 구비하다

해석 각종 물건을 갖추다.

06 **정답 4**

어휘 柔軟(じゅうなん) 유연함 | 態度(たいど) 태도 | 臨(のぞ)む 임하다

해석 유연한 태도로 임하다.

07 **정답 2**

어휘 澄(す)む 맑다, 맑아지다 | じっと 지그시 | みつめる 응시하다

해석 맑은 눈으로 지그시 응시하다.

08 **정답 1**

어휘 連(つ)れ 동료, 일행, 동반자 | 促(うなが)す 재촉하다

해석 이제 돌아가자고 일행을 재촉한다.

09 **정답 3**

어휘 紛(まぎ)らわしい 헷갈리다, 분간이 안 되다

해석 진짜와 분간이 안 가는 물건.

10 **정답 4**

어휘 類似(るいじ) 유사

해석 유사 상품이 팔리고 있다.

한자읽기 완벽대비 문제 30 회

문제 1 ______단어의 읽는 방법으로 가장 좋은 것을 1·2·3·4 가운데 하나 고르세요.

01 **정답 2**

어휘 献立(こんだて) 차림표, 메뉴판

해석 저녁식사의 차림표를 선택하다.

02 **정답 1**

어휘 和洋(わよう) 화양 (일본과 서양) | 折衷(せっちゅう) 절충

해석 일본식과 서양식을 절충한 주택이 인기 있다.

03 **정답 3**

어휘 慕(した)う 따르다, 그리워하다

해석 이웃 아이가 나를 누나처럼 따른다.

04 **정답 4**

어휘 閉鎖(へいさ) 폐쇄

해석 공장을 폐쇄하다.

05 **정답 1**

어휘 抗議(こうぎ) 항의 | 断食(だんじき) 단식

해석 항의의 목적으로 단식하다.

06 **정답 2**

어휘 担保(たんぽ) 담보 | 質屋(しちや) 전당포

해석 시계를 담보로 해서 전당포에서 돈을 빌리다.

07 **정답 3**

어휘 衰(おとろ)える 떨어지다.

해석 계절 탓인지 식욕이 떨어진다.

08 **정답 1**

어휘 委(ゆだ)ねる 맡기다, 위임하다

해석 부하의 판단에 맡기다.

09 **정답 4**

어휘 埋蔵(まいぞう) 매장 | 調(しら)べる 조사하다

해석 석탄의 매장량을 조사하다.

10 **정답 2**

어휘 面影(おもかげ) 용모, 모습 | 顔(かお)つき 얼굴 생김새

해석 어머니의 모습이 남은 얼굴 생김새.

둘째마당 | 어휘편

문맥규정 완벽대비 문제 ❶ 회

문제 2 (　　　)에 들어갈 가장 알맞은 말을, 1·2·3·4 가운데 하나 고르세요.

01 **정답 4**

어휘 怠(おこた)る 게을리 하다, 태만히 하다, 소홀히 하다 | 接種(せっしゅ) 접종 | 窃取(せっしゅ) 절취 | 接収(せっしゅう) 접수 | 摂取(せっしゅ) 섭취

해석 신지식을 받아들여 자기 것으로 삼는 노력을 게을리 하지 않는다.

02 **정답 1**

어휘 資料(しりょう) 자료 | 破棄(はき) 파기 | 排気(はいき) 배기 | 平気(へいき) 태연함 | 覇気(はき) 패기

해석 불필요한 자료를 폐기하다.

03 **정답 3**

어휘 証言(しょうげん) 증언 | 道程(みちのり) 거리 | 近道(ちかみち) 지름길 | つじつま 조리, 이치 | 辻堂(つじどう) 길가에 있는 조그만 불당

해석 두 사람의 증언은 전혀 앞뒤가 맞지 않는다.

04 **정답 2**

어휘 欠席(けっせき) 결석 | 行事(ぎょうじ) 행사 | 後程(のちほど) 나중에, 뒤에 | あらかじめ 미리, 사전에, 앞서서 | かろうじて 겨우, 간신히 | まして 더욱이

해석 결석할 분은 행사 전에 미리 연락 주십시오.

05 **정답 1**

어휘 身(み)なり (옷)차림 | 手(て)がかり 단서, 실마리 | 引金(ひきがね) 방아쇠, 빌미 | 呼(よ)び水(みず) 시작하는 계기, 실마리

해석 단정한 차림으로 외출하다.

06 **정답 1**

어휘 方便(ほうべん) 방편, 수단과 방법 | 嘘(うそ) 거짓말 | 気(き)が咎(とが)める 마음이 꺼림칙하다, 속이 켕기다, 양심에 찔리다

해석 방편이라도 거짓말은 양심에 찔린다.

07 **정답 3**

어휘 画家(がか) 화가 | 画風(がふう) 화풍 | ユニーク 유니크함, 독특함, 독자적임 | ピクニック 피크닉, 소풍 | サプライ 공급, 지급 | シクレット 비밀, 기밀

해석 저 화가의 독창적인 화풍은 유명하다.

08 **정답 4**

어휘 地震(じしん) 지진 | 津波(つなみ) 해일 | 名札(なふだ) 이름패, 명찰 | 名刺(めいし) 명함 | 名残(なごり) 여운, 자취, 여파, 추억

해석 지진의 여파인 해일이 온다.

09 **정답 1**

어휘 時間潰(じかんつぶ)し 심심풀이 | 取(と)り留(と)め 만류, 뚜렷한 목표, 두서 | 本筋(ほんすじ) 본 줄거리 | 粗筋(あらすじ) 대강의 줄거리, 개요

해석 심심풀이로 두서없는 이야기만 하고 있다.

10 **정답 3**

어휘 床上(とこあ)げ 몸이 회복되어 병상에서 일어남 | 棚上(たなあ)げ 보류 | 棚卸(たなおろ)し 재고 조사, 남의 허물을 하나하나 들추어 헐뜯음

해석 공부는 제쳐 놓고 게임만 한다.

문맥규정 완벽대비 문제 ❷ 회

문제 2 (　　　)에 들어갈 가장 알맞은 말을, 1·2·3·4 가운데 하나 고르세요.

01 **정답 2**

어휘 優勝(ゆうしょう)する 우승하다 | 覆(くつがえ)す 뒤엎다

해석 3점 차를 뒤엎고 우승하다.

02 **정답 1**

어휘 インフルエンザ 인플루엔자 | 没頭(ぼっとう)する 몰두하다 | ウイルス 바이러스 | ウインク 윙크 | ウインカー 자동차 방향지시등 | ウインター 겨울

해석 인플루엔자 바이러스 연구에 몰두하다.

03 **정답 4**

어휘 あえて 굳이, 억지로 | まして 하물며, 더구나, 더욱더 | 辛(かろ)うじて 겨우, 간신히 | かつ 또한

해석 설명은 재미있고 또한 이해하기 쉬웠다.

04 **정답 3**

어휘 同窓生(どうそうせい) 동창생 | 手料理(てりょうり) 손수 만든 요리 | 補(おぎな)う 보충하다, 부족한 것을 메우다, 보상

하다 | 見(み)なす 간주하다 | もてなす 대접하다, 향응하다 | 償(つぐな)う 배상하다, 변상하다

해석 동창생의 방문에 집에서 만든 요리로 대접할 작정이다.

05 **정답 4**

어휘 もってこい 안성맞춤, 절호 | お見合(みあ)い 맞선 | 玄人(くろうと) 프로, 숙련자, 전문가 | 手遅(ておく)れ 시기를 놓침

해석 빨리 병원에 옮기지 않으면 시기를 놓치고 만다.

06 **정답 1**

어휘 決勝戦(けっしょうせん) 결승전 | かたずを呑(の)む (긴장해서) 마른침을 삼키다, 숨을 죽이다 | 見守(みまも)る 지켜보다

해석 야구 결승전을 숨죽이고 지켜본다.

07 **정답 4**

어휘 素的(すてき) 멋짐 | 取引(とりひき) 거래 | 取(と)り消(け)し 취소 | 取(と)り決(き)め 결정 | 取(と)り柄(え) 장점, 쓸모, 좋은 점

해석 그는 멋진 것만이 장점이다.

08 **정답 3**

어휘 初詣(はつもう)で 새해 들어 첫 참배함 | 初耳(はつみみ) 처음 들음 | 初恋(はつこい) 첫사랑

해석 그런 이야기는 금시초문이다.

09 **정답 1**

어휘 傷付(きずつ)ける 상처 주다 | 惨(むご)い 잔인하다, 매정하다, 무자비하다, 비참하다, 애처롭다 | せこい (속어) 치사하다, 쪼잔하다 | 侘(わび)しい 쓸쓸하다, 초라하다

해석 친구의 잔인한 말에 상처 받았다.

10 **정답 3**

어휘 かねて 미리, 전부터, 진작부터 | かねがね 진작부터, 전부터 | 勝手(かって) 부엌, 생계, 가계, 살림살이 | かつて 일찍이, 옛날에

해석 최근 살림살이가 어려워서 힘이 든다.

문맥규정 완벽대비 문제 ③ 회

문제 2 (　　　)에 들어갈 가장 알맞은 말을, 1·2·3·4 가운데 하나 고르세요.

01 **정답 2**

어휘 いっそ 차라리, 도리어 | 敢(あ)えて 억지로, 굳이 | むしろ 오히려, 차라리 | かねて 미리, 전부터, 진작부터

해석 말하기 어려운 것을 굳이 말할 필요는 없다.

02 **정답 1**

어휘 ファイト 투지, 전의 | ファイア 불 | ファイナル 파이널, 최종 | 湧(わ)く 솟다, 솟아나다, 분출하다

해석 저 팀은 투지가 솟는다.

03 **정답 4**

어휘 緊張(きんちょう) 긴장 | 膨張(ぼうちょう) 팽창 | 拡充(かくじゅう) 확충 | 誇張(こちょう) 과장

해석 실력이 과장되게 전해지다.

04 **정답 1**

어휘 身(み)のこなし 몸놀림 | すばしこい 잽싸다, 민첩하다, 약삭빠르다 | あっけない 싱겁다, 어이없다, 허망하다 | こころよわい 마음이 약하다 | 苦(にが)い 쓰다, 괴롭다, 언짢다, 불쾌하다

해석 그는 늘 행동이 민첩하다.

05 **정답 3**

어휘 のろのろ 느릿느릿 | じろじろ 빤히 | きっぱりと 깨끗이, 딱, 잘라, 단호히 | うんざり 지긋지긋함

해석 친구는 이번 시합을 깨끗이 포기했다.

06 **정답 2**

어휘 旅券(りょけん) 여권 | 偽造(ぎぞう)する 위조하다 | 創造(そうぞう) 창조 | 犯罪(はんざい) 범죄

해석 최근 여권을 위조하는 범죄가 늘고 있다.

07 **정답 4**

어휘 辛(から)い 맵다, 얼큰하다, 짜다 | 辛(つら)い 괴롭다, 가혹하다 | 苦(にが)い 쓰다, 괴롭다, 언짢다, 불쾌하다 | 荒(あら)い 거칠다 | 幸(さいわ)い 행운, 다행

해석 사고가 있었지만 다행히 목숨은 건졌다.

08 **정답 1**

어휘 浅(あさ)ましい 한심스럽다, 비참하다, 비열하다, 치사스럽다 |

望(のぞ)ましい 바람직하다 | 頼(たの)もしい 믿음직하다 | 勇(いさ)ましい 용감하다

해석 돈벌이만 찾는 비열한 남자다.

09 **정답 3**

어휘 名所(めいしょ) 명소 | 面影(おもかげ) 용모, 모습 | 名残(なごり) 자취, 흔적

해석 눈가에 모친의 모습이 있다.

10 **정답 2**

어휘 裏(うら) 뒤 | 潜(ひそ)む 숨다, 잠복하다

해석 사건 뒤에는 범죄가 잠재해 있다.

문맥규정 완벽대비 문제 ④ 회

문제 2 (　　　)에 들어갈 가장 알맞은 말을, 1·2·3·4 가운데 하나 고르세요.

01 **정답 4**

어휘 滑(なめ)らか 매끈함, 미끄러움 | 華奢(かしゃ) 화사함 | 台無(だいな)し 엉망이 됨, 못쓰게 됨

해석 비로 기모노가 엉망이 되다.

02 **정답 1**

어휘 切(せつ)ない 애절하다, 안타깝다, 괴롭다 | 芳(かんば)しい 향기롭다 | 香(こう)ばしい 향기롭다 | まめまめしい 충실하게 일하다, 부지런하다

해석 친구와의 이별이 애달프다.

03 **정답 3**

어휘 延命(えんめい) 연명 | 知識(ちしき) 지식 | 常識(じょうしき) 상식 | 処置(しょち) 처치, 조치 | 放置(ほうち) 방치

해석 연명을 위한 조치만 생각하고 있다.

04 **정답 1**

어휘 考察(こうさつ)する 고찰하다 | ジャンル 장르 | アンケート 앙케트, 의견조사 | ユニーク 유니크, 독특, 독창 | ニーズ 니즈, 필요, 요구

해석 여러 영화의 장르를 고찰한다.

05 **정답 4**

어휘 騙(だま)す 속이다 | 戻(もど)す 돌려놓다 | 囁(ささや)く 속삭이다 | 弾(はじ)く 튕기다, (수판을) 놓다

해석 이 레인코트는 물을 잘 튕겨낸다.

06 **정답 1**

어휘 乗(の)りこなす 잘 타다 | 乗(の)り越(こ)える 극복하다, 뛰어넘다 | 乗(の)りきる 탄 채로 끝까지 가다, 극복하다 | 乗(の)り上(あ)げる 올라앉다, 좌초하다

해석 말을 자유자재로 잘 탄다.

07 **정답 4**

어휘 容疑者(ようぎしゃ) 용의자 | 証拠(しょうこ) 증거 | 白状(はくじょう)する 자백하다

해석 용의자는 움직일 수 없는 증거 때문에 자백했다.

08 **정답 1**

어휘 生命(せいめい) 생명 | 危(あや)うい 위태롭다 | 陥(おちい)る 빠지다, 빠져 들다 | 危篤(きとく) 위독

해석 그는 생명이 위태로울 정도로 위독한 상태에 빠졌다.

09 **정답 3**

어휘 鳩(はと) 비둘기 | 平和(へいわ) 평화 | 象徴(しょうちょう) 상징

해석 비둘기는 평화의 상징이라고 한다.

10 **정답 2**

어휘 伝統(でんとう) 전통 | 技術(ぎじゅつ) 기술 | 誇(ほこ)る 자랑하다

해석 일본이 자랑하는 전통 기술이다.

문맥규정 완벽대비 문제 ⑤ 회

문제 2 (　　　)에 들어갈 가장 알맞은 말을, 1·2·3·4 가운데 하나 고르세요.

01 **정답 2**

어휘 娯楽(ごらく) 오락 | 夢中(むちゅう) 열중함, 푹 빠짐 | 真面目(まじめ) 진지함 | 疎(おろそ)か 소홀함 | 素直(すなお) 순진함, 순박함 | 真剣(しんけん) 진지함

해석 오락에 열중하여 공부가 소홀해지다.

02 **정답 1**

어휘 貶(けな)す 폄하다, 깎아 내리다, 헐뜯다 | 叱(しか)る 혼내다 | 誉(ほ)める 칭찬하다 | 称(とな)える 칭하다, 호칭하다

해석 남의 작품을 나쁘게 헐뜯는 것은 좋지 않다.

03 정답 3

어휘 意見(いけん) 의견 | 対立(たいりつ)する 대립하다 | 慌(あわ)てる 당황하다, 허둥대다 | 頼(たの)もしい 믿음직스럽다 | 尽(ことごと)く 모두, 모조리 | 勇(いさ)ましい 용감하다

해석 의견이란 의견은 모조리 대립하고 있다.

04 정답 2

어휘 影響(えいきょう) 영향 | 与(あた)える 주다 | 強(し)いて 억지로, 굳이, 구태여 | 延(ひ)いては (더) 나아가서는 | 敢(あ)えて 굳이, 억지로 | かねて 진작, 미리

해석 중국 문화는 한국의 문화 더 나아가서는 일본의 문화에 영향을 주었다.

05 정답 4

어휘 創立(そうりつ) 창립 | 華(はな)やか 화려함 | 展開(てんかい)する 전개하다 | セレナーデ 세레나데 | セルフ 셀프, 자신 | セラミックス 세라믹, 도자기 | セレモニー 세리머니, 의식, 식전

해석 회사의 창립 30주년 세리머니가 화려하게 전개되었다.

06 정답 1

어휘 弁解(べんかい)する 변명하다 | 必死(ひっし)に 필사적으로 | 至極(しごく) 지극, 극히, 아주 | 至急(しきゅう) 시급함 | 極致(きょくち) 극치

해석 지각한 그는 필사적으로 변명하고 있다.

07 정답 4

어휘 不可能(ふかのう) 불가능 | 快(こころよ)い 상쾌하다, 기분이 좋다 | 潔(いさぎよ)い 미련없이 깨끗하다, 떳떳하다, 결백하다

해석 불가능한 것이라고 알았다면 깨끗이 포기하는 것이 좋다.

08 정답 1

어휘 感情(かんじょう) 감정 | 高(たか)ぶる 흥분하다 | 興奮(こうふん) 흥분

해석 감정이 격해져서 흥분 상태가 되다.

09 정답 3

어휘 相手(あいて) 상대 | 抵抗(ていこう) 저항

해석 상대방의 태도에 저항을 느끼다.

10 정답 2

어휘 違反(いはん) 위반 | 見逃(みのが)す 못 보고 넘기다, 간과하다, 눈감아 주다, 못본 체하다

해석 속도 위반을 놓치지 않는 경찰.

문맥규정 완벽대비 문제 ❻ 회

문제 2 (　　　)에 들어갈 가장 알맞은 말을, 1 · 2 · 3 · 4 가운데 하나 고르세요.

01 정답 1

어휘 強盗(ごうとう) 강도 | 奪(うば)う 빼앗다 | ～は疎(おろ)か ~은 말할 것도 없이, ~은 물론이고 | あらゆる 모든 | あいにく 공교롭게도

해석 요즘 강도는 돈은 물론이고 목숨까지 빼앗는다.

02 정답 3

어휘 濁(にご)る 흐려지다 | 映(は)える 빛나다, 비치다, 한결 돋보이다 | 頭(あたま)が冴(さ)える 머리가 맑아지다 | 鈍(にぶ)る 무디어지다

해석 머리가 맑아져서 잠을 잘 수 없게 되다.

03 정답 2

어휘 南極(なんきょく) 남극 | 探査(たんさ) 탐사 | 激(はげ)しくなる 격렬해지다, 점차 심해지다, 점차 많아지다

해석 각국의 남극권 탐사가 점차 많아지고 있다.

04 정답 4

어휘 強(あなが)ち 반드시, 꼭, 적극적으로, 무리하게, 억지로 | 敢(あ)えて 굳이, 일부러 | 強(し)いて 억지로, 굳이, 구태여 | もろに 직접, 정면으로

해석 벽에 머리를 제대로 부딪쳤다.

05 정답 2

어휘 娯楽(ごらく) 오락 | 未練(みれん) 미련 | 快楽(かいらく) 쾌락 | 試練(しれん) 시련

해석 지금의 성적에 미련은 없다.

06 정답 1

어휘 人身事故(じんしんじこ) 인명사고 | 混乱(こんらん) 혼란 | ダイヤ 도표, 철도 운행시간표 | タイヤ 타이어 | タイガー 호랑이

해석 인명사고로 전철 운행시간표의 혼란이 발생했다.

07 정답 3

어휘 贈(おく)り物(もの) 선물 | 言(い)いつけ 명령, 고자질 | 言(い)い訳(わけ) 변명 | 申(もう)し訳(わけ) 형식만 갖춤, 명색뿐임, 변명 | 申(もう)し分(ぶん) 할 말, 나무랄 데

해석 형식뿐인 선물입니다.

08 정답 1

어휘 侮(あなど)る 깔보다, 얕보다

해석 아무리 상대가 약해도 얕보지 마라.

09 정답 3

어휘 不正(ふせい) 부정 | 暴露(ばくろ)する 폭로하다

해석 상사의 부정을 폭로하다.

10 정답 2

어휘 宝(たから)くじ 복권 | 抽選(ちゅうせん) 추첨 | 推薦(すいせん) 추천

해석 복권 추첨에서 당첨되다.

문맥규정 완벽대비 문제 7 회

문제 2 (　　　)에 들어갈 가장 알맞은 말을, 1·2·3·4 가운데 하나 고르세요.

01 정답 3

어휘 愛称(あいしょう) 애칭 | 愛情(あいじょう) 애정 | 愛想(あいそう) 붙임성, 애교 | 愛唱(あいしょう) 애창 | 根(ね) 본성, 천성, 근원, 기원, 뿌리

해석 붙임성은 없지만 천성은 착한 사람이다.

02 정답 1

어휘 自惚(うぬぼ)れる 자만하다 | 免(まぬか)れる 면하다, 피하다, 벗어나다 | 溢(あふ)れる 넘치다 | 有(あ)り触(ふ)れる 흔해 빠지다

해석 그녀는 늘 미인이라고 자만한다.

03 정답 4

어휘 渉外(しょうがい) 섭외 | 邪魔(じゃま) 방해 | 圧倒(あっとう) 압도 | 面倒(めんどう) 보살핌, 돌봄, 성가심

해석 그 아이의 뒤를 부탁드립니다.

04 정답 2

어휘 ラッシュ 혼잡, 쇄도 | シック 시크함, 멋짐, 세련됨 | キャッシュ 캐시, 현금 | ショック 쇼크, 충격

해석 신부의 세련된 드레스가 부럽다.

05 정답 4

어휘 記憶(きおく) 기억 | 確答(かくとう) 확답 | ちやほや 응석을 받아주며 비위 맞추는 모양 | じめじめ 구질구질, 눅눅히, 축축히, 음침하게 | ふらふら 비틀비틀, 어정어정 | あやふや 애매함, 모호함

해석 기억이 애매해서 확답할 수 없다.

06 정답 1

어휘 一概(いちがい)に 통틀어 | 一体(いったい)に 원래 | 一面(いちめん)に 전체에 | 一方(いっぽう)に 한편으로

해석 자네가 모두 나쁘다고는 말할 수 없다.

07 정답 4

어휘 合格(ごうかく) 합격 | 金輪際(こんりんざい) 금륜제, 대지의 밑바닥, 사물의 궁극 | 几帳面(きちょうめん) 성격이 꼼꼼함 | 未曾有(みぞう) 아직 있어본 적이 없음 | 有頂天(うちょうてん) 기뻐서 어찌할 줄을 모름

해석 대학에 합격해서 너무 기쁘다.

08 정답 1

어휘 工事(こうじ) 공사 | 現場(げんば) 현장 | 足場(あしば) 발 디딜 곳, 발판 | 撤去(てっきょ) 철거 | 撤廃(てっぱい) 철폐 | 徹底(てってい) 철저

해석 공사 현장에서 발판을 철거하다.

09 정답 3

어휘 食欲(しょくよく) 식욕 | 衰(おとろ)える 쇠약해지다

해석 계절 탓인지 식욕이 떨어진다.

10 정답 2

어휘 塗(ぬ)る 칠하다 | 貼(は)る 붙이다 | 潤(うるお)う 눅눅해지다, 윤택해지다, 넉넉해지다

해석 부모의 얼굴에 똥칠하다.

문맥규정 완벽대비 문제 8 회

문제 2 (　　　)에 들어갈 가장 알맞은 말을, 1·2·3·4 가운데 하나 고르세요.

01 정답 3

어휘 交通網(こうつうもう) 교통망

해석 도쿄는 전철과 지하철의 교통망이 편리하다.

02 정답 4

어휘 違法(いほう) 위법 | 建築(けんちく) 건축 | 月間(げっかん)

월간 | 取(と)り扱(あつか)う 다루다, 취급하다 | 取(と)り合(あ)わせる 적절히 배합하다, 조화시키다, 모으다 | 取(と)り立(た)てる 거두다, 징수하다 | 取(と)り締(し)まる 단속하다, 관리하다

해석 이번 달은 위법 건축을 단속하는 달이다.

03 정답 2

어휘 ふわりと 사뿐히 | きっちりと 제대로 | 程(ほど)よい 적당하다 | 緩(ゆる)い 느슨하다, 헐겁다

해석 밖이 추우므로 창을 단단히 닫다.

04 정답 1

어휘 微熱(びねつ) 미열 | だるい 나른하다 | 厳(おごそ)か 엄숙함 | 卑(いや)しい 낮다, 천하다, 비열하다, 저속하다

해석 미열이 있어서 전신이 나른하다.

05 정답 3

어휘 目前(もくぜん) 눈앞 | 目印(めじるし) 표지, 표적 | 目下(もっか) 당장, 현재 | 目上(めうえ) 윗사람

해석 현재로는 범인은 불명이다.

06 정답 2

어휘 せめて 적어도 | 強(し)いて 굳이, 억지로 | 敢(あ)えて 굳이, 억지로

해석 적어도 그 반이라도 돈이 있었다면 하고 생각한다.

07 정답 1

어휘 難癖(なんくせ)をつける 생트집을 잡다 | 企画(きかく) 기획 | 妨(さまた)げる 방해하다, 저해하다 | 防(ふせ)ぐ 막다 | 企(たくら)む 꾸미다 | 図(はか)る 계획하다, 꾀하다

해석 생트집을 잡아 기획의 진행을 방해하다.

08 정답 4

어휘 観察(かんさつ) 관찰 | 勧誘(かんゆう) 권유 | 観念(かんねん) 관념, 체념

해석 이제 불가능하다고 단념한다.

09 정답 2

어휘 団体(だんたい) 단체 | 暴(あば)く 파헤치다, 폭로하다 | 乱(みだ)す 어지럽히다, 어지르다 | 漏(も)れる 새다

해석 단체의 비밀을 폭로하다.

10 정답 4

어휘 至急(しきゅう) 시급히 | 至極(しごく) 지극함

해석 시급히 연락 주십시오.

문맥규정 완벽대비 문제 9 회

문제 2 (　　　)에 들어갈 가장 알맞은 말을, 1·2·3·4 가운데 하나 고르세요.

01 정답 2

어휘 誘惑(ゆうわく) 유혹 | ぴったり 딱, 꼭 | ふらふら 비틀비틀, 어정어정, 갈팡질팡, 얼떨결에, 무심코 | きっぱり 딱 잘라, 단호히 | めらめら 활활 (타오르는 모양)

해석 그만 얼떨결에 유혹에 넘어가다.

02 정답 1

어휘 蘇(よみがえ)る 되살아나다 | 覆(くつがえ)る 뒤집히다, 전복되다 | 翻(ひるがえ)る 확 뒤집히다, 싹 바뀌다 | 裏返(うらがえ)る 배반하다, 배신하다

해석 그 영화의 감동이 마음에 되살아나다.

03 정답 3

어휘 壊滅(かいめつ) 파괴, 괴멸 | 誇張(こちょう) 과장 | まさか 설마 | 敢(あ)えて 결코, 그리, 굳이, 억지로, 일부러

해석 파괴라 말하는 것도 결코 과장이 아니다.

04 정답 4

어휘 ナンセンス 넌센스, 당찮은 일 | 議論(ぎろん) 의논 | セーフ 무사, 안전 | ナンバー 넘버, 번호

해석 엉뚱한 의논만으로 시간이 지나다.

05 정답 1

어휘 誘惑(ゆうわく) 유혹 | ギャンブル 도박 | 魅惑(みわく) 매혹 | 困惑(こんわく) 곤혹 | 疑惑(ぎわく) 의혹

해석 도박의 유혹에 지다.

06 정답 4

어휘 仮免許(かりめんきょ) 임시면허

해석 미국에서 귀국한 그는 임시면허를 땄다.

07 정답 1

어휘 政治的(せいじてき) 정치적 | 背景(はいけい) 배경 | 景色(けしき) 풍경 | 気配(けはい) 기미, 기색

해석 사건의 정치적인 배경이 마음에 걸린다.

08 **정답 4**

어휘 備(そな)える 대비하다 | 貯蓄(ちょちく) 저축

해석 장래에 대비해 저축한다.

09 **정답 3**

어휘 荷物(にもつ) 짐 | 運(はこ)ぶ 운반하다 | 担(かつ)ぐ 짊어지다

해석 어깨에 짐을 메다.

10 **정답 1**

어휘 背後(はいご) 배후 | 襲撃(しゅうげき)する 습격하다 | 来襲(らいしゅう) 내습

해석 적의 배후에서 습격하다.

문맥규정 완벽대비 문제 ⑩ 회

문제 2 ( )에 들어갈 가장 알맞은 말을, 1 · 2 · 3 · 4 가운데 하나 고르세요.

01 **정답 2**

어휘 こつ 요령 | 呑(の)み込(こ)む 삼키다, 이해하다, 납득하다

해석 운전 요령을 터득하다.

02 **정답 1**

어휘 模型(もけい) 모형

해석 어린이에게 모형비행기를 선물했다.

03 **정답 4**

어휘 大(おお)げさ 과장됨, 허풍

해석 그의 이야기는 늘 허풍스럽다.

04 **정답 3**

어휘 優勝(ゆうしょう) 우승 | ついに 결국 | ふと 문득, 돌연 | さも 그렇기도, 참으로 | さじ 보잘것없는 일

해석 우승한 선수는 참으로 기쁜 표정을 짓는다.

05 **정답 1**

어휘 設備(せつび) 설비 | 備(そな)わる 갖추어지다, 구비되다

해석 최신식 설비를 갖춘 호텔.

06 **정답 3**

어휘 芸術(げいじゅつ) 예술 | 優(すぐ)れる 뛰어나다

해석 이 작품은 예술성이 뛰어나다.

07 **정답 1**

어휘 発電(はつでん) 발전 | 太陽光(たいようこう) 태양광 | プロジェクト 프로젝트 | プロペラ 프로펠러 | プロポーション 프로포션, 비율, 균형 | プロマイド 브로마이드

해석 새 발전 프로젝트로 태양광을 이용하기로 했다.

08 **정답 4**

어휘 描写(びょうしゃ) 묘사 | 優(すぐ)れる 뛰어나다

해석 심리 묘사가 뛰어난 소설.

09 **정답 1**

어휘 謀反(むほん) 모반 | 企(たくら)む 꾸미다, 기획하다 | 配(くば)る 나누어 주다

해석 모반을 꾸미다.

10 **정답 2**

어휘 厚(あつ)い 두껍다 | 濃(こ)い 짙다 | 鈍(にぶ)い 둔하다 | 鋭(するど)い 날카롭다

해석 산의 빛깔이 점점 진해지다.

문맥규정 완벽대비 문제 ⑪ 회

문제 2 ( )에 들어갈 가장 알맞은 말을, 1 · 2 · 3 · 4 가운데 하나 고르세요.

01 **정답 4**

어휘 投手(とうしゅ) 투수 | 投球(とうきゅう) 투구 | 癖(くせ) 버릇 | フード 식품, 두건 | スイング 스윙 | ヘッド 머리 | フォーム 형태, 형식

해석 이번 투수의 투구 폼에는 나쁜 버릇이 있다.

02 **정답 2**

어휘 市街地(しがいち) 시가지 | 貫(つらぬ)く 관철하다, 관통하다

해석 강이 시가지를 관통해 흐른다.

03 **정답 1**

어휘 人前(ひとまえ) 남 앞 | 落(お)ち着(つ)く 침착하다 | おどおど 공포 · 긴장 · 불안 등으로 침착하지 않은 상태, 쭈뼛쭈뼛, 벌벌, 주저주저 | てきぱき 척척, 민첩하게 | ころころ 대굴대굴, 딸랑딸랑, 토실토실

해석 남 앞에서는 쭈뼛쭈뼛하는 침착하지 못한 성격.

04 **정답 3**

어휘 関心(かんしん) 관심 | まして 더욱이 | むしろ 오히려 | 強(し)いて 억지로, 굳이, 구태여 | いっそ 차라리, 오히려, 한층

해석 굳이 말하자면 음악보다 문학에 관심이 있다.

05 **정답 2**

어휘 割(わ)り込(こ)む 끼어들다 | 割(わ)り当(あ)てる 할당하다, 분배하다 | 割(わ)り出(だ)す 계산해 내다, 산출하다

해석 남의 이야기에 끼어드는 건 별로 좋지 않다.

06 **정답 4**

어휘 震災(しんさい) 진재 | 復旧(ふっきゅう) 복구 | 見方(みかた) 견해, 사고방식 | 味方(みかた) 자기 편 | 見舞(みま)い 문안 | 見通(みとお)し 전망, 예측

해석 진재 복구가 어떻게 될 것인지 예측조차 할 수 없다.

07 **정답 1**

어휘 調子(ちょうし)に乗(の)る 본 궤도에 오르다, 순조롭게 진행되다, 우쭐해지다 | 横車(よこぐるま) 밀어붙이기, 억지 | 障子(しょうじ) 장지 | 歯止(はど)め 제동

해석 공부가 본 궤도에 오르다.

08 **정답 3**

어휘 腐(くさ)る 썩다, (실망하거나 낙담하여) 풀이 죽다

해석 수험에 실패하여 풀이 죽어 있다.

09 **정답 2**

어휘 産業(さんぎょう) 산업 | 衰退(すいたい) 쇠퇴

해석 제1차 산업이 쇠퇴하고 있다.

10 **정답 1**

어휘 事業(じぎょう) 사업 | 焦燥(しょうそう)する 초조하다

해석 사업 실패에 초조하다.

문맥규정 완벽대비 문제 ⑫ 회

문제 2 (　　　)에 들어갈 가장 알맞은 말을, 1·2·3·4 가운데 하나 고르세요.

01 **정답 2**

어휘 候補(こうほ) 후보 | 敗(やぶ)れる 패하다, 지다 | しぶとい 끈질기다, 강인하다, 고집이 세다 | あっけない 싱겁다, 어이없다 | あどけない 천진난만하다 | 粘(ねば)り強(づよ)い 끈기 있다

해석 우승 후보가 어이없이 졌다.

02 **정답 1**

어휘 再(ふたた)び 다시 | 論議(ろんぎ)する 의논하다 | 改(あらた)めて 다른 기회에 다시, 새삼스럽게 | 乗(じょう)じる 틈타다, 이용하다 | 疑(うたが)う 의심하다 | 応(おう)じる 대답하다, 응하다

해석 이 문제는 기회를 봐서 다시 의논하자.

03 **정답 4**

어휘 投票(とうひょう) 투표 | 呼(よ)び掛(か)ける 호소하다 | 棄権(きけん)する 기권하다

해석 투표에 기권하지 않도록 호소하다.

04 **정답 3**

어휘 適正(てきせい) 적정함 | 値段(ねだん) 가격 | 比較(ひかく) 비교 | 比喩(ひゆ) 비유 | 交渉(こうしょう) 교섭 | 交番(こうばん) 파출소

해석 적정한 가격을 교섭하다.

05 **정답 1**

어휘 ろくに 제대로 | とうに 이미, 벌써 | すでに 이미, 벌써 | わりに 비교적

해석 제대로 조사도 하지 않고 발표했다.

06 **정답 4**

어휘 制服(せいふく) 제복 | デザート 디저트 | フォロー 뒤따름, 추적 | デザイン 디자인

해석 스스로 디자인한 제복을 입다.

07 **정답 2**

어휘 処理(しょり) 처리 | 仕方(しかた) 방법 | 未熟(みじゅく) 미숙함

해석 처리 방법이 아직 미숙하다.

08 **정답 4**

어휘 屈辱的(くつじょくてき) 굴욕적임 | 敗北(はいぼく) 패배 | 喫(きっ)する 마시다, 먹다, 당하다

해석 굴욕적인 패배를 당하다.

09 **정답 1**

어휘 ぐずぐず 우물쭈물 | 煮(に)えきらない 석연치 않은

해석 우물쭈물 석연치 않은 대답뿐이다.

10 정답 3

어휘 公私(こうし) 공사 | 構(かま)え 구조, 꾸밈 | 捕(と)らまえ 붙잡음 | 弁(わきま)え 판별, 분별 | 踏(ふ)まえ 근거, 토대, 배려

해석 그는 전혀 공사의 분간을 못하는 사람이다.

문맥규정 완벽대비 문제 ⑬ 회

문제 2 ( )에 들어갈 가장 알맞은 말을, 1・2・3・4 가운데 하나 고르세요.

01 정답 1

어휘 審判(しんぱん) 심판 | 判定(はんてい) 판정 | 抗議(こうぎ)する 항의하다

해석 심판의 판정에 항의하다.

02 정답 4

어휘 ギャル 소녀 | キャラクタ 캐릭터 | ガレージ 차고

해석 비가 심해서 차를 차고에 넣다.

03 정답 2

어휘 会費(かいひ) 회비 | 納(おさ)まる 납입되다 | 当(あ)てはまる 들어맞다, 적합하다 | 畏(かしこ)まる 삼가는 태도를 취하다, 예의 바르게 앉다

해석 아직 회비가 들어오지 않았다.

04 정답 3

어휘 決勝戦(けっしょうせん) 결승전 | 敗(やぶ)れる 지다 | 選手(せんしゅ) 선수 | 顔付(かおつ)き 표정 | 辛(かろ)うじて 겨우, 간신히 | ふしょうぶしょう 마지못해 | いかにも 자못, 정말로, 매우 | いっそう 한층, 더욱더

해석 결승전에서 져서 선수들은 매우 유감스러운 표정이다.

05 정답 2

어휘 頼(たの)もしい 믿음직스럽다 | 心細(こころぼそ)い 불안하다, 마음이 안 놓이다, 허전하다 | 潔(いさぎよ)い 맑고 깨끗하다, 떳떳하다, 결백하다 | 名残惜(なごりお)しい 헤어지기 섭섭하다

해석 혼자서만 나가는 건 마음이 안 놓인다.

06 정답 1

어휘 費(つい)やす 소비하다, 낭비하다

해석 쓸데없이 시간을 허비해서는 안 된다.

07 정답 3

어휘 異(こと)なる 다르다 | そっけない 쌀쌀하다 | 著(いちじる)しい 현저하다

해석 상대와는 사고가 현저하게 다르다.

08 정답 4

어휘 更(ふ)ける 계절이 깊어지다, 한창이다 | 深(ふ)ける 깊어지다 | 老(ふ)ける 나이를 먹다, 늙다

해석 나이에 비해서 늙어 보인다.

09 정답 2

어휘 豪華(ごうか) 호화로움 | 質素(しっそ) 검소함 | 派手(はで) 화려함 | 地元(じもと) 자기가 살고 있는 지역, 현지

해석 사치하지 않고 검소하게 살다.

10 정답 4

어휘 高慢(こうまん) 교만 | 自慢(じまん) 자랑 | 結構(けっこう) 괜찮음, 충분함

해석 값은 얼마라도 괜찮습니다.

문맥규정 완벽대비 문제 ⑭ 회

문제 2 ( )에 들어갈 가장 알맞은 말을, 1・2・3・4 가운데 하나 고르세요.

01 정답 4

어휘 加入(かにゅう) 가입 | 弱々(よわよわ)しい 가냘프다 | 厚(あつ)かましい 뻔뻔하다 | 煩(わずら)わしい 번거롭다

해석 회원가입시에는 번거로운 수속은 없다.

02 정답 3

어휘 物腰(ものごし) 자세 | 長所(ちょうしょ) 장점 | エレベーター 엘리베이터 | エスカレーター 에스컬레이터 | エレガント 우아함, 고상함 | エレジー엘레지, 비가, 애가

해석 저 사람은 우아한 자세가 장점이다.

03 정답 2

어휘 けたたましい 요란함 | 夥(おびただ)しい (수가) 매우 많다 |

観衆(かんしゅう) 관중 | 苦(にが)い 쓰다, 싫다 | 渋(しぶ)い 떫다, 구성지다, 깊은 맛이 있다, 차분하다

해석 야구장에는 엄청난 관중이 모였다.

04 **정답 1**

어휘 負傷者(ふしょうしゃ) 부상자 | 手厚(てあつ)い 극진하다, 융숭하다, 정중하다 | 介抱(かいほう) 간호 | 辛抱(しんぼう) 참고 견딤 | 鉄砲(てっぽう) 총

해석 부상자를 극진히 간호하다.

05 **정답 3**

어휘 構想(こうそう) 구상 | 氷(こお)る 얼다 | 要(い)る 필요하다 | 練(ね)る 짜다, 반죽하다, 단련하다 | 凝(こ)る 열중하다, (한 가지 일에) 빠지다

해석 새 구상을 짜내는 데 시간이 걸린다.

06 **정답 1**

어휘 適応(てきおう)する 적응하다

해석 아직 일본 생활에 적응하지 못했다.

07 **정답 4**

어휘 収入(しゅうにゅう) 수입 | はるか 아득함 | わずか 조금, 불과 | 密(ひそ)か 몰래하는 모양 | かすか 희미함, 미미함

해석 적은 수입으로 근근이 생활하다.

08 **정답 1**

어휘 激痛(げきつう) 심한 통증 | 襲(おそ)う 습격하다, 덮치다, 들이닥치다 | 一睡(いっすい) 한잠, 한숨 잠 | 養(やしな)う 양육하다 | 償(つぐな)う 보상하다 | 賄(まかな)う 공급하다, 조달하다

해석 심한 통증이 와서 한숨도 못 잤다.

09 **정답 3**

어휘 はかない 덧없다 | 幻想(げんそう) 환상 | 抱(いだ)く 안다 | 幻覚(げんかく) 환각 | 相棒(あいぼう) 상대, 짝

해석 허무한 환상을 품다.

10 **정답 1**

어휘 拉致(らっち)する 납치하다 | 人質(ひとじち) 인질 | 解放(かいほう)する 해방하다, 풀어주다 | 人脈(じんみゃく) 인맥 | 質屋(しちや) 전당포 | 問屋(とんや) 도매상

해석 납치된 인질이 풀려났다.

문맥규정 완벽대비 문제 ⑮ 회

문제 2 (　　　)에 들어갈 가장 알맞은 말을, 1·2·3·4 가운데 하나 고르세요.

01 **정답 2**

어휘 お手上(てあ)げ 항복, 속수무책 | あどけない 순진하다 | あくどい 악랄하다, 비열하다 | 空(むな)しい 공허하다, 헛되다 | わびしい 쓸쓸하다, 적적하다

해석 최근의 악질적인 장사에는 두 손 들었다.

02 **정답 4**

어휘 無茶(むちゃ) 무모함 | 台無(だいな)し 쓸모없는 모양, 엉망이 됨 | 几帳面(きちょうめん) 꼼꼼함 | 確(たし)か 확실함 | 積極的(せっきょくてき) 적극적

해석 무모한 생각이 계획을 망치다.

03 **정답 2**

어휘 怠(おこた)る 게을리하다 | 澄(す)み渡(わた)る 아주 맑다 | 透(す)き通(とお)る 투명하다

해석 주의를 게을리해서 실패했다.

04 **정답 4**

어휘 万事(ばんじ) 만사 | 大型(おおがた) 대형 | 大手(おおて) 정면 출입구, 대규모 거래, 큰손 | おおまた 황새걸음 | おおまか 대충임, 대범함

해석 만사에 대충 일하는 태도는 안 된다.

05 **정답 2**

어휘 没収(ぼっしゅう)する 몰수하다 | 収集(しゅうしゅう) 수집

해석 모든 재산을 몰수하다.

06 **정답 1**

어휘 政府(せいふ) 정부 | アンケート 앙케트 | 応(おう)じる 응하다 | アングル 모퉁이, 구석 | サポート 후원 | サポータ 후원자

해석 정부의 경제에 관한 앙케트 조사에 응하다.

07 **정답 4**

어휘 資格(しかく) 자격 | 高低(こうてい) 고저 | 勝敗(しょうはい) 승패 | 善悪(ぜんあく) 선악 | 有無(うむ) 유무

해석 자격의 유무에 관계없이 참가할 수 있다.

08 **정답 2**

어휘 過疎(かそ) 과소 (어느 지역의 인구가 너무 적음) | 過剰(かじ

ょう) 과잉 | 暴落(ぼうらく)する 폭락하다

해석 과일은 과잉 생산으로 가격이 폭락했다.

09 정답 1

어휘 軽率(けいそつ) 경솔 | 悔(く)いる 뉘우치다, 후회하다 | 誇(ほこ)る 자랑하다, 뽐내다 | 敬(うやま)う 존경하다 | 尊(とうと)ぶ 존경하다

해석 자신의 경솔을 후회한다.

10 정답 3

어휘 麦(むぎ) 보리 | ひく 빻다, 저미다 | 枠(わく) 틀, 테두리 | 塊(かたまり) 덩어리 | 粉(こな) 가루

해석 보리를 빻아 가루로 만든다.

문맥규정 완벽대비 문제 16 회

문제 2 (　　　)에 들어갈 가장 알맞은 말을, 1・2・3・4 가운데 하나 고르세요.

01 정답 3

어휘 差(さ)し支(つか)え 장애, 지장 | 差障(さしさわり) 지장 | 趣(おもむ)き 풍류, 멋, 취지 | 表向(おもてむ)き 표면화함

해석 말씀의 취지는 알았습니다.

02 정답 4

어휘 ルーキー 루키 | ルート 경로 | ループ 고리 | ルーズ 헐렁함, 느슨함

해석 시간을 잘 지키지 않는 사람은 싫다.

03 정답 2

어휘 つんと 코를 찌르는 모양, 콱, 콕 | 異臭(いしゅう) 이상한 냄새, 고약한 냄새

해석 콕 코를 찌르는 이상한 냄새.

04 정답 1

어휘 気兼(きがね)する 마음을 쓰다, 어렵게 여기다 | ひそめる 숨기다, 소리를 죽이다 | 吐気(はきけ) 구역질

해석 타인을 생각해서 목소리를 낮추다.

05 정답 4

어휘 領域(りょういき) 영역 | はたけ 분야, 영역

해석 여성학의 영역은 나의 분야가 아니다.

06 정답 1

어휘 案(あん)の定(じょう) 생각대로 | 持(も)ってのほか 당치도 않음 | もともと 원래, 본디 | 案外(あんがい) 의외

해석 실패하지 않을까 생각했더니 생각대로 실패했다.

07 정답 4

어휘 灰皿(はいざら) 재떨이 | 吸殻(すいがら) 꽁초

해석 담배꽁초는 재떨이에 버려 주세요.

08 정답 2

어휘 引(ひ)き受(う)ける 인수하다, 수락하다 | 無造作(むぞうさ) 손쉽게 하는 모양, 대수롭지 않게 여기는 모양

해석 부탁을 선뜻 떠맡다.

09 정답 4

어휘 断(ことわ)る 거절하다 | 負(お)う 짊어지다 | 勝(まさ)る 낫다, 뛰어나다, 우수하다 | 担(にな)う 짊어지다, 메다

해석 기대를 한몸에 받다.

10 정답 1

어휘 五輪(ごりん) 올림픽 | 獲得(かくとく)する 획득하다 | 収穫(しゅうかく) 수확

해석 올림픽에서 금메달을 획득하다.

문맥규정 완벽대비 문제 17 회

문제 2 (　　　)에 들어갈 가장 알맞은 말을, 1・2・3・4 가운데 하나 고르세요.

01 정답 3

어휘 健(すこ)やか 건강함, 튼튼함 | 健気(けなげ) 다기짐, 씩씩한 모양 | 和(なご)やか 온화함, 화기애애함 | 鮮(あざ)やか 선명함

해석 격렬할 거라고 생각했는데 이야기는 원활하게 진행됐다.

02 정답 1

어휘 報道(ほうどう) 보도 | 迅速(じんそく) 신속함, 매우 빠름 | 鋭敏(えいびん) 예민함 | 鈍感(どんかん) 둔함 | 拙速(せっそく) 졸속임

해석 매스컴은 신속한 보도가 생명이다.

03 정답 4

어휘 合間(あいま) 틈, 짬

해석 공부 틈틈이 아르바이트를 한다.

04 정답 2

어휘 入(い)れ物(もの) 내용물 | 腫(は)れる 붓다 | かさばる 부피가 커지다 | 重(かさ)ねる 포개다, 쌓아올리다 | 触(ふ)れる 만지다, 접촉하다

해석 내용물이 많아 부피가 커지다.

05 정답 4

어휘 財界(ざいかい) 재계 | 顔(かお)が広(ひろ)い 발이 넓다

해석 그는 재계에 발이 넓다.

06 정답 1

어휘 目(め)がない 몹시 좋아하다

해석 그녀는 단 음식을 너무 좋아한다.

07 정답 2

어휘 不況(ふきょう) 불황 | 対策(たいさく) 대책 | 交替(こうたい) 교대 | セルフ 자신 | シフト 변경, 전환, 시프트 | セールス 세일즈, 외판 | シーエム 광고 문구

해석 불황의 대책으로 교대 근무제로 전환시키다.

08 정답 4

어휘 不吉(ふきつ) 불길함 | 恐(おそ)ろしい 무섭다 | 悪夢(あくむ) 악몽

해석 불길하고 무서운 악몽에서 깨다.

09 정답 1

어휘 執行(しっこう) 집행 | 妨害(ぼうがい)する 방해하다

해석 공무 집행을 방해하다.

10 정답 3

어휘 修理代(しゅうりだい) 수리비 | 補(おぎな)う 보완하다, 보충하다 | 償(つぐな)う 보상하다

해석 교통사고 수리비를 보상하다.

문맥규정 완벽대비 문제 ⑱ 회

문제 2 (　　　)에 들어갈 가장 알맞은 말을, 1·2·3·4 가운데 하나 고르세요.

01 정답 1

어휘 はらはら 뚝뚝, 우수수 | ばらばら 후드득후드득 | ぱらぱら 후드득후드득 | ぺらぺら 술술, 줄줄

해석 슬픈 영화를 보고 뚝뚝 눈물을 흘리다.

02 정답 3

어휘 匙(さじ)を投(な)げる 포기하다 | 難病(なんびょう) 난치병 | 杓子(しゃくし) 국자, 주걱 | 串(くし) 꼬챙이, 꼬치 | 箸(はし) 젓가락

해석 유명한 의사도 포기할 정도의 난치병.

03 정답 4

어휘 災難(さいなん) 재난 | 当事者(とうじしゃ) 당사자 | 気配(けはい) 기색, 기미 | 配慮(はいりょ)する 배려하다

해석 재난 당사자의 기분을 배려한다.

04 정답 2

어휘 徹夜(てつや) 철야 | 体(からだ)が保(たも)たない 몸이 견디지 못하다

해석 철야 공부는 몸이 견디지 못한다.

05 정답 1

어휘 先進国(せんしんこく) 선진국 | レベル 레벨, 수준 | ラベル 라벨 | レシート 영수증

해석 선진국은 생활 수준이 높다.

06 정답 4

어휘 がむしゃら 무모하게 행동함 | 無鉄砲(むてっぽう) 막무가내 | でたらめ 엉터리 | 几帳面(きちょうめん) 꼼꼼함

해석 늘 그는 꼼꼼하게 노트를 적는다.

07 정답 2

어휘 不正(ふせい) 부정 | 自惚(うぬぼ)れる 자만하다 | 憤(いきどお)る 노하다, 성내다 | 誉(ほ)める 칭찬하다 | 侮(あなど)る 깔보다, 멸시하다

해석 사회의 부정에 분노하다.

08 정답 1

어휘 潜在(せんざい) 잠재 | 引(ひ)き出(だ)す 끌어내다 | 潜伏

(せんぷく) 잠복 | 交替(こうたい) 교대 | 為替(かわせ) 환전

해석 잠재 능력을 끌어내다.

09 **정답 4**

어휘 署名(しょめい) 서명 | 拒否(きょひ)する 거부하다

해석 서명을 거부하다.

10 **정답 2**

어휘 魂(たましい) 혼 | 塊(かたまり) 덩어리 | 鬼(おに) 도깨비

해석 고기를 덩어리로 사다.

문맥규정 완벽대비 문제 ⑲ 회

문제 2 (　　　)에 들어갈 가장 알맞은 말을, 1・2・3・4 가운데 하나 고르세요.

01 **정답 2**

어휘 めどが立(た)つ 목표가 서다, 전망이 보이다 | 窓(まど) 창문 | 支度(したく) 준비, 채비 | 仕業(しわざ) 소행

해석 해결의 전망이 안 보인다.

02 **정답 1**

어휘 ぐっすり 푹 | てっきり 틀림없이 | きっぱり 딱 잘라, 단호하게 | くっきり 뚜렷하게

해석 피곤해 푹 잠들다.

03 **정답 4**

어휘 画期的(かっきてき) 획기적 | 等(ひと)しい 같다 | 満期(まんき) 만기 | 最期(さいご) 최후, 임종 | 時期(じき) 시기

해석 그의 논문은 역사상 획기적인 발견과 같다.

04 **정답 3**

어휘 招(まね)く 부르다, 가져오다 | もたらす 야기하다, 초래하다 | 免(まぬが)れる·免(まぬか)れる 면하다, 피하다, 벗어나다 | 真似(まね)する 흉내 내다

해석 이번 사건은 책임을 모면할 방법은 보이지 않는다.

05 **정답 1**

어휘 キャリア 경험, 경력 | ギャル 소녀 | キャンセル 취소 | キャンドル 양초

해석 오랜 경력을 지닌 전문가를 부를 작정이다.

06 **정답 2**

어휘 契約(けいやく) 계약 | 容易(たやす)い 쉽다, 손쉽다 | ややこしい 복잡하다, 까다롭다 | 手軽(てがる) 간단함, 손쉬움 | ぞうさない 어려움 없다, 손쉽다

해석 계약 조건이 복잡해서 이야기가 까다로워졌다.

07 **정답 1**

어휘 寝食(しんしょく) 침식 | 執筆(しっぴつ) 집필 | 没頭(ぼっとう) 몰두 | 放棄(ほうき) 포기 | 執着(しゅうちゃく) 집착

해석 침식을 잊고 집필에 몰두하다.

08 **정답 4**

어휘 収集(しゅうしゅう) 수집 | 滞納(たいのう) 체납

해석 회비를 체납하다.

09 **정답 1**

어휘 奪(うば)う 빼앗다 | 奮(ふる)う 힘을 내다, 용기를 내다

해석 홍수로 통근할 교통편을 빼앗기다.

10 **정답 3**

어휘 でたらめ 엉터리임 | 妄言(ぼうげん) 망언

해석 엉터리 망언을 일삼는 정치가.

문맥규정 완벽대비 문제 ⑳ 회

문제 2 (　　　)에 들어갈 가장 알맞은 말을, 1・2・3・4 가운데 하나 고르세요.

01 **정답 4**

어휘 考案(こうあん) 고안 | 考慮(こうりょ) 고려

해석 상대 입장을 고려한다.

02 **정답 4**

어휘 使(つか)いこなす 잘 쓰다, 구사하다

해석 3개 국어를 구사하는 유능한 인재.

03 **정답 1**

어휘 物価(ぶっか) 물가 | うなぎ登(のぼ)り 자꾸만 올라감 | 柳(やなぎ) 버드나무 | 飛魚(とびうお) 날치 | どじょう 미꾸라지

해석 올해부터 물가가 치솟는다.

04 정답 4

어휘 株価(かぶか) 주가 | 頭金(あたまきん) 계약금 | 腕前(うでまえ) 솜씨 | 板前(いたまえ) 요리사 | 頭打(あたまう)ち 더 이상 오를 수 없는 상태, 제자리걸음

해석 불황의 영향으로 주가가 제자리걸음이다.

05 정답 2

어휘 警戒網(けいかいもう) 경계망 | 突破(とっぱ)する 돌파하다

해석 경계망을 돌파하다.

06 정답 1

어휘 コミュニケーション 커뮤니케이션 | マスコミ 매스컴 | コミュニティ 커뮤니티 | マスメディア 매스미디어

해석 상사와 커뮤니케이션을 도모해 보다.

07 정답 4

어휘 受験(じゅけん) 수험 | 気(き)が緩(ゆる)む 긴장이 풀리다

해석 수험도 끝나서 긴장이 풀리다.

08 정답 1

어휘 礎(いしずえ) 초석, 기초 | 築(きず)く 쌓다 | 器(うつわ) 그릇, 용기, 기구 | 棟(むね) 용마루 | 軒(のき) 처마

해석 연구의 기초를 쌓다.

09 정답 4

어휘 紛(まぎ)らす 얼버무리다, 마음을 달래다 | 屈辱(くつじょく) 굴욕 | 発掘(はっくつ) 발굴 | 屈指(くっし) 굴지 | 退屈(たいくつ) 지루함

해석 텔레비전을 보며 지루함을 달래다.

10 정답 2

어휘 人形(にんぎょう) 인형 | 練(ね)る 반죽하다, 짜다 | 操(あやつ)る 조종하다 | 狂(くる)う 지나치게 몰두하다, 실성하다 | 振(ふる)う 흔들다, 휘두르다

해석 인형을 능숙하게 다루다.

유의표현 완벽대비 문제 1 회

문제 3 ________의 의미가 가장 가까운 말을, 1·2·3·4 가운데 하나 고르세요.

01 정답 4

어휘 成功(せいこう) 성공 | 羨望(せんぼう) 선망 | 恨(うら)めしい 원망스럽다, 한스럽다 | まめまめしい 바지런하다, 충실하다 | 頼(たの)もしい 듬직하다, 믿음직스럽다 | 羨(うらや)ましい 부럽다

해석 그의 성공은 나의 선망의 대상이 되었다.

02 정답 4

어휘 優勝(ゆうしょう) 우승 | 朗報(ろうほう) 낭보 | 舞(ま)い込(こ)む 날아 들어오다 | 朗(ほが)らか 기쁨 | 便(たよ)り 알림, 소식 | うんざり 지긋지긋하게 | 情報(じょうほう) 정보 | 嬉(うれ)しい 기쁘다 | 知(し)らせ 알림, 소식

해석 우승이라는 낭보가 날아왔다.

03 정답 2

어휘 戦争(せんそう) 전쟁 | 憎悪(ぞうお)する 증오하다 | 悔(く)やむ 뉘우치다, 후회하다 | 憎(にく)む 미워하다, 싫어하다, 증오하다 | 好(この)む 좋아하다

해석 무엇보다 전쟁을 증오한다.

04 정답 1

어휘 入院(にゅういん) 입원 | 手続(てつづ)き 수속 | 煩(わずら)わしい 복잡하다, 번잡하다 | 厄介(やっかい)だ 귀찮다, 번거롭다, 성가시다 | 訳(わけ)がない 쉽다, 간단하다 | 容易(たやす)い 손쉽다

해석 병원의 입원수속이 복잡하다.

05 정답 3

어휘 家賃(やちん) 집세 | 滞(とどこお)る 밀리다, 막히다, 정체되다 | 凍(こお)る 얼다 | 貫(つらぬ)く 관철하다 | 滞納(たいのう) 체납 | 渋滞(じゅうたい) 정체

해석 집세가 반 년분이나 체납되었다.

06 정답 2

어휘 ユニーク 유니크함, 독특함, 독창적임 | 発想(はっそう) 발상 | 陳腐(ちんぷ) 진부 | 独特(どくとく) 독특 | 創作(そうさく) 창작 | 放置(ほうち) 방치

해석 그의 독특한 발상에는 모두 놀란다.

07 정답 1

어휘 同意(どうい) 동의 | 思惑(おもわく) 생각, 의도 | 外(はず)れる 빗나가다 | もくろみ 의도 | 案外(あんがい) 의외

해석 동의를 얻을 수 있다는 생각이 빗나가다.

08 정답 4

어휘 考(かんが)え方(かた) 사고, 생각 | 異(こと)なる 다르다 | 目(め)がない 몹시 좋아하다 | 鼻(はな)が高(たか)い 거만하다 | 鼻(はな)につく (냄새가) 코를 찌르다 | 目立(めだ)つ 눈에 띄다

해석 사고방식이 현저하게 다르다.

09 정답 3

어휘 部屋(へや) 방 | 片付(かたづ)ける 정리하다 | 散(ち)らかす 흩트리다 | とどまる 머무르다, 그치다 | 整(ととの)う 정리하다, 정돈하다 | 散(ち)らばる 흩어지다, 분산하다

해석 방이 깨끗하게 정리되어 있다.

10 정답 1

어휘 怨恨(えんこん) 원한 | 障害(しょうがい) 상해 | 恨(うら)む 원한을 품다, 앙심을 품다, 원망하다 | 阻(はば)む 저지하다, 가로막다 | 拒(こば)む 거절하다, 저지하다 | 好(この)む 좋아하다

해석 원한에 의한 상해사건이 일어나다.

유의표현 완벽대비 문제 ❷ 회

문제 3 ＿＿＿＿의 의미가 가장 가까운 말을, 1·2·3·4 가운데 하나 고르세요.

01 정답 2

어휘 人影(ひとかげ) 인적 | 疎(まば)ら 드뭄 | 市街地(しがいち) 시가지 | 僅(わず)か 조금임

해석 인적도 드문 밤의 시가지.

02 정답 1

어휘 収入(しゅうにゅう) 수입 | 占(し)める 차지하다 | 食費(しょくひ) 식비 | 割合(わりあい) 비율 | 比率(ひりつ) 비율 | 引率(いんそつ) 인솔 | 割(わ)り算(ざん) 나눗셈 | 割(わ)り勘(かん) 각자 부담

해석 수입에서 차지하는 식비의 비율이 높다.

03 정답 4

어휘 意見(いけん) 의견 | 文句(もんく) 불만 | 説明(せつめい) 설명 | 説得(せっとく) 설득 | 偶然(ぐうぜん) 우연 | 愚痴(ぐち) 불만, 불평

해석 상대방 의견에 일일이 불만을 달다.

04 정답 3

어휘 時間(じかん)にルーズだ 시간을 잘 지키지 않다 | 付(つ)き合(あ)う 사귀다 | しっかり 견고하고 튼튼한 모양, 꽉 | 歯切(はぎ)れのよい 씹히는 맛이 좋음, 시원시원함 | 締(しま)りのない 칠칠맞음 | 間(ま)に合(あ)う 시간에 늦지 않게 대다

해석 시간을 잘 지키지 않는 사람과는 사귀지 않는다.

05 정답 1

어휘 言訳(いいわけ) 핑계, 변명 | 弁明(べんめい) 변명 | 弁護(べんご) 변호 | 介護(かいご) 간호 | 看護(かんご) 간호

해석 이제 와서 변명을 해도 늦었다.

06 정답 4

어휘 趣(おもむ)き 요지 | 承知(しょうち)する 알다 | 申(もう)し分(ぶん) 할 말, 나무랄 데 | 趣味(しゅみ) 취미 | 申(もう)し訳(わけ) 변명, 해명 | 趣旨(しゅし) 취지

해석 말씀의 요지는 알았습니다.

07 정답 2

어휘 恰(あたか)も 마치 | 映画(えいが) 영화 | 強(し)いて 억지로, 굳이, 구태여 | まるで 마치 | 敢(あ)えて 굳이, 억지로, 감히 | まして 하물며, 더구나

해석 인생은 마치 영화와 같다.

08 정답 1

어휘 ジレンマ 딜레마 | 陥(おちい)る 빠지다 | 板挟(いたばさ)み 이러지도 저러지도 못함 | 板前(いたまえ) 주방, 조리사 | 腕前(うでまえ) 솜씨, 기량

해석 어쩌면 좋은지 딜레마에 빠지다.

09 정답 4

어휘 大口(おおくち) 큰 입 | けたたましい 왁자지껄하다, 요란하다 | 恨(うら)めしい 원망스럽다 | 夥(おびただ)しい 엄청나다, 굉장히 많다 | 騒(さわ)がしい 소란스럽다, 시끌시끌하다

해석 큰 입을 벌리고 왁자지껄 웃는다.

10 정답 1

어휘 悼(いた)む 애도하다 | 捧(ささ)げる 바치다 | 哀悼(あいとう) 애도 | 愛情(あいじょう) 애정 | 哀願(あいがん) 애원 | 愛好(あいこう) 애호

해석 스승을 애도하여 여기에 노래를 바칩니다.

유의표현 완벽대비 문제 ❸ 회

문제 3 ______의 의미가 가장 가까운 말을, 1·2·3·4 가운데 하나 고르세요.

01 정답 4

어휘 面倒(めんどう)をみる 돌보다 | 愚痴(ぐち) 푸념 | 文句(もんく) 불만, 트집 | 不平(ふへい) 불평 | 世話(せわ) 돌봄

해석 아이를 돌보는 것이 가장 어렵다.

02 정답 2

어휘 運転(うんてん) 운전 | こつ 요령, 비결 | 飲(の)み込(こ)む 이해하다, 터득하다 | 習慣(しゅうかん) 습관 | 要領(ようりょう) 요령 | 技量(ぎりょう) 기량 | 器用(きよう) 손재주가 있음, 솜씨가 좋음, 약삭빠름

해석 운전 요령을 터득하다.

03 정답 1

어휘 風邪(かぜ) 감기 | やむを得(え)ない 할 수 없다, 어쩔 수 없다 | 早退(そうたい)する 조퇴하다 | 仕方(しかた)ない 할 수 없다, 어쩔 수 없다 | 無暗(むやみ)に 무턱대고 | 几帳面(きちょうめん)に 꼼꼼하게

해석 감기에 걸려서 부득이 조퇴했다.

04 정답 3

어휘 シック 시크함, 세련됨 | デザイン 디자인 | 着物(きもの) 기모노, 옷 | くたびれる 지치다, 피로하다 | みすぼらしい 초라하다 | あか抜(ぬ)けている 세련되다 | ほころびる 풀리다

해석 세련된 디자인의 기모노를 고르다.

05 정답 1

어휘 殺到(さっとう)する 쇄도하다 | てんてこまいする 바빠서 부산하게 움직이다, 바빠서 쩔쩔매다 | 慌(あわ)ただしい 황망하다, 경황없다 | 嬉(うれ)しい 기쁘다

해석 손님이 쇄도하여 눈코 뜰 새 없이 바쁘다.

06 정답 4

어휘 外出(がいしゅつ) 외출 | 内容(ないよう) 내용 | 断(ことわ)る 미리 알려서 양해를 구하다 | 拒否(きょひ)する 거부하다 | 了解(りょうかい)する 이해하다 | 承諾(しょうだく)する 승낙하다 | 前(まえ)もって知(し)らせる 사전에 알리다

해석 외출할 내용을 선생님께 미리 알리고 나가다.

07 정답 2

어휘 浅(あさ)ましい 한심스럽다, 비참하다, 비열하다, 치사스럽다 | 賢明(けんめい) 현명함 | 卑劣(ひれつ) 비열함

해석 돈만 생각하는 비열한 남자.

08 정답 1

어휘 誤解(ごかい) 오해 | 謝(あやま)る 사과하다 | 謝罪(しゃざい)する 사죄하다 | 誉(ほ)める 칭찬하다 | 称(たた)える 기리다, 칭송하다 | 感謝(かんしゃ)する 감사하다

해석 오해한 것을 사과하다.

09 정답 3

어휘 うんざりする 질리다 | 気(き)になる 걱정되다, 마음에 걸리다 | いやになる 싫증나다, 싫어지다

해석 돈이라면 질릴 정도로 있다.

10 정답 4

어휘 消費者(しょうひしゃ) 소비자 | ニーズ 니즈, 요구 | 多様化(たようか)する 다양화되다 | 期待(きたい) 기대 | 供給(きょうきゅう) 공급 | 希望(きぼう) 희망 | 要求(ようきゅう) 요구

해석 소비자의 요구가 다양해지다.

유의표현 완벽대비 문제 ❹ 회

문제 3 ______의 의미가 가장 가까운 말을, 1·2·3·4 가운데 하나 고르세요.

01 정답 2

어휘 連休(れんきゅう) 연휴 | 夥(おびただ)しい 매우 많다 | 観衆(かんしゅう) 관중 | 目立(めだ)つ 눈에 띄다 | 非常(ひじょう)に多(おお)い 몹시 많다 | ばらばら 비, 우박이 떨어지는 모양, 후드득후드득 | ちらほら 듬성듬성

해석 야구장은 연휴로 엄청난 관중이 모였다.

02 정답 4

어휘 勝(か)つ 이기다 | コンプレックス 콤플렉스 | 優越感(ゆうえつかん) 우월감 | 死(し)に目(め) 임종 | 達成感(たっせいかん) 달성감 | 引(ひ)け目(め) 열등감

해석 한 번도 이긴 적이 없는 선수는 콤플렉스를 느끼고 있다.

03 정답 1

어휘 組織(そしき) 조직 | 要(かなめ) 핵심, 중심, 요점, 요소, 급소

| 人物(じんぶつ) 인물 | 肝心(かんじん) 중요함, 소중함 | 斜(なな)め 비스듬함 | 臆病(おくびょう) 겁쟁이 | 弱虫(よわむし) 못난이, 겁쟁이

해석 그는 조직의 핵심이 되는 인물이다.

04 **정답 1**

어휘 双方(そうほう) 쌍방 | 譲(ゆず)る 양보하다 | 張(は)り合(あ)う 경쟁하다, 겨루다, 맞서다 | 競(せ)り合(あ)う 서로 경쟁하다, 경합하다 | 譲(ゆず)り合(あ)う 서로 양보하다 | 和(やわ)らぐ 누그러지다, 완화되다 | 緩(ゆる)む 느슨해지다, 헐렁해지다

해석 양쪽이 한 발짝도 양보하지 않고 다툰다.

05 **정답 4**

어휘 もっぱら 오로지 | ますます 더더욱 | みるみる 금새, 순식간에 | ひたすら 오로지

해석 일요일은 오로지 텔레비전만 본다.

06 **정답 1**

어휘 両者(りょうしゃ) 양자 | 関係(かんけい) 관계 | ややこしい 복잡하다 | 複雑(ふくざつ)だ 복잡하다 | 簡単(かんたん)だ 간단하다

해석 양자의 관계는 복잡하다.

07 **정답 4**

어휘 誘(さそ)い 유혹, 꾐, 권유 | 断(ことわ)る 거절하다, 사절하다, 미리 알려서 양해를 구하다 | 許諾(きょだく)する 허락하다 | 承諾(しょうだく)する 승낙하다 | 応答(おうとう)する 응답하다 | 拒絶(きょぜつ)する 거절하다

해석 유혹을 거절하다.

08 **정답 3**

어휘 厳格(げんかく) 엄격함 | 性格(せいかく) 성격 | しぶとい 성가시다 | 粘(ねば)り強(づよ)い 끈기 있다 | 堅苦(かたくる)しい 딱딱하다, (격식에 치우쳐) 거북스럽다 | 朗(ほが)らか 명랑함, 밝음

해석 엄격하고 재미없는 성격.

09 **정답 2**

어휘 政治家(せいじか) 정치가 | モラル 도덕 | 欠(か)ける 부족하다, 모자라다, 없다 | 名誉(めいよ) 명예 | 道徳(どうとく) 도덕 | 観念(かんねん) 관념, 체념 | 念頭(ねんとう) 염두

해석 정치가로서 도덕성이 없다.

10 **정답 1**

어휘 とんでもない 뜻밖이다, 터무니없다, (상대의 말 등을 강하게 부정하는 말로) 천만에 | 出会(であ)う 우연히 만나다 | 意外(いがい) 의외 | 予想(よそう) 예상 | 見込(みこ)み 전망, 예상 | 予測(よそく) 예측

해석 뜻밖의 인물을 우연히 만나다.

유의표현 완벽대비 문제 ⑤ 회

문제 3 ________의 의미가 가장 가까운 말을, 1・2・3・4 가운데 하나 고르세요.

01 **정답 4**

어휘 人身事故(じんしんじこ) 인명사고 | 運転(うんてん) 운전 | 見合(みあ)わせる 보류하다, 서로 마주 보다, 대조하다 | お見合(みあい) 맞선 | お見舞(みま)い 문안, 문병 | 面倒(めんどう)をみる 돌보다 | 様子(ようす)をみる 상황을 살피다

해석 인명사고로 전철은 운전을 보류하고 있다.

02 **정답 1**

어휘 環境保全(かんきょうほぜん) 환경보전 | キャンペーン 캠페인 | 張(は)る 펼치다 | 宣伝活動(せんでんかつどう) 선전활동 | 拒否(きょひ) 거부 | 阻止(そし) 저지 | 予告(よこく) 예고

해석 지구 환경 보전 캠페인을 펼치다.

03 **정답 4**

어휘 反対派(はんたいは) 반대파 | 入場(にゅうじょう) 입장 | 阻止(そし)する 저지하다 | 拒(こば)む 거절하다 | 挑(いど)む 도전하다 | 歩(あゆ)む 걷다 | 阻(はば)む 저지하다, 가로막다

해석 반대파의 입장을 저지하다.

04 **정답 2**

어휘 夥(おびただ)しい 매우 많다 | 人出(ひとで) 인파 | 盛(も)り上(あ)がる 들끓다, 고조되다 | いちかばちか 되든 안 되든, 흥하든 망하든 (운수를 하늘에 맡기고 일을 함) | 物凄(ものすご)い 굉장하다 | のるかそるか 흥하느냐 망하느냐, 성공하느냐 실패하느냐, 이기느냐 지느냐

해석 엄청난 인파로 열기가 들끓고 있는 야구장.

05 **정답 2**

어휘 真夏(まなつ) 한여름 | 怒(いか)る 화내다 | こりごりだ 지겹다, 신물이 난다, 지긋지긋하다 | こりる 넌더리가 나다, 질리다 | おごる 한턱내다, 사치하다 | こる 엉기다, 응고하다

해석 한여름의 마라톤은 이제 지긋지긋하다.

06 **정답 1**

어휘 ピンチ 핀치, 위기, 궁지 | 脱(だっ)する 벗어나다 | 苦労(くろう) 고생 | 窮地(きゅうち) 궁지 | 生地(きじ) 직물, 본바탕 | 楽園(らくえん) 낙원 | 地獄(じごく) 지옥

해석 위기를 벗어나는 데 고생하다.

07 **정답 4**

어휘 新記録(しんきろく) 신기록 | 挑(いど)む 도전하다 | 後退(こうたい)する 후퇴하다 | 陥(おちい)る 빠지다, 걸려들다 | 賄(まかな)う 일을 처리하다, 공급하다 | 挑戦(ちょうせん)する 도전하다

해석 신기록에 도전하다.

08 **정답 2**

어휘 空(あ)き巣(す) 빈집(털이), 빈 둥지 | 物色(ぶっしょく)する 찾아내다 | 抜(ぬ)け出(だ)す 빠져나가다, 살짝 도망치다 | 探(さが)し出(だ)す 찾아내다 | 引(ひ)き出(だ)す 끌어내다 | 打(う)ち出(だ)す (주장을) 내세우다

해석 빈집털이가 실내를 찾아내다.

09 **정답 4**

어휘 几帳面(きちょうめん) 꼼꼼하고 빈틈이 없음 | 認(みと)める 인정하다 | 浅(あさ)ましい 한심스럽다, 비참하다, 비열하다, 치사스럽다 | 大(おお)まか 대략 | だらしない 단정하지 못하다, 야무지지 못하다 | 折(お)り目(め)正(ただ)しい 예의 바르다, 깍듯하다

해석 꼼꼼한 사람으로 인정받다.

10 **정답 2**

어휘 平凡(へいぼん) 평범함 | 発想(はっそう) 발상 | 画期的(かっきてき) 획기적 | 商品開発(しょうひんかいはつ) 상품 개발 | 並木(なみき) 가로수 | 月並(つきな)み 평범함 | 軒並(のきなみ) 집집마다, 모조리, 모두

해석 평범한 발상으로는 획기적인 상품 개발은 어렵다.

유의표현 완벽대비 문제 ❻ 회

문제 3 ________의 의미가 가장 가까운 말을, 1·2·3·4 가운데 하나 고르세요.

01 **정답 1**

어휘 いやみ 불쾌감을 주는 언동 | 皮肉(ひにく) 비꼼, 야유, 빈정거림 | 苦手(にがて) 질색임, 서투름 | 得意(とくい) 특기임 | 得手(えて) 재주, 장기, 특기

해석 친구로부터 불쾌한 소리를 들었다.

02 **정답 4**

어휘 売(う)り上(あ)げ 매출 | ルート 루트, 경로 | 調査(ちょうさ)する 조사하다 | 道路(どうろ) 도로 | 路線(ろせん) 노선 | 線路(せんろ) 선로 | 経路(けいろ) 경로

해석 매출을 위한 판매 루트를 조사하다.

03 **정답 2**

어휘 報告書(ほうこくしょ) 보고서 | 事実(じじつ) 사실 | 歪曲(わいきょく)する 왜곡하다 | 歪(ゆが)める 왜곡하다, 왜곡시키다, 뒤틀리게 하다

해석 이 보고서는 사실을 왜곡하고 있다.

04 **정답 1**

어휘 もめる 분규가 일어나다, 옥신각신하다 | 長引(ながび)く 질질 끌다, 길어지다 | ごたごたする 혼잡하고 어수선하다 | じめじめする 질척거리다, 축축하다 | いらいらする 안절부절못하다, 애끓다, 마음 졸이다 | かさかさする 바스락거리다

해석 회의가 옥신각신 길어진다.

05 **정답 4**

어휘 清々(すがすが)しい 상쾌하고 개운하다 | 穏(おだ)やか 평온함 | 健(すこ)やか 건강함 | 速(すみ)やか 빠름, 신속함 | 爽(さわ)やか 상쾌함

해석 상쾌한 표정을 보이다.

06 **정답 3**

어휘 遠足(えんそく) 소풍 | もってこい 안성맞춤 | もってのほか 의외, 뜻밖, 당치도 않음 | けしからぬ 발칙하다 | うってつけ 안성맞춤 | 元(もと)のもくあみ 도로아미타불

해석 소풍에는 안성맞춤인 계절.

07 **정답 1**

어휘 うっとり 황홀히, 멍하니, 넋을 잃고 | 聞(き)き惚(ほ)れる 넋을 잃고 듣다 | 心(こころ)を奪(うば)われる 마음을 빼앗기다 | 目(め)がない 몹시 좋아하다 | 気(き)が利(き)く 자잘한 데까지 생각이 잘 미치다

해석 음악에 황홀하게 빠져 듣고 있다.

08 **정답 3**

어휘 運(はこ)ぶ 진행되다, 옮기다 | 関係者(かんけいしゃ) 관계

자 | 根回(ねまわ)しする 사전 교섭하다 | 下工作(したこうさく) 사전공작 | 下調(したしらべ) 예비조사

해석 일이 잘 진행되도록 관계자에게 사전 교섭하다.

09 **정답 1**

어휘 間柄(あいだがら) 관계 | 付(つ)き合(あ)い 교제, 사귐 | 頃合(ころあ)い 적당한 시기, 알맞음 | 合間(あいま) 틈, 사이, 짬 | 広間(ひろま) 큰 방

해석 영화를 볼 정도의 관계이다.

10 **정답 3**

어휘 運賃(うんちん) 운임 | 値上(ねあ)げ 가격 인상 | 赤字(あかじ)になる 적자가 되다 | 腹(はら)が据(す)わる 마음이 흔들리지 않다, 각오하다 | 腹(はら)が決(き)まる 결심하다 | 足(あし)が出(で)る 적자가 나다 | 足(あし)が棒(ぼう)になる (오래 걷거나 서 있어서) 다리가 뻣뻣해지다.

해석 여행은 운임이 인상된 만큼 적자가 되었다.

유의표현 완벽대비 문제 7 회

문제 3 ＿＿＿＿의 의미가 가장 가까운 말을, 1・2・3・4 가운데 하나 고르세요.

01 **정답 2**

어휘 購買者(こうばいしゃ) 구매자 | ニーズ 니즈, 요구 | 複雑(ふくざつ) 복잡함 | 失望(しつぼう) 실망 | 要求(ようきゅう) 요구 | 挑(いど)む 도전하다 | 阻(はば)む 저지하다, 가로막다

해석 구매자의 요구는 더 복잡해지다.

02 **정답 1**

어휘 どんより 빛깔이 흐려 있는 모양, 흐릿 | 生気(せいき) 생기 | 濁(にご)る 흐려지다, 탁해지다 | 晴(は)れる 날씨가 개다 | 油断(ゆだん) 방심 | 利口(りこう) 영리함, 슬기로움

해석 흐릿하고 눈에 생기가 없는 사람.

03 **정답 4**

어휘 はかない 허무하다, 덧없다 | 無邪気(むじゃき) 천진난만함 | 空(むな)しい 허무하다, 공허하다

해석 인생은 허무한 것이라 생각한다.

04 **정답 1**

어휘 難事(なんじ) 어려운 일 | 無造作(むぞうさ) 손쉽게 하는 모양, 어렵지 않은 모양, 쉽게, 대수롭지 않게 | やって退(の)ける 해내다, 잘 처리하다 | 容易(たやす)い 손쉽다 | 念入(ねんい)り 주의를 기울임, 정성들여 함

해석 어려운 일을 쉽게 해치우다.

05 **정답 4**

어휘 矢庭(やにわ)に 그 자리에서, 바로, 즉석에서, 당장 | 結論(けつろん) 결론 | きりがない 끝이 없다 | じょじょに 서서히 | 直(ただ)ちに 바로

해석 회의에서는 바로 결론을 냈다.

06 **정답 2**

어휘 上司(じょうし) 상사 | 指示(しじ) 지시 | 拒(こば)む 거부하다 | 退社(たいしゃ) 퇴사 | 追(お)い込(こ)む 몰아넣다 | 応(おう)じる 응하다 | 拒否(きょひ)する 거부하다 | 挑(いど)む 도전하다 | 潜(ひそ)む 숨다, 잠복하다

해석 상사의 지시를 거부하여 퇴사로 내몰리다.

07 **정답 1**

어휘 懸賞(けんしょう) 현상 | 月並(つきな)み 평범함 | 当(あ)たる 당선하다 | 平凡(へいぼん) 평범 | 非凡(ひぼん) 비범 | 荒波(あらなみ) 거센 파도, 고생

해석 현상 소설에 평범한 표현으로는 당선되지 못한다.

08 **정답 4**

어휘 体裁(ていさい) 체재, 형식, 외관, 체면 | 整(ととの)える 갖추다, 정돈하다, 가다듬다 | 面目(めんもく) 면목 | 資格(しかく) 자격 | 内容(ないよう) 내용 | 形式(けいしき) 형식

해석 논문으로서 형식을 가다듬다.

09 **정답 2**

어휘 出来事(できごと) 일어난 일, 사건 | あっけに取(と)られる 어안이 벙벙하다 | 喜(よろこ)ぶ 기뻐하다 | 驚(おどろ)く 놀라다 | 悲(かな)しむ 슬퍼하다

해석 돌발 사고에 어안이 벙벙하다.

10 **정답 1**

어휘 まんまと 감쪽같이, 보기 좋게 | 欺(あざむ)く 속다 | だます 속이다 | 応(こた)える 응하다, 벅차다 | 免(まぬか)れる 모면하다

해석 그의 거짓말에 감쪽같이 속다.

유의표현 완벽대비 문제 8 회

문제 3 ＿＿＿＿의 의미가 가장 가까운 말을, 1·2·3·4 가운데 하나 고르세요.

01 정답 3

어휘 馴染(なじ)む 친숙해지다 | 悔(く)やむ 후회하다, 애석하게 여기다 | 醜(みにく)い 보기 흉하다 | 親(した)しい 친하다 | 恨(うら)む 원망하다, 앙심을 품다

해석 누구에게라도 바로 친숙해지는 성격이다.

02 정답 1

어휘 ネーチャー 자연, 천성 | はまる 빠지다, 꼭 들어맞다 | 自然(しぜん) 자연 | 天然(てんねん) 천연 | 事実(じじつ) 사실 | 想像(そうぞう) 상상

해석 취미로서 자연 사진에 빠져있다.

03 정답 4

어휘 信仰(しんこう) 신앙 | 偶像(ぐうぞう) 우상 | 崇拝(すうはい) 숭배 | 歪(ゆが)む 비뚤어지다, 뒤틀리다 | 弛(たゆ)む 해이해지다 | 潜(ひそ)む 숨다, 잠복하다 | 拝(おが)む 숭배하다

해석 신앙과 우상숭배는 차이가 있다.

04 정답 1

어휘 そっけない 쌀쌀맞다 | 態度(たいど) 태도 | 呆(あき)れる 기가 막히다 | 冷淡(れいたん) 냉담 | 情(なさ)けのある 정이 있는 | 温情(おんじょう) 온정

해석 그녀의 쌀쌀맞은 태도에는 기가 막힌다.

05 정답 3

어휘 打(う)って付(つ)け 안성맞춤 | びっくりする 놀라다 | ぴったりあう 딱 맞다 | 向(む)いていない 부적합하다, 맞지 않다

해석 이 일은 나에게 안성맞춤이다.

06 정답 1

어휘 たまたま 마침, 우연히, 간혹, 가끔 | 現場(げんば) 현장 | 居合(いあ)わせる (마침 그 자리에) 있다 | 偶然(ぐうぜん) 우연 | 必然(ひつぜん) 필연 | 選択(せんたく) 선택 | 必須(ひっす) 필수

해석 우연히 현장에 있었다.

07 정답 2

어휘 途方(とほう)に暮(く)れる 어찌할 바를 모르다 | 日(ひ)が暮(く)れる 해가 저물다 | 困(こま)る 곤란하다 | 踊(おど)る 춤추다 | 道草(みちくさ)を食(く)う 딴짓으로 시간을 허비하다

해석 길을 잃어 어찌할 바를 모르다.

08 정답 4

어휘 ちぐはぐ 뒤죽박죽임, 어긋남 | 捗(はかど)る 진척되다 | 進(すす)む 진행되다 | 侮(あなど)る 깔보다, 경멸하다 | 食(く)い違(ちが)う 어긋나다

해석 이야기가 어긋나다.

09 정답 1

어휘 津波(つなみ) 해일 | 寄付金(きふきん) 기부금 | 募集(ぼしゅう)する 모집하다 | 募(つの)る 모집하다 | 捨(す)てる 버리다 | 拾(ひろ)う 줍다 | 殴(なぐ)る 때리다

해석 해일의 기부금을 모집하다.

10 정답 3

어휘 蒸(む)し暑(あつ)い 몹시 덥다 | やりきれない 참을 수 없다 | やり遂(と)げる 해내다, 완수하다 | 成(な)し遂(と)げる 성취하다, 이루다 | 耐(た)えられない 참을 수 없다 | がまんできる 참을 수 있다

해석 이번 여름의 찌는 더위는 참을 수 없다.

유의표현 완벽대비 문제 9 회

문제 3 ＿＿＿＿의 의미가 가장 가까운 말을, 1·2·3·4 가운데 하나 고르세요.

01 정답 2

어휘 資料(しりょう) 자료 | 丹念(たんねん) 정성들여 함, 꼼꼼함 | 快(こころよ)い 상쾌하다, 기분이 좋다 | 丁寧(ていねい) 주의깊고 세심함, 공들임, 정중함 | 不審(ふしん) 의심스러움, 수상함 | 潔(いさぎよ)い 맑고 깨끗하다, 떳떳하다, 결백하다

해석 자료를 하나하나 정성들여 조사한다.

02 정답 4

어휘 育(はぐく)む 키우다, 소중히 기르다 | 慌(あわ)てる 당황하다 | 扇(あお)る 부추기다, 선동하다 | 積(つ)む 쌓다 | 育(そだ)てる 키우다

해석 아이의 꿈을 키우다.

03 정답 1

어휘 尊(とうと)い 귀중하다 | 教訓(きょうくん) 교훈 | 得(え)る 얻다 | 貴重(きちょう) 귀중 | 慎重(しんちょう) 신중 | 尊重

(そんちょう) 존중 | 厳重(げんじゅう) 엄중

해석 귀중한 교훈을 얻다.

04 **정답 2**

어휘 敢(あ)えて 굳이 | 進(すす)んで 자진해서, 적극적으로 | 強(し)いて 억지로, 굳이, 구태여 | やむをえず 부득이 | まして 더구나

해석 당신을 위해 굳이 말하고자 한다.

05 **정답 4**

어휘 ジレンマ 딜레마 | 陥(おちい)る 빠지다 | 板(いた)につく (동작, 태도 등이) 능숙하다 | いちかばちか 되든 안 되든 | のるかそるか 성공하느냐 실패하느냐 | 板挟(いたばさ)み 이러지도 저러지도 못함

해석 두개의 상반된 사항의 딜레마에 빠지다.

06 **정답 1**

어휘 太陽光線(たいようこうせん) 태양광 | 遮(さえぎ)る 차단하다 | 遮断(しゃだん)する 차단하다 | 切断(せつだん)する 절단하다 | 禁断(きんだん)する 금단하다, 금하다 | 横断(おうだん)する 횡단하다

해석 나무들에게 태양광이 차단되다.

07 **정답 2**

어휘 しつこい 끈질기다 | 閉口(へいこう)する 질리다, 손들다 | 手(て)に負(お)えない 감당할 수 없다 | はかない 덧없다 | 腹(はら)を据(す)える 각오를 하다

해석 그의 끈질김에는 질린다.

08 **정답 1**

어휘 犯(おか)す 범하다 | 罪(つみ) 범죄 | 白状(はくじょう)する 자백하다 | 申(もう)し述(の)べる 진술하다 | 言(い)いつける 명령하다, 고자질하다 | 言(い)い換(か)える 다시 말하다, 바꿔 말하다

해석 자신이 저지른 범죄를 자백하다.

09 **정답 4**

어휘 形勢(けいせい) 형세 | 窺(うかが)う 살피다 | 態度(たいど) 태도 | 機会主義(きかいしゅぎ) 기회주의 | 三猿主義(さんえんしゅぎ) 삼원주의 (보지도 듣지도 말하지도 않는 주의) | 塞翁(さいおう)が馬(うま) 새옹지마 | 馬耳東風(ばじとうふう) 마이동풍 | 日和見主義(ひよりみしゅぎ) 기회주의

해석 그는 늘 형세를 살피는 태도를 취하는 기회주의자 같다.

10 **정답 2**

어휘 利口(りこう) 영리함, 슬기로움 | 賢(かしこ)い 현명하다 | 朗(ほが)らか 명랑함, 밝음 | 柔(やわ)らか 부드러움

해석 이웃 어린이는 똑똑하고 현명한 아이이다.

유의표현 완벽대비 문제 ⑩ 회

문제 3 ________의 의미가 가장 가까운 말을, 1·2·3·4 가운데 하나 고르세요.

01 **정답 2**

어휘 捗(はかど)る 진전되다, 진척되다 | 真面目(まじめ) 진지함, 성실함 | 順調(じゅんちょう) 순조로움 | 歯止(はど)めをかける 제동을 걸다 | 無鉄砲(むてっぽう) 무모함, 무턱대고 밀어붙임

해석 시험공부가 진척되고 있다.

02 **정답 4**

어휘 不景気(ふけいき) 불경기 | リストラ 해고 | 雇用(こよう) 고용 | 回顧(かいこ) 회고, 회상 | 回答(かいとう) 회답 | 解雇(かいこ) 해고

해석 불경기 탓에 회사에서 해고당하다.

03 **정답 2**

어휘 見下(みくだ)す 깔보다, 얕보다 | 忌々(いまいま)しい 불쾌하다 | 明快(めいかい) 명쾌함 | 不愉快(ふゆかい) 불쾌함 | 冷徹(れいてつ) 냉철함 | 不自由(ふじゆう) 자유롭지 못함, 불편함

해석 사람을 깔보는 불쾌한 태도다.

04 **정답 1**

어휘 侮(あなど)る 업신여기다 | 馬鹿(ばか)にする 바보 취급하다

해석 아무리 약한 상대라도 업신여겨서는 안 된다.

05 **정답 4**

어휘 辛(かろ)うじて 간신히 | 最終便(さいしゅうびん) 막차 | 間(ま)にあう 늦지 않다 | ゆったりと 느긋하게 | ぴったりと 딱 맞게 | まして 더구나 | ようやく 가까스로

해석 간신히 막차에 늦지 않았다.

06 **정답 1**

어휘 ざっくばらん 솔직하고 숨김이 없음, 탁 털어놓고 사실대로 드러냄 | 打(う)ち明(あ)ける 털어놓다 | 打(う)ち砕(くだ)く

처부수다, 박살 내다 | 隠(かく)す 숨기다 | 気取(きど)る 점잔 빼다, ~인 양하다

해석 오늘은 탁 터놓고 이야기하자.

07 정답 3

어휘 怯(ひる)む 기가 꺾이다, 겁먹다 | 隙(すき) 틈 | 勝(か)つ 이기다 | 萎縮(いしゅく)する 위축하다

해석 상대가 겁먹은 틈을 공략해서 이기다.

08 정답 1

어휘 面倒(めんどう) 귀찮음 | 手続(てつづ)き 수속 | 省(はぶ)く 생략하다 | 煩(わずら)わしい 번거롭다 | 容易(たやす)い 손쉽다

해석 귀찮은 유학 수속이 생략되다.

09 정답 4

어휘 審議(しんぎ) 심의 | 滞(とどこお)る 막히다 | 滑(なめ)らか 미끄러움, 순조로움 | 滞納(たいのう) 체납 | 順調(じゅんちょう) 순조로움 | 停滞(ていたい)する 정체되다

해석 심의는 막힘없이 진행되었다.

10 정답 2

어휘 核心(かくしん) 핵심 | コスト 경비 | 削減(さくげん) 절감 | 新柄(しんがら) 새 무늬, 새 모양, 새 바탕 | 経費(けいひ) 경비 | 消費(しょうひ) 소비 | 事柄(ことがら) 일의 상태, 사정

해석 신상품의 핵심은 원가 절감이다.

용법 완벽대비 문제 1 회

문제 4 다음 단어의 사용법으로 가장 알맞은 것을 1·2·3·4 가운데 하나 고르세요.

01 정답 2

어휘 指図(さしず)지시 | 贈(おく)り物(もの) 선물 | ~際(さい) ~때 | 打(う)ち込(こ)む 전념하다

해석 앞으로 남의 지시는 받지 않을 작정이다.

해설 1번은 「指輪(ゆびわ) 반지」, 3번은 「地図(ちず) 지도」, 4번은 「進(すす)んで 자진해서」 등으로 바꾸면 문장이 자연스러워진다.

02 정답 4

어휘 関(せき)の山(やま) 고작 | 気(き)をつける 조심하다, 주의하다 | 運命(うんめい) 운명 | 戦(たたか)い 싸움, 전쟁 | 力(ちから)を込(こ)める 힘을 들이다 | 覚悟(かくご) 각오

해석 하루에 책 한 권 읽는 게 고작이다.

해설 1번은 「山場(やまば) 정점, 고비」, 2번은 「関ヶ原(せきがはら)の戦(たたか)い 천하양분의 전쟁」, 3번은 「清水(きよみず)の舞台(ぶたい) 이판사판」 등으로 바꾸면 문장이 자연스러워진다.

03 정답 1

어휘 何(なに)もかも 무엇이든, 이것저것 | 手際(てぎわ) 솜씨, 수완 | インフルエンザ 유행성 감기 | しくじる 그르치다, 실패하다

해석 내 여자 친구는 모두 잘하지만 요리 솜씨는 나쁘다.

해설 2번은 「水際作戦(みずぎわさくせん) 원천봉쇄」, 3번은 「間際(まぎわ) 직전」, 4번은 「手際(てぎわ)のよい 실력 좋은」 등으로 바꾸면 문장이 자연스러워진다.

04 정답 3

어휘 ドリル 반복학습 | 連休(れんきゅう) 연휴 | 早道(はやみち) 지름길 | 焦(あせ)る 서두르다, 안달하다, 초조하다

해석 외국어 학습의 지름길은 반복학습이 제일입니다.

해설 1번은 「見合(みあ)わせ 중지, 보류」, 2번은 「合間(あいま) 짬, 틈」, 4번은 「ゆっくり 천천히」 등으로 바꾸면 문장이 자연스러워진다.

05 정답 2

어휘 へりくだる 겸손하다, 자기를 낮추다 | 取引先(とりひきさき) 거래처 | 生意気(なまいき) 건방짐

해석 거래처 사람의 방문에 겸손한 태도로 대하다.

해설 1번은 「やさしい 친절한」, 3번은 「態度(たいど)の 태도의」, 4번은 「くたびれて 녹초가 되어」 등으로 바꾸면 문장이 자연스러워진다.

06 정답 4

어휘 やにわに 별안간, 그 자리에서 바로 | 撒(ま)く 뿌리다, 살포하다 | や否(いな)や ~하자마자 | 走(はし)り出(だ)す 달리기 시작하다, 내닫다

해석 그녀는 나를 보자마자 바로 달리기 시작했다.

해설 1번은 「早(はや)めに 좀 빨리」, 2번은 「徐々(じょじょ)に 서서히」, 3번은 「是非(ぜひ) 꼭」 등으로 바꾸면 문장이 자연스러워진다.

07 정답 4

어휘 盛(も)り上(あ)がる 달아오르다 | 真夏(まなつ) 한여름 | 原発(げんぱつ) 원자력발전소 | 廃止(はいし) 폐지 | 世論(せろん) 여론

해석 자연재해로 원자력발전소 폐지의 여론이 달아오르고 있다.

해설 「1번은 腫(は)れている 부어 있다」, 2번과 3번은 「上(あ)がっている 오르고 있다」 등으로 바꾸면 문장이 자연스러워진다.

08 정답 3

어휘 潔(いさぎよ)い 미련 없이 깨끗하다, 떳떳하다, 결백하다 | 祝賀(しゅくが) 축하

해석 이번 시합은 충분한 연습도 없었으므로 미련 없이 포기한다.

해설 1번은 「絶(た)え間(ま)ない 끊임없는」, 2번은 「普段(ふだん)の 평소의」, 4번은 「素的(すてき)な 멋진」 등으로 바꾸면 문장이 자연스러워진다.

09 정답 1

어휘 見合(みあ)わせる 실행을 미루다, 보류하다 | 体調(たいちょう) 몸 상태 | 昇進(しょうしん) 승진 | 落(お)ち込(こ)む 침울해지다 | 気晴(きば)らし 기분전환 | 前(まえ)もって 진작부터, 사전에, 미리

해석 몸 상태가 나빠 이번 여행은 보류하기로 했다.

해설 2번은 「親(した)しい 친한」, 3번은 「付(つ)き合(あ)ってきた 사귀어 온」, 4번은 「見続(みつづ)けてきた 계속해서 봐 온」 등으로 바꾸면 문장이 자연스러워진다.

10 정답 1

어휘 もっぱら 오로지 | 合格(ごうかく) 합격

해석 휴일은 오로지 아이의 상대를 한다.

해설 2번은 「精一杯(せいいっぱい) 온힘을 다하는」, 3번은 「ずっと 계속」, 4번은 「限(かぎ)り 한껏」 등으로 바꾸면 문장이 자연스러워진다.

용법 완벽대비 문제 ② 회

문제 4 다음 단어의 사용법으로 가장 알맞은 것을 1·2·3·4 가운데 하나 고르세요.

01 정답 1

어휘 あらゆる 온갖, 모든 | 検討(けんとう) 검토 | 前向(まえむ)き 진행, 앞으로 나아감 | 受(う)け入(い)れる 받아들이다

해석 매출 확대를 위해 모든 가능성을 검토한다.

해설 2번은 「すべて 모든」, 3번은 「ありのまま 있는 그대로」, 4번은 「あるまじき 있어서는 안 되는」으로 바꾸면 문장이 자연스러워진다.

02 정답 4

어휘 禁物(きんもつ) 금물 | 深刻(しんこく) 심각함 | 立(た)ち入(い)り 출입 | 潜(もぐ)り込(こ)む 숨어들다, 잠입하다 | 努(つと)める 노력하다 | 湿気(しっき·しっけ) 습기

해석 컴퓨터에 습기는 금물이다.

해설 1번은 「穀物(こくもつ) 곡물」, 2번은 「禁止(きんし) 금지」, 3번은 「たえまなく 끊임없이」로 바꾸면 문장이 자연스러워진다.

03 정답 2

어휘 エピソード 에피소드, 일화 | 経済(けいざい) 경제 | ベストセラー 베스트셀러

해석 개업 당시의 에피소드는 유명하다.

해설 1번과 4번은 「スピード 스피드」, 3번은 「悲(かな)しい 슬픈」으로 바꾸면 문장이 자연스러워진다.

04 정답 3

어휘 おもむろに 서서히 | 寝込(ねこ)む 자다 | 銜(くわ)える 입에 물다 | 放置(ほうち) 방치

해석 그는 서서히 담배를 물었다.

해설 1번은 「早(はや)めに 빠르게」, 2번은 「おろそかな 어설픈, 소홀한」, 4번은 「壊(こわ)れた 고장난」으로 바꾸면 문장이 자연스러워진다.

05 정답 4

어휘 そらす 외면하다 | 自信満々(じしんまんまん) 자신만만 | 得意気(とくいげ) 의기양양, 신이 난 얼굴 | 展示(てんじ) 전시 | 額縁(がくぶち) 액자

해석 3년 만에 만나는 친구를 외면하다.

해설 1번은 「もたげる 쳐들다」, 2번은 「外(はず)して 떼어」, 3번은 「落(お)ちそうな 떨어질 것 같은」으로 바꾸면 문장이 자연스러워진다.

06 정답 1

어휘 ほごにする 백지화하다 | 早(はや)くも 이미, 벌써 | 公約(こうやく) 공약

해석 신정부가 이미 공약을 백지화했다.

해설 2번은 「保護(ほご)する 보호하다」, 3번은 「いっしょうけんめいにする 열심히 하다」, 4번은 「くったりして 축 처지고」로 바꾸면 문장이 자연스러워진다.

07 정답 1

어휘 侮(あなど)る 깔보다, 멸시하다 | 心構(こころがま)え 각오, 마음가짐 | 臨(のぞ)む 임하다 | 候補(こうほ) 후보 | 抱(だ)きしめる 끌어안다

해석 아무리 상대가 약해도 깔보면 안 됩니다.

해설 2번은 「従(したが)う 따르다」, 3번은 「慎重(しんちょう)な 신중한」, 4번은 「迎(むか)える 맞이하는」으로 바꾸면 문장이 사연스러워진다.

08 **정답 1**

어휘 刺激(しげき) 자극 | 方針(ほうしん) 방침 | 常連(じょうれん) 단골손님 | 配(くば)る 배부하다

해석 이번 선거의 방침의 하나는 여론을 자극하지 않는 것이다.

해설 2번은 「名刺(めいし) 명함」, 3번은 「姿勢(しせい) 자세」, 4번은 「刺身(さしみ) 회」로 바꾸면 문장이 자연스러워진다.

09 **정답 3**

어휘 世間並(せけんな)み 평범한, 보통인 | 評判(ひょうばん) 평판 | 株価(かぶか) 주가 | 引退(いんたい) 은퇴 | 太平洋(たいへいよう) 태평양 | 押(お)し寄(よ)せる 다가오다

해석 은퇴 후는 평범한 생활을 보내고 싶다.

해설 1번은 「とても 상당히」, 2번은 「鰻上(うなぎのぼ)り 치솟음」, 4번은 「ものすごい 엄청난」으로 바꾸면 문장이 자연스러워진다.

10 **정답 2**

어휘 欠如(けつじょ) 결여 | 歳月(さいげつ) 세월 | 矢(や) 화살 | いかん 여하 | 補(おぎな)う 보충하다, 보상하다

해석 그는 팀의 주장으로서 판단력이 결여되어 있다.

해설 1번은 「如(ごと)く ~처럼」, 3번과 4번은 「欠陥(けっかん) 결함」으로 바꾸면 문장이 자연스러워진다.

용법 완벽대비 문제 ③ 회

문제 4 다음 단어의 사용법으로 가장 알맞은 것을 1·2·3·4 가운데 하나 고르세요.

01 **정답 2**

어휘 案(あん)の定(じょう) 아니나 다를까

해석 실패할지도 모른다고 생각했더니 아니나 다를까 실패했다.

해설 1번과 3번은 「案外(あんがい) 의외, 뜻밖에도, 예상 외」, 4번은 「案(あん) 안」으로 바꾸면 문장이 자연스러워진다.

02 **정답 2**

어휘 派手(はで) 화려함 | ふさわしい 어울리다 | 瀬戸物(せともの) 도자기 | 取(と)り柄(え) 장점

해석 화려한 불꽃축제가 열리다.

해설 1번 「地味(じみ) 수수」, 3번 「素朴(そぼく) 소박」, 4번 「朗(ほが)らか 쾌활한」으로 바꾸면 문장이 자연스러워진다.

03 **정답 1**

어휘 フォロー 보충, 후원 | 悩(なや)む 고민하다 | 激(はげ)しい 격하다, 심하다

해석 후배에게 후원을 부탁받아 고민하고 있다.

해설 2번과 3번은 「フォーラム 포럼」, 4번은 「プライド 자존심」으로 바꾸면 문장이 자연스러워진다.

04 **정답 3**

어휘 軒並(のきな)み 모든 집, 모조리 | ~一方(いっぽう)だ ~하기만 하다

해석 공공요금이 모조리 올라가기만 한다.

해설 1번과 2번은 「人並(ひとな)み 평범」, 4번은 「並木(なみき) 가로수」로 바꾸면 문장이 자연스러워진다.

05 **정답 3**

어휘 競(せ)り合(あ)う 경합하다 | 競馬(けいば) 경마 | 人波(ひとなみ) 인파 | 首位(しゅい) 수위

해석 수위를 목표로 경합하고 있는 양 팀.

해설 1번과 2번은 「寄(よ)せてくる 밀려오다」, 4번은 「上(あ)がっている 오르고 있다」로 바꾸면 문장이 자연스러워진다.

06 **정답 1**

어휘 瀬戸際(せとぎわ) 운명의 갈림길 | 励(はげ)む 격려하다

해석 생사의 기로에 선 후배를 격려하다.

해설 2번과 3번은 「瀬戸内海(せとないかい) 세토나이 해」, 4번은 「瀬戸(せと) 좁은 해협」으로 바꾸면 문장이 자연스러워진다.

07 **정답 4**

어휘 ないがしろ 업신여김, 소홀히 함 | 宣誓(せんせい) 선서 | 訓練(くんれん) 훈련

해석 부모를 경시해서는 안 됩니다.

해설 1번은 「厳重(げんじゅう)に 엄중히」, 2번은 「厳(おごそ)かに 근엄하게」, 3번은 「厳(きび)しい 엄한」으로 바꾸면 문장이 자연스러워진다.

08 **정답 1**

어휘 捗(はかど)る 진척되다 | 順調(じゅんちょう) 순조 | 空(むな)しさ 공허함 | 顧客(こきゃく) 고객 | 貫(つらぬ)く 관철하다

해석 작업이 순조롭게 진척되므로 일단 안심이다.

해설 2번은 「計(はか)って 꾸미고, 도모하고」, 3번은 「感(かん)じる

느끼다」, 4번은 「まじめに 성실히」로 바꾸면 문장이 자연스러워진다.

09 **정답 3**

어휘 大盛(おおも)り 곱빼기 | 目安(めやす) 기준, 목표 | 追求(ついきゅう) 추구

해석 점심은 늘 규동 곱빼기를 주문하다.

해설 1번은 「繁盛(はんじょう) 번창」, 2번은 「おおまかな 대략적인」, 4번은 「多(おお)くの 많은」으로 바꾸면 문장이 자연스러워진다.

10 **정답 1**

어휘 にじむ 번지다 | 脱落(だつらく) 탈락

해석 슬픈 영화 때문에 눈에 눈물이 번지다.

해설 2번은 「沈(しず)んで 잠기어」, 3번은 「盛(も)り上(あ)がって 높아져」, 4번은 「慣(な)れて 익숙해져」로 바꾸면 문장이 자연스러워진다.

용법 완벽대비 문제 ④ 회

문제 4 다음 단어의 사용법으로 가장 알맞은 것을 1·2·3·4 가운데 하나 고르세요.

01 **정답 4**

어휘 おごる 한턱내다

해석 어젠 내 생일이어서 선배에게 한턱 얻어먹었다.

해설 1번 「怒(おこ)って 화내」, 2번 「あがって 긴장해」, 3번은 「驚(おどろ)いて 놀라」로 바꾸면 문장이 자연스러워진다.

02 **정답 1**

어휘 願望(がんぼう) 간절히 바람 | 憎(にく)む 싫어하다 | 挑(いど)む 도전하다

해석 내일이 시험발표일이어서 합격을 간절히 바라며 잠들다.

해설 2번과 4번은 「怨望(えんぼう) 원망」, 3번은 「後悔(こうかい)する 후회하다」 또는 「絶望(ぜつぼう)する 절망하다」으로 바꾸면 문장이 자연스러워진다.

03 **정답 2**

어휘 口調(くちょう) 어투, 말투 | あきれる 질리다, 기가 막히다 | 派閥(はばつ) 파벌

해석 나카무라 씨의 평소의 연설 말투는 질린다.

해설 1번 「言(い)い訳(わけ) 변명」, 3번 「意見(いけん) 의견」, 4번 「主張(しゅちょう) 주장」으로 바꾸면 문장이 자연스러워진다.

04 **정답 2**

어휘 テナント 임대인, 입주자, 세입자 | テント 텐트 | 賃貸(ちんたい) 임대 | 引(ひ)き下(さ)げ 인하 | 建設(けんせつ) 건설 | 被災(ひさい) 재해를 입음 | 提供(ていきょう) 제공 | 呼(よ)びかける 호소하다

해석 최근 불경기로 세입자의 임대료 인하 움직임이 있다.

해설 1, 3, 4번 모두 「テント 텐트」로 바꾸면 문장이 자연스러워진다.

05 **정답 1**

어휘 きざ 치사함, 아니꼬움, 같잖음 | 物議(ぶつぎ) 물의 | 醸(かも)す 빚다

해석 이번 수상의 국민에 대한 같잖은 태도가 물의를 빚고 있다.

해설 2번은 「頼(たの)もしい 듬직하다」, 3번은 「助(たす)け 도움」, 4번은 「カンニング 컨닝」으로 바꾸면 문장이 자연스러워진다.

06 **정답 3**

어휘 やんわりと 부드럽게 | 最善(さいぜん) 최선 | 攻(せ)める 공격하다 | 迫(せま)る 다가오다

해석 지인의 돈 부탁을 부드럽게 거절하다.

해설 1번은 「きっぱり 딱 잘라」, 2번은 「激(はげ)しく」, 4번은 「すっかり 완전히」로 바꾸면 문장이 자연스러워진다.

07 **정답 1**

어휘 翻(ひるがえ)す 뒤집다 | あやうく 하마터면 | 相撲(すもう) 스모 (일본식 씨름) | 満(み)ちる 차다, 넘치다

해석 그렇게 간단히 약속을 뒤집다니 저 사람도 믿을 수 없네.

해설 2번은 「転(ころ)んで 넘어져서」, 3번은 「覆(おお)われた 뒤덮인」, 4번은 「ものすごい 굉장한」으로 바꾸면 문장이 자연스러워진다.

08 **정답 4**

어휘 序(じょ)の口(くち) 시작 | 除(のぞ)く 치우다, 없애다

해석 겨울이라 해도 이런 추위는 아직 시작에 불과하다.

해설 1번은 「入(い)り口(ぐち) 입구」, 2번은 「室内(しつない) 실내」, 3번은 「玄関(げんかん) 현관」으로 바꾸면 문장이 자연스러워진다.

09 **정답 2**

어휘 けなす 헐뜯다, 폄하다, 깎아내리다 | いざというとき 만일의 경우, 여차할 때 | もはや 이미, 벌써

해석 남의 작품을 나쁜 점만 헐뜯는 건 작가로서 바르지 않다고 생각한다.

해설 1번은 「積(つ)んで 쌓아」, 3번은 「磨(みが)く 닦다」, 4번은 「しただけでも 한 것으로」로 바꾸면 문장이 자연스러워진다.

10 **정답 2**

어휘 まるまる 완전히, 꼬박, 몽땅 | まっ逆(さか)さま 완전히 거꾸로임 | 課程(かてい) 과정 | 鳩(はと) 비둘기 | あわれ 가여운 생각

해석 신입사원의 교육은 꼬박 일주일 걸리는 과정이다.

해설 1번은 「くるくる 빙글빙글」, 3번은 「苦(くる)しい 고된」, 4번은 「隅々(すみずみ) 구석구석」으로 바꾸면 문장이 자연스러워진다.

용법 완벽대비 문제 ⑤ 회

문제 4 다음 단어의 사용법으로 가장 알맞은 것을 1·2·3·4 가운데 하나 고르세요.

01 **정답 2**

어휘 契機(けいき) 계기 | 逃(のが)す 놓치다 | 株投資(かぶとうし) 주식투자 | 見直(みなお)す 재검토하다, 고쳐보다, 다시보다 | 再起(さいき) 재기 | 足場(あしば) 발판

해석 주식 투자의 실패를 계기로 자신의 판단력을 재검토하다.

해설 1번은 「機会(きかい) 기회」, 3번은 「契約(けいやく) 계약」, 4번은 「盛(も)り上(あ)がる 고조되다」으로 바꾸면 문장이 자연스러워진다.

02 **정답 1**

어휘 まちまち 각기 다름 | 保護(ほご) 보호 | 実践(じっせん) 실천 | 遭難(そうなん) 조난 | 捜索(そうさく) 수색 | 揃(そろ)う 모이다

해석 A현의 댐건설에 대한 주민의 의견은 각각이다.

해설 2번은 「隅々(すみずみ) 구석구석」, 3번은 「みんな 모두」, 4번은 「全街(ぜんまち) 모든 거리」로 바꾸면 문장이 자연스러워진다.

03 **정답 4**

어휘 試(こころ)みる 시도하다 | 報告(ほうこく) 보고 | 他山(たざん)の石(いし) 타산지석

해석 여러 가지 방법으로 실험을 시도하고 발표할 계획이다.

해설 1번 「省(かえり)みて 반성하고」, 2번을 「帰(かえ)る 돌아오다」, 3번 「省(かえり)み 반성하며」로 바꾸면 문장이 자연스러워진다.

04 **정답 3**

어휘 立(た)ち往生(おうじょう) 선 채로 꼼짝 못함, 오도 가도 못함 | 侵犯(しんぱん) 침범

해석 폭설로 신칸센이 오도 가도 못하는 건 10년 만이다.

해설 1번은 「禁止(きんし) 금지」, 2번은 「立(た)ち入(い)り 출입」, 4번은 「立入禁止(たちいりきんし) 출입금지」로 바꾸면 문장이 자연스러워진다.

05 **정답 1**

어휘 わけがない 쉽다, ~리가 없다 | 逆転(ぎゃくてん) 역전 | 断行(だんこう) 단행

해석 어려운 곳은 지났으니까 앞으로는 쉬울 거라 생각한다.

해설 2번은 「骨(ほね)が折(お)れる 힘들다」, 3번과 4번은 「危(あぶ)ないから 위험하므로」으로 바꾸면 문장이 자연스러워진다.

06 **정답 3**

어휘 省(かえり)みる 반성하다, 돌이켜보다 | 山(やま)の奥(おく) 산 정상 | 泊(と)まる 머물다

해석 스스로 반성하여 부끄러운 점이 없도록 행동한다.

해설 1번과 2번은 「省(はぶ)いて 생략하고」, 4번은 「見回(みまわ)して 둘러보고」로 바꾸면 문장이 자연스러워진다.

07 **정답 3**

어휘 いやに 몹시 | 歳暮(さいぼ) 연말, 세모 | いたずらっ子(こ) 장난꾸러기 | おとなしい 얌전하다 | 振(ふ)る舞(ま)う 행동하다

해석 평소는 장난꾸러기가 오늘은 몹시 얌전히 행동한다.

해설 1번과 2번은 「ほんとうに 정말로」, 4번은 「あまりに 너무」로 바꾸면 문장이 자연스러워진다.

08 **정답 4**

어휘 ボイコット 보이콧, 거부, 거절, 배척, 불매 | ~がち 쉽게, 자주 ~하는

해석 이번 지방선거는 젊은이를 중심으로 투표를 보이콧할 움직임이 있다.

해설 1번은 「リストラ 해고」, 2번은 「ボイッシュ 남자같이」, 3번은 「優(やさ)しい 부드러운」으로 바꾸면 문장이 자연스러워진다.

09 **정답 1**

어휘 兆候(ちょうこう) 징후 | 赤字(あかじ) 적자 | 尽(つ)くす 전력하다, 다하다 | 崩壊(ほうかい) 붕괴 | 税金(ぜいきん) 세금

해석 경기회복의 징후는 전혀 보이지 않는다.

해설 2번은 「相殺(そうさい) 상쇄」, 3번은 「実際(じっさい) 실제」, 4번은 「徴収(ちょうしゅう) 징수」로 바꾸면 문장이 자연스러워진다.

10 **정답 3**

어휘 しなやか 부드러운, 나긋나긋한 모양 | ヘッドライト 전조등 |

まばゆい 눈부시다

해석 접수창구의 상담자는 늘 부드럽게 고객을 맞이한다.

해설 1번은 「しとしと 부슬부슬」, 2번은 「やけに 몹시」, 4번은 「しなしな 나긋나긋이」로 바꾸면 문장이 자연스러워진다.

용법 완벽대비 문제 ❻ 회

문제 4 다음 단어의 사용법으로 가장 알맞은 것을 1·2·3·4 가운데 하나 고르세요.

01 정답 1

어휘 気(き)まぐれ 변덕 | 吐気(はきけ) 구역질

해석 친구의 변덕스런 성격 때문에 고민이다.

해설 2번은 「きまじめ 성실」, 3번은 「気分(きぶん)が悪(わる)くなって 속이 불편해져서」, 4번은 「きまじめ 성실」로 바꾸면 문장이 자연스러워진다.

02 정답 4

어휘 ネック 장애, 걸림돌 | 渋滞(じゅうたい) 정체 | 補償(ほしょう) 보상

해석 토지보상의 문제가 주차장 건설의 장애가 됐다.

해설 1번과 2번을 「ネット 인터넷」으로 바꾸면 문장이 자연스러워진다.

03 정답 3

어휘 案外(あんがい) 의외 | 実(みの)る 결실을 맺다

해석 짐이 무겁게 보였지만 의외로 가벼웠다.

해설 1번은 「よかった 좋았다」, 2번은 「やっと 드디어」, 4번은 「案(あん)の定(じょう) 생각대로 아니나 다를까」로 바꾸면 문장이 자연스러워진다.

04 정답 1

어휘 養(やしな)う 키우다, 양성하다 | 頭角(とうかく) 두각 | 兜虫(かぶとむし) 투구벌레 | 唯一(ゆいいつ) 유일 | 鉢(はち) 화분, 사발 | 朝顔(あさがお) 나팔꽃

해석 평소부터 실력을 키워둔 사람이 두각을 보인다.

해설 2번은 「育(はぐく)む 키우다」, 3번은 「飼(か)う 기르다」, 4번은 「培(つちか)う 기르다」로 바꾸면 문장이 자연스러워진다.

05 정답 1

어휘 問(と)わず 불문 | 募集(ぼしゅう) 모집

해석 연령과 성별은 불문하고 사원모집을 한다.

해설 2번과 3번은 「休(やす)まず 쉬지 않고」, 4번은 「まめに 부지런히」로 바꾸면 문장이 자연스러워진다.

06 정답 3

어휘 目(め)に余(あま)る 눈 밖에 나다 | 誇(ほこ)る 자랑하다, 뽐내다

해석 최근의 그의 언동은 눈에 거슬린다.

해설 1번은 「目(め)にいれても痛(い)くない 눈에 넣어도 안 아플」, 2번은 「目(め)を剥(む)く 놀라다」, 4번은 「目(め)を見開(みひら)く 휘둥그레지다」로 바꾸면 문장이 자연스러워진다.

07 정답 4

어휘 覆(くつがえ)す 뒤엎다 | 蓮(はす)の葉(は) 연꽃 | 投資(とうし) 투자 | 下駄(げた) 일본나막신 | 盆(ぼん) 쟁반

해석 어제의 쟁반을 뒤엎을 듯한 큰비로 전철의 운행이 중단되었다.

해설 1번은 「覆(おお)う 뒤덮다」, 2번은 「倒(たお)れる 도산하다」, 3번은 「翻(ひるがえ)た 뒤집히다」로 바꾸면 문장이 자연스러워진다.

08 정답 1

어휘 獲物(えもの) 사냥감 | 狙(ねら)う 노리다 | 暴騰(ぼうとう) 폭등

해석 호랑이가 사냥감을 노리고 있다.

해설 2번과 3번은 「穀物(こくもつ) 곡식, 곡물」, 4번은 「獲得(かくとく) 획득」으로 바꾸면 문장이 자연스러워진다.

09 정답 3

어휘 過疎(かそ) 과소, 인구가 적음 | 不順(ふじゅん) 불순 | 重(おも)んじる 소중히 하다

해석 과소화가 진행되는 농촌의 대책을 세우다.

해설 1번은 「過小(かしょう) 과소」, 2번은 「希少(きしょう) 희소」, 4번은 「過大(かだい) 과대」로 바꾸면 문장이 자연스러워진다.

10 정답 2

어휘 ぶかぶか 헐렁헐렁 | 窮屈(きゅうくつ) 갑갑함

해석 헐렁헐렁한 모자 때문에 얼굴이 보이지 않는다.

해설 1번은 「きつくて 타이트해서」, 3번은 「ぷかぷか 푹푹」, 4번은 「ちらばら 너저분하게」로 바꾸면 문장이 자연스러워진다.

용법 완벽대비 문제 ⑦ 회

문제 4 다음 단어의 사용법으로 가장 알맞은 것을 1·2·3·4 가운데 하나 고르세요.

01 정답 2

어휘 一見(いっけん) 얼핏 | 向(む)き合(あ)う 맞서다 | 警戒(けいかい) 경계 | 網(あみ) 망, 수사망

해석 얼핏 연약해 보이지만 강도와 맞섰다고 한다.

해설 1번은「一回(ひとまわ)り 한 바퀴, 둘레」, 3번은「一編(いっぺん) 한편」, 4번은「一面(いちめん) 온통」으로 바꾸면 문장이 자연스러워진다.

02 정답 1

어휘 ファイト 파이팅, 투지 | 沸(わ)く 넘치다 | 道(みち)ばた 길가, 도로변 | あふれる 넘치다

해석 상대 팀의 선수들은 모두 파이팅이 솟는 것 같다.

해설 2번은「ファイトマネー 대전료」, 3번은「コンプレックス 콤플렉스, 열등감」, 4번은「テスト 시험」으로 바꾸면 문장이 자연스러워진다.

03 정답 4

어휘 あたかも 마치, 흡사 | 調達(ちょうたつ) 조달 | 傑作(けっさく) 걸작 | 風情(ふぜい) 풍치, 운치

해석 이 산의 풍경은 마치 그림을 연상시키는 풍치다.

해설 1번은「ほっとする 안심하는」, 2번은「あっとうされて 압도당하여」, 3번은「あるかぎり 있는 한」으로 바꾸면 문장이 자연스러워진다.

04 정답 2

어휘 どうやら 아무래도 | 五輪(ごりん) 오륜, 올림픽

해석 올림픽에선 아무래도 상대 선수가 우승할 것 같은 기분이 든다.

해설 1번은「どうせ 어차피」, 3번은「せきのやま 고작」, 4번은「あたりまえ 당연」으로 바꾸면 문장이 자연스러워진다.

05 정답 3

어휘 もがく 바둥거리다 | 跳(は)ねる 뛰다, 튀다 | どん底(ぞこ) 밑바닥 | 這上(はいあ)がる 기어오르다, 극복해 올라가다

해석 밑바닥 생활에서 기어오르려고 바둥거린다.

해설 1번은「喜(よろこ)んでいる 기뻐하고 있다」, 2번은「有頂天(うちょうてん)だ 너무 기쁘다」, 4번은「よどむ 술렁거리다」로 바꾸면 문장이 자연스러워진다.

06 정답 1

어휘 いながらに 앉은 자리에서 | 衛生(えいせい) 위성 | 不備(ふび) 갖춰지지 않음 | 下調(したしらべ) 사전 조사, 예비 조사

해석 인공위성의 발달로 앉은 자리에서 기상 정보를 아는 시대가 되다.

해설 2번은「ないがしろにする 업신여기다」, 3번은「ほごになって 백지화되어」, 4번은「台無(だいな)しになって 못쓰게 되어」로 바꾸면 문장이 자연스러워진다.

07 정답 1

어휘 呼(よ)び水(みず) 시작, 시초, 계기 | 混乱(こんらん) 혼란 | 不用意(ふようい) 부주의 | 日照(ひで)り 햇볕이 내리쬠, 가뭄 | よどみなく 막힘없이

해석 부주의한 발언이 의회가 혼란스러워지는 계기가 되었다.

해설 2번은「水(みず) 물」, 3번은「湯水(ゆみず)のような 물 쓰 듯한」, 4번은「流暢(りゅうちょう)で 유창하여」로 바꾸면 문장이 자연스러워진다.

08 정답 4

어휘 うんざり 지긋지긋 | 取(と)り締(し)まる 감독하다, 관리하다

해석 사장의 늘 긴 이야기에는 모두 지긋지긋해 한다.

해설 1번은「嬉(うれ)しい 기쁘다」, 2번과 3번은「喜(よろこ)んでいる 기뻐하고 있는」으로 바꾸면 문장이 자연스러워진다.

09 정답 2

어휘 償(つぐな)う 보상하다, 갚다 | 詫(わ)びる 사과하다, 사죄하다 | 過(あやま)ち 잘못, 실수 | くたびれる 지치다, 낡다

해석 이번의 무례는 사죄해도 갚을 수 없는 실수라 여깁니다.

해설 1번은「壊(こわ)れた 망가지다」, 3번은「つぐろう 수선하다」, 4번은「なおせない 고칠 수 없다」로 바꾸면 문장이 자연스러워진다.

10 정답 1

어휘 侮辱(ぶじょく) 모욕 | のどやか 마음이 평온하고 한가로움 | 退屈(たいくつ) 따분함, 지루함

해석 모두의 앞에서 모욕을 당해 쥐구멍에라도 들어가고 싶을 정도였다.

해설 2번은「光栄(こうえい) 영광」, 3번은「日差(ひざ)し 햇살」, 4번은「だるい 나른하다」로 바꾸면 문장이 자연스러워진다.

용법 완벽대비 문제 8 회

문제 4 다음 단어의 사용법으로 가장 알맞은 것을 1·2·3·4 가운데 하나 고르세요.

01 정답 2

어휘 苦情(くじょう) 불평, 불만 | 殺到(さっとう) 쇄도 | 几帳面(きちょうめん) 착실하고 꼼꼼함 | もたげる 대두하다

해석 이번의 도시계획에 대해 시민들의 불만이 쇄도한다.

해설 1번은 「やりくり 변통」, 3번은 「怪我(けが) 부상」, 4번은 「苦心(くしん) 고심」으로 바꾸면 문장이 자연스러워진다.

02 정답 1

어휘 木枯(こが)らし 늦가을에서 초겨울에 걸쳐서 부는 차가운 바람 | 兆(きざ)し 징조 | さわやか 산뜻함, 상쾌함

해석 늦가을 탓인지 차가운 바람이 점점 강해졌다.

해설 2번은 「そよ風(かぜ) 산들바람」, 3번은 「風(かぜ) 바람」, 4번은 「木枯(きが)れ 나무가 마름」으로 바꾸면 문장이 자연스러워진다.

03 정답 4

어휘 リストラ 해고 | 冒(おか)す 무릅쓰다 | 図(はか)る 도모하다 | 盛(さか)ん 번성함, 왕성함

해석 경기 악화로 회사에서 해고당하는 사람이 점점 늘고 있다.

해설 1번은 「リスト 일람표」, 2번은 「リスク 위험」, 3번은 「エスカレーター 에스컬레이터」로 바꾸면 문장이 자연스러워진다.

04 정답 1

어휘 国柄(くにがら) 국풍, 나라 고유의 풍습 | 尺度(しゃくど) 척도 | 等(ひと)しい 같다, 동등하다

해석 해외여행을 나가 보면 자기 나라의 습관이 나타나는 법이다.

해설 2번과 4번은 「国勢(こくせい) 국세」, 3번은 「民度(みんど) 문화 수준」으로 바꾸면 문장이 자연스러워진다.

05 정답 4

어휘 精一杯(せいいっぱい) 힘껏, 열심히 | もめ事(ごと) 다툼, 옥신각신 | 弱肉強食(じゃくにくきょうしょく) 약육강식 | 武器(ぶき) 무기

해석 다나카 씨는 힘껏 노력한 보람이 있어 대학에 합격한 것 같다.

해설 1번은 「ちゃんとした 제대로 된」, 2번은 「はじまらないもの 쓸데없는 것」, 「3번은 精力(せいりょく) 정력」으로 바꾸면 문장이 자연스러워진다.

06 정답 1

어휘 わめく 울부짖다 | たち 성질, 성격 | 静(しず)まり返(かえ)る 아주 조용해지다 | 講堂(こうどう) 강당 | 怒鳴(どな)る 고함치다, 소리 지르다

해석 이웃집 아주머니는 아이가 울든 울부짖든 상관 않는 성격이다.

해설 2번은 「しんと 쥐죽은 듯」, 3번은 「なって 져」, 4번은 「黙(だま)って 침묵하여」로 바꾸면 문장이 자연스러워진다.

07 정답 4

어휘 浮彫(うきぼ)り 부각 | 掘(ほ)る 파다 | あとを絶(た)たない 끊이지 않다 | 貿易(ぼうえき) 무역 | あらかじめ 사전에, 미리

해석 대사건의 문제점으로 사전 준비가 없었던 것이 부각됐다.

해설 1번은 「堀(ほり) 방어용 수로」, 2번은 「矛盾(むじゅん) 모순」, 3번은 「均衡(きんこう) 균형」으로 바꾸면 문장이 자연스러워진다.

08 정답 1

어휘 はらはら 조마조마 | 初舞台(はつぶたい) 첫무대 | 背伸(せの)び 발돋움, 몸을 펴고 손을 치켜 세움

해석 내 아이의 첫 무대를 조마조마하며 지켜보고 있다.

해설 2번은 「てきぱき 척척」, 3번은 「あえぎあえぎ 허덕허덕」, 「4번은 まっすぐ 똑바로」로 바꾸면 문장이 자연스러워진다.

09 정답 3

어휘 デリケート 섬세 | 神経(しんけい) 신경 | 持(も)ち主(ぬし) 소유자 | ぴったり 딱 (맞는 모양) | ますます 점점, 더욱 | 相次(あいつ)ぐ 잇달다

해석 이 기계의 조작은 섬세한 신경의 소유자가 딱이다.

해설 1번은 「エレベーター 엘리베이터」, 2번은 「エスカレーター 에스컬레이터」, 4번은 「増加(ぞうか) 증가」로 바꾸면 문장이 자연스러워진다.

10 정답 2

어휘 取(と)り柄(え) 장점, 쓸모, 특기 | はやる 유행하다 | 素直(すなお) 순박함, 솔직함

해석 아무 특징도 없는 그는 솔직한 점만이 장점이다.

해설 1번은 「縞柄(しまがら) 줄무늬」, 3번은 「前轍(ぜんてつ) 전철」, 4번은 「人柄(ひとがら) 인품」으로 바꾸면 문장이 자연스러워진다.

용법 완벽대비 문제 ⑨ 회

문제 4 다음 단어의 사용법으로 가장 알맞은 것을 1·2·3·4 가운데 하나 고르세요.

01 정답 1

어휘 根気(こんき) 끈기 | 夜空(よぞら) 밤하늘 | 覗(のぞ)く 들여다보다 | おそれ 염려, 우려 | 縮(ちぢ)む 오그라들다

해석 동생은 밤하늘을 끈기 있게 망원경으로 들여다보고 있다.

해설 2번은「粘(ねば)りけ 찰기, 끈끈함」, 3번은「深(ふか)さ 깊이」, 4번은「熱気(ねっき) 열기」로 바꾸면 문장이 자연스러워진다.

02 정답 1

어휘 とぐ 닦다, 갈다 | 骨(ほね)が折(お)れる 힘들다, 고되다 | ブランコ 그네

해석 그녀의 일과는 매일 아침, 거울을 닦는 일부터 시작된다.

해설 2번은「こぐ 페달을 밟다」, 3번은「こぐ (그네를) 흔들다」, 4번은「こぐ 젓다」로 바꾸면 문장이 자연스러워진다.

03 정답 4

어휘 ぺこぺこ 배고픈 모양, 굽실거리는 모양 | 差(さ)し込(こ)む 꽂다 | 言(い)い訳(わけ) 변명

해석 부장 앞에서 나카무라 씨는 머리를 조아리며 변명을 한다.

해설 1번과 2번은「真(ま)っ直(す)ぐ 똑바로」, 3번은「きっちり 단정히」로 바꾸면 문장이 자연스러워진다.

04 정답 3

어휘 補(おぎな)う 보완하다, 보충하다 | 返済(へんさい) 갚음 | 落(お)ち込(こ)む 침울해지다 | 盗人(ぬすびと) 도둑

해석 그의 성실함은 다른 결점을 보완하고도 남는다.

해설 1번은「促(うなが)されて 재촉 받아서」, 2번은「捕(とら)えて 붙잡고」, 4번은「賄(まかな)わ 마련하지」로 바꾸면 문장이 자연스러워진다.

05 정답 4

어휘 首脳(しゅのう) 수뇌, 정상 | 遠足(えんそく) 소풍 | つまずく 걸리다 | 幼児(ようじ) 유아

해석 지구온난화 해결책을 협의하기 위해 각국의 정상이 모인다.

해설 1번과 2번은「足首(あしくび) 발목」, 3번은「頭脳(ずのう) 두뇌」로 바꾸면 문장이 자연스러워진다.

06 정답 2

어휘 夢中(むちゅう) 열중, 정신 없음 | 背(そむ)く 등지다, 위반하다 | 道徳(どうとく) 도덕 | 娯楽(ごらく) 오락 | 及(およ)ぶ 끼치다

해석 내일 시험인데 오락에 정신이 없다.

해설 1번은「ないがしろ 업신여김」, 3번은「重宝(ちょうほう) 아낌」, 4번은「軽視(けいし) 경시」로 바꾸면 문장이 자연스러워진다.

07 정답 1

어휘 微妙(びみょう) 미묘 | 弟子(でし) 제자

해석 축구시합에서 미묘한 판정 때문에 지고 말았다.

해설 2번은「窮屈(きゅうくつ) 궁핍」, 3번은「微笑(びしょう) 미소」, 4번은「わずか 근소」로 바꾸면 문장이 자연스러워진다.

08 정답 3

어휘 一概(いちがい)に 통틀어, 모조리 | 過(あやま)ち 실수, 잘못

해석 이번 사건으로 자네가 모조리 나쁘다고는 할 수 없다.

해설 1번은「一(いっ)カ所(しょ)に 한 군데」, 2번은「一点(いってん)で 한 점으로」, 4번은「一台(いちだい)に 한 대에」로 바꾸면 문장이 자연스러워진다.

09 정답 1

어휘 フリーター 자유시간제 아르바이트 | 自由自在(じゆうじざい) 자유자재

해석 최근 젊은이의 프리타라는 근무 형태가 사회문제가 되고 있다.

해설 2번은「フリー 자유」, 3번은「リストラ 해고」, 4번은「ギター 기타」로 바꾸면 문장이 자연스러워진다.

10 정답 4

어휘 いわゆる 소위, 이른바 | 急(いそ)がば回(まわ)れ 급할수록 돌아가라 | 咲(さ)き乱(みだ)れる 꽃이 어우러져 만발하다 | もってこい 안성맞춤

해석 이것이야말로 너에게는 이른바 안성맞춤의 일이다.

해설 1번은「あらゆる 모든」, 2번은「ゆっくり 천천히」, 3번은「すべて 모든」으로 바꾸면 문장이 자연스러워진다.

용법 완벽대비 문제 ⑩ 회

문제 4 다음 단어의 사용법으로 가장 알맞은 것을 1·2·3·4 가운데 하나 고르세요.

01 정답 1

어휘 意地(いじ)を張(は)る 고집 부리다 | つまらない 쓸모없다 | 取引先(とりひきさき) 거래처 | 察(さっ)する 헤아리다, 살피다

해석 그는 늘 쓸데없는 일에 고집 부리는 성격이다.

해설 2번은 「精(せい)を入(い)れる 온힘을 다하다」, 3번은 「誠意(せいい)を持(も)って 성의로써」, 4번은 「注意(ちゅうい)し 조심하지」로 바꾸면 문장이 자연스러워진다.

02 정답 3

어휘 相(あい)まって 더불어, 어울려 | 摩擦(まさつ) 마찰

해석 이번 시험은 실력과 운이 어울려 합격했다고 생각한다.

해설 1번은 「曖昧(あいまい)な 애매한」, 2번은 「思(おも)わず 생각지도 않게」, 4번은 「互(たが)いに 서로」로 바꾸면 문장이 자연스러워진다.

03 정답 1

어휘 うごめく 꿈틀거리다 | 地獄(じごく) 지옥 | 走(はし)り抜(ぬ)ける 달려서 빠져나가다

해석 지옥에서 죄인들이 꿈틀거리고 있는 꿈을 꾸었다.

해설 2번은 「盛(も)り上(あ)がて 달아올라」, 3번은 「走(はし)り回(まわ)って 뛰어다니고」, 4번은 「一目散(いちもくさん)に 쏜살같이」로 바꾸면 문장이 자연스러워진다.

04 정답 2

어휘 油断(ゆだん) 방심 | ～あげく ～한 끝에 | 心構(こころがま)え 마음의 준비, 각오 | 漏(も)らす 새게 하다 | 防御(ぼうぎょ) 방어 | 攻撃(こうげき) 공격 | つながる 이어지다

해석 상대가 세지 않다고 방심한 나머지 패해버렸다.

해설 1번은 「油気(あぶらけ) 기름기」, 3번은 「決断(けつだん) 결단」, 4번은 「徹底(てってい) 철저」로 바꾸면 문장이 자연스러워진다.

05 정답 4

어휘 潔(いさぎよ)い 미련 없다, 뒤끝이 없다, 결백하다 | 辞職(じしょく) 사직 | あくどい 악랄하다 | 裁判(さいばん) 재판 | 貫(つらぬ)く 관철하다

해석 아무런 오점이 없는 그는 재판에서 결백한 태도로 일관했다.

해설 1번은 「潔(いさぎよ)くない 깨끗하지 않은」, 2번은 「綺麗(きれい)な 깨끗한」, 3번은 「濃(こ)い 진하다」로 바꾸면 문장이 자연스러워진다.

06 정답 1

어휘 観察(かんさつ) 관찰 | 幼(おさな)い 어리다 | 生態(せいたい) 생태 | 揃(そろ)う 빠짐없이 모이다

해석 이웃 아이는 어릴 때부터 개미의 생태를 관찰해 왔다.

해설 2번과 3번은 「観覧(かんらん) 관람」, 4번은 「視察(しさつ) 시찰」로 바꾸면 문장이 자연스러워진다.

07 정답 3

어휘 割合(わりあい) 비율, 비교적 | コンパ 미팅, 친목회 | 勘定(かんじょう) 계산

해석 그의 업적은 비교적 알려져 있지 않은 것 같다.

해설 1번은 「割勘(わりかん) 각자 계산」, 2번은 「割箸(わりばし) 나무젓가락」, 4번은 「割(わ)り算(ざん) 나눗셈」으로 바꾸면 문장이 자연스러워진다.

08 정답 1

어휘 改善(かいぜん) 개선 | 日雇(ひやと)い 일용 | 待遇(たいぐう) 대우 | 挽回(ばんかい) 만회

해석 노동계에서도 일용직의 대우를 개선하는 움직임이 활발해졌다.

해설 2번은 「組閣(そかく) 조각」, 「内閣改造(ないかくかいぞう) 개각」으로, 3번은 「修繕(しゅうぜん) 수선」, 4번은 「改良(かいりょう) 개량」으로 바꾸면 문장이 자연스러워진다.

09 정답 4

어휘 賄(まかな)う 조달하다, 마련하다 | 総務(そうむ) 총무 | コツ 핵심, 포인트 | 資質(ししつ) 자질

해석 유학생들은 아르바이트를 하여 학비를 조달하는 경향이 있다.

해설 1번과 3번은 「担(にな)う 담당하다」, 2번은 「片付(かたつ)ける 정리하다」로 바꾸면 문장이 자연스러워진다.

10 정답 1

어휘 コスト 원가, 경비 | 削減(さくげん) 삭감 | 人事異動(じんじいどう) 인사이동 | 就(つ)く 취임하다, 지위에 오르다 | 設(もう)ける 마련하다, 준비하다

해석 불경기의 영향으로 생산 공장에서는 경비의 삭감을 목표로 하고 있다.

해설 2번은 「ポスト 직위」, 3번은 「ポスト 우체통」, 4번은 「ポスト 지주」로 바꾸면 문장이 자연스러워진다.

셋째마당 | 문법편
문법형식 판단 완벽대비 문제 1 회

문제 5 다음 문장의 (　　　)에 들어갈 가장 알맞은 말을 1·2·3·4 가운데 하나 고르세요.

01 정답 4

어휘 賛成(さんせい) 찬성 | 計画(けいかく) 계획 | ~とおりに ~대로 | 実践(じっせん) 실천

해석 당신이 찬성하든 안 하든 저는 계획한 대로 실천해 보이겠습니다.

해설 ~ものなら ~한다면 | ~としたら ~로 하면, ~로 정하면 | ~として ~로 해서, ~로 정하고 | ~ようと ~まいと ~하든 안 하든

02 정답 2

어휘 専念(せんねん) 전념 | すべて 모두 | 協力(きょうりょく) 협력

해석 내가 이 일에 전념할 수 있는 것도 모두 여러분의 협력이 있기에 가능한 일입니다.

해설 ~あっての ~가 있어서, ~가 있기에 | ~としての ~로서의

03 정답 4

어휘 頑固(がんこ) 완고함 | 言(い)い出(だ)す 말을 시작하다, 말을 꺼내다 | 意見(いけん) 의견 | 曲(ま)げる 굽히다, 왜곡하다

해석 아버지는 완고하여 일단 말을 꺼내면 자신의 의견을 굽히지 않는다.

해설 ~として ~로 해서, ~로 정하고 | ~としたら ~로 하면, ~로 정하면 | ~ものなら ~한다면 | ~が最後(さいご) 일단 ~하면 그만, ~했다 하면

04 정답 4

어휘 一等賞(いっとうしょう) 1등상 | ~とは ~하다니, ~할 줄이야 | うらやましい 부럽다

해석 그가 일본어 말하기 대회에서 1등상을 받았다니 몹시 부럽다.

해설 ~に限(かぎ)らない ~에 한하지 않다 | ~に限(かぎ)る ~가 가장 좋다, ~가 최고다 | ~限(かぎ)りだ 매우 ~하다, ~하기 그지없다

05 정답 1

어휘 結果(けっか) 결과 | 志望(しぼう) 지망

해석 이번 테스트 결과 여하에 따라서는 지망하고 싶은 대학에 갈 수 없을지도 모르기 때문에 노력할 수 밖에 없다.

해설 ~いかんでは ~여하에 따라서는 | ~を問(と)わず ~을 불문하고 | ~にもかかわらず ~에 관계없이 | ~いかんによらず ~여하에 관계없이

06 정답 4

어휘 まことに 정말로, 참으로 | 厚(あつ)かましい 뻔뻔하다 | 欠食(けっしょく) 결식 | 児童(じどう) 아동 | 寄付(きふ) 기부

해석 참으로 뻔뻔스런 부탁이라고 생각합니다만, 결식 아동을 위해서 기부해 주시기를 부탁드립니다.

해설 ~して申(もう)し上(あ)げる ~해 말씀드리다 | ~して差(さ)し上(あ)げる ~해 드리다 | ~していたす ~해 드리다 | ~していただく ~해 받다, (상대방이) ~해 주시다

07 정답 4

어휘 ~をもちまして ~로써 | 本日(ほんじつ) 오늘 | 営業(えいぎょう) 영업 | 終了(しゅうりょう) 종료

해석 8시로써 오늘의 영업을 종료하겠습니다.

해설 ~させて申(もう)し上(あ)げる ~시켜서 말씀드리다 | ~させてくださる ~시켜 주시다 | ~いたしておる ~하고 있다 | ~させていただく ~시켜 받겠다, 즉 자신이 하겠다(겸양표현)

08 정답 4

어휘 事態(じたい) 사태 | 黙(だま)る 잠자코 있다 | 手(て)をこまぬく 수수방관하다

해석 사태가 이렇게 된 이상은 잠자코 수수방관하고 있을 수는 없다.

해설 ~だけに ~한 만큼, ~인 만큼 | ~上(うえ)に ~한데다가, ~인데다가 | ~あまり (너무) ~한 나머지 | ~ 上(うえ)は ~한 이상은

09 정답 4

어휘 怒(おこ)る 화내다 | 厳(きび)しく 엄격하게 | しつける 예의범절을 가르치다

해석 A: 엄마가 왜 그렇게 화를 내는지 모르겠어요.
B: 당신을 위해서라고 생각하니까 그렇게 엄격하게 예의범절을 가르치는 것이에요.

해설 ~からして ~부터가 | ~からといって ~라고 해서 | ~からには ~한 이상은, ~인 이상은 | ~からこそ ~이기 때문에, ~이기에

10 정답 4

어휘 死産(しざん) 사산 | 腹(はら)を痛(いた)める 고통스럽게 낳다, 직접 낳다 | 棄(す)てる 버리다 | 記事(きじ) 기사

해석 사산이라고 하지만 자신이 직접 낳은 아이를 버린 어머니에 관한 믿기 어려운 기사를 읽었다.

해설 ~かねない ~할지도 모른다 | ~ようがない ~할 수가 없다 | ~っこない ~할 리가 없다 | ~がたい ~하기 어렵다

문법형식 판단 완벽대비 문제 ❷ 회

문제 5 다음 문장의 (　　)에 들어갈 가장 알맞은 말을 1·2·3·4 가운데 하나 고르세요.

01 **정답 3**

어휘 経営悪化(けいえいあっか) 경영 악화 | さんざん 몹시 | 借金(しゃっきん) 빚 | ついに 결국, 드디어 | 首(くび)が回(まわ)らない 빚에 몰려 옴짝달싹 못하다 | 倒産(とうさん) 도산

해석 그 회사는 경영 악화로 몹시 빚을 진 끝에 결국 빚에 몰려 옴짝달싹 못하고 도산했다.

해설 ～矢先(やさき)に 막 ～하려는 참에, ～하려고 하던 때에 | ～や否(いな)や ～하자마자 | ～あげく ～한 끝에 | ～あまり ～한 나머지

02 **정답 3**

어휘 成功(せいこう) 성공 | 学歴(がくれき) 학력

해석 인간이 성공하는 데는 학력이 높지 않으면 안 되는가 하면 반드시 그렇지는 않다.

해설 ～わけにはいかない ～할 수는 없다 | ～かというと、必ずしも ～そうではない ～한가 하면 반드시 ～하지 않다

03 **정답 4**

어휘 感謝(かんしゃ) 감사 | 憎(にく)まれる 미움 받다 | 筋合(すじあ)い 이유, 근거

해석 감사받으면 받았지 미움을 받을 이유는 없습니다.

해설 感謝する＋こそ する 감사하다에 こそ를 접속하면 感謝しこそすれ(감사하면 했지)가 되며, 수동형은 感謝される＋こそ에서 感謝されこそすれ(감사받으면 받았지)로 바뀜

04 **정답 4**

어휘 原発事故(げんぱつじこ) 원전사고 | 地域(ちいき) 지역 | 危険(きけん) 위험

해석 원전사고가 일어난 지역에 계속 사는 것은 위험하기 짝이 없다.

해설 ～次第(しだい)だ ～나름이다 | ～に耐(た)えない 차마 ～할 수 없다 | 限(かぎ)りない 끝이 없다 | ～極(きわ)まりない ～하기 짝이 없다, 너무 ～하다

05 **정답 4**

어휘 迷惑(めいわく)をかける 폐를 끼치다 | 申(もう)し訳(わけ)ない 죄송하다, 미안하다

해석 아무것도 몰라 여러 가지로 폐를 끼쳐서 죄송했습니다.

해설 ～ことから ～ 때문에, ～데에서 | ～ことなしに ～하지 않고서 | ～ことには ～하게도 | ～こととて ～이라서, ～이므로

06 **정답 4**

어휘 このたび 이번, 금번

해석 이번에 냉장고를 구매해 주셔서 정말로 감사합니다.

해설 お(ご)+ます형+いただく ～해 받아서(즉 ～해 주셔서)(겸양어)

07 **정답 3**

어휘 あまりにも 너무나도 | すでに 이미, 벌써

해석 그 영화는 너무나도 유명해서 이미 보신 분도 많다고 생각합니다.

해설 보다의 존경어는 ご覧(らん)になる이다. 拝見(はいけん)する는 겸양어라서 오답이고, ご覧(らん)になられる는 존경어를 이중으로 사용해서 틀림.

08 **정답 3**

어휘 見栄(みえ)を張(は)る 허세를 부리다, 겉치레를 하다 | つい 그만, 무심코

해석 그는 돈도 없는 주제에 허세를 부리고 그만 비싼 것을 사곤 한다.

해설 ～ながら ～하면서 | ～つつ ～하면서(도) | ～ くせに ～인데도, ～주제에 | ～まま ～대로, ～인 채

09 **정답 3**

어휘 死(し)に別(わ)かれる 사별하다 | 想像(そうぞう) 상상 | こぼれる 흘러내리다

해석 사랑하는 사람과 사별하면 얼마나 슬플까 상상하는 것만으로도 눈물이 난다.

해설 ～わけか ～까닭인지, ～한 것인지 | ～ものか ～할까보냐 (강하게 반문하여 단호히 부정하는 뜻) | どんなに～ことか 얼마나 ～인지 | ～ことなのか ～인 것인가

10 **정답 2**

어휘 全部(ぜんぶ) 전부 | 片(かた)づける 정리하다, 처리하다

해석 이번 주말에 하다 만 일을 전부 처리할 생각입니다.

해설 ～きりの ～만의 | ～かけの ～하다 만 | ～たての 갓 ～한 | ～つけの 늘 ～하는

문법형식 판단 완벽대비 문제 ❸ 회

문제 5 다음 문장의 (　　)에 들어갈 가장 알맞은 말을 1·2·3·4 가운데 하나 고르세요.

01 **정답 1**

어휘 夏目漱石(なつめそうせき) 나쓰메 소세키 (소설가) | ぼっちゃん 도련님 (소설제목) | 松山市(まつやまし) 마쓰야마시 (시코쿠 에히메현의 도시) | 観光(かんこう)スポット 관광명소 |

巡(めぐ)る 돌아다니다, 순례하다

해석 나쓰메 소세키의 '도련님'의 자료를 조사하는 한편 마쓰야마시 관광명소를 돌아볼 생각입니다.

해설 ～かたわら ～하는 한편 | ～がてら ～할 겸, ～하는 김에 | ～にもまして ～보다 더 | ～あって ～라서, ～라고 해서 ⇨ ～がてら는 동사 ます형과 접속하므로 답이 안 되는 점에 주의한다.

02 **정답 2**

어휘 経済指標(けいざいしひょう) 경제지표 | 成長曲線(せいちょうきょくせん) 성장곡선 | 右肩上(みぎかたあ)がりになる 향상되고 있다

해석 올해의 경제지표가 나타내듯이 성장곡선은 향상되고 있다.

해설 ～ごとき ～와 같은 | ～ごとく ～와 같이,～처럼 | ～ことだし ～이고 | ～まま ～인 채

03 **정답 1**

어휘 陰(かげ)で 뒤에서, 보이지 않는 곳에서 | 支(ささ)える 받쳐주다 | なし得(え)ない 이룰 수 없다

해석 나의 합격은 뒤에서 지탱해 주었던 가족의 협력 없이는 이룰 수 없었습니다.

해설 ～なしには ～없이는 | ～いかんによっては ～여하에 따라서는 | ～ことなしには ～없이는 | ～をおして ～를 무릅쓰고 ⇨ ことなしには는 앞에 동사 종지형과 접속하므로 답이 아님에 주의한다.

04 **정답 2**

어휘 ～もさることながら ～도 물론이거니와 | うまれつきの 타고난 | 才能(さいのう) 재능 | 感心(かんしん)する 감탄하다

해석 그의 능력도 물론이거니와 타고난 재능에는 언제나 감탄하게 된다.

해설 感心する의 사역수동은 感心させられる임에 주의한다.

05 **정답 2**

어휘 上司(じょうし) 상사 | あれほど 그만큼, 그토록

해석 상사 「자네 늦었잖아. 오늘 만큼은 빨리 오도록 그토록 주의했는데…」
부하 「죄송합니다, 늦잠 자버려서…」

해설 상대에게 비난을 포함하는 의미를 가질 때는 ではないか/じゃないか를 사용하고 뜻은 '~하지 않니, ~하잖아'이다.

06 **정답 2**

해석 사장님, 기무라라는 분이 3시에 오신다고 합니다.

해설 おいでいただく 오시다 (겸양어) | お見(み)えになる 오시다 (존경어) | お越(こ)しくださる 와 주시다 ⇨ 1번은 주어가 기무라라는 분이므로 겸양어 おいでいただく가 아니라 お越しいただく (오시다)를 써야 한다.

07 **정답 4**

어휘 そろそろ 이제 곧 | 当分(とうぶん) 당분간

해석 スズキ「이제 곧 헤어져야 하네요.」
김 「이제 당분간 만날 수 없어서 섭섭하지만 꼭 한번 한국에 와 주세요. スズキ 씨가 좋아하는 김치를 준비하고 기다리고 있겠습니다.」

해설 お待(ま)ちです는 존경어이고, お待ちしていらっしゃいます와 お待ちでおります는 겸양어와 존경어가 혼합되서 잘못된 말이다.

08 **정답 4**

어휘 日常生活(にちじょうせいかつ) 일상생활 | 困(こま)る 곤란하다 | ほど ～만큼 | 流暢(りゅうちょう)に 유창하게

해석 그는 프랑스어를 말하기는 말하지만 일상생활에서 곤란하지 않을 만큼 유창하게는 말할 수 없다.

해설 ～ことは～が ～기는 ～지만 ⇨ うまいことはうまいが 맛있기는 맛있지만

09 **정답 1**

어휘 さぞ 틀림없이, 아마, 필시 | 不愉快(ふゆかい) 유쾌하지 않음, 불쾌함

해석 후배에게 그런 말을 듣다니 틀림없이 불쾌했겠지요.

해설 ～とは ～하다니, ～할 줄이야 | ～には ～데는 | ～かは ～할지는 | ～では ～하면

10 **정답 4**

어휘 関係者(かんけいしゃ) 관계자 | 以外(いがい) 이외

해석 이 방에는 관계자 이외에 못 들어가게 되어 있다.

해설 ～ことではない ～하는 것은 아니다 | ～ことにしている ～하기로 하고 있다 | ～ことでもない ～하는 것도 아니다 | ～ことになっている ～하기로 되어 있다

문법형식 판단 완벽대비 문제 ❹ 회

문제 5 다음 문장의 (　　　)에 들어갈 가장 알맞은 말을 1・2・3・4 가운데 하나 고르세요.

01 **정답 1**

어휘 深夜映画(しんやえいが) 심야영화 | 歩(ある)きまわる 돌아다니다 | よからぬ 좋지 않은 | 巻(ま)き込(こ)まれる 휩쓸리다

해석 아들「엄마, 이번 주 토요일 심야영화 보러 가도 돼요?」

어머니「안 돼. 밤늦게 돌아다니다가 좋지 않은 사건에 휩쓸리기라도 하면 큰일이잖아.」

해설 '동사 ます+でも' 형태로 여기에서 でも 강조 용법으로 ~라도의 의미. 또한 의미상으로 수동형이므로 '巻き込まれる+でも'에서 '巻き込まれでもする'가 올바른 형태이다.

02 **정답 2**

어휘 寮(りょう) 기숙사 | 門限(もんげん) 귀가시간, 폐문시간

해석 기숙사는 귀가시간도 있고 규칙이 많기 때문에 들어가고 싶지 않다.

해설 ~だらけ ~투성이 | ~ずくめ ~뿐, ~일색인 | ~まみれ ~투성이 | ~っぱなし ~한 채로, ~상태로

03 **정답 4**

어휘 物覚(ものおぼ)えが悪(わる)い 기억력이 나쁘다

해석 나이를 먹으면 기억력이 나빠진다. 듣자마자 곧 잊어 버린다.

해설 ~かたわら ~하는 한편 | ~かたがた ~을 겸하여 | ~がてら ~을 겸하여 | ~そばから ~하자마자

04 **정답 2**

어휘 ~ときたら ~는(은)(비난의 의미)

해석 다나카 씨는 돈도 없는데 미국에 유학 가서 1년 만에 돌아오는 꼴이 되다.

해설 ~至(いた)りだ ~그지없다, 몹시~하다 | ~しまつだ ~꼴이다, (안 좋은) ~결과이다 | ~あまりだ ~너무하다 | ~ところだ ~하는 참이다

05 **정답 1**

해석 이 소설은 읽는 사람을 분명 감동시키는 작품이다.

해설 ~ずにおかない 분명 ~할 것이다 | ~にはあたらない ~할 필요는 없다, ~할 만한 것은 아니다 | ~にかたくない ~하기 어렵지 않다 | ~てかなわない ~해서 견딜 수 없다

06 **정답 3**

어휘 生前(せいぜん) 생전 | お目(め)にかかる 만나 뵙다 | 存(ぞん)じる 알다 (겸양어) | 存(ぞん)じ上(あ)げる 알다 (겸양어)

해석 나는 다나카 씨에 대해서는 존함은 알고 있지만, 생전에 실제로 만나 뵌 적은 없습니다.

해설 ご存(ぞん)じです는 존경어라 오답이며 存じていらっしゃいます는 겸양어와 존경어, ご存じでおります는 존경어와 겸양어가 혼재되어 있어서 답이 아니다.

07 **정답 2**

어휘 調理師(ちょうりし) 요리사, 조리사 | 召(め)し上(あ)がる 잡수시다

해석 가정에서 맛있게 잡수시도록 하기 위해서 스테이크 굽는 법을 설명해 드리겠습니다.

해설 요리사 입장에서 보면 '먹는 사람'은 고객이므로 召し上がる이고 먹는 행위를 하도록 하는 사람은 요리사 자신이므로 겸양어인 いただく를 써서 합치면 召し上がっていただく의 형태가 정답이다.

08 **정답 2**

어휘 懇談会(こんだんかい) 간담회 | 断(ことわ)る 거절하다

해석 어머니의 병을 핑계 삼아 간담회의 출석을 거절했다.

해설 ~にかんして ~에 관해서 | ~かこつけて ~를 핑계 삼아, ~을 빙자해서, ~을 구실 삼아 | ~にかぎって ~에 한해서 | ~にかけて ~에 걸쳐서

09 **정답 4**

어휘 ~どころではない ~할 상황이 아니다, ~할 경황이 아니다

해석 스즈키 씨는 요 일주일 동안 공부할 상황은 아닌 것 같다.

해설 ~というもの 무려 ~동안

10 **정답 1**

어휘 連続(れんぞく) 연속 | すっかり 완전히, 아주 | 太(ふと)る 살찌다

해석 휴가 중 먹고는 자고 먹고는 자고의 연속으로 완전히 살쪄 버렸다.

해설 食べては~食べては 먹고는~ 먹고는 ~, '~ては~ては'는 같은 동작이 반복됨을 나타냄(~하고서는 ~하고)

문법형식 판단 완벽대비 문제 5 회

문제 5 다음 문장의 (　　　)에 들어갈 가장 알맞은 말을 1·2·3·4 가운데 하나 고르세요.

01 **정답 4**

어휘 原発(げんぱつ) 원전, 원자력발전소 | 対策(たいさく)を講(こう)じる 대책을 강구하다 | 手遅(ておく)れ 때가 늦음

해석 원전사고가 일어나고 나서 안전대책을 강구한들 때가 늦었다.

해설 ~であれ ~이든 | ~ところを ~인데도, ~인 중에 | ~とばかりに (마치) ~라는 듯이 | ~ところで ~라고 한들

02 **정답 1**

어휘 始末(しまつ) 자초지종, 결과, 처리 | 見込(みこ)み 전망, 가망, 장래성

해석 후지와라 씨는 지난번 그녀 자신이 입원했던 때를 이야기하며

'저는 수술 전에는 물조차 마실 수 없어서 힘든 심정이었다'고 말했다.

해설 思(おも)い는 감성적 사고, 考(かんが)え는 이성적, 논리적 사고이므로 '괴로운 심정'은 'つらい思い'가 정답이다.

03 정답 2

어휘 影響(えいきょう) 영향 | 及(およ)ぶ 미치다, 끼치다 | 恐(おそろ)しい 무섭다, 두렵다

해석 원전사고의 영향은 어디까지 미칠는지 상상하는 것만으로도 두렵다.

해설 ～までも ～까지도 | ～だに ～만 하여도, ～만 이라도 | ～にして ～이면서, ～에 | ～であって ～이고

04 정답 3

어휘 どうりで 그러면 그렇지, 어쩐지 | 機嫌(きげん)がいい 기분이 좋다

해석 A: 다나카 씨 남자 친구가 생긴 거 같아요.
B: 그래서, 기분이 좋은 거네.

해설 ～こともある ～일도 있다 | ～に違(ちが)いない ～임에 틀림없다 | ～わけだ ～것이다 | ～に決まっている 당연히 ～이다

05 정답 1

어휘 最新型(さいしんがた) 최신형

해석 아무리 최신형의 스마트폰을 사도 사용법을 모르면 그뿐이다.

해설 それまでだ 그뿐이다 | それにとどまる 거기에 멈추다 | それしかない 그것밖에 없다 | それまでもない 그럴 필요도 없다

06 정답 1

어휘 わざわざ 일부러, 특별히

해석 멀리서 일부러 와 주셔서 감사합니다.

해설 2번과 4번은 문법에 맞지 않는 표현이고 3번은 겸양어라 답이 아니다. 즉 1번인 おいでくださる는 상대에 대한 존경어 표현이라 정답이다.

07 정답 4

어휘 光栄(こうえい) 영광 | お目(め)にかける 보여드리다 | ご覧(らん)になる 보시다 | ご覧(らん)に入(い)れる 보여드리다 | お目(め)にかかる 만나 뵙다

해석 사장님을 만나 뵈어서 영광입니다.

해설 문장이 화자(말하는 사람)중심이므로 겸양어를 써야 하므로 2번은 답에서 제외. 그리고 2, 3번은 '보여주다'의 겸양어이지만 문장의 의미와 맞지 않음. お目(め)にかかる의 가능형인 4번이 답이다.

08 정답 2

어휘 雪(ゆき)がとける 눈이 녹다 | 日(ひ)ざし 햇살

해석 눈이 녹아서 들의 꽃도 피기 시작하고 햇살도 봄다워졌다.

해설 ～ぎみ 기색, 기미, 경향 (명사나 동사 ます형에 접속하여 확실히 모르겠지만 어느 쪽인가 하면～의 의미) | ～めく ～다워지다, ～스럽게 보이다 | ～らしい ～답다, ～스럽다 | ～っぽい ～하는 경향이 강하다, 잘～하다 (～っぽい는 나쁜 의미에 사용하는 일이 많다)

09 정답 1

어휘 急(きゅう)な 급한, 갑작스런, 가파른 | たいした 이렇다 할, 별 | 準備(じゅんび) 준비 | 申(もう)しわけない 미안하다, 면목 없다

해석 급한 일로 인해 이렇다 할 준비도 할 수 없어서 면목 없는 일을 해버렸다.

해설 ～ゆえに ～ 때문에, ～이니까 | ～なりに ～나름대로

10 정답 2

어휘 罪(つみ) 죄 | 白状(はくじょう)する 자백하다 | 準備(じゅんび) 준비 | しようかするまいか ～할지 말지

해석 그는 자신의 죄를 자백할지 말지 방 안을 왔다 갔다 하면서 생각했다.

해설 行(ゆ)きつ戻(もど)りつ 왔다 갔다 함, 서성거림 | ～やら～やら ～인지 ～인지 | ～なり～なり ～든지～든지

문법형식 판단 완벽대비 문제 ⑥ 회

문제 5 다음 문장의 (　　　)에 들어갈 가장 알맞은 말을 1·2·3·4 가운데 하나 고르세요.

01 정답 3

어휘 税金(ぜいきん) 세금 | 疎(おろそ)かにする 소홀히 하다

해석 정치가는 국민의 세금을 사용할 때는 1엔도 소홀히 해서는 안 된다.

해설 ～など ～따위, 등 | ～からある ～이나 되는 | ～たりとも ～라도 | ～からして ～부터가

02 정답 4

해석 교사인 자는 언제나 어디서나 말을 바르게 사용해야 한다.

해설 ～に足(た)りる ～할 만하다 | ～なる ～한 | ～からある ～이나 되는 | ～たる ～인, ～입장에 있는

03 정답 3

어휘 引(ひ)っ越(こ)す 이사하다

해석 이 집에 이사하고 나서부터 그다지 운동을 한 적이 없다.

해설 ～こそ ～야말로 | ～として ～로서 | ～てからというもの ～하고 나서부터 | ～といえども ～라 해도

04 **정답 1**

어휘 品質(ひんしつ) 품질 | 値段(ねだん) 가격

해석 이 정도의 품질이라면 가격이 비쌀 만하다.

해설 ～てしかるべきだ ～해도 당연하다 | ～てやまない ～해 마지않다 | ～てはばからない 거리낌 없이~하다 | ～てもともとだ ～해도 본전치기다

05 **정답 4**

어휘 不満(ふまん) 불만 | 顧客(こきゃく) 고객

해석 아무리 요리가 맛있어도 서비스에 불만을 가진 고객은 '이제 두 번 다시 이런 가게 따위 오나 봐라!'라는 생각이 든다.

해설 여기에서 경멸의 기분을 나타내는 など와 강한 부정을 나타내면 결코 ~하지 않겠다는 뜻인 ものか와 결합하여 서비스에 불만을 가진 고객의 기분을 나타내고 있다.

06 **정답 4**

어휘 昔話(むかしばなし) 옛날이야기

해석 어린 시절 잠자기 전에 늘 옛날이야기를 들려주신 할머니를 많이 좋아했습니다.

해설 (　)에 들어갈 말은 할머니를 수식하기 때문에 (　)의 주체는 할머니. 1번 聞かせていただいた는 듣다의 겸양어 표현이므로 답이 아니고, 2번 聞いてくださった는 할머니가 들어 주셨다는 의미이므로 답이 아니고, 3번 聞いていただいた는 역시 할머니가 듣는 입장이므로 답이 아니다. 4번은 할머니가 이야기해 준 의미로 聞かせてくださった이므로 정답이다.

07 **정답 2**

해석 A: 이 한자를 잘 쓸 수 없는데요.
B: 제가 써 드릴까요?

해설 1번은 상대방에게 써 달라는 의미이므로 답이 아니다. 3번은 '자신이 쓸 수 있을까요?'로 의미가 이상하다. 4번과 같은 겸양 표현을 쓰지 않는다. ～てあげる의 겸양 표현인 ～てさしあげる인 2번이 정답이다.

08 **정답 1**

어휘 長期(ちょうき) 장기 | 短期間(たんきかん) 단기간 | 依頼(いらい) 의뢰

해석 장기는 무리지만 단기간이라면 그 의뢰에 협력 못할 것도 없다.

해설 ～ないものでもない 못할 것도 없다, ~할 수도 있다 | ～までもない ~할 것까지도 없다, ~할 필요도 없다

09 **정답 2**

어휘 天皇杯(てんのうはい) 천왕배 | 決勝戦(けっしょうせん) 결승전 | 引退(いんたい) 은퇴

해석 다나카 선수는 오늘의 천왕배 결승전을 끝으로 은퇴했다.

해설 ～ばかりに ~탓에, ~바람에 | ～をかぎりに ~을 끝으로, ~을 마지막으로 | ～にかぎって ~에 한해서

10 **정답 4**

해석 문병하러 오지 않아도 전화 정도는 해야 하는 법이다.

해설 ～までに ~까지 | ～ないまでも ~하지 않을지언정, ~까지는 아니더라도

문법형식 판단 완벽대비 문제 7 회

문제 5 다음 문장의 (　　　)에 들어갈 가장 알맞은 말을 1･2･3･4 가운데 하나 고르세요.

01 **정답 3**

어휘 監督(かんとく) 감독 | 努(つと)めて 애써서 | 前向(まえむ)きに 긍정적으로

해석 '아무리 시합에 졌다고 해서 울 정도는 아니다'라고 감독은 애써 긍정적으로 말했다.

해설 ～ほどのことではない ~할 만큼은 아니다, ~할 정도는 아니다

02 **정답 4**

어휘 今朝(けさ) 오늘 아침 | 寝坊(ねぼう) 늦잠

해석 오늘 아침 늦잠자서 늦을 뻔했지만 달리고 달려 겨우 시간에 맞추었다.

해설 '동사 ます형+に+동사'의 형태로 '~(하)고'의 의미로 쓴다.

03 **정답 4**

어휘 手料理(てりょうり) 가정요리 | おふくろの味(あじ) 어머니의 맛

해석 편의점에 산 도시락보다 어머니가 만들어 준 가정요리 쪽이 더 맛있다. 이것이 어머니의 맛이 아니고 무엇이겠는가.

해설 ～ではあるまい ~는 아닐 것이다 | ～ではないだろう ~는 아닐 것이다 | ～ですらない ~조차 아니다 | ～でなくてなんだろう ~이 아니고 무엇이겠는가?

04 **정답 2**

어휘 素人(しろうと) 아마추어, 문외한 | ささいな 사소한 | 犯(おか)す 범하다, 저지르다

해석 아마추어도 아니고 이런 사소한 실수를 저질러서는 안 된다.

해설 ~はおろか ~는 커녕, ~은 고사하고 | ~じゃあるまいし ~은 아니고 | ~はなんであれ ~은 무엇이든 | ~にあるまじき ~로서 있을 수 없는

05 정답 1

어휘 流暢(りゅうちょう) 유창함 | 自慢(じまん) 자랑

해석 그는 영어를 유창하게 말할 수 있다고 거리낌 없이 자랑한다.

해설 ~てはばからない 거리낌 없이 ~하다 | いばらない 뽐내지 않다 | ~てやまない ~해 마지않다 | やむをえない 부득이 하다

06 정답 1

어휘 気軽(きがる)に 선선히, 선뜻, 가볍게

해석 이것은 나이 드신 분이 안심하고 가볍게 할 수 있는 운동입니다.

해설 나이를 드시다는 お年(とし)を召(め)すㄴ お年(とし)を召(め)される로 표현한다.

07 정답 4

해석 선생님의 사전을 빌려도 될까요?

해설 빌리다의 겸양어는 拝借(はいしゃく)する나 お借(か)りする로 쓰이기 때문에 4번이 정답이다.

08 정답 1

어휘 ~くせに ~한(인) 주제에, ~한(인)데도 | ~ふりをする ~인 체하다

해석 모르는 주제에 알고 있는 체해서는 안 된다.

해설 ~ものじゃない ~하는 것은 아니다, ~해서는 안 된다

09 정답 3

어휘 鞭(むち)をとる 매를 들다 | 将来(しょうらい) 장래 | 案(あん)じる 염려하다, 걱정하다

해석 너무 심하다고 생각할지 모르지만 부모가 매를 드는 것은 아이의 장래를 걱정하고 있기 때문이다.

해설 ~ばこそだ ~기 때문에, ~이기에

10 정답 3

어휘 調査(ちょうさ) 조사 | 結果(けっか) 결과 | 図表(ずひょう) 도표 | 導(みちび)き出(だ)す 이끌어내다

해석 조사의 결과를 토대로 하여 다음과 같은 도표가 나온다.

해설 ~にもとづいて ~를 근거로 해서 | ~をめぐって ~을 둘러싸고 | ~をもとにして ~을 소재 · 기초 · 힌트 · 토대로 하여

문법형식 판단 완벽대비 문제 ⑧ 회

문제 5 다음 문장의 (　　　)에 들어갈 가장 알맞은 말을 1 · 2 · 3 · 4 가운데 하나 고르세요.

01 정답 2

어휘 褒美(ほうび) 상 | 言(い)い出(だ)す 말을 꺼내다, 입 밖에 내다 | 取(と)り消(け)す 취소하다

해석 '상을 주겠다'고 말을 꺼낸 체면상 취소할 수 없습니다.

해설 ~として ~로서 | ~てまえ ~체면상 | ~につけ ~때마다 | ~まま ~인 채

02 정답 3

어휘 求(もと)める 찾다, 추구하다 | 幻(まぼろし) 환상, 환영

해석 인간이 추구해 마지않는 행복이란 것은 실은 환영일지도 모른다.

해설 ~ずにすまない 반드시 ~해야 한다 | ~にかたくない ~하기 어렵지 않다 | ~てやまない ~해 마지않다 | ~んばかりの ~할 것 같은

03 정답 1

어휘 思(おも)い出(で) 추억 | 蘇(よみがえ)る 되살아나다

해석 이 음악을 들을 때마다 어린 시절의 추억이 되살아난다.

해설 ~につけ ~할 때마다 | ~にしても ~도 | ~にして ~에, ~이면서 | ~ともなると ~정도가 되면

04 정답 2

어휘 方便(ほうべん) 방편 | 許(ゆる)す 용서하다, 허락하다

해석 '거짓도 하나의 방편'이라는 말이 있지만 거짓은 절대로 용서해서는 안 된다.

해설 ~べきではない ~해서는 안 된다 | ~べきだ ~해야 한다 ⇨ 1번과 4번은 잘못된 표현이다.

05 정답 4

어휘 勧(すす)める 권유하다 | つい 그만 | 衝動買(しょうどうが)い 충동구매

해석 점원에게 권유받은 채 그만 충동구매를 해 버렸다.

해설 '~まま, ~ままに, ~ままで'는 '~인 채, ~인대로'로 해석하고 '~ままを'는 '~대로를'로 해석한다.

06 정답 2

어휘 うかがう 방문하다, 묻다, 듣다의 겸양어 | まいる '가다, 오다'의 겸양어 | みえる '오다'의 높임말 | うけたまわる 삼가 받다, 삼가 듣다

해석 선생님에게 말씀을 여쭈려고 왔습니다.

해설 화자가 선생님에게 물으러 오는 상황이므로 겸양어를 써야 한다. 그래서 'うかがいにまいる (여쭈러 오다)'가 정답이다.

07 정답 2

해석 입에 맞을지 어떨지 모르겠지만 어서 드십시오.

해설 상대방에 대한 높임말이므로 召(め)し上(あ)がる나 おあがりください를 사용하므로 정답은 2번. 3번은 召(め)し上(あ)がってください라고 한다면 정답이다.

08 정답 2

어휘 犯人(はんにん) 범인 | 警官(けいかん) 경관, 경찰관 | 逮捕(たいほ)する 체포하다

해석 범인은 마침 쇼핑을 하고 있던 참에 경찰관에 체포되었다.

해설 ~そばから ~하자마자 (반복성) | ~ところを 마침 그때~ (을 하다) | ~ところに 마침 그때에 ~(가 일어나다) | ~あいだ ~동안

09 정답 1

어휘 出版(しゅっぱん) 출판 | ~に関(かん)して ~에 관해서 | 配慮(はいりょ) 배려 | たまわる 받다, 주시다, 하사하다

해석 이번 출판에 관해서 배려를 해주셔서 차마 다 감사를 표할 수 없습니다.(지극히 감사하다)

해설 ~にたえない 차마 ~할 수 없다 | やむをえない 부득이하다

10 정답 1

어휘 健康(けんこう) 건강 | 合格(ごうかく) 합격 | 病気(びょうき) 병

해석 공부보다 우선 건강을 생각해야 한다. 시험에 합격해도 병이 나 버리면 그뿐이다.

해설 ~ば(たら)それまでだ ~해 버리면 그것으로 끝(장)이다, ~하면 그뿐이다

문법형식 판단 완벽대비 문제 9 회

문제 5 다음 문장의 (　　　)에 들어갈 가장 알맞은 말을 1·2·3·4 가운데 하나 고르세요.

01 정답 2

어휘 奨学金(しょうがくきん) 장학금 | 精々(せいぜい) 겨우, 고작

해석 아무리 성적이 좋아도 이번에 받을 수 있는 장학금은 고작 5만 엔 정도겠지요.

해설 ~ということ ~라고 하는 것 | ~というところ 겨우 ~정도 | ~といったらない 매우 ~하다 | ~にはおよばない ~할 필요는 없다, ~하지 않아도 된다

02 정답 1

어휘 税金(ぜいきん) 세금 | 無駄遣(むだづか)い 낭비 | 納(おさ)める 납부하다 | 怒(いか)り 분노

해석 정치가의 세금의 낭비는 세금을 납부하는 국민으로서 분노를 금할 수 없다.

해설 ~を禁(きん)じえない ~을 금할 수 없다 | ~を余儀(よぎ)なくされる 어쩔 수 없다, 부득이하다 | ~をものともしない ~을(를) 아랑곳하지 않고 | ~てやまない ~해 마지않다

03 정답 3

어휘 虐待(ぎゃくたい) 학대 | 行為(こうい) 행위

해석 부모가 아이를 학대하는 것은 인간으로서 있을 수 없는 행위이다.

해설 あるべき 당연히 그래야 할 | あるまじき 있을 수 없는 | あるような 있을 것 같은

04 정답 4

어휘 すませる 끝내다 | 竹(たけ)やぶ 대나무숲

해석 우리들은 인사를 끝내고 나서 잠시 밖의 대나무숲에 내리는 빗소리를 무심코 듣고 있었다.

해설 ~べく ~하기 위해서 | ~までもなく ~할 필요도 없이 | ~にもまして ~보다 더 | ~ともなく 무심코 ~하다

05 정답 2

어휘 ~もへったくれもなく ~이고 뭐고, ~고 나발이고 | ひたすら 오로지 | 励(はげ)む 힘쓰다

해석 수험생 정도 되면 설날이고 뭐고 오로지 공부에 힘쓸 수밖에 없다.

해설 ~にもまして ~보다 더 | ~ともなれば ~정도 되면 | ~にして ~에, ~이면서 | ~にあって ~에 있어서

06 정답 4

어휘 企画書(きかくしょ) 기획서

해석 일전에 사장님이 제가 쓴 기획서를 보셨습니다.

해설 먼저 2번과 3번은 '만나뵙다'라는 겸양어로 문맥상 의미가 틀리다. 1번의 ご覧(らん)くださる는 화자가 사장님이 아니기 때문에 틀리다. 즉 보는 것은 사장님이므로 ご覧(らん)+화자(여기서는 나)의 입장이므로 いただく. 그래서 ご覧(らん)いただきました가 답이다.

07 정답 2

어휘 用意(ようい) 준비 | 幸(さいわ)い 다행임

해석 준비한 스위트룸이 마음에 드시면 다행입니다.

해설 먼저 스위트룸이 손님의 마음에 드는지 어떤지에 관한 종업원의 입장에서 말한 문장이므로 '마음에 들다'는 존경어인 お気(き)に召(め)す이고 거기에 화자인 종업업의 입장에서 보면 いただく, 따라서 お気に召していただければ가 정답이다.

08 정답 2

어휘 名人(めいじん) 명인, 명수 | まねをする 흉내를 내다

해석 그 명인도 처음부터 이렇게 일을 할 수 있었던 것은 아니다. 젊은 시절은 선배가 하는 것을 보고 할 수 없으면서도 그 흉내를 내고 있었던 것이었다.

해설 ~つつも ~하면서도 (역설) | ~ながらも ~면서도, ~지만 | ~たりとも~ない ~(라)도 ~않다, 비록 ~일지라도 ~않다

09 정답 4

어휘 環境(かんきょう) 환경 | 破壊(はかい) 파괴 | 工業化(こうぎょうか) 공업화 | おし進(すす)める 추진하다, 밀고 나아가다 | 疑問(ぎもん) 의문

해석 환경 파괴를 해서까지 공업화를 추진해 나가는 데는 의문이 있다.

해설 ~すればこそ ~하기 때문에 | ~しただけで ~한 것만으로 | ~するにせよ ~한다 하더라도 | ~してまで ~해서까지

10 정답 1

어휘 大統領(だいとうりょう) 대통령 | 庶民性(しょみんせい) 서민성 | そなえる 갖추다, 지니다 | 人気(にんき)を集(あつ)める 인기를 모으다

해석 저 대통령은 서민성을 지니고 있기 때문에 인기를 모으고 있다고 한다.

해설 ~がゆえに ~ 때문에 | ~だけに ~한 만큼, ~인 만큼 | ~くせに ~한(인) 주제에, ~한(인)데도

문법형식 판단 완벽대비 문제 ⑩ 회

문제 5 다음 문장의 (　　　)에 들어갈 가장 알맞은 말을 1·2·3·4 가운데 하나 고르세요.

01 정답 4

어휘 いい年(とし)して 나잇살이나 먹어서 | おっかけ (연예인을) 쫓아다니는 것

해석 학생이면 몰라도 나잇살이나 먹어서 아이돌을 쫓아다니다니 정말로 꼴불견입니다.

해설 ~はおろか ~은커녕 | ~をおいて ~을 제외하고는 | ~をよそに ~을 아랑곳하지 않고 | ~なら未(ま)だしも ~라면 또 모르되

02 정답 1

해석 시급이 싼 것을 핑계 삼아 그는 그다지 성실하게 일하려고 하지 않는다.

해설 ~にかこつけて ~을(를) 핑계 삼아 | ~にもまして ~보다 더 | ~にてらして ~에 비추어, ~을(를) 참조하여 | ~にあって ~에 있어서

03 정답 3

어휘 金額(きんがく) 금액 | 仕送(しおく)る (생활비나 학비를) 보내다, 송금하다 | せめて 적어도 | 自(みずか)ら 스스로

해석 유학할 때, 모든 금액을 양친에게 송금해 받으면 그것보다 더 좋은 것은 없겠지만, 적어도 자신의 용돈 정도는 스스로 해결하는 것이 좋다.

해설 ~にかたくない ~하기 어렵지 않다 | ~を余儀(よぎ)なくされる 어쩔 수없이 ~하다 | にこしたことはない ~보다 더 좋은 것은 없다 | ~にはあたらない ~할 필요는 없다

04 정답 3

해석 프랑스어를 읽을 수 없다면 굳이 이 책을 살 필요는 없습니다.

해설 ~というところです 겨우 ~정도입니다 | ~かのようです ~인 것 같습니다 | ~には及(およ)びません ~할 필요는 없다 | ~にたりない ~할 가치가 없는

05 정답 1

어휘 きっかけ 계기 | 決断(けつだん) 결단

해석 그녀는 자신의 인생을 바꿀 계기를 만들기 위해서 미국 유학을 결단했다.

해설 ~べく ~하기 위해서 | ~べきで ~해야 하고 | ~べからず ~해서는 안 된다 | ~んがために ~하기 위해서 ⇨ 4번은 동사의 접속 형태가 틀리다. 즉 作(つく)らんがために이라고 하면 정답이다.

06 정답 1

해석 바쁘신 것은 알고 있지만 꼭 출석해 주시도록 부탁드리겠습니다.

해설 存(ぞん)じる 알다, 생각하다의 겸양어 | 申(もう)す 말하다의 겸양어 | 申(もう)し上(あ)げる 말하다의 겸양어 / 4번은 存(ぞん)じて上(あ)げる가 아니라 存(ぞん)じ上(あ)げておる이면 정답이다.

07 정답 1

어휘 品物(しなもの) 물품, 상품 | できあがる 완성되다, 다 만들어지다 | 届(とど)ける 보내다, 전하다

해석 A: 주문하신 물품이 완성되어서 이번 일요일에 전달하러 가도 되겠습니까?

B: 네, 부탁드리겠습니다.

해설 あがるは 訪(たず)ねるの 겸양어 | うけたまわるは 受(う)けるの 겸양어 | おいでになるは 来(く)るの 존경어 | みえるは 来(く)るの 높임말 / 물건을 전달하러 방문하는 것이므로 たずねるの 겸양어인 あがってもが 정답이다.

08 정답 3

어휘 料金(りょうきん) 요금 | 手続(てつづ)き 수속 | 性能(せいのう) 성능

해석 최근에 일본에서는 전화요금이 내려가고 수속도 간단하게 되었다. 또한 전화기도 작아지고 성능도 좋아진 것으로부터 휴대폰의 이용자는 늘어나기만 한다.

해설 減(へ)り気味(ぎみ)だ 줄어드는 기색이다 | 増(ふ)えかねる 늘기 어렵다 | 増(ふ)える一方(いっぽう)だ 점점 늘기만 한다 | 減(へ)りつつある 줄고 있는 중이다

09 정답 2

어휘 土地(とち) 토지 | 都会(とかい) 도시, 도회

해석 토지가 비싼 도시에서는 집은 그렇게 간단하게 소유할 수 없다.

해설 ～べきだ ～해야 한다 | ～べくもない 도저히 ~할 수 없다, ~할 여지가 없다 | ～べきではない ~해서는 안 된다 | ～べからざるものだ ～해서는 안 되는 것이다

10 정답 2

해석 어느 컴퓨터로 하면 좋은지 좀처럼 하나로는 정하기 어렵다.

해설 ～かねない ~할지도 모른다 | ～がたい ~어렵다 | ～てたまらない ~해서 참을 수가 없다, 너무 ~하다 | ～しかない ~할 수 밖에 없다

문장 만들기 완벽대비 문제 1 회

문제 6 다음 문장의 __★__ 에 들어갈 가장 알맞은 말을 1·2·3·4 가운데 하나 고르세요.

01 정답 2

어휘 かいもなく 보람도 없이 | あっけなく 어이없이

완성문 がんばって練習したかいもなく相手チームにあっけなく負けてしまった。

해석 힘내서 연습한 보람도 없이 상대팀에게 어이없이 져 버렸다.

02 정답 4

어휘 倒産(とうさん) 도산 | 寸前(すんぜん) 직전, 바로 전 | 経営陣(けいえいじん) 경영진 | 存続(そんぞく)させる 존속시키다 | か否(いな)か ~인지 아닌지, ~인지 어떨지

완성문 倒産寸前の会社を経営陣は存続させるか否かをめぐって今日も会議を続けている。

해석 도산 직전의 회사를 경영진은 존속시킬지 어떨지를 둘러싸고 오늘도 회의를 계속하고 있다.

03 정답 1

어휘 遊(あそ)び道具(どうぐ) 놀이도구 | 欠(か)かせない 뺄 수 없다, 불가결하다 | 存在(そんざい) 존재 | 弊害(へいがい) 폐해

완성문 子供たちの遊び道具としてテレビゲームは欠かせない存在だが、その弊害も無視できないだろう。

해석 아이들의 놀이도구로서 텔레비전 게임은 없어서는 안 될 존재지만 그 폐해도 무시할 수 없을 것이다.

04 정답 1

어휘 大雪(おおゆき) 대설, 큰눈 | 通行(つうこう)止(ど)め 통행금지

완성문 昨日大雪で道路が通行止めになって学校に行こうにも行けなくなった。

해석 어제 대설로 도로가 통행금지가 되어 학교에 가려 해도 갈 수 없게 되었다.

05 정답 1

어휘 出張(しゅっちょう) 출장 | 札幌(さっぽろ) 삿포로 | 寄(よ)らずじまい 들리지 못해 버림 | 帰国(きこく)する 귀국하다

완성문 出張で札幌に行ったのに、忙しくてどこにも寄らずじまいで帰国することになった。

해석 출장으로 삿포로에 갔는데 바빠서 어디에도 들르지 못하고 귀국하게 되었다.

06 정답 1

어휘 信(しん)じられない 믿을 수 없다 | ～とばかりに (마치) ~라는 듯이 | じっと 꼼짝 않고, 가만히 | 見(み)つめる 응시하다, 주시하다

완성문 彼女は彼を信じられないとばかりにじっと見つめていた。

해석 그녀는 그를 믿을 수 없다는 듯이 가만히 응시하고 있었다.

07 정답 2

어휘 役柄(やくがら) 배역, 직책 | ～おいて ~이외에는, ~을 제외하고서는 | 演(えん)じる 연기를 하다 | 女優(じょゆう) 여배우

완성문 その役柄は彼女をおいてほかに上手に演じる女優はいないだろう。

해석 그 배역은 그녀를 제외하고는 달리 잘 연기할 여배우는 없을 것이다.

08 **정답 2**

어휘 試写会(ししゃかい) 시사회 | ～を皮切(かわき)りに ～을 시작으로 | 全国(ぜんこく) 전국 | 各地(かくち) 각지 | 行(おこな)われる 행해지다

완성문 新作映画の試写会はソウルを皮切りに全国各地で行われた。

해석 신작 영화의 시사회는 서울을 시작으로 전국 각지에서 열렸다.

09 **정답 2**

어휘 ～ときたら ～은(는), ～로 말하자면 | クーラーをきかせる 냉방기를 틀다

완성문 今年の夏ときたら、クーラーをきかせてもなかなか涼しくならない。

해석 올해 여름은 냉방기를 틀어도 좀처럼 시원해지지 않는다.

10 **정답 1**

어휘 猛烈(もうれつ) 맹렬 | ～をものともせず ～에 굴하지 않고 | 歩(あゆ)む 걷다

완성문 彼は親の猛烈な反対をものともせず自分が正しいと思う道を歩み続けた。

해석 그는 부모의 맹렬한 반대에 굴하지 않고 자신이 바르다고 생각하는 길을 계속해서 걸었다.

문장 만들기 완벽대비 문제 ❷ 회

문제 6 다음 문장의 ＿★＿에 들어갈 가장 알맞은 말을 1·2·3·4 가운데 하나 고르세요.

01 **정답 1**

어휘 ～もそこそこに ～하는 둥 마는 둥 | 鳴(な)る 울리다, 나다 | ～や否(いな)や ～하자마자 | 飛(と)び出(だ)す 뛰어나가다, 뛰쳐나가다

완성문 彼は授業もそこそこにベルが鳴るや否や、教室を飛び出して行った。

해석 그는 수업도 하는 둥 마는 둥 벨이 울리자마자 교실을 뛰쳐나갔다.

02 **정답 1**

어휘 やっと 겨우, 간신히 | ～かと思(おも)いきや ～라고 생각했더니, ～한줄 알았는데 | こじらせる 악화시키다, 도지게 하다 | 寝込(ねこ)む 병으로 자리에 눕다, 몸져눕다

완성문 やっと治ったかと思いきや、また風邪をこじらせてしまって寝込んでいる。

해석 겨우 나은 줄 알았는데 또 감기가 도져서 몸져누워 있다.

03 **정답 2**

어휘 ～ならいざ知(い)しらず ～라면 모르겠지만 | 解(と)く 풀다 | ～なんて ～하다니

완성문 小さい子供ならいざ知らず、大学生が簡単な数学も解けないなんて信じられない。

해석 어린아이라면 모르겠지만 대학생이 간단한 수학도 풀 수 없다니 믿을 수 없다.

04 **정답 4**

어휘 旅(たび) 여행 | ～ならではの ～이 아니고서는 안 되는, ～(에서)만 | 風情(ふぜい) 운치, 정취 | 満喫(まんきつ)できる 만끽할 수 있다

완성문 今回の京都の旅には京都ならではの風情を満喫できる場所を訪ねてみたい。

해석 이번 교토 여행에는 교토만의 운치를 만끽할 수 있는 장소를 방문하고 싶다.

05 **정답 2**

어휘 切符(きっぷ) 표, 티켓 | 手配(てはい) 준비, 채비, 수배 | ～はおろか ～은커녕, ～은 고사하고 | 用意(ようい)する 준비하다

완성문 もうすぐ海外旅行に行くというのに切符の手配はおろか、パスポートも用意していない。

해석 이제 곧 해외여행을 간다고 하는데 표 준비는커녕 여권도 준비되어 있지 않다.

06 **정답 4**

어휘 公共(こうきょう) 공공 | 吸(す)う 피우다 | ひとり～のみならず 단지 ～뿐만 아니라 | 周囲(しゅうい) 주위 | 有害(ゆうがい) 유해

완성문 公共の場所でたばこを吸うのはひとり本人のみならず、周囲の人々にとっても有害なものだ。

해석 공공의 장소에서 담배를 피우는 것은 단지 본인뿐만 아니라 주위의 사람들에게 있어서도 유해한 일이다.

07 **정답 2**

어휘 いざ～となると 막상(정작) ～하려고 하면 | あがる 떨다, 상기하다, 흥분하다

완성문 練習の時はうまくできるのに、いざ人の前で話すとなるとあがってしまう。

해석 연습할 때는 잘되는데 막상 남 앞에서 말하려고 하면 떨린다.

08 **정답 4**

어휘 ～からある ～이나 되는 | 高層(こうそう)ビル 고층 빌딩 | 素手(すで) 맨손

완성문 彼は高さ２０メートルからある高層ビルを素手で登っている。

해석 그는 높이 20미터나 되는 고층빌딩을 맨손으로 오르고 있다.

09 **정답 2**

어휘 ～とあれば ～라면 | 危険(きけん)な 위험한 | 引(ひ)き受(う)ける 떠맡다, 담당하다

완성문 社長の命令とあれば、危険な仕事も引き受けざるを得ない。

해석 사장님의 명령이라면 위험한 일도 떠맡지 않을 수 없다.

10 **정답 4**

어휘 勉強家(べんきょうか) 노력가, 근면가 | ～にひきかえ ～와(과)는 반대로, ～와(과)는 대조적으로 | ～ときたら ～은(는), ～로 말하자면

완성문 田中さんのうちは二人兄弟だが、勉強家の兄にひきかえ、弟ときたらいつも遊んでばかりいる。

해석 다나카 씨 집은 형제가 둘인데 노력가인 형과는 반대로 남동생은 늘 놀기만 한다.

문장 만들기 완벽대비 문제 ❸ 회

문제 6 다음 문장의 ＿★＿ 에 들어갈 가장 알맞은 말을 1·2·3·4 가운데 하나 고르세요.

01 **정답 2**

어휘 一国(いっこく) 한 나라, 일국 | 教育(きょういく) 교육 | ～にかかっている ～에 달려 있다 | ～なくして ～없이는 | 期待(きたい) 기대

완성문 一国の未来は子供たちの教育にかかっている。子供たちの正しい成長なくして一国の明る将来は期待できないだろう。

해석 한 나라의 미래는 아이들의 교육에 달려 있다. 아이들의 올바른 성장 없이는 한 나라의 밝은 미래는 기대할 수 없을 것이다.

02 **정답 4**

어휘 忠告(ちゅうこく) 충고 | ～をよそに ～을 아랑곳하지 않고, ～을 무시하고 | 未(いま)だに 아직도, 지금도

완성문 彼は医者の忠告をよそに未だにたばこと酒を続けている。

해석 그는 의사의 충고를 아랑곳하지 않고 아직도 담배와 술을 계속하고 있다.

03 **정답 3**

어휘 大雨(おおあめ) 큰비, 호우 | ～にもかかわらず ～에도 불구하고 | 泥(どろ)まみれ 진흙투성이 | 工事現場(こうじげんば) 공사현장

완성문 大雨にもかかわらず、彼は泥まみれになって工事現場で働いている。

해석 큰비에도 그는 진흙투성이가 돼서 공사현장에서 일하고 있다.

04 **정답 2**

어휘 反対(はんたい) 반대 | ～をおして ～을(를) 무릅쓰고

완성문 彼は親の反対をおして彼女と結婚した。

해석 그는 부모의 반대를 무릅쓰고 그녀와 결혼했다.

05 **정답 3**

어휘 健康(けんこう) 건강 | ～も顧(かえり)みず ～도 돌보지 않고 | 成功(せいこう) 성공

완성문 母は自分の健康も顧みず子供の成功のために働いた。

해석 어머니는 자신의 건강도 돌보지 않고 아이의 성공을 위해서 일했다.

06 **정답 3**

어휘 ～を踏(ふ)まえて ～에 근거해서, ～에 입각하여 | 意見(いけん) 의견

완성문 会話が上手な人は相手の話をよく聞いてその内容を踏まえて自分の考えや意見を話すことができる人である。

해석 대화를 잘하는 사람은 상대의 이야기를 잘 듣고 그 내용에 근거해서 자신의 생각이나 의견을 말할 수 있는 사람이다.

07 **정답 2**

어휘 手塩(てしお)にかける 손수 공들여 키우다 | 暴力(ぼうりょく)を振(ふ)るう 폭력을 휘두르다 | ～なんて ～하다니 | もってのほか 당치도 않음, 언어도단

완성문 手塩にかけて育ててくれた親に暴力を振るうなんてもってのほかだ。

해석 공들여 키워 준 부모에게 폭력을 휘두르다니 당치도 않다.

08 **정답 3**

어휘 若者(わかもの) 젊은이 | 夢(ゆめ) 꿈 | ～も同然(どうぜん)だ ～한 것이나 마찬가지다

완성문 先生はいつも私たちに「若者に夢がなければ、死んだも

同然だ」と話した。

해석 선생님은 늘 우리들에게 '젊은이에게 꿈이 없으면 죽은 것이나 마찬가지다'고 말했다.

09 정답 4

어휘 宿題(しゅくだい) 숙제 | ~もそこそこに ~도 하는 둥 마는 둥, 대강대강 하고

완성문 うちの子は学校から帰ってきて宿題もそこそこにまた遊びに出かけてしまった。

해석 우리 아이는 학교에서 돌아와서 숙제도 하는 둥 마는 둥 또 놀러 나가 버렸다.

10 정답 2

어휘 ようやく 겨우, 가까스로 | 復興(ふっこう) 부흥 | 歩(あゆ)む 걷다 | 矢先(やさき)に 막 ~하려는 참에, ~하려고 하던 때에 | 地震(じしん) 지진

완성문 ようやく復興の道を歩もうとした矢先にまた大きな地震が起きた。

해석 가까스로 부흥의 길을 걸으려고 하는 참에 또 커다란 지진이 일어났다.

문장 만들기 완벽대비 문제 4 회

문제 6 다음 문장의 ＿★＿에 들어갈 가장 알맞은 말을 1·2·3·4 가운데 하나 고르세요.

01 정답 1

어휘 ~かたがた ~도 겸해서, ~도 할 겸 | 日光(にっこう) 닛코(지역명) | 足(あし)を伸(の)ばす 발길을 뻗치다

완성문 彼は東京出張かたがた日光にまで足を伸ばした。

해석 그는 도쿄 출장 겸 닛코에까지 갔다.

02 정답 2

어휘 人間(にんげん) 인간 | 年(とし)をとる 나이를 들다, 나이를 먹다 | きらいがある ~하는 경향이 있다 (바람직하지 못한 경향에 씀)

완성문 人間は年を取ると、ほかの人の話を聞かなくなるきらいがある。

해석 인간은 나이를 먹으면 다른 사람의 이야기를 듣지 않게 되는 경향이 있다.

03 정답 4

어휘 資格(しかく) 자격 | ~ことなしに ~없이(는), ~하지 않고서(는)

완성문 英語資格試験に合格することなしに国立大学の受験資格が得られない。

해석 영어자격시험에 합격하지 않고서는 국립대학의 수험 자격을 얻을 수 없다.

04 정답 2

어휘 ~ずもがな ~하지 않는 편이 좋다, ~하지 않느니만 못하다 | 怒(おこ)らせる 화나게 하다

완성문 彼は言わずもがなのことを言って妻を怒らせてしまった。

해석 그는 말하지 않는 편이 좋은 말을 해서 아내를 화나게 해 버렸다.

05 정답 4

어휘 ~っぱなし ~한 채로, ~상태로 | 水道代(すいどうだい) 수도료 | ばかにならない 무시할 수 없다

완성문 水道の水を流しっぱなしにしたら、来月の水道代はばかにならない。

해석 수돗물을 내리 틀어두면 다음 달 수도료가 무시할 수 없다.

06 정답 3

어휘 ~で(も)もともとだ ~해도 본전치기다, ~해도 손해가 없다 | チャレンジ 도전

완성문 あなたは他の学生より一年早いから、今回だめでもともとだと考えてチャレンジしてみよう。

해석 너는 다른 학생보다 1년 빠르니까 이번에 안 돼도 본전치기라고 생각하고 도전해 보자.

07 정답 4

어휘 頭(あたま)が固(かた)い 완고하다, 융통성이 없다 | 頑固(がんこ) 완고 | 融通(ゆうずう)がきかない 융통성이 없다

완성문 兄は、まじめというか、頭が固いというか、何事にも頑固で融通がきかない。

해석 형은 착실하다고 할까 머리가 유연하지 못하다고나 할까 무슨 일에도 완고하고 융통성이 없다.

08 정답 4

어휘 ~なり ~하자마자, ~함과 거의 동시에 | 嬉(うれ)しい 기쁘다, 반갑다 | 涙(なみだ)を流(なが)す 눈물을 흘리다

완성문 娘は私の顔を見るなり、嬉しい涙を流した。

해석 딸은 내 얼굴을 보자마자 기쁜 눈물을 흘렸다.

09 정답 4

어휘 株価(かぶか) 주가 | 急落(きゅうらく) 급락 | ~からといって ~라고 해서 | ~にはあたらない ~할 필요는 없다, ~할 만한 일은 아니다 | そのうち 멀지 않아 가까운 시일 내에

완성문 株価が急落したからといって心配するにはあたらない。そのうちまた上がるでしょう。

해석 주가가 급락했다고 해서 걱정할 필요는 없다. 가까운 시일 안에 또 오를 것이다.

10 정답 3

어휘 原稿(げんこう) 원고 | 締(し)め切(き)り 마감 | 間(ま)に合(あ)わせる 시간에 대다, 시간을 맞추다 | あらかじめ 미리, 사전에 | ~に越(こ)したことはない ~가 최고다, ~보다 더 나은 것은 없다, ~보다 더 좋을 수는 없다

완성문 原稿の締め切りに間に合わせるためには、あらかじめ計画を立てておくに越したことはない。

해석 원고의 마감에 시간을 맞추기 위해서는 미리 계획을 세워두는 것보다 더 나은 것은 없다.

문장 만들기 완벽대비 문제 ⑤ 회

문제 6 다음 문장의 ＿★＿에 들어갈 가장 알맞은 말을 1·2·3·4 가운데 하나 고르세요.

01 정답 1

어휘 大地震(だいじしん) 대지진 | 失(うしな)う 잃다, 놓치다 | 被害者(ひがいしゃ) 피해자 | ~にかたくない ~하기 어렵지 않다, 충분히 ~할 수 있다 | 人命(じんめい) 인명

완성문 大地震により家族を失った被害者の悲しみを想像するにかたくない。今回の地震では例年と比べて特に人命の被害が大きかった。

해석 대지진에 의해 가족을 잃은 피해자의 슬픔을 충분히 상상할 수 있다. 이번 지진은 예년에 비해서 특히 인명 피해가 컸다.

02 정답 4

어휘 工学(こうがく) 공학 | 分野(ぶんや) 분야 | ~にとどまらず ~에 그치지 않고 | 人文(じんぶん) 인문 | 幅広(はばひろ)い 폭 넓은 | ~にわたって ~에 걸쳐서

완성문 この本は工学の分野にとどまらず、人文や社会など幅広い分野にわたって書かれている。

해석 이 책은 공학 분야에 그치지 않고 인문이나 사회 등 넓은 분야에 걸쳐서 쓰여 있다.

03 정답 3

어휘 倒(たお)れる 넘어지다 | ~はずみに ~순간에, ~찰나에 | 手(て)をつく 손을 땅에 짚다 | 手首(てくび) 손목, 팔목 | 骨折(こっせつ) 골절, 뼈가 부러짐

완성문 昨日私は倒れたはずみに手をついただけで手首を骨折してしまった。

해석 어제 나는 넘어진 순간에 손을 땅에 짚은 것만으로 손목이 부러져 버렸다.

04 정답 3

어휘 ~ようによっては ~에 따라서는 | ~ほど ~만큼

완성문 考えようによっては今の時代ほどおもしろい時代はないのかもしれない。

해석 생각하기에 따라서는 지금 시대만큼 재미있는 시대는 없을 지도 모른다.

05 정답 3

어휘 冷笑家(れいしょうか) 냉소가 | 皮肉(ひにく) 빈정거림, 비꼼 | ~めく ~다워지다, ~처럼 보인다

완성문 彼は冷笑家だ。彼が言う言葉にはどこか皮肉めいたところがある。

해석 그는 냉소가다. 그가 하는 말에는 어딘가 비꼬는 듯한 데가 있다.

06 정답 4

어휘 我(わ)が国(くに) 우리나라 | 統計(とうけい) 통계 | ~に照(て)らして ~에 비추어, 참조해서, 비교해서 | 失業(しつぎょう) 실업 | 深刻(しんこく)な 심각한 | ~うえ ~한데다가, ~인데다가 | 急騰(きゅうとう) 급등

완성문 現在我が国の経済は前年度の統計に照らしてみると、失業問題が深刻なうえ、インフレ率も急騰している。

해석 현재 우리나라의 경제는 전년도의 통계에 비추어 보면, 실업문제가 심각한데다가 인플레이션율도 급등하고 있다.

07 정답 3

어휘 給料(きゅうりょう) 급료 | 支払(しはら)う 지불하다 | 裁判所(さいばんしょ) 재판소 | ~に訴(うった)える ~에 고소하다, ~에 소송하다, ~에 호소하다 | ~までのことだ ~뿐이다, ~하면 그만이다, ~했을 뿐이다, ~할 따름이다

완성문 会社が給料を払ってくれないのなら、裁判所に訴えるまでのことだ。

해석 회사가 급료를 지불해 주지 않는다면 재판소에 고소하면 그만이다.

08 정답 4

어휘 もう少(すこ)しで 조금만 더 하면 | 頂上(ちょうじょう) 정

상 | ～ものを ～을 텐데, ～을 것을 | 途中(とちゅう)で 도중에 | あきらめる 포기하다, 단념하다, 체념하다

완성문 もう少しで頂上まで登れたものを、なぜ途中であきらめたんですか。

해석 조금만 더 가면 정상까지 올라갈 수 있었을 텐데 왜 도중에 포기했어요?

09 **정답 2**

어휘 器量(きりょう) (특히 여자의) 인물, 용모 | ～もさることながら ～도 그렇지만, ～도 물론이거니와 | 歌唱力(かしょうりょく) 가창력 | 他(た)の 타의 | 追随(ついずい)を許(ゆる)さない 추종을 불허하다

완성문 あの歌手は器量もさることながら、歌唱力も他の追随を許さない。

해석 저 가수는 용모도 물론이거니와 가창력도 타의 추종을 불허한다.

10 **정답 2**

어휘 大統領(だいとうりょう) 대통령 | 候補(こうほ) 후보 | 資金(しきん) 자금 | 出所(でどころ) 출처 | ～んがために ～하기 위해서, ～하기 위한 | 四方八方(しほうはっぽう)に 사방팔방으로 | 走(はし)り回(まわ)る 여기저기 뛰어다니다, 분주히 돌아다니다

완성문 あの記者は大統領候補の政治資金の出所を調べんがために四方八方に走り回った。

해석 그 기자는 대통령 후보의 정치자금의 출처를 조사하기 위해서 사방팔방으로 뛰어다녔다.

글의 문법 완벽대비 문제 ❶ 회

문제 7 다음 문장을 읽고 01 부터 05 안에 들어갈 가장 알맞은 것을 1·2·3·4 가운데 하나 고르세요.

01 **정답 4** **02** **정답 1** **03** **정답 3** **04** **정답 3**
05 **정답 4**

해석

우리들은 어린 시절부터 거짓말을 해서는 안 되는 것을 철저히 가르침 받고 있습니다. 아마도 세상 사람들은 –한 사람의 예외도 없이 모두– 거짓말은 해서는 안 되는 것으로 믿고 있겠지요. 이유는 어찌됐든 왠지 모두 그렇게 생각하고 있음에 틀림없습니다. '거짓말'이라는 말을 들으면 우리들의 머리에는 곧 '늑대가 왔다, 왔다'라고 자주 거짓말을 했기 때문에 점점 마을 사람의 신용을 잃고 결국은 진짜로 늑대에게 먹혀 버렸던 양치기의 이야기가 자연히 떠오릅니다. 그만큼 우리들의 머리에는 거짓말을 해서는 안 된다는 것을 깊게깊게 철저히 가르침 받고 있습니다. 하지만 그렇게 깊게 새겨지고 철저히 가르침을 받았음에도 불구하고 우리들의 세상에는 거짓말을 많이 하고 있습니다. 부득이하게 하는 거짓말, 그만둘 수 있는데도 불구하고 하는 거짓말, 은밀하게 말해지고 뒤에서 하는 거짓말, 공공연하게 하는 거짓말, 아니 때로는 법률에 의해 보호받는 –따라서 그것을 부정하면 형벌을 받는 무서운– 거짓말까지가 당당히 천하에 행해지고 있을 만큼 이 세상에서는 여러 가지 잡다한 거짓말을 무수히 하고 있습니다. 사실을 말하면 전혀 거짓말을 하지 않고 이 세상에 살아남는 것은 전연 불가능하게 이 세상이 되어 있는 것입니다. 그래서 우리들 서로가 이 세상에서 살아가고 싶다고 생각하는 사람은 이들 거짓말을 어떻게 처리해야 하는가 하는 지극히 중대하고 더구나 대단히 곤란한 문제를 해결해야 합니다. 어쨌든 거짓말을 해서는 안 되고 그렇다고 해서 거짓말을 하지 않고는 살아갈 수 없는 것이니까요.

어휘

嘘(うそ) 거짓말 | 狼(おおかみ) 늑대 | 信用(しんよう) 신용 | 失(うしな)う 잃다 | 浮(う)かび出(で)る 떠오르다 | 刻(きざ)み込(こ)まれる 새겨지다 | やむを得(え)ず 할 수 없이 | 法律(ほうりつ) 법률 | 保護(ほご)する 보호하다 | 否定(ひてい)する 부정하다 | 刑罰(けいばつ)を受(う)ける 형벌을 받다 | 堂々(どうどう)と 당당히 | 天下(てんか) 천하 | 種々(しゅじゅ) 여러 가지 | 雑多(ざった)な 잡다한 | 無数(むすう)に 무수하게 | 生(い)き長(なが)らえる 살아남다 | 処理(しょり)する 처리하다 | すこぶる 몹시, 매우, 대단히 | 困難(こんなん)な 곤란한 | 解決(かいけつ)する 해결하다 | さらば 그렇다면, 그러면, 안녕, 잘 가요, 잘 있어요, 작별인사

글의 문법 완벽대비 문제 ❷ 회

문제 7 다음 문장을 읽고 01 부터 05 안에 들어갈 가장 알맞은 것을 1·2·3·4 가운데 하나 고르세요.

01 **정답 2** **02** **정답 1** **03** **정답 3** **04** **정답 4**
05 **정답 2**

해석

'디지털'과 '아날로그'라는 말은 매일처럼 보고 듣는 기술 용어의 하나이다. 본래는 순수한 컴퓨터 기술용어이지만 '디지털적 발상'이라든지 '아날로그 인간' 등이라는 문학적 표현과 같은 용법이 있듯이 본래의 기술용어의 틀을 넘어선 여러 가지 의미나 이미지로 디지털과 아날로그라는 말은 사용되고 있다.

기술용어의 틀을 초월한 용법으로는 디지털이나 아날로그라는 말이 막연한 이미지로 사용되고 있기 때문에 이것들의 의미에는 여러 가지의 혼란이나 오해도 포함되어 있다. 디지털과 아날로그의 본래의 기술적인 의미를 정확하게 이해하기만 한다면 그와 같은 혼란을 해소할 수 있나 하면 그렇게 단순한 일은 아니다.

명확한 정의의 범위에서 사용되는 말의 범위를 초월해 버리는 이와 같은 말의 의미는 고도로 발전과 변용을 계속하는 정보사회에 있어서 그것이 사용되는 사회적 현실을 예민하게 반영하는 것이 되어 있다. 명확한 기술적인 용어였을 디지털과 아날로그라는 말의 의미는 그 의미가 확산되기도 하고 애매하게 될 뿐만 아니라 때로는 반전되기도 하고 융합되기

조차하고 있는 현상도 자주 볼 수 있다.

본 장에서는 구체적으로 디지털과 아날로그라는 말이 어떠한 이미지로 사용되고 있는가를 분석하는 것을 통해서 현재의 정보사회를 형성하고 있는 근간의 정보나 기술이라는 것을 우리들이 어떠한 감각이나 이미지로 수용하고 있는가를 고찰해 간다. 그리고 디지털의 개념이 정보사회 속에서 어떻게 기능하고 어떠한 방향을 목표로 해서 진화하고 있는지를 끝까지 밝혀 가겠다.

어휘

デジタル 디지털 | アナログ 아날로그 | 技術用語(ぎじゅつようご) 기술용어 | 純粋(じゅんすい)な 순수한 | 発想(はっそう) 발상 | 用法(ようほう) 용법 | 枠(わく) 틀 | 漠然(ばくぜん)とした 막연한 | 混乱(こんらん) 혼란 | 誤解(ごかい) 오해 | 含(ふく)む 포함하다 | 定義(ていぎ) 정의 | 範囲(はんい) 범위 | 変容(へんよう) 변용 | 鋭敏(えいびん)に 예민하게 | 反映(はんえい)する 반영하다 | 拡散(かくさん)する 확산하다 | 曖昧(あいまい) 애매함 | 反転(はんてん)する 반전하다 | 融合(ゆうごう)する 융합하다 | 現象(げんしょう) 현상 | 見受(みう)ける 눈에 띄다, 볼 수 있다 | 形成(けいせい)する 형성하다 | 根幹(こんかん) 근간 | 感覚(かんかく) 감각 | 受容(じゅよう)する 수용하다 | 考察(こうさつ)する 고찰하다 | 概念(がいねん) 개념 | 機能(きのう) 기능 | 目指(めざ)す 목표로 하다, 노리다, 겨누다 | 進化(しんか)する 진화하다 | 見極(みきわ)める 끝까지 지켜보다, 확인하다, 사물의 본질을 끝까지 밝히다

이 우리들은 느낄 수 있는 것이다. 그것이 백합은 아름답다라는 것이기도 하다. 별이 아름답다라는 것이기도 하다. 또한 그리고 자신이 사랑해야 하는 것이라는 것을 아는 것이다.

이제 가을로 접어들고 있다. 그리고 지금 정말로 나는 살아 있는 것일까? 이 '앗'이라는 놀라움의 감각 없이 사물을 보지 못하고 어떻게 하이쿠를 할 수 있다는 말인가? '조용히 살피면 사물을 모두 스스로 깨닫는다'라는 바쇼의 감각도 한마디로 말하면 '앗'이라는 이 놀람을 점잔을 빼고 말했음에 틀림없다.

이 존재 속에 자기 자신을 적시는 감각, 그 놀람을 사람들에게 강요하기 위해서 '계절 감각'이 반드시 하이쿠에 필요하다고 말한 것은 아닐까?

이와 같이 생각한다면 어느 예술이든 이 간절한 존재에의 애감(슬픈 느낌)없이 예술 그 자체가 성립될 것 같지 않다. 어찌 하이쿠만이 그렇다 말할 수 있을 것인가!

어휘

俳句(はいく) 하이쿠 | 季(き) 계절 | ありきたりの 얼마든지 있음, 진부함, 본래부터 있었음 | 月並(つきなみ) 평범함, 진부함, 흔해 빠짐 | 連中(れんちゅう) 한패, 동아리, 일당 | 蝶(ちょう) 나비 | ナンセンス 난센스, 무의미함, 바보스러움 | 形式主義(けいしきしゅぎ) 형식주의 | 存在感(そんざいかん) 존재감 | 芸術(げいじゅつ) 예술 | 構造(こうぞう) 구조 | ～すら ～조차 | 宇宙(うちゅう) 우주 | 百合(ゆり) 백합 | 強要(きょうよう)する 강요하다 | 切々(せつせつ)たる 절절한 | 哀感(あいかん) 애감, 슬픈 느낌

글의 문법 완벽대비 문제 ❸ 회

문제 7 다음 문장을 읽고 01 부터 05 안에 들어갈 가장 알맞은 것을 1・2・3・4 가운데 하나 고르세요.

01 정답 4 **02 정답 3** **03 정답 4** **04 정답 2**
05 정답 3

해석

일본의 하이쿠가 전통적으로 '계절' 없이는 하이쿠로 간주되지 않는다는 점은 무엇을 의미하는 것일까? 흔히 있는 평범한 사람들은 나비는 봄, 벌레는 가을이라고 생각해 버리지만 이런 것은 물론 넌센스한 형식주의이고 이러한 전통에 대해서 '계절'이 없는 하이쿠를 만드는 것도 물론 있을 수 있는 일이다.

그러나 깊게 생각해 본다고 하면 하이쿠에 '계절'이 있다고 하는 것은 다른 것을 말하려고 하다가 그것을 간단하게 말로 표현하기 위해서 '계절'이 반드시 필요하다고 하는 것을 나타내고 있는 것은 아닐까?

'아아 나는 틀림없이 지금 천지 자연과 함께 살기 때문에 여기에 있다'라는 깊은 존재감이 없으면 예술이 생기지 않는다고 하는 것을 말하고 싶었던 것은 아닐까?

자신이 이곳에 살고 있다고 당당한 얼굴을 하고 있지만 자신의 신체 구조조차 분명히 알지 못하고 있는 것이다. 우주의 큰 움직임에 대해 무엇 하나 알지 못하고 있는 것이다. 백합 한 송이 꽃의 구조조차도 알지 못하는 것이다. 이 알지 못하는 많은 것 중에 무언가 있을 것 같은 것만

글의 문법 완벽대비 문제 ❹ 회

문제 7 다음 문장을 읽고 01 부터 05 안에 들어갈 가장 알맞은 것을 1・2・3・4 가운데 하나 고르세요.

01 정답 3 **02 정답 4** **03 정답 2** **04 정답 4**
05 정답 1

해석

나와 친한 어느 노과학자가 어느 날 저에게 다음과 같은 말을 들려주었다.

"과학자가 되는 데는 '머리'가 좋아야 한다" 이것은 보통 세상 사람이 말하는 하나의 명제이다. 이것은 어느 의미에서는 사실이라고 생각된다. 그러나 한편으로 또한 '과학자는 머리가 나쁘지 않으면 안 된다'라는 명제도 어느 의미에서는 역시 사실이다. 그리고 후자 쪽의 명제는 그렇게 말하고 해설하는 사람은 비교적 적다.

이 언뜻 보기에 상반되는 두 명제는 실은 하나의 사물의 서로 대립하고 공존하는 두 개의 일면을 표현하는 것이다. 이 외관상의 역설은 실은 '머리'라는 말의 내용에 관한 정의가 애매하고 선명하지 않음으로 인해 만들어지는 것은 물론이다.

논리 연쇄의 단 하나의 고리를 잃지 않도록, 또한 혼란 속에 부분과 전체와의 관계를 잃지 않도록 하기 위해서는 정확하고 또한 치밀한 두뇌를 필요로 한다. 분규가 생길 가능성의 기로에 섰을 때에 취해야 할 길을 잘못 판단하지 않기 위해서는 미래를 꿰뚫어 보는 내찰과 직관의 힘을 가

져야 한다. 즉 이 의미에서는 분명 과학자는 '머리'가 좋지 않으면 안 되는 것이다.

그러나 또한 보통 소위 상식적으로 명백하다고 생각되는 일로 그리고 보통의 의미로 소위 머리가 나쁜 사람에게도 쉽게 알 거라고 생각되는 일상 다반사 중에 무언가 이해할 수 없는 의문점을 인정하고 그리고 천명(분명히 밝힘)하고 고심하는 것이 단순한 과학 교육자는 물론 과학적 연구에 종사하는 사람에게는 더욱더 중요하고 꼭 필요한 것이다. 이 점에서 과학자는 보통 머리가 나쁜 사람보다도 더 이해력이 부족하고 이해력이 떨어지는 시골사람이고 벽창호여야 한다.

어휘

宿命(しゅくめい) 숙명 | 指摘(してき)する 지적하다 | 解説(かいせつ)する 해설하다 | 少数(しょうすう) 소수 | 相反(あいはん)する 상반되다 | 対立(たいりつ)する 대립하다 | 共存(きょうぞん)する 공존하다 | 定義(ていぎ) 정의 | 曖昧(あいまい) 애매함 | 不鮮明(ふせんめい) 선명하지 않음 | 論理(ろんり) 논리 | 連鎖(れんさ) 연쇄 | 輪(わ) 원형, 고리 | 混乱(こんらん) 혼란 | かつ 동시에, 한편, 게다가, 그위에 | 緻密(ちみつ) 치밀함 | 頭脳(ずのう) 두뇌 | 要(よう)する 요하다 | 紛糾(ふんきゅう)する 분규하다 | 岐路(きろ)に立(た)つ 갈림길에 서다 | 誤(あやま)る 실패하다, 실수하다, 그르치다 | 前途(ぜんと) 전도 | 直観(ちょっかん) 직관 | 日常茶飯事(にちじょうさはんじ) 일상 다반사 | 不可解(ふかかい) 불가해, 이해할 수 없음 | 疑点(ぎてん) 의문점 | 闡明(せんめい) 천명, 밝힘 | 苦吟(くぎん)する 고심하다 | 従事(じゅうじ)する 종사하다 | 必須(ひっす) 필수임 | 朴念仁(ぼくねんじん) 말수가 적고 무뚝뚝함, 벽창호

글의 문법 완벽대비 문제 ⑤ 회

문제 7 다음 문장을 읽고 01 부터 05 안에 들어갈 가장 알맞은 것을 1·2·3·4 가운데 하나 고르세요.

01 정답 3　**02 정답 4**　**03 정답 1**　**04 정답 1**
05 정답 2

해석

요 반년 사이에 우리들의 생활에 일어났던 변화는 일본의 지금까지의 어느 시대에도 그 예가 없을 정도로 심한 것입니다. 일본은 지금 대단한 곤란과 싸우면서 하루라도 빨리 민주국이 되고 평화가 보증된 나라가 되어 세계에 또 다시 독립국으로서 등장하기 위한 노력을 시작하고 있습니다.
앞으로의 우리들 일본인은 세계에 창피하지 않는 시민으로서 어떻게 되어야 할까요? 새로운 예절교육의 문제도 이러한 넓고 웅대한 입장으로부터 생각되지 않으면 안 될 거라고 생각합니다.

예의범절이라는 글자를 보면 아름답게 몸을 유지하는 것이라고 생각됩니다. 아름답게 몸을 유지한 생활태도라는 것은 어떠한 것을 가리켜서 말하고 있는 것일까요?

옛날부터 예의범절이란 아무튼 예의범절, 행동거지를 제대로 한 것을 예의범절이 바르다고 관습적으로 말해왔습니다. 그러나 오늘날의 생활은 분주하고 변화가 심하고 혼잡한 전철 하나를 타더라도 실제로는 옛날식의 예의범절과는 다른 사정이 생기고 있습니다. 정숙하게 남자 뒤에서 조신하게 타는 것이 옛날의 젊은 여성의 예의범절이었습니다.

매일 아침, 매일 저녁 그 무서운 국철에 우르르 밀려 들어가서 우르르 밀려나오며 직장에 다니는 젊은 여성들이 옛날의 예의범절을 지키고 있다면 전철조차도 탈 수가 없습니다. 생활의 현실이 옛날의 형식적인 예의범절의 형태를 흘러 보내버렸습니다.

하지만 우리들의 마음에는 역시 아름답고 훌륭한 삶의 방식을 유지하고 싶어 하는 염원은 강하게 남아 있습니다. 그렇다고 하면 새로운 예의범절의 근본은 첫 번째가 매일매일의 험한 생활에 휩쓸려 버리지 않을 정도의 뿌리 깊은 근거를 갖는 것이어야 한다는 것을 알 수 있습니다. 그처럼 확실한 예의범절은 어디에서 나오는 것일까요?

어휘

保証(ほしょう)する 보증하다 | 独立国(どくりつこく) 독립국 | 躾(しつけ) 예의범절 | 遑(あわただ)しい 분주하다 | 淑(しと)やか 얌전함, 정숙함 | 慎(つつ)ましい 얌전하다, 조신하다 | 恐(おそ)ろしい 무섭다 | 省線(しょうせん) 옛날 국철, 鉄道省(てつどうしょう) 철도성 | 押(お)し流(なが)す 흘러 떠내려가게 하다 | 念願(ねんがん) 염원, 소원 | 荒(あら)っぽい 거칠다, 난폭하다, 사납다 | 根深(ねぶか)い 뿌리 깊다, 내력이 깊다 | 根拠(こんきょ) 근거

넷째마당 | 독해편

단문이해 완벽대비 문제

문제 8 다음 문장을 읽고, 다음 질문에 대한 답으로 가장 알맞은 것을, 1·2·3·4 중에서 하나 고르세요.

01 정답 4

해석

만화가 그리는 세계는 인물도 세계도 현실 세계의 이미지를 기본적으로 기초로 하면서도 극단적인 과장과 생략을 하기도 하고 현실에서는 있을 수 없는 세계를 자유롭게 구축하는 것이 허락된다. 이렇게 제약이 적은 점은 텍스트로 모든 것을 표현할 수 있는 문학의 세계와도 공통점이 많다. 문학의 세계에서는 실제의 시각정보를 직접 다루지 않기 때문에, 텍스트로 세계를 그리는 것으로 이 자유도가 전해질 수 있지만 만화의 세계에서는 일러스트적 시각표현을 통해 실사적인 시각정보를 얼마든지 생략, 과장, 변형하는 것이 가능하기 때문에 실사 중심의 시각 정보의 제약을 벗어나는 데에 완벽히 성공했다.

(주1) 일러스트: '일러스트레이션'의 줄임말. 책이나 광고에 사용되는 설명이나 장식을 위한 삽화 · 도해나 사진.

문제 필자는 만화와 문학의 세계에서의 공통점은 어떤 것이라고 말하고 있는가?

1 현실 세계로부터 동떨어진, 제약이 전혀 없는 점
2 시각이미지를 직접 다루는 것이 아닌 자유롭게 현실의 세계를 그리는 점
3 현실세계의 시각적 이미지를 주관적으로 바꾸어 실사의 제약을 벗어난 점
4 현실을 기초로 하면서도 허구의 세계를 구축할 수 있는 제약이 적은 점

어휘

基礎(きそ) 기초 | 極端(きょくたん) 극단 | 誇張(こちょう) 과장 | 省略(しょうりゃく) 생략 | 構築(こうちく)する 구축하다 | 扱(あつか)う 다루다 | 制約(せいやく) 제약 | 脱(だっ)する 벗어나다

02 정답 3

해석

돼지가 멧돼지에게 자랑했습니다. "나처럼 멋진 팔자는 없어. 먹는 것부터 자는 것까지 전부 사람이 돌봐주고, 음식은 물릴 정도로 먹으니까 이렇게 쪘지. 사람과 싸우지 않아도 되니까 엄니 같은 건 필요하지 않지. 나와 너는 친척이라곤 하지만, 같은 친척이라도 이렇게 팔자가 다르다니."

멧돼지는 이 말을 듣고 웃었습니다. "인간은 공짜로 언제까지나 맛있는 것을 먹이고 그냥 둘 만큼 친절하지 않아. 인간에게 의지하여 으스대는 자는 머지않아 분명히 벌을 받을 테니까 두고 봐."

멧돼지의 말은 결국 사실이 되었습니다. 돼지는 곧 인간에게 잡아먹히고 말았습니다.

〈유메노 규사쿠 『돼지와 멧돼지』에서〉

(주1) 용건을 위해 필요한 것 (상태)
(주2) 향응하는 것. 또는, 그것을 위한 훌륭한 요리.

문제 필자가 이 문장에서 전하려 했던 것은 무엇인가?

1 돼지와 멧돼지는 신분에 있어서 큰 차이가 있는 것
2 멧돼지는 원래 의심이 많은 동물이라는 것
3 일에는 반드시 상응하는 이유가 있다는 것
4 인간은 모두 친절한 사람만 있다고는 할 수 없는 것

어휘

猪(いのしし) 멧돼지 | 身分(みぶん) 신분, 팔자 | 太(ふと)る 살찌다 | 喧嘩(けんか) 언쟁, 싸움 | 牙(きば) 엄니 | 親類(しんるい) 친척 | 厄介(やっかい) 신세, 애물, 번거로움 | 威張(いば)る 으스대다

03 정답 4

해석

다음은 어느 회사가 거래처로 보낸 문서이다.

> 2018년 8월22일
>
> 주식회사 굿체어즈
> 사입부장 다나카 가즈오님
>
> 주식회사 가구통신판매의 로우야
> 영업부장 혼다 이치로
>
> (＿＿＿＿＿＿＿＿)
>
> 배복
> 귀사 더욱 더 융성하시기 바랍니다.
> 지난번 조회를 부탁드렸던 귀사 제품 '라쿠라쿠 의자' 거래조건에 대해서는 바로 7월29일 문서번호 00232호에서 답변을 주셔서 대단히 감사했습니다. 저희 회사는 꼭 귀사 제품을 사용하고 싶지만, 아래와 같은 점에서 약간의 배려를 해주셨으면 하는 바입니다.
> 부디 검토하신 후에 답변을 부탁드리겠습니다.
>
> 경구
>
> 기
>
> 1. 지급조건
> 약속어음 결제를 90일 후에서 120일 후로 변경
>
> 이상

문제 이 문서의 건명으로, ( )에 들어갈 말은 무엇인가?

1 출하 지연의 사과와 보고
2 납기 연기에 대한 부탁
3 폐사 제품 가격 개정의 부탁
4 거래조건 완화의 부탁

어휘

株式会社(かぶしきがいしゃ) 주식회사 | 通販(つうはん) 통신판매의 준말 | 拝復(はいふく) 배복 (편지 첫머리에 쓰는 말) | 隆盛(りゅうせい) 융성, 융창 | チェア 의자 | 取引条件(とりひきじょうけん) 거래조건 | 配慮(はいりょ) 배려 | 賜(たまわ)る '받다'의 겸사말 | なにとぞ 부디, 아무쪼록 | 検討(けんとう) 검토 | 敬具(けいぐ) 경구 (편지 끝의 인사말) | 支払(しはら)い 지불, 지급

04 정답 4

해석

아날로그 지향과 디지털 지향이라고 하는 구별은 기본적으로는 문학적인 표현이며, 새로운 것이 우연히 현재는 디지털이라고 하는 이미지로 총괄할 수 있기 때문에 그러한 표현이 성립하는 것에 지나지 않는다. 젊은 세대가 낡은 세대에 비해 새로운 것을 받아들이는 것에 있어서 민감하고 유연한 것은 보편성이 있는 것일지도 모르지만, '새로운 것'= '디지털'이라고 하는 정의 같은 것은 존재하지 않는 것이다. 이와 같이 주의하여 전체상을 고려하지 않으면, 문학적인 표현의 아날로그와 디지털에 대해서도, 나무를 보고 숲은 보지 않는다고 한 것 같은 판단의 실수나 오해가 생기거나 하는 것이다.

문제 필자가 생각하는 '나무를 보고 숲을 보지 않는다'는 어떠한 것인가?

1 아날로그 지향이 디지털 지향보다 우수한 것
2 디지털 지향이 아날로그보다 우수한 것
3 젊은 세대의 새로운 것을 쉽게 받아들이는 것이 잘못되어 있는 것
4 계속해서 새로운 것을 요구하는 것이 디지털 지향이라고는 할 수 없는 것

어휘

アナログ 아날로그 | 志向(しこう) 지향 | デジタル 디지털 | たまたま 우연히 | 総括(そうかつ) 총괄 | 敏感(びんかん)だ 민감하다 | 柔軟(じゅうなん)だ 유연하다 | 定義(ていぎ) 정의 | 全体像(ぜんたいぞう) 전체상 | 考慮(こうりょ)する 고려하다 | 誤解(ごかい) 오해

05 정답 3

해석

버추얼이라는 말은 일본어에서는 가상이라고 번역되는 경우가 압도적으로 많다. 그 때문에 가상이라고 하는 숙어가 가지는 이미지가 제멋대로 버추얼이라는 말의 이미지와 혼동되어 '현실이 아닌 허구의 세계', '현실과는 대응하지 않는, 쉽게 바뀌고 불확실한 믿음의 세계', '임시로 설정되었을 뿐의 실질적 의미가 희박한 의사적인 세계'와 같은 이미지가 일본어적으로는 적당히 융합된 것일 것이다. 그러나 이것은 일본어로의 독특한 해석이 섞여 버린 결과이며, 본래의 영어에는 그러한 의미는 없고, 오히려 현실과 대체 가능하다고 하는 감각으로의 '인공적'이라고 하는 의미에 가까운 말인 것이다.

(주1) 자립하는 것
(주2) 깊게 믿는 것

문제 필자는 버추얼이라는 말이 일본어와 영어와 어떠한 차이가 있다고 말하고 있는가?

1 일본어에는 가상이라고 번역되는 경우가 많고, 영어에는 인공적이라고 번역되는 경우가 많은 것
2 일본어에도 영어에도 현실로부터 동떨어진 환상과 같은 이미지를 가지고 있는 것
3 일본어에는 현실에 근거하지 않은 만들어낸 세계에 대해, 영어에는 현실과 대체할 수 있는 인위적인 의미를 가지고 있는 것
4 일본어에도 영어에도 현실에 입각한 인공적이라고 하는 의미를 가지고 있는 것

어휘

バーチャル 버추얼(virtua), 가상의 | 仮想(かそう) 가상 | 圧倒的(あっとうてき) 압도적 | 混同(こんどう) 혼동 | 虚構(きょこう) 허구 | 移(うつ)ろい 옮김, 이동, 변천 | 思(おも)い込(こ)み 믿음, 억측 | 仮(かり)に 가령, 임시로 | 実質的(じっしつてき) 실질적 | 希薄(きはく)だ 희박하다 | 擬似的(ぎじてき) 의사적, 유사적 | 織(お)り込(こ)む 포함하다, 어떤 일에 다른 일을 적당히 엮어 넣다 | 代替(だいたい) 대체 | 感覚(かんかく) 감각 | 人工的(じんこうてき) 인공적 | かけ離(はな)れる 동떨어지다, 차이가 크다 | 絵空事(えそらごと) 실제에는 없는 것, 허풍스럽고 진실성이 없는 것, 환상 | 基(もと)づく 근거하다 | 踏(ふ)まえる 밟다, 판단의 근거로 삼다, 입각하다

중문이해 완벽대비 문제

문제 9 다음 문장을 읽고 다음 질문의 답으로 가장 알맞은 것을 1·2·3·4 중에서 하나 고르세요.

01 문제 1 정답 2 문제 2 정답 4 문제 3 정답 3

해석

서적은 타인의 노작이며 선물이다. 타인의 정신 생활의 혹은 물적 연구의 보고이다. 크게는 성서와 같이 자신이 체험한 인간의 영혼의 깊은 곳을 널리 인류에게 선전적으로 감염시키려고 한 것에서부터 철학적 사색, 과학적 연구, 예문적 제작, 후생 현장상의 시험으로부터 가깝게는 여행기나, 현지보고 같은 것에 이르기까지 모두가 타인의 심신을 바친 노작이 아닌 것은 없다. 그리고 그러한 ①타인의 노작의 배후에는 인간 공존의 의식이 가로놓여 있는 것이며, 저자들은 그 공생의 의식에서 책을 공존자에게 선사한 것이다.

따라서, ②책을 읽는 것은 이러한 공존감 덕분에 다른 사람이 선사하는 것을 받는 것을 의미한다.

인간 공존의 공감과 선인의 유산 및 동시대자의 기여에 대한 경의와 감사의 마음을 가지고 서적은 읽혀져야 하는 것이다. 가령 고독이나, 저주나, 비난적인 문자의 서적을 대할 때도, 이러한 저자가 이것을 공표한 이상은, 공존자를 향한 '호소하는 마음'이 잠재하고 있는 것을 통찰하고, 호의적인 태도로, 그 뜻을 헤아리려고 노력해야 한다.

인간은 숙명적으로 이기적이라고 말하는 쇼펜하우어나 모든 사람이 모든 사람에 대해서 적대적이라고 말하는 홉스의 이론의 배후에는 역시 인간 관계의 보다 아름다운 상태에의 희구와 그리고 풍자의 형태를 한 '호소'가 있는 것이다.

그러한 의미로 본다면, 서적은, 인간과 인간과의 마음을 이어 주는 교량이며 인간이 함께 일구어낸 기념탑이다.

독서의 근본 원리가 따뜻하고 경건해야 하는 것은 이 때문이다.

〈구라타 햐쿠조 『학생과 독서』에서〉

(주1) 공감, 공명
(주2) 신불이나 악령 등에 기원해 상대에게 재앙이 미치도록 하는 것
(주3) 관대한, 호의적인, 기질이 좋은

문제 1 필자는 왜 ①타인의 노작의 배후에는 인간 공존의 의식이 가로놓여 있다고 말하고 있는가?

1 타인의 노작은 자신의 정신생활뿐만이 아니라 물질 연구에 대한 노력의 결정체이므로
2 인간은 원래 이기적이기 때문에 인간관계의 바람직한 상태를 요구하고 서적을 통해 인간과 인간의 마음이 연결되기를 바라므로
3 타인의 노작에는 반드시라고 해도 좋은 만큼 인간 공존에의 길이 쓰여져 있으므로
4 인간 공존의 의식을 헤아리기 위해서 타인의 노작의 배후까지 조사할 필요가 있으므로

문제 2 ②책을 읽는 것은 이러한 공존감 덕분에 다른 사람이 선사하는 것을 받는 것이라고 했는데, 필자가 생각하는 바람직한 독서의 자세는 무엇인가?

1 서적의 내용이 인간의 이기적인 면을 쓴 것에 비판을 더해 읽는 것
2 서적의 내용이 저주나 비판적인 문장으로 채워져 있었으므로, 그 내용을 건너뛰어 읽는 것
3 읽는 측의 심금을 울리는 부분만을 경의와 성의를 가지고 읽는 것
4 책 내용이 비난적인 문자나 비판적인 견해일지라도 너그러운 마음으로 읽는 것

문제 3 필자의 생각과 일치하는 것은 어떤 것인가?

1 성서나 철학 등의 고도의 정신적 작용에 관련된 서적은 노작이지만, 실용적 수험서나 여행서는 노작이 아니다.
2 쇼펜하우어나 홉스의 이론은 결국 인간 관계를 절망적으로 보고 있다는 증거이다.
3 독서는 쓰는 쪽과 읽는 쪽의 공생에 대한 공감을 느끼게 하는 다리 역할이다.
4 독자는 정신적 레벨이 높은 책을 읽어야 하는 것으로, 저주나 비난적인 서적은 읽지 말아야 한다.

어휘

書物(しょもつ) 서적 | 労作(ろうさく) 노작 | 物的(ぶってき) 물적 | 聖書(せいしょ) 성서 | 魂(たましい) 영혼 | 深部(しんぶ) 심부 | 普(あまね)く 널리 | 宣伝的(せんでんてき) 선전적 | 感染(かんせん) 감염 | 哲学的(てつがくてき) 철학적 | 思索(しさく) 사색 | 芸文(げいぶん) 예문 | 制作(せいさく) 제작 | 実地(じっち) 실지, 현장, 실제 | 尽(ことごと)く 죄다 | 心身(しんしん) 심신 | 背後(はいご) 배후 | 共存(きょうぞん) 공존 | 横(よこ)たわる 가로놓이다 | 著者(ちょしゃ) 저자 | 寄与(きよ) 기여 | 孤独(こどく) 고독 | 呪詛(じゅそ) 저주 | 非難(ひなん) 비난 | 訴(うった)え 호소 | 潜在(せんざい)する 잠재하다 | 洞察(どうさつ)する 통찰하다 | ゼネラス 제네라스(generous), 관대한, 호의적인, 기질이 좋은 | 宿命的(しゅくめいてき) 숙명적 | 利己的(りこてき) 이기적 | 説(と)く 말하다 | 希求(ききゅう) 희구 | 風刺(ふうし) 풍자 | 橋梁(きょうりょう) 교량 | 敬虔(けいけん) 경건

02 **문제 1** 정답 4 **문제 2** 정답 2 **문제 3** 정답 4

해석

예로부터 배우의 소질을 논하는 경우에 누구라도 '감성'을 첫 번째로 꼽고 있지만, 이것은 즉 다른 예술가와 마찬가지로, 한편에 있어 같은 정도의 '상상력'을 필요로 하지 않았기 때문에 '감성'의 필요가 현저하게 부각되기 때문일 것이다.

어느 연극 논평자는 ①배우에게는 '감성'만 있으면 '지력'은 불필요하다고까지 주장했을 정도이다.

과연, 배우가 어떤 인물을 연기하는 경우, 그 '역할의 해석'에 그다지 머리를 사용할 필요가 없었던 시대는 그랬을 것이다. 즉 유형적인 인물은 단지 '감성'의 도움을 통해서 그 인물을 '어떻게' 표출할까라는 문제를 해결하면 되었던 것이다. 배우가 그 '인물로 완전히 분함'을 유일한 일로 삼는다면 분명히 '감성'은 무엇보다도 중요하다. 왜냐하면, 그 일은 ②'모방'으로부터 멀지 않은 것이니까.

그런데, 어떤 종류의 희곡, 특히 근대극에 있어서는 배우의 직분은 결코 어느 인물을 '얼마나' 표출하면 되는가만으로 끝나는 것이 아니다. 그 이전에 그 이상 근본적인 '일'이 대기하고 있다. 즉, '어떤 인물'을 표출해야 하는가 하는 것이다. 바꾸어 말하면 인물의 해석이다.

거기서 ③배우의 소질은, '감성'보다 '지력'에 중점을 두지 않으면 안 되게 되었던 것이다. 게다가, '지력'만 있으면 '감성'은 아무래도 좋은 것이 아니고 지난 날의 배우에게 필요했었던 만큼 '감성'이 필요한 것은 변함이 없으며 그밖에 옛 배우에게는 그다지 필요하지 않았던 '지력'이 이번에는 무엇보다도 필요하다는 것이다.

〈기시타 구니오 『배우의 소질』에서〉

(주1) 분하는 : 분장하다, 역할을 연기한다
(주2) 유형적 : 흔히 있어 특색이 없는 모습
(주3) 완전히 분함 : 완전히 그가 된다
(주4) 왜냐하면

문제 1 ①배우에게는 '감성'만 있으면 '지력'은 불필요하다라고 되어 있는데, 왜 그렇게 주장했는가?

1 옛날은 배우가 어떤 인물을 연기하는 경우 그 역의 해석에 전혀 머리를 사용하지 않았기 때문에
2 옛날은 배우에게 그 역에 대해서 더 상상력을 요구했기 때문에
3 옛날은 배우의 지력보다 감성을 더 중요시했기 때문에
4 옛날은 정해진 역할을 어떻게 잘 연기할 수 있을지가 중요시되었기 때문에

문제 2 ②'모방'으로부터 멀지 않은 것은 결국 무엇을 가리키고 있는 것인가?

1 새로운 인물을 창조하는 것
2 완전히 그 인물이 되는 것
3 자기 나름대로 그 인물을 해석하는 것
4 지력에 의해서 만들어진 역할

문제 3 필자는 ③배우의 소질로는 어떠한 것이 필요하다고 말하고 있는가?

1 감성이나 지력보다 상상력을 갖추는 것
2 감성은 그다지 중요하지 않고, 지력이 더욱 더 소중하게 되어 가는 것
3 감성이나 지력도 필요하지만, 지금부터는 감성이 더 필요하게 되어

가는 것

4 감성이나 지력도 필요하지만, 지금부터는 지력이 더 필요하게 되어 가는 것

어휘

素質(そしつ) 소질 | 論(ろん)じる 논하다 | 感性(かんせい) 감성 | 挙(あ)げる 들다 |想像力(そうぞうりょく) 상상력 | 著(いちじる)しい 현저하다 | 目立(めだ)つ 눈에 띄다 | 演劇(えんげき) 연극 | 知力(ちりょく) 지력 | 模倣(もほう) 모방 | 戯曲(ぎきょく) 희곡 | 言(い)い換(か)えれば 바꾸어 말하면 | 解釈(かいしゃく) 해석

03 문제 1 **정답 2** 문제 2 **정답 3** 문제 3 **정답 4**

해석

과학에 대한 관심이 어느 정도 유행이 되어 요즘 관심이 높아지고 있다. 여러 가지 면으로부터 관찰될 것이지만 나로서 줄곧 생각할 수 있는 것은, 그러한 오늘의 경향 속에서 과학 지식과 과학 정신이라고 하는 두 개의 것이 어떤 모양으로 서로 차이나 연관을 분명히 하여 발전해 오고 있는 것일까라고 하는 점이다. 부분적으로 들면 각각 대립되어 있는 상태의 문제도, 근원에 가로놓이는 열쇠는 이 두 개의 것이 살아 움직이는 데 있으며, 특히 일상생활에 입각한 면에서는 ①이 점이 매우 크고 깊게 작용하고 있는 것은 아닌가라고 생각할 수 있다.

과학적인 학식이나 지식이, 아마추어가 생각하는 것보다 훨씬 더 과학 정신과는 단절된 채로 한 사람의 내부에 존재하고 있는 경우도 현대에 실제한다.

어느 여성이 있는데 그 사람은 의학 방면의 어떤 전문가로, 그쪽 방면의 지식은 항상 새롭게 받아들이고 있으며 직업인으로서 훌륭한 기량도 갖추고 있지만, 도시인다운 여러 가지 미신적인 것도 한편에 그대로 가지고 있어서 그것은 결코 멈추지 않는다. 과학 지식은 지극히 국한된 범위 내에서 가지고 있는 것은 확실할 것이다. 이 경우, 그 사람의 모든 정신이 객관적인 진실을 사랑한다고 하는 과학 정신으로 일관되지는 않은 것도 또 분명하다고 말할 수 있다. 잠시 생각하면 ②있을 것 같지도 않은 이런 것이 현실에 존재한다.

젊은 여성에게 있어서 과학 지식은 상당히 갖고 있을 것인데 그것이 생활 속에서는 전혀 활용되지 않는다고 하는 비난을 자주 받고 있다. 그것 등도, 결국은 그러한 여성들이 방정식 형태 등으로는 상당한 과학지식을 얻고 있는데, 교육 과정에서 중요한 과학정신을 전혀 체득하지 않았기 때문에, 실험실이 있는 것도 아닌 일상 생활 속에서는 ③그 지식도 죽은 물건이 되어 가는 것이 아닐까라고 생각한다.

〈미야모토 유리코『과학 정신을』에서〉

(주1) 자주, 끊임없이

(주2) 전문가가 아닌 사람, 미숙한 사람

(주3) 미신적인

(주4) 조금도, 완전히

(주5) 자주

문제 1 ①이 점은 무엇을 가리키는가?

1 과학에의 관심이 최근 높아지고 있는 점

2 과학 지식과 과학 정신이 서로 연관된 점

3 과학적 지식은 아마추어가 생각하는 것보다 훨씬 어려운 점

4 과학 지식과 과학 정신과는 관계가 없는 점

문제 2 필자는 ②있을 것 같지도 않은 이런 것이 현실에 존재한다고 말하고 있는데, 그것은 어떠한 의미인가?

1 의학 전문직에 종사하면서도 여성이라서 미신적인 것도 갖고 있는 것

2 도시인이 여러 가지 미신적인 것을 믿고 있는 것

3 과학적인 지식이 과학 정신과는 분리된 채로 한 명의 사람 안에 존재하는 것

4 의학 지식을 항상 새롭게 받아들이기 때문에, 미신적인 것은 믿지 않는 것

문제 3 ③그 지식도 죽은 물건이 되어 가는이라고 했는데, 왜 그러한가?

1 배운 과학 지식을 실험할 수 있는 실험실이 없으니까

2 젊은 여성들에게 방정식의 형태밖에 가르치지 않으니까

3 과학 지식은 원래 생활 속에서는 무용지물이니까

4 과학 지식은 꽤 있는데도 생활 속에서는 전혀 활용되고 있지 않으니까

어휘

流行(りゅうこう) 유행 | 風潮(ふうちょう) 풍조 | 傾向(けいこう) 경향 | 多極(たきょく) 세력이 분산되어 각각 대립되어 있는 상태 | 根源(こんげん) 근원 | 横(よこ)たわる 가로놓이다 | 学識(がくしき) 학식 | 職業人(しょくぎょうじん) 직업인 | 技量(ぎりょう) 기량 | 迷信(めいしん)めく 미신적이다 | 局限(きょくげん)される 국한되다 | 肝心(かんじん) 중요함, 소중함 | 体得(たいとく)する 체득하다 | 死物(しぶつ) 사물 | 無用(むよう)の長物(ちょうぶつ) 무용지물

장문이해 완벽대비 문제

문제 10 다음 문장을 읽고 다음 질문의 답으로 가장 알맞은 것을 1 · 2 · 3 · 4 중에서 하나 고르세요.

01 문제 1 **정답 4** 문제 2 **정답 3** 문제 3 **정답 2** 문제 4 **정답 3**

해석

우리 아이는 장난치는 데 있어서 달인이다. '봤다. 부숴다. 혼났다'라는 순서의 반복으로, 우리의 생활은 끊임없는 아이와의 술래잡기이기도 하다.

아침 일찍 비몽사몽 중에 기상나팔과도 같은 아이 소리 때문에 잠에서 깬다. 자명종이 무용지물이 되어버린 것도 벌써 오래전의 일. 자, 오늘 하루 라운드 없는 싸움을 또 시작한다.

자기 장난감 상자를 꺼내 그것을 뒤집어 온 방안에 여기저기 어질러 둔다. 손이 닿는 모든 것을 잡아서, 일단 만져 본다. 물건 하나, 소리 하나 놓치지 않는 만큼 섬세한 일이 자신 있다. 아이에게 있어서는, 세상의 모든 것이 새롭다. 끝없는 지적 호기심을 불러일으킨다. 사소한 것에 눈이 반짝이고, 집어 들고는 이리 보고 저리 보고 유심히 살펴본다. 텔레비전의 아침 어린이 프로그램이 시작되면 잠시 휴식 상태에 들어간다.

아침 식사 후는 장외 게임으로 돌입한다. 사택 단지 놀이터는 언제나 아이들로 붐빈다. 그때까지 규정이 있는 평온했던 장소에 불청객이 찾아온 것이다. 얼굴색이나 눈코 모양이 완전히 같은 덕분에 아무런 조건도

없이 끼워 주지만 ①어딘지 모르게 독특하고 엉뚱하다. 조금의 거리낌도 없고 막무가내이고 기가 죽은 기색도 전혀 없다. 아내의 말버릇이 '말썽부려서 정말로 죄송합니다'가 되어 버렸다.

하지만 그 대장한테서도 ②생각하지 못한 사건이 일어났다. 어느 날 중국인 부부 친구가 찾아왔다. 평상시와 달리 그날은 낯가림을 심하게 하고는 고다쓰에서 나오려고도 하지 않는다. 이상한 일이다. 뜻밖의 우스운 광경으로 억지로 끌어냈더니 엉하고 울기 시작했다. 아마 어린 마음이 상처 받은 모양이다. 친구가 돌아가고 곧 방 한쪽 구석에서 이불에 머리를 파묻고 흐느껴 울고 있던 아이의 모습을 보고 깜짝 놀랐다. 1년 8개월 된 아이에게도 자신의 프라이드가 있나 보다.

당연한 일이지만 그 점까지 배려가 미치지 않았던 ③어른의 경솔함이었다. 자신만의 보루로, 다른 말과의 만남이라고 하는 이중 언어의 혼란 –이것은 유학생의 자식에게는 반드시 수반하는 것이지만– 그 위에 낯선 사람과의 만남에서 생겨난 불안감이 이유일지도 모른다. 이중 언어의 혼란이라고 하는 고민을 안고 사는 아이의 생활은 당분간은 '가시밭길'이 될지도 모른다. 그럼에도 불구하고 로마에서는 로마 풍습을 따르는 것이 좋다. 다른 언어이든 다른 문화이든 ④백지에 그리는 그의 인생은 전도가 밝다.

건강을 유지하려면 균형 잡힌 영양 섭취가 꼭 필요하듯이 진정한 국제적인 사람이 되기 위해서는, 균형 잡힌 문화 이해를 할 수 있어야 한다. 문득, 우리 아이가 이러한 사람이 되어주었으면 하고 생각하는 것은 과욕일까?

〈주종관 『유학생의 아이』에서〉

(주1) 꿈과도 현실과도 구별이 되지 않는 상태, 멍한 상태
(주2) 어떤 것을, 여러 가지 방면에서 잘 보는 모습
(주3) 기죽은 얼굴
(주4) 좁은 범위 안에서 자신이 제일이라고 의기양양한 사람
(주5) 이유
(주6) 그 땅에 가면 그곳의 습관에 따라야 한다

문제 1 ①어딘지 모르게 독특하고 엉뚱하다고 하였는데, 왜 그러한가?
1 성격이 막무가내이고 주눅 들린 기색도 없기 때문에
2 갑자기 노는 무리에 끼워줬기 때문에 태도가 어색해졌기 때문에
3 불청객 취급을 받았기 때문에
4 얼굴색과 용모는 같아도 문화권의 차이로 인한 행동 양식이 다르기 때문에

문제 2 ②생각하지 못한 사건이란 무엇을 의미하고 있는 것인가?
1 어린아이도 이상한 프라이드를 갖고 있는 것
2 친구가 방문할 때마다 고다쓰에서 나오려 하지 않았던 것
3 평소에는 거침없이 행동했었는데 그날은 이상한 행동을 보인 것
4 중국어를 처음 들어서 놀란 것

문제 3 ③어른의 경솔함이란, 무엇을 가리키는가?
1 아이를 억지로 고다쓰에서 끌어낸 것
2 자신의 집에서 다른 언어를 접하고는 생긴 정신적인 혼란을 충분히 이해해 주지 못했던 것
3 친구 앞에서 운 아이를 꾸짖은 것
4 마음에 상처를 받고 이불 속에서 울고 있는 아이의 모습을 보고 놀란 것

문제 4 ④백지에 그리는 그의 인생은, 전도가 밝다라고 했는데, 왜 그런가?
1 이문화이든 다른 언어이든, 아이에게 있어서 백지와 같기 때문에
2 아이의 머리는 백지와 같이 텅 비어서, 뭐든지 흡수하기 쉽기 때문에
3 이문화이든 다른 언어이든 아이에게는 편견이 없기 때문에 뭐든지 받아들이기 쉽기 때문에
4 머리가 백지와 같은 상태가 아무 걱정도 없고, 희망으로 가득 차 있기 때문에

어휘

名人(めいじん) 명인, 달인 | 絶(た)え間(ま)ない 끊임없다 | 鬼(おに)ごっこ 술래잡기 | 無用(むよう)の長物(ちょうぶつ) 무용지물 | 好奇心(こうきしん) 호기심 | 些細(ささい)だ 사소하다 | 休憩(きゅうけい) 휴식 | 突入(とつにゅう)する 돌입하다 | 平穏(へいおん) 평온 | 顔色(かおいろ) 안색 | 目鼻立(めはなだ)ち 이목구비 | 風変(ふうが)わり 이색적 | 突飛(とっぴ) 엉뚱함 | 無鉄砲(むてっぽう) 분별없음 | 口癖(くちぐせ) 말버릇 | 甚(はなは)だ 매우 | 人見知(ひとみし)り 낯가림 | 滑稽(こっけい) 우스움 | 光景(こうけい) 광경 | 片隅(かたすみ) 한쪽 구석 | 仰天(ぎょうてん) 매우 놀람, 기겁을 함 | 軽率(けいそつ) 경솔 | 醸(かも)し出(だ)す 자아내다 | 白紙(はくし) 백지 | 前途洋々(ぜんとようよう) 전도양양함 | 摂取(せっしゅ) 섭취 | 釣(つ)り合(あ)い 균형

02 **문제 1** **정답 3** **문제 2** **정답 4** **문제 3** **정답 2** **문제 4** **정답 4**

해석

최근에 ①종래의 외국어 교육이 여러 가지 각도로부터 비판받게 되고, 예를 들면 외국어 교육이 편중되었다고 하는 견해 때문에 수업 시간 삭감 등이 실행되게 되었다. 이에 대해서 외국어가 과연 편중되고 있었는지, 오히려 오늘과 같은 시국이기 때문에 외국어 교육은 더욱더 중요시해야 하는 것 아닌가라는 생각이 대립하고 있다. 이 점에 대한 나 자신의 견해는, 나 역시도 외국어의 교육은 한층 중시하지 않으면 안 된다–라고 하는 것을 전제로 하지만, 그러나 중요시한다고 해도 오늘까지의 교육 방법이 보다 근본적으로 개혁되는 것이 당연하다고 생각한다. 즉, 외국어 교육에 있어서 실로 그 성과를 올리기 위해서는 ②종래의 교육 방법에는 몇 가지 중대한 결점이 있다고 생각하는 것이다.

우선 일본인이 외국어를 배우는 목적을 더 명확하게 인식할 필요가 있다. 종래는 전문적인 지식을 습득하기 위해서, 외국어를 통해서 각국의 나라의 문화에 접해 이것을 받아들이는 것이 외국어를 배우는 가장 큰 목적이었다. 또 그 위에 하나의 큰 목적은 실용적으로 외국인과 어느 정도까지 자유롭게 의사소통을 가능하게 한다고 하는 것이었다. 그러나 일반적으로 중등학교에서 외국어를 배우는 경우에는, 장래 지금 말한 것과 같은 의미로 외국어를 실제로 활용하는 직업에 종사하게 되는 것 이외는 —즉 그 수에 있어서 대부분의 경우는— 상식으로서 어느 정도의 초보적인 외국어를 습득해 두는 편이 좋다고 하는 식의 목적, 예를 들면 간판의 서양글자라든가, 새로운 외래어의 의미 정도는 모르면 안 된다든가, 더 우스운 예를 들자면, 여학교 등에서는 서양글자를 읽을 수 없으면 통조림의 사용법을 알 수 없다든가, 아주 쓸데없는 것이 게다가 공공연한 이유가 되어 있었다고 생각한다. 그런데 이 제1, 제2의 목적은 외국어 습득의 이유로서 꽤 분명하고, 또 납득도 할 수 있지만, 제3의 소위 상식으로서—라고 하는 생각은, 향후에는 꼭 일소되어야 한다. 이것은 완전

히 구미 의존 정신의 한 가지 현상이며, 말하자면 일본인의 생활 도처에 ③구미 숭배, 혹은 구미 의존의 사실을 이야기하는 것이라고 말할 수 있다. 게다가, 사실상 중등 학교만의 외국어 교육은 거의 아무런 도움도 되지 않은 것이다. 예를 들면 앞에서 언급한 통조림 사용법을 다 해독할 만한 실력조차 과연 충분히 있는지 매우 의문이다. 따라서 대부분의 경우, 단지 영어를 배웠다고 하는 안이한 자기만족으로 끝나고 있는 실정이다.

그러나 그렇다고 해서 중등학교 졸업자가 외국어에 대해서, 완전히 무지해도 좋을까 하면, 반드시 그렇지 않다고 생각한다. 특히 외래어 등이 상당 부분 일본어 속에 녹여져 있으며 또 앞으로도 그러한 경향이 완전히 없어지는 것도 아니다. 따라서 여러 면에 있어서 외국어에 관한 지식은 국민으로서 아무래도 어느 정도는 가지고 있어야 한다. 그러나 나의 생각으로는 종래와 같이 외국어라고 하면 곧 영어라고 생각하는 태도는 버리지 않으면 안 된다. 그리고 중등학교 전체를 걸쳐서 일본과 관계가 있는 여러 나라의 말을 가르친다, 그리고 어느 정도의 수에 어느 외국어를 가르치는가 하는 것을 계획적으로 정하고 가야 한다고 생각한다. 또, 일상생활을 통해서 일본인이 접할 가능성이 있는 외국어를 —이것은 새로운 방법을 통해서 할 필요가 있다고 생각하지만— 예를 들면, 각국의 간단한 발음이라든가, 같은 의미의 말이 각각 나라에서는 어떻게 다른가, 그러한 것들을 중등학교에서 가르치는 것도 하나의 방법은 아닐까. 구별법 정도 알아 두면 대단히 도움이 된다. 이것은 외국어에 대한 지식을 주기 위한 조금 새로운 방식이며 생각일 것으로 생각한다.

〈기타다 쿠니오 『외국어 교육』에서〉

(주1) 편중 : 사물의 일면만을 존중하는 것
(주2) 섭취 : 도입해 자신의 것으로 만드는 것. 또, 영양물 등을 체내에 도입하는 것
(주3) 대충 : 일단, 전체에 걸쳐서 있는 것
(주4) 가로쓰기 : 서양어, 또, 그 문장
(주5) 쓸데없다 : 1 정체가 없다. 또, 맺힌 데가 없다 2 견실한 생각이 없다. 또, 어려서 사려 분별이 없다

문제 1 필자는 ①종래의 외국어 교육에 대해서 어떠한 자세를 취하고 있는가?

1 종래의 교육 방법을 모두 부정한다.
2 종래의 교육 방법을 모두 찬성한다.
3 종래의 교육 방법을 일부를 제외하고 비판한다.
4 종래의 교육 방법에 중립적인 자세를 취하고 있다.

문제 2 ②종래의 교육 방법에는 몇 개의 중대한 결점이 있다고 했는데, 필자의 첫 번째 개선책은 무엇인가?

1 외국어를 통해서 각각의 나라의 문화에 접해 그것을 섭취하는 것
2 실용적으로 외국인과 어느 정도까지 자유롭게 의사 소통이 가능한 것
3 상식으로서 외국어를 습득하는 것
4 일상생활을 통해서 일본인이 접할 가능성이 있는 외국어를 분별할 수 있을 정도로 가르치는 것

문제 3 ③구미 숭배, 혹은 구미 의존의 사실이 있었다는 것을 이야기하는 것이란 무엇인가?

1 외국어를 통해서 외국의 문화를 흡수하기 위한 학습
2 상식으로서 외국어의 습득
3 외국어를 실제로 활용하는 직업으로 진출하는 것
4 외국인과 어느 정도까지 자유롭게 의사 소통이 생기는 학습

문제 4 필자의 생각과 일치하는 것은 어떤 것인가?

1 종래의 외국어 교육은 편중 되어 있기 때문에, 수업 시간을 삭감해야 한다.
2 외국어 교육은 더 중시해야 하고, 특히 상식으로서의 외국어 교육을 강화해야 한다.
3 외국어라고 하면 곧 영어라고 생각하는 태도는 버리고, 국제 교류를 위해서 귀에 익숙하지 않는 외국어를 배워야 한다.
4 외국어 교육은 더 중시해야 하고, 종래의 교육 방법에는 단점이 있기 때문에 어느 정도 수정해야 한다.

어휘

従来(じゅうらい) 종래 | 角度(かくど) 각도 | 批判(ひはん) 비판 | 見解(けんかい) 견해 | 欠点(けってん) 결점 | 明確(めいかく)だ 명확하다 | 認識(にんしき)する 인식하다 | 習得(しゅうとく)する 습득하다 | 実用的(じつようてき) 실용적 | 疎通(そつう) 소통 | 職業(しょくぎょう) 직업 | 滑稽(こっけい)だ 우습다 | 安易(あんい)だ 안이하다 | 有様(ありさま) 모양 | 無知(むち) 무지

03 **문제 1 정답 4** **문제 2 정답 4** **문제 3 정답 1** **문제 4 정답 3**

해석

요즘 젊은 사람들은 이제는 이런 말은 사용하지 않을지도 모르지만, 그럼에도 불구하고 말 그 자체는 아직 없어지지는 않았다.

'그 남자는 하이칼라다'라고 하면, 그 남자가 어떤 남자인지는 문제가 아니고, 그보다는 그런 말을 하는 사람이 어떤 사람일까를 알고 싶어 하는 만큼의 시대가 되어 있는지도 모른다.

도대체 이 ①'하이칼라'라는 말은 누가 어떤 기회에 만들어 냈으며 언제 세상에서 가장 유행했던 말인 것인가, 나는 기억하지 못하지만 어쨌든 그 당시 양복에 '높은 칼라를 달고 있는 남자'는, 일반적으로 '낮은 칼라를 달고 있는 남자'보다 분명 '하이칼라'이었을 것이다. 이것은 서양에서도 그럴까? ②내가 관찰한 바로는 반드시 그런 것 같지는 않지만, 양복을 입는 것만으로도 아직 신기해 보였던 시대의 일본에서는 분명히 '높은 칼라'를 다는 것이 이른바, '하이칼라'이었을 것이다.

그러나 그 '하이칼라'는, '높은 칼라'를 다는 것만을 의미하지 않는 것은 물론이고, '높은 칼라'를 즐겨 달았던 남자는 화려한 넥타이를 즐겨 메었으며, 도수가 없는 안경을 즐겨 썼으며, 또 앞이 뾰족한 구두를 즐겨 신었을 것이다. 남자는 또, 영어를 자주 구사하고 숙녀들의 기분을 자주 즐겁게 해주었을 것이다.

여기에서 '하이칼라'라는 말은 단지 복장에서 만이 아니라, 그 태도에서, 그 취미에서, 그 기질에서 부가되는 말이 되었으며 게다가 ③약간, 경멸, 야유의 의미를 포함한 말까지도 된 것 같다. 왜냐하면, 이 '하이칼라'라는 말은 적어도 스스로 '하이칼라'라고 믿고 있는 사람이 하는 말은 아니기 때문이다.

또 이 말은 오로지 남성에만 쓰이지 않고, 다른 한편으로는 여성에게도 쓰이는 말이 되었다. ④'하이칼라한 여자'는, 그저 그 머리카락을 이른바 '하이칼라'하게 묶을 뿐만 아니라, 그 위에 또 안경을 쓰고, 시계를 차고 핸드백을 들고……등을 일삼았다. 특히 남성 앞에서는, 입을 다물고 고개를 숙이고만 있지 않고 조금 고개를 갸웃하며 "어머, 멋져!"라는 말

을 해 보지 않으면 안 되었다. 그녀들은 또 남자만이 산책하러 가는 것을 불만스럽게 생각했으며 여자만이 아이를 낳는 것을 조금 유감스러워 하지 않았었나.

이렇게 보면, '하이칼라'라는 말은 사상과 관계가 있다. 그리고 생활 그 자체와도 관계가 있다.

〈기시타 구니오 『하이칼라라고 하는 것』에서〉

(주1) 도수가 없는 안경
(주2) 이러한
(주3) 기질, 성질
(주4) 조롱하는 것
(주5) 자기 자신이 그 자격이나 역할에 어울린다고 믿어 버린다
(주6) 연극 구경용 핸드백, 여성용 소형 핸드백

문제 1 필자가 말하는 ①'하이칼라'라는 말의 의미와 맞지 않은 것은 무엇인가?

1 '하이칼라'에는 어느 정도 상대를 업신여기거나 야유하는 의미가 포함되어 있는 것
2 스스로 '하이칼라'라고 믿고 있는 사람은 그런 말을 입에 담지 않는 것
3 '하이칼라'라는 말에는 옷차림뿐만 아니라, 기질, 취미, 태도의 의미도 포함되어 있는 것
4 서양에서도 양복을 입고 높은 칼라를 붙이고 있는 것을 '하이칼라'라고 불리는 것

문제 2 ②내가 관찰한 바로는 반드시 그런 것 같지는 않지만이라고 했는데, 필자는 왜 이와 같이 말하고 있는가?

1 서양에서는 '하이칼라'인 사람이 많지 않아서
2 서양에서도 낮은 칼라보다 높은 칼라가 인기라서
3 당시에 일본인이 양복을 입는 것을 자랑으로 생각했기 때문에
4 양복을 입는 것이 드물었던 일본인에 비해서 서양인은 그것을 그다지 신경 쓰지 않았기 때문에

문제 3 필자는 왜 ③약간, 경멸, 야유의 의미를 포함한 말까지도 된 것 같다라고 했는가?

1 '하이칼라'인 사람은 스스로 그렇게 말하지 않으니까
2 '하이칼라'가 남성뿐만이 아니라 여성에게도 사용되는 말이니까
3 '하이칼라'인 남자는 영어를 자주 구사하고 숙녀들의 기분을 자주 즐겁게 해주었기 때문에
4 '하이칼라'인 사람은 옷차림만을 신경 쓰는 경향이 있기 때문에

문제 4 ④'하이칼라한 여자'와 일치하지 않은 것은 무엇인가?

1 멋을 좋아하는 모던한 여성
2 조심스러운 태도보다 더 적극적으로 자신의 의사를 나타내는 여성
3 남자만이 산책하러 가는 것을 아무렇지도 않게 생각하는 여성
4 남녀평등 사상을 갖고 있는 여성

어휘

世間(せけん) 세상 | 記憶(きおく) 기억 | 洋服(ようふく) 양복 | 西洋(せいよう) 서양 | 観察(かんさつ) 관찰 | 珍(めずら)しい 드물다, 희귀하다, 이상하다, 별나다, 신기하다 | 派手(はで)だ 화려하다 | 尖(とが)る 뾰족해지다, 날카로워지다 | 操(あやつ)る 취급하다, 조작하다, 조종하다 | 機嫌(きげん)を取(と)る 환심을 사다 | 幾分(いくぶん) 약간 | 軽蔑(けいべつ) 경멸 | 揶揄(やゆ) 야유 | 結(ゆ)う 매다, 땋다 | 殊(こと)に 특별히, 특히 | 俯(うつむ)く 고개를 숙이다 | 傾(かし)げる 기울이다, 갸웃하다 | 不平(ふへい) 불평 | 思想(しそう) 사상 | 気質(きしつ) 기질 | 誇(ほこ)り 자랑 | 淑女(しゅくじょ) 숙녀

통합이해 완벽대비 문제

문제 11 다음 문장은 '교육'에 대한 기사의 일부분입니다. 2개의 문장을 읽고, 다음 질문에 대한 답으로 가장 알맞은 것을 1·2·3·4 중에서 하나 고르세요.

01 **문제 1 정답 4** **문제 2 정답 3** **문제 3 정답 2**

해석

A

오랫동안 일본에서는 주입식 교육이 이루어졌으며 그것이 절대적으로 나쁜 것처럼 얘기되어왔지만 주입식 교육이 다 나쁜 것은 아닙니다. 주입된 지식은 금방 사라진다는 말도 반드시 정확한 것은 아닙니다. 예를 들면 학교 시험 때의 벼락치기와 비교해서 대학 수험 레벨의 암기에 있어서는 주입했을 때에 사용하는 머리 부분이 다릅니다. 표면적인 암기만으로대학 수험 레벨의 방대한 양을 기억할 수는 없습니다. 거기에는 반드시 그만한 이해력이 수반합니다. 많은 것을 기억하기 위해서는 이해하는 것이 지름길인 것을 깨닫는 것입니다. 이것을 깨닫지 못한 사람들은 제대로 공부했던 적이 없는 것이라고 생각합니다. 문제가 되는 것은 주입 자체가 아니고 자기 나름대로 깊게 이해할 시간이 부족한 것입니다.

B

몇 년 전에 공적 기관이 실시한 조사 결과, 국어에서도 산수에서도 기술식 문제에 백지로 답을 제출한 아이가 30~40% 정도는 있었다고 합니다. 생각하기 위해서는 자기 나름대로 이해하고 있는 것이 중요합니다만, 그것이 안 되었다는 것입니다. 이것은 일방적으로 이야기를 듣는다고 해서 생각하는 힘이 길러지기 힘들다는 것을 나타내고 있다고 생각합니다. 학습한 것이 자기 것이 되기 위해서는 자기 나름대로 이해하는 시간이 필요합니다. 또 공부를 잘하는 아이의 해답도, 자기 나름대로 고민하고 기술한 것이라고 하기 것보다는 어디선가 들은 것 같은 모범적인 것이 되어 버리는 경향이 있습니다. 물론 모범적 해답을 발판으로 삼아서 거기로부터 앞으로 성장할 가능성이 있는 것도 확실합니다. 이것은 어디까지나 본인이 의식하기 나름입니다.

문제 1 A와 B 어느 한쪽의 기사에만 언급된 내용은 어떤 것인가?

1 주입식 교육의 사회적 인식
2 주입식 교육의 이점
3 배운 내용을 이해하기 위한 시간
4 공부법에 대한 학생의 의식

문제 2 주입식 교육에 대해서, A의 필자와 B의 필자는 어떠한 입장을 취하고 있는가?

1 A도 B도 주입식 교육에 대해 비판적이다.
2 A도 B도 주입식 교육에 대해 호의적이다.

3 A는 호의적이지만, B는 약간 비판적이다.
4 A는 약간 비판적이지만, B는 호의적이다.

문제 3 주입식 교육에 대해서, A와 B의 필자가 가장 중시하고 있는 것은 무엇인가?
1 틀에 박힌 모범적인 해답을 하지 않는 것
2 자기 나름대로 이해하는 시간을 확보할 수 있는 것
3 학교 시험에 대비해 벼락치기 공부를 하지 않는 것
4 대학 수험 레벨의 방대한 양을 기억하는 것

어휘
詰(つ)め込(こ)む 가득 채워 넣다, 주입하다 | 一夜漬(いちやづ)け 하룻밤 사이에 익힌, 벼락치기 | 暗記(あんき) 암기 | 膨大(ぼうだい)だ 방대하다|伴(ともな)う 동반하다 | 近道(ちかみち) 지름길, 샛길, 가까운 길 | 気付(きづ)く 깨닫다 | 自体(じたい) 자체 | 公的機関(こうてききかん) 공적 기관 | 記述式(きじゅつしき) 기술식 | 白紙(はくし) 백지 | 一方的(いっぽうてき) 일방적 | 咀嚼(そしゃく) 저작, 씹음, (뜻을) 음미함 | 模範的(もはんてき) 모범적 | 傾向(けいこう) 경향 | 踏(ふ)み台(だい) 발판, 발돋움 | 将来的(しょうらいてき) 장래적 | 意識(いしき) 의식 | 好意(こうい) 호의 | 批判(ひはん) 비판

문제 11 다음 문장은 '영어 교육'에 대한 기사의 일부분입니다. 2개의 문장을 읽고, 다음 질문에 대한 답으로 가장 알맞은 것을 1·2·3·4 중에서 하나 고르세요.

02 문제 1 **정답 4** 문제 2 **정답 3** 문제 3 **정답 3**

해석

A

아이의 일은 '놀이'라고 하는 말이 있습니다. 그 말대로 아이는 '놀이'를 하면서 여러 가지를 배워 나갑니다. 즉 '공부로서의 영어'는 아니고 '놀이의 하나로서의 영어'로 접근해 가면 좋습니다.

그러나 유아기는 모국어인 일본어를 흡수하는 소중한 시기이기도 합니다. 너무 영어에만 노출시킬 것이 아니라 하루에 몇 시간은 '영어 놀이' 시간으로, 나머지는 제대로 된 일본어의 시간으로 구분 짓는 것이 중요합니다.

영어만 들려주는데도 별로 관심이 없는 것 같다면 효과도 낮아지고 또 일본어 흡수도 제대로 안 돼서 어느 쪽도 어중간하게 되어 버린다…그렇게 되지 않도록 주의합시다.

마지막으로 잊어서는 안 되는 것은, 아이와 함께 부모도 영어를 함께 즐기는 것이 중요합니다. 아무리 아이에게 영어를 습득시키려고 해도, 부모가 싫어한다면, 아이에게도 그 싫어하는 기분이 전해져 버리게 됩니다. 알면서도, 그것이 꽤 어렵습니다만.

B

무엇을 위해서 영어를 공부하고 있는지, 무엇이 재미있어서 공부하지 않으면 안 되는 것인가, 라는 생각으로는 결코 영어를 제대로 습득할 수가 없습니다.

그러나 어린이는 다릅니다. 아기가 말을 익힐 때 우선 엄마의 말을 듣고 그것을 흉내 내는 것으로, 자신의 것으로 익혀 나갑니다. 그리고 의사를 상대에게 전하기 위해서나 상대를 이해하기 위해서 말을 하게 됩니다.

아이는 즐겁다고 느끼는 것은 적극적으로 기억하려고 합니다. 이것은, 일본어나 영어도 같습니다.

선생님이나 친구와 함께 영어로 노래하거나 거기에 맞춰서 춤을 추거나 영어를 사용해서 게임을 하거나 하여 즐기면서 경험하는 것을 통해서 나도 모르는 사이에 영어를 익혀 갑니다. 아이는 영어가 즐겁다고 생각하면 반드시 영어를 아주 좋아하게 됩니다. 그리고 더 흥미가 생기고, 영어를 더 알려고 합니다. 그런 아이들은 영어회화 숙달 속도도 매우 빠릅니다. 자제분이 흥미를 보이면 우선은 엄마와 함께 영어를 즐기는 것부터 시작해 봅시다.

문제 1 A와 B의 인식으로 공통되고 있는 것은 무엇인가?
1 영어를 향상시키는 목적을 위해서 공부시켜야 한다.
2 어린 시기에는 일본어의 학습에 집중해야 한다.
3 영어를 들려주는 것보다 말하게 하는 것이 더 효과적이다.
4 영어를 놀이로서 가르쳐야 한다.

문제 2 A와 B 어느 한쪽의 기사에만 언급된 내용은 어떤 것인가?
1 아이에게 영어를 즐기도록 하는 것
2 부모나 아이와 함께 영어를 즐기는 것
3 일본어와 영어의 시간을 나누어 가르치는 것
4 영어를 놀이로서 가르치는 것

문제 3 영어 조기 교육에 대해서 A가 비판하고 있는 것은 어떠한 것인가?
1 부모가 아이와 함께 영어를 습득하지 않는 것
2 영어 교육은 놀이라고 하는 인식을 가지는 것
3 영어만 듣게 하면 일본어 학습에 지장을 초래하는 것
4 일본어 시간과 영어 시간을 구분하는 것

어휘
乳幼児(にゅうようじ) 유아기 | 母国語(ぼこくご) 모국어 | 吸収(きゅうしゅう)する 흡수하다 | 漬(つ)ける 담그다 | 区切(くぎ)る 구분하다 | 中途半端(ちゅうとはんぱ) 어중간함 | 習得(しゅうとく)する 습득하다 | 身(み)につく 터득하다 | 積極的(せっきょくてき) 적극적 | 知(し)らず知(し)らずのうちに 어느새 | 興味(きょうみ) 흥미 | 早期(そうき) 조기 | 認識(にんしき) 인식 | 共通(きょうつう) 공통 | 幼(おさな)い 어리다 | 学習(がくしゅう) 학습 | 集中(しゅうちゅう) 집중

문제 11 다음 문장은 '사법 제도'에 대한 기사의 일부분입니다. 2개의 문장을 읽고, 다음 질문에 대한 답으로 가장 알맞은 것을 1·2·3·4 중에서 하나 고르세요.

03 문제 1 **정답 2** 문제 2 **정답 3** 문제 3 **정답 4**

해석

A

많은 국민이 더욱 사법 제도에 대해서 진지하게 생각할 기회가 되기 때문에 재판원 제도에 찬성입니다.

요즘 언론을 통해서 흉악범죄가 늘었다든가 치안이 나빠졌다든가 하는 내용을 자주 듣는 때문인지 엄중한 체벌을 요구하는 풍조가 나온 것

같습니다.

그 밖에도 사형 제도의 논의에 있어서도 일부의 인권파와 그것을 야유하는 존치파와 같은 치졸한 논의만이 눈에 띄고 있기도 하고요.

재판하는 쪽과 재판받는 쪽의 입장은 다르겠지만 사법 제도를 더 친숙한 문제로 여기고 논의해 나가는 좋은 계기가 된다고 생각합니다.

엄벌화의 필요 여부부터 출소 후의 문제까지 사법을 둘러싼 많은 문제가 있는데도 불구하고 '어려우니까'라든지 '관계없으니까'라고 핑계를 대면서 '전문가에게 떠맡겨' 버리고 있습니다. 적어도 민주주의를 표방하고 있는 일본 국민이 '전문가에게 떠맡겨' 버리고 있는 것은 너무 한심합니다. 사법 제도를 친숙한 것으로 논의하는 좋은 계기가 되지 않을까라고 생각합니다.

B

재판에 '일반 시민의 감각을 반영한다'라고 하여 도입이 정해진 재판원 제도이나 원래 '일반 시민의 감각'이라고 하는 것이 애매하고 알 수 없다. 게다가 '국민에게 알기 쉬운 재판'이라고 하는 것도 애매하고 알 수 없다. 또, 보도에서 크게 다루어진 사건의 경우, 보도에 의한 선입관 등에서 사실의 오인 · 무시 · 확대 해석 등을 하게 될 수도 있다. (전문가는 그 점도 훈련하고 있을 것이다) 또, 재판원이 빨리 돌아가고 싶기 때문에 충분한 심의도 통하지 않은 채로 판결을 내려 버릴지도 모른다. 또, 재판원에게는 국비로 일당이 지불되므로 '재판 비용'도 오르게 된다. 또, '사형 가능성이 있는 중대사건'이 대상이 되므로, '사형 판결을 낸 것을 정신적으로 후회하는 사람'이 사회 문제가 되었을 경우 그것을 이유로 한 안이한 '사형 폐지론'이 생길지도 모른다. 일이나 육아 등 일반 생활에 영향을 주지 않는다고 말할 수 없다. 재판에 참가했기 때문에 불이익을 당하여 그것으로 인해 범죄로 빠지게 되는 사람이 나오면 본말이 전도될 수도 있다.

문제 1 A와 B 양쪽이 언급한 내용은 무엇인가?

1 재판 비용이 오른다.
2 사형 제도의 폐지에 대한 논의
3 재판 제도를 친숙한 것으로 할 수 있는 계기
4 재판원 제도 도입 의미가 애매하다는 것

문제 2 재판원 제도에 대해서 A와 B의 필자가 가장 중시하고 있는 것은 무엇인가?

1 A는 중죄인의 엄벌, B는 재판원 제도 도입의 애매함
2 A는 전문가에게 떠맡기지 말 것, B는 중죄인의 엄벌
3 A는 관심을 가지고 적극적으로 참가, B는 아마추어에 의한 중대한 판단 미스의 악영향
4 A는 재판원 제도 도입의 애매함, B는 아마추어에 의한 중대한 판단 미스의 악영향

문제 3 A와 B 두 개의 문장을 이하와 같이 정리할 경우, ①과 ②에 들어가는 조합으로 적절한 것은 어떤 것인가?

「A의 필자는 (①)라고 생각하고 있지만, B의 필자는 (②)라고 생각하고 있다.」

1 ① 재판원 제도는 일반 시민이 중죄인을 엄벌할 수 있는 좋은 제도다.
② 재판원 제도에는 국비로 지불되므로, 세금을 더 내야 할 제도다.
2 ① 재판원 제도는 전문가보다 책임이 가벼운 제도다.
② 재판원 제도는 개인의 편견에 좌우되기 쉬운 제도다.
3 ① 재판원 제도는 사법의 문제를 단번에 해결할 수 있는 제도다.
② 재판원 제도는 그 역할을 맡아도 일반 생활에 영향을 주지 않는 제도다.
4 ① 재판원 제도는 사법 제도를 친숙한 것으로 생각하는 좋은 계기다.
② 재판원의 판단 능력은 불명하고 한편 중대한 사건에 대한 판단 미스의 후유증이 생길 수 있는 제도다.

어휘

司法制度(しほうせいど) 사법 제도 | 真剣(しんけん)だ 진지하다 | 機会(きかい) 기회 | 裁判員制度(さいばんいんせいど) 재판원 제도 | 賛成(さんせい) 찬성 | 凶悪(きょうあく) 흉악 | 治安(ちあん) 치안 | 吹聴(ふいちょう) 말을 퍼뜨림 | 厳罰(げんばつ) 엄벌 | 風潮(ふうちょう) 풍조 | 死刑制度(しけいせいど) 사형 제도 | 議論(ぎろん) 논의 | 人権(じんけん) 인권 | 揶揄(やゆ) 야유 | 存置(そんち) 존치 | 目立(めだ)つ 눈에 띄다 | 稚拙(ちせつ)だ 치졸하다 | 身近(みぢか)だ 자기 몸 가까운 곳, 신변, 자기와 관계가 깊음 | 転(ころ)がる 구르다 | 丸投(まるな)げ 청부 받은 일을 그대로 다시 하청 줌 | いやしくも 적어도, 만약, 만일 | 民主主義(みんしゅしゅぎ) 민주주의 | 標榜(ひょうぼう) 표방 | 情(なさ)けない 한심하다 | 感覚(かんかく) 감각 | 導入(どうにゅう) 도입 | 裁判(さいばん) 재판 | 曖昧(あいまい)だ 애매하다 | 報道(ほうどう) 보도 | 先入観(せんにゅうかん) 선입관 | 誤認(ごにん) 오인 | 無視(むし) 무시 | 拡大(かくだい) 확대 | 解釈(かいしゃく) 해석 | 審議(しんぎ) 심의 | 判決(はんけつ) 판결 | 下(くだ)す 내리다 | 国費(こくひ) 국비 | 日当(にっとう) 일당 | 悔(く)いる 뉘우치다, 후회하다 | 安易(あんい)だ 안이하다 | 廃止(はいし) 폐지 | 噴出(ふんしゅつ)する 분출하다 | 育児(いくじ) 육아 | 不利益(ふりえき) 불이익 | 被(こうむ)る 입다 | 本末転倒(ほんまつてんとう) 본말 전도 | 税金(ぜいきん) 세금 | 左右(さゆう)する 좌우하다 | 一気(いっき) 단숨 | 役目(やくめ) 역할 | 務(つと)める 맡다 | 不明(ふめい) 불명 | 後遺症(こういしょう) 후유증

주장이해 완벽대비 문제

문제 12 다음 문장을 읽고 다음 질문의 답으로 가장 알맞은 것을 1 · 2 · 3 · 4 중에서 하나 고르세요.

01 **문제 1** **정답 4** **문제 2** **정답 1** **문제 3** **정답 4** **문제4** **정답 3**

해석

번역이라고 하는 일은 여러 가지 억지 구실을 갖다 붙이지만 대체로 번역자 자신을 위해서 하는 일인 것이다. 번역을 읽고 원작을 운운하는 것은 매우 위험하다고도 할 수 있고 또 번역은 하나의 문화 사업이라는 구실도 있지만 번역 그 자체는 돈이 되든 안 되든 ①누구라도 해 보면 좋을 것이다.

번역한다는 것은 원서를 적어도 열 번 반복해서 읽는 것이다.

번역을 해보면 자신의 어학 실력의 바닥을 알게 되는 것이다.

번역을 하면서 내가 이렇게 일본어를 모르고 있구나 하고 깨닫는 것만

으로도 대단한 약이 된다.

한 번만 읽었을 때는 재미있었던 책이 번역을 하면서 혹은 하고 나면 시시해지는 경우가 있다. 대단한 작품은 아니었던 증거이다.

완성된 번역을 읽어 보고 원문 그대로를 잘 전하고 있는지는 알 수가 없다. 알 수 있는 것은 번역된 문장이 좋은가 아닌가이다.

여러 가지 작가의 것을 번역하는데 그 번역자가 자신만의 문체를 갖고 있는 것이 오히려 방해가 된다고 생각하기 쉽지만 결코 그렇지 않다고 생각한다.

②번역의 이상은 의미를 정확하게 파악하는 이상으로 일본어로 원문의 맛을 잘 내는 것에 있다고 여겨지고 있는 것 같은데 그것도 단지 그렇게 생각하게 할 뿐으로 일본어 문장으로 예를 들면 프랑스어 문장의 맛 같은 것은 낼 수 있는 것은 아니다.

몽테뉴(Montaigne)라고 한다면 몽테뉴의 문체라는 것은 프랑스어가 아니면 안 되는 것이다. 우연히 몽테뉴를 열열히 사랑하고 깊게 이해하여 그 정신과 풍모를 가까이에서 느낄 수 있던 번역자 세키네 히데오 씨의 훌륭한 '문체(스타일)'가 다소 그럴듯하게 잘 꾸몄다고 해도 원저자의 정신과 풍모를 '일본풍으로' 그대로 잘 그려내는 힘을 갖고 있었던 것이다.

문장의 리듬과 그 정확한 영상화는 결코 번역으로는 적합하지 않은 것이다. 단지 갑의 미를 을의 미로 옮겨놓는 기술이 번역의 순수 문학적 행위인 것은 아닐까 생각한다. 이것은 그러므로 번역에 있어서 일종의 번안적 부분이라고도 할 수 있는 것이다.

번역이라고 하는 일에 이 부분이 없으면 이것은 문학 작업이라고는 할 수 없는 ③매우 기계적인 것이 된다. 그러한 번역도 있어도 괜찮지만 번역하는 것도 읽는 것도 시시할 것이다. ④위험한 코스를 선택하는 등산자의 기분이 없지도 않다. 걱정하는 부모가 있는 것이다.

뮈세(Musset)와 아나톨 · 프랑스(Anatole France)를 일본어로 읽을 수 있도록 번역하는 것은 어렵다.

모파상(Maupassant)은 아무것도 아닌 것 같은데 막상 해보면 번역할 수가 없다. 일본어로 바꾸면 원문이 갖고 있는 맛을 낼 방법이 없는 것이다. 글에 따라 다르지만, 잘못하면 세속적으로 바뀌어 읽을 수 없게 될 것이다. 그런 내용을 써서 그 정도의 문학이 되는 것은, 프랑스어의 힘이 아닐까 생각한다. 그러나 그것보다 사실은 프랑스 문화의 힘이다.

(기시타 구니오 『번역에 대해』에서)

문제 1 필자는 왜 ①누구라도 해 보면 좋을 것이라고 말하고 있을까?

1 자신의 어학력 향상에 도움이 되기 때문에
2 번역은 여러 가지 구실을 붙이는 훈련이 되기 때문에
3 번역은 하나의 문화 사업이기 때문에
4 자신의 어학력 부족을 실감하는 좋은 계기가 되기 때문에

문제 2 필자가 말하고 있는 순수 문학에 있어서의 ②번역의 이상은 어떤 것인가?

1 번안을 통해 본문의 내용을 아름답게 표현하는 것
2 의미를 정확하게 파악하는 것과 동시에 일본어로 원문의 맛을 내는 것
3 의역뿐만이 아니라 가끔씩은 글자 하나하나를 충실히 맞춰 직역하는 것도 좋은 것
4 프랑스어의 맛을 일본어로 낼 수 있는 것

문제 3 ③매우 기계적인 것이 된다고 하였는데 어떠한 것을 가리키는가?

1 번역자가 재빠르게 번역 일에 착수하기 때문에
2 원문의 모습이 전해지지 않으니까
3 문학 작업이라고는 할 수 없으니까
4 만약 번역에 번안적 부분이 없다면

문제 4 ④위험한 코스를 선택하는 등산자의 기분이 없지도 않다고 하였는데 이 문장에서 '위험한 코스'와 '등산자'는 무엇을 가리키고 있는가?

1 '위험한 코스'는 정확한 이미지가 떠오르지 않는 번역, '등산자'는 작가
2 '위험한 코스'는 문장의 리듬이 없는 번역, '등산자'는 문학자
3 '위험한 코스'는 번안적 부분이 없는 번역, '등산자'는 번역가
4 '위험한 코스'는 기계적이 아닌 번역, '등산자'는 번역가

어휘

理屈(りくつ) 도리 | 原作(げんさく) 원작 | 云々(うんぬん) 운운 | 文化事業(ぶんかじぎょう) 문화 사업 | 口実(こうじつ) 구실, 핑계 | 繰(く)り返(かえ)す 반복하다 | 語学力(ごがくりょく) 어학력 | 底(そこ) 바닥, 밑바닥 | 薬(くすり)になる 약이 되다 | 代物(しろもの) 물건, 상품 | 証拠(しょうこ) 증거 | 面影(おもかげ) 모습 | 理想(りそう) 이상 | 扮装(ふんそう) 분장 | 施(ほどこ)す 베풀다, 주다 | 風貌(ふうぼう) 풍모 | 断(だん)じて 결코 | 置(お)き換(か)える 옮겨놓다 | 技(わざ) 기술 | 営(いとな)み 행위 | 択(えら)ぶ 선택하다 | 登山者(とざんしゃ) 등산자 | 役(やく)に立(た)つ 도움이 되다

02 **문제 1** **정답 4** **문제 2** **정답 4** **문제 3** **정답 2** **문제4** **정답 4**

해석

나는 '탐정취미'라고 하는 의미를 정확히 모른다. 동시에 '엽기취미'라고 하는 말도 매우 애매한 것 같이 느껴진다. 게다가 그러면서도 그런 취미의 소설이나 그림은 꽤 좋아하는 편으로 시시하다고 생각하는 작품에까지도 무심코 끌리게 된다. 스스로도 이상하다고 생각되지만 어쩔 수 없다.

도대체 어째서 ①이렇게 모순된 심리 현상이 일어나는 것일까?

그러한 취미의 정의나 범위는 구름 잡듯 막연하듯이, 그러한 취미로부터 받는 흥미는 어디까지나 몹시 심각하고 절실하다.

그들 작품 하나하나의 초점은 실로 뚜렷하다. 뇌 중심에 얼얼하게 눌어붙을 정도이다. 그러면서 나중에 생각하면 그 흥미의 초점과 자신의 심리가 어떤 식으로 결합되는지 도무지 알 수가 없다. 탐정취미로 끌린 건지 엽기취미로 읽었는지 알 수 없는 경우가 매우 많다. 알아도 그 '탐정'이라든가 '엽기'라든가 하는 취미의 정의는 여전히 오리무중이니까 이상하다—아무래도 이상하다—.

어렸을 때 우리 집에 우편이 온 것을 ②멀리서 보고 쏜살같이 돌아왔던 적이 있다. 편지를 보고 싶은 것은 아니었지만 어디에서 온 편지인가 알고 싶어서이다. 온 마을의 집들에 오는 편지를 모두 알고 있는 우편배달부가 너무나도 부러웠었다.

저런 것이 탐정취미라는 것일까?

그리고—마찬가지로 그무렵의 일, 처음으로 동물원에 가서 화식조와 낙타를 보게 되었을 때, 언제까지나 가만히 ③응시한 채 돌아가려고 하지 않았던 적이 있다. 어린 마음에 그러한 새나 짐승이 그렇게 기묘한 형태로 진화해 온 신기한 기분을 자신의 기분과 일치시키고 싶다—라고 하는 마음에 열심히 응시하고 있었다. 뭐라고 말할 수 없는 기묘한 동물의 체취에 취해서—.

그런 것이 엽기취미라고 하는 것일까?

만약 그런 것이라면 이런 취미는 곧 인간의 본능으로부터 나온 것이 아니면 안 된다. 그리하여 이것들의 취미의 정의나 범위는 학자들의 객관적인 연구에 의해서 결정되어야 할 것으로, 거기에 사로잡혀 있는 우리가 건성으로 생각해도 알 수 있는 것이 아니다. 게다가, 그것을 알 수 있었을 때는 비타민의 발견과 같이 머지않아 아주 평범한 취미가 되어버릴 운명을 가지고 있으므로, 현재와 같이 대중을 취하게 하는 힘은 없어져 버릴 것이다—뭐야, 시시하다—라고 하는 허전한 느낌도 있는 것 같다.

〈유메노 규사쿠 『넌센스』에서〉

문제 1 ①이렇게 모순된 심리 현상이라고 하였는데, 무엇을 말하는가?

1 탐정취미의 소설을 좋아하는가, 엽기취미의 소설을 좋아하는가의 마음의 요동
2 탐정소설이나 엽기소설의 정의의 애매함에서 오는 모순된 감정
3 탐정소설이나 엽기소설로부터 받는 흥미는 언제나 상반되는 모순을 포함하고 있는 것
4 의미가 애매모호한 탐정이나 엽기취미의 책을 시시하다고 생각하면서 읽어 버리는 것

문제 2 ②멀리서 보고 쏜살같이 돌아왔던 적이 있다고 하였는데, 왜 인가?

1 편지에 써 있는 수취인을 확인하고 싶어서
2 편지의 내용을 알고 싶어서
3 우편배달부에게 편지의 출처를 묻고 싶어서
4 편지의 발신인을 알고 싶어서

문제 3 필자는 왜 ③응시한 채 돌아가려고 하지 않았던 적이 있다고 말하고 있는가?

1 이상한 형태의 동물에 대한 이상한 기분을 만끽하고 싶었기 때문에
2 기이하고 이상한 동물을 보고 마음에서 납득하고 싶었기 때문에
3 기묘한 형태를 하고 있는 동물을 보고 싶어 하는 엽기취미가 있기 때문에
4 기묘한 모양의 동물의 체취에 취해 있었기 때문에

문제 4 이 문장으로 필자는 탐정취미나 엽기취미는 어떤 것이라고 말하고 있는가?

1 인간의 호기심에서 나온 것
2 객관적 연구에 의해서 정해지는 것
3 구름을 잡는 듯이 막연한 것
4 인간의 본능에서 나온 것

어휘

探偵(たんてい) 탐정 | 猟奇(りょうき) 엽기 | 甚(はなは)だ 매우, 심히, 대단히 | 可笑(おか)しい 이상하다 | 矛盾(むじゅん) 모순 | 心理現象(しんりげんしょう) 심리 현상 | 定義(ていぎ) 정의 | 範囲(はんい) 범위 | 雲(くも)を掴(つか)む 구름을 잡다 | 漠然(ばくぜん) 막연히 | 深刻(しんこく) 심각 | 痛切(つうせつ) 통절 | 極(きわ)める 극하다 | 焦点(しょうてん) 초점 | 脳味噌(のうみそ) 뇌수 | ひりひり 얼얼 | 惹(ひ)き付(つ)ける 끌어당기다 | 依然(いぜん)して 여전히 | 五里霧中(ごりむちゅう) 오리무중 | 郵便(ゆうびん) 우편 | 投(な)げ込(こ)む 던져 넣다 | 凝視(ぎょうし) 응시 | 体臭(たいしゅう) 체취 | 酔(よ)う 취하다 | 本能(ほんのう) 본능 | 発見(はっけん) 발견 | 平々凡々(へいへいぼんぼん)な 평범한 | 心細(こころぼそ)い 허전하다, 불안하다

03 **문제 1 정답 3** **문제 2 정답 4** **문제 3 정답 2** **문제4 정답 2**

해석

오스트리아 빈의 끝자락에 공원과 같이 아름다운 묘지가 있다. 거기에 베토벤(Beethoven)의 무덤이나 모차르트의 무덤이 있었다. 위대한 음악가의 생애에 어울리게 마음을 담아 의장된 무덤이 만춘의 꽃에 둘러싸여 있는 것을 보았다.

폴란드의 바르샤바시는 폴란드인이 자유를 요구하며 여러 번 행진한 마을인데, 그곳의 공원에 아름다운 쇼팽의 기념상이 있다. 대리석 부조의 그 조각상은 5월의 새잎의 그늘에 드리워져 정말로 인상 깊었다.

모스크바의 거리에는 푸시킨(Pushkin)이나 오스트로프스키(Ostrovskii), 그리보예도프(Griboedov) 등의 문학가의 기념상이 세워져 있는 것은 널리 알려져 있다. 일본의 어느 거리에 어떤 음악가의 조각상이 세워질 수 있을까? 어떤 학자의 모습을 볼 수 있을까? 오늘날까지 일본을 지배해 온 권력은 문화를 이해하는 능력을 가지지 않았다. 인간의 지혜가 만들 수 있는 것은 ①무기와 감옥이며, 사람들 사이에 울리는 소리라고 하면 구령이라고밖에 생각하지 않았다. 하물며 인민 해방을 위해서 생애를 바친 해방자의 조각상 같은 것은 없다.

메이지 말기부터 다이쇼에 걸쳐서 일본의 부르조아 · 인텔리겐치아 문학의 하나를 대표한 작가, 나쓰메소세키는 문학적 생애의 끝에, 자신의 리얼리즘에 숨이 막혀서 동양풍의 현실로부터의 도피 욕망과 근대적인 현실 탐구의 태도와의 사이에서 어중간한 입장으로 괴로워했다. 마지막 작품 『명암』은, ②단지 현상만을 쫓는 리얼리즘에서는 현실을 예술로서 재현하는 것조차 불가능하다고 말하고 있다.

소세키는 오늘의 역사로부터 되돌아보면, ③많은 한계가 보이는 작가이지만, 지식인의 독립성, 자주성을 주장하는 것에 있어서는 꽤 고집이 있었다. 관료에 아첨하거나 하는 것은 문학자가 해야 할 일이 아니라고 하는 태도를 갖고 있었다. 도쿄 제국대학 교수로서 문부성의 어리석음을 속속들이 알고 있었기 때문에, 그러한 곳에서 주는 박사 학위 따위는 받고 싶지 않다며 거절했다.

같은 때, 미야케 세쓰레라고 하는 철학자가 박사 학위를 받았다. 거절할 정도의 것이 아니라고 웃으며 받고, 담력이 크다고 칭찬하였던 것이다. 이 세쓰레는 국수주의자로, 나카노 세이고를 사위로 삼았다. 이것도 거절할 정도의 사람도 아닐 것이라고 하는 것이었는지도 모른다. 누군가로부터 훌륭한 저택을 받았다. 거절할 정도의 것도 아니라고 보여서 그것도 받았다.

소세키의 처의 남동생에게 건축가가 있었다. 그 사람은 건축가 동료가 그 성명의 말장난으로, '어드밴티지(advantage)'(이익)이라는 별명으로 부르는 인품이었다. 소세키는 그 사람을 마음에 들지 않아 하였다. 친척이라도 싫은 놈은 싫은 놈으로 표현한다. 그것이 소세키였다.

〈미야모토 유리코 『행위의 가치』에서〉

문제 1 ①무기와 감옥이며, 사람들 사이에 울리는 소리라고 하면 구령이라고 밖에 생각하지 않았다고 하였는데, 필자는 이 문장으로 무슨 말을 하고 싶은 것인가?

1 일본 권력층의 잔학성
2 일본 권력층의 예술가에 대한 대우
3 일본 지배층의 문화에 대한 몰이해심
4 일본 지배층의 침략성

문제 2 ②단지 현상만을 쫓는 리얼리즘에서는 현실을 예술로서 재현하는 것조차 불가능하다는 어떠한 것인가?
1 현실 안에 있으면서 예술을 추구하는 것은 있을 수 없다고 하는 것
2 동양식풍의 현실로부터의 도피의 욕망을 가지지 않으면 진정한 예술에 도달할 수 없다는 것
3 근대적인 현실 탐구의 태도를 견지해서는 진정한 예술을 추구할 수 없다고 하는 것
4 현실에 사로잡혀 자기의 욕망이나 집착을 고집하고는 현실을 예술로 승화할 수 없다고 하는 것

문제 3 ③많은 한계가 보이는 작가이지만이라고 하였는데, 필자는 왜 이와 같이 말한 것인가?
1 그의 마지막 작품 『명암』이 예술성을 구현할 수 없었기 때문에
2 현실 도피의 욕망과 근대적인 현실 탐구의 태도 사이에 서서 고뇌했기 때문에
3 지식인의 독립성이나 자립성을 너무 주장했기 때문에
4 원래 성격이 고집이 있어서 관료에 아첨하지 않았기 때문에

문제 4 이 문장에서 필자의 생각과 맞는 것은 어떤 것인가?
1 나쓰메 소세키의 세상살이의 서투름과 완고함을 유감스럽게 생각한다.
2 나쓰메 소세키는 곧은 천성을 가지고 신념을 관철하는 작가이다.
3 나쓰메 소세키의 문학적 한계를 지적하면서 비판하고 있다.
4 나쓰메 소세키가 이유도 없이 친척을 싫어했던 것을 의아해 한다.

어휘

外(はず)れ 변두리 | 墓地(ぼち) 묘지 | 墓(はか) 무덤 | 偉大(いだい)だ 위대하다 | 音楽家(おんがくか) 음악가 | 生涯(しょうがい) 생애 | 相応(ふさわ)しい 어울리다 | 意匠(いしょう) 의장 | 晩春(ばんしゅん) 만춘 | 幾度(いくど) 여러 번 | 行進(こうしん) 행진 | 記念像(きねんぞう) 기념상 | 大理石(だいりせき) 대리석 | 浮彫(うきぼり) 부조 | 彫像(ちょうぞう) 조각상 | 若葉(わかば) 새잎 | 印象(いんしょう) 인상 | 支配(しはい) 지배 | 権力(けんりょく) 권력 | 智慧(ちえ) 지혜 | 拵(こしら)える 만들다 | 武器(ぶき) 무기 | 牢獄(ろうごく) 감옥 | 響(ひび)く 울리다 | 号令(ごうれい) 구령 | 人民解放(じんみんかいほう) 인민 해방 | 捧(ささ)げる 바치다 | 逃避(とうひ) 도피 | 欲望(よくぼう) 욕망 | 探究(たんきゅう) 탐구 | 顧(かえりみ)る 되돌아보다 | 限界(げんかい) 한계 | 独立性(どくりつせい) 독립성 | 自主性(じしゅせい) 자주성 | 主張(しゅちょう) 주장 | 強情(ごうじょう) 고집이 셈 | 官僚(かんりょう) 관료 | 媚(こ)びる 아첨하다 | 愚劣(ぐれつ) 어리석다 | 知(し)り抜(ぬ)く 속속들이 알다, 꿰뚫다 | 博士(はかせ) 박사 | 婿(むこ) 사위 | 邸宅(ていたく) 저택 | あだ名(な) 별명 | 人柄(ひとがら) 인품 | 残虐(ざんぎゃく) 잔학 | 待遇(たいぐう) 대우 | 侵略(しんりゃく) 침략 | 執着(しゅうちゃく) 집착 | 頑固(がんこ) 완고 | 信念(しんねん) 신념 | 貫(つらぬ)く 관철하다 | 指摘(してき) 지적

정보검색 완벽대비 문제

문제 13 오른쪽 페이지는 도요대학이 주최하는 '구보타 히로노부 강연회'의 안내문이다. 유학생인 김 씨는 이번 강연회에 참가하려고 생각한다. 아래의 물음에 대한 대답으로서 가장 알맞은 것을, 1·2·3·4에서 하나 선택하세요.

01 문제 1 **정답 4** 문제 2 **정답 4**

문제 1 김 씨는 강연회 후의 간담회에도 참가하려고 생각하는데 어떻게 하면 되는가?
1 엽서로 운영스텝에게 연락한다.
2 강연 운영스텝에게 직접 전화로 문의한다.
3 대학에 전화로 직접 문의한다.
4 메일로 예약할 때 함께 문의한다.

문제 2 김 씨는 같은 대학의 친구 세 명과 함께 미리 표를 사서 제1회 강연과 제2회 강연을 연달아서 청강하려고 생각한다. 김 씨 일행이 지불한 금액은 얼마이고, 몇 시부터 입장할 수 있는가?
1 금액 : 2,800엔, 시간 : 13시부터
2 금액 : 1,400엔, 시간 : 12시 10분부터
3 금액 : 1,600엔, 시간 : 12시 45분부터
4 금액 : 2,800엔, 시간 : 12시 15분부터

어휘

主催(しゅさい) 주최 | 講演会(こうえんかい) 강연회 | 懇談会(こんだんかい) 간담회 | ハガキ 엽서 | 運営(うんえい) 운영 | 問(と)い合(あ)わせる 문의하다 | 切符(きっぷ) 표 | 聴講(ちょうこう) 청강

해석

도요대학 / 제52회 11월 축제

- 학교: 도요대학 동쪽캠퍼스
- 학교축제명: 제 52회 11월 축제
- 개최일: 11월 17일(토) ~ 20일 (화)
- 주소: 사카이시 이즈미가오카 혼쵸
- HomePage: http://harayamadai.la/

【강연회 상세】
일시 : 11월 18일 (일)
제1회 강연: 13 : 00~14 : 30
「아프간 다 전할 수 없었던 진실」
제2회 강연: 15 : 30~17 : 00
「이라크 다 전할 수 없었던 진실」
※접수 개시는 각 강연 개시의 45분 전에 합니다.
회장 : 도요대학 동캠퍼스동 32 교실
(전철 '이즈미가오카 역앞'에서 도보 10분)
요금 : 한 강연당
사회인 – 당일 550엔/예매 500엔
학생 – 당일 400엔/ 예매 350엔 (중학생 이하 무료)
강사 : 포토 저널리스트 구보타 히로노부
홈페이지 : http://kubotahironobulive.blog114.fc2.com/

예약·문의 : 구보타 히로노부 강연회 운영 스텝 khk-nf@hotmail.co.jp

※예약할 때는 ①이름 ②메일 주소 ③사회인/학생 ④희망하는 강연회(아프간/이라크)를 명기한 후, 상기 주소에 연락 주시도록 부탁드리겠습니다.

또 이번은 특별히 감담회를 예정하고 있습니다. 상세한 것을 희망하시는 분은 예약시에 함께 문의해 주십시오.

어휘

詳細(しょうさい) 상세 | 真実(しんじつ) 진실 | 前売(まえう)り 예매 | 講師(こうし) 강사

02 문제 1 정답 4 문제 2 정답 3

오른쪽 페이지는 어느 시의 외국인 등록에 대한 안내문이다. 아래의 물음에 대한 대답으로서 가장 알맞은 것을, 1 · 2 · 3 · 4에서 하나 선택하세요.

문제 1 이사했을 때의 올바른 수속으로서 맞는 것은 다음 중 어떤 것인가?

1 30일 이내에 패스포트를 가지고 구주소의 시청에 가서 신고한다.
2 30일 이내에 외국인등록증를 가지고 새로운 시청에 가서 신고한다.
3 14일 이내에 패스포트도 가지고 구주소의 시청에 가서 신고한다.
4 14일 이내에 외국인등록증를 가지고 새로운 시청에 가서 신고한다.

문제 2 유학생인 김 씨가 졸업하여 귀국하는 경우, 외국인등록증의 올바른 반납처는 어디인가?

1 입국관리국의 직원들에게 전한다.
2 관할 시청의 담당자에게 반납한다.
3 일본을 나올 때에 사용하는 공항이나 항구의 입국 심사관에게 돌려준다.
4 관할 경찰서에 반납한다.

어휘

外国人登録証(がいこくじんとうろくしょう) 외국인등록 | 引(ひ)っ越(こ)し 이사 | 手続(てつづ)き 수속 | 市役所(しやくしょ) 시청 | 届(とど)け出(で)る 신고하다 | 帰国(きこく) 귀국 | 返納(へんのう) 반납 | 手渡(てわた)す 전하다 | 空港(くうこう) 공항 | 港(みなと) 항구

해석

외국인 등록의 신규등록 · 변경등록 및 외국인등록증의 전환 교부 반납에 대해

1) 신규로 외국인 등록을 하는 경우는 입국 후 90일 이내에 방문해 주세요. 시구읍면 동사무소에 외국인 등록창구가 있으므로 그곳에서 수속을 합니다. 수속에는 외국인 등록 신청서, 여권(패스포트), 사진 2매(세로 4.5×가로 3.5cm)가 필요합니다. 사진은 얼굴의 사이즈나 위치 등도 정해져 있기 때문에 창구에 문의해 주세요.

외국인등록증은 신청 당일에는 발행되지 않으므로 같은 창구에서 '외국인등록증 교부 예정 기간 지정서'를 발행받게 됩니다. 또 등록 후는 '(외국인) 등록원표기재사항증명서'를 발행받을 수도 있습니다(유료).

2) 주소가 바뀌었을 때, 재류 기간을 갱신했을 때, 이름이 바뀌었을 때에는 변경된 날로부터 14일 이내에 등록을 한 시구읍면 동사무소에 가서 변경 등록해야 합니다. 또, 이외에도 등록 내용이 바뀌었을 경우에는 변경 등록을 해야 합니다. 필요한 것은 외국인등록증과, 변경 내용을 증명하는 자료(재류 기간의 갱신과 재류 자격 변경의 경우는 패스포트)입니다.
아울러 이사를 했을 경우의 변경 등록은, 14일 이내에 새로운 주소의 시구읍면 동사무소에서 실시합니다. 구주소의 시구읍면 동사무소에 갈 필요는 없습니다.

3) 외국인 등록은 원칙적으로서 5년에 한 번 등록 확인을 해야 합니다. 등록 확인은 외국인등록증에 적혀 있는 기준일로부터 30일 이내에 방문해 주세요. 기준일은 표면의 아래쪽을 봐 주세요. 등록 확인에 필요한 것은 여권 · 외국인등록증 · 사진 2매(세로 4.5×가로 3.5cm)입니다.

4) 졸업하여 귀국하거나 제3국으로 유학을 가는 경우에는, 외국인등록증을 반납해야 합니다. 반납 수속은 일본을 나올 때 사용하는 공항 혹은 항구의 입국 심사관에게 직접 돌려 주세요. 입국 · 재류 자격에 대해 자세한 것은, 각지의 법무성 입국관리국에서 문의해 주세요. 각지의 입국관리국의 문의처 일람은 아래 페이지에 게재되어 있습니다.
http://www.immi-moj.go.jp/info/index.html

어휘

新規(しんき) 신규 | 変更(へんこう) 변경 | 切替(きりかえ) 전환 | 寸法(すんぽう) 치수 | 位置(いち) 위치 | 窓口(まどぐち) 창구 | 訪(たず)ねる 방문하다 | 発行(はっこう) 발행 | 指定(してい) 지정 | 在留(ざいりゅう) 재류 | 資格(しかく) 자격 | 原則(げんそく) 원칙 | 返(かえ)す 돌려주다 | 掲載(けいさい) 게재

다섯째마당 | 청해편

과제이해 완벽대비 문제

문제 1 이 문제에서는 먼저 질문을 들으세요. 그러고 나서 이야기를 듣고, 문제용지의 1~4 중에서 알맞은 답을 하나 고르세요.

01 정답 3 1-01.mp3

会社で男の人と女の人が話しています。男の人は何をしなければなりませんか。

女：木村さん、毎週月曜日の会議のこと何だけど、部長から、会議を簡素化するよう指示があったんです。

男：そうなんですか。

女：まず、会議時間は、これから1時間半以内にと言われました。

男：それは何とかなりますね。

女：それと、会議の始める時間も、もともとは当日に決めたけど、これからは必ず九時から十一時の間にということです。

男：それは、これからは九時半からの予定です。

女：あら、そうだったんですよね。あと、会議の案件を三つに詰めて、前もってメールで会議の参加者に伝えておくこと。

男：はい、案件を三つに絞ることですね。

女：そうです。じゃあ、よろしくおねがいします。

男：はい。

男の人は何をしなけらばなりませんか。

1 会議の前に始める時間と終わる時間を前もって部長に知らせなければならない。
2 会議の変更が初耳の人に携帯で連絡するように注意しなければならない。
3 会議の内容を三つにして会議の前までに参加者にメールで伝えなければならない。
4 会議の参考資料を参加者に前もって持って行かなければならない。

해석

회사에서 남자와 여자가 이야기를 하고 있습니다. 남자는 무엇을 해야 합니까?

여: 기무라 씨, 매주 월요일의 회의 건인데요. 부장님께서 회의를 간소화하라는 지시가 있었어요.

남: 그래요?

여: 먼저, 회의시간은, 앞으로는 1시간 반 이내로 하라고 합니다.

남: 그건 가능할 겁니다.

여: 그리고 회의 시작 시간인데, 원래 당일에 정했는데, 이젠 꼭 9시에서 11시 사이에 하라고 하고요.

남: 그건 앞으로는 9시 반부터 예정입니다.

여: 아아, 그랬지요. 나머지, 회의 안건을 3개로 줄여 미리 메일로 참가자에게 연락해 둘 것.

남: 네, 알겠습니다. 안건을 3가지로 요약하는 거죠.

여: 그래요, 그럼 부탁합니다.

남: 예.

남자는 무엇을 해야 합니까?

1 회의 전에 시작 시간과 끝나는 시간을 미리 부장에게 알려야 합니다.
2 회의 변경이 금시초문인 사람에게 휴대폰으로 연락하도록 주의해야 합니다.
3 회의 내용을 3개로 줄여서 회의 전에 참가자에게 메일로 연락해야 합니다.
4 회의 참고자료를 참가자에게 미리 가지고 가야 합니다.

어휘

簡素化(かんそか) 간소화 | 指示(しじ) 지시 | 長引(ながび)く 길게 늘어짐 | 当日(とうじつ) 당일 | 核心(かくしん) 핵심 | 詰(つ)める 줄이다, 추리다 | 参加者(さんかしゃ) 참가자 | 初耳(はつみみ) 금시초문 | 退勤(たいきん) 퇴근

해설

핵심은 회의 시작 시간과 간소화, 그리고 회의 내용을 3개로 줄이는 것이다. 그 다음은 휴대폰으로 사전에 참가자에게 내용을 미리 연락해 두는 것이다. 대화 내용의 어휘를 그대로 활용하는 보기는 수험자를 깜빡 속이는 경향이 있으므로 주의해야 한다. 정답은 3번이다.

02 정답 4 1-02.mp3

男の人が女の人に何かを聞いています。女の人はどうすると言っていますか。

男：あの、山田さん、もし道ばたで財布を拾ったらどうする？

女：あら、それ、交番に届けるに決まってるじゃない？でも、お金に困ってたら猫ばばするかも知れないね。

男：最近、やまださん、火の車の状態なんでしょう？届けたらお礼で20%はもらえるんだって。

女：え～そうなの。だったら、半分ぐらいは母校の発展基金に寄附して、あとは私の未来のために蓄えておくわ。

男：寄附と未来のためか。すごいね。山田さんは。

女：そんなことないよ。学生の時代はいろいろ勉強させてもらったんだから。恩返しするのはもっともでしょう。

男：そうか。先日、僕が昼飯おごったんだから、きょう、ごちそうしてもらえる？

女：あら、そんな手には食わないよ。

女の人はどうすると言っていますか。

1 新しい車を買う。
2 猫の遊びものを用意する。
3 男の人に昼ごはんをおごる。
4 男の人に昼ごはんをご馳走しない。

해석

남자가 여자에게 무언가를 묻고 있습니다. 여자는 어떻게 한다고 말합니까?

남: 있잖아, 야마다, 만약 길에서 지갑을 주우면 어떻게 할 거야?

여: 어머, 그건, 파출소에 신고하는 게 당연한 거 아니야? 그래도 돈에 곤란한 사람은 슬쩍할지도 모르겠네.

남: 요즘 야마다, 몹시 궁하지 않아? 신고하면 20%는 받을 수 있다는데.

여: 어머, 그렇구나. 그럼, 반은 모교의 발전기금으로 기부하고 나머지는 내 미래를 위해 저축해 둘 거야.
남: 기부와 미래를 위해서구나. 대단해. 야마다는.
여: 별말 다 하네. 학생 시절 여러모로 배웠으니까. 은혜 갚는 건 당연하잖아.
남: 그래. 얼마 전, 내가 점심 대접했으니까 오늘 사지 않을래?
여: 어머, 그런 수법엔 넘어가지 않아.

여자는 어떻게 한다고 말합니까?

1 새 차를 산다.
2 고양이의 놀잇감을 준비한다.
3 남자에게 점심을 낸다.
4 남자에게 점심을 대접하지 않는다.

어휘

道(みち)ばた 길 | 財布(さいふ) 지갑 | 交番(こうばん) 파출소 | 猫(ねこ)ばばする 습득물을 신고하지 않고 슬쩍 함 | 発展(はってん) | 基金(ききん) 기금 | 寄附(きふ) 기부 | 蓄(たくわ)える 저축하다, 모으다 | 恩返(おんがえ)しする 은혜를 갚다 | おごる 한턱내다 | ご馳走(ちそう)する 한턱내다

해설

결론 부분의 남자의 질문은 자신에게 오늘 점심을 살지를 묻고 있다. '火の車 경제적으로 몹시 궁함'이나, '猫ばば 습득물을 신고하지 않고 슬쩍 함' 등은 수험자가 속기 쉬운 어휘이다. 핵심은 '恩返し 은혜 갚음'이다. 관용적 표현인 'その手には食わない 수법에는 넘어 가지 않는다'를 조심해야 한다. 그러므로 정답은 4번이다.

03 정답 1 1-03.mp3

男の人が日本旅行について話しています。これから男の人はどうしたらいいと言っていますか。

男：今度の夏休みは日本旅行にいってまいりました。印象深かったのは、まず第一、横断歩道を渡るとき、我が国は左の方を見て自動車がくるかどうか確認するが、日本は反対なんです。あやうく事故になりかけたことが何度もありました。自動車の運転席も反対なので、日本でレンタカーを借りたりして運転するのは、大変注意が必要です。次は、自販機とコンビニが数え切れないほどあるのにびっくりしました。しかも、どこのコンビニでもレシートを手に握らせてくれるのには文化ショックを受けました。最後は、居酒屋や食堂など、どこでも椅子に腰をかけるや否や、おしぼりが出たことには感心しました。日本はいろいろな面でわが国とは違い、大変勉強になりました。やっぱり人間は「井の中の蛙」になってはいけないなと思っております。では、今日はこの辺で話を終わらせていただきます。どうも、ありがとうございました。

これから男の人はどうしたらいいと言っていますか。

1 人々は狭いところではなく多方面で経験する必要がある。
2 横断歩道で自動車の進行方向が同じだから事故になった。
3 コンビニから領収書がもらえなかった。
4 いろいろな店でなかなか、おしぼりがでなかった。

해석

남자가 일본 여행에 대해 이야기하고 있습니다. 앞으로 남자는 어떻게 하면 좋다고 말하고 있습니까?

남: 이번 여름휴가는 일본 여행을 다녀왔습니다. 인상 깊었던 것은 우선 먼저, 횡단보도를 건널 때, 우리나라는 왼쪽을 보고 차가 오는지 어떤지를 확인합니다만, 일본은 반대입니다. 하마터면 사고가 날 뻔했던 적이 몇 번이나 있었습니다. 자동차 운전석도 반대라서 일본에서 렌터카를 해서 운전할 때는 세심한 주의가 필요합니다. 다음은 자판기와 편의점이 셀 수 없을 만큼 있는 것에 깜짝 놀랐습니다. 게다가, 어느 편의점이나 영수증을 손에 쥐어 주는 데는 문화충격도 받았습니다. 마지막은 술집이나 식당 등 어떤 가게에도 의자에 앉자마자 물수건이 나오는 것도 인상 깊었습니다. 역시 사람은 '우물 안 개구리'가 되어서는 안 되겠구나 생각합니다. 그럼 오늘은 이쯤에서 마치도록 하겠습니다. 감사합니다.

앞으로 남자는 어떻게 하면 좋다고 합니까?

1 사람들은 좁은 곳이 아니라 다방면에서 경험이 필요하다.
2 횡단보도에서 차의 진행방향이 같기 때문에 사고가 났다.
3 편의점에서 영수증을 받을 수 없었다.
4 여러 가게에서 좀체 물수건이 나오지 않았다.

어휘

横断歩道(おうだんほどう) 횡단보도 | 危(あや)うい 위험하다 | 自販機(じはんき) 자판기 | 数(かぞ)えきれない 셀 수 없이 많다 | おしぼり 물수건 | 井(い)の中(なか)の蛙(かわず) 우물 안 개구리 | 狭(せま)い 좁다 | 多方面(たほうめん) 다방면 | 経験(けいけん)する 경험하다 | 進行(しんこう) 진행 | 領収書(りょうしゅうしょ) 영수증

해설

설명문으로 최근 출제 빈도가 높으므로 주의해야 한다. 설명문은 전체의 흐름에 대한 파악이 중요하며, 중요 부분은 메모를 해야 할 경우가 있다. 이 문제의 경우는 크게 몇 가지의 포인트로 정리할 수 있다. '횡단보도에서 자동차의 진행 방향이 정반대' '편의점에서 영수증을 반드시 준다' '어느 가게나 신속하게 물수건이 나온다' '우물안 개구리가 되어서는 안 된다' 이다. 중요 어휘로는 '反対 반대' 'レシート 영수증' 'おしぼり 물수건'이며, 관용 표현은 '井の中の蛙 우물 안 개구리'이다. 전체의 흐름은 넓은 세계에서 많은 경험을 해야 한다 이므로 정답은 1번이다.

04 정답 3 1-04.mp3

女の人と男の人が話しています。この後、女の人はどうしますか。

女：ね、犬と猫とどっちが好き？
男：えっ、どうしてそんなこと急に聞くんだ？
女：最近、なんか退屈で仕方がないのよ。地方へ転勤することになっちゃって、ますます退屈になりそうなのよ。友だちから言われたんだけど、ペットでも飼ってみたらどうかってね、ある統計で、一人暮らしにはペットがあるなしによって自殺率がちがうんだって。

男：へえ～まさか、自殺するんじゃないよな。よしなよ。

女：そんなことするわけないでしょ、冗談でもいわないでよ。

男：そんなら一安心なんだけど、犬と猫か…。でもペットを飼うのにもいろいろ厄介なことがあるから、かえってストレスがたまるかも知れないよ。それより、なんか草花でも育ててみたらどう？

女：あら、朝顔とか何とかそういうの？

男：そう、植物から出るマイナスイオンで癒し効果もあり、緑を見ているとリラックスできるよ。

女：うん～、ペットと植物ね、全然違う気がするんだけど、植物も愛情を持って育てると、ちゃんと応えてくれるはずだし、それもいいかもね。とりあえず物は試しだね。さっそく、育ててみよう。

この後、女の人はどうしますか。

1 朝、顔を化粧する。
2 自殺率を調べる。
3 植木鉢屋へ行く。
4 転勤を取消しする。

해석

여자와 남자가 이야기하고 있습니다. 이후 여자는 어떻게 합니까?

여: 저기, 개와 고양이 어느 쪽을 좋아해?

남: 어, 왜 그런 건 갑자기 묻는 거야?

여: 최근, 왠지 지루해서 미치겠어. 지방으로 전근하게 돼서, 더욱 따분해질 것 같고, 친구한테 들었는데, 애완동물이라도 기르면 어떠냐고 해서, 어느 통계에서 독신생활에는 애완동물이 있고 없고에 따라서 자살률이 다르다는 거야.

남: 뭐~, 설마 자살하는 건 아니겠지, 제발 그러지 마.

여: 무슨 소리야, 농담이라도 그런 말 마.

남: 그렇다면 일단 안심이지만, 개와 고양이란 말이지. 하지만 애완동물을 키우는 데도 여러모로 귀찮으니까, 오히려 스트레스가 쌓일지도 몰라. 그것보다 뭔가 화초라도 길러 보면 어떨까?

여: 어머, 나팔꽃이나 뭐 그런 거?

남: 그래, 식물에서 나오는 음이온으로 치유 효과도 있고, 푸른색을 보고 있으면 마음이 여유로워질 거야.

여: 음~, 애완동물과 식물, 전혀 다른 느낌이 들지만 식물도 애정을 갖고 가르면 반응해 줄 것이고, 그것도 좋을 것 같아. 우선 시작이 반이니깐. 해 보자!

이후 여자는 어떻게 합니까?

1 아침에 얼굴 화장을 한다.
2 자살률을 조사한다.
3 화분 가게에 간다.
4 전근을 취소한다.

어휘

退屈(たいくつ) 지루함, 따분함 | 転勤(てんきん) 전근 | 飼(か)う 기르다 | 統計(とうけい) 통계 | 自殺率(じさつりつ) 자살률 | 冗談(じょうだん) 농담 | 一安心(ひとあんしん) 일단 안심임 | 厄介(やっかい) 귀찮음 | 草花(くさばな) 화초 | 朝顔(あさがお) 나팔꽃 | 植物(しょくぶつ) 식물 | 化粧(けしょう) 화장 | 植木鉢(うえきばち) 화분 | 取(と)り消(け)す 취소하다

해설

줄거리를 요약하면, 여자는 혼자생활에 따분해서 친구에게서 들은 대로 애완동물을 길러 보려 한다. 그래서 남자에게 말했더니, 애완동물은 여러 가지 성가신 점이 있어서 오히려 스트레스가 쌓일지도 모르므로 차라리 화초를 길러 보도록 권한다. 그러므로 정답은 화분을 사러 가는 3번이다. 역시 수험자를 혼란시킬 목적으로 '自殺 자살' '朝顔 나팔꽃' 등의 어휘를 섞어 제시하고 있다. 이러한 어휘에 속지 않는 것이 중요하다.

05 정답 4 1-05.mp3

あるセミナーで専門家が地球環境について話しています。専門家はこれからのセミナーはどうなってほしいと言っていますか。

女：今日は、最近、関心が高まっている地球環境のあり方について、専門家のご意見をお聞きしたいと思います。最近、世界の問題になっている地球環境の汚染は、車の排気ガスや使い捨てのゴミなど、様々な面から原因を探していますが、専門家の立場から見ますと、どのようなご意見をお持ちですか。

男：そうですね。まあ、最近、日本だけでなく世界の各国で電気自動車の開発やゴミのリサイクル運動が活発に行われていますが、私はもっと多くの国が関心を持つためには、今のセミナーの在り方を見直すべきだと思います。今はただ一回や二回の広報に過ぎないセミナーばかりではないかという感じがします。

女：それでは、どうすればいいのでしょうか。

男：まず第一は、先進国に限らず、もっと多くの国が参加していただくためにはたとえば五輪のように、何年置きに一回開催、といったふうに定期的な会議やセミナーの必要性は、欠かせないと思います。

女：確かにそうですね。

男：世界はだんだん狭くなりつつあります。地球はすでに一つの生活圏です。我々は地球村という多きな世界の一員です。ですから、もっと多くの国が参加できるセミナーにしなければなりません。そのためには先ほど申し上げたとおり、２年か４年といったふうに定例のセミナーにして欲しいと思います。地球環境は特定の地域や何人かの問題ではありませんから。

これからのセミナーはどうなってほしいと言っていますか。

1 先進国以外の国は1、2回参加するように勧める。
2 使い捨てや自動車の排気ガスだけを減らしてもいい。
3 セミナーはたまたま開いてもらいたい。
4 オリンピックのように日時を前もって決めておく。

해석

어느 세미나에서 전문가가 지구환경문제에 대해서 이야기하고 있습니다. 전문가는 앞으로의 세미나는 어떻게 되었으면 한다고 말하고 있습니까?

여: 오늘은 최근 관심이 높아지고 있는 지구환경의 이상적 방법에 대해서 전문가의 의견을 들어보았으면 합니다. 최근 세계의 문제가 된 지구환경의 오염은 자동차의 배기가스나 일상생활의 일회용품, 쓰레기 등 여러 면에서 원인을 찾고 있습니다만, 전문가 입장에서 보시면 어떠한 의견을 가지고 계십니까?

남: 글쎄요. 음…, 최근 일본뿐만 아니라 세계 각국에서 전기자동차의 개발이나 쓰레기의 재활용 운동이 활발하게 진행되고 있습니다만, 저는 좀더 많은 국가가 관심을 갖기 위해서는 지금의 세미나를 재고해야 한다고 생각합니다. 지금은 단지 1회나 2회의 홍보에 불과한 세미나만 하고 있는 것이 아닌가 하는 느낌이 듭니다.

여: 그럼, 어떻게 해야 할까요?

남: 우선 첫 번째로, 선진국에 제한하지 말고 좀더 많은 나라에서 참가할 수 있게, 예를 들면 올림픽처럼 몇 년에 1회 개최와 같은 형태의 정기적인 회의나 세미나의 필요성이 필요하다고 생각합니다.

여: 확실히 그렇겠어요.

남: 세계는 점점 좁아지고 있습니다. 지구는 이미 하나의 생활권입니다. 우리는 지구촌이라는 큰 세계의 일원입니다. 그러므로 좀더 많은 나라가 참가할 수 있는 세미나가 되어야 합니다. 그러기 위해서는 조금 전에 말씀드린 대로 2년이나 4년이라는 식으로 정례 세미나가 되었으면 합니다. 지구환경은 특정의 지역이나 몇 명의 문제가 아니니까요.

전문가는 세앞으로의 세미나는 어떻게 도입되었으면 한다고 말하고 있습니까?

1 선진국 이외의 국가는 1, 2회 참가하도록 권유한다.
2 일회용이나 자동차의 배기가스만을 줄여도 괜찮다.
3 세미나는 가끔 개최해 주었으면 한다.
4 올림픽과 같이 일시를 미리 결정해 둔다.

어휘

関心(かんしん) 관심 | 環境(かんきょう) 환경 | 汚染(おせん) 오염 | 排気(はいき) 배기 | 使(つか)い捨(す)て 일회용품 | 品物(しなもの) 물건 | 専門家(せんもんか) 전문가 | 活発(かっぱつ) 활발 | 広報(こうほう) 홍보 | 五輪(ごりん) 올림픽 | 定期的(ていきてき) 정기적 | 欠(か)かす 빠뜨리다, 빼다 | 地球村(ちきゅうむら) 지구촌 | 定例(ていれい) 정례 | 特定(とくてい) 특정 | 地域(ちいき) 지역 | 勧(すす)める 권유하다 | 減(へ)らす 줄이다

해설

최근에 지구환경 문제는 비단 청해뿐만 아니라, 독해의 지문으로도 자주 출제되고 있는 주제이다. 따라서 지구환경 관련 어휘를 잘 학습해 두도록 한다. 이 문제에서는 전기자동차나 쓰레기의 재활용, 일회용품 등의 어휘가 나오고 있지만, 문제의 핵심은 아니다. 이 점을 이해하면 의외로 문제를 쉽게 풀 수 있다. 또한 올림픽이란 어휘는 일본에서는 '五輪 올림픽'이라는 표현이 있다는 걸 모르면 착각하기 쉬운 면도 있다. 정답은 4번이다.

06 정답 2 1-06.mp3

男の人が割引マートのお問い合わせセンターに電話しています。男の人は製品をいつまで持って行かなければなりませんか。

女: はい、お問い合わせセンターでございます。

男: あのう、すみません。そちらの店で先日、炊飯器を購入したんですけど。交換できますか。実は僕一人で自炊に使おうと思っていたんですが、いきなり友だちと一緒になったもんですから、もっと大きいのが欲しいんです。交換してもらえないでしょうか。

女: あ、そうですか。購入のあと一週間以内でしたら、ご自由に交換できます。

男: ああ、よかった。今日で六日目です。

女: それなら、申し訳ございませんが、明日までに当店まで品物と領収書を持って来てください。それから説明書の一番裏の方にある保証書も製品と一緒にお願いします。

男: 説明書も持って行かなければならないでしょうか。

女: あ、それも要ります。

男の人は製品をいつまで持って行かなければなりませんか。

1 六日以内
2 一週間以内
3 五日以内
4 二週間以内

해석

남자가 할인마트의 문의센터에 전화하고 있습니다. 남자는 제품을 언제까지 가지고 갑니까?

여: 예, 문의센터입니다.

남: 저, 죄송합니다. 그쪽 가게에서 며칠 전 밥솥을 구입했는데요. 교환할 수 있을까요? 실은 저 혼자 자취에 사용하려고 했습니다만, 갑자기 친구와 같이 지내게 되어서 좀더 큰 것이 필요합니다. 교환해 주실 수 있으신지요?

여: 아, 그러십니까? 구입 후 일주일 이내라면, 자유롭게 교환 가능합니다.

남: 아아, 잘됐군요. 오늘로 6일째입니다.

여: 그러시다면, 죄송합니다만, 내일까지는 당점까지 물건과 영수증을 가지고 오십시오. 그리고 설명서 맨 뒤쪽에 있는 보증서도 제품과 같이 부탁드립니다.

남: 설명서도 가져가야 하나요?

여: 네, 그것도 필요합니다.

남자는 제품을 언제까지 갖고 가야 합니까?

1 6일 이내
2 일주일 이내
3 5일 이내
4 2주일 이내

어휘

炊飯器(すいはんき) 전기밥솥 | 購入(こうにゅう) 구입 | 自炊(じすい) 자취 | 品物(しなもの) 물건 | 領収書(りょうしゅうしょ) 영수증 | 保証書(ほしょうしょ) 보증서 | 製品(せいひん) 제품

해설

꽤나 복잡해 보이는 문제이지만 내용만 놓치지 않고 듣는다면 간단하다고 할 수 있다. 이러한 문의전화 내용은 최근 지주 출제되는데 핵심은 날짜나 기간, 그리고 준비물인 경우가 대부분이다. 주로 등장하는 어휘는 '영수증' '제품' '교환' '구입' 등이다. 제품의 종류를 다 알 필요는 없으며 단지 무슨 제품인지 발음 정도는 메모할 필요가 있다.

포인트이해 완벽대비 문제

문제 2 이 문제에서는 먼저 질문을 들으세요. 그리고 문제 용지를 보세요. 읽는 시간이 있습니다. 그러고 나서 이야기를 듣고, 문제 용지의 1~4 중에서 가장 알맞은 답을 하나 고르세요.

01 정답 2

2-01.mp3

テレビで映画評論家が監督について話しています。この監督の映画のどこが最も見どころだと言っていますか。

女：あのう、今日は、予告のとおり最近脚光を浴びている監督、田中光一の映画についてお話ししたいと思います。監督の映画にはいろいろ見どころがありますが、まず第一、きれいな背景の映像美を挙げたいと思います。俳優のアクションが見どころだとおっしゃる方も結構いるようですが、まあ、それは彼がアクション俳優出身だからそう思われるのでしょう。また、女優の板につく演技も見事ですが、やはり観客の目が離せないストーリのはやい展開には思わず舌を巻いてしまいます。

この監督の映画のどこが最も見どころだと言っていますか。

1 監督がアクション俳優出身のところ
2 思わず舌を巻いてしまうストーリ展開
3 板につく女優の演技
4 きれいな背景の映像美

해석

텔레비전에서 영화 평론가가 감독에 대해서 이야기하고 있습니다. 이 감독 영화의 어디가 가장 볼 만한 점이라고 말합니까?

여: 저~, 오늘은 예고대로 최근 각광을 받는 감독, 다나카 고이치의 영화에 대해서 말씀드리겠습니다. 감독의 영화는 여러 가지 볼 만한 점이 있습니다만, 우선 먼저 아름다운 배경의 영상미를 들고 싶습니다. 배우의 액션이 볼 만하다고 하시는 분도 있겠지만, 음, 그건 그가 액션배우 출신이기 때문에 그렇게 생각하시는 것이겠지요. 또, 여배우의 딱 맞는 연기도 볼 만합니다만, 무엇보다도 관객이 눈을 뗄 수 없는 빠른 스토리 전개에는 감탄하게 됩니다.

이 감독 영화의 어디가 가장 볼 만한 점이라고 말합니까?

1 감독이 액션배우 출신인 점
2 감탄스러운 스토리 전개
3 맡은 역을 완벽하게 소화하는 여배우의 연기
4 아름다운 배경의 영상미

어휘

脚光(きゃっこう)を浴(あ)びる 각광을 받다 | 背景(はいけい) 배경 | 映像(えいぞう) 영상 | 挙(あ)げる 들다 | 俳優(はいゆう) 배우 | 出身(しゅっしん) 출신 | 場面(ばめん) 장면 | 板(いた)につく 제격이다, 딱이다, 안성맞춤이다 | 演技(えんぎ) 연기 | 目(め)が離(はな)せない 눈을 뗄 수 없다 | 舌(した)を巻(ま)く 혀를 내두르다, 감탄하다

해설

설명문은 포인트이해에 자주 출제된다. 들을 때 포인트를 메모하는 것이 문제풀이에 도움이 된다. 핵심을 정리하면, 이 감독의 뛰어난 점으로 평론가가 언급한 것은 ①아름다운 배경의 영상미 ②여배우의 멋진 연기 ③스토리의 빠른 전개 등이다. 이 중 가장 뛰어난 점은 감탄스러운 스토리의 빠른 전개라고 했으므로 정답은 2번이다.

02 정답 1

2-02.mp3

女の人と男の人が話しています。男の人が登山をやめた理由は、何だと言っていますか。

女：山田さんって、学生時代、登山家として有名だったとの噂を耳にしたんだけどね。

男：いや、登山家だなんて、とんでもないことです。ただ、山登りが好きで、よく登ったんですよ。今はジョギングに夢中になっちゃって、専ら走っていますが。

女：え～、でも、どうしてやめちゃったんですか。登るより走る方が好きだからですか。

男：いえ、仲間の事故さえなかったらもっと続けていたでしょうね。そのあと危ないなあと思ったんです。山登りはほんとうに好きでした。様々な悩みなんかも、頂上に立てば雪が解けちゃうみたいになくなるんだから不思議でした。山登りで学生時代にはいつもてんてこ舞いだったんだけど、ほんとうによかったなあ。

男の人が登山をやめた理由は、何だと言っていますか。

1 危険だと感じたからです。
2 いつも忙しかったからです。
3 登るより走る方が気楽だからです。
4 友だちの事故があったからです。

해석

여자와 남자가 이야기하고 있습니다. 남자가 등산을 그만둔 이유는 무엇이라고 합니까?

여: 야마다 씨는 학창시절에 등산가로 유명하다는 소문을 들었는데요.

남: 아뇨, 등산가라뇨, 말도 안 돼요. 그냥, 등산이 좋아서 자주 산에 간 정도죠. 지금은 조깅에 빠져 있어요. 오로지 달리고 있어요.

여: 아~, 근데, 왜 그만두었죠? 오르는 것보다 달리는 쪽이 좋은가요?

남: 아뇨, 친구 사고만 없었더라면 계속 했을 거예요. 그 후 위험하구나 생각했지요. 산은 정말 좋아했어요. 여러 가지 고민 같은 것이, 정상에 서면 눈 녹듯 없어지니까 신기했어요. 등산으로 학창시절에는 늘 눈코 뜰 새 없이 바빴지만 정말 좋았어요.

남자가 등산을 그만둔 이유는 무엇이라고 합니까?

1 위험하다고 느꼈기 때문입니다.
2 늘 바빴기 때문입니다.
3 오르는 것 보다 달리는 편이 마음 편하기 때문입니다.
4 친구의 사고가 있었기 때문입니다.

어휘

登山(とざん) 등산 | 噂(うわさ) 소문 | 耳(みみ)にする 듣다 | 専(もっぱ)ら 오로지 | 気楽(きらく) 맘이 편함 | てんてこ舞(ま)い 눈코 뜰 새 없이 바쁨

해설

포인트이해 정답을 찾는 포인트는 가장 적당한 답을 고르는 것이다. 모두 답이 될 수 있는 경우도 있으므로 주의해야 한다. 이 문제의 경우는 1번과 4번이 답이 될 수 있다. 친구의 사고는 남자에게 등산에 대한 위험을 느끼게 하였고, 위험을 느낀 것이 등산을 그만둔 최종적 이유이므로 가장 적합한 정답은 1번이다.

03 정답 3 2-03.mp3

大型の本屋で男の社員と女の社員が話しています。売り上げを伸ばすために、どうすることにしましたか。

男：来月の上半期までに売り上げをもう少し伸ばしたいんだが、今のところ、売り場の流れはどう。
女：そうですね。不景気のせいか、みんな無駄遣いは抑えたいという流れですね。
男：う～ん、まいったなあ～。
女：いろいろ工夫をこらしてみたんですよ。著者のサイン会や新聞の広告も出したんですが。
男：そうか。定価の割引はどうかな。
女：ええ、もう限度ぎりぎりですね。あと、できるのは、在庫のおまけ贈呈か、インターネット販売の配送料を無料化にするかです。
男：なるほどね。
女：隣りの書店もおまけはあげていますが、無料化に踏み切ったところはありません。
男：う～ん、そうか、やっぱ、サイバービジネスだなあ。うちはそれをやってみよう。在庫の方は下半期に見送るとしよう。

売り上げを伸ばすために、どうすることにしましたか。

1 上半期におまけをあげることにする。
2 下半期におまけをあげることにする。
3 サイバービジネスを強化することにする。
4 ネット販売をやめることにする。

해석

대형 책방에서 남자사원과 여자사원이 이야기하고 있습니다. 매출을 늘리기 위해서 어떻게 하기로 하였습니까?

남: 다음 달 상반기까지는 매출을 조금 더 늘리고 싶은 데 현재 매장의 흐름은 어때요?
여: 글쎄요. 불경기 탓인지, 모두 불필요한 소비는 자제하는 흐름이에요.
남: 음~, 거 참 곤란하네.
여: 여러 모로 궁리해 봤어요. 저자 사인회나 신문광고도 내 봤지만….
남: 그래… 정가 할인은 어떨까?
여: 아아, 이미 한도 끝까지 할인했어요. 이제 가능한 건, 재고 경품 증정이나, 인터넷 판매의 배송료를 무료로 하는 거예요.
남: 그렇군요.
여: 옆의 서점도 경품은 증정하고 있는데, 무료로 하고 있는 곳은 없어요.
남: 음…그래…역시, 사이버 비즈니스야. 우린 그쪽을 해봐요. 재고 증정 쪽은 하반기로 보류하기로 해요.

매출을 늘리기 위해서 어떻게 하기로 하였습니까?

1 상반기에 경품을 주기로 한다.
2 하반기에 경품을 주기로 한다.
3 사이버 비즈니스를 강화하기로 한다.
4 온라인 판매를 강화하기로 한다.

어휘

上半期(かみはんき) 상반기 | 売(う)り上(あ)げ 매출 | 不景気(ふけいき) 불경기 | 無駄遣(むだづか)い 헛된 낭비 | 抑(おさ)える 억제하다, 누르다 | 工夫(くふう)をこらす 궁리하다, 연구하다 | おまけ 경품, 덤, 할인 | 贈呈(ぞうてい) 증정 | 踏(ふ)みきる 단행하다 | 下半期(しもはんき) 하반기 | 見送(みおく)る 보류하다 | サイバービジネス 사이버 비즈니스

해설

매출의 확대 방안으로 지금까지 실시한 것은, 저자의 사인회와 신문광고이다. 앞으로 가능한 방법으로는 정가 할인은 이미 한도까지 실시한 상태이며, 경품 증정과 인터넷판매의 배송료를 무료로 하는 것이다. 재고 쪽 즉 경품은 하반기로 보류하기로 하므로 이번 상반기 실시하는 방법으로는 인터넷판매의 배송료를 무료로 하는 것이다. 그러므로 정답은 3번 사이버 비즈니스를 강화하는 것이다.

04 정답 1 2-04.mp3

テレビで男の人が自然エネルギーについて話しています。男の人は政府に何を期待したいと言っていますか。

男：最近、世界各地での地震や津波によって原子力発電所の危険性が広がる一方です。ある調査機関によると、原子力発電、すなわち原発に代わって風力や太陽光などで発電する方を希望する国民が7割を越えるそうです。こういうふうに国民の関心が高い自然エネルギー普及への意志と方案を、この政府は持っているのか首をかしげたくなります。ですから風力や太陽光などで発電する特別措置の論議を政府に強く望みたいと思います。もちろん今の原発の安全強化なども必要ではあります。しかし今、政府が何に取り組むかは明らかではないでしょうか。

男の人は政府に何を期待したいと言っていますか。

1 自然エネルギー普及のための論議
2 原子力発電所の安全強化の対策

3 地震や津波の危険性の論議
4 原発の普及のための特別措置

해석
텔레비전에서 남자가 자연 에너지에 대해서 이야기하고 있습니다. 남자는 정부에 무엇을 기대하고 싶다고 말합니까?

남: 최근, 세계 각지에서 지진과 해일로 인해 원자력발전소의 위험성이 계속 커지고 있습니다. 어느 조사 기관에 따르면 원자력발전소 즉 원발을 대신하여 풍력과 태양광 등으로 발전하는 쪽을 희망하는 국민이 70%를 넘는다고 합니다. 이런 식으로 국민의 관심이 높은 자연에너지 보급에 대한 의지와 방안을 이 정부는 가지고 있는지 의문입니다. 그러므로 풍력이나 태양광 등으로 발전하는 특별조치에 대한 의논을 정부에 강력히 요구하고 싶습니다. 물론 지금의 원발의 안전강화 등도 필요하기는 합니다. 그러나 지금, 정부가 무엇에 적극적으로 나서야 하는지 명확하지 않습니까?

여자는 정부에 무엇을 기대하고 싶다고 말합니까?
1 자연 에너지 보급을 위한 논의
2 원자력발전소의 안전 강화의 대책
3 지진과 해일의 위험성의 논의
4 원자력발전의 보급을 위한 특별조치

어휘
地震(じしん) 지진 | 津波(つなみ) 해일, 쓰나미 | 原子力(げんしりょく)発電(はつでん) 원자력발전 | 原発(げんぱつ) 원자력발전의 준말 | 風力(ふうりょく) 풍력 | 太陽光(たいようこう) 태양광 | エネルギー 에너지 | 首(くび)をかしげる 고개를 갸우뚱거리다, 의아해하다, 의심하다 | 特別措置(とくべつそち) 특별조치 | 取(と)り組(く)む 대처하다, 적극적으로 나서다

해설
자연 에너지의 활용은 현재 세계적인 추세다. 특히 일본과 같은 지진 다발성의 지형은 더욱더 긴박한 상태이다. 그러므로 이러한 분야의 어휘도 정리할 필요가 있다고 하겠다. 이 문제에서는 우선 원자력발전을 대체할 풍력이나 태양광 발전을 위한 논의를 정부에 바라고 있다. 2번의 원자력발전소의 안전 강화도 바라는 바이지만 우선적인 것은 역시 1번의 자연 에너지 보급을 위한 논의이다.

05 정답 3 2-05.mp3

女の人と男の人が陸上大会について話しています。男の人は何が言いたいですか。

女:先輩、今年の大会、国内記録保有者の山田選手が出られないですって。
男:あまり練習し過ぎたせいか、大会まであと三日なのに怪我だなんて、本人もずいぶん悔しいだろうな。
女:でも、先輩にとっては二度とない機会かも知れませんね。今回はきっと優勝ですね。
男:うん、確かにそれはそうなんだけど。強敵のいない大会で優勝しても勝負に勝ったとはいえないよ。僕も記録更新のため頑張ってきたんだからこそ、僕も惜しい。今度はあいつに負けまいぞと覚悟決めたんだし。
女:ただ優勝すればいいってもんじゃないですね。

男の人は何が言いたいですか。
1 山田選手に勝とうと覚悟を決めた。
2 記録更新のため一生懸命に練習した。
3 強敵に勝たないと優勝の意味がない。
4 覚悟が三日坊主になってしまった。

해석
여자와 남자가 육상대회에 대해 이야기하고 있습니다. 남자는 무엇을 말하고 싶습니까?

여: 선배님, 올해 대회에 국내 기록 보유자인 야마다 선수가 출전할 수 없다는데요.
남: 너무 연습을 지나치게 한 탓인가, 대회까지 겨우 3일 남았는데 부상이라니, 본인도 너무 아쉬울 거야.
여: 하지만 선배님에게는 둘도 없는 기회일지도요… 이번은 우승이네요.
남: 응, 분명히 그건 그렇지만. 강적이 없는 대회에서 시합에 이겨도 승부에 이겼다고는 할 수 없어. 나도 기록 경신을 위해서 노력해 왔기에 나도 더 아쉬워. 이번에는 그 녀석에게 지지 않겠다고 각오를 다지고 있었는데 말이야.
여: 그저 우승만 하면 되는 건 아니군요.

남자는 무엇을 말하고 싶습니까?
1 야마다 선수에게 이기려고 각오했다.
2 기록경신을 위해 열심히 연습했다.
3 강적에게 이기지 않으면 우승의 의미가 없다.
4 각오가 작심삼일이 되어버렸다.

어휘
記録保有者(きろくほゆうしゃ) 기록 보유자 | 怪我(けが) 부상 | 結構(けっこう) 꽤, 상당히 | 二度(にど)とない 둘도 없는 | 強敵(きょうてき) 강적 | 更新(こうしん) 경신, 갱신 | 覚悟(かくご)を決(き)める 각오를 하다, 각오를 다지다 | 三日坊主(みっかぼうず) 작심삼일

해설
질문의 요지는 남자가 말하고 싶은 핵심이 무엇인가이다. 선택지 2번의 기록 경신을 위해 열심히 연습한 것도 맞지만 최종적으로 말하고 싶은 핵심은 강적이자 국내 기록 보유자인 야마다 선수가 출전하지 않는 대회에서 우승해도 의미가 없다는 것이다. 즉, 야마다 선수에게 이기고 싶은 것이다. 포인트이해 문제는 답이 될 만한 것이 두 개 이상 나올 수 있으나 하고 싶은 말의 핵심 포인트를 잘 찾는 것이 중요하다. 그러므로 정답은 3번이다.

06 정답 2 2-06.mp3

女の人が前の職場の上司と話しています。女の人は今、何が一番大変だと言っていますか。

女:部長、お久しぶりです。ご無沙汰しております。

男：いやあ～，元気そうですね。どうですか、結婚生活のほうは？確かご主人、航空会社でしたね。まだ新婚だから、いろいろ大変でしょう。
女：いいえ、実は再就職したんです。主人の取引先の旅行会社なんです。まだ、新米なので、電話の応対とか、ホテルの予約とか、新しいことばかりで、慣れるのに苦労してます。それに、通訳資格取得が義務づけられていて、毎週、土日も専ら勉強なんです。
男：それは大変ですね。専門の語学が役立てられるんじゃないですか。
女：ええ、ほんとうは、そこが最も苦労してるところなんです。専門と現場で必要となるものは違いますし、とにかく一つ間違えるといろいろ影響を及ぼしてしまいますので。
男：そうですね。

女の人は今、何が一番大変だと言っていますか。

1 新米だからホテルの予約が一番大変だと言っている。
2 語学が最も大変だと言っている。
3 主人の航空会社が最も大変だと言っている。
4 結婚生活が一番大変だと言っている。

해석

여자가 전 직장의 상사와 이야기하고 있습니다. 여자는 지금 무엇이 가장 힘들다고 합니까?

여: 부장님, 오랜만입니다. 소식 전하지 못해 죄송합니다.
남: 음, 좋아 보이는데요. 어때요? 결혼생활은? 아마 신랑이 항공회사를 다녔죠. 아직 신혼이니까 여러모로 힘들겠군요.
여: 아뇨, 사실은 재취직했어요. 남편의 거래처인 여행회사예요. 아직 신참이라 전화응대나 호텔예약 등 새로운 일뿐이라서 익히는데 고생하고 있어요. 게다가 통역자격 취득이 의무라서, 매주 토, 일도 오로지 공부입니다.
남: 그건 힘들겠군요. 전공인 어학이 도움이 되지 않나요?
여: 예, 사실은, 그 점이 가장 고생이에요. 전공과 현장에서 필요로 하는 건 다르고, 하여튼 하나 잘못되면 여러모로 영향을 끼치니까요.

여자는 지금, 무엇이 가장 힘들다고 말하고 있습니까?

1 신참이라서 호텔 예약이 가장 힘들다고 말하고 있다.
2 어학이 가장 힘들다고 말하고 있다.
3 남편 항공회사가 가장 힘들다고 말하고 있다.
4 신혼생활이 가장 힘들다고 말하고 있다.

어휘

上司(じょうし) 상사 | ご無沙汰(ぶさた) 한동안 소식 전하지 못함 | 取引先(とりひきさき) 거래처 | 新米(しんまい) 신참, 햅쌀 | 応対(おうたい) | 通訳資格(つうやくしかく) 통역자격 | 取得(しゅとく) 취득 | 義務(ぎむ)づける 의무를 지우다 | 専(もっぱ)ら 오로지 | 影響(えいきょう)を及(およ)ぼす 영향을 끼치다

해설

여자가 힘들어 하는 것은, 결혼 후 재취업으로 새로운 일 즉, 전화응대나 호텔예약과 통역자격을 위한 토, 일요일의 공부, 게다가 현장에서의 어학실력이다. 이 중에서 가장 힘든 일은 역시 전공인 어학이다. 부장의 질문으로 어학이 전공인 것을 알려주면서, 그 점이 가장 힘든 일이란 것을 암시하는 것이다. 그러므로 정답은 2번이다.

07 정답 1 2-07.mp3

会議で男の人が新製品のスマートフォンについて話しています。今回の新製品の改善された点は何ですか。

男：今日は新しく開発された当社のスマートフォンについて紹介します。今回の開発の大きな特徴は、画面を大きくすることにより、従来に比べ、目の悪いお年よりの方々にも使いやすくなりました。それで、消費者層が飛躍的に広がったことです。また、端末機は軽い素材を使ったため、持ち歩くのに便利さはありますが、衝撃に弱いのは今後の開発を進めていく必要があるとのことです。さらに、価格については、安価な新製品がライバル会社で次々に発表されており、一層のコストダウンが求められます。このような課題については、今後の開発に期待したいと思います。

今回の新製品の改善された点は何ですか。

1 画面が大きくなって消費者層が広がったこと
2 端末機に軽い素材を使って持ち歩くのが便利になったこと
3 コストダウンが求められたこと
4 価格が他社より安価になってきたこと

해석

회의에서 남자가 신제품인 스마트폰에 대해서 이야기하고 있습니다. 이번 신제품의 개선된 점은 무엇입니까?

남: 오늘은 새로 개발된 당사의 스마트폰에 대해 소개하겠습니다. 이번 개발의 큰 특징은, 화면을 크게 한 것으로, 종래에 비해 눈이 나쁜 연로하신 분들에게도 사용하기 쉬워졌습니다. 그래서 소비자층이 비약적으로 확대된 것입니다. 또, 단말기는 가벼운 소재를 사용했기 때문에 소지하는 데 편리함은 있습니다만, 충격에 취약한 것은 앞으로 개발을 통해 개선해 나갈 필요가 있다고 합니다. 게다가, 가격이 싼 신제품이 라이벌 회사에서 계속 발표되고 있어서, 더욱더 생산원가 절하가 필요합니다. 이 같은 과제에 대해서는 앞으로의 개발에 기대하고 싶습니다.

이번 신제품의 개선된 점은 무엇입니까?

1 화면이 커져서 소비자층이 확대된 점
2 단말기에 가벼운 소재를 사용하여 들고 다니기 편리해진 점
3 생산원가 절하가 필요한 점
4 가격이 타사보다 저렴해진 점

어휘

改善(かいぜん) 개선 | 開発(かいはつ) 개발 | 特徴(とくちょう) 특징 | 画面(がめん) 화면 | 従来(じゅうらい) 종래 | 飛躍的(ひやくてき) 비약적 | 消費者(しょうひしゃ) 소비자 | 端末機(たんまつき) 단말기 | 素材(そざい) 소재 | 衝撃(しょうげき) 충격 | 安価(あんか) 싼 가격 | 一層(いっそう) 더더욱 | コストダウン 생산원가 절하

해설
최근의 화두는 IT(정보기술)이다. 이 분야의 문제는 언제 나와도 이상하지 않다. 문제는 스마트폰의 신상품 소개이다. 특징은 '화면이 크다. 그래서 연로한 분들까지도 사용이 편리해져서 소비자층을 확대시켰다. 단말기의 소재를 가벼운 걸로 해서 휴대하기는 간편하지만, 충격에 약하므로 개선된 특징으로는 미약하다'이다. 가격은 앞으로의 과제이므로 정답은 1번이다.

개요이해 완벽대비 문제

문제 3 이 문제에서는 문제 용지에 아무것도 인쇄되어 있지 않습니다. 이 문제는 전체적으로 어떤 내용인지를 듣는 문제입니다. 이야기 전에 질문은 없습니다. 먼저 이야기를 들으세요. 그리고 나서 질문과 선택지를 듣고, 1~4 중에서 가장 알맞은 답을 하나 고르세요.

01 정답 1 3-01.mp3

テレビで環境の専門家が電気発電について話しています。

男：電気発電には様々な方法がありますが、今日は、環境と関連してお話ししたいと思います。まず、水力発電はダムの建設が欠かせないです。最近の調べによりますと、ダムによって周りの環境や生態系に悪影響を及ぼす恐れがあるそうです。次は火力発電ですが、世界的な原油の高騰や大気汚染の主犯としてだんだん減る一方です。次に原子力発電になりますが、これも思いも寄らない事故に遭ったらとんでもないことになりかねないでしょう。ですから今後の課題は代替エネルギーを考えなければなりません。まあ、風力とか太陽光などがありますが。

専門家の話のテーマは何ですか。

1 ほかの代替エネルギーの工夫や研究
2 原子力発電の安全対策
3 環境や生態系のためのダム建設
4 大気汚染と原油高騰の対策

해석
텔레비전에서 환경 전문가가 전기발전에 대해서 이야기하고 있습니다.

남: 전기발전에는 여러 가지 방법이 있습니다만, 오늘은 환경과 관련하여 말씀드리겠습니다. 우선, 수력발전은 댐의 건설이 불가결합니다. 최근의 조사에 의하면 댐으로 인해 주변 환경과 생태계에 악영향을 미칠 우려가 있다고 합니다. 다음은 화력발전입니다만, 세계적인 원유폭등과 대기오염의 주범으로서 점점 줄고만 있습니다. 마지막으로 원자력발전입니다만, 이것도 생각지도 못한 사고를 당하면 엄청난 결과를 초래할 수 있습니다. 그러므로 앞으로 과제는 대체에너지를 생각해야 합니다. 예를 들면, 풍력이나 태양광 등이 있습니다만.

전문가의 이야기의 테마는 무엇입니까?

1 다른 대체 에너지의 궁리나 연구
2 원자력 발전의 안전대책
3 환경과 생태계를 위한 댐의 건설
4 대기오염과 원유 폭등의 대책

어휘
水力発電(すいりょくはつでん) 수력발전 | ダム 댐 | 生態系(せいたいけい) 생태계 | 悪影響(あくえいきょう) 악영향 | 火力発電(かりょくはつでん) 화력발전 | 原油高騰(げんゆこうとう) 원유폭등 | 大気汚染(たいきおせん) 대기오염 | 主犯(しゅはん) 주범 | ~する一方(いっぽう) ~하기만 함 | 原子力発電(げんしりょくはつでん) 원자력발전 | 思(おも)いも寄(よ)らない 생각지도 못하는 | とんでもない 엄청난 | 代替(だいたい)エネルギー 대체에너지 | 風力(ふうりょく) 풍력 | 太陽光(たいようこう) 태양광

해설
개요이해는 상당한 수준의 어휘가 등장하며, 내용도 전문적인 것이 많다. 그러나 문제의 핵심은 전문적 지식을 요구하는 것이 아니라 이야기의 내용이해를 요구하는 것이다. 즉, 이 문제의 경우는 전문가의 주장, 혹은 말하고 싶은 테마를 고르면 된다. 여러 가지 전기발전의 종류가 등장하고 있으나, 핵심은 아니다. 현재의 발전 방법은 환경에 악영향을 미치므로 앞으로는 대체에너지를 생각해야 한다. 이것이 환경 전문가가 강조하는 내용으로 이 문제의 테마라 할 수 있다. 그러므로 정답은 1번이다.

02 정답 3 3-02.mp3

ラジオのニュースです。

男：国内の自動車市場は、景気の低迷や若者の車離れなどを背景に縮小していますが、軽自動車は燃費の良さや手ごろな価格から普及が進み、業界団体のまとめでは、今年３月現在で、初めて保有割合が２世帯に１台を超えました。こうしたなかで、自動車メーカー各社は、軽自動車事業の強化に乗り出しており、このうちトヨタ自動車は、子会社のダイハツ工業から供給を受けて、この秋以降、トヨタブランドの軽自動車の販売を始めます。また、日産自動車と三菱自動車工業は、ワゴンタイプの新たな軽自動車を共同で開発し、再来年をメドに発売する計画です。さらに、ダイハツ工業は来月、ガソリン１リットル当たり３０キロと、ハイブリッド車並みの燃費の新型車を発売するほか、スズキも燃費性能をより高めた新型車の開発を急いでいて、今後、各社の競争は激しさを増しそうです。

このニュースは何について話していますか。

1 軽自動車の販売の増加
2 自動車各社の新型車の開発
3 軽自動車の競争の激しさ
4 自動車各社の発売計画

해석
라디오 뉴스입니다.

남: 국내 자동차 시장은 경기불황과 젊은이의 자동차 기피 등을 배경으로 축소되고 있는 추세에 있습니다만, 경자동차는 연비의 우수성과

적당한 가격 때문에 보급이 늘고 있어서 업계 단체의 요약으로는 금년 3월 현재로, 최초로 보유 비율이 2세대에 1대를 넘었습니다. 이러한 가운데, 자동차 메이커 회사들은 경자동차 사업의 강화에 나섰는데, 이 중 도요타 자동차는 자회사인 다이하쓰공업에서 공급을 받아, 올 가을 이후, 도요타 브랜드의 경자동차 판매를 시작합니다. 또, 닛산 자동차와 미쓰비시자동차공업은 왜건 타입의 새 경자동차를 공동으로 개발하여 내후년을 목표로 발매할 계획입니다. 게다가 다이하쓰공업은 다음 달, 휘발유 1리터당 30킬로미터로, 하이브리드차 수준의 연비인 신형차를 발매하는 한편 스즈키도 연비성능을 보다 높인 신형차 개발을 서두르고 있어서, 앞으로 각사의 경쟁은 더욱 치열해질 것 같습니다.

이 뉴스는 무엇에 대해서 말하고 있습니까?

1 경자동차의 판매 증가
2 자동차 각사의 신형차 개발
3 경자동차의 경쟁의 치열함
4 자동차 각사의 발매 계획

어휘

景気(けいき)の低迷(ていめい) 경기의 저미(불황) | 車離(くるまばな)れ 자동차 기피 | 背景(はいけい) 배경 | 縮小(しゅくしょう) 축소 | 軽自動車(けいじどうしゃ) 경자동차 | 燃費(ねんぴ) 연비 | 普及(ふきゅう) 보급 | 保有割合(ほゆうわりあい) 보유 비율 | 乗(の)り出(だ)す 나서다, 착수하다 | 工業(こうぎょう) 공업 | 供給(きょうきゅう) 공급 | メド 목표 | 発売(はつばい) 발매 | ~並(な)み ~같은 | 新型(しんがた) 신형 | 競争(きょうそう) 경쟁

해설

뉴스의 경우는 주로 핵심 내용이 맨 앞이나, 맨 뒤에 오는 경우가 많다. 이 문제의 경우도 여러 회사명이 거론되어서 내용이 복잡해 보이지만, 사실은 경자동차의 경쟁이 핵심이다. 다른 자동차는 판매가 축소 경향이지만, 경자동차는 연비의 우수성과 적당한 가격으로 판매가 늘어나고 있다. 그러므로 각 회사는 경자동차의 개발과 판매의 강화를 꾀하고 있다고 하였다. 뉴스의 맨 마지막 부분, '각사의 경쟁은 더 치열해질 것 같다' 이 부분이 정답을 알려준다.

03 정답 4 3-03.mp3

大学の先生が授業の内容について話しています。

女：今日は初めての授業なので、科目の内容について簡単に説明します。まず、この海洋学とは、主に海洋に起こるすべての現象を研究する学問です。と言っても海洋学を難しく思う必要はありません。もっと詳しく分野を分けてみますと、海洋物理学、海洋生物学、海洋化学、海洋地質学などがあります。ところで、海洋学が私たちとどのように関わっているか見ていきます。最近の科学専門誌などで海の水を飲料水に出来るかどうかという研究が取り上げられていますね。まあ、一つの例ですが、こういうふうに海洋学は私たちの生活に密接な関係があるのです。

今日の授業のテーマはどのようなことですか。

1 海洋学の分野
2 海洋学と科学専門誌
3 海洋学の種類
4 海洋学と生活の関係

해석

대학의 선생이 수업의 내용에 대해서 이야기하고 있습니다.

여：오늘은 첫 수업이므로, 과목의 내용에 대해서 간단히 설명하겠습니다. 우선, 이 해양학이란 주로 해양에서 발생하는 모든 현상을 연구하는 학문입니다. 그렇다고 해양학을 어렵게 생각할 필요는 없습니다. 좀 더 상세히 분야를 나누어 보면, 해양물리학, 해양생물학, 해양화학, 해양지질학 등이 있습니다. 그런데, 해양학이 우리들과 어떻게 연관되고 있는지를 보도록 하겠습니다. 최근의 과학전문지 등에서 바닷물을 음료수로 가능한지 여부를 조사하는 연구가 다루어지고 있지요. 이건, 하나의 예입니다만, 이런 식으로 해양학은 우리들의 생활과 밀접한 관계가 있습니다.

오늘의 수업의 테마는 어떤 것입니까?

1 해양학의 분야
2 해양학과 과학전문지
3 해양학의 종류
4 해양학과 생활의 관계

어휘

海洋学(かいようがく) 해양학 | 現象(げんしょう) 현상 | 分野(ぶんや) 분야 | 物理(ぶつり) 물리 | 生物(せいぶつ) 생물 | 化学(かがく) 화학 | 地質(ちしつ) 지질 | 関(かか)わる 관계되다 | 化学専門誌(かがくせんもんし) 과학 전문지 | 飲料水(いんりょうすい) 음료수 | 取(と)り上(あ)げる 다루다 | 密接(みっせつ) 밀접 | 次回(じかい) 차회, 다음

해설

수업 과목은 해양학이다. 해양학의 종류를 나열하는 것은 일종의 혼란을 주기 위함이라고 보면 의외로 문제를 쉽게 풀 수 있다. 이와 같은 다른 유사문제가 출제될 경우도 마찬가지이다. 타이틀이 나오고 세부적으로 나열되는 경우는 혼란의 목적이라 보면 된다. 그러므로 아무리 어려운 어휘가 나와도, a, b, c 식으로 메모를 해두면 좋다. 이 해양학과 우리들과 어떻게 연관되고 있는지를 설명하는 대목이 핵심 사항이다. 그러므로 정답은 4번이 된다.

04 정답 1 3-04.mp3

販売店からの留守番電話の録音を聞いています。

女：(ピッ～) もしもし、こちら電子ショップ青木の中村です。先日お問い合わせいただいたデジタルカメラですが、ただいま在庫が切れておりまして、メーカーからのお取り寄せになります。そのため十日間ほどお時間をちょうだいすることになります。それから、お値段のほうは現在少し値上げしておりますが、この間お問い合わせいただいた際のお値段にご提供させていただきます。それでは、失礼いたします。

メッセージの内容はどのようにできると言っていますか。
1 値上げ前の値段で、十日後に買える。
2 少し高い値段で、十日後に買える。
3 メーカーから取り寄せになって、すぐ買える。
4 十日のあとは、品切れで買えない。

해석

판매점에서 온 부재중 전화 녹음을 듣고 있습니다.

여: (삐~) 여보세요! 여기는 전자숍 아오키의 나카무라입니다. 며칠 전 문의하신 디지털카메라입니다만, 지금 재고가 떨어져서, 메이커에서 주문해 가져와야 합니다. 그래서 열흘 정도 시간이 걸립니다. 그리고, 가격 쪽은 현재 조금 인상되었습니다만, 요전에 문의하셨을 때의 가격으로 제공해 드리겠습니다. 그럼 실례했습니다.

메시지의 내용은 어떻게 가능하다고 합니까?
1 인상 전의 가격으로, 열흘 후에 살 수 있다.
2 약간 비싼 가격으로, 열흘 후 살 수 있다.
3 메이커에 주문해 가져온 후에, 바로 살 수 있다.
4 열흘 후에는 품절로 살 수 없다.

어휘

留守番電話(るすばんでんわ) 부재중 전화 | 録音(ろくおん) 녹음 | 問(と)い合(あ)わせ 문의 | 在庫(ざいこ)が切(き)れる 재고가 떨어지다 | 取(と)り寄(よ)せる 주문해서 가져 오게 하다 | 値段(ねだん) 가격 | 値上(ねあ)げ 가격 인상 | 提供(ていきょう) 제공

해설

부재중 녹음이나 알림 등은 내용은 평이하나 말의 속도는 빠른 느낌을 받는다. 대체로 경어체 말투라서 알아듣기 어려운 부분도 있으나, 주요 핵심 어휘를 메모하면 의외로 쉽게 정답을 고를 수 있다. 이 문제의 경우는, 일단 디지털카메라를 문의했는데 마침 재고가 떨어진 상태이다. 메이커에 주문해서 제품이 입고되는데 10일 정도 걸린다. 그리고 가격이 조금 올랐으나 오르기 전의 가격으로 제공하겠다는 내용이다. 그러므로 정답은 1번 인상 전의 가격으로 10일 후에 살 수 있다가 정답이다.

05 정답 3 3-05.mp3

会議で女の人が男の人に意見を聞いています。

女：さて、新製品の開発と値段の引き上げについてご意見をお願いします。

男：まず、新製品の開発についてですが、私は控え目にした方がいいと思います。最近の若者は新しい製品を好む傾向があるので製品の開発を急いだ方がいいという考え方もできると思いますが、いままでなじんできた製品の新しい機能やアフターサービスにもっと力を入れた方がお客さんの獲得に役立つと思います。あと、もうひとつ、原価や経費の高騰による製品の価格の値上げについては、最近の不景気を考慮すれば抑えたほうがいいかも知れませんが、私は素直に値上げしてお客さんに了承を求めていくべきだと思います。

男の人はどう考えていますか。
1 新製品の開発は賛成、値上げは反対
2 新製品の開発にも値上げにも反対
3 新製品の開発は反対、値上げは賛成
4 新製品の開発にも値上げにも賛成

해석

회의에서 여자가 남자에게 의견을 묻고 있습니다.

여: 그럼, 신제품 개발과 가격인상에 대한 고견을 부탁드립니다.

남: 우선, 신제품 개발에 대해서 입니다만, 저는 서두르지 않는 편이 좋다고 생각합니다. 요즘 젊은이는 신제품을 좋아하는 경향이 있으므로 제품 개발을 서두르는 편이 좋다는 생각도 있을 수 있겠지만, 지금까지 잘 알려진 제품의 새 기능과 애프터서비스에 좀 더 힘을 쏟는 편이 고객 확보에 도움이 된다고 생각합니다. 또, 한 가지, 원가나 경비 폭등으로 인한 제품의 가격 인상에 대해서는, 최근의 불경기를 고려하면 인상하지 않는 편이 좋을지도 모르지만, 저는 솔직히 인상하고 고객에게 양해를 구하고 인상해 나가야 한다고 생각합니다.

남자는 어떻게 생각하고 있습니까?
1 신제품 개발은 찬성, 가격 인상은 반대
2 신제품 개발에도 가격 인상에도 반대
3 신제품 개발은 반대, 가격 인상은 찬성
4 신제품 개발에도 가격 인상에도 찬성

어휘

値段(ねだん)の引(ひ)き上(あ)げ 가격 인상 | 控(ひか)え目(め)にする 자제하다, 억제하다 | ～を好(この)む傾向(けいこう) ～를 좋아하는 경향 | 獲得(かくとく)に役立(やくだ)つ 획득에 도움이 되다 | 高騰(こうとう) 폭등 | 不景気(ふけいき) 불경기 | 抑(おさ)える 억제하다 | 考慮(こうりょ) 고려 | 了承(りょうしょう)を求(もと)める 양해를 구하다

해설

개요이해의 전형적인 유형이다. 여러 항목 중 찬성, 반대를 파악하는 문제이다. 이 문제의 경우는 핵심 안건이 신제품 개발과 가격 인상이다. 경우의 수를 따지면, 모두 찬성 혹은 반대와 한 가지의 찬성, 다른 한가지의 반대이다. 이 남자의 입장은 신제품 개발은 서두르지 말고, 가격 인상은 고객에게 양해를 구하고 하는 것이 좋다는 의견이므로 정답은 3번이다.

06 정답 3 3-06.mp3

ある学会で女の人が発表しています。

女：私は三味線普及会の橋本と申します。今日は、この2～3年間の普及の流れについて発表させていただきます。最近の若者の伝統楽器や芸能離れが目立ちますが、ことに、三味線の場合は演奏者が減る一方です。そのなかで、ある県立高校で学生たちが中心になって自分たちの地域の活性化と伝統楽器の継承のため、土日だけで練習を重ねてきました。初めては、ただ3人が旗振り役として努めていましたが、いまや、なんと生徒の6割も参加しています。伝統楽器の衰退も珍しくないなかで、この学校の奮闘振りは、まさに伝統芸能の復活につながるモデルケースにしたいと思います。

発表者は主に何について話していますか。

1 伝統楽器の普及
2 伝統楽器の特徴
3 地域の活性化と伝統楽器の継承
4 地域の活性化と伝統楽器の衰退

해석

어느 학회에서 여자가 발표하고 있습니다.

여: 저는 샤미센 보급회의 하시모토라고 합니다. 오늘은 근래 2~3년 동안의 보급의 흐름에 대해서 발표하도록 하겠습니다. 최근 젊은이의 전통악기나 예능기피가 눈에 띕니다만, 특히 샤미센의 경우는 연주자가 계속 줄고 있습니다. 그런 가운데 어느 현립 고등학교에서 학생들이 중심이 되어 자신들의 지역 활성화와 전통악기의 계승을 위해, 토·일요일만 모여 연습을 계속해 왔습니다. 처음은, 단 3명이 앞장서서 노력했습니다만, 지금은 놀랍게도 학생의 60퍼센트가 참가하고 있습니다. 전통악기가 쇠퇴하고 있는 가운데, 이 학교의 쾌거는 정말이지 전통예능의 부활로 이어지는 모델케이스로 삼고 싶습니다.

발표자는 주로 무엇에 대해서 이야기하고 있습니까?

1 전통악기의 보급
2 전통악기의 특징
3 지역 활성화와 전통악기의 계승
4 지역 활성화와 전통악기의 쇠퇴

어휘

三味線(しゃみせん) 샤미센, 일본의 전통 현악기 | 普及会(ふきゅうかい) 보급회 | 伝統楽器(でんとうがっき) 전통악기 | 芸能離(げいのうばな)れ 예능기피 | 演奏(えんそう) 연주 | 活性化(かっせいか) 활성화 | 継承(けいしょう) 계승 | 旗振(はたふ)り役(やく) 선두 역할, 앞장 섬 | 衰退(すいたい) 쇠퇴 | 奮闘(ふんとう) 분투 | 復活(ふっかつ) 부활

해설

리포터의 보고나 발표자의 발표문도 최근의 자주 출제되는 문제의 유형이다. 특히 일본 전통 분야가 많이 다루어질 것으로 예상된다. 이 문제는 어느 고등학생들의 지역 활성화와 전통악기의 계승을 위해 분투하는 상황을 발표자가 이야기하는 형식이다. 개요이해는 다소 어려운 어휘가 많이 출제되고 있으나, 전체적인 흐름을 이해하는 훈련을 할 필요가 있다. 정답을 거의 읽어주는 문제도 있으므로 어휘 하나하나에 구애받지 말고 듣는 연습을 해야 한다. 이 문제도 역시 마지막 부분에서 정답을 나타내고 있다.

즉시응답 완벽대비 문제

문제 4 이 문제에서는 문제 용지에 아무것도 인쇄되어 있지 않습니다. 먼저 문장을 들으세요. 그리고 나서 그 답을 듣고, 1~3 중에서 가장 알맞은 답을 하나 고르세요.

01 정답 3 　4-01.mp3

女 : 結婚式はいつですか。
男 : 1 外国でします。
2 いのしし生まれです。
3 来週、日曜日です。

해석

여: 결혼식은 언제입니까?
남: 1 외국에서 합니다.
2 돼지 띠 출생입니다.
3 다음 주 일요일입니다.

어휘

猪・いのしし 멧돼지(12간지는 한국과 일본이 같으나 돼지띠는 멧돼지라 한다) | ~生(う)まれ ~띠 출생

해설

질문의 핵심은 '언제'이다. 그러므로 정답은 3번이다. 1번은 '어디'라는 질문의 대답이며, 2번은 무슨 띠 출생인지에 대한 대답이다.

02 정답 1 　4-02.mp3

女 : すみません、経理の中村さんにお会いしたいんですが。
男 : 1 今、呼んでまいります。
2 たいへん、お待たせしました。
3 お願いは言いかねません。

해석

여: 죄송합니다, 경리부의 나카무라 씨를 뵙고 싶습니다만.
남: 1 지금, 불러 오겠습니다.
2 기다리게 해서 죄송합니다.
3 부탁은 말하기 어렵습니다.

어휘

お会(あ)いする 만나다, 会(あ)う의 겸양어 | 言(い)いかねる 말하기 곤란하다

해설

존경어, 겸양어와 관용적인 인사말은 자주 등장하는 문제이다. 기본적인 인사말과 존경어, 겸양어는 반드시 정리해서 익혀 놓아야 한다. 여자의 요구는 나카무라 씨를 만나는 것이다. 그러므로 정답은 1번이다. 2번은 은행 등에서 고객을 오래 기다리게 했을 때의 인사말이며, 3번은 어법상 맞지 않는다.

03 **정답 2** 4-03.mp3

女 : 今度の試験、このままではうまくいかないんじゃないかしら。
男 : 1 もう、行ってしまったから、やむを得ないね。
2 別に、問題ないと思うけどね。
3 それなら、早く行こうよ。

해석
여: 이번 시험, 이대로는 잘 안 되는 거 아닐까?
남: 1 벌써, 가버렸으니까, 어쩔 수 없네.
2 특별히, 문제없다고 생각하는데.
3 그럼, 빨리 가자!

어휘
うまく行(い)く 잘되다 | やむを得(え)ない 어쩔 수 없다

해설
중요 표현은 '잘되다'인 うまく行く이다. 잘못 들어서, 정말로 가버리는 쪽으로 해석하면, 1번을 고르게 되는 함정인 것이다. 평소에 생활회화에 나오는 관용적인 표현을 잘 익혀두면, 별 어려움이 없다. 3번 보기도 역시 간다는 의미로 해석한 것이다.

04 **정답 1** 4-04.mp3

女 : 明日の打ち合わせの件ですが、営業担当者にもお伝えいただけるとありがたいんですが。
男 : 1 じゃ、あとで伝えておきます。
2 手伝っていただくと助かります。
3 よろしく、伝えてください。

해석
여: 내일 미팅 건입니다만, 영업담당자에게도 전해 주시면 좋겠습니다만.
남: 1 그럼, 나중에 전해 두겠습니다.
2 도와주시면 도움이 되겠습니다.
3 잘, 전해 주십시오.

어휘
打(う)ち合(あ)わせ 회합, 회의, 미팅 | 営業(えいぎょう) 영업 | 担当者(たんとうしゃ) 담당자

해설
いただく의 용법 문제이다. 대체적으로 'いただく'는 상대방에게 ~해 주시다의 겸양으로 쓰인다. 이 문제의 경우도 전해 주시면 좋겠다는 말에 대한 대답이므로 정답은 1번이다. 2번은 도와달라는 의미이며, 3번은 안부 전해 달라는 의미이므로 정답이 될 수 없다.

05 **정답 3** 4-05.mp3

女 : 課長の仕事の後始末とかいろいろあって、昨日はまったくてんてこ舞いだったよ。
男 : 1 後でしたら、よかったのにね。
2 踊り習ってるの。
3 大変だったね。

해석
여: 과장의 뒤처리며 여러 가지 일로, 어제는 정말 눈코 뜰 새 없었어.
남: 1 나중에 했으면, 좋았을 걸.
2 춤 배우고 있어?
3 힘들었겠구나.

어휘
後始末(あとしまつ) 뒤처리 | まったく 완전히, 정말로 | てんてこ舞(ま)い 눈코 뜰 새 없음 | 踊(おど)り 춤

해설
일단 핵심 어휘는 두 개로, '뒤처리'와 '눈코 뜰 새 없다'이다. 이와 같이 생활 속에서 자주 쓰이는 관용적 표현은 미리 학습하지 않으면 청해문제에 난관이 될 수 있다. 미리미리 학습해 두어야 한다.

06 **정답 3** 4-06.mp3

女 : 今朝、人身事故のため電車の運転が見合わせになって結局は出勤できなかったんです。
男 : 1 それは、よかったんですね。
2 う～む、お見合いは、ほごになってしまったんですね。
3 僕もお互い様だったんですよ。

해석
여: 오늘 아침, 인명사고로 전철 운전이 중지되어 결국 출근 못했어요.
남: 1 그건, 잘됐군요.
2 음…맞선은, 백지화 되어버렸네요.
3 저도 마찬가지였어요.

어휘
人身事故(じんしんじこ) 인명사고 | 見合(みあ)わせる 중지하다, 보류하다, 추이를 살피다 | お見合(みあ)い 맞선, 중매 | お互(たが)い様(さま) 피차 매일반

해설
전철의 인명사고로 출근을 못한 내용이다. '중지하다, 보류하다'의 '見合わせる'는 각종 청해문제의 단골손님이라 할 수 있다. 반드시 외워놓자. 1번 보기는 완전히 상대를 약올리는 표현이며, 2번의 'お見合い'는 '見合わせる'의 발음이 비슷한 점을 이용한 함정이다. 그러므로 정답은 3번이다.

07 **정답 1** 4-07.mp3

男 : 今さら、勉強してみたところで間に合わないんじゃない？もう受験は明日だし。
女 : 1 間に合わなくもないよ。
2 勉強のところではないよ。
3 ちゃんと受験受けるよ。

해석
남: 이제 와서, 공부해 본들 늦지 않아? 벌써 시험은 내일이고.
여: 1 늦었다고는 할 수 없어.

2 공부가 문제가 아냐.
3 꼭 시험 칠 거야.

어휘
今(いま)さら 이제 와서, 새삼스레 | ～たところで ～해 본들, 해 봤자 | 間(ま)に合(あ)う 시간에 맞추다 | ～ところではない ～할 상황이 아니다

해설
～たところで의 용법과 間に合う의 의미 파악이 핵심이다. 시험이 내일인데 이제 공부해 봐야 늦었다는 남자의 말에 대한 응답을 찾는 문제이다. 1번은 아직 늦지 않았다는 의미이며, 2번은 다른 일이 있어서 공부할 상황이 아니라는 의미이고, 3번은 단순히 시험을 칠 거라는 의미이다. 정답은 아직 늦지 않았다는 1번이다.

08 **정답 2** 4-08.mp3

男 : こんな数学問題はお茶の子さいさいだよね。
女 : 1 お茶よりコーヒーのほうが好きだわ。
2 あら～、河童の川流れという場合もあるよ。
3 朝寝坊はもうだめよ。

해석
남: 이런 수학문제는 누워서 떡먹기야.
여: 1 차보다는 커피 쪽을 좋아해.
2 어머~, 원숭이도 나무에서 떨어질 경우가 있는 거야.
3 늦잠은 이제 안 돼.

어휘
お茶(ちゃ)の子(こ)さいさい 누워서 떡먹기 | 河童(かっぱ)の川流(かわなが)れ 원숭이도 나무에서 떨어 질 때가 있다 | 河童(かっぱ) 상상의 동물로 물에 살며 수영을 잘한다

해설
お茶の子의 올바른 의미에 대한 즉시응답이다. 일본의 경우는 차와 함께 과자류를 곁들이는 경우가 많다. 이때, 차와 과자를 같이 먹으면 목으로 잘 넘어간다는 의미에서 아주 쉽다는 뜻이 된다. 그러므로 정답은 이에 대한 응답으로 어울리는 2번이다.

09 **정답 1** 4-09.mp3

男 : 今日はお忙しいところをお邪魔してすまなかったね。
女 : 1 いいえ、いつでもかまいません。
2 そんなにお忙しいでしょうか。
3 そんな筋合いはないと思います。

해석
남 오늘은 바쁜데 찾아와서 미안해요.
여: 1 아뇨, 언제라도 괜찮아요.
2 그렇게 바쁘세요?
3 그런 이유는 없다고 생각해요.

어휘
お邪魔(じゃま)する 방문이나 나올 때의 인사말, 실례하다, 방해하다 | すまない 미안하다 | 筋合(すじあ)い 근거, 이유

해설
바쁜데 방해해서 미안하다는 내용으로 'お邪魔する'는 방문이나 방문 후 돌아갈 때 하는 인사말이다. 여기서는 방문의 의미로, '찾아가서 미안하다'는 말에 대한 대답으로 어울리는 정답은 1번이다. 2번처럼, 문제의 어휘가 보기에 나오는 경우는 답이 될 확률이 떨어지는 것도 유의하자.

10 **정답 3** 4-10.mp3

男 : 入学式の学長のお話、しどろもどろだったよ。
女 : 1 そうね、簡単明瞭で、わかりやすかったね。
2 わたしは、終りまで胸がわくわくしたわ。
3 長話で、全然意味が…。

해석
남: 입학식의 학장님 말씀, 뒤죽박죽이었어.
여: 1 맞아, 간단명료해서 알기 쉬웠어.
2 난, 끝까지 가슴이 두근두근거렸어.
3 이야기가 길고, 전혀 의미가….

어휘
しどろもどろ 뒤죽박죽, 엉망진창 | 簡単明瞭(かんたんめいりょう) 간단명료 | 長話(ながばなし) 긴 이야기

해설
학장의 이야기가 뒤죽박죽이어서 전혀 의미를 몰랐다는 내용으로 이해하면 쉽게 풀 수 있다. 'しどろもどろ'의 의미를 몰라도 듣는 순간 좋지 않은 의미란 것을 이해하면, 당신은 청해의 해결 포인트를 파악한 상당한 내공의 소유자이다. 선택지 1번은 정반대이다.

11 **정답 1** 4-11.mp3

男 : あれ、そんな自棄糞になるなんて、あっけないね。
女 : 1 やるだけはやってみたわ。
2 あっというまに過ぎちゃったわ。
3 これからも頑張っていくわ。

해석
남: 저런, 그렇게 자포자기하다니, 어이없네.
여: 1 할 만큼은 해봤어.
2 순식간에 지나가 버렸어.
3 앞으로도 열심히 할 거야.

어휘
自棄糞(やけくそ) 자포자기 | あっけない 어이없다, 싱겁다, 형편없다 | あっというま 순식간에, 눈 깜박할 사이

해설
자포자기의 어휘를 안다면 어려운 문제라 할 수 없다. 혹시 몰라도 어이없다를 알면 문제를 풀 수 있다. 1번이 정답이다.

⑫ 정답 3 4-12.mp3

男 : あの～，来週の旅行なんですけど、まだ親の承諾を得ていません。
女 : 1 あら、親もご一緒ですか。
2 では、そうしてもらえますか。
3 やむを得ないわ、ひとりでも…。

해석

남: 저~, 다음 주 여행 말인데요, 아직 부모님 승낙을 못 받았어요.
여: 1 어머, 부모님도 함께 가세요?
2 그럼, 그렇게 해줄 수 있어요?
3 할 수 없죠, 혼자서라도….

어휘

承諾(しょうだく)を得(え)る 승낙을 얻다 | ご一緒(いっしょ) 함께(존경) | やむを得(え)ない 할 수 없다, 부득이하다, 어쩔 수 없다

해설

여자와의 여행을 부모의 승낙을 못 받았다는 내용이다. 1번은 부모와 함께 간다는 다소 엉뚱한 답변이며, 2번은 동문서답이므로 정답은 3번이다.

⑬ 정답 2 4-13.mp3

女 : もしもし、もうじき事務所に戻るけど、なんか急な用事はなかった？
男 : 1 えっ、今すぐ用事が終わりますか。
2 後ほど、中村さんがいらっしゃるそうです。
3 すみません。うっかり忘れてしまいました。

해석

여: 여보세요, 바로 곧 사무실에 돌아갈 건데, 뭐 급한 볼일은 없었나요?
남 1 어머, 지금 바로 볼일이 끝납니까?
2 조금 후에, 나카무라 씨가 오신답니다.
3 죄송합니다. 깜박 잊어버렸습니다.

어휘

急(きゅう)な用事(ようじ) 급한 볼일 | 後(のち)ほど 잠시 후 | うっかり 깜박

해설

여자가 사무실로 전화를 걸어 곧 돌아갈 것을 알리며, 혹시 그 사이에 무슨 일이 생겼었는지를 묻고 있다. 1번은 볼일이 끝나는지를 다시 되묻고 있으며, 3번은 질문의 답변에서 벗어나 있다. 그러므로 정답은 2번, 잠시 후에 나카무라 씨가 방문한다는 말을 전하는 것이다.

통합이해 완벽대비 문제

문제 5 이 문제에서는 긴 이야기를 듣습니다. 이 문제에는 연습이 없습니다. 메모를 해도 상관없습니다. 문제 용지에 아무것도 인쇄되어 있지 않습니다. 우선 이야기를 잘 들으세요. 그러고 나서 질문과 선택지를 듣고, 1~4 중에서 가장 알맞은 것을 하나 고르세요.

01 정답 1 5-01.mp3

先生と男女の学生と3人で世界の問題点について話しています。

男1: 「ボトム・ビリオン」という言葉がある。具体的に言えば、最底辺の10億人。1日1ドル未満の収入で暮らす途上国の最貧困層のことで、世界人口の6分の1を占めてるよ。原油や食糧の高騰の波が、日本をはじめ世界に広がっている。途上国の農村や都市スラムで生きるボトム・ビリオンの人々にとっては、これらは自らと家族の生存にかかわる、文字通りの脅威だな。
女: 先生、G7とかG8などで対策の論議はなかったんでしょうか。
男1: まあ、まず原因として挙げられるのが、原油や食糧の高騰、インフレ、温暖化といった課題の深刻さと言えるかな。
男2: あ、それなら、新聞で読んだことがあります。ボトム・ビリオンの人々への支援として、先進諸国は累積債務解消や援助増を呼びかけ、ここ数年は取り組みを強めてきたといいます。また、前回のサミットでは、食糧高騰には1兆円以上の緊急支援を、原油高騰には産油国への生産拡大要請や消費国と産油国との対話を進めるといった対応を示していますが、私の考えでは、即効性に乏しいだけでなく、問題の根本的な解決にはほど遠いと言わざるを得ません。
女 : え～，そんなに詳しいの。すごいね。
男2: いや、照れ臭いなあ。
男1: けっこう勉強してるじゃないか。では、根本的な解決のためにどうしたらいいと思う？
女: 私は就職と教育の方の支援だと思います。ボトム・ビリオンの人々の状況では当然、職につくこともできず、満足な教育を受けることもできません。彼らが自立できるための支援が必要です。産業の育成という面では自分たちの手で産業を起こすための無利子の貸付、教育の面では学校建設や教材開発、教師の派遣などが考えられます。
男1: なるほどね。

学生たちのボトム・ビリオンの人々のための解決対策ではないのはどれですか。

1 累積債務解消や援助増の呼びかけ
2 就職と教育に対する支援
3 産業の育成のための無利子の貸付
4 学校建設や教材開発、教師の派遣

해석

선생과 남녀 학생 3명이 세계의 문제점에 대해 이야기하고 있습니다.

남1 : '보톰 빌리언'이란 말이 있어. 구체적으로 말하면, 최저변의 10억 명. 하루 1달러 미만의 수입으로 생활하는 도상국의 빈곤층의 경우로, 세계 인구의 6분의 1를 차지하지. 원유와 식량의 폭등의 물결이, 일본을 비롯하여 세계로 확대되고 있어. 도상국의 농촌이나 도시 슬럼에서 사는 보톰 빌리언 사람들에게는, 이것은 자신과 가족의 생존에 관계되는 글자 그대로 위협이지.

여: 선생님, G7이나 G8 등에서 대책 논의는 없었습니까?

남1: 음…우선 원인의 예로는, 원유와 식량의 폭등, 인플레, 온난화라는 과제의 심각함이라 할 수 있겠지.

남2: 아, 그거라면, 신문에서 읽은 적이 있습니다. 보톰 빌리언 사람들에 대한 지원으로, 선진국들은 누적채무 해결과 원조 증가를 호소하였고, 근 몇 년은 대책을 강화해 왔다고 합니다. 또 지난번 서미트에서는, 식량 폭등에는 1조엔 이상의 긴급지원을, 원유 폭등에는 산유국에 생산 확대 요청과 소비국과 산유국의 대화를 진행한다는 대응을 보였습니다만, 제 생각으로는 즉효성이 떨어질 뿐 아니라, 문제의 근본적인 해결과는 너무 멀다고 할 수 있습니다.

여: 와~, 그렇게 상세히 알고 있구나. 굉장하네.

남2: 아냐, 쑥스럽네요.

남1: 상당히 공부하고 있는 것 같은데. 그럼, 근본적인 해결을 위해 어떻게 하면 좋을까?

여: 저는 취직과 교육 쪽 지원이라고 생각합니다. 보톰 빌리언의 사람들의 상황으로는 당연히, 취직도 못하고, 만족스런 교육을 받을 수도 없습니다. 그들이 자립 가능한 지원이 필요합니다. 산업 육성이라는 면에서는 자신들의 손으로 산업을 일으키기 위한 무이자의 대출, 교육면에서는 학교건설과 교재개발, 교사의 파견 등을 생각할 수 있습니다.

남1: 그렇군….

학생들이 생각하는 보톰 빌리언 사람들을 위한 해결대책이 아닌 것은 어느 것입니까?

1 누적채무 해결과 원조 증가 호소
2 취직과 교육에 대한 지원
3 산업육성을 위한 무이자 대출
4 학교건설과 교재개발, 교사의 파견

어휘

最底辺(さいていへん) 최저변, 맨 밑바닥 | 途上国(とじょうこく) 도상국 | 最貧困層(さいひんこんそう) 최빈곤층 | 高騰(こうとう)の波(なみ) 폭등의 물결(파도) | 脅威(きょうい) 위협 | 温暖化(おんだんか) 온난화 | 先進諸国(せんしんしょこく) 선진 여러 나라 | 累積債務解消(るいせきさいむかいしょう) 누적채무 해소 | 援助(えんじょ) 원조 | 即効性(そっこうせい) 즉효성 | 乏(とぼ)しい 모자라다, 결핍되다 | 根本的(こんぽんてき) 근본적 | 照(て)れ臭(くさ)い 멋쩍다, 쑥스럽다 | 無利子(むりし) 무이자 | 貸付(かしつけ) 대부, 대출 | 建設(けんせつ) 건설 | 派遣(はけん) 파견

해설

학생들이 생각하는 보톰 빌리언에 대한 해결대책이 주요 핵심이라 할 수 있다. 남학생의 말은 자신의 의견이 아니라, 신문에서 읽은 내용의 나열이라 보면, 정답은 마지막 여학생의 의견으로 좁혀진다. 그러므로 보기 1번의 '누적채무 해결과 원조 증가를 호소'라는 대책은 선진국의 대책이지 학생들의 대책은 아니므로 정답은 1번이다.

02 정답 4 5-02.mp3

会社で部長と社員たちが花見の準備について話しています。

男1: もう、4月になるな。今年の花見は少し華やかにしたいと思う。まあ、とりあえず、みんなで話し合った方がいいが、いつがいいかね。

女 : 部長、それなら今月の末ごろはいかがでしょうか。25日から31日の間がいいと思いますけど。

男1: う～ん、その以降は間に合わないかも。

男2: 部長、社長にも参加してもらった方がいいんじゃないでしょうか。

女 : 社長は、いまアメリカの出張です。確か、26日から29日の4日間は本社に戻ってくると思います。

男1: う～む、それでは、社長が本社に戻る26日はどうかかな?

男2: スケジュールには26日は臨時株主総会と書いてありますけど。

女 : それじゃ、まず26日はだめですね。部長の都合はいかがですか。

男1: 僕は28日にサクラ商事との打ち合わせがあるんだ。

男2: あ～そうだ。僕もその日は空港に行く予定が入ってます。

男1: それじゃ、27日はどう?

女 : あのう、27日は午後から社長と株主のお食事の予定です。

男1: だったら、午前中なら、いいんじゃない?

女 : でも、今年は少し華やかにやる計画だから、かなり時間がかかるんじゃないでしょうか。

男 : そうだな、では、残りの日しかないな。

社長を含めてみんなで話し合う日はいつになりますか。

1 今月の26日
2 今月の27日
3 今月の28日
4 今月の29日

해석

회사에서 부장과 사원들이 꽃구경 준비에 대해서 이야기하고 있습니다.

남1 : 벌써, 4월이 되었군. 올해 꽃구경은 조금 화려하게 하고 싶어. 일단, 다 같이 이야기하는 게 좋은데 언제가 좋을까?

여 : 부장님, 그러면 이번 달 말쯤은 어떨까요? 25일부터 31일 사이가 좋겠습니다만.

남1 : 음…그 이후는 늦을지도 모르지.

남2 : 부장님, 사장님도 참가하시는 게 좋지 않을까요?

여 : 사장님은, 지금 미국 출장 중입니다. 아마, 26일에서 29일 4일간은 본사에 돌아올 겁니다.

남1 : 음…그럼, 사장님이 돌아오시는 26일은 어떨까?

남2 : 스케줄에는 26일에는 임시 주주총회라고 적혀 있습니다만.

여 : 그럼, 26일은 안되겠군요. 부장님은 사정이 어떠세요?

남1 : 난 28일에 사쿠라 상사와 미팅이 있어.

남2 : 아, 맞다. 저도 그 날은 공항에 갈 일이 있어요.
남1 : 그럼, 27일 어때?
여 : 저…, 27일은 오후부터 사장님과 주주들이 식사할 예정입니다.
남1 : 그럼 오전 중이라면 괜찮지 않을까?
여 : 그렇지만 올해는 비교적 화려하게 할 계획이라서 시간이 꽤 걸리지 않을까요?
남1 : 그렇군, 그럼, 남은 날밖에 없네.

사장을 포함해서 모두다 함께 이야기할 수 있는 날은 언제가 됩니까?

1 이번 달 26일
2 이번 달 27일
3 이번 달 28일
4 이번 달 29일

어휘

花見(はなみ) 꽃 구경 | 華(はな)やか 화려함 | とりあえず 일단, 우선 | 間(ま)に合(あ)う 시간에 맞추다 | ～やいなや ～하자마자 | 臨時(りんじ) 임시 | 株主(かぶぬし) 주주 | 総会(そうかい) 총회 | 打(う)ち合(あ)わせ 미팅, 약속, 협의 | 都合(つごう) 사정, 형편

해설

먼저, 사장이 참가하는 방향이다. 그렇다면 가능한 날은 26일에서 29일 사이가 된다. 그러나 26일은 임시 주주총회가 있으므로 불가능하며, 28일은 부장과 남직원이 참석할 수 없다. 27일은 오후에 사장과 주주의 회식이어서 오전은 가능하지만 회의에 시간이 걸릴 것이므로, 결국 다 같이 참석 가능한 날은 마지막 날인 29일뿐이다. 정답은 4번이다.

우선 이야기를 잘 들으세요. 그러고 나서 2개의 질문을 듣고 각각 문제 용지의 1~4 중에서 가장 알맞은 답을 하나 고르세요.

03 질문 1 **정답 2** 질문 2 **정답 4** 5-03.mp3

男の人と女の人がテレビのニュースを聞いて話しています。

男1: 環境省は、地球温暖化による被害を防ぐための指針をまとめました。この指針は、環境省の有識者による検討会がまとめました。この中で、農作物の品質の低下など温暖化によるとみられる被害は、すでに起こりつつあり、将来も熱中症の患者が増えるほか、今世紀末にかけてコメの収穫量が西日本の各地で減ったり、大雨の日数が各地で増え、土砂災害や高潮の被害が拡大したりすると予測されています。このため、短期的な対策として、家畜を育てる際に大型の霧吹きや扇風機を使って牛舎などの温度を下げることや、水害を防ぐため堤防を補強することなどをあげています。また中長期的には、高温で生育できる農作物の開発や、冷房が効いた部屋で一時的に休める熱中症防止シェルターの整備をあげています。
女 : へえ、温暖化、温暖化と普段耳にタコができるほど聞いたんだけど、こんなに被害が深刻とは夢にも分からなかった。ひどいんじゃない。
男2: そうだね、なかでも洪水の被害が、何よりも心配だね。山のふもとの町もけっこう多いし。
女 : そうかもね。でもねえ、農作物の品質の低下などは何とか防げると思うよ。種子の改良も進んでいるし。ある程度大丈夫な気がするんだけど。
男2: じゃ、君はなにが心配なんだ？
女 : 専門の知識はないけど。コメや土砂なども気になるけど、やっぱり、人が倒れるのは何があっても避けたいね。

質問 1 女の人の一番気になる温暖化の被害はどれですか。

1 農作物の品質の低下
2 熱中症の患者の増加
3 コメの収穫量の減少
4 土砂災害や高潮の被害

質問 2 男の人の一番気になる温暖化の被害はどれですか。

1 農作物の品質の低下
2 熱中症の患者の増加
3 コメの収穫量の減少
4 土砂災害や高潮の被害

해석

남자와 여자가 텔레비전 뉴스를 듣고 이야기하고 있습니다.

남1 : 환경부는, 지구온난화로 의한 피해를 막기 위한 지침을 정리했습니다. 이 지침은, 환경성의 전문가들로 구성된 검토회가 정리했습니다. 이 중에 농작물의 품질저하 등 온난화로 인한 것으로 보이는 피해는, 이미 발생하고 있고 앞으로도 일사병 환자가 증가하는 것뿐만 아니라 금세기 말에 걸쳐 쌀의 수확량이 서일본의 각지에서 줄거나, 홍수 발생 일수가 각지에서 늘어, 토사재해와 높은 썰물의 피해가 확대할 것으로 예측됩니다. 이 때문에 단기적인 대책으로, 가축 사육 시, 대형 분무기나 선풍기를 사용하여 축사 등의 온도를 내릴 것과 수해를 막기 위한 제방을 보강할 것 등을 예를 들고 있습니다. 또 중장기적인 대책으로는 고온에서 생육 가능한 농작물의 개발과 냉방이 좋은 방에서 일시적으로 쉴 수 있는 일사병 방지 피난소의 정비를 꼽고 있습니다.
여 : 아이고, 온난화, 온난화라고 평소 귀에 못이 박힐 정도로 들었지만, 이렇게 피해가 심각하다니 꿈에도 몰랐어. 너무 심각한데.
남2 : 그래, 그 중에도 홍수 피해가 무엇보다 걱정이야. 산기슭의 마을도 꽤 많고 말이야.
여 : 그럴지도 몰라. 그렇지만, 농작물의 품질저하 등은 그럭저럭 막을 수 있을 거야. 종자개량도 진행되고 있고, 어느 정도 문제없을 것 같은 생각도 드는데.
남2 : 그럼, 넌 뭐가 걱정인 거야?
여 : 전문 지식은 없지만 쌀과 토사 등도 걱정이지만 역시 사람이 쓰러지는 건 무슨 일이 있어도 피하고 싶어.

질문 1 여자가 가장 걱정되는 온난화의 피해는 어느 것입니까?

1 농작물의 품질 저하
2 일사병의 환자 증가
3 쌀의 수확량 감소
4 토사재해와 높은 밀물

질문 2 **남자가 가장 걱정되는 온난화 피해는 어느 것입니까?**
1 농작물의 품질 저하
2 일사병의 환자 증가
3 쌀의 수확량 감소
4 토사재해와 높은 밀물

어휘

環境省(かんきょうしょう) 환경성 | **地球温暖化(ちきゅうおんだんか)** 지구온난화 | **被害(ひがい)を防(ふせ)ぐ** 피해를 막다 | **指針(ししん)** 지침 | **熱中症(ねっちゅうしょう)** 일사병(열중증) | **患者(かんじゃ)** 환자 | **収穫(しゅうかく)** 수확 | **大雨(おおあめ)** 홍수 | **日数(にっすう)** 일수 | **土砂災害(どさいがい)** 토사재해 | **高潮(たかしお)** 높은 밀물(썰물) | **大型(おおがた)** 대형 | **霧吹(きりふ)き** 분무기 | **扇風機(せんぷうき)** 선풍기 | **牛舎(ぎゅうしゃ)** 우사, 축사 | **堤防(ていぼう)** 제방 | **補強(ほきょう)** 보강 | **普段(ふだん)** 평소 | **耳(みみ)にタコができる** 귀에 못이 박히다 | **洪水(こうずい)** 홍수 | **山(やま)のふもと** 산기슭 | **種子(しゅし)の改良(かいりょう)** 종자의 개량

해설

최근의 파트5의 추이는 상당히 전문적인 내용이 출제된다. 이 문제의 경우도 지구 온난화 내용으로 앞으로 자주 나올 수도 있는 내용이다. 반복하여 직청직해가 될 수 있도록 연습하자. 내용은 장문에다 전문용어가 많아서 얼핏 무척 어려워 보이지만 메모를 하면 정리가 된다. 핵심은 온난화의 피해와 대책이다. 보통의 경우는 어느 한 쪽이 문제로 출제되는 경향이다. 여기서도 대책보다는 피해 쪽에 중점을 두고 있다. 피해는 선택지에 나와 있으므로 여자와 남자 각각의 걱정되는 피해를 고르면 된다. 여자는 사람이 쓰러지는 것이 걱정이므로 2번이 정답이며, 남자는 홍수와 토사재해의 피해, 즉 4번이 정답이다.

04 **질문 1** **정답 1** **질문 2** **정답 4** 5-04.mp3

女の人と男の人が転落防止の新型点字ブロックの説明を聞いています。

男1: 目の不自由な人が駅のホームから転落して死亡する事故はたびたび起きていて、きのうも東京・町田市の東急田園都市線のホームで５０歳の男性が死亡しています。国土交通省は、こうした事故を防ぐには、ホームの内側を知らせる細長い突起が付いた新型の点字ブロックが有効だとして、どの程度の規模の駅に設置を求めるか検討を進めてきました。その結果、ホームで起きる人身事故のおよそ８５％が、１日の乗客数が１万人以上の駅で起きていることから、国土交通省は、乗客数１万人以上を目安に、新型の点字ブロックの設置を鉄道会社に求めていく方針を決めました。また、転落事故を防ぐ切り札とされるホームドアの設置についても、対象となる駅の規模を検討しています。

女 : お気の毒様ですね。ある本から読んだことなんですけど。体の機能で目の機能が70%以上を占めているようですよ。

男2: そうだな。僕はほとんだと思うんですよ。目の見えない生活なんて想像もできません。それはそうとして、どうして、ホームドアの設置は早く進まないのか、おかしいですね。

女 : そうですね。一番いい方法だと分かっているのにね。どうなってるのかしら。

男2 : 僕はとりあえず、一日1万人以上の利用乗客の駅から順々にあの切り札を設置すべきだと思います。これ以上、人が亡くなるなんて見かねるんです。

女 : 今聞いた細長い突起が付いた新型の点字ブロックが有効なのは確かみたいですけどね。

男2: そうですよ。今さら模索のところじゃないですよ。

質問 1 **転落防止の説明として正しくないのはどれですか。**
1 １日の乗客数が１万人以上の駅で毎日目の不自由な人の転落事故が起きている。
2 ホームで起きる人身事故の3分の2以上が１日の乗客数が１万人以上の駅である。
3 国土交通省は、新型の点字ブロックの設置を鉄道会社に求める方針を決めました。
4 転落事故を防ぐ切り札とされるホームドアの設置についても検討しています。

質問 2 **女の人と男の人の共通の意見はどれですか。**
1 新型の点字ブロックの設置が無効だ。
2 ホームドアの設置を模索すべきだ。
3 新型の点字ブロックの設置が有効だ。
4 ホームドアの設置を急ぐべきだ。

해석

여자와 남자가 추락 방지의 신형 점자 블럭의 설명을 듣고 있습니다.

남1 : 눈이 불편한 사람들이 플랫폼에서 아래로 굴러떨어져서 사망하는 사고가 이따금 일어나며, 어제도 도쿄 마치다시의 도큐덴엔 도시선의 플랫폼에서 50세의 남성이 사망하였습니다. 국토교통성은, 이러한 사고를 막기 위해서는 플랫폼의 안쪽을 알리는 가늘고 긴 돌기가 달린 신형 점자 블럭이 유효하다 하여, 어느 정도 규모의 역에 설치를 요구할지 검토를 해왔습니다. 그 결과, 플랫폼에서 발생하는 인명사고의 대략 85%가, 1일 승객수가 1만 명 이상의 역에서 일어나고 있으므로, 국토교통성은 승객 수 1만 명 이상을 기준으로 신형 점자 블럭 설치를 철도회사에 요구해 나갈 방침을 정했습니다. 또, 전락사고를 막는 최적의 방법으로 여겨지는 플랫폼 도어 설치에 대해서도, 대상이 되는 역의 규모를 검토하고 있습니다.

여 : 참 안됐어요. 어느 책에서 읽은 건데 말이에요. 몸의 기능 중 눈의 기능이 70% 이상을 차지하는 것 같아요.

남2 : 그래요. 난 거의 다인 줄 알았어요. 눈이 안 보이는 생활이라니 상상도 못 해요. 그건 그렇고, 왜 플랫폼 도어 설치가 빨리 안 되는지 이상해요.

여 : 그렇군요. 가장 좋은 방법인 걸 알면서 말이에요. 어떻게 된 거죠?

남2 : 난 우선, 하루 만 명 이상의 이용승객 역부터 차례로 그 최적의 방법을 설치해야 한다고 생각해요. 더 이상, 사람이 죽는 건 차마 못 보겠어요.

여 : 지금 들은 가늘고 긴 돌기가 달린 신형 점자 블럭이 유효한 건 확실하지만 말이죠.

남2: 맞아요. 새삼스레 모색할 상황이 아니지요.

질문 1 추락 방지의 설명으로 바르지 않은 것은 어느 것입니까?

1 하루 승객수가 만 명 이상인 역에서 매일 눈이 불편한 사람의 추락사고가 발생한다.
2 플랫폼에서 발생하는 인명사고의 3분의 2가 하루 승객수 만 명 이상의 역이다.
3 국토교통성은, 신형 점자 블럭의 설치를 철도회사에 요구할 방침을 정했다.
4 추락사고를 막는 최적의 방법으로 여겨지는 플랫폼 도어 설치에 대해서도 검토하고 있다.

질문 2 여자와 남자의 공통 의견은 어느 것입니까?

1 신형 점자 블럭의 설치는 효과가 없다.
2 플랫폼 도어 설치를 모색해야 한다.
3 신형 점자블럭 설치가 효과가 있다.
4 플랫폼 도어의 설치를 서둘러야 한다.

어휘

転落防止(てんらくぼうし) 추락 방지 | 新型点字(しんがたてんじ)ブロック 신형 점자 블럭 | 防(ふせ)ぐ 막다, 예방하다 | 細長(ほそなが)い 가늘고 길다 | 突起(とっき) 돌기 | 有効(ゆうこう) 유효 | 人身事故(じんしんじこ) 인명사고 | 乗客数(じょうきゃくすう) 승객수 | 目安(めやす) 기준 | 切(き)り札(ふだ) 비장의 무기, 최적의 방법 | お気(き)の毒(どく)様(さま) 안 됨 | 機能(きのう) 기능 | 設置(せっち) 설치 | 見(み)かねる 더이상 못 보다, 눈 뜨고 못 보다 | 模索(もさく) 모색 | 無効(むこう) 무효, 효과가 없음

해설

긴 설명문이나 뉴스, 발표에 대한 남녀의 의견을 묻는 문제는 최근 자주 출제되므로, 집중하여 듣고 필요한 경우는 핵심사항을 빠르게 메모한다. 이 문제의 경우는 점자 블럭 설치와 앞으로의 방향이다. 우선, 내용의 핵심은 플랫폼에서의 눈이 보이지 않는 분들의 추락사가 자주 발생하여 신형 점자 블럭의 설치를 하는 것이다. 설치할 역의 규모가 하루 이용 승객수 만 명 이상의 역이며, 인명사고의 85%를 차지한다. 사고 방지의 최고의 방법은 플랫폼 도어 설치이지만, 현재로는 검토하는 단계이다. 단, 여자와 남자는 이 방법을 서둘러 실행해야 한다는 공통 의견을 가지고 있다. 그러므로 정답은 질문 1이 1번, 질문 2가 4번이다.

05 질문 1 정답 1 질문 2 정답 4 5-05.mp3

国民生活センターからの発表を聞いています。

男1: 日弁連によりますと、去年１年間に全国の弁護士会が弁護士に行った懲戒処分は、これまでで最も多い80件に上り、このうち、最も重い「除名」になったのは、業務上横領などの罪で実刑が確定した大阪の弁護士で、「退会命令」も７件ありました。処分で目立つのは、依頼された仕事を放置したり報告しなかったり、依頼者への対応に問題があるケースだということです。繰り返し懲戒処分を受ける弁護士も少なくないということで、東京のある弁護士は、依頼者が所有する不動産の売買を巡って業務停止処分になったのに、そのまま仕事を続けていたとして、去年、退会命令を受けています。国民生活センターによりますと、「弁護士に仕事を依頼したのに放置された」などといったトラブルの相談は、ここ数年増えていて、昨年度は2000件近くに上っています。これについて、日弁連は「倫理面の研修を充実させ、問題のある行為には厳正に対応していきたい」と話しています。

女 : へえ～、なんだ、弁護士にこんなに悪い人が多かったの? 私、全然知らなかったわ。

男2: まあ、これも氷山の一角じゃないかと思うよ。もっと多いと思うんだが、すべての弁護士が悪いとは限らないよ。ひたすら黙々と陰で働く方々もいるからさ。

女 : でも、お客さんのお金を着服するなんてあり得ないことだわ。あんまりじゃない。

男2: 僕はこれが弁護士になる前の問題だと思うんだ。

女 : あら、それ何の意味よ。

男2: いや、だからさ。人間の基本の道徳の問題だよ。研修の時、倫理面の研修を充実させ、もっと厳しくちゃんとしなくちゃ。

質問 1 女の人が最も悪いと思うのはどれですか。

1 業務上横領
2 仕事を放置
3 繰り返し懲戒処分を受ける弁護士
4 倫理面の研修の足りないこと

質問 2 男の人が最も悪いと思うのはどれですか。

1 業務上横領
2 仕事を放置
3 繰り返し懲戒処分を受ける弁護士
4 倫理面の研修の足りないこと

해석

국민생활센터의 발표를 듣고 있습니다.

남1 : 일본변호사연맹에 의하면, 작년 1년 동안에 전국의 변호사회가 변호사에게 내린 징계처분은, 이제까지 중 가장 많은 80건에 달하고, 이 중 가장 무거운 '제명'이 된 사람은, 업무상 횡령 등의 죄로 실형이 확정된 오사카의 변호사이며, '퇴회명령'도 7건이나 있었습니다. 처분 내용 중 눈에 띄는 건은 의뢰 받은 일을 방치하거나 보고하지 않거나 의뢰자에 대한 대응에 문제가 있는 경우라고 합니다. 반복하여 징계처분을 받는 변호사도 적지 않다고 하며, 도쿄의 어느 변호사는 의뢰인이 소유한 부동산의 매매를 둘러싸고 업무정지처분이 되었는데도, 그대로 일을 계속해서 작년에 퇴회명령을 받았습니다. 국민생활센터에 의하면, '변호사에게 일을 의뢰했는데도 방치 당했다' 등의 트러블의 상담은 최근 몇 년간 늘어서, 작년도는 2000건 가까이 달하고 있습니다. 여기에 대해, 일본변호사연맹은 윤리면의 교육을 충실히 실시하여 문제가 있는 행위에는 엄정하게 대응해 나가겠다'고 말합니다.

여 : 어머, 뭐야, 변호사에 이렇게 나쁜 사람이 많았어?
남2: 그건, 빙산의 일각이 아닐까 생각해. 더 많을지도 모르지만, 모든 변호사가 나쁘다고는 할 수 없어. 오로지 묵묵히 그늘에서 일하는 분들도 있으니까 말이야.
여 : 그래도, 손님의 돈을 착복하다니 있을 수 없는 일이야. 너무 심하지 않아?
남2: 음… 난 이것이 변호사가 되기 전의 문제라는 생각이 들어.
여 : 어머, 그건 무슨 의미야?
남2: 아니, 그러니까. 인간의 기본 도덕의 문제야. 연수 때 윤리면의 연수를 잘 시켜서 좀더 엄하고 확실하게 해야 해.

질문 1 여자가 가장 나쁘다고 생각하는 건 어느 것입니까?

1 업무상 횡령
2 일의 방치
3 반복 징계처분을 받는 변호사
4 윤리면의 연수가 부족함

질문 2 남자가 가장 나쁘다고 생각하는 건 어느 것입니까?

1 업무상 횡령
2 일의 방치
3 반복 징계처분을 받는 변호사
4 윤리면의 연수가 부족함

어휘

日弁連(にちべんれん) 일변련, 일본 변호사 연합회의 준말 | 弁護士(べんごし) 변호사 | 懲戒処分(ちょうかいしょぶん) 징계처분 | 除名(じょめい) 제명 | 業務上横領(ぎょうむじょうおうりょう) 업무상 횡령 | 罪(ざい, つみ) 죄 | 実刑(じっけい) 실형 | 退会命令(たいかいめいれい) 퇴회 명령 | 依頼(いらい) 의뢰 | 放置(ほうち) 방치 | 繰(く)り返(かえ)し 반복 | 所有(しょゆう) 소유 | 不動産(ふどうさん) 부동산 | 売買(ばいばい) 매매 | 停止(ていし) 정지 | 倫理面(りんりめん) 윤리면 | 研修(けんしゅう) 연수 | 行為(こうい) 행위 | 厳正(げんせい) 엄정 | 氷山(ひょうざん)の一角(いっかく) 빙산의 일각 | 着服(ちゃくふく) 착복

해설

같은 내용을 듣고 2명의, 즉 남자와 여자의 각각 다른 의견을 묻는 형태는 정해진 패턴이라 해도 과언이 아닐 정도로 자주 출제된다. 여기서는 변호사의 징계처분의 종류로 압축할 수 있다. 첫째, 업무상 횡령=손님의 돈을 착복이다. 둘째, 일의 방치이며, 셋째는 반복되는 징계처분의 변호사이다. 넷째는 윤리면의 연수가 부족한 변호사=인간의 기본 도덕의 문제가 있는 변호사이다. 이렇게 변호사의 징계처분의 내용을 나름대로 메모한다면, 문제는 쉽게 풀린다.

시나공 JLPT 일본어능력시험 N1

언어지식(문자 · 어휘)										
문제 1	1 (3)	2 (4)	3 (1)	4 (2)	5 (4)	6 (1)				
문제 2	7 (4)	8 (1)	9 (3)	10 (4)	11 (2)	12 (1)	13 (1)			
문제 3	14 (4)	15 (4)	16 (4)	17 (2)	18 (3)	19 (4)				
문제 4	20 (4)	21 (1)	22 (3)	23 (1)	24 (4)	25 (3)				

언어지식(문법) · 독해										
문제 5	26 (4)	27 (3)	28 (2)	29 (2)	30 (2)	31 (4)	32 (4)	33 (3)	34 (4)	35 (3)
문제 6	36 (4)	37 (4)	38 (1)	39 (2)	40 (4)					
문제 7	41 (3)	42 (4)	43 (2)	44 (4)	45 (2)					
문제 8	46 (3)	47 (2)	48 (2)	49 (1)						
문제 9	50 (2)	51 (2)	52 (3)	53 (2)	54 (4)	55 (3)	56 (2)	57 (4)	58 (4)	
문제 10	59 (2)	60 (3)	61 (1)	62 (4)						
문제 11	63 (4)	64 (3)								
문제 12	65 (1)	66 (1)	67 (3)	68 (4)						
문제 13	69 (2)	70 (4)								

실전 모의고사 1회 정답과 해설

청해										
문제 1	1 (3)	2 (1)	3 (2)	4 (4)	5 (1)	6 (3)				
문제 2	1 (1)	2 (4)	3 (2)	4 (2)	5 (1)	6 (4)	7 (2)			
문제 3	1 (3)	2 (1)	3 (3)	4 (2)	5 (1)	6 (4)				
문제 4	1 (3)	2 (2)	3 (2)	4 (3)	5 (1)	6 (1)	7 (2)	8 (1)	9 (3)	10 (2)
	11 (1)	12 (3)	13 (3)	14 (2)						
문제 5	1 (2)	2 (4)	3 질문1 (1) 질문2 (4)							

언어지식(문자 · 어휘)

문제 1 ＿＿＿＿단어의 읽는 방법으로 가장 알맞은 것을 1·2·3·4 가운데 하나 고르세요.

01 **정답 3**

어휘 破(やぶ)る 깨다 | 新作(しんさく) 신작 | 発表(はっぴょう)する 발표하다

해석 긴 침묵을 깨고 신작을 발표하다.

02 **정답 4**

어휘 意見(いけん) 의견 | 原因(げんいん) 원인 | 両国(りょうこく) 양국 | 戦争(せんそう) 전쟁

해석 의견 충돌이 원인으로 양국은 전쟁이 되기 직전이다.

03 **정답 1**

어휘 決勝戦(けっしょうせん) 결승전 | 残(のこ)る 남다 | 極(きわ)まり無(な)い ~하기 짝이 없다

해석 결승전에 남을 수 없어 분하기 짝이 없다.

04 **정답 2**

어휘 地震(じしん) 지진 | 対策(たいさく) 대책 | 望(のぞ)む 바라다

해석 지진의 신속한 대책을 바란다.

05 **정답 4**

어휘 会議(かいぎ) 회의 | 猫(ねこ)の手(て)も借(か)りたい 고양이 손이라도 빌리고 싶을 정도로 눈코 뜰 새 없이 바쁘다.

해석 회의 준비하는 데 눈코 뜰 새 없을 정도다.

06 **정답 1**

어휘 室内(しつない) 실내 | 重苦(おもくる)しい 짓눌리는 듯 답답하다 | 雰囲気(ふんいき) 분위기 | | 漂(ただよ)う 감돌다

해석 실내는 축축하고 답답한 분위기가 감돈다.

문제 2 (　　)에 들어갈 가장 알맞은 말을 1·2·3·4 가운데 하나 고르세요.

07 **정답 4**

어휘 津波(つなみ) 쓰나미, 해일 | 名残(なごり) 여운, 자취

해석 지진의 여운인 쓰나미가 온다.

08 **정답 1**

어휘 むごい 잔혹하다 | 傷(きず)つく 상처받다

해석 친구의 잔혹한 말에 상처받았다.

09 **정답 3**

어휘 きっぱり 깨끗이, 단호히 | あきらめる 포기하다

해석 친구는 이번 시합을 깨끗이 포기했다.

10 **정답 4**

어휘 容疑者(ようぎしゃ) 용의자 | 証拠(しょうこ) 증거 | 白状(はくじょう)する 자백하다

해석 용의자는 움직일 수 없는 증거로 자백했다.

11 **정답 2**

어휘 違反(いはん) 위반 | 見逃(みのが)す 놓치다 | 警察(けいさつ) 경찰

해석 스피드 위반을 놓치지 않는 경찰.

12 **정답 1**

어휘 人身事故(じんしんじこ) 인명사고 | ダイヤ 철도 운행표 | 混乱(こんらん) 혼란

해석 인명사고로 전철 운행시간의 혼란이 일어났다.

13 **정답 1**

어휘 足場(あしば) 발판 | 撤去(てっきょ) 철거

해석 공사 현장에서 발판을 철거하다.

문제 3 ＿＿＿＿의 단어와 의미가 가장 가까운 말을 1·2·3·4 가운데 하나 고르세요.

14 **정답 4**

어휘 優勝(ゆうしょう) 우승 | 朗報(ろうほう) 낭보 | 舞(ま)い込(こ)む 날아 들어오다 | 朗(ほが)らか 쾌활함 | 便(たよ)り 소식 | 落(お)ち込(こ)む 빠지다 | うんざりする 지겹다, 진절머리 나다 | 情報(じょうほう) 정보 | 嬉(うれ)しい 기쁘다

해석 우승이란 낭보가 날아들었다.

15 **정답 4**

어휘 文句(もんく) 불만, 불평, 트집 | 説明(せつめい) 설명 | 説得(せっとく) 설득 | 偶然(ぐうぜん) 우연 | 愚痴(ぐち) 푸념

해석 상대 의견에 하나하나 불만을 달다.

16 정답 4

어휘 勝(か)つ 이기다 | 選手(せんしゅ) 선수 | コンプレックス 콤플렉스 | 優越感(ゆうえつかん) 우월감 | 死(し)に目(め) 임종 | 成就感(じょうじゅかん) 성취감 | 引(ひ)け目(め) 열등감, 주눅, 약점

해석 한 번도 이긴 적이 없는 선수는 콤플렉스를 느낀다.

17 정답 2

어휘 平凡(へいぼん) 평범함 | 発想(はっそう) 발상 | 画期的(かっきてき) 획기적 | 商品開発(しょうひんかいはつ) 상품 개발 | 月並(つきな)み 평범함 | 軒並(のきな)み 모조리, 모두

해석 평범한 발상으로는 획기적인 상품 개발은 어렵다.

18 정답 3

어휘 遠足(えんそく) 소풍 | もってこいな 안성맞춤인 | 季節(きせつ) 계절 | もってのほか 뜻밖, 의외, 당치도 않음 | けしからぬ 발칙하다 | うってつけ 안성맞춤 | もとのもくあみ 도로 아미타불

해석 소풍에 안성맞춤인 계절.

19 정답 4

어휘 論文(ろんぶん) 논문 | 体裁(ていさい) 형식, 외관, 겉모양 | 整(ととの)える 갖추다 | 面目(めんもく) 면목, 체면, 명예 | 資格(しかく) 자격 | 内容(ないよう) 내용 | 形式(けいしき) 형식

해석 논문으로 형식을 갖추다.

문제 4 다음 단어의 사용법으로 가장 알맞은 것을 1·2·3·4 가운데 하나 고르세요.

20 정답 4

어휘 指図(さしず) 지시 | 手術(しゅじゅつ) 수술 | 感動(かんどう)する 감동하다 | 気(き)がすむ 만족하다 |

해석 그는 다른 사람으로부터 지시받는 것을 싫어하고 자기 뜻대로 되지 않으면 직성이 안 풀린다.

해설 1번은 「集中(しゅうちゅう) 집중」, 2번은 「手際(てぎわ) 솜씨, 수완」, 3번은 「要領(ようりょう) 요령」으로 바꾸면 문장이 자연스러워진다.

21 정답 1

어휘 もっぱら 오로지, 한결같이, 전적으로 | レンタルショップ 대여점 | 名作(めいさく) 명작 | 探(さが)す 찾다 | 鑑賞(かんしょう) 감상 | 習慣(しゅうかん) 습관 | 財産(ざいさん) 재산 | 有頂天(うちょうてん)になる 기뻐서 어찌할 줄 모르다

해석 요즘은 오로지 대여점에서 옛 명작을 찾아서 감상하고 있다.

해설 2번은 「まちまち 가지가지, 가지각색」, 3번은 「ことごとく 모두, 모조리, 죄다」, 4번은 「すんなりと 술술, 수월하게, 쉽게」로 바꾸면 문장이 자연스러워진다.

22 정답 3

어휘 おもむろに 서서히, 천천히 | 動植物(どうしょくぶつ) 동식물 | 触(さわ)る 만지다 | 義務(ぎむ) 의무 | 煙草(たばこ) 담배 | 騒(さわ)がしい 소란스럽다

해석 그는 라이터를 찾아서 천천히 담배에 불을 붙였다.

해설 1번은 「むやみに 함부로, 무턱대고」, 2번은 「仮(かり)に 가령, 만일」, 4번은 「やけに 몹시, 무척, 마구」로 바꾸면 문장이 자연스러워진다.

23 정답 1

어휘 侮(あなど)る 깔보다, 무시하다, 경시하다 | 早期発見(そうきはっけん) 조기발견 | 血液検査(けつえきけんさ) 혈액검사 | 指折(ゆびお)り 손꼽음, 굴지 | 露天風呂(ろてんぶろ) 노천온천 | ツイッター 트위터 | 後悔(こうかい)する 후회하다 | 訪(おとず)れる 방문하다 | 観光地(かんこうち) 관광지 | 繁華街(はんかがい) 번화가

해석 병의 조기발견은 매우 중요하다. 단순히 혈액검사라고 경시하면 안 된다.

해설 2번은 「誇(ほこ)る 자랑하다」, 3번은 「書(か)いて 써서」 또는 「つぶやいて 중얼거려서, 투덜거려서」, 4번은 「賑(にぎ)わって 활기차다, 번성하다」로 바꾸면 문장이 자연스러워진다.

24 정답 4

어휘 ないがしろ 업신여김, 소홀히 함 | 真剣(しんけん) 진지함 | 人身事故(じんしんじこ) 인명사고 | 遅(おく)れる 늦다 | 心身(しんしん) 심신 | 過(す)ごす 지내다, 보내다 | 優(やさ)しさ 상냥함 | 決(き)める 정하다

해석 세상에는 정해진 규칙을 무시하는 사람이 꽤 있다.

해설 1번은 「真面目(まじめ)に 진지하게, 착실하게」, 2번은 「大幅(おおはば)に 크게, 많이」, 3번은 「健(すこ)やかに 건강하게」로 바꾸면 문장이 자연스러워진다.

25 정답 3

어휘 ドリル 반복연습 | こつこつ 꾸준히

해석 하루에 10분으로 꾸준히 할 수 있는 한자 반복연습을 하고 있다.

해설 1번은 「コントロール 컨트롤」, 2번은 「キャリア 커리어」, 4번은 「トラブル 트러블」로 바꾸면 문장이 자연스러워진다.

언어지식(문법) · 독해

문제 5 다음(　　)에 넣기에 가장 알맞은 것을 1 · 2 · 3 · 4 가운데 하나 고르세요.

26 **정답 4**

어휘 豪華(ごうか)な 호화로운, 고급스러운 | 品物(しなもの) 물건 | 財布(さいふ) 지갑

해석 A : 저 가게는 매우 고급스러운 물건만 갖추고 있는 것 같네. 100만 엔이나 되는 지갑도 있다고 해.
B : 어머 그래! 믿을 수 없어.

해설 위 문장에서 '100만 엔이나 되는 지갑'에서 '~이나 되는'의 의미로 ~からある, ~からする 둘 다 되지만 전자는 '일반적인 수량' 후자는 '금액'에 대해 사용하므로 정답은 4번이다.

27 **정답 3**

어휘 看護士(かんごし) 간호사 | 必(かなら)ずしも 반드시 ~인 것은(아니다)

해석 간호사가 여성이 아니면 안 되는가 하면 반드시 그렇지는 않다.

해설 '~かというと、そうではない ~한가 하면 그렇지 않다'는 신경향의 문법 문제로 자주 출제되는 문형이다. ~かといえば、そうではない도 같은 문형이다.

28 **정답 2**

어휘 おかげで 덕분에

해석 그녀가 그 덕분에 성공했으니까 그에게 감사할지언정 화를 낼 것은 없겠지.

해설 '동사 ます형+こそ+가정형' 형태로 쓴다. 여기에서 感謝는 感謝すれば 형태에서 강조의 조사 こそ를 넣으면 感謝こそすれば가 된다. ば를 제외한 형태로 사용하면 感謝こそすれ 즉 '감사할지언정'의 의미로 답은 2번이다.

29 **정답 2**

어휘 読(よ)みかける 아직 다 못 읽은 | 足(た)りない 부족하다

해석 읽다 만 책을 전부 읽으려고 생각했지만, 일주일로는 부족했다.

해설 여기에서는 일주일이라는 한정된 시간을 나타내고 그것으로 부족하다는 의미이므로 시간의 한정을 나타내는 조사 '~では ~로는'가 적합하므로 정답은 2번이다.

30 **정답 2**

어휘 成績(せいせき) 성적 | 落(お)ちる 떨어지다

해석 성적이 떨어지면 떨어진 대로 더 노력하면 되지 않아요?

해설 ~たら、~たで ~하면 ~한대로

31 **정답 4**

어휘 列(れつ)に割(わ)り込(こ)む 줄에 끼어들다(새치기하다) | ~なんて ~하다니 | 大(だい)の大人(おとな) 다 큰 어른 | とても~ない 도저히 ~하지 않다

해석 줄에 끼어들다니, 초등학생이면 몰라도 다 큰 어른이 할 행동이라고는 도저히 생각되지 않는다.

해설 ~ならまだしも ~라면 몰라도

32 **정답 4**

어휘 昇進(しょうしん) 승진 | 体(からだ)を壊(こわ)す 건강을 해치다

해석 아무리 승진을 위해서라 해도 건강을 해쳐서까지 일을 할 필요는 없겠지.

해설 ~てまで ~까지 해서

33 **정답 3**

어휘 一国(いっこく) 일국, 한 나라 | 指導者(しどうしゃ) 지도자 | 情勢(じょうせい) 정세 | 把握(はあく) 파악 | 洞察力(どうさつりょく) 통찰력

해석 한 나라의 지도자 정도가 되면 세계의 정세를 파악할 수 있는 통찰력이 필요하다.

해설 ~ともなれば ~정도가 되면

34 **정답 4**

어휘 おしぼり 물수건 | ちょうだい 주세요(가벼운 명령)

해석 손님 : 물수건 주세요.
점원 : 네, 바로 가져다드리겠습니다.

해설 '~てさしあげます ~해 드리다'도 겸양 표현이지만 경우에 따라서 이 표현은 부적합한 경우가 있으므로 주의가 필요하다. 손님 접대 시 가장 일반적인 겸양표현은 'お+동사 ます형+いたす'이다.

35 **정답 3**

어휘 震(ふる)わせる 떨다, 떨게 하다 | 飛込(とびこ)む 뛰어들다 | 悪夢(あくむ) 악몽

해석 그녀는 몸을 떨면서 내 방으로 뛰어들어 왔다. 마치 악몽이라도 꾸는 것 같았다.

해설 ~かのようだった ~하는 것 같았다

문제 6 다음 문장의 ___★___ 에 들어갈 가장 알맞은 것을 1·2·3·4 중에서 하나 고르세요.

36 **정답 4**

어휘 解答(かいとう) 해답 | 用紙(ようし) 용지 | 名乗(なの)る 이름을 밝히다 | ～ないことには ～하지 않고서는

완성문 この試験の解答用紙には名前がない。本人が名乗らないことにはだれのものかわかるはずがない。

해석 이 시험의 해답용지에는 이름이 없다. 본인이 이름을 밝히지 않으면 누구의 것인지 알 리가 없다.

37 **정답 4**

어휘 ～をよそに ～을 아랑곳하지 않고, ～을 무시하고 | 踏(ふ)み切(き)る 결단을 내리다

완성문 彼が日本に行きたいといったら親に反対された。でも彼は親の反対をよそに日本留学に踏み切った。

해석 그가 일본에 가고 싶다고 했더니 부모가 반대했다. 하지만 그는 부모의 반대를 아랑곳하지 않고 일본 유학을 가기로 결단을 내렸다.

38 **정답 1**

어휘 正真正銘(しょうしんしょうめい) 진짜, 틀림없음 | 学者(がくしゃ) 학자 | 気質(かたぎ) 기질, 기풍 | 持(も)ち主(ぬし) 소유자, 소유주 | 真実(しんじつ) 진실 | 明(あき)らかにする 밝히다 | ～せんがために ～하기 위해서

완성문 彼は正真正銘の学者気質の持ち主である。彼は常に真実を明らかにせんがために努力している。

해석 그는 진짜 학자 기질의 소유자이다. 그는 항상 진실을 밝히기 위해서 노력하고 있다.

39 **정답 2**

어휘 ～もさることながら ～도 물론이거니와 | 完璧(かんぺき) 완벽 | 文句(もんく)のつけようがない 트집을 잡을 수가 없다

완성문 彼の文章は内容もさることながら、文体においてもあまりにも完璧で文句のつけようがなかった。

해석 그의 문장은 내용도 물론이거니와 문체에 있어서도 완벽해서 트집을 잡을 수가 없었다.

40 **정답 4**

어휘 ～につけ ～할 때마다 | 原発(げんぱつ) 원자력발전소 | 事故(じこ) 사고 | 巨大(きょだい)な 거대한 | 災難(さいなん) 재난 | 痛感(つうかん) 통감

완성문 テレビのニュースを見るにつけ原発事故がいかに巨大な災難であるかを痛感した。

해석 텔레비전의 뉴스를 볼 때마다 원발사고가 얼마나 거대한 재난인가를 통감했다.

문제 7 다음 문장을 읽고 [41]부터 [45] 안에 들어갈 가장 알맞은 말을 1·2·3·4 가운데 하나 고르세요.

41 **정답 3** **42** **정답 4** **43** **정답 2**
44 **정답 4** **45** **정답 2**

해석

얼굴은 아무도 속일 수 없다. 얼굴만큼 정직한 간판은 없다. 얼굴을 그대로 드러내고 길을 걷고 있기 때문에 사람은 일체의 속임수를 체념해(주1) 버릴 [수밖에 없다]. 아무리 변장했다 해도 변장하면 할수록 잘 변장했다고 보일 뿐이다. 죄다(주2) 내팽개쳐버리는 것이 제일이다. 그것이 가장 아름답다. 얼굴만큼 미묘하게 그 사람의 내면을 말하는 [것은 없다]. 성정에서, 인격에서, 생활에서, 정신의 고저에서, 예지의 명암에서 하나에서 열까지 얼굴에 쓰여 있다. 염라대왕이 있는 곳에 가면 보는 눈, 냄새를 맡는 코가 있기도 하고 정파리(주3) 거울이 있어서 인간의 혼을 모두 비춘다고 한다. 그러나 그런 먼 곳까지 가지 않아도 각각의 얼굴이 그 정파리 거울이다. 조금도 다르지 않게 자신이 가지고 있는 모든 것을 비추고 있는 것은 생각해보면 당연한 일이지만 또한 생각해 보면 잘도 만들어져 있다고 감탄한다. 신선처럼 보이는 풍모를 하고 내심 속된 사람은 역시 신선처럼 보이며 내심 속된 얼굴을 하고 있다. 기를 쓰고(주4) 욕심을 부리면서 [의외로] 인정이 두터운 사람은 역시 기를 쓰고 인정이 두터운 얼굴을 하고 있다. 성실하고 열성적일 것 같고 감정에 무리가 있는 것은 역시 무리가 있는 얼굴을 하고 있다. 골목대장(주5)은 골목대장, 비굴은 비굴. 속일 수 없다. 그러니까 공자나 석가나 그리스도의 얼굴이 얼마나 아름다웠는가라는 것만은 상상할 수 있다. 말할 필요도 없이 얼굴의 아름다움은 [용모의 아름다움은 아니다]. 용모만 잠시 아름답게 보이는 경우도 있지만 진실로 내적으로 아름다운지 우연히 얼굴 생김새가 좋은지는 곧 드러난다. 무난하게 말해서 추악한 용모에 [무어라 말할 수 없는] 아름다움이 나오기도 하고 변재천(주6)님과 같은 얼굴에 비열한 점이 나오기도 하고 모든 사람이 가지각색으로 결국 '사악한 생각이 없는(주7)' 얼굴이 가장 좋다. 우리도 자화상을 그릴 때마다 아직 멀었다고 생각한다. 얼굴에 관해 생각해보면 신 앞에 서는 것 같아서 두렵기도 하고 또한 모두 자신을 내던져 버릴 수밖에 없는 부담 없는 마음도 느낄 수 있다.

〈다카무라 고타로 『얼굴』에서〉

(주1) 체념하고: 포기하고, 단념하고
(주2) 죄다: 남김없이 전부, 모두
(주3) 정파리: 투명한 수정과 유리. 정파리의 거울. 지옥의 염라대왕에게 있으며, 생전의 행동을 비추어 본다는 거울
(주4) 기를 쓰다: 자신의 이익과 욕망만을 쫓는 모습
(주5) 골목대장: 좁은 범위 안에서 자신이 제일이라며 득의양양한 사람.
(주6) 변천: 변재천의 줄임말. 인도 신화에 나오는 하천의 여신. 음악, 언변, 재복, 지혜의 덕이 있고, 길상천(吉祥天)과 함께 숭배된다. 일본에서는 재복의 신으로 변재천이라고 쓰여지며, 칠복신의 하나로 숭배된다.
(주7) 사무사(마음에 사념이 없다): 심정을 있는 그대로 표현해, 거짓으로 꾸미는 것이 없다라는 의미.

41 1 ～에 지나지 않는다 2 ～을 어쩔 수 없이 하게 되다
3 ～할 수밖에 없다 4 ～나 다름없다

42 1 ~하는 것이 아니다　　2 ~인 것은 아니다
3 ~할 필요는 없다　　4 ~한 것은 없다

43 1 다시　　2 의외로
3 대충　　4 상당히

44 1 용모의 아름다움이기 마련이다
2 용모의 아름다움이라고는 할 수 없다
3 용모의 아름다움 아닐까?
4 용모의 아름다움은 아니다

45 1 아무렇지 않게 생각하는　　2 무어라 말할 수 없는
3 아무렇지 않은 듯하다　　4 아무렇지도 않다

어휘
ごまかす 속이다 | まる出(だ)しにする 몽땅 드러냄, 그대로 노출시킴 | 往来(おうらい) 길, 도로, 왕래 | 観念(かんねん)する 체념하다 | 化(ば)ける 변장하다 | 一切合切(いっさいがっさい) 죄다, 모조리 | 投(な)げ出(だ)す 내팽개쳐버리다, 포기하다 | 微妙(びみょう) 미묘 | 内面(ないめん) 내면 | 語(かた)る 말하다 | 性情(せいじょう) 성정 | 人格(じんかく) 인격 | 叡知(えいち) 예지 | 明暗(めいあん) 명암 | 閻羅大王(えんらだいおう) 염라대왕 | 見(み)る眼(め)かぐ鼻(はな)が居(い)る 보는 눈, 냄새를 맡는 코가 있다 | 浄玻璃(じょうはり)の鏡(かがみ) 정파리경 | 魂(たましい) 혼 | 映(うつ)し出(だ)す 비추다 | めいめい 각각 | 寸分(すんぶん) 조금, 약간 | 相違(そうい) 차이 | 感嘆(かんたん)する 감탄하다 | 仙人(せんにん) 신선 | ～じみた ~같아 보이다, ~처럼 보이다 | 容貌(ようぼう) 용모 | 俗(ぞく)っぽい 속되다 | がりがり 기를 쓰고, 바득바득 | 慾張(よくばり) 욕심쟁이 | 熱情(ねつじょう) 열성 | お山(やま)の大将(たいしょう) 골목대장 | 卑屈(ひくつ) 비굴 | 孔子(こうし) 공자 | 釈迦(しゃか) 석가모니 | キリスト 그리스도 | 容色(ようしょく) 용모 | 一寸(いっすん) 잠시 | 偶然(ぐうぜん) 우연 | 目鼻立(めはなだ)ち 얼굴 생김새 | 世間並(せけんなみ)に言(い)って 무난하게 말해서 | 醜悪(しゅうあく)な 추악한 | 弁天様(べんてんさま) 변재천님 | 卑(いや)しい 비열하다 | 自画像(じがぞう) 자화상 | 投出(とうしゅつ) 투출

문제 8 다음 문장을 읽고 질문에 대한 대답으로 가장 알맞은 것을 1・2・3・4에서 하나 고르세요.

46 정답 3

해석
나는 선과 미, 이 상반된 양자 사이의 합치점을 발견하려 했다. 나는 온갖 것을 미의 아래에 잡아넣으려 하였다. 나의 욕구는 모두 다 미다. 미는 미다. 미의 반대인 것도 미다. 사랑도 미이다. 미움도 또한 미다. 선도 미인 동시에 악도 또한 미다. 가령 이런 광범한 의미의 미의 법칙에 위반되는 자가 있다 하면 그것은 무가치적 존재다. 이러한 악마적 사상이 움트기 시작했다.

필자에 의하면 악마적 사상이란 무엇을 의미하는가?
1 사회풍속에 저촉되는 욕구를 채우는 것
2 모든 것을 미로 정의하는 것
3 광범위한 의미에 있어서의 미의 법칙에 근거하여 가치를 판단하는 것
4 선과 악을 포함해서 모든 것을 미로 칭하는 것

어휘
相反(あいはん)する 상반되다 | 合致点(がっちてん) 합치점 | 見(み)いだす 찾아내다, 발견하다 | 取(と)り入(い)れる 받아들이다, 도입하다 | 憎(にく)しみ 미움, 증오 | 思想(しそう) 사상 | 芽生(めば)える 움트다 | 抵触(ていしょく) 저촉 | 称(しょう)する 일컫다, 칭하다

47 정답 2

해석
'표현'이라는 말에는 자기의 내면적인 정신성을 밖으로 향해서 표출해 가는 행위로서의 의미가 포함되어 있다. 이 의미만이 강조되면 흡사 자아의 표출 행위의 모든 것이 표현이라는 것과 결부되어 버리는 것 같은 착각에 빠지지만, 표현이 표현으로서 성립하기 위해서는, 단순한 자아의 배설 행위나 노출 행위 이상의 의미가 내포되어 있지 않으면 안 된다. 표현하려고 하는 사람이 실제로 스스로 의식하든 안 하든 표현 행위란 그러한 안에서 밖으로 향하는 일방향의 벡터의 정신적 행위가 아니라 세계나 시대와의 대화 속에서 생겨나 자기와 타자를 향해 던지는 행위이다.
(주) 벡터: 방향성을 갖는 힘. 사물이 향하는 방향과 기세

필자가 말하는 단순한 자아의 배설 행위나 노출 행위 이상의 의미란 무엇인가?
1 자신의 내면적인 정신성을 밖으로 향해서 나타내는 것
2 표현자와 청취자 쌍방으로 이루어진 표현 행위인 것
3 밖으로 향하는 표현 행위는 더 정화해서 표출해야 하는 것
4 자신의 사상이나 감정을 모두 일방적으로 토로하는 것

어휘
あたかも 마치, 흡사 | 陥(おちい)る 빠지다 | 排泄行為 (はいせつこうい) 배설 행위 | 露出行為 (ろしゅつこうい) 노출 행위 | 内包(ないほう) 내포 | 投(な)げかける 던지다 | 浄化(じょうか) 정화 | 吐露(とろ) 토로

48 정답 2

해석
다음은 어느 회사가 거래처에 보낸 문서이다.

헤이세이 23년 11월 14일

넘버원지퍼 주식회사
생산부장 마츠모토 켄타 님

에메필 주식회사
생산부장 야마모토 카즈오

지퍼 회수의 부탁

전략, 용건만 서둘러 말씀드립니다.

헤이세이 23년 10월 14일에 귀사로부터 납입받은 상품 지퍼 넘버원시리즈에 관해서는 인수 검사의 결과, 지퍼 전품에 불량이 있어 그 회수를 부탁드렸는데 약속한 회수 기일을 30일 지난 오늘 현재 회수되지 않았습니다.

귀사도 여러 가지로 사정이 있으시겠지만 저희 쪽으로서도 창고가 비좁기 때문에 상품 관리를 하는 데 있어서 지장이 생기고 있습니다. 급히 준비하셔서 회수해 주시기를 부탁드립니다.

불비

이 문서에서 가장 전하고 싶은 것은 무엇인가?

1 좁은 창고 때문에 관리상 문제가 생기지 않도록 불량 지퍼를 가능한 한 빨리 일부 회수할 것
2 좁은 창고 때문에 관리상 문제가 생기지 않도록 불량 지퍼를 가능한 한 빨리 전품 회수할 것
3 좁은 창고 때문에 관리상 문제가 생기지 않도록 불량 지퍼를 11월 14일까지 일부 회수할 것
4 좁은 창고 때문에 관리상 문제가 생기지 않도록 불량 지퍼를 11월 14일까지 전부 회수할 것

어휘

取(と)り急(いそ)ぎ 서둘러, 급히 | 納入(のうにゅう) 납입 | 未(ま)だ 아직, 여태까지 | 手狭(てぜま) 비좁음 | 不一 (ふいつ) 충분히 자상하게 얘기하지 않은 것. 편지 끝에 곁들이는 말

49 정답 1

해석

이 회화와 조각의 2차원성과 3차원성과의 차이는 문학의 세계에서는 소설과 희곡상에 나타나게 된다고 말할 수 있을 것이다.

예를 들면 소설에서 취급하는 장면의 '기분이 좋다'라는 말의 취급을 생각해 보자. 이 말에 대함에 있어서 어떠한 방향에 의해서 어떠한 틀 속에서 이것을 파악할 수 있을까 하는 경우, '기분이 좋다고 말씀하셨다' '기분이 좋다고 말했다' '기분이 좋다고 지껄였다' 등등의 입장이 있고 소설은 그것을 표현하는 하나의 '면'을 가져야 한다. 여기에 소설이 갖는 공간적 성격이 있다.

〈나카이 마사카즈 『살아 있는 공간』에서〉

소설이 갖는 공간적 성격이란 무엇을 가리키는가?

1 상대에 따라서 그 자리에 맞는 표현을 하는 것
2 자신의 감정을 평면적인 표현이 아니라 공간적으로 사용하는 것
3 소설 공간에 있어서는 자신의 감정을 더 다양하게 표현하는 것
4 소설의 언어는 반드시 3차원적 표현을 사용해야 하는 것

어휘

戯曲(ぎきょく) 희곡 | いかなる 어떠한 | ワク 틀 | 云(い)う 말하다 | ぬかす 지껄이다, 말하다

문제 9 다음 문장을 읽고 다음 질문에 대한 대답으로서 가장 알맞은 것을 1·2·3·4에서 하나 고르세요.

50 정답 2 **51 정답 2**  **52 정답 3**

해석

내가 어린 시절부터 몸에 익힌 습관이라 하면 일반적인 일본인과 같은 정도의 습관 이외에 아무것도 특별히 내세워서 말할 정도의 것은 없다. 단지 지금에 와서 생각해봤을 때 ①이것만은 더 많은 일본인이 그러했으면 좋겠다고 생각하는 극히 사소한 일이지만 의외로 남들이 알지 못하는 습관이 나는 소년기 청년기를 통해서 심어졌다. 현재 노년에 이르러도 그 습관이 그다지 무리도 없이 계속되고 있고 남들로부터 이상하게 생각될 때도 있다.

그것은 무엇인가 하면 1시간이나 2시간은 서 있는 것이 조금도 힘이 들지 않는 것이다.

차 안에서 사람들이 다투어 자리를 차지하려고 하는 것을 보고 있으면 나는 ②왜 그렇게 다투어서까지 앉고 싶은 걸까라고 생각한다. 또한 젊은 남자가 앉고 그 옆에 노인이나 여자가 서 있는 것을 보면 어쩐지 이상한 듯한, 창피한 듯한 생각이 든다. 일어나서 자리를 양보하는 것이 당연하고, 그런 일은 문명인이라면 모두 하는 것이다. 젊은 남자가 도덕을 모르는 것은 아니다. 그러한 습관, 특히 서 있는 것이 아무렇지 않은 습관이 없기 때문이라고 생각한다.

소년시대에 나의 부모님은 남자는 어떤 경우라도 축 늘어지지 말고 꼿꼿이(주1) 서 있는 법이라고 엄격하게 철저히 가르쳤던 것이다. 오기(주2)와 약간의 '멋부림'이 결국 이 습관을 만들었던 것이다.

〈기시다 구니오 『생활에서 배운다』에서〉

(주1) 꼿꼿이: 자세 또는 태도 등이 느즈러져 있지 않고 단정히 있는 모습
(주2) 오기로 버팀: 무리하게 참고 태연한 체하는 일

50 ①이것만이란 무엇을 가리키는가?

1 사람이 알아채지 못하는 습관
2 1, 2시간 서 있어도 힘이 들지 않는 것
3 일반적인 일본인과 같은 정도의 습관
4 남으로부터 이상하게 생각되는 것

51 ②왜 그렇게 다투어서까지 앉고 싶은 걸까라고 생각한다라고 하는데 왜 필자는 이와 같이 생각했는가?

1 차 안에서 서 있는 것이 힘이 들지 않으니까
2 평소에 서 있는 것을 아무렇지 않게 생각하는 습관이 없기 때문에
3 젊은이는 예절이 바르지 않고 도덕을 몰라서
4 문명인이라면 자리를 양보하는 것은 당연하니까

52 이 문장에서 필자가 가장 말하고 싶은 것은 어느 것인가?

1 습관은 제2의 천성이니까 좀처럼 고쳐지지 않는다.
2 젊은 남자가 자리를 양보하지 않는 것은 한심스럽다.
3 어린 시절에 꼿꼿이 서 있도록 예절을 가르쳐야 한다.
4 어린 시절 제대로 예절을 가르쳐준 부모에게 감사하고 있다.

어휘

身(み)につける 몸에 익히다, 몸에 지니다 | 取(と)り立(た)てる 특

별히 내세우다 | ごく 극히, 대단히 | 些細(ささい) 사소, 하찮음 | 植(う)えつける 심다, (인상, 생각 등을) 마음에 새기다 | さほど 그다지, 별로 | 突(つ)っ立(た)つ 우뚝 서다, 우두커니 서다 | ことに 특히 | ぐったりしない (지쳐서) 축 늘어지다 | しゃんと 꼿꼿이, 반듯하게 | 痩(や)せ我慢(がまん) 오기로 버팀

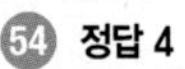 **정답 2**  **정답 4** 55 **정답 3**

해석

예술이란 얼마간의 자기 표현이지만 자아를 표현하는 행위를 하면 곧 예술 표현이 되는가 하면 그것은 아니다. 예를 들면 자신의 욕구나 기분으로 시름을 달래는(주1) 행위는 분명히 자아의 표현이지만 생리적 욕구에 근거한 개인적 행위에 불과하고, 특별한 이유가 없어도 점차 확대되는 왕따 행위나 자기중심적인 이성에 대한 집착심에서 상대에게 폐를 끼치는 행위를 가하는 스토커 행위 등 어느 것이나 자기중심적인 자아의 표현일 수 있어도 ①예술 표현과는 전혀 관계가 없는 행위인 것은 명확하다.

②광기가 예술과 관계가 있다고 풍문이 도는 것은 자아의 개방에 광기가 깊게 관계하고 있기 때문일 거라고 생각된다. 일반인은 자아가 상식이라는 벽으로 억제되어 있지만 광기는 이 벽을 일거에 제거하는 효과가 있고 자아나 창조성을 자유분방하게 개방하는 일면이 있다. 그것이 진정한 예술적인 재능과 결부되었을 때, 광기와 예술이 서로 이웃하여 양립하기도 하고 상승효과(주2)적인 경이적 성과가 생길 가능성이 나올 것이다. 그러나 광기의 비중이 더 뛰어나서 자기의 컨트롤을 상실해 버릴 것 같으면 광기와 예술은 양립하지 않고 미치광이나 폐인으로의 자기파괴의 길밖에 남지 않을 것이다.

예술에 있어서의 자기 표현이 만들어지는 근저에는 자아의 존재와 그것을 표현하려고 하는 근원적인 욕구가 있을 것이다. 자아 표현의 근원적인 욕구는 사람을 창조 행위로 향하게 하는 힘의 원천이나 계기는 되는 일은 있지만 자아 표현 그 자체가 예술의 자기표현과 동일하지는 않는 것이다.

(주1) 시름을 달래다: 괴로움이나 쓰라림을 무언가로 달래서 제거하기도 하고 잊기도 하다.
(주2) 상승효과: 두 개 이상의 요인이 동시에 작용하여 개개의 요인이 초래하는 이상의 결과가 생기는 것. 시너지

53 필자는 왜 ①예술 표현과는 전혀 관계가 없는 행위라고 말했는가?
1 받는 측의 반응이 생기는 커뮤니케이션이 전혀 성립되지 않으니까
2 표현하는 측이 노골적으로 자신의 욕구나 기분을 나타냈을 뿐이니까
3 예술 표현은 자신의 욕구를 겉으로 드러내지 않고 안으로 억제해야 하니까
4 예술 표현은 개인적인 욕구에 근거한 행위이니까

54 ②광기가 예술과 관계가 있다고 풍문이 도는이란 어떠한 것인가?
1 예술은 자아가 억제되어 있지만 광기는 그것을 제거할 수 있는 것
2 광기는 자아가 억제되어 있지만 예술은 그것을 제거할 수 있는 것
3 광기와 예술은 자아표현의 근원적인 욕구에 근거하고 있는 것
4 광기와 예술은 자아와 창조성을 개방하는 일면에 있어서 일맥상통한다는 것

55 필자의 생각과 맞는 것은 어느 것인가?
1 예술은 자기 표현이기 때문에 자아를 표현하는 행위는 바로 예술 표현에 연결된다.
2 광기와 예술과의 근본적인 차이는 자아를 억제할 수 있을지 어떨지에 달려 있다.
3 자아 표현에의 욕구는 창조활동으로 이끄는 계기는 되지만 자아 표현 그 자체가 예술 표현이라고는 할 수 없다.
4 광기와 예술이 서로 이웃하여 양립할 가능성은 있을 수 없다.

어휘

誤(あやま)り 잘못, 틀림 | 憂(う)さを晴(は)らす 시름을 달래다 | 執着心(しゅうちゃくしん) 집착심 | 狂気(きょうき) 광기, 미침 | 取(と)り沙汰(ざた) 평판, 소문, 풍문 | 抑制(よくせい) 억제 | 自由奔放(じゆうほんぽう) 자유분방 | 隣(とな)り合(あわ)せる 서로 이웃하다 | 相乗効果(そうじょうこうか) 상승 효과 | 驚異的(きょういてき) 경이적 | 比重(ひじゅう) 비중 | 自己破壊(じこはかい) 자기파괴 | 契機(けいき) 계기

 **정답 2** 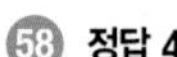 **정답 4** 58 **정답 4**

해석

4월은 매년 많은 청년이 새롭게 법학에 뜻을 세우고 그 문으로 들어오는 달이다. 이들 청년에게 법학이 학문으로서 도대체 어떠한 성질을 갖는 것일까에 대해서 다소의 예비지식을 주는 것이 이 문장의 목적이다.

물론 사실은 입문 후 스스로 이 학문과 씨름해서 상당히 고생한 후가 아니면 모른다. 요란스럽게 말하면 법학의 과학적 본질 여하라고 하는 근본적인 문제는 공부해 보면 볼수록 오히려 모르게 된다고 생각될 만큼 어려운 문제이고 현재 법학의 제1선에 서 있는 학자에게 물어 보아도 아마도 그 대답은 상당히 가지각색(주1)일 거라고 생각될 만큼의 어려운 문제이다. 그러기 때문에 이러한 어려운 이론을 ①덮어놓고 입문자에게 설명하려고 할 의사는 조금도 없다. 그러나 그럼에도 불구하고 굳이 여기에 이 문장을 쓰려고 하는 것은 다음과 같은 이유에 의한 것이다.

(중략)

그런데 대학의 교육은 어떠한가 하면 이과나 의과와 같은 자연과학 계통의 학부는 물론 문학부와 같은 곳에서는 대개 그곳에 입학하게 되는 학생은 처음부터 그 배우려고 하는 학문에 대해서 적어도 상식 정도의 지식을 가지고 있는 것이 보통인 것처럼 생각되지만 법학에 뜻을 두고 법학부에 들어오는 학생의 경우는 일반적으로 사정이 현저하게 다르다고 생각한다. 나는 아버지가 오랫동안 사법관을 하고 있었던 관계상 보통 일반 학생과 비교하면 상당히 법학에 대한 예비지식을 가지고 있었지만 그런데도 막상 입학해 보니 ②몹시 납득이 안 가는 점이 있었다. 아무래도 자신이 예기했던 것과는 상당히 다른 학문을 배우고 있는 생각이 들어서 몹시 첫인상이 나쁘다(주2). 달리 방법이 없어서 선생님이 강의하는 것을 그대로 노트를 하기는 했지만 한동안은 오리무중으로 무엇을 위해서 강의를 듣는 것인지 전혀 짐작이 안 가는 상태였다.

〈스에히로 이즈타로 『법학이란 무엇인가』에서〉

(주1) 가지각색: 사물이나 의견 등이 각각 다르다는 것.
(주2) 첫인상이 나쁘다. 첫인상은 처음으로 만났을 때의 인상.

56 필자는 왜 ①덮어놓고 입문자에게 설명하려고 할 의사는 조금도 없다라고 진술하고 있는가?

1 입문자에게 처음부터 설명하는 것은 시간이 걸리니까
2 법학 학자에게 물어도 여러 가지 대답이 나올 정도로 어려우니까
3 스스로 이 학문과 씨름해서 상당히 고생한 후라도 모르는 법이니까
4 입문자에게 말로 설명하는 것보다 문장으로 쓰는 편이 이해하기 쉬우니까

57 ②몹시 납득이 안 가는 점이 있었다란 어떠한 것인가?

1 법학 공부를 본격적으로 하면 할수록 화가 나니까
2 입학해 보면 법학부의 첫인상이 나쁜 것을 납득할 수 없으니까
3 입학해 보면 공부가 어려워서 소화불량으로 몸 상태가 나빠지니까
4 자기 나름대로 법학의 지식을 쌓았다고 생각했지만 기대와는 다른 공부를 배우니까

58 필자는 무엇을 위해서 이 글을 썼는가?

1 법학은 공부해도 모르는 학문이라는 것을 가르치기 위해서
2 법이 터무니없이 어려운 학문이란 것을 깨닫게 하기 위해서
3 법학과 다른 학부와의 근본적 차이를 전하기 위해
4 법학을 지망하는 청년에게 다소의 예비 지식을 주기 위해

어휘

志(こころざ)す 뜻하다, 뜻을 두다 | 取(と)り組(く)む ~와 씨름하다, 맞붙다 | やかましく 요란스럽다, 성가시다 | 恐(おそ)らく 아마도 | まちまち 가지각색 | 頭(あたま)から 덮어놓고, 전적으로 | 敢(あ)えて 굳이 | 著(いちじる)しい 현저하다, 두드러지다 | 筈(はず) 당연히 ~할 것 | それでさえ 그럼에도 | 甚(はなは)だ 몹시, 매우 | 腑(ふ)に落(お)ちない 납득이 가지 않다, 이해할 수 없다 | 予期(よき) 예기 | 取(と)っ付(つ)きが悪(わる)い 첫인상이 나쁘다 | 講義(こうぎ) 강의 | 五里霧中(ごりむちゅう) 오리무중 | 見当(けんとう)がつかない 짐작이 안 가다

문제 10 다음 글을 읽고 다음 문제에 대한 대답으로서 가장 알맞은 것을 1·2·3·4에서 하나 고르세요.

59 정답 2 **60** 정답 3
61 정답 1 **62** 정답 4

해석

전통의 부정이라고 한마디로 말하지만 전통은 모두 부정해야 한다고 하는 것은 아니고 이미 실질을 잃어버리면서 거짓의 이름뿐인 지위(주1)를 유지하며 신앙적인 존재를 계속하고 있는 것이 반성되고 부정되어야 한다는 것뿐이다. 실질이 있는 것은 부정할 필요가 없고 또한 전통뿐만 아니라 모두 실질을 상실하면서 거짓의 권위를 유지하는 것은 반성되고 부정될 필요가 있을 뿐이다.

시대의 유행이라는 것은 항상 아마도 전통과 같은 정도로 공허한 것이기 쉽다. 그것이 유행을 지지하는 대다수의 개인이 결코 성실한 성찰을 일상의 친구로 삼지 않기 때문으로, 더욱 바람직하지 않은 것은 시대의 지도적 지위에 있는 사람들, 저널리스트, 교수, 집필자가 반드시 성의 있는 사색가나 내성가는 아니다. 내 신변의 예를 들어도 대다수의 사람들은 읽지도 않은 소설을 비평하고 있으니까 마법사와 같은 것이다. "X라는 작가 보잘것없어. 너 읽었니?" "아니요, 모두 그렇게 말해요."라고 한다. "'육체의 문'이란 괘씸하게(주2) 에로틱한 연극이지. 자네 보았나?" "아니요, 에로틱하니까 안 봐요." 내가 이렇게 쓰면 모두 아하하 웃기 시작할지도 모르지만, 그러한 분들 중에서 몇 퍼센트가 실은 일상의 이러한 기괴한 논증법을 벗 삼고 있는 것이다.

①이것이 일반 독자뿐은 아닌 것이다. 비평가가 그렇다. 작가 중에도 그러한 분이 있다. 그리고 읽지도 않은 어설픈 지식을 당당히 발표한다.

발자크(주3)라든가 모파상(주4)이라든가 하면 항상 역사적으로 비평한다. 그 전 작품을 읽고 시대적인 의미를 본다. 하지만 같은 비평가가 현대에 대해서는 한두 가지 단편을 읽었던 것뿐으로 작자 전부의 것을 일방적으로 단정하고 덤벼오니까 용맹스럽다.

현대 문학의 빈곤 등 최근의 유행어인데 이러한 말을 하는 사람은 ②이미 본인이 바보인 것이다.

노인이라는 것은 입을 열면 옛날은 좋았어, 옛날의 연예인은 연기가 확실했어, 지금의 연예인은 볼 수가 없어라고 한다. 수천 년 전부터 노인은 항상 그렇게 말하도록 정해져 있는 법이다. 그것은 그들이 시대라고 하는 것에 뒤처져 있기 때문이고 그들의 생활이 이미 끝났기 때문이다.

예술이라는 것은 그 실제의 작용은 예능이라는 마법적인 것이 아니라 생활이 아니면 안 된다. 그것이 현실의 희로애락에 진정한 생명을 담아서 작용하는 곳에 예술의 생명이 있는 것이고 그래서 그 본연의 모습은 예술이라기보다도 생활적인 것이다.

역사와 현실을 뒤죽박죽해서 현대의 빈곤 운운하는 사람은, 즉 연구실의 골동품 같은 노인이고 시대에 뒤처진 사람, 즉 스스로 생활하지 않은 어리석은 자임에 지나지 않다.

역사적인 관찰법은 현대에는 통용되지 않는 법이다. 왜냐하면 인간이라고 한마디로 말하지만 소위 인간 일반과 자신이라는 50년밖에 살 수 없는 인간과는 다르다. 인간은 영원히 존재하지만 자신은 지금밖에 없다. 거기에 현대라는 것의 특성이 있고 생활이라는 것이 역사적인 견해와는 별도로 현실만의 생명에 의해서 지탱되고 있는 빼도 박도 못하는(주5) 절실성이 있는 것이다.

이것을 알면 현대의 빈곤 따위라는 말은 있을 수 없다. 현대는 빈곤하지도 풍부하지도 않다. 현대는 항상 단지 현실의 생활이고 빠듯한 것이다.

〈사카구치 앙고 『현대란？』에서〉

(주1) 공위 : 어느 지위에 아무도 오르지 못한 것. 또한 그 지위. 이름뿐인 지위.
(주2) 괘씸하다 : 도리에 벗어나고 몹시 좋지 않다. 괘씸함.
(주3) 발자크【Honor de Balzac】: [1799~1850] 프랑스의 소설가. 근대 리얼리즘 소설의 대표자. 프랑스 사회의 모든 계층의 인물이 등장하는 약 90편의 소설에 스스로 〈인간희극〉이라는 총제목을 붙였다.
(주4) 모파상【Guy de Maupassant】: [1850~1893] 프랑스의 소설가. 자연주의 대표적 작가의 한 사람. 날카로운 인간 관찰과 강한 염세 사상 아래에 간결한 문체로 인생의 한 단면을 그렸다. 만년 발광. 작품 〈비계덩어리〉, 〈여자의 일생〉, 〈벨아미〉 등.
(주5) 빼도 박도 못하는 : 옴짝 달싹 못하고 어쩔 도리가 없다. 피할 수도 물러설 수도 없다.

59 필자가 말하는 부정되어야 하는 것은 무엇인가?
1 지금까지 유지되었던 모든 전통
2 실질이 없고 이름뿐인 거짓의 권위
3 변하기 쉬운 모든 유행
4 명실 모두를 계속 유지하고 있는 신앙적인 존재

60 ①이것이 일반 독자뿐은 아니다라고 하는데 이것이란 무엇을 가리키는가?
1 '육체의 문'의 가치를 알아채지 못하는 것
2 일상에서 기괴한 논리를 증명하는 것
3 직접 읽은 적도 없는 서적을 비평하는 것
4 작가가 읽지도 않은 책의 비평을 당당히 하는 것

61 ②이미 본인이 바보인 것이다라고 하는데 이와 같은 발언에서 필자의 어떠한 비평관을 엿볼 수 있는가?
1 비평가가 현대보다 과거의 작가나 작품을 중시하는 태도를 비판하고 있다.
2 유행어밖에 흥미를 갖지 않는 인간을 멸시하고 있다.
3 유명한 작가에게는 항상 역사적으로 비평하는 비평가의 태도가 마음에 들지 않다.
4 현대의 작품 전체를 읽고 비평하는 데는 아직 시기상조임을 알고 있다.

62 필자는 예술을 어떠한 것이라고 진술하고 있는가?
1 예술은 현실보다 마법의 세계에서 더 자신의 본령을 발휘할 수 있다.
2 예술은 현실을 늘 모방하여 미적 세계를 구축해야 한다.
3 예술은 현실에서 벗어나 가공의 세계에서 그 자체의 완결을 이룰 수 있다.
4 예술은 현실의 세계에 단단히 뿌리를 내린 위에서 성립되어야 한다.

어휘
虚妄(こもう·きょもう) 거짓, 허망 | 空位(くうい) 공위 | 保(たも)つ 가지다, 유지하다 | 実質(じっしつ) 실질 | 易(やす)い 쉽다, ~하기 쉽다 | 省察(せいさつ·しょうさつ) 성찰 | 尚(なお) 더구나, 더욱 | 思索家(しさくか) 사색가 | 内省家(ないせいか) 내성가 | 怪(け)しからん 괘씸하다, 당치 아니하다 | 文士(ぶんし) 작가, 소설가 | 半可通(はんかつう) 어설픈 지식 | 阿呆(あほう) 바보 | 芸(げい) 재주, 예능, 연예 | 取(と)り残(のこ)される 뒤처지다 | 喜怒哀楽(きどあいらく) 희로애락 | ゴッチャ 무질서하게 뒤섞인 모양 | 骨董的老人(こっとうてきろうじん) 골동품 같은 노인 | 抜(ぬ)き差(さ)しならぬ 빼도 박도 못하는 | 権威(けんい) 권위 | 遂(と)げる 이루다 | 根(ね)ざす 뿌리 내리다, 뿌리 박다

문제 11 다음 A와 B의 의견문을 읽고 다음 질문에 대한 대답으로서 가장 알맞은 것을 1·2·3·4에서 하나 고르세요.

63 정답 4　　**64 정답 3**

해석

A

세제에 의한 규제와는 좀 다르지만 용기 포장 재활용법이라는 법률이 있어서 재처리 비용의 내부화는 이미 도모되고 있습니다. 유료화가 화제가 되었던 것은, 마이백(주1) 운동을 진행시키고 싶은 환경 좌익의 사람이, 마이백이 진전되지 않는 것은 비닐봉투를 무료로 배부하고 있기 때문이라고 생각하고 운동을 하고 있기 때문입니다. 그들은 자본주의적 대량 소비사회를 혐오하고 '장바구니를 들고 쇼핑하러 갔던 시대'를 회고하고 있는 것입니다. 열회수(주2)를 포함한 대국적인 자원 재활용을 생각하고 있는 것이 아니라 일상적인 것으로 자신들만 실행할 수 있는 국소 최적의 만족감을 갖고 싶은 것입니다. 이것은 환경문제를 하고 있는 사람과 잠시 이야기를 하면 알 수 있습니다. 자신의 가치관을 다른 사람에게 퍼뜨려서 계몽하고 싶다. 전체로 잘되지 않아도 비전문가인 자신들의 책임도 아니다. 활동의 목적은 자기만족입니다. 반드시 이렇게 말합니다.

(주1) 마이백 : 산 물품을 넣기 위해서 소비자가 지참하는 봉투. 쇼핑백. 에코백.
(주2) 서멀 리사이클 : Thermal Recycle, 열회수. 폐기물을 단순히 소각처리하지 않고 소각 시에 발생하는 열에너지를 회수·이용하는 것이다.

B

비닐봉투 자체가 쓰레기가 된다는 문제가 있습니다. 비닐봉투뿐만 아니라 쓰레기의 대부분이 플라스틱계의 포장용구인 현실입니다. 도시락 용기, 두부 용기, 과자 봉투, 컵 면 용기 등등. 어쨌든 말하면 끝이 없을 정도입니다. 적어도 이 플라스틱 쓰레기를 재활용할 수 있으면 좋겠지만 그 재생기술은 발달되지 않았습니다.

쓰레기를 줄이고 자원을 효율적으로 사용하기 위해서도 조금이라도 플라스틱 쓰레기를 줄여야 하고, 비닐봉투를 유료화하려고 하는 것은 일리가 있다고 생각합니다.

또한 '쓰레기 봉투의 유료화'라는 형태로 쓰레기 처리 비용의 부담을 청하고 있는 자치단체도 많이 있기 때문에 이 정책과의 궁합도 문제도 있습니다.

결국 비닐봉투값도 상품 가격에 더 얹어지는 것과 같은 것이니까…. 반드시 쇼핑백을 지참하고, 잊었다면 봉투값을 지불하는 그것으로 좋을 것 같은 생각도 듭니다.

63 A와 B는 비닐봉투의 유료화에 대해서 각각 어떠한 견해를 나타내고 있는가?
1 A는 환경 좌익의 사람이 정부의 비닐봉투 정책에 대한 불온한 태도에 걱정하고, B는 플라스틱 쓰레기의 재생기술이 발달하지 못했기 때문에 비닐봉투를 유료화하는 편이 좋다고 생각한다.
2 A는 옛날에 장바구니를 들고 쇼핑했던 시대의 그리움에 의해서 비닐봉투의 유료화에 호의를 보이고 , B는 쓰레기 처리 비용에 부담이 가기 때문에 반대한다.
3 A도 비닐봉투의 유료화는 환경활동가의 자기만족이라고 말하면서 찬성의 태도를 취하고 , B도 자원을 효율적으로 사용하기 위해서 비닐봉투를 유료화하는 데 반대하지 않는다.
4 A는 비닐봉투의 유료화는 환경활동가의 마이백 운동의 변질된 형태로서 비판하고, B는 마이백을 권장하지만 비닐봉투의 유료화에는 반대하지 않는다.

64 비닐봉투의 유료화문제에 대해서, A가 비판하고 있는 것은 어떠한 것인가?
1 환경활동가가 모두 좌익인 것

2 과거 지향적이고 회고적인 안이한 생각을 가지고 유료화를 진행하는 것
3 비닐봉투의 유료화를 추진하는 인간의 위선적인 태도
4 비닐봉투를 무료로 배부하고 있는 것

어휘
容器包装(ようきほうそう) 용기 포장 | 図(はか)る 도모하다, 생각하다 | 左翼(さよく) 좌익 | 資本主義(しほんしゅぎ) 자본주의 | 嫌悪(けんお) 혐오 | 買(か)い物(もの)籠(かご) 장바구니 | サーマルリサイクル 서멀 리사이클 | 懐古(かいこ) 회고 | 大局的(たいきょくてき) 대국적 | 局所(きょくしょ) 국소 | 啓蒙(けいもう) 계몽 | きりがない 끝이 없다 | 再生技術(さいせいぎじゅつ 재생기술 | 乞(こ)う 청하다, 원하다 | 上乗(うわの)せする 덧붙이다, 추가하다 | 持参(じさん) 지참 | 不穏(ふおん) 불온 | 言(い)いつつ 말하면서 | 偽善的 (ぎぜんてき) 위선적

문제 12 다음 문장을 읽고 질문에 대한 대답으로서 가장 알맞은 것을 1·2·3·4에서 하나를 고르세요.

65 정답 1 **66 정답 1**
67 정답 3 **68 정답 4**

해석
이카루스(주1)의 이야기는 인류의 발전적 모험심의 긍정과 그 종결에 있어서의 부정과의 모순으로, 우리들에게 같은 그리스 신화 속의 프로메테우스(주2)의 이야기를 상기시킨다. 거인 프로메테우스가 올림푸스의 신들의 수장인 주피터의 신전에서 불을 훔쳐 와서 그것을 지상의 인류에게 가져왔다. 인간은 점차로(주3) 그 불을 사용하는 것을 배우고 처음으로 철을 달구고 그것으로 경작기구나 무기를 만드는 것을 발견했다. 불과 철은 인류의 발전을 위한 단서였다. ①이 사회의 현실을 그리스 사람들은 정당하게 이해했다. 거인 프로메테우스의 용기는 아름답고 높게 평가되었다. 그러나 당시의 그리스인은 이 거인 프로메테우스의 인류적인 공헌에 대해서 천상과 지상의 지배자 주피터는 격노한다고 하는 상상을 거부할 수 없었다. 프로메테우스가 주피터에 의해서 지구의 뼈라고 하던 코카서스산에 묶여서 날마다 새로워지는 간장을 날마다 코카서스의 대머리 독수리에게 쪼아 먹히며(주4) 영원히 괴로워해야 하는 벌을 받았다고 하는 이 이야기의 결말을, 후대에서는 예지의 선수처럼 보였던 그리스 철학자들 누구도 바꾸려고 하지 않았다.

유례없이 자유로웠다고 생각되는 그리스 시민이 그들의 전설 속에서 왜 이카루스나 프로메테우스와 같이 씩씩하고 젊고 아름다운 모험자들을 검은 수염의 주피터의 노여움 아래에 무저항으로 방치했을까? 그리스의 여러 도시가 노예로써 그 번영의 기초를 이루는 생산 노역을 시켰다는 현실이 이 미묘한 자유에 있어서의 모순의 심리적 근거가 되고 있다. 그리스 자유도시의 사람들은 자유인 한 사람에 대해서 노예 여러 명의 비율이었다. 자유로운 그리스 시민의 정신은 자유라는 면에서 이카루스도 프로메테우스도 적극적으로 상상하고 그 상상을 받아들이는 것이 가능했다. 그러나 그 반면의 현실인 노예 사역자로서의 시민 감정은 굳이 인류의 용감함이라는 것을 무제한, 무조건으로 긍정하기 어려운 심리가 존재했다. 자유시민이 노역 노예에 대해서 막판에 발휘할 수 있는 절대권력이 있었다. 그 모습이 꼭 그대로 그리스 전설에 있어서의 ②주피터의 전제권력으로서 반영되었다. 가령 우수한 인간적 역량이 타고난 어느 노예가 노예로서 허락된 한계를 돌파하고—주인의 번영과 이익을 위해서만 헌신한다고 하는 목적을 깨고 자신의 해방을 위해서 그 재능을 활약시킨다고 하면 노예 소유자는 얼마나 불안할까. 노예의 능력은 공평하게 평가되고 사랑받고 일단 굴욕적 대우보다 그를 자유롭게 할 것이다. 하지만 결코 그것은 조건 없이는 없고—결코 그것이 자유시민의 안정과 번영을 뒤흔들지 않는 조건하에서—그렇지 않으면 주피터는 즉시(주5) 천벌을 내릴 것이다. 노예 자신의 자유를 위한 분투는 소유자에게 있어서 반역으로 받아들여진다. 반역이라는 관념은 소유자의 정책에 반했다. 이카루스를 죽게 하고 프로메테우스를 못살게 구는(주6) 잔인함으로 주인의 노여움은 재능과 용기가 너무 많은 불운한 노예의 머리 위로 막 떨어질 것이다. 분수를 잊지 말아라. 그리스 신화에 있어서의 자유의 모순의 배후에는 이와 같은 노예제 위에 구축된 자유시민의 자유 그 자체에 있는 모순이 반사하고 있는 것이다.

〈미야모토 유리코 『왜 그것은 그랬는가』에서〉

(주1) 이카루스【(라틴)Icarus】: 그리스 신화 중의 젊은이. 아버지 다이달로스가 고안한 납땜한 날개로 크레타섬에서 탈출했지만 너무나 높이 날았기 때문에 태양의 열로 납이 녹아 바닷속에 떨어져서 죽는다.
(주2) 프로메테우스【Promtheus】: 그리스 신화에서 티탄(거인신족)의 한 사람. 아틀라스 · 에피메테우스의 형제. 천상의 불을 훔쳐 인간에게 준 벌로 제우스의 명으로 코카서스산에 쇠사슬로 매여 매일 독수리에게 간을 먹히지만 헤라클래스에게 구출된다.
(주3) 점차로 : 순서를 따라. 점점. 점차로.
(주4) 쪼아 먹다 : 새가 부리로 먹을 것을 쪼아서 먹는다.
(주5) 즉시 : 시간을 미루지 않고 그 장소에서 곧 실현하는 모습. 곧. 당장.
(주6) 못살게 굴다 : 꾸짖기도 하고 몹시 나무라다. 괴롭히다. 왕따시키다.

65 '이카루스의 이야기'와 '프로메테우스가 불을 훔쳐온 것'은 당시의 그리스 사회와 비교해보면 무엇을 가리키는가?
1 노예 소유자에 대한 반역 행위
2 노예 소유자에 대한 충성심의 발로
3 그리스 사회의 발전으로 이어지는 행동
4 그리스 사회의 지배층에 대한 맹세

66 ①이 사회의 현실을 그리스 사람들은 정당하게 이해했다라고 하였는데 어떠한 것인가?
1 그리스는 노예제에 근거한 사회니까 프로메테우스의 행동은 칭찬할 만하지만 또한 주피터로부터 벌을 받는 것도 당연하다고 한 것
2 당시의 그리스는 법이 엄격한 만큼 프로메테우스가 중벌을 받는 것은 부득이 하다고 하는 것
3 인간이 발달하기 위한 도구를 만드는 데는 반드시 불이 필요하다는 것
4 신화의 주인공이어도 주피터의 권력은 아무도 거역할 수 없는 것

67 ②주피터의 전제권력이라 하였는데 무엇을 가리키는가?
1 자유시민으로부터 위임받은 절대권력
2 황제가 행사하는 절대권력
3 자유시민이 노역노예에 대한 절대권력
4 신으로부터 하사받은 절대권력

68 이 글에서 필자가 가장 말하고 싶은 것은 무엇인가?
1 인류의 발전을 위해서 프로메테우스가 불을 훔친 것은 칭찬할 만하다.
2 아무리 신화라고 해도 프로메데우스 이야기의 결말을 바꾸려고 하지 않았던 그리스인은 비정하기 짝이 없다.
3 프로메테우스 이야기는 주피터의 권력에 반항한 희생자의 이야기라고 해도 과언은 아니다.
4 그리스 신화의 이야기는 노예제에 근거한 자유시민사회 위에서 성립되어 있는 것을 잊어서는 안 된다.

어휘
冒険(ぼうけんしん) 모험심 | 肯定(こうてい) 긍정 | 思(おも)いおこす 상기하다, 생각해 내다 | 神殿(しんでん) 신전 | 鍛(きた)える (쇠 따위를) 불리다, 단련하다 | 耕具(こうぐ) 경작 기구 | こしらえる 만들다, 제조하다 | 端緒(たんしょ) 단서 | 貢献(こうけん) 공헌 | 激怒(げきど) 격노 | 肝臓(かんぞう) 간장 | 禿鷹(はげわし) 대머리 독수리 | ついばむ (새가) 쪼다, 쪼아 먹다 | 蒙(こうむ)る 받다, 입다 | 叡智(えいち) 예지 | 比類(ひるい)なく 유례없이, 비할 데 없는 | 雄々(おお)しい 용감하다, 씩씩하다 | 髯(ひげ) 수염 | 無抵抗(むていこう) 무저항 | さらす 방치하다, 위험한 상태에 두다 | 奴隷(どれい) 노예 | 使役(しえき) 사역 | 敢(あえ)て 굳이 | 勇敢(ゆうかん) 용감 | どたん場(ば) 막판, 마지막 순간 | かりに 만약, 가령 | 献身(けんしん) 헌신 | いかばかり 얼마나 | 屈辱(くつじょく) 굴욕 | ゆるがす 뒤흔들다 | さもなければ 그렇지 않으면 | たちどころに 즉시, 당장 | 反逆(はんぎゃく) 반역 | さいなむ 못살게 굴다, 괴롭히다 | 残忍(ざんにん) 잔인 | おちかかる 떨어져 내리다 | 矛盾(むじゅん) 모순 | かげ 그늘, 배후 | きずかれる 구축되다

문제 13 오른쪽 페이지는 '외출광장 캠페인' 정보이다. 다나카 씨는 이번에 이 사이트에 응모하려고 생각하고 있다. 아래 질문에 대한 대답으로서 가장 좋은 것을 1 · 2 · 3 · 4에서 하나를 고르세요.

69 정답 2 **70 정답 4**

69 다나카 씨가 당첨 확률을 높이기 위한 방법은 무엇인가?
1 가장 절약할 수 있는 장소를 찾아서 투고한다.
2 기간 중에 가능한 한 많이 투고한다.
3 독창적인 방법을 궁리해서 투고한다.
4 2회에 걸쳐서 투고한다.

70 당첨되었는지 아닌지를 알기 위해서는 다나카 씨는 어떻게 하면 좋은가?
1 마감 후 2주일 이내에 엽서가 오는 것을 기다린다.
2 마감 후 2주일 이내에 홈페이지를 본다.
3 마감 후 2주일 이내에 전화해서 묻는다.
4 마감 후 2주일 이내에 메일이 오는 것을 기다린다.

해석

절약 외출의 에피소드나 감상 등을 '외출 일기'에 투고하자 ♪
JTB나이스 상품권 2000엔분을 총 20분에게!

rarara.com의 '무료 스폿&절약 외출 특집'을 보고 절약 외출에 관련된 에피소드나 감상 등을 '외출 일기'에 투고해 주신 분 가운데서 추첨으로 합계 20분에게 JTB나이스 상품권 2000엔분을 선물! '여기는 이렇게 해서 즐기면 이득!', '이 코스가 경제적' 등, 실제로 외출에서 체험한 절약 포인트나 유리하게 즐기는 요령 등을 투고해 주세요! 기간 중의 투고는 모두 추첨 대상, 투고하면 할수록 당선 확률 UP!

상품 : JTB나이스 상품권 2000엔분을 총 20분께
응모기간 제2회 : 2017년 11월 1일(수) ~ 2018년 1월 15일(월)

※캠페인 주의사항
ㅁ 투고에 대해서
· 투고해 주실 내용이나 동영상 등은 모두 오리지널인 것에 한합니다. 유용, 위법의 카피 등이 판명될 때는 추첨 대상이 되지 않습니다.
· 투고해 주실 내용에 있어서 초상권, 저작권, 기타 권리의 침해 등은 폐사에서 책임을 지기 어렵습니다. 반드시 본인의 승낙을 얻는 등 투고자의 책임으로 투고해 주세요.
· 투고해 주신 작품에 대해서는 rarara.com 등의 사이트 및 폐사가 발행하는 책 등에 사용할 가능성이 있기 때문에 양해해 주세요.

ㅁ 추첨 결과에 대해서
· 당첨되신 분에게는 응모 마감 후 2주일 이내에 당사 메일(rarara_master@rarara.ne.jp)로 연락드리겠습니다. 주소 등의 상품 송부처 정보에 대해서 질문 드리오니 미리 양해해 주세요.
· 상품 보낼 곳(일본 국내만)은 당첨 통지 메일에 대한 회신으로 받을 주소가 됩니다. 원칙적으로 상품의 배송일이나 배송시간을 지정하실 수 없으므로 부디 양해해 주세요.
· 당첨 통지에 대한 회신에는 당사의 '개인 정보의 취급에 대해서'에 동의하신 후에 송부해 주세요.

어휘
投稿(とうこう) 투고 | 流用(りゅうよう) 유용 | 違法(いほう) 위법 | 肖像権(しょうぞうけん) 초상권 | 著作権(ちょさくけん) 저작권 | 侵害(しんがい) 침해 | 負(お)う 지다, 맡다 | 承諾(しょうだく) 승낙 | ご了承(りょうしょう)ください 양해 부탁드립니다 | 何卒(なにとぞ) 부디, 아무쪼록

청해

문제 1 이 문제에서는 먼저 질문을 들으세요. 그러고 나서 이야기를 듣고, 문제 용지의 1~4 중에서 가장 알맞은 답을 하나 고르세요.

01 정답 3 모의1-1-01.mp3

会社で女の人と男の人が話しています。男の人はこの後、何をしますか。

男：あの～、課長。金曜日のプレゼンテーションのことで、相談があるんですが。
女：うん、どうしたんですか。資料がまだできてないんですか。

男：いいえ、それは、今日まで何とか。実は僕、すぐに緊張してしまうんです。

女：それは、誰だってあがっちゃいますよ。仕方ないでしょう。繰り返して練習するしかないですよ。

男：発表の内容はほとんど暗記するくらい練習したんですが、どうしても畑水練みたいで。

女：それなら、本番と同じの予行演習でもやってみたらどうでしょう。それから、ほかの部署の人々にもちゃんと前もって協調得られるように、しといたほうがいいですよ。

男：あ～、それいいですね。では、早速しときます。ありがとうございました。

男の人はこの後、何をしますか。

1 畑で水練の演習をする。
2 もっと、発表の練習を繰り返す。
3 ほかの部署に連絡をとる。
4 畑の以外で練習する。

해석

회사에서 여자와 남자가 이야기하고 있습니다. 남자는 이후에 무엇을 합니까?

남: 저~, 과장님. 금요일의 프레젠테이션 건으로 상담이 있는데요.

여: 음, 무슨 일이지요? 자료가 아직 안 됐나요?

남: 아뇨, 그건 오늘로 그럭저럭. 사실 저, 금방 긴장해서요.

여: 그건, 누구라도 긴장하지요. 어쩔 수 없어요. 반복해서 몇 번이고 연습할 수밖에 없어요.

남: 발표내용은 거의 암기할 정도로 연습했습니다만, 아무래도 별 도움이 안 되는 것 같아서.

여: 그럼, 진짜와 똑같이 예행연습이라도 해보면 어떨까요?
그리고 다른 부서의 사람들에게도 미리 협조를 얻을 수 있도록, 해 두는 게 좋을 거예요.

남: 아~, 그거 좋겠어요. 그럼, 빨리 해두겠습니다. 감사합니다.

남자는 이후에 무엇을 합니까?

1 밭에서 수영 연습을 실제 해본다.
2 더 발표 연습을 반복한다.
3 다른 부서에 연락을 취한다.
4 밭 이외에서 연습한다.

어휘

プレゼンテーション 프레젠테이션 | 相談(そうだん) 상담 | 資料(しりょう) 자료 | 緊張(きんちょう)する 긴장하다 | 仕方(しかた)ない 할 수 없다, 방법이 없다 | 繰(く)り返(かえ)す 반복하다 | 発表(はっぴょう) 발표 | 暗記(あんき)する 암기하다 | 畑水練(はたけすいれん) 밭에서 수영연습, 헛고생, 도움이 안 되는 연습 | 予行演習(よこうえんしゅう) 예행연습 | 部署(ぶしょ) 부서

해설

발표 내용이나 자료는 모두 준비를 끝냈다. 문제는 남자의 생각이다. 아무리 연습을 해도 실제 상황 같지 않다는 것이다. 그래서 과장은 진짜와 같은 상황에서 연습하도록 권하고 또한 다른 부서와의 협조를 미리 구해놓기를 조언한다. 그러므로 남자는 이후에 '다른 부서에 연락을 취한다'가 정답이다.

02 정답 1 모의1-1-02.mp3

女の人が展覧会の窓口で話しています。女の人は展覧会の当日何をしますか。

女：あのう、十四日の前売り券のことですが、今購入できるんでしょうか。

男：ああ、日本版画の展覧会ですね。少々お待ちください。場所の問題で入場の人数が制限されております。予約の状況を調べますので。

女：お願いします。

男：たいへんお待たせしました。現在十四日の人数は、まだ余裕がございますのでご入場できます。

女：それは、よかった。

男：あのう、決済は現金ですか、それともカードですか。

女：カードです。

男：入場券は当日の配布となっております。申し訳ございませんが、当日、隣りの受付でお受け取りください。また、入場の一時間前から日本版画の参考書籍を販売しております。今回に限って定価の20％割引ですので、ぜひご利用ください。

女：あ、はい。

男：それでは、ここにお名前と連絡先をお願いします。

女の人は展覧会の当日何をしますか。

1 受付で入場券を受け取る。
2 受付で名前と連絡先を記入する。
3 参考書籍を20％割引で購入する。
4 入場の一時間前に到着する。

해석

여자가 전람회 창구에서 이야기하고 있습니다. 여자는 전람회 당일 무엇을 합니까?

여: 저, 14일 전람회 예매권 말인데요. 지금 구입 가능한지요?

남: 아아, 일본판화 전람회 말이지요. 잠깐 기다리세요. 장소 문제로 입장 인원이 제한되어 있습니다. 예약 상황을 조회해 보겠습니다.

여: 부탁드립니다.

남: 많이 기다리셨습니다. 현재 14일은, 아직 여유가 있으므로 입장하실 수 있습니다.

여: 아아, 잘됐네요.

남: 저, 결제는 현금입니까? 아니면 카드입니까?

여: 카드입니다.

남: 입장권은 당일 배포로 되어 있습니다. 죄송하지만, 당일 옆에 있는 접수처에서 받으십시오. 또, 입장 1시간 전부터 일본 판화의 참고 서적을 판매하고 있습니다. 이번에 한해서 정가에서 20% 할인 판매하므로 꼭 이용해 주십시오.

여: 아, 네.

남: 그럼, 여기에 성함과 연락처를 부탁드립니다.

여자는 전람회 당일 무엇을 합니까?

1 접수처에서 입장권을 받는다.

2 접수처에서 이름과 연락처를 기입한다.

3 참고 서적을 20% 할인 받아 구입한다.

4 입장 1시간 전에 도착한다.

어휘

展覧会の窓口(てんらんかいのまどぐち) 전람회 창구 | 当日(とうじつ) 당일 | 前売り券(まえうりけん) 예매권 | 購入(こうにゅう) 구입 | 日本版画(にほんはんが) 일본판화 | 人数(にんずう) 인원 | 配布(はいふ) 배포 | 参考書籍(さんこうしょせき) 참고 서적

해설

문제에 나오는 모든 문장이 보기에 있으며, 선택지가 다 답이 될 것 같기 때문에 조심해야 하는 문제이다. 문제는 전람회 당일에 여자의 할 일을 묻고 있다. 당일 반드시 해야 할 일은 입장권을 받는 일이다.

03 정답 2 모의1-1-03.mp3

女の人と男の人が電話で話しています。男の人は電話の後どこへ行かなければなりませんか。

女:あ、もしもし、あなた、もうすぐ退勤よね。お帰りの時ちょっとお願いがあるんだけどね。

男:なんだ?先日みたいに、宅配便の荷物をとりに行くのは、もうごめんだよ。重かったんだよ。

女:あら、そう。今日は、重くないのよ。八百屋でホウレンソウと長ねぎを一束ずつ買って来て。

男:それなら、いいけど。

女:また、ね、本屋で「女のためのお酒とサカナ」という題名の本も買ってくれる?今日おいしいサカナをつくってみたいの。

男:あれ、魚屋にも寄らなきゃならないわけ?

女:ううん~, 魚じゃなくて、つまみのサ・カ・ナ・なのよ。お酒の。

男:わかったよ。で、それだけ。

女:あと、もう一つ。100円ショップで、ラーメンね、醤油ラーメンもお願いするね。

男:へえ、ラーメン? 先日ラーメンはもう食べないって言わなかったかい。太るとかなんとか言って。

女:あら、そうだった。やっぱ、三日坊主になったらだめね。もうちょっと、我慢しよう。じゃ、よろしくね。

男:うん、じゃ、あとでね。

男の人は電話の後どこへ行かなければなりませんか。

1 八百屋、魚屋

2 八百屋、本屋

3 八百屋、本屋、100円ショップ

4 八百屋、魚屋、100円ショップ

해석

여자와 남자가 전화로 이야기하고 있습니다. 남자는 전화 후에 어디에 가야 합니까?

여: 아, 여보세요. 당신, 이제 퇴근이죠? 올 때 부탁이 좀 있어.

남: 지난번처럼, 택배 짐 가지러 가는 건, 이제 싫어. 무거웠단 말이야.

여: 어머, 그랬구나. 오늘은 무겁지 않아. 채소가게에서 시금치와 대파 한 다발씩 사 와.

남: 그건 괜찮아.

여: 그리고 서점에서 『여자를 위한 술과 안주』란 제목의 책도 사다 줘. 오늘 맛난 안주를 만들어 보려고.

남: 어, 생선가게에도 들러야 하나?

여: 아니, 생선이 아니라 술안주의 사카나야. 술~.

남: 알았어. 그럼, 됐어?

여: 마지막 하나 더, 100엔 숍에서 라면, 간장라면도 부탁해.

남: 뭐, 라면? 지난번에 이제 라면은 안 먹는다고 했잖아, 살이 찐다 어쩐다 하면서.

여: 어머, 그랬었지. 아무래도 작심삼일이 되면 안 되겠지. 조금 더 참을게. 그럼 부탁해.

남: 그래, 그럼 이따 봐.

남자는 전화 후에 어디에 가야 합니까?

1 채소가게, 생선가게

2 채소가게, 서점

3 채소가게, 서점, 100엔 숍

4 채소가게, 생선가게, 100엔 숍

어휘

八百屋(やおや) 채소가게 | ホウレンソウ 시금치 | 長(なが)ねぎ 대파 | 一束(ひとたば) 한 다발 | サカナ 안주 | 醤油(しょうゆ) 간장 | 三日坊主(みっかぼうず) 작심삼일

해설

명사의 동음이의어는 청해 시험에 단골 메뉴라 해도 지나치지 않을 정도로 자주 나온다. 이 문제도 같은 발음의 생선과 안주가 등장한다. 그리고 시금치나 대파는 굳이 몰라도 채소가게는 반드시 알아 두어야 할 단어이다. 라면은 수험자를 혼란시킬 목적이므로 주의한다. 그러므로 남자는 채소가게와 서점을 가야 한다.

04 정답 4 모의1-1-04.mp3

女の人と男の人が旅行会社の窓口で話しています。男の人はこれから何をしなければなりませんか。

男:あのう、すみません。来週のアメリカ行きのビジネスクラスの切符を予約した中村ですが、急な用事ができて再来週に延長したいですけど。

女:はい、少々お待ちください。予約の状況を調べますので。

男:あ~, はあい。

女:お待たせしました。中村さんですね。一泊のホテル付きの往復のビジネスクラスのご予約ですね。はい、そうしましたら、飛行機の方はただいま延長できます。それから、ホテルの方は50%割引料金で、もしキャンセルや延長の場合は割引が取消しになります。
ホテルの一泊が八千円ですので、その半額をいただくことになりますが、よろしいでしょうか。

男：ええっ、それは痛いな。
女：あっ、お客様。申し訳ございません。今、申し上げたのは片道の場合です。中村さんは往復の予約ですので、そのままでよろしいです。
男：それは、よかったなあ。でも、今度の日程は一泊の後すぐ戻れるかどうか、まだメドがたっていないんだが、どうしよう。
女：誠に申し訳ございません。まず、それを決めなければなりませんので。どうなさいますか。

男の人はこれから何をしなければなりませんか。

1 ホテル付きの往復に決めなければなりません。
2 ホテルの割引分、4000円を払わなければなりません。
3 ホテル付きの片道に決めなければなりません。
4 ホテル付きの片道か往復か決めなければなりません。

해석

여자와 남자가 여행 회사 창구에서 이야기하고 있습니다. 남자는 지금부터 무엇을 해야 합니까?

남: 저, 미안합니다. 다음 주 미국행 비즈니스 클래스 표를 예약한 나카무라입니다만, 급한 용무가 생겨 다다음주로 연기하고 싶은데요.
여: 예, 잠시 기다려 주세요. 예약 상황을 조회해 보겠습니다.
남: 아, 예.
여: 오래 기다리셨습니다. 나카무라 씨 되시네요. 1박 호텔이 딸린 왕복 비즈니스 클래스 예약이시군요. 예, 그러시다면, 비행기 쪽은 지금 연장 가능합니다. 그리고 호텔 쪽은 50% 할인 요금으로, 만약 취소나 연장인 경우는 할인이 취소됩니다. 호텔 1박이 8천 엔이므로 그 반액을 받게 됩니다만 괜찮으신지요?
남: 앗, 그건 타격이 크네요.
여: 어머, 손님. 죄송합니다. 지금 말씀드린 건 편도의 경우입니다. 나카무라 씨는 왕복 예약이시므로, 그대로 괜찮습니다.
남: 그건 다행이네. 근데 이번 일정은 1박 후 바로 되돌아올지 어떨지, 아직 계획이 잡혀 있지 않은데 어쩌죠.
여: 정말 죄송합니다. 우선 그 건을 결정해야 하는데, 어떻게 하시겠습니까?

남자는 지금부터 무엇을 해야 합니까?

1 호텔 딸린 왕복으로 결정해야 합니다.
2 호텔 할인받은 금액분, 4000엔을 지불해야 합니다.
3 호텔 딸린 편도로 정해야 합니다.
4 호텔 딸린 편도인지 왕복인지 정해야 합니다.

어휘

用事(ようじ) 용무 | 延長(えんちょう) 연장 | 割引(わりびき) 할인 | 取消(とりけ)し 취소 | 半額(はんがく) 반액 | 片道(かたみち) 편도 | 往復(おうふく) 왕복

해설

각종 창구에서의 예약이나 연기 등의 문제는 기본적으로 출제된다고 보면 틀림없다. 이 문제도 예약 건을 변경하는 내용으로 변경 후의 조건을 묻는 문제이다. 여자의 착각은 바로 함정이다. 속아서는 안 된다. 남자는 왕복이므로 호텔 취소료를 물지 않아도 된다. 단, 편도인지 왕복인지를 지금 정해야 한다.

05 정답 1 모의1-1-05.mp3

女の人と男の人がテレビのニュースを聞いて話しています。女の人はこの後、どうしますか。

男1: 日曜日、午後2時のニュースです。少子化対策を検討している内閣府の作業チームは、母子家庭など、一人親の家庭への効果的な支援の必要性を強調した提言をまとめました。提言によりますと、これまで家庭や地域が果たしてきた結婚や子育てを支援する機能は低下しているとして「子育てのセーフティーネット」を強化し、再構築する必要があると指摘しています。具体的には、子どもの貧困の問題が学歴の格差や健康状態などに深く関係していることは憂慮すべき事態だとして、一人親の家庭への効果的な支援が必要だとしています。また、結婚相手を探す活動、いわゆる「婚活」への関心も高まっているなか、少子化には未婚化や晩婚化が影響しているとして、今後、恋愛や結婚に関するデータの分析を進め、少子化対策に生かすよう求めています。
女 : あれ、少子化と婚活がそんなに関わってるかしら。全然知らなかったわ。
男2: だからさ、俺に感謝する気持ちをもっと持てばいいんじゃないか。
女 : なに、それ、偉そうに。でも、お金が学歴や健康にも深く影響してるね。あなたももし首になったら、私たちもたいへんなことになるね。
男2: まあ、そんなことまで想像する必要はないんだけど。
女 : いや、わかんないわよ。世の中は、一寸先は闇って言うじゃない。
男2: やめなさいよ。そんな縁起の悪い話は。
女 : 冗談よ。だけど、今の会社、文句言わないで、ちゃんと仕事するのよ。私も明日からバイトやるから。求人雑誌どこだったけ。早い方がいいと思う。
男2: なに、本気でさがすつもり?

女の人はこの後、どうしますか。

1 すぐバイト探しをやる。
2 明日からバイト先へ行く。
3 首になった男の人のため就職する。
4 首になった男の人のためバイトする。

해석

남자와 여자가 텔레비전 뉴스를 들으며 이야기하고 있습니다. 여자는 이후에 어떻게 합니까?

남1 : 일요일 오후 2시 뉴스입니다. 저출산 대책을 검토하고 있는 내각부의 작업팀은 모자가정 등 한 부모 가정에 효과적인 지원의 필요성을 강조한 제언을 마련했습니다. 제언에 의하면 지금까지 가정과 지역이 힘써온 결혼이나 육아를 지원하는 기능은 저하되었다고 하여, '육아 세이프티 네트'를 강조하고, 재구축할 필요가 있다고 지적합니다. 구체적으로는 어린이의 빈곤 문제가 학력의 격차나 건강상태 등과 깊은 관계가 있는 것은 우려할 만한 사태이며, 한 부모 가정에

효과적인 지원이 필요하다고 합니다. 또 결혼 상대를 찾는 활동, 이른바 '혼활'의 관심도 높아지는 가운데, 저출산에는 미혼화나 만혼 회기 영향을 끼친디 히여, 앞으로 연애나 결혼에 관한 데이터 분석을 진행, 저출산 대책에 활용하도록 요구하고 있습니다.

여 : 어머, 저출산과 혼인 활동이 그렇게 연관이 있는 거야? 전혀 몰랐어.

남2: 그러니까. 나에게 감사의 마음을 더 가져야 하는 거야.

여 : 뭐야, 그게, 잘난 척하기는. 하지만, 돈이 학력이나 건강에도 큰 영향을 주는구나. 당신이 만약 잘리기라도 하면 우리도 큰일이야.

남2: 뭐, 그런 거까지 상상할 필요는 없지만 말이야.

여 : 아니, 몰라, 세상은 한 치 앞을 모른다잖아.

남2: 그만해. 그런 불길한 이야기는.

여 : 농담이야. 하지만 지금 회사 불평하지 말고 열심히 일해. 나도 내일부터 아르바이트할 거니까. 구인 잡지 어디 있었지? 빨리 찾는 게 좋을 것 같아.

남2: 뭐, 진짜 찾을 거야?

여자는 이후에 어떻게 합니까?

1 바로 아르바이트 찾기를 한다.
2 내일부터 아르바이트할 곳에 간다.
3 잘린 남자를 위해 취직한다.
4 잘린 남자를 위해 아르바이트를 한다.

어휘

少子化対策(しょうしかたいさく) 저출산 대책 | 提言(ていげん) 제언 | 子育(こそだ)て 육아 | 再構築(さいこうちく) 재구축 | 貧困(ひんこん) 빈곤 | 憂慮(ゆうりょ) 우려 | 未婚化(みこんか) 미혼화 | 晩婚化(ばんこんか) 만혼화 | 影響(えいきょう)する 영향을 끼치다 | 一寸先(いっすんさき)は闇(やみ) 한 치 앞을 모름 | 首(くび)になる 잘리다, 해고당하다 | 縁起(えんぎ)が悪(わる)い 불길하다

해설

발표나 뉴스를 들으며 두 사람의 대화 내용을 묻는 문제이다. 최근의 출제 경향이라 할 수 있다. 여기서는 빈곤 문제와 결혼이 핵심 사항이며, 남자는 해고당하지 않는 자기에게 감사해야 한다고 말한다. 그러나 여자는 돈이 학력이나 건강에도 큰 영향을 주므로 아르바이트를 찾고자 한다.

06 정답 3 모의1-1-06.mp3

男の留学生と先生が話しています。男の留学生はこの後、何をしなければなりませんか。

男：先生、先週のゼミの発表ですが、いかがでしたか。

女：ああ、先週のゼミね。確か、タイトルが「日本の美学」だったよね。う～ん、全体的にはなかなかよかったと思います。

男：あ、そうですか、ありがとうございます。

女：序論、本論、結論の分け方もよかったし、特に序論の、どうして日本の美学について関心を持つようになったか、というところは素晴らしいと思います。でも、少し気になるところは、美学の意味をどこまでとらえるか、というところの根拠が弱いんじゃないかしら。

男：やっぱり、そうですか。僕もそこんところが気になってならなかったんです。

女：そうね、それなら、美学の願書を2、3冊読んで、本論の中に参考文献に入れたら、この上ない発表になるんじゃないかしら。

男：わかりました。来週の発表までやってみます。それから、前回のおっしゃった結論の自分の主張の弱さは…。

女：それが、今、話したことで、修正できると思いますよ。

男：あ、そうですか。では、これから、すぐに修正します。

男の留学生はこの後、何をしなければなりませんか。

1 すぐ自分の主張の弱さを補わなければなりません。
2 序論の美学の意味をもっと加えなければなりません。
3 すぐ美学の願書を読まなければなりません。
4 本論の参考文献を美学に換えなければなりません。

해석

남자 유학생과 선생님이 이야기하고 있습니다. 남자 유학생은 이후에 무엇을 해야 합니까?

남: 선생님, 지난주 세미나에서 발표한 내용 말인데요, 어떠셨어요?

여: 아아, 지난주 세미나 말이죠. 제목이 '일본의 미학'이었죠? 음, 전체적으로는 꽤 괜찮았다고 생각해요.

남: 아, 그래요? 감사합니다.

여: 서론, 본론, 결론의 구분도 좋았고, 특히 서론의, 왜 일본의 미학에 관심을 가지게 되었는지 부분은 훌륭했습니다. 다만, 조금 걱정이 되는 부분은, 미학의 의미를 어디까지로 볼지, 그 부분의 근거가 약하지 않은가 합니다.

남: 역시, 그렇군요. 저도 그 부분이 신경 쓰였습니다.

여: 그래요, 그럼, 미학 원서를 2, 3권 읽고, 본론 중에 참고문헌으로 넣으면, 더할 나위 없는 발표가 될 거예요.

남: 알겠습니다. 다음 주 발표 때까지 해보겠습니다. 그리고 지난번 말씀하신 결론의 자기주장이 약한 부분은….

여: 그게, 지금 말한 걸로 수정할 수 있을 거예요.

남: 아, 그렇습니까? 그럼, 지금부터 바로 수정하겠습니다.

남자 유학생은 이후, 무엇을 해야 합니까?

1 바로 자기주장의 취약함을 보완해야 합니다.
2 서론의 미학의 의미를 더 추가해야 합니다.
3 바로 미학 원서를 읽어야 합니다.
4 본론의 참고문헌을 미학으로 바꾸어야 합니다.

어휘

ゼミ 세미나 | 序論(じょろん) 서론 | 本論(ほんろん) 본론 | 結論(けつろん) 결론 | 根拠(こんきょ) 근거 | 願書(がんしょ) 원서 | 参考文献(さんこうぶんけん) 참고문헌 | 修正(しゅうせい) 수정

해설

유학생과 선생님의 조언이나 수업 내용도 자주 등장하는 주제이다. 과거, 현재, 미래에 학생이 해야 할 일을 묻는 경우가 대부분이다. 그러므로 늘 시제에 주의해야 한다. 여기서도 결론의 취약함은 이미 보완이 끝난 상태임을 알 수 있다. 핵심은 미학원서를 읽는 것이다.

문제 2 이 문제에서는 먼저 질문을 들으세요. 그러고 나서 문제 용지의 선택지를 보세요. 읽는 시간이 있습니다. 그러고 나서 이야기를 듣고, 문제 용지의 1~4중에서 가장 알맞은 답을 하나 고르세요.

01 정답 1

모의1-2-01.mp3

男の人と女の人が話しています。男の人はコインランドリーがなくなる理由は何だと言っていますか。

男：向うのコインランドリー来週限りで閉店しちゃうんだって。
女：あら、そうなの。自炊の学生には便利だったのにね。
男：近くて便利だったのに、残念だな。
女：たぶんコンビニの隣りに新しい店舗ができたし、お客さん争いに負けたかもね。あそこ、室内が狭くてちょっと狭苦しかったしね。
男：いや、それより、乾燥機がめちゃくちゃ古かったんだよ。洗濯機のほうは別にしてもね。
女：そう言えば、あそこ、3台で、2台が故障だとか何とか言ってたね。

男の人はコインランドリーがなくなる理由は何だと言っていますか。

1 乾燥機のほうが古くなったから
2 洗濯機の方が古くなったから
3 新しい店舗ができたから
4 室内が狭苦しかったから

해석

남자와 여자가 이야기하고 있습니다. 남자는 동전세탁소가 없어지는 이유는 무엇이라고 합니까?

남: 건너편 동전세탁소가 다음 주로 폐점한대.
여: 어머, 그래? 자취생에게는 편리했는데.
남: 가까워서 편리했는데, 아쉽네.
여: 아마 편의점 옆에 새 점포가 생겼고, 손님 경쟁에 졌을지도 몰라. 거기, 실내가 좁아서 좀 답답했고 말이야.
남: 아니, 그것보다 건조기가 낡았었어. 세탁기는 그렇다 치더라도.
여: 그러고 보니 거기 3대 중에 2대가 고장이라나 뭐라나 그랬었지.

남자는 동전세탁소가 없어지는 이유는 무엇이라고 합니까?

1 건조기 쪽이 낡았기 때문에
2 세탁기 쪽이 낡았기 때문에
3 새 점포가 생겼기 때문에
4 실내가 좁아 답답했기 때문에

어휘

コインランドリー 동전세탁소 | 来週限(らいしゅうかぎ)り 다음 주까지만 | 閉店(へいてん) 폐점 | 自炊(じすい) 자취 | 店舗(てんぽ) 점포 | 狭苦(せまくる)しい 좁아서 답답하다 | 乾燥機(かんそうき) 건조기 | 洗濯機(せんたくき) 세탁기 | 故障(こしょう) 고장

해설

점포 폐점을 주제로 한 문제이다. 이러한 문제는 이유가 몇 개씩 나온다. 여자의 생각과 남자의 생각, 혹은 제3자의 의견이 추가될 수도 있다. 여자의 생각은 점포 넓이에 이유가 있다고 하며, 남자의 생각은 건조기가 낡았기 때문이라고 한다. 여기서 묻고 있는 것은 남자의 생각이므로 정답은 1번이다.

02 정답 4

모의1-2-02.mp3

映画館の前で女の人と男の人がある俳優について話しています。この俳優の短所は何ですか。

女：山本さん、この頃、テレビや映画や舞台などで素晴らしい演技を見せている新米の俳優、中村さんですが。今の流れをずっと保っていくには、何か補うところはないでしょうか。
男：中村さんですか。そうですね。演技は言うまでもないですね。態度も男の割には愛嬌たっぷりで、ほかの監督や女優の間にも結構人気があるそうですし。まあ、デビューしたばかりなのにもう引っ張りだこみたいですね。あえて、短所を挙げますと、短兵急なところなんじゃないでしょうか、なにしろ気が短いところは弱点と言えますね。だから、撮影中に監督の指摘にかっとなるとの噂はもう、きのうきょうのことではありません。まあ、そういうところを自分がどういうふうにコントロールして、辛抱強く仕事に臨んでいけるかが肝心だと思います。

この俳優の短所は何ですか。

1 男の割には愛嬌たっぷりなところ
2 演技力の足りないところ
3 辛抱強く仕事に臨むところ
4 性格が短気なところ

해석

극장 앞에서 여자와 남자가 어느 배우에 대해 이야기하고 있습니다. 이 배우의 단점은 무엇입니까?

여: 야마모토 씨, 요즘 텔레비전이나 영화, 무대 등에서 훌륭한 연기를 보이고 있는 신인배우, 나카무라 씨 말인데요. 지금의 흐름을 계속 유지하려면, 뭔가 보완해야 할 점은 없을까요?
남: 나카무라 씨 말인가요? 글쎄요. 연기는 흠잡을 데 없어요. 태도도 남자치고는 애교가 넘치고 다른 감독이나 여배우 사이에서도 꽤 인기가 있는 것 같고요. 막 데뷔했는데도 벌써 서로 캐스팅하려고 하는 것 같아요. 굳이 단점을 꼽아보면 성급한 점이랄까, 하여간 성격이 급한 점은 약점이라 할 수 있지요. 그러니까 촬영 중에 감독의 지적에 욱한다는 소문은 어제오늘의 일이 아닙니다. 뭐, 그런 점을 자신이 어떻게 조절해서 참을성 있게 일에 임해 나갈 수 있을지가 핵심이라 생각합니다.

이 배우의 단점은 무엇입니까?

1 남자치고는 애교가 넘치는 점
2 연기력이 부족한 점
3 참을성 있게 일에 임하는 점
4 성격이 급한 점

어휘

俳優(はいゆう) 배우 | 短所(たんしょ) 단점 | 新米(しんまい) 신

참 | 補(おぎな)う 보완하다 | 引(ひ)っ張(ぱ)りだこ (인기가 있어) 사방에서 원하는 사람 | 愛嬌(あいきょう) 애교 | 短兵急(たんぺいきゅう) 성급함 | 弱点(じゃくてん) 약점 | 撮影(さつえい) 촬영 | 噂(うわさ) 소문 | 肝心(かんじん) 중요함

해설

인물에 대한 평가, 특히 장단점의 평가는 청해의 기본이다. 일단, 장점이 나오며 단점 언급 후에는 반드시 반대 의견이 나오는 설정이라 보면 틀림없다. 이 문제는 단점을 묻고 있다. 그는 다 좋은데 욱하는 성격, 다시 말해 급한 성격이 단점이 된다.

03 정답 2 모의1-2-03.mp3

男の人と女の人が話しています。女の人は、自転車に乗ることの最も気に入るところは何だと言っていますか。

男：素的な自転車だね。今からどこかへ行くの。

女：ううん。今帰ったところなの。先月から毎週日曜日は「自転車に乗る会」に参加しているわ。たまたまインターネットで見つけたんだけど、これがいろいろ役に立つところがあるの。まあ、とりあえずダイエットになるし、年の違う人々にあって話し合ううちに新しい情報や知識も得られるんだ。やっぱり、今までの私、井の中の蛙だったような気がする。

男：へえ～，自転車に乗ったらダイエットもできるのが一番気に入ったんじゃない?

女：う～ん、どうかな。まあ、それもそうなんだけど、世の中を見る目が高くなったということかな。十人十色っていうんじゃない。

男：へえ～，そうなんだ。

女：そうそう、自転車に乗ってから毎週の日曜日が楽しみになったのよ、それが私にとって一番うれしいことだわ。

男：それが、趣味の魅力かあ。僕も今日から何か新しい趣味を探してみようかな。

女：そうよ。趣味こそ生活に欠かせない活力のもとなのよ。

女の人は、自転車に乗ることの最も気に入るところは何だと言っていますか。

1 ダイエットができるところ
2 日曜日が楽しみになるところ
3 インターネットの魅力のところ
4 世の中を見る目が高くなるところ

해석

남자와 여자가 이야기하고 있습니다. 여자는 자전거 타는 일의 가장 맘에 드는 점은 무엇이라 합니까?

남: 멋진 자전거네. 지금부터 어디에 가는 거야?

여: 아니, 지금 막 돌아온 참이야. 지난달부터 매주 일요일은 '자전거 타는 모임'에 참가하고 있어. 우연히 인터넷에서 발견했는데, 이게 여러모로 도움이 되는 점이 있어. 음, 우선 다이어트가 되고 나이가 다른 사람들과 만나서 이야기하는 동안에 새로운 정보나 지식도 얻을 수 있어. 역시 지금까지 난 우물 안 개구리였던 것 같아.

남: 아~, 자전거 타면 다이어트도 되는 게 가장 맘에 드는 거 아니야?

여: 음… 글쎄. 뭐 그런 것도 있지만 세상을 보는 눈이 높아졌다고나 할까? 십인십색이라고 하잖아.

남: 아~, 그렇구나.

여: 그래, 자전거 탄 이후에 매주 일요일이 기대가 돼. 그게 나에게 가장 기쁜 점이야.

남: 그게, 취미의 매력이구나. 나도 오늘부터 뭔가 새 취미를 찾아볼까?

여: 그래. 취미야말로 생활에 빼놓을 수 없는 활력소야.

여자는, 자전거 타는 일의 가장 맘에 드는 점은 무엇이라고 합니까?

1 다이어트가 되는 점
2 일요일이 기대되는 점
3 인터넷이 매력인 점
4 세상을 보는 눈이 높아진 점

어휘

たまたま 우연히 | 井(い)の中(なか)の蛙(かわず) 우물 안 개구리 | 十人十色(じゅうにんといろ) 십인십색 | 楽(たの)しみになる 기대되다 | 魅力(みりょく) 매력

해설

독해도 그렇지만, 청해는 독해보다 더욱 헷갈리는 보기가 나오는 경우가 많다. 그러나 정답은 가장 좋은 것 하나이므로 주의해야 한다. 이 문제가 바로 그런 문제이다. 세상을 보는 눈이 넓어진 것이나, 다이어트가 되는 것도 마음에 들지만, 여자가 자전거를 탄 후에 가장 마음에 드는 건 바로 일요일이 기대된다는 점이다. 그러므로 정답은 2번이다.

04 정답 2 모의1-2-04.mp3

女の人と男の人が話しています。男の人はこれから、どうした方がいいと言っていますか。

女：この猫、最近目の回りに目やにができているし、何だか元気がなさそうですけど、どうしたんでしょうか。エサも一日三回ちゃんとやってますが、あまり食べていません。予防接種はしたばかりで、一日一回散歩もしています。

男：ちょっと目を見せてください。目は問題ありません。季節のせいで室内が乾燥しやすいので、室内の加湿に気をつけるようにしてください。それから、最近肌寒くなったようですから外には出さない方がいいですね。

女：あ、はい。

男：エサは三回あげてますね。まあ、回数には問題ないと思います。元気がないのは接種の後よく見られる症状です。食べないと元気が出ませんから、食欲をそそるために、エサを生臭いものに変えてみてください。

女：はい、わかりました。

男の人はこれから、どうした方がいいと言っていますか。

1 エサの回数を減らすことと散歩すること
2 外には出さないこととエサを変えること
3 食欲をおさえるためにエサを変えること
4 食欲をそそるためにエサの回数を増やすこと

해석

여자와 남자가 이야기하고 있습니다. 남자는 이제부터 어떻게 하는 게 좋다고 합니까?

여: 이 고양이, 최근에 눈 주위에 눈곱이 끼고, 왠지 힘이 없는 것 같은데, 왜 그런 거죠? 먹이도 하루에 3회 꼭 주고 있는데 잘 먹지 않습니다. 예방접종도 한 지 얼마 안 되고 하루에 1번 산책도 하고 있습니다.

남: 눈을 좀 보여줄래요? 눈은 괜찮은 거 같아요. 그리고 계절 탓으로 실내가 건조해지기 쉬우니까, 실내 가습에 주의하도록 해주세요. 그리고 최근에 쌀쌀해졌으니까 밖에는 내보내지 않는 게 좋겠어요.

여: 아, 네.

남: 먹이는 3회 주고 있지요. 뭐, 횟수는 상관이 없다고 생각합니다. 힘이 없는 것은 접종 후에 곧잘 나타나는 증상입니다. 먹지 않으면 기력이 없으니까, 식욕을 돋우기 위해, 먹이를 비린내 나는 것으로 바꿔보는 게 좋겠어요.

여: 예, 알겠습니다.

남자는 이제부터, 어떻게 하는 게 좋다고 합니까?

1 먹이 횟수를 줄이는 것과 산책할 것
2 밖에 내보내지 않는 것과 먹이를 바꿀 것
3 식욕을 억제하기 위해 먹이를 바꿀 것
4 식욕을 억제하기 위해 먹이의 횟수를 늘릴 것

어휘

目(めやに) 눈곱 | エサ 먹이 | 予防接種(よぼうせっしゅ) 예방접종 | 肌寒(はださむ)い 쌀쌀하다 | 症状(しょうじょう) 증상 | だるい 나른하다 | 食欲(しょくよく)をそそる 식욕을 돋우다 | 生臭(なまぐさ)い 비린내 나다

해설

상태나 상황을 묻는 문제에서는 키워드별로 메모할 필요가 있다. 이 문제에서의 키워드는 '먹이', '예방접종', '산책'이다. 남자는 산책 금지와 먹이를 바꿀 것을 권하고 있으므로 정답은 2번이다.

05 정답 1 모의1-2-05.mp3

大学で女の人と男の人が話しています。男の人は今、何が気になると言っていますか。

女：山田さん、合格おめでとう。来年から、アメリカの大学院に進学だって聞いたわ。

男：ああ、ありがとう。入学の時からアメリカの大学院を希望してたんだ。

女：あら、そうだったのね。

男：僕も海外は初めてだし、向こうに知り合いもいないし、生活にうまく慣れるかが心配なんだ。

女：う～ん、それは心配しなくてもいいと思うわ。うちの兄も留学したとき、三ヶ月ぐらいですっかり慣れたそうよ。それより、部屋探しとかが大変じゃないかな。うちの兄は、それが一番大変だったと言ってたわ。

男：うん、まあ、それは学校の寮に入ることになってね。

女：あ、それはよかったたね。あと、そうだ、学費のほうはどうなってるの。

男：僕もその点が一番気になっていたんだけど、幸い、修士課程までは奨学金もらえることになってね。まあ、博士課程は二の次だしね。

女：それは、助かるね。

男の人は今、何が気になると言っていますか。

1 アメリカの生活にうまく慣れるかどうか
2 部屋探し
3 大学院の学費
4 博士課程の進学

해석

대학에서 여자와 남자가 이야기하고 있습니다. 남자는 지금 뭐가 걱정된다고 합니까?

여: 야마다 씨, 합격 축하해. 내년부터 미국 대학원에 진학한다고 들었어.

남: 아아, 고마워. 입학 때부터 미국 대학원을 희망하고 있었어.

여: 어머, 그랬었구나.

남: 나도 해외는 처음이고, 미국에 아는 사람도 없고, 생활에 잘 적응할지 그게 걱정이야.

여: 응, 그건 걱정하지 않아도 될 거야. 우리 오빠도 유학했을 때, 3개월 정도 만에 완전히 적응했다고 하니까. 그것보다 방 구하기 같은 게 힘들지 않을까? 우리 오빠는 그게 가장 힘들었대.

남: 응, 그건 학교 기숙사에 들어가기로 해서.

여: 어머, 그건 잘됐네. 아, 그리고 학비 쪽은 어떻게 되는 거야?

남: 나도 그 점을 가장 걱정했는데 다행히 석사과정까지는 장학금을 받을 수 있게 되었어. 뭐, 박사과정은 나중 문제니까.

여: 그것 참 잘됐다.

남자는 지금, 뭐가 걱정된다고 합니까?

1 미국 생활에 잘 적응할 수 있을지 여부
2 방 구하기
3 대학원 학비
4 박사과정 진학

어휘

部屋探(へやさが)し 방 구하기 | 寮(りょう) (소규모) 기숙사 | 修士課程(しゅうしかてい) 석사 과정 | 奨学金(しょうがくきん) 장학금 | 博士課程(はかせかてい) 박사 과정 | 二(に)の次(つぎ) 이차 문제, 다음으로

해설

출장이나 이사, 유학 등의 문제점도 자주 출제되는 소재이다. 이 문제의 핵심 어휘는 생활에 적응, 학비, 방, 진학으로 볼 수 있다. 생활에 적응 문제는 맨 처음 다루고 줄곧 다루지 않기 때문에 자칫하면 속을 수 있으므로 주의하자.

06 정답 4 모의1-2-06.mp3

サークルのポスターについて専門家がアドバイスしています。専門家はどんなアドバイスをしていますか。

女：最近、サークル人数が伸び悩むところは結構あるようです。それで、ただポスター一枚の内容によって人数の増加につながる場合もあります。例を挙げますと、全国大会優勝の写真などを付け加えることにより、このサークルの素晴らしさがもっとアピールできます。より多くの人々の目を引くためには色合いを鮮やかにして視覚を刺激する方法もあります。今、このサークルの場合、サークルとしての認知度はもう結構です。ですので、まず長方形のセンターに優勝の写真を用いると、より視覚の効果があると思います。それに、サークルの名前はセンターのところではなく、下の左側に寄せたほうがいいでしょう。

専門家はどんなアドバイスをしていますか。

1 色合いをもっと淡くして人々の目を引き、サークルの認知度を高める
2 色合いをもっと強くして人々の目を引き、サークルの名前を知らせる
3 センターにサークルの名前を入れ、写真を下の左側に寄せる
4 センターに優勝の写真を用い、左側の下にサークル名を寄せる

해석

동아리의 포스터에 대해서 전문가가 조언을 하고 있습니다. 전문가는 어떤 조언을 하고 있습니까?

여: 최근에 동아리 인원이 좀체 늘지 않는 면이 좀 있는 것 같습니다. 그래서 단지 포스트 한 장의 내용에 따라 인원 증가로 이어지는 경우도 있습니다. 예를 들면, 전국대회 우승 사진 등을 추가하는 것을 통해서 이 동아리의 훌륭한 점을 더 어필할 수 있습니다. 보다 많은 사람들의 시선을 끌기 위해 색 조합을 선명하게 해서 시각을 자극하는 방법도 있습니다. 지금 이 동아리의 경우, 동아리로서 인지도는 이미 훌륭합니다. 따라서 우선 직사각형의 중앙에 우승 사진을 활용하면 보다 시각적 효과가 있을 겁니다. 그리고 동아리 이름은 중앙이 아니라, 아래 좌측으로 옮기는 편이 좋겠지요.

전문가는 어떤 조언을 하고 있습니까?

1 색 조합을 더욱 연하게 하여 사람들의 시선을 끌고, 동아리의 인지도를 높인다.
2 색 조합을 더욱 강렬하게 하여 사람들의 시선을 끌고, 동아리의 이름을 알린다.
3 중앙에 동아리의 이름을 넣고, 사진을 아래 좌측으로 넣는다.
4 중앙에 우승 사진을 활용하고, 좌측 아래에 동아리 이름을 넣는다.

어휘

人数(にんずう) 인원 수 | 伸(の)び悩(なや)む 좀체 늘지 않는다 | 例(れい)を挙(あ)げる 예를 들다 | 全国大会(ぜんこくたいかい) 전국대회 | 優勝(ゆうしょう) 우승 | 付(つ)け加(くわ)える 추가하다 | 目(め)を引(ひ)く 눈을 끌다 | 色合(いろあ)い 색 배합 | 鮮(あざ)やか 선명함 | 視覚(しかく) 시각 | 刺激(しげき) 자극 | 認知度(にんちど) 인지도 | 長方形(ちょうほうけい) 직사각형

해설

디자인 문제나 상품개발 문제 등도 자주 등장한다. 그림이나 사진을 포스터에 삽입하고, 색 조합이나 여백의 활용이 핵심이라고 할 수 있다. 이 문제는 색 조합이나 동아리의 인지도는 관계없고, 사진 활용과 동아리의 이름이 핵심사항이다. 그러므로 정답은 4번이다.

07 정답 2

모의1-2-07.mp3

テレビで男の人が消費者庁の景品表示について発表しています。A社はこれから、どのようにしなければなりませんか。

男：消費者庁によりますと、大手紳士服販売A社はおととし12月から去年６月にかけて、全国のテレビコマーシャルやチラシの広告で「全品半額」と強調して表示をしていましたが、実際には、すべて半額という例はなく、最も少ない場合、半額で売られる商品は全体の３割しかなかったということです。A社の広告では、半額にならない商品があることも小さな文字で説明されていましたが、消費者庁は「全品半額」という表示に比べて文字のサイズが非常に小さく、消費者に誤解を与える表示であり、景品表示法に違反しているとして、今後、こうした表示を行わないようA社に命令しました。これに対して、A社は「指摘を真摯に受け止め、再発防止に努めます」などと話しています。

A社はこれから、どのようにしなければなりませんか。

1 半額で売られる商品を全体の5割以上にしなければなりません。
2 広告で半額にならない商品があることを大きな文字で表示しなければなりません。
3 広告で全品半額の文字を以前にも増して大きくしなければなりません。
4 消費者に誤解を与える表示である景品表示をしなければなりません。

해석

텔레비전에서 여자가 소비자청의 경품 표시에 대해 발표하고 있습니다. A사는 앞으로 어떻게 해야 합니까?

여: 소비자청에 의하면, 대기업 신사복 판매 A사는 재작년 12월부터 작년 6월에 걸쳐, 전국의 텔레비전 광고나 전단지 광고에서 '전품 반액'이라고 강조하여 표시를 했습니다만, 실제로는 모두 반액인 예는 없고, 가장 적은 경우, 반액으로 팔리는 상품은 전체의 30%밖에 되지 않았다고 합니다. A사의 광고에서는 반액이 안 되는 상품이 있는 사실도 작은 문자로 표시되어 있었습니다만, 소비자청은 '전품 반액'이라는 표시에 비해 문자 사이즈가 몹시 작아, 소비자에게 오해를 줄 표시여서, 경품 표시법에 위반된다 하여 앞으로 이러한 표시를 하지 않도록 A사에 명령했습니다. 이에 대해 A사는 '지적을 진지하게 받아들여, 재발 방지에 노력하겠습니다'라고 말하고 있습니다.

A사는 앞으로, 어떻게 해야 합니까?

1 반액으로 팔리는 상품을 전체의 50% 이상으로 해야 합니다
2 광고에서 반액이 안 되는 상품이 있는 사실을 큰 문자로 표시해야 합니다

3 광고에서 전품 반액의 문자를 이전보다 더 크게 해야 합니다
4 소비자에게 오해를 줄 표시인 경품 표시를 해야 합니다

어휘
消費者庁(しょうひしゃちょう) 소비자청 | 景品表示(けいひんひょうじ) 경품 표시 | 大手(おおて) 대기업, 대형 | 紳士服販売(しんしふくはんばい) 신사복 판매 | コマーシャル 상업광고 | チラシ 전단지 | 強調(きょうちょう) 강조 | 全品半額(ぜんぴんはんがく) 전품 반액 | 誤解(ごかい) 오해 | 与(あた)える 주다 | 指摘(してき) 지적 | 真摯(しんし) 진지 | 受(う)け止(と)める 받아들이다 | 再発防止(さいはつぼうし) 재발 방지 | 努(つと)める 노력하다, 애쓰다

해설
핵심 단어를 보면 '전품 반액'과 '경품 표시법'이다. 다시 말해 광고나 전단지의 문구가 실제보다 작게 표시된 점을 시정해야 한다는 의미이다. 1번의 선택지도 답이 될 가능성은 있지만, 소비자청이 요구하는 사항은 반액이 안 되는 상품이 있는 사실을 소비자에게 알려야 한다는 것이다. 그러므로 정답은 2번이다.

문제 3 이 문제에서는 문제 용지에 아무것도 인쇄되어 있지 않습니다. 이 문제는 전체적으로 어떤 내용인가를 듣는 문제입니다. 이야기 전에 질문은 없습니다. 먼저 이야기를 들으세요. 그러고 나서 질문과 선택지를 듣고, 문제 용지의 1~4 중에서 가장 알맞은 답을 하나 고르세요.

01 정답 3 모의1-3-01.mp3

女の人が男の人に小説の感想を聞いています。

女：先週話してた小説、もう読み終わったでしょう。どうだった?
男：うん、すごく面白かった。特に描写がよかった。登場人物の描写だけじゃなくて、背景の描写もすべて。推理の緻密さもあって、なにしろ没頭したんだ。でも、作品の構成かな。ちょっと、リアリティーが足りなかったなあ。私たちの身の回りで起こっているようなリアリティーがもっとあったら良かったんだけど、空想的すぎて、構成の緻密さがいまいちだった気がするよ。まあ、推理小説としての楽しさは十分あったと思うけどね。

男の人は小説について、どう思っていますか。
1 登場人物と背景の描写も良かったし、現実性も感じた。
2 推理小説の面白さもあったし、構成の緻密さもあった。
3 登場人物と背景の描写は良かったが、現実性に欠けていた。
4 推理小説の面白さもなかったし、構成の緻密さもなかった。

해석
여자가 남자에게 소설의 감상을 묻고 있습니다.

여: 지난주 이야기했던 소설, 이제 다 읽었지, 어땠어?
남: 응, 아주 재미있었어. 특히 묘사가 좋았어. 등장인물의 묘사뿐만 아니라 배경 묘사도 모두. 추리의 치밀함까지 있어서 아무튼 몰두했어. 하지만, 작품 구성을 보면 리얼리티가 좀 부족한 거 같아. 우리 주변에서 일어날 법한 리얼리티가 더 있었으면 좋았을 텐데, 너무 공상적이고, 구성의 치밀함이 좀 별로였어. 뭐, 추리 소설로서 재미는 충분히 있었지만 말이야.

남자는 소설에 대해, 어떻게 생각합니까?
1 등장인물과 배경 묘사는 좋았고, 현실성도 느꼈다.
2 추리소설의 재미도 있었고, 구성의 치밀함도 있었다.
3 등장인물과 배경의 묘사는 좋았지만, 현실성이 결여되어 있었다.
4 추리소설의 재미도 없었고, 구성의 치밀함도 없었다.

어휘
登場人物(とうじょうじんぶつ) 등장인물 | 背景描写(はいけいびょうしゃ) 배경 묘사 | 推理(すいり)の緻密(ちみつ)さ 추리의 치밀함 | 没頭(ぼっとう) 몰두 | 作品(さくひん)の構成(こうせい) 작품의 구성 | リアリティー 리얼리티, 현실성 | 空想的(くうそうてき) 공상적

해설
소설이나 영화, 그리고 작품에 대한 평가 문제도 곧잘 출제된다. 이 문제의 경우는 소설의 등장인물과 배경의 묘사, 현실성, 추리소설의 재미, 구성의 치밀함을 묻고 있다. 그러므로 들으면서 항목별로 메모를 해야 한다. 결정적으로 모자라는 부분은 구성의 치밀성과 리얼리티라고 남자는 생각하고 있다.

02 정답 1 모의1-3-02.mp3

テレビで女の人が話しています。

女：振り込め詐欺やヤミ金などの犯罪に使われ、金融機関の口座に残っている現金は、原則として被害者から届け出があれば返金することになっていますが、実際には届け出がないケースも多く、残高はことし5月末の時点で45億円に上っています。これは、犯罪被害者への対策にも使えることになっており、金融庁は、犯罪で親を亡くしたり、親が重い障害を負ったりした高校生や大学生などを支援するため、奨学金を設ける方針を決めました。この奨学金の貸し出しの上限は、高校生が毎月数万円、大学生と大学院生が毎月十万円程度とし、最長でおよそ30年間、無利子で貸し出すことにしています。金融庁は、この新たな奨学金を設けるために必要な内閣府令を改正し、早ければ来年度から貸し出しを始めたいとしています。

女の人の話のテーマはなんですか。
1 振り込め詐欺などで口座に残ったお金の使い方
2 振り込め詐欺などで口座に残ったお金の残高
3 高校生と大学生や大学院生に貸し出す奨学金の上限
4 高校生と大学生や大学院生に貸し出す奨学金の種類

해석
텔레비전에서 여자가 이야기하고 있습니다.

여: 전화금융 사기나 지하금융의 범죄에 쓰이고 금융기관의 계좌에 남

아 있는 현금은, 원칙적으로 피해자로부터 신고가 있으면 반환하게 되어 있습니다만, 실제로는 신고가 없는 경우도 많고, 잔고는 올해 5월말 시점으로 45억 엔에 달합니다. 이 돈은 범죄 피해자에 대한 대책에도 사용할 수 있게 되어 있어서, 금융청은 범죄로 부모를 잃거나, 부모가 중장애를 입거나 한 고교생이나 대학생 등을 지원하기 위한 장학금을 마련할 방침을 정했습니다. 이 장학금의 대출 상한은, 고교생이 매월 몇 만 엔, 대학생과 대학원생이 매월 10만 엔 정도로 하고, 최장 약 30년 간, 무이자로 대출하기로 하였습니다. 금융청은 이 새 장학금을 마련하기 위해 필요한 내각부령을 개정하여, 빠르면 내년도부터 대출을 시작하려고 하고 있습니다.

여자의 이야기의 테마는 무엇입니까?

1 전화금융 사기 등으로 계좌에 남은 돈의 사용 방법
2 전화금융 사기 등으로 계좌에 남은 돈의 잔고
3 고교생과 대학생이나 대학원생에게 대출하는 장학금의 상한
4 고교생과 대학생이나 대학원생에게 대출하는 장학금의 종류

어휘

振(ふ)り込(こ)め詐欺(さぎ) 전화금융 사기 | ヤミ金(きん) 지하금융 | 犯罪(はんざい) 범죄 | 金融機関(きんゆうきかん) 금융기관 | 口座(こうざ) 계좌 | 原則(げんそく) 원칙 | 届(とど)け出(で) 신고 | 返金(へんきん) 반환(금전) | 残高(ざんだか) 잔고 | 障害(しょうがい)を負(お)う 장애를 입다 | 奨学金(しょうがくきん) 장학금 | 設(もう)ける 마련하다 | 方針(ほうしん) 방침 | 無利子(むりし) 무이자 | 貸(か)し出(だ)す 대출하다

해설

모든 선택지가 정답이 될 듯한 착각을 노리는 것이 이 문제의 핵심이다. 이야기의 전체의 흐름을 파악해야 한다. 범죄에 쓰이고 남은 돈의 사용 방법을 묻는 것이 이 문제의 질문이며, 전체의 테마라 할 수 있다. 그러므로 정답은 1번이다.

03 정답 3 모의1-3-03.mp3

大学で先生が話しています。

男：大手旅行会社の推計によりますと、今月15日から来月末までの夏休みシーズンに旅行に出かける人は国内と海外旅行合わせて7458万人と、去年に比べて2.8％減少する見込みです。また、旅行の日数は、去年最も多かった2泊3日の旅行の割合が8ポイント減る一方、1泊2日の旅行は4.8ポイント増えて、ことしは全体の41.1％と、最も多くなるとともに、6泊7日以上の長期滞在型の旅行も2.6ポイント増加して全体の7％近くを占める見通しだということです。これは、電力不足に対応するため、例年より夏休みを長くする企業がある一方、休みを返上して操業するなどまとまった休みが取りにくい企業もあることが反映しているということです。

先生はどのようなテーマで話していますか。

1 電力不足に対応するための夏休み
2 電力不足に対応するための操業
3 夏の旅行の日数の二極化
4 夏の旅行の日数の長期化

해석

대학에서 선생님이 이야기하고 있습니다.

남: 대형 여행사의 추계에 의하면, 이번 달 15일부터 다음 달 말까지 여름휴가 시즌에 여행을 떠나는 사람은 국내와 해외를 합해 7458만 명으로, 작년에 비해 2.8% 감소할 전망입니다. 또 여행 일수는 작년에 가장 많았던 2박3일의 비율이 8포인트 감소하는 한편, 1박2일 여행은 4.8포인트 증가하여, 올해는 전체의 41.1%로 가장 많아짐과 동시에, 6박7일 이상의 장기체재형 여행도 2.6포인트 증가하여 전체의 7% 가까이를 차지할 예상이라고 합니다. 이것은 전력부족에 대응하기 위해, 예년보다 여름휴가를 길게 하는 기업이 있는 한편, 휴가를 반납하고 조업하는 등 제대로 된 휴가를 받기 어려운 기업도 있는 것이 반영되어 있다고 합니다.

선생님은 어떤 테마로 이야기하고 있습니까?

1 전력부족에 대응하기 위한 여름휴가
2 전력부족에 대응하기 위한 조업
3 여름 여행 일수의 양극화
4 여름 여행 일수의 장기화

어휘

推計(すいけい) 추계 | 減少(げんしょう) 감소 | 見込(みこ)み 전망 | 割合(わりあい) 비율 | 長期滞在型(ちょうきたいざいがた) 장기체재형 | 占(し)める 차지하다 | 見通(みとお)し 예상, 전망 | 返上(へんじょう) 반납 | 操業(そうぎょう) 조업

해설

어떤 통계의 수치가 나오는 복잡해 보이는 문제의 대부분은 자세한 수치보다는 전체의 증감이나 결과를 묻는 문제가 대부분이다. 이 문제도 몇 %가 문제가 아니라, 여행의 전반적인 상태를 파악하는 것이 중요하다. 6박7일 이상의 장기 여행이 증가한 한편, 휴가도 못 가는 기업도 있다는 것이 핵심 내용이므로 정답은 3번이다.

04 정답 2 모의1-3-04.mp3

テレビで原子力の専門家が国際原子力機関の声明について話しています。

男：ＩＡＥＡすなわち、国際原子力機関の声明の最終案では、ＩＡＥＡが主導して組織する原子力安全の専門家による調査団が、各国の規制当局や原発について定期的に安全評価を行うことが盛り込まれており、ＩＡＥＡの機能をこれまでよりも強化することを提案しています。さらに、原発事故などの緊急事態に迅速に対応するための国際的な協力の枠組みの確立を呼びかけています。また、新たに、今後原発事故が起こった際に国境を越えて飛散する放射性物質などで被害を受けた国が被害の補償を求められるような法的枠組みを確立する必要があることを訴えています。

専門家の話のテーマはなんですか。

1 ＩＡＥＡの機能の強化と原発事故の補償額
2 ＩＡＥＡの機能の強化と原発事故の対策
3 原発事故の対策と国境を越えた国際協力
4 原発事故の対策として定期的な安全評価

해석
텔레비전에서 원자력 전문가가 국제원자력기관의 성명에 대해 이야기하고 있습니다.

남: IAEA 즉, 국제원자력기관의 성명의 최종안에서는, IAEA가 주도하여 조직하는 원자력 안전의 전문가에 의한 조사단이, 각국의 규제 당국과 원자력발전에 대해 정기적으로 안전평가를 실시하는 내용이 담겨 있어, IAEA의 기능을 지금보다도 강화하는 것을 제안하고 있습니다. 더욱이, 원발사고 등의 긴급사태에 신속하게 대응하기 위해 국제적인 협력의 범위 확립을 호소하고 있습니다. 또, 새로, 앞으로 원발사고가 발생했을 때에 국경을 넘어 비산하는 방사성 물질 등으로 피해를 당한 나라가 피해 보상을 요구할 수 있는 법적 범위를 확립할 필요가 있는 사실을 호소하고 있습니다.

전문가가 말하는 이야기의 테마는 무엇입니까?
1 IAEA의 기능 강화와 원발사고의 보상액
2 IAEA의 기능 강화와 원발사고의 대책
3 원발사고의 대책과 국경을 넘은 국제협력
4 원발사고의 대책으로 정기적인 안전평가

어휘
国際原子力機関(こくさいげんしりょくきかん) 국제원자력기관 | 声明(せいめい) 성명 | 最終案(さいしゅうあん) 최종안 | 規制当局(きせいとうきょく) 규제 당국 | 原発(げんぱつ) 원자력발전 | 盛(も)り込(こ)む 삽입하다, 담다 | 緊急事態(きんきゅうじたい) 긴급사태 | 迅速(じんそく)に 신속하게 | 枠組(わくぐ)み 범위, 틀 | 確立(かくりつ) 확립 | 呼(よ)びかける 호소하다 | 国境(こっきょう)を越(こ)える 국경을 넘다 | 飛散(ひさん)する 비산하다 | 放射性物質(ほうしゃせいぶっしつ) 방사성 물질 | 被害(ひがい) 피해 | 補償(ほしょう) 보상 | 訴(うった)える 호소하다, 고발하다

해설
보통 여러 가지 대책 방안이 나오는 경우는 그 대책을 묻는 경우가 일반적이다. 여기서도 마찬가지로, 안전평가 실시나 피해 보상은 커다란 대책의 하나일 뿐이다. 그러므로 이 이야기의 핵심은 IAEA의 기능 강화와 원발사고의 대책이라 할 수 있다.

05 정답 1 모의1-3-05.mp3

テレビで女の人が富士山について話しています。

女：富士山は、７月１日に山開きが行われ、本格的な夏山シーズンを迎えます。これを前に２９日、山梨県などが調査したところ、山頂に向かう登山道では山小屋の組合が雪かきを行ったものの、いぜん凍りついたアイスバーン状態の雪が残っていて夏山登山の装備では危険な状態であることがわかりました。このため山梨県は、８合目から９合目の間にある山小屋の付近から、山頂までの登山を見合わせることを決めました。また、８合目から下では登山道と下山道が分かれていますが、下山道については雪崩や落石のおそれがあるとして使用せず、登山道を使って下山することになりました。山開きの日に山頂までの登山を見合わせるのは平成９年以来１２年ぶりということです。

女の人は富士山の何について話していますか。
1 富士山の登山のやり方
2 富士山の立入禁止の案内
3 富士山の登山道
4 富士山の雪崩や落石

해석
텔레비전에서 여자가 후지산에 대해 이야기하고 있습니다.

여: 후지산은, 7월 1일에 개방되어, 본격적인 여름 산 시즌을 맞이합니다. 이 시즌을 앞두고 29일, 야마나시현 등이 조사한 바, 산 정상을 향하는 등산길에는 대피소 조합이 눈을 치우기는 했지만 여전히 얼어붙은 빙판길 상태의 눈이 남아 있어서 여름산 등산 장비로는 위험한 상태인 사실이 밝혀졌습니다. 이 때문에 야마나시현은, 8부 능선에서 9부 능선 사이에 있는 대피소 부근에서 산 정상까지의 등산을 중지하기로 정했습니다. 또, 8부 능선에서 아래는 등산길과 하산길이 나누어지지만, 하산길에 대해서는 눈사태나 낙석의 우려가 있다고 하여 이용할 수 없고, 등산길을 이용하여 하산하게 되었습니다. 산 개방일에 산 정상까지의 등산을 중지하는 것은 헤이세이 9년 이후 12년 만의 일이라고 합니다.

여자는 후지산의 무엇에 대해 이야기하고 있습니까?
1 후지산의 등산 방법
2 후지산의 출입금지 안내
3 후지산의 등산길
4 후지산의 눈사태와 낙석

어휘
山開(やまびら)き 산 개방 | 本格的(ほんかくてき) 본격적 | 山頂(さんちょう) 산 정상 | 登山(とざん) 등산 | 山小屋(やまごや) 대피소 | 組合(くみあい) 조합 | 雪(ゆき)かき 눈 치우기 | いぜん 여전히 | 凍(こお)りつく 얼어붙다 | アイスバーン 빙판길 | 装備(そうび) 장비 | ８合目(はちごうめ) 8부 능선 | 見合(みあ)わせる 중지하다, 보류하다 | 下山(げざん) 하산 | 雪崩(なだれ) 눈사태 | 落石(らくせき) 낙석 | おそれ 우려

해설
후지산은 일본의 심벌로, 문제로 나올 가능성이 크다. 더불어 등산 관련 단어도 익힐 수 있으므로 일석이조이다. 일단, 이 이야기의 핵심은 등산 방법의 안내이다. 등산길이나 하산길은 모두 등산 방법의 하나일 뿐이다. 눈사태나 낙석도 하나의 상황 설정에 지나지 않으므로 정답은 등산의 방법을 말하는 1번이다.

06 정답 4 모의1-3-06.mp3

デパートの会議で販売の専門家が報告しています。

男：ことしは、景気の悪化で消費者が節約志向を強めていることから、中元商戦の展開は各社とも、ひと箱当たりの品数を減らすなどして、これまでより価格を抑えた2000円台から3000円台の商品を増やしています。また、ここ数年、仕事の得意先などへの需要が減る一方、自分や家族が楽しむために注文する人が増えているため、各社は包装を簡素化した自宅用の商品も増やしています。さらに、食の安全への関心の高まりから、生産履歴を表示した牛肉や、有機栽培の米や野菜などの品ぞろえを一段と強化していることもことしの特徴です。

専門家は主に何について報告していますか。

1 消費者の節約志向と食の安全への関心
2 生産履歴の表示と包装の簡素化
3 中元商品の包装と需要
4 中元商品の販路と値段

해석

백화점 회의에서 판매 전문가가 보고하고 있습니다.

남: 올해는 경기 악화로 소비자가 절약 지향을 강화하고 있기 때문에, 여름철 문안 상품전의 전개는 각사 모두 한 상자당 물품 수를 줄이는 등으로, 지금까지보다 가격을 억제한 2,000엔대에서 3,000엔대의 상품을 늘리고 있습니다. 또, 최근 몇 년간 업무상 단골 등의 수요가 줄어드는 한편, 자신과 가족이 즐기기 위해 주문하는 사람이 늘고 있기 때문에, 각사는 포장을 간소화한 자택용 상품도 늘리고 있습니다. 게다가 식품의 안전에 대한 관심도 때문에 생산이력을 표시한 소고기나, 유기재배 쌀과 야채 등의 물품 구색을 한층 더 강화하고 있는 것도 올해의 특징입니다.

전문가는 주로 무엇에 대해 보고하고 있습니까?

1 소비자의 절약 지향과 식품의 안전에 대한 관심
2 생산이력의 표시와 포장의 간소화
3 여름철 문안 상품의 포장과 수요
4 여름철 문안 상품의 판로와 가격

어휘

景気(けいき)の悪化(あっか) 경기의 악화 | 消費者(しょうひしゃ) 소비자 | 節約志向(せつやくしこう) 절약지향 | 中元(ちゅうげん) 여름 문안 선물 | 商戦(しょうせん) 상품판매전 | 展開(てんかい) 전개 | ひと箱当(はこあ)たり 한 상자당 | 品数(しなかず) 물품 수 | 価格(かかく)を抑(おさ)える 가격을 억제하다 | 得意先(とくいさき) 단골 거래처 | 需要(じゅよう) 수요 | 包装(ほうそう) 포장 | 簡素化(かんそか) 간소화 | 生産履歴(せいさんりれき) 생산이력 | 牛肉(ぎゅうにく) 소고기 | 有機栽培(ゆうきさいばい) 유기재배 | 品(しな)ぞろえ 구색 | 一段(いちだん) 더 한층 | 強化(きょうか) 강화 | 特徴(とくちょう) 특징

해설

일본의 경우 한여름에 신세진 사람들에게 문안 인사로 선물을 보내는 관습이 있다. 이 선물을 中元(ちゅうげん)이라 한다. 이 문제의 경우는 불경기 여파로 가격을 억제하며, 판로가 회사보다는 가족 중심으로 바뀌고 있음을 보여준다. 그러므로 이야기의 핵심은 상품의 판로와 가격이다. 선택지 3번의 상품 포장도 가격 억제 방법으로 봐야 하므로 정답은 4번이다.

문제 4 이 문제에서는 문제 용지에 아무것도 인쇄되어 있지 않습니다. 먼저 문장을 들으세요. 그러고 나서 그 답을 듣고, 1~3 중에서 가장 알맞은 답을 하나 고르세요.

01 정답 3 모의1-4-01.mp3

女：長い間ご無沙汰しております。誠に申し訳ございません。
男：1 いいえ、もう大丈夫ですよ。
2 いいえ、気にしないで、ごゆっくり。
3 いいえ、それはお互い様ですよ。

해석

여: 오랫동안 소식 전하지 못해 정말 죄송합니다.
남: 1 아니요, 이제 괜찮아요.
2 아니요, 신경 쓰지 말고, 푹 쉬세요.
3 아니요, 그건 피차일반입니다.

어휘

ご無沙汰(ぶさた)しております 오랜만에 뵙겠습니다, 격조했습니다(오랜만에 만났을 때의 인사말) | 誠(まこと)に 참으로, 매우 | 申(もう)し訳(わけ)ございません 대단히 죄송합니다 | お互(たが)い様(さま) 피차일반, 피장파장

02 정답 2 모의1-4-02.mp3

女：どうしたの。お茶も飲まないで考え込んじゃって。
男：1 まあ、普段から込んじゃっているところなんだよ。
2 いや、明日の受験が気になってね。
3 まあ、コーヒーなら結構なんだけど。

해석

여: 왜 그래? 차도 안 마시고 생각에 잠겨서.
남: 1 뭐, 평소에도 붐비는 곳이잖아.
2 아니, 내일 시험이 걱정돼서.
3 뭐, 커피라면 괜찮겠는데.

어휘

考(かんが)え込(こ)む 생각에 잠기다

03 정답 2 모의1-4-03.mp3

女：山田君、課長の二の舞を演じたらもうおしまいだよ。
男：1 僕、課長よりは踊りうまいんだな。
2 僕、ちゃんと準備してるからなあ。
3 僕、心配だな、踊ったことないから。

해석

여: 야마다 군, 과장님의 전철을 밟으면 이제 끝이야.

남: 1 나, 과장보다 춤 잘 춰.
2 나, 확실히 준비하고 있어.
3 나, 걱정이야. 춤춘 적 없으니까.

어휘

二(に)の舞(まい)を演(えん)じる 전철을 밟음, 남의 실패와 똑같은 실패를 되풀이함 | 踊(おど)り 춤

04 정답 3 모의1-4-04.mp3

男：明日、打ち合わせに行くんでしょう、向こうの中村部長は仲人口だからなあ、気をつけたほうがいいんです。
女：1 へえ〜、あたし、もう既婚だからそんなこと要りません。
2 あら、それはよかったね、そろそろ年ごろですもん。
3 はい、おうわさはかねがね承っておりますから気をつけます。

해석

남: 내일, 회의에 가지요? 저쪽 나카무라 부장은 중매쟁이니까, 주의하는 게 좋습니다.
여: 1 전, 이미 기혼이니까 그런 거 필요 없어요.
2 어머, 그거 잘됐다, 슬슬 적령기인걸요.
3 예, 소문은 진작 듣고 있으므로 주의하겠습니다.

어휘

打(う)ち合(あ)わせ 회의, 회담 | 仲人口(なこうどぐち) 중매쟁이 말, 믿음성이 없는 말 | 気(き)をつける 주의하다 | 既婚(きこん) 기혼 | 年(とし)ごろ 적령기, 특히 여자의 혼기 | かねがね 전부터, 진작부터 | 承(うけたまわ)る 삼가 듣다, 듣다의 겸사말

05 정답 1 모의1-4-05.mp3

男：先日のお歳暮ありがとうございました。これ、ほんの気持ちだけですが。
女：1 あら、ありがとうございます。わたし蕎麦は大好きです。
2 あら、もう大晦日過ぎて、お正月になるところですね。
3 あら、わざわざお越しになるとは、ありがとうございます。

해석

남: 지난번 연말 선물 감사합니다. 이거 제 성의 표시인데요.
여: 1 어머, 감사합니다. 저 메밀국수 참 좋아해요.
2 어머, 벌써 동지섣달 지나, 곧 설날이네요.
3 어머, 일부러 오시다니, 감사합니다.

어휘

お歳暮(せいぼ) 연말 선물 | ほんの気持(きも)ちだけですが 성의 표시인데요 | 蕎麦(そば) 메밀국수 | 大晦日(おおみそか) 동지섣달 | お正月(しょうがつ) 설날

06 정답 1 모의1-4-06.mp3

男：あのう、総務部の西村さんなんだけどね、長女をかしらに四人の子どもがいるんだってね。びっくり仰天だよね。
女：1 それは、初耳だけど、最近の少子化とはぜんぜん関係ないね。
2 そんなにびっくりする必要ないんじゃない、最近は女もがしらを務めるよ。
3 それは、当たり前なんだよ。西村さんに似てるから十分できるはずだよ。

해석

남: 저, 총무부의 니시무라 씨말인데요, 장녀를 선두로 4명의 아이가 있다는 거예요. 깜짝 놀랐어요.
여: 1 그건, 금시초문인데, 최근 저출산과는 전혀 관계없네.
2 그렇게 놀랄 필요 없지 않아, 최근에는 여자도 우두머리 하거든.
3 그건, 당연하지. 니시무라 씨를 닮았으니까 충분히 가능할 거야.

어휘

総務部(そうむぶ) 총무부 | 長女(ちょうじょ) 장녀 | かしら 우두머리 | びっくり仰天(ぎょうてん)だ 깜짝 놀라다 | 初耳(はつみみ)だ 금시초문이다 | 勤(つと)める 임무를 맡다 | 当(あ)たり前(まえ)だ 당연하다

07 정답 2 모의1-4-07.mp3

女：今度のサッカー大会、うちは、どうひいき目に見ても優勝は難しいでしょう。
男：1 そうかも知れません。でも、肩を入れたら可能性ないとも言えません。
2 そうかも知れません。やはり、冷静に判断したほうがいいです。
3 そうかも知れません。でも、そんなに目一杯する必要はありません。

해석

여: 이번 축구대회, 우린, 아무리 팔이 안으로 굽어도 우승은 어렵겠지요.
남: 1 그럴지도 몰라요. 하지만, 편들어 주면 가능성이 없다고도 못하죠.
2 그럴지도 몰라요. 역시, 냉정히 판단하는 게 좋아요.
3 그럴지도 몰라요. 하지만, 그렇게 힘껏 할 필요 없어요.

어휘

ひいき目(め) 두둔하는 견해 | 優勝(ゆうしょう) 우승 | 肩(かた)を入(い)れる 거들다 | 可能性(かのうせい) 가능성 | 冷静(れいせい)に 냉정하게 | 判断(はんだん)する 판단하다 | 目一杯(めいっぱい) 힘껏, 최대한

08 정답 1 모의1-4-08.mp3

男：ああ、うちのお母さん、一度小言はじめたらきりがないんだな。まったく耳にタコができるよ。
女：1 でも、親の意見をないがしろにしちゃだめだよ。あなたのためじゃない。
2 あら、タコ焼き食べたいの？
3 小言で耳にタコができちゃったの。それはそれは、ひどかったと思うわ。

해석

남: 아아, 우리 어머니, 한번 잔소리 시작하면 끝이 없어. 정말 귀에 못이 박혀.

여: 1 그렇지만, 부모의 의견을 무시하면 안 돼. 자신을 위한 거 아냐?
2 어머, 다코야키 먹고 싶어?
3 잔소리로 귀에 못이 박혀 버렸어? 그거 참 너무했네.

어휘

小言(こごと) 잔소리 | きりがない 한이 없다, 끝이 없다 | 耳(みみ)にタコができる 귀에 못이 박히도록 여러 번 듣다 | ないがしろにする 업신여기다, 무시하다, 소홀히 하다

09 정답 3 모의1-4-09.mp3

女:もしもし、田中さん、今日の予選試合やったわ。

男:1 あれ、負けたの。まあ、しかたないんじゃない。
2 あれ、黒星じゃない。それは、残念だね。
3 あれ、勝ったの。夢にも考えていなかった。

해석

여: 여보세요, 다나카 씨, 오늘 예선 시합 해냈어.

남: 1 어, 졌어? 뭐, 어쩔 수 없잖아.
2 어, 패배 아냐? 그거 참 유감이네.
3 어, 이겼어? 꿈에도 생각하지 못했어.

어휘

予選試合(よせんしあい) 예선 시합 | 黒星(くろぼし) 패배

10 정답 2 모의1-4-10.mp3

男:もう三月なのにこんなに肌寒くては、あたかも冬みたいなあ。

女:1 そうね、今頃は鳥肌が立つ時なのにおかしいね。
2 そうね、今頃は花冷えじゃないかしら。ちょっと我慢しなくちゃ。
3 そうね、今頃は氷雨の季節だからやむを得ないね。

해석

남: 벌써 3월인데 이렇게 쌀쌀해서는 마치 겨울 같아.

여: 1 맞아, 지금쯤 소름이 돋을 참인데 이상해.
2 맞아, 지금쯤 꽃샘추위가 아닐까? 조금 참아야지.
3 맞아, 지금쯤 늦가을비의 계절이니까 어쩔 수 없어.

어휘

肌寒(はださむ)い 쌀쌀하다 | あたかも 마치 | 鳥肌(とりはだ)が立(た)つ 소름이 돋다 | 花冷(はなび)え 꽃샘추위 | 我慢(がまん)する 참다 | 氷雨(ひさめ) 늦가을의 찬비 | やむを得(え)ない 할 수 없다

11 정답 1 모의1-4-11.mp3

男:今朝、隣の席から、携帯で口げんかが刃傷沙汰になるところだったですよ。

女:1 最近、みんな気が短いせいかかっとなりやすいし、思いやりもないしね。
2 危ないよ、最近、人情なんか期待したら絶対だめなんだね。
3 だめ、だめ、人の喧嘩などに野次馬みたいに口出ししちゃいけないよ。

해석

남: 오늘 아침 옆자리에서 휴대폰 때문에 시작된 말싸움이 칼부림 사태가 될 뻔했어요.

여: 1 최근, 모두 성격이 급한 탓인지 쉽게 욱하고, 배려심도 없고 말이야.
2 위험해, 최근에 인정 따위 기대하면 안 되는 거야.
3 안 돼, 안 돼, 남의 싸움 등에 덩달아 떠들어대는 사람들처럼 말참견하지 마.

어휘

刃傷沙汰(にんじょうざた)になる 칼부림 사태가 되다 | 気(き)が短(みじか)い 성격이 급하다 | かっとなる 욱하다 | 思(おも)いやりがない 배려심이 없다 | 人情(にんじょう) 인정 | 喧嘩(けんか) 싸움 | 野次馬(やじうま) (자기와는 상관없는 일에) 덩달아 떠들어댐, 또는 그런 사람들 | 口出(くちだ)しする 말참견하다

12 정답 3 모의1- 4-12.mp3

女:あのう、すみません。最寄りの商店街はこの辺りでしょうか。

男:1 すみません。近寄っていただければありがたいと思いますが。
2 すみません。この辺りは近寄らない方がもっといいと思います。
3 すみません。僕も地元じゃないんで。

해석

여: 저, 미안합니다. 가장 가까운 상점가는 이 근처인가요?

남: 1 죄송합니다. 다가와 주시면 고맙겠습니다만.
2 죄송합니다. 이 근처는 다가가지 않는 편이 더 좋을 거예요.
3 죄송합니다. 저도 이 고장 사람이 아니라서….

어휘

最寄(もよ)り 가장 가까운 곳 | 商店街(しょうてんがい) 상점가 | 近寄(ちかよ)る 다가가다

13 정답 3 모의1-4-13.mp3

男:今度の代表選手には先日優勝した国本選手が板につくと思いますが。

女:1 板前なら、国本さんより前回の優勝者がもっといいと思います。
2 そうですね。舞台演技なら、国本さんがぴったりです。
3 そうですね。国家代表なら、国本さんがぴったりです。

해석

남: 다음 대표 선수에 지난번 우승한 구니모토 선수가 제격이라 생각합니다만.

여: 1 주방장이라면 구니모토 씨보다 지난번 우승자가 더 좋다고 생각해요.
2 그렇죠. 무대 연기라면 구니모토 씨가 딱입니다.
3 그렇죠. 국가대표라면 구니모토 씨가 딱입니다.

어휘
代表選手(だいひょうせんしゅう) 대표선수 | 板(いた)につく 제격이다 | 板前(いたまえ) 주방장 | 舞台演技(ぶたいえんぎ) 무대연기

14 정답 2 모의1-4-14.mp3

女 : こちらで召し上がりますか。
男 :1 ごちそうになります。
2 はい、ここで食べます。
3 はい、こちらで召し上がります。

해석
여: 여기서 드시겠습니까?
남: 1 대접 받겠습니다.
2 예, 여기서 먹겠습니다.
3 예, 여기서 드시겠습니다.

어휘
召(め)し上(あ)がる 드시다 | ごちそう 대접, 진수성찬

문제 5 이 문제에서는 긴 이야기를 듣습니다. 이 문제에는 연습이 없습니다. 메모를 해도 상관없습니다.
문제 용지에 아무것도 인쇄되어 있지 않습니다. 우선 이야기를 잘 들으세요. 그러고 나서 질문과 선택지를 듣고, 1~4 중에서 가장 알맞은 것을 하나 고르세요.

01 정답 2 모의1-5-01.mp3

女の学生が男の学生にアルバイトについてアドバイスを求めています。

女 : 来月、夏休みからアルバイトをやってみようと思うんですけど、卒業のあと就職に役に立つ仕事ならもっといいんですが。
男 : まあ、役に立つといっても実際やってみないと分かりませんね。でも、社会経験のいいきっかけではありますよ。僕の経験からみるといくつかの種類があります。
女 : あ、そうですか。あのう、私、実は卒業の後大学院の進学か就職かまだ決めていません。二兎を追う者ではないんですけど、とりあえずできるだけいろいろ経験してみたいなあと思ってるんです。
男 : 分かりました。
女 : 進学と就職の両方に役に立つ種類はあるんでしょうか。
男 : ああ、それは僕なりの定義を下すと、「ふたまた種類」と言えます。期間は最低、3週間から2ヶ月が普通です。専門のライセンスや運転免許は必須で、自分が希望しても必ずしもできるとは限らないんですが。
女 : はぁ、免許必須なら、できません。
男 : そうですね。
女 : それなら、期間に拘らないのはどうでしょうか。
男 : 期間に拘らないなら、「自由種類」があります。日にちは一週間に二日で土日を除き、街を歩き回りながらアンケート調査や世論調査をしたりするんです。それから、期間に拘るなら「日にち種類」があります。決まった日に銀行や区役所などでお客さまをご案内したりします。
女 : 結構いろいろあるんですね。
男 : あとは、一ヶ月で一カ所でじっと専門書籍を翻訳する、「ジット種類」があります。僕はこっちに向いています。
女 : ひとつきに、ひと場所ですね。それならこれがいいですね。

女の学生はどの種類のアルバイトを選びますか。
1 自由種類
2 ジット種類
3 日にち種類
4 ふたまた種類

해석
여학생이 남학생에게 아르바이트에 대해서 조언을 구하고 있습니다.

여: 다음 달 여름방학부터 아르바이트를 해보려고 하는데요, 졸업 후 취직에 도움이 되는 일이라면 더 좋겠는데요.
남: 뭐, 도움이 된다 해도 실제 해보지 않으면 모르지요. 그래도, 사회경험의 좋은 계기가 아닐까요. 제 경험으로 보면 몇 가지 종류가 있어요.
여: 아, 그래요? 저, 실은 졸업 후 대학원 진학할지 취직할지 아직 못 정했어요. 두 마리 토끼를 쫓는 건 아니지만, 가능하다면 여러 가지 경험을 해봤으면 합니다만.
남: 알겠습니다.
여: 진학과 취직 양쪽에 도움이 되는 종류는 있을까요?
남: 아아, 그건 제 나름대로 정의를 내리면, '양다리 종류'라고 할 수 있습니다. 기간은 최저 3주일부터 2개월이 보통입니다. 전문 라이센스나 운전면허는 필수고, 자신이 희망해도 꼭 된다고는 할 수 없지만요.
여: 예, 면허 필수면 불가능하네요.
남: 그렇군요.
여: 그럼, 기간에 구애받지 않는 경우는 어떨까요?
남: 기간에 구애받지 않는 거라면 '자유 종류'가 있습니다. 날짜는 일주일에 2일로 토, 일을 빼고, 거리를 돌아다니며 앙케트 조사나 여론조사를 하거나 하는 겁니다. 그리고 기간에 구애받는다면 '날짜 종류'가 있습니다. 정해진 날에 은행이나 구청 등에서 손님과 방문객을 안내하거나 합니다.
여: 꽤 여러 가지 있군요.
남: 다음은, 1개월에 한 곳에서 느긋하게 전문 서적을 번역하는 '느긋이 종류'가 있습니다. 전 이쪽이 맞습니다.
여: 한 달에 한 장소네요. 그럼 이것이 좋겠군요.

여학생은 어느 종류의 아르바이트를 선택합니까?
1 자유 종류
2 느긋이 종류
3 날짜 종류
4 양다리 종류

어휘
二兎(にと)を追(お)う者(もの) 두 마리 토끼를 쫓는 자 | 二股(ふたまた) 양다리 | 運転免許(うんてんめんきょ) 운전면허 | 必須(ひっ

す) 필수 | ~とは限(かぎ)らない ~라고는 할 수 없다 | 拘(こだわ)る 구애되다 | 世論調査(せろんちょうさ) 여론조사 | 区役所(くやくしょ) 구청 | 専門書籍(せんもんしょせき) 전문서적 | 翻訳(ほんやく) 번역

해설

이 문제에서 종류는, 순서대로 '양다리 종류' '자유 종류' '날짜 종류' '느긋이 종류'이다. 마지막 여학생의 말에서 정답을 고를 수 있다.

02 정답 4 모의1-5-02.mp3

24時間営業について住民の代表と業界の人と3人が話しています。

男1: 私は24時間営業は、いつでも快適で便利な生活がしたいという私たちの欲望と、経済至上主義とも言える企業の利潤追求がもたらしたものだと思います。

女 : そうですね。最近、地球の温暖化を防ぐために、二酸化炭素の排出量を削減しようとする動きがあっちこっちでみえてます。

男1: だから、まずコンビニから24時間営業を停止するべきではないでしょうか。

男2: わたしの意見はちょっとちがいます。まあ、確かに全国のコンビニ店舗は4万余りあって深夜営業を停止したら相当の効果があるようにはみえます。

女 : では、営業時間を減らすのは問題ないですね。

男2: いや、そう簡単ではありません。まず、今全国のコンビニで働いている人々がおよそ100万人います。その人々の雇用問題が最優先ではないでしょうか。

女 : 私の考えは発想を変えれば、いいと思います。

男2: どういうことですか。

女 : だから、働く人々がきつい深夜労働を強いられることがなくなるという利点もあるということです。

男1: それは、画期的な発想だなあ。

男2: また、ひとつ深夜に店を閉めても冷凍・冷蔵庫は動いているから、24時間営業を停止しても二酸化炭素排出量の削減効果は小さいと思いますよ。

女 : う~ん、しかし、店自体を閉めれば照明や冷暖房が不要になり、かなりの省エネになるはずです。さらに、24時間営業がなくなることで、人々が夜型のライフスタイルを改め、省エネにつながるという間接的な効果も期待できると思います。やはり発想転換だわ。

男2: まあ、業界にとってはとりあえず参考までにしときます。でも、雇用問題も参考にすべきだし。

24時間営業を減らすかどうかを決める際に参考にしなければならない問題は何ですか。

1 深夜に店を閉めても冷凍・冷蔵庫は動いている問題
2 地球の温暖化と二酸化炭素の排出量を削減の問題
3 夜型のライフスタイルと省エネにつながるという問題
4 コンビニで働く人の問題と考え方の転換

해석

24시간 영업에 대해 주민 대표와 업계 사람 3명이 이야기하고 있습니다.

남1 : 저는 24시간 영업은, 항상 쾌적하고 편리한 생활을 하고 싶다는 우리들의 욕망과, 경제지상주의라고도 할 수 있는 기업의 이윤추구가 초래한 것이라고 생각합니다.

여 : 그렇죠. 최근, 지구온난화를 막기 위해, 이산화탄소 배출량을 삭감하려는 움직임이 여기저기서 보이지요.

남1 : 그러니까, 우선 편의점부터 24시간 영업을 정지해야 되지 않겠는지요.

남2 : 제 의견은 조금 다릅니다. 뭐, 확실히 전국의 편의점 점포는 4만 개 남짓이 있고 심야 영업을 정지하면 상당한 효과가 있어 보입니다.

여 : 그럼, 영업시간을 줄이는 것은 문제없겠군요.

남2 : 아뇨, 그렇게 간단하지 않습니다. 우선, 지금 전국의 편의점에서 일하는 사람들이 약 100만 명 있습니다. 그 사람들의 고용문제가 최우선 아니겠습니까?

여 : 제 생각에는 발상을 바꾸면, 괜찮을 거 같아요.

남2 : 어떤 의미죠?

여 : 그러니까, 일하는 사람들이 힘든 심야영업을 강요받는 일이 없어진다는 이점도 있다는 의미입니다.

남1 : 그건 획기적인 발상인데요.

남2 : 또, 하나 심야에 가게를 닫아도 냉동 · 냉장고는 작동하기 때문에, 24시간 영업을 정지해도 이산화탄소 배출량의 삭감효과는 적다고 생각합니다.

여 : 음, 그렇지만 가게 자체를 닫으면 조명이나 냉난방이 불필요하게 되어, 꽤 에너지 절약이 될 것입니다. 게다가 24시간 영업이 없어지는 일로, 사람들이 올빼미형 라이프스타일을 바꾸어, 에너지 절약으로 이어지는 간접적인 효과도 기대할 수 있을 거예요. 역시 발상전환이지요.

남2 : 우선, 업계에서는 일단 참고로 해두겠습니다. 하지만, 고용문제도 참고해야 하고.

24시간 영업을 줄일지 어떨지를 정할 때에 참고해야 하는 문제는 무엇입니까?

1 심야에 가게를 닫아도 냉동 · 냉장고는 작동되고 있는 문제
2 지구온난화와 이산화탄소 배출량을 삭감하는 문제
3 올빼미형의 라이프스타일과 에너지 절약으로 이어진다는 문제
4 편의점에서 일하는 사람의 문제와 생각의 전환

어휘

快適(かいてき) 쾌적 | 欲望(よくぼう) 욕망 | 経済至上主義(けいざいしじょうしゅぎ) 경제지상주의 | 利潤追求(りじゅんついきゅう) 이윤 추구 | 地球(ちきゅう) 지구 | 温暖化(おんだんか) 온난화 | 防(ふせ)ぐ 막다 | 二酸化炭素(にさんかたんそ) 이산화탄소 | 排出量(はいしゅつりょう) 배출량 | 削減(さくげん) 삭감 | コンビニ 편의점 | 停止(ていし) 정지 | 店舗(てんぽ) 점포 | 深夜(しんや) 심야 | 相当(そうとう) 상당 | 雇用問題(こようもんだい) 고용문제 | 最優先(さいゆうせん) 최우선 | 発想(はっそう) 발상 | 画期的(かっきてき) 획기적 | 冷凍(れいとう) 냉동 | 冷蔵庫(れいぞうこ) 냉장고 | 照明(しょうめい) 조명 | 間接的(かんせつてき) 간접적 | 発想転換(はっそうてんかん) 발상전환

해설

이 문제는 편의점의 24시간 영업 정지 문제이다. 핵심은 여자의 주장으로 사고의 발상을 바꾸자는 것이며, 업계대표는 참고해야 할 문제로 영업시간을 줄이면, 일하는 사람의 고용문제가 새로 발생한다는 문제를 제기하고 있으므로, 참고 사항은 두 가지가 되는 것이다. 그러므로 정답은 4번이다.

우선 이야기를 잘 들으세요. 그러고 나서 2개의 질문을 듣고 각각 문제 용지의 1~4 중에서 가장 알맞은 답을 하나 고르세요.

03 **질문 1 정답 1** **질문 2 정답 4** 모의1-5-03.mp3

テレビを見ながら女の人と男の人が話しています。

男1: さて、次は映画の評論です。今週は、ことし上半期の累積観客数の多かった映画をジャンル別に紹介します。まずアクション映画ですが、何といっても「サムライの最後」ですね。江戸から明治に変化する時代のサムライについてアクション中心に描いたものです。次にコミック映画では少年少女の活躍が目覚ましかった「ミホちゃんとヨシタくん」が断トツです。これは過去十年以来、見えなかった上昇ぶりで話題の映画となっています。上半期の最大作で今も観客数は伸びる一方です。また、「青春の日々」は若者の最近の恋愛ぶりを幅広く描写した映像のきれいな恋愛映画です。最後に、洋画のほうですが、「モンブランの丘」が観客の口コミの影響で今も注目を浴びています。

男2: あのう、国本さんはどんな映画が好きなの。

女 : 私、ちかごろ映画は全然、まあ、もともと歴史や恋愛は興味ないし。

男2: そうなんだ。

女 : でも、これ、背景が素晴らしそう。来年スイスの方に行くかもしれないし、一回見てみようかなあ。山田さんは。どう。

男2: 僕は、映画そのものが大好きなんだ。別にジャンルなんか構わない。

女 : すごいね。では、今の映画の評論のものはすべて見たね。

男2: いや、あの、一番多くの人が見たあれだけはまだだけどね。

質問1 女の人はどの映画を見ようと思っていますか。

1 「モンブランの丘」
2 「青春の日々」
3 「サムライの最後」
4 「ミホちゃんとヨシタくん」

質問2 男の人がまだ見ていない映画はどれですか。

1 「モンブランの丘」
2 「青春の日々」
3 「サムライの最後」
4 「ミホちゃんとヨシタくん」

해석

텔레비전을 보며 여자와 남자가 이야기하고 있습니다.

남1 : 자, 다음은 영화 평론입니다. 이번 주는 올해 상반기의 누적 관객 수가 많았던 영화를 장르별로 소개하겠습니다. 먼저 액션영화입니다만, 누가 뭐래도 '사무라이의 최후'이지요. 에도에서 메이지로 바뀌는 시대의 사무라이에 대해서 액션 중심으로 묘사한 영화입니다. 다음으로 코믹영화로는 소년 소녀의 활약이 눈부셨던 '미호짱과 요시다 군'이 단연 톱입니다. 이것은 과거 10년 이래 보지 못했던 상승 상태로 화제의 영화로 주목받고 있습니다. 상반기의 최대작으로 지금도 관객 수는 계속 늘어나고 있습니다. 또, '청춘의 나날'은 젊은이의 요즘 연애를 폭넓게 묘사한 영상이 아름다운 연애 영화입니다. 마지막으로, 외화 쪽입니다만, '몽블랑의 언덕'이 관객의 입소문의 영향으로 지금도 주목을 받고 있습니다.

남2 : 저, 구니모토 씨는 어떤 영화를 좋아해?

여 : 나는 요즘 영화는 전혀, 뭐, 원래 역사나 연애는 흥미 없고.

남2 : 그렇구나.

여 : 하지만, 이거, 배경이 멋질 거 같아. 내년에 스위스 쪽에 갈지도 모르고, 한 번 봐 볼까. 야마다 씨는 어때?

남2 : 난 영화 그 자체를 참 좋아해. 특별히 장르 같은 거 상관 안 해.

여 : 대단해. 그럼, 지금 영화 평론에 나온 영화는 모두 봤겠네.

남2 : 아니, 저, 가장 많은 사람이 본 저것만은 아직이야.

질문 1 여자는 어느 영화를 보려고 합니까?

1 '몽블랑의 언덕'
2 '청춘의 나날'
3 '사무라이의 최후'
4 '미호짱과 요시다 군'

질문 2 남자가 아직 보지 못한 영화는 어느 것입니까?

1 '몽블랑의 언덕'
2 '청춘의 나날'
3 '사무라이의 최후'
4 '미호짱과 요시다 군'

어휘

上半期(かみはんき) 상반기 | 累積観客数(るいせきかんきゃくすう) 누적 관객 수 | 活躍(かつやく) 활약 | 断(だん)トツ 단연 톱 | 上昇(じょうしょう) 상승 | 描写(びょうしゃ) 묘사 | 若者(わかもの) 젊은이 | 映像(えいぞう) 영상 | 洋画(ようが) 외화 | 口(くち)コミ 입소문 | 注目(ちゅうもく)を浴(あ)びる 주목을 받다

해설

여자는 배경과 외국(스위스)이므로 정답은 1번이며, 남자는 관객이므로 4번이 정답이다.

시나공 JLPT 일본어능력시험 N1

언어지식(문자 · 어휘)										
문제 1	1 (1)	2 (3)	3 (1)	4 (4)	5 (1)	6 (1)				
문제 2	7 (2)	8 (2)	9 (3)	10 (4)	11 (2)	12 (1)	13 (3)			
문제 3	14 (2)	15 (1)	16 (2)	17 (2)	18 (1)	19 (3)				
문제 4	20 (1)	21 (4)	22 (1)	23 (1)	24 (1)	25 (4)				
언어지식(문법) · 독해										
문제 5	26 (2)	27 (4)	28 (3)	29 (4)	30 (1)	31 (3)	32 (3)	33 (1)	34 (4)	35 (3)
문제 6	36 (2)	37 (3)	38 (2)	39 (2)	40 (1)					
문제 7	41 (4)	42 (3)	43 (1)	44 (2)	45 (3)					
문제 8	46 (2)	47 (4)	48 (1)	49 (4)						
문제 9	50 (2)	51 (4)	52 (3)	53 (2)	54 (2)	55 (3)	56 (4)	57 (3)	58 (3)	
문제 10	59 (4)	60 (2)	61 (2)	62 (4)						
문제 11	63 (1)	64 (1)								
문제 12	65 (1)	66 (2)	67 (1)	68 (2)						
문제 13	69 (2)	70 (1)								

실전 모의고사 2회 정답과 해설

청해										
문제 1	1 (1)	2 (4)	3 (4)	4 (2)	5 (4)	6 (1)				
문제 2	1 (4)	2 (1)	3 (3)	4 (1)	5 (3)	6 (1)	7 (4)			
문제 3	1 (4)	2 (1)	3 (2)	4 (4)	5 (3)	6 (1)				
문제 4	1 (2)	2 (1)	3 (2)	4 (2)	5 (1)	6 (1)	7 (3)	8 (2)	9 (2)	10 (3)
	11 (2)	12 (2)	13 (1)	14 (3)						
문제 5	1 (3)	2 (1)	3 질문1 (2) 질문2 (4)							

언어지식(문자 · 어휘)

문제 1 ＿＿＿단어의 읽는 방법으로 가장 알맞은 것을 1·2·3·4 가운데 하나 고르세요.

01 정답 1

어휘 不況(ふきょう) 불황 | 乗(の)り越(こ)える 극복하다 | 工場(こうじょう) 공장

해석 불황을 극복하지 못해 공장을 폐쇄한다.

02 정답 3

어휘 懸命(けんめい)に 열심히 | 出世(しゅっせ) 출세 | 街道(かいどう) 가도

해석 열심히 출세가도를 달려왔다.

03 정답 1

어휘 腐敗(ふはい) 부패 | 暴(あば)く 폭로하다 | 記事(きじ) 기사

해석 사회의 부패를 폭로하여 기사를 쓰다.

04 정답 4

어휘 相手(あいて) 상대 | 弱(よわ)い 약하다 | 油断(ゆだん)する 방심하다

해석 상대가 약하다고 생각하고 방심하지 마라.

05 정답 1

어휘 工事(こうじ) 공사 | 貫(つらぬ)く 관통하다 | 終(お)わる 끝나다

해석 터널이 산을 관통하여 겨우 공사가 끝났다.

06 정답 1

어휘 梅雨(つゆ) 장마 | 土砂崩(どしゃくず)れ 산사태, 토사 붕괴

해석 장마 때는 산사태에 주의해야 한다.

문제 2 (　　)에 들어갈 가장 알맞은 말을 1·2·3·4 가운데 하나 고르세요.

07 정답 2

어휘 スプライト 스프라이트, 요정 | プライベート 프라이빗, 사적인 것 | サポーター 서포터, 응원자 | サプライズ 서프라이즈, 놀람

해석 그는 늘 업무와 사적인 것을 구별하는 성격이다.

08 정답 2

어휘 がっかり 낙담, 실망하는 모양 | げっそり 갑자기 여위는 모양, 홀쭉 | くっきり 또렷이, 선명하게 | すんなり 날씬하게, 척척, 순조롭게

해석 그는 최근에 수험 때문에 얼굴이 홀쭉해졌다.

09 정답 3

어휘 親友(しんゆう) 친우, 친구 | 友好関係(ゆうこうかんけい) 우호관계 | 努(つと)める 노력하다 | 本場(ほんば) 본토 | 本番(ほんばん) 실전 | 修復(しゅうふく) 수복, 회복 | 幸福(こうふく) 행복

해석 예전의 친구와 우호관계 회복에 노력한다.

10 정답 4

어휘 裁判(さいばん) 재판 | 疑(うたが)い 혐의 | 濡(ぬ)れ衣(ぎぬ) 누명 | 明(あき)らかになる 밝혀지다

해석 재판에서 그의 혐의는 누명이었던 사실이 밝혀졌다.

11 정답 2

어휘 面影(おもかげ) 모습 | 胸(むね)に刻(きざ)む 가슴에 새기다 | 兆(きざ)す 싹트다 | 彫(ほ)る 조각하다 | 掘(ほ)る 파다

해석 어머니의 모습을 잊지 않을 작정으로 가슴에 새기다.

12 정답 1

어휘 アクティブラーニング 능동적 학습 | パッシブ 수동적 | アマチュア 아마추어 | プロフェッショナル 프로페셔널

해석 다음 학습지도요령이 능동적 학습을 중시하게 됐다.

13 정답 3

어휘 特徴(とくちょう) 특징 | 特権(とっけん) 특권 | 特定(とくてい) 특정 | 特出(とくしゅつ) 특출

해석 아직 사고 원인을 특정할 조사결과가 나오지 않았다.

문제 3 ＿＿＿의 단어와 의미가 가장 가까운 말을 1·2·3·4 가운데 하나 고르세요.

14 정답 2

어휘 負(ま)ける 패배하다 | あたかも 마치, 흡사 | 勝者(しょうしゃ) 승자 | ごとく ~과 같이 | 振(ふ)る舞(ま)う 행동하다 | まったく 전혀, 완전히 | まるで 마치 | ちょっと 조금, 잠깐 | まして 하물며

해석 패배한 주제에 그는 마치 승자처럼 행동한다.

15 **정답 1**

어휘 当分(とうぶん) 당분간, 잠시 동안 | お預(あず)け 당분간 실시가 보류됨 | 保留(ほりゅう) 보류 | 滞留(たいりゅう) 체류 | 抑止(よくし) 억지, 억제, 제지 | 抑制(よくせい) 억제

해석 여행은 당분간 보류하게 됐다.

16 **정답 2**

어휘 決勝戦(けっしょうせん) 결승전 | 控(ひか)える 앞두다 | テンション 텐션, 긴장 | 慎重(しんちょう) 신중 | 緊張(きんちょう) 긴장 | 行動(こうどう) 행동 | 振(ふ)る舞(ま)い 행동

해석 결승전을 앞두고, 모두 긴장이 높아진다.

17 **정답 2**

어휘 制度(せいど) 제도 | 導入(どうにゅう) 도입 | 検討(けんとう) 검토 | まねる 모방하다, 흉내내다 | 阻(はば)む 저지하다 | 拒(こば)む 거부하다

해석 영국에 모방한 제도의 도입을 검토하고 있다.

18 **정답 1**

어휘 和服(わふく) 화복, 일본 옷 | 着(き)こなす 잘 입다 | 上手(じょうず)に着(き)る 잘 입다 | 着(き)そこなう 잘못 입다 | 着(き)たまま 입은 채

해석 최근, 일본 옷을 잘 입는 사람은 드문 듯하다.

19 **정답 3**

어휘 周囲(しゅうい) 주위 | そしり 비난, 비방 | 疑心(ぎしん) 의심 | 疑問(ぎもん) 의문 | 非難(ひなん) 비난 | 称賛(しょうさん) 칭찬

해석 주위에서 이유 없는 비난을 받다.

문제 4 다음 단어의 사용법으로 가장 알맞은 것을 1·2·3·4 가운데 하나 고르세요.

20 **정답 1**

어휘 作業(さぎょう) 작업 | 順調(じゅんちょう)に 순조롭게 | はかどる 진척되다 | 安心(あんしん)だ 안심이다 | 空(むな)しさ 허무함 | 顧客(こきゃく) 고객 | 姿勢(しせい) 자세 | 貫(つらぬ)く 관철하다

해석 작업이 순조롭게 진행되므로 일단 안심이다.

해설 2번은 図(はか)って 도모하여, 3번은 顧(かえり)みて 회고해, 4번은 喜(よろこ)んで 기뻐하며가 적합하다.

21 **정답 4**

어휘 やにわに 별안간, 단숨에 | 種(たね) 씨앗 | ～や否(いな)や ~하자마자

해석 그녀는 나를 보자마자 별안간 달리기 시작했다.

해설 1번은 久(ひさ)しぶりに 오랜만에, 2번은 ゆっくりと 천천히, 3번은 ぜひ 꼭, 등이 적합하다.

22 **정답 1**

어휘 ほごにする 휴지화하다, 파기하다

해석 신정부가 빨리도 공약을 휴지화한다.

해설 2번은 汚染(おせん)させては 오염시켜서는, 3번은 こつこつする 부지런히 하다, 4번은 ぐったりして 지쳐서 축 늘어지고가 적합하다.

23 **정답 1**

어휘 フォロー 폴로, 지원 | 頼(たの)まれる 부탁받다 | 悩(なや)む 고민하다 | 捨(す)てる 버리다 | 接(せっ)する 접촉하다

해석 후배에게 지원을 부탁받고 고민 중이다.

해설 2번은 プロ 프로, 3번은 キャンペーン 캠페인, 4번은 アゲンスト 어게인스트(~에 반대하여) 가 적합하다.

24 **정답 1**

어휘 瀬戸際(せとぎわ) 갈림길 | 生死(せいし) 생사 | 励(はげ)む 격려하다 | 宿泊(しゅくはく) 숙박

해석 생사의 갈림길에 서게 된 후배를 격려하다.

해설 2번은 瀬戸(せと) 해협, 3번은 海辺(うみべ) 바닷가, 4번은 海(うみ)の家(いえ) 바닷가 숙박시설 등이 적합하다.

25 **정답 4**

어휘 序(じょ)の口(くち) 시작 | 土足禁止(どそくきんし) 신발 신고 출입금지 | 露天風呂(ろてんぶろ) 노천온천 | 除(のぞ)く 제외하다 | 浴衣(ゆかた) 겉옷

해석 겨울이라 해도 이런 추위는 아직 시작에 불과하다.

해설 1번은 入口(いりぐち) 입구, 2번은 客席(きゃくせき) 객석, 3번은 更衣室(こういしつ) 탈의실 등이 적합하다.

언어지식(문법) · 독해

문제 5 다음(　　)에 넣기에 가장 알맞은 것을 1·2·3·4 가운데 하나 고르세요.

26 **정답 2**

어휘 まさかの 뜻밖의 | 逆戻(ぎゃくもど)り 되돌아 감

해석 3월이 되어서 점점 따뜻해지는가 했더니 뜻밖의 눈으로 겨울로 되돌아가 버렸다.

해설 동사+か(な)と思(おも)いきや는 '~라고 생각했는데 이외로' 라는 뉘앙스가 있기 때문에 따뜻한 계절인 3월에 내린 눈이 의외라고 생각하기 때문에 정답은 2번이다

27 정답 4

어휘 行事(ぎょうじ) 행사 | 大勢(おおぜい) 많은 사람 | 興奮(こうふん) 흥분

해석 십 년 만에 실시되는 행사여서 많은 사람들이 흥분하고 있다.

해설 ~とあっては '~이기 때문에'를 의미하는데 특히 자신에 관한 사항에는 사용하지 않는 것에 주의!! 그러므로 정답은 4번이다.

28 정답 3

어휘 給料(きゅうりょう) 급료, 급여 | せいぜい 겨우, 고작

해석 A: 이번에 급여가 오르네요.
B: 네, 하지만 고작 만 엔인가 만 오천 엔 정도에요.

해설 (수량) というところだ는 '대개 그 수량 정도이다'라는 의미로 と 앞에 수량을 나타내는 단어가 오는 점에 주의가 필요하다. 또한 といったところだ의 형태도 가능하다. 그러므로 정답은 3번이다.

29 정답 4

어휘 今朝(けさ) 오늘 아침 | 天気予報(てんきよほう) 일기예보 | 台風(たいふう) 태풍 | 近(ちか)づく 접근하다, 다가오다

해석 A: 오늘 아침 일기예보에 의하면 태풍이 접근하고 있다고 해요.
B: 어쩐지 바람이 강하다고 생각했어.

해설 どうりで는 문장의 호응관계로 뒤에 はずだ 또는 わけだ가 온다. '그럼 그렇지 (결과로서 그것이) 당연하다'라는 의미로 태풍이 접근하고 있는 것에 대한 당연한 결과로 바람이 강해졌다는 뜻이므로 정답이 4번이다.

30 정답 1

어휘 長年(ながねん) 오랜 세월 | 愛犬(あいけん) 애견, 사랑하는 개

해석 오랜 세월 함께 보낸 애견이 죽었을 때의 슬픔이란 뭐라 말할 수 없었다.

해설 ~といったらない는 '몹시 ~하다'는 의미로 애견의 죽음에 대한 슬픔의 정도가 심함을 표현하고 있다. 또한 이와 유사한 표현으로 ~といったらありゃしない, ~といったらありはしない도 있다. 정답은 1번이다.

31 정답 3

어휘 対策(たいさく) 대책 | 投機勢力(とうきせいりょく) 투기세력 | せめて 적어도

해석 이번 대책으로 투기세력이 완전하게 없어지는 일은 없다 해도 적어도 줄어드는 것은 틀림없을 것이다.

해설 ~ことはないにしても는 '~하는 일은 없다 해도'라는 의미로 ~にしても(~이라 하여도)의 응용 표현이라 생각해도 좋다. 뒷문장 せめて(적어도)가 와서 '앞문장의 내용이 100%는 아니지만 그 일부분은'의 의미를 나타낸다. 그러므로 정답은 3번이다.

32 정답 3

어휘 自信(じしん) 자신 | 試験(しけん) 시험 | 両親(りょうしん) 양친, 부모 | 申(もう)し訳(わけ)ない 면목 없다, 미안하다

해석 A: 내일 시험 자신 있습니까?
B: 이번 시험에 떨어지기라도 한다면 부모에게 면목 없다고 생각합니다.

해설 동사 ます형+でもしたら는 '~라도 한다면'의 의미이므로 '이번 시험에 떨어지기라도 하면'이 적합하므로 정답은 3번이다.

33 정답 1

어휘 上司(じょうし) 상사 | 命令(めいれい) 명령 | ~に逆(さか)らう ~을(를) 거스르다, 거역하다, 반항하다 | 懲戒(ちょうかい) 징계 | 処分(しょぶん) 처분

해석 A: 다나카 씨, 상사의 명령을 거역해서 징계처분을 받는다고 하네요.
B: 회사의 결정에는 이해할 수 없는 것도 아니지만, 이번 건에 한해서는 납득할 수 없네요.

해설 ~(でき)ないでもない는 '~못할 것도 없다, ~할 수도 있다' 즉 부분적으로는 이해할 수 있지만 이번 건에 한해서는 이해할 수 없다는 의미이므로 정답은 1번이다. 3번 ~(でき)ないではない는 전부 이해할 수 있지만 이번 건에 한해서는 이해할 수 없다는 의미로 쓰였기 때문에 문맥상 맞지 않아서 틀렸음에 주의!!

34 정답 4

어휘 奨学金(しょうがくきん) 장학금 | 選考(せんこう) 전형, 선고 | 漏(も)れる 누락되다, 탈락되다 | 割(わ)り切(き)る 받아들이다, 결론을 내다

해석 A: 선배님 이번 장학금 전형에 탈락되면 어떻게 하면 좋을까요?
B: 그러한 경우 떨어지면 떨어진 대로 받아들이고 또 노력하면 되지 않니?

해설 ~たら, ~たで는 '~하면 ~한대로'라는 의미이므로 정답은 4번이다.

35 정답 3

어휘 論文(ろんぶん) 논문 | 修正(しゅうせい) 수정 | ご覧(らん)いただく 보시다 | お目(め)にかかる 만나 뵙다 | お気(き)に召(め)す 마음에 드시다

해석 선생님의 말씀대로 논문을 수정했습니다. 지금 보여드릴까요?

해설　お目にかけるが '보여드리다'는 의미이므로 정답은 3번이다. ご覧いただく는 상대방이 보신다는 의미인데 ご覧いただきましょうか는 문장으로 성립하지 않는다.

문제 6 다음 문장의 ＿★＿에 들어갈 가장 알맞은 것을 1·2·3·4 중에서 하나 고르세요.

36 **정답 2**

어휘　政府(せいふ) 정부 | 経済(けいざい) 경제 | 再生(さいせい) 재생 | ～に向(む)け ～을 위해서 | 回復(かいふく) 회복 | ～べく ～하기 위해서 | あらゆる 모든 | 手段(しゅだん) 수단 | ～を講(こう)じる ～을(를) 강구하다

완성문 政府は経済の再生に向け今年中にはっきり経済を回復させるべく、あらゆる手段を講じ努力している。

해석　정부는 경제의 재생을 위해서 금년 중으로 확실하게 경제를 회복시키기 위해서 모든 수단을 강구하고 노력하고 있다.

37 **정답 3**

어휘　活(い)かす 활용하다 | 技術(ぎじゅつ) 기술 | ～もさることながら ～도 그렇지만, ～도 물론이거니와 | 高度(こうど)な 고도의 | 知識(ちしき) 지식 | 円満(えんまん)な 원만한 | 常識(じょうしき) 상식

완성문 コンピュータを活かすには、技術もさることながら高度な知識や、人間社会の円満な常識も必要です。

해석　컴퓨터를 활용하는 데는 기술도 물론이거니와 고도의 지식이나 인간사회의 원만한 상식도 필요합니다.

38 **정답 2**

어휘　散歩(さんぽ) 산책 | どこからともなく 어디선가 | 現(あらわ)れる 나타나다 | 見(み)かける 발견하다 | なんとなく 왠지, 어딘지 모르게 | かわいそうな 가엾은

완성문 散歩中にどこからともなく現れる猫を見かけると、なんとなくかわいそうな気がしてならない。

해석　산책 중에 어디선가 나타나는 고양이를 발견하면 왠지 모르게 몹시 가엾은 생각이 든다.

39 **정답 2**

어휘　～にかけては ～에 있어서는 | 右(みぎ)に出(で)る者(もの)はいない 더 나은 이가 없다, 더 능가할 사람은 없다

완성문 彼は勉強はあまりできないが、絵のうまさにかけては彼の右に出る者はいません。

해석　그는 공부는 그다지 못 하지만 그림을 잘 그리는 것에 있어서는 그를 능가할 사람은 없습니다.

40 **정답 1**

어휘　不幸(ふこう) 불행 | 同情(どうじょう) 동정 | ～を禁(きん)じ得(え)ない ～을 금할 수가 없다 | 同時(どうじ)に 동시에 | 激(はげ)しい 격렬한 | 好奇心(こうきしん) 호기심 | 駆(か)り立(た)てる 몰다, 몰아넣다 (수동형으로) 사로잡히다

완성문 私は彼女の不幸に同情を禁じ得なかったが同時に激しい好奇心にも駆り立てられていた。

해석　나는 그녀의 불행에 동정을 금할 수가 없었지만, 동시에 격렬한 호기심에 사로잡혀 있었다.

문제 7 다음 문장을 읽고 [41]부터 [45] 안에 들어갈 가장 알맞은 말을 1·2·3·4 가운데 하나 고르세요.

41 **정답 4**　**42** **정답 3**　**43** **정답 1**
44 **정답 2**　**45** **정답 3**

해석

왜 그날 그녀와 놀게 되었는지는 모른다. M과는 특별히 사이가 좋았던 것은 아니고 [그러기는커녕] 말도 거의 한 적은 없었다. 가끔 뭔가의 당번으로 함께 했다 던가 처음에는 그 외에도 누군가 있었는데, 한 사람 빠지고 두 사람 빠지고 정신을 차려 보니 두 사람만 남게 되었다 던가 그런 것이었을지도 모른다.

어찌 되었던 간에 4학년인 여름 방학이 시작되기 직전인 그날의 해질녘, 나와 M은 학교에서 돌아가는 길에 있는 Y공원에서 놀았던 것이었다. 거의 [말도 해 본 적이 없었던] 그녀와 무엇을 말했는가는 그다지 기억에 남아 있지 않다. 기억하고 있는 것은 저녁때 [어두워지기 시작했던] 공원에서 둘이서 맹렬한 기운으로 놀았다는 것이다. 한발로 철봉을 걸어 돌기부터 시작해서 정글짐, 그네, 시소, 회전 지구, 목책 위 걷기, 넓이 뛰기, 꽃 따기, 앙감질 놀이, 숨바꼭질, 숨이 끊어지듯 헐떡이며, 블라우스의 등이 땀으로 들러붙도록 잇달아서 [정신없이] 계속 놀았다.

보통으로는 생각할 수 없는 일이었다. 나는 몹시 여위어서 모두로부터 해골이라고 놀림을 받고 점심 때도 혼자서 교실에 있는 것을 좋아하는 편이었고 눈이 가늘고 치켜 올라가 있는 탓으로 여우라는 별명으로 불렸던 M도 혈색이 나쁘고 달리는 것이 반에서 가장 느렸다. [요컨대] '활발'이라든가 '건강'이라든가 '명랑하다'고 하는 등의 형용으로부터 가장 먼 두 사람이었다.

41　1 그보다 더　　2 그거 치고는
　3 그렇다 하더라도　　4 그러기는커녕

42　1 본 적이 없었던　　2 들을 적이 없었던
　3 말한 적도 없었던　　4 자랑한 적이 없었던

43　1 어두워지기 시작한　　2 어두워진 것 같은
　3 어두워질 것 같은　　4 어두워지기 전의

44 1 열에 띄워진 것 같은　　2 열에 들뜬 것처럼 열중한
3 열에 뜬 것처럼　　4 열에 띄운 것처럼

45 1 즉시　　2 차차, 겨우, 가까스로
3 요컨대　　4 금세, 순식간에

어휘
仲(なか)がよい 사이가 좋다 | たまたま 우연히 | 当番(とうばん) 당번 | 抜(ぬ)け 빠짐 | 気(き)がつく 깨닫다, 생각나다, 주의가 미치다 | 二人(ふたり)きり 둘뿐 | 直前(ちょくぜん) 직전 | 夕暮(ゆうぐ)れ 해질녘 | 동사 ます형+かける ~하기 시작하다 | 記憶(きおく) 기억 | 残(のこ)る 남다 | 覚(おぼ)える 기억하다 | 猛烈(もうれつ) 맹렬 | 勢(いきお)い 기세 | 鉄棒(てつぼう) 철봉 | 片足(かたあし)かけ回(まわ)り 한발로 걸어 돌기 | ジャングルジム 정글짐 | ブランコ 그네 | シーソー 시소 | 回転(かいてん)グローブ 회전 지구 | 柵(さく)の上(うえ)歩(ある)き 목책 위 걷기 | 幅跳(はばと)び 넓이 뛰기 | 草摘(くさつ)み 이른 봄, 들판에 나가서 나물을 캐거나 풀을 뽑거나 꽃을 따며 즐기는 일 | けんけん 앙감질 놀이 | かくれんぼ 숨바꼭질 | 息(いき)を切(き)らす 숨이 끊어지듯 헐떡이다 | 背中(せなか) 등 | はりつく 들러붙다 | 普通(ふつう) 보통 | 痩(や)せっぽちだ 몹시 여위다 | ガイコツ 해골 | からかわれる 놀림을 받다 | 目(め)が細(ほそ)い 눈이 가늘다 | つりあがる 치켜 올라가다 | キツネ 여우 | あだ名(な) 별명 | 血色(けっしょく)が悪(わる)い 혈색이 나쁘다 | 活発(かっぱつ) 활발 | 形容(けいよう) 형용

문제 8 다음 문장을 읽고 질문에 대한 대답으로 가장 알맞은 것을 1·2·3·4에서 하나 고르세요.

46 **정답 2**

해석

여유교육이라는 교육방침이 내세워졌을 때, 그 방침을 생각한 쪽에서는 몇 가지의 노리는 바가 있었습니다. 한 가지는 아이들의 개성을 신장시킨다는 것이지만, 또 하나는 시간적인 여유를 확보한다는 것이었습니다. 더구나 그 시간적인 여유는 아이들보다는 오히려 선생님들을 대상으로 하고 있었습니다.

이와 같은 경위에서 수업시간이 줄어들고 주 6회 수업이 주 5회가 되었습니다. 그럼 이것에 의해서 여유가 확보되었는가 하면 실제로는 주 5회의 수업으로는 가르치지 않으면 안 되는 범위를 전부 가르칠 수 없었습니다. 그래서 결국 부족한 부분은 여름방학을 줄여서 수업을 하게 되어 버렸습니다.

필자가 여유교육에 대해서 말하고 싶은 것은 무엇인가?
1 여유교육의 개성을 신장시킨다는 목적이 무시되어 버렸다.
2 여유교육은 시간적 여유를 만들어 낼 수 없었다.
3 여유교육에 의해 이전보다도 수업 내용이 늘어 버렸다.
4 여유교육은 교사를 위해서뿐인 교육 개혁이었다.

어휘
教育(きょういく) 교육 | 方針(ほうしん) 방침 | 側(がわ) 편, 쪽, 측 | ねらい 겨냥, 노리는 바, 목표 | 個性(こせい) 개성 | 伸(の)ばす 늘이다, 신장시키다 | 確保(かくほ)확보 | 実際(じっさい)には 실제로는 | 範囲(はんい) 범위 | 結局(けっきょく) 결국 | 削(けず)る 깎다, 삭감하다, 줄이다

47 **정답 4**

해석

이하는 어느 회사가 거래처에 보낸 문장이다.

> 주식회사 야마부키제과
> 총무부 야마모토 에이타 씨
>
> 평소에는 신세를 지고 있습니다. 영업부의 다나카 이치로입니다.
> 야마모토 씨도 알고 계실 거라고 생각합니다만, 3월 3일부의 자료의 추가분으로서 어제 보낸 자료 속에 귀사와는 전혀 관계가 없는 문서가 섞여 들어갔습니다.
> 야마모토 씨에게는 폐를 끼쳐서 대단히 죄송합니다. 그래서 보내드린 자료를 파기해 주시도록 부탁드립니다.
> 그런데 파기해 주길 바라는 자료인데요, 본래 보내드릴 생각이었던 자료와 뒤섞여서 송부했기 때문에 해당 자료만을 구별하는 것은 어렵다고 생각합니다. 따라서 전문 파기해 주시고 재차 보내드리는 자료를 사용해 주시기 바랍니다.
> 이후 이와 같은 부주의가 없도록 철저하게 대책을 해가고 싶다고 생각하고 있습니다.
> 바쁘신 가운데 죄송하지만, 잘 배려해 주시기를 부탁드립니다.
>
> ㈜부주의: 뒤처리의 방식이 나쁜 것

이 문장에서 가장 전하고 싶은 것은 무엇인가?
1 자료가 잘못해서 섞여 들어간 부분을 파기하기 바란다고 하는 것
2 잘못해서 보낸 3월 3일부의 자료 대신에 어제 자료를 사용하기 바란다고 하는 것
3 3월 3일부의 자료와 어제의 자료 모두를 파기하기 바란다고 하는 것
4 어제 보낸 자료를 적절한 내용도 포함해 모두 파기하기를 바란다고 하는 것

어휘
平素(へいそ) 평소 | 存(ぞん)じる '알다, 생각하다'의 겸양어 | 資料(しりょう) 자료 | 追加分(ついかぶん) 추가분 | 御社(おんしゃ) 귀사, 타 회사의 높임말 | 関(かか)わりがない 관계가 없는 | 混入(こんにゅう) 혼입, 섞여 들어감 | 申(もう)し訳(わけ)ない 미안하다, 면목 없다 | ついては 그래서, 따라서 | 破棄(はき) 파기 | 混交(こんこう) 여러가지 것이 뒤섞임 | 送付(そうふ) 송부 | 該当(がいとう) 해당 | 再度(さいど) 재차, 다시 한 번 | 不始末(ふしまつ) 부주의 | 徹底(てってい) 철저 | 対策(たいさく) 대책 | 恐縮(きょうしゅく) 죄송, 황송 | 取(と)り計(はか)らい 조처, 배려

48 정답 1

해석

일본에서는 불교의 가르침에서 4개의 다리로 걷는 동물을 먹어서는 안 된다는 것이 있었다. 하지만 '보탄나베' '모미지나베' '사쿠라나베'라는 냄비요리를 알고 있는 사람도 있을 것이다. 각각 전통적인 멧돼지, 사슴, 말 고기를 사용한 냄비요리이다. 동물의 고기를 먹는다고 하는 것을 공공연하게 말하면 가르침에 반하기 때문에 꽃이나 식물의 이름을 사용하여 어디까지나 동물의 고기가 아니라고 말하기로 했던 것이다. 또한 토끼는 다른 동물처럼 1마리 2마리가 아니라 새 1마리 2마리로 세는 것도 비슷한 사정으로부터이다. 4개 다리인 동물은 안 된다고는 하지만 두 개 다리인 닭고기는 문제가 없었기 때문에 토끼는 닭고기라고 해 버렸던 것이다.

(주1) 보탄나베: 멧돼지 고기를 야채 · 두부 등과 된장으로 끓인 냄비요리
(주2) 모미지나베: 사슴 고기 냄비요리를 말함
(주3) 사쿠라나베: 말고기에 파, 우엉, 구운 두부 등을 곁들여서 된장으로 만든 냄비요리

이 문장에서 필자가 가장 말하고 싶은 것은 무엇인가?

1 옛날부터 일본인은 여러 가지로 변명을 하면서 동물의 고기를 먹고 있었다.
2 옛날 일본인은 소나 돼지 등의 고기를 전혀 먹지 않았다.
3 옛날 일본에서도 닭고기를 먹는 것은 일반적이었다.
4 현재 일본에서는 종교적으로 동물의 고기를 먹어서는 안 되게 되어 있다.

어휘

仏教(ぶっきょう) 불교 | 鍋料理(なべりょうり) 냄비요리 | それぞれ 저마다, 각자 | 伝統的(でんとうてき)な 전통적인 | イノシシ 멧돼지 | シカ 사슴 | ウマ 말 | 公(おおやけ)に 공공연하게 | 事情(じじょう) 사정 | 鶏肉(とりにく) 닭고기

49 정답 4

해석

아이누민족은 전에는 야운모시리라고 불리고 현재에는 홋카이도라 불리는 땅에서 독자의 문화를 이루고 있었다. 그들 사회에서는 불의 신, 강의 신이라고 하는 신들이 인간과 대등한 존재로서 살고 있었다. 그리고 동물들도 그러한 신들의 일종이었다. 예를 들면 곰이나 여우라는 동물도 신의 일종이고 그들은 그들의 나라에 돌아가면 인간과 똑같은 모습이 되어 인간처럼 살고 있다고 생각되고 있었다. 인간의 세계에 올 때만 털가죽을 쓰고 동물의 모습을 하고 나타나고 있을 뿐인 것이다. 그렇지만 아이누 사람들이 동물을 사냥하지 않았다고 하는 것은 아니다. 동물의 신체는 신의 나라에서 온 고기이고 '동물=선물'로서 사냥되어질 대상이었다. 하지만 고기를 받은 뒤, 신체로부터 분리된 영혼은 '동물=신'이고 의식을 통해서 극진하게 자신들의 나라로 돌려보내졌다.

이 문장에서 필자가 동물을 '동물=선물'과 '동물=신'이라는 두 단어로 표현하고 있는 것은 무슨 이유인가?

1 이전에는 신이었던 동물이 현재에는 선물이 되어버렸다고 하는 것을 설명하기 위해서
2 신인 동물들을 결코 수렵하지 않았다고 하는 점을 강하게 인상을 주기 위해서
3 동물의 몸을 신으로서 믿고 있었다는 것을 지적하기 위해서
4 혼은 동물도 사람도 동등한 존재였던 것을 강조하기 위해서

어휘

民族(みんぞく) 민족 | かつて 옛날에, 이전에 | 築(きず)く 쌓다, 이루다 | 対等(たいとう)な 대등한 | 一種(いっしゅ) 일종 | 毛皮(けがわ) 모피, 털가죽 | 狩(か)る 사냥하다 | 切(き)り離(はな)される 떼어놓아지다, 분리되다 | 魂(たましい) 혼, 영혼 | 儀式(ぎしき) 의식 | 丁重(ていちょう)に 정성스럽게, 극진하게

문제 9 다음 문장을 읽고 다음 질문에 대한 대답으로서 가장 알맞은 것을 1 · 2 · 3 · 4에서 하나 고르세요.

50 정답 2 **51 정답 4** **52 정답 3**

해석

곤란한 질문과 마주 하는 것, 깊게 생각하는 것을 뒤로 미루어서는 안 된다. 그러한 무거운 것과 교제하는 것은 10대나 20대일 때에 해 두지 않으면 안 되는 것의 하나이다.

10대나 20대일 때에 그것을 해 두지 않으면 안 되는 것은 ①중년이 되고 나서는 때가 늦은 뒤이기 때문이다. 중년이 되어 버리면 여러 가지 곤란이 현실 문제로서 덮치게 된다. 그때에는 그 곤란에 어떠한 마음가짐으로 마주 대하면 좋은가, 어떠한 시점에서 보면 좋은가라는 것을 생각하고 있는 경우가 아니게 되어 버린다. 그저 그것들에 대처하게 된다. 때로는 그러한 것의 무게에 견디기 어려워서 꺾여버린다.

그러니까 10대나 20대에 소설을 읽는 것, 영화를 보는 것은 중요한 것이다. 그것들은 자산이 된다. 중년의 인간이 자신의 고생을 그린 것을 접하고 그것을 자신의 체험으로 파악하는 것의 의의는 무엇보다 나중이 되고 나서 알게 된다. 물론 그것들은 픽션에 불과하고 또한 그 때에 들이대진 질문에 대답이 나오지 않는 것도 자주 있다. 그러나 그 가짜의 체험은 ②곤란한 문제에의 면역을 만든다. 그것도 그 체험은 가짜이기 때문에 제삼자적인 입장에서 그 문제를 볼 수 있기 때문이다. 그러한 시점은 기억으로서 남는다. 그리고 실제의 곤란에 직면했을 때에는 곤란에 직면하는 시점뿐만 아니라 그 곤란을 제삼자의 입장에서 분석하는 시점을 동시에 가질 수 있는 것이다.

(주1) 덮치다: 갑자기 공격을 걸어서 위해를 끼치려고 한다.
(주2) 추체험: 타인의 체험을 나중에 되풀이하여 자신의 체험처럼 파악하는 것.

50 ①중년이 되고 나서는 때가 늦은 뒤이기 때문이다고 하는데 그것은 이유가 무엇인가?

1 중년이 되어 약해졌던 마음으로는 곤란한 문제의 무게에 견딜 수 없기 때문에
2 실제의 곤란에 직면하면 생각할 수 없을 만큼 막다른 곳에 몰리기 때문에
3 소설을 읽기도 하고 영화를 보기도 하는 시간이 중년이 되면 없어지기 때문에

4 젊을 때만큼 유연한 사고를 할 수 없게 되어 버리니까

51 ②곤란한 문제에의 면역을 만든다라고 하는데 이것은 어떠한 의미인가?

1 곤란한 문제에 대해서도 지지 않는 정신력을 몸에 익힐 수 있는 것
2 소설이나 영화의 DVD 등을 자산으로서 운용할 수 있는 능력을 얻을 수 있다는 것
3 실제의 체험이 아닌 픽션을 진짜인 것처럼 생각하는 상상력을 얻을 수 있는 것
4 사전에 곤란한 상황에 대한 객관적인 시야를 몸에 익힐 수 있다고 하는 것

52 필자는 소설을 읽기도 하고 영화를 보는 것을 어떠한 것이라고 생각하고 있는가?

1 곤란한 문제에 대한 스트레스를 발산해 주는 것
2 지금 안고 있는 고민에 대답을 주는 것
3 장래의 양식이 되는 유사한 체험을 주는 것
4 다감한 청소년에게 깊은 감명을 주는 것

어휘

困難(こんなん)な 곤란한 | 向(む)き合(あ)う 마주 보다, 마주 대하다 | 後回(あとまわ)しにする 뒤로 미루다 | 手遅(ておく)れ 때늦음, 시기를 놓침 | 襲(お)い掛(か)かる 덮치다 | 心構(こころがま)え 마음가짐, 각오 | 対処(たいしょ) 대처 | 耐(た)える 견디다 | 折(お)れる 꺽이다, 굽히다, 타협하다 | 追体験(ついたいけん) 남의 체험을 작품 등을 통하여 자기의 체험으로 파악하는 일 | 突(つ)き付(つ)ける 들이대다 | しばしば 자주 여러 차례 | 偽物(にせもの) 가짜 | 免疫(めんえき) 면역 | ～がゆえに ～때문에, ～이므로 | 第三者(だいさんしゃ) 제삼자 | ～に直面(ちょくめん)する ～에 직면하다 | 分析(ぶんせき)분석

53 정답 2  **54 정답 2**  **55 정답 3**

해석

일본인이 외국인에게 일본문화를 영어로 설명하려고 하면 몹시 서투른 것이 됩니다. 설사 영어를 상당히 잘하는 사람이라도 이것은 마찬가지입니다. 어휘가 세련되어 있는지 어떤지, 문법이 정확한지 어떤지 라는 차이는 있지만 전해지는 정보량의 관점에서 보면 큰 차이는 없습니다.

평소는 깨닫지 못 할지 모르지만, 우리들은 일본어에서도 ①똑같이 설명하고 있는 것입니다. 아무런 정리도 하지 않고 상대의 이해를 돌아보지 않고 머리 속에 떠오른 것부터 차례로 이야기하기 시작하여 자신도 무엇을 말하고 있는지도 모르게 되는 경우조차 있습니다. 이러한 경우, 당연히 듣는 사람에게 정확한 정보가 전달되는 일은 없습니다. 그럼에도 불구하고 많은 사람이 듣는 사람의 이해 부족 탓으로 하고 자신의 문제라고는 생각하지 않고 지내고 있는 것입니다.

요컨대 이와 같이 생각하면 ②영어로 잘 설명할 수 없는 이유의 하나에 일본어가 있다고 하는 것을 알 수 있습니다. 일본어이든 영어이든 어떠한 언어라도 논리적인 설명의 방식에 큰 차이가 있는 것은 아닙니다. 일본어로 누구에게나 이해할 수 있도록 설명할 수 있는 사람은 영어로 일본문화를 설명하는 것도 그다지 어려운 일은 아닌 것입니다. 일본의 학교교육에 있어서의 영어의 어휘나 문법은 너무 많을 정도이니까 중학교 졸업 수준의 어휘와 문법이 있으면 충분합니다.

영어교육에 관한 논의에서 일본어와 영어의 어느 쪽이 중요한가라는 이야기가 있는데 소용이 없습니다. 영어도 일본어도 사람과 대화한다고 하는 관점에서는 같습니다. 현재의 사회에서는 영어는 필요합니다. 그러므로 영어는 필요 없다 등의 이야기는 전혀 받아들여지지 않습니다. 하지만 그 일본어 능력 없이 일본인이 영어를 할 수 있다고 하는 경우는 없다고 나는 생각합니다.

㈜서투르다: 매사에 능숙하지 않다. 기술이 미숙하다. 서투르다

53 ①똑같이 설명하고 있다고 하는데, 이것은 어떠한 설명인가?

1 세련된 어휘나 문법을 이용한 설명
2 듣는 사람을 배려하지 않는 설명
3 올바르지 않는 일본어를 사용한 설명
4 영어적인 표현을 사용한 설명

54 ②영어로 잘 설명할 수 없는 이유의 하나에 일본어가 있다고 하는데 이것은 어떠한 의미인가?

1 일본어는 비논리적인 언어이기 때문에 일본어에 익숙하면 논리적인 설명이 어렵게 된다고 하는 것
2 영어로 잘 말할 수 없는 것은 일본어로도 잘 말할 수 없기 때문이라는 것
3 영어와 일본어는 차이가 크기 때문에 일본어를 말하는 사람에게 있어서 영어는 어렵다고 하는 것
4 일본어로 영어를 수업하고 있는 것이 영어 능력의 육성에 악영향을 주고 있다고 하는 것

55 필자는 이 문장에서 일본어라는 것을 어떠한 것으로서 파악하고 있는가?

1 모든 학문의 기반이 되는 사고력의 기초
2 영어의 문법 능력을 포함한 넓은 의미에서의 어학력
3 여러 언어에서의 대화의 토대가 될 수 있는 것
4 일본문화를 설명하는데 적합한 언어

어휘

拙(つたな)い 서투르다 | 語彙(ごい) 어휘 | 洗練(せんれん) 세련 | 正確(せいかく) 정확 | 観点(かんてん) 관점 | 普段(ふだん) 평소 | 顧(かえり)みる 되돌아 보다, 회고하다 | 順番(じゅんばん)に 차례대로 | 聞(き)き手(て) 듣는 사람 | 仕方(しかた) 방식, 방법, 수단 | 不毛(ふもう) 불모, 성과가 없음 | 議論(ぎろん) 논의 | 観点(かんてん) 관점 | 受(う)け入(い)れる 받아들이다

56 정답 4 **57 정답 3**  **58 정답 3**

해석

우리들 어른은 몸 구석구석까지 사회화되어 버리고 있다. 우리들의 신체는 설사 옷 등을 일체 걸치지 않더라도 그것은 자연 그대로의 것은 아니다. 현재 우리들이 태어난 ①사회의 세련을 입은 신체인 것이다.

일례로서 걷는 법이 있다. 현재의 일본사회에 태어난 우리들은 걸을 때 자연히 오른쪽 발이 앞으로 나갈 때 왼손이 앞으로 나온다. 반대로 왼발이 앞으로 나갈 때는 오른손이 앞으로 나온다. 손발은 번갈아 앞으로

나오게 되어 있다. 오른발과 오른손, 또는 왼발과 왼손이 동시에 앞으로 나오는 경우는 그다지 없다. 이것은 많은 사람이 자연스러운 것이라고 생각하고 있다. 그러나 이것은 현대사회 속에서 학습되어 몸에 익힐 수 있었던 것이다. 실제로 에도시대의 일본에서는 많은 사람이 오른발과 오른손, 왼발과 왼손을 앞으로 내면서 걷고 있었다고 한다. 이와 같은 걸음걸이는 당시 사회의 문화의 실상과 꼭 들어맞았다. 당시는 당연히 양복이 아니라 일본전통복을 입고 있었는데 일본전통복은 이와 같이 걷는 편이 옷매무시가 흐트러지지 않는다. 농사 일 등을 할 때도 이쪽 편이 하기 쉽다.

이것 이외에도 외국에서 태어나서 자란 일본인이 한눈에 일본에서 자라지 않은 것을 알 수 있다고 하는 경험을 한 적이 있는 사람도 적지 않을 것이다. 웃는 법, 말할 때의 몸짓, 그것 외에 여러 가지 표정의 사용법이라는 것이 다르기 때문에 그것을 알 수 있는 것이다.

다른 사회에서 태어나 자란다고 하는 것은 다른 종교를 믿고 다른 언어를 다룬다고 하는 것만을 의미하는 것은 아니다. 그것은 ②다른 신체를 갖는다고 하는 것이다.

(주1) 옷매무시가 흐트러지다: 기모노의 옷맵시가 느슨하게 흐트러지다
(주2) 몸짓: 어느 일을 할 때의 태도나 표정

56 ①사회의 세련을 입은 신체란 어떠한 신체인가?

1 종교적으로 축복을 받은 신체
2 사회의 일원으로서의 통과의례를 받은 신체
3 자연 그대로의 신체
4 학습에 의해서 습관이 붙은 신체

57 에도시대의 일본인과 현재의 일본인의 걸음걸이에서 다른 것은 어디인가?

1 에도시대의 걸음걸이는 학습된 것이 아니지만, 현재의 걸음걸이는 학습된 것이다.
2 에도시대는 오른손과 오른발이 중심이지만, 현대는 왼손과 왼발이 중심이다.
3 에도시대의 걸음걸이는 일본전통복을 흐트러뜨리지 않지만, 현재의 걸음걸이는 비교적 흐트러뜨리기 쉽다.
4 에도시대의 걸음걸이는 사회에 꼭 들어맞지만, 현재는 꼭 들어맞지 않는다.

58 ②다른 신체를 갖는다고 하는데 필자가 말하는 '다른 신체'를 갖는 것은 어떠한 사람인가?

1 인종이 다르고 생물학적으로 큰 차이가 있는 사람
2 생육환경의 영향에 의해서 체격이 다른 사람
3 문화적인 배경으로부터 행동거지가 다른 사람
4 사회적인 차이에 의해서 입고 있는 옷이 다른 사람

어휘

我々(われわれ) 우리들 | 隅々(すみずみ)まで 구석구석까지 | 一切(いっさい) 일체, 전혀 | まとう 몸에 걸치다, 입다 | 洗練(せんれん) 세련 | 一例(いちれい) 일례, 하나의 예 | 交互(こうご)に 서로 번갈아 | 整合的(せいごうてき) 꼭 들어맞음 | 着崩(きくず)れる 옷매무시가 흐트러지다 | 農作業(のうさぎょう) 농사일 | 行(おこな)う 하다, 행하다 | 生(う)まれ育(そだ)つ 태어나서 자라다 | 仕草(しぐさ) 동작, 표정, 몸짓 | 宗教(しゅうきょう) 종교

문제 10 다음 글을 읽고 다음 문제에 대한 대답으로서 가장 알맞은 것을 1·2·3·4에서 하나 고르세요.

59 정답 4　**60 정답 2**
61 정답 2　**62 정답 4**

해석

집단으로 행동할 때 일어나기 쉬운 것이 겉날림이다. 최근 특히 문제시되고 있는 것은 인터넷을 사용한 겉날림이다. 일을 하고 있을 때에 SNS을 보기도 하고 업무와는 관계가 없는 일을 인터넷으로 검색하기도 하는 것이 그 한 예이다.

이러한 겉날림에 의해 일의 효율이 떨어지는 경우도 물론 있지만, 이것을 엄격하게 제한하려고 하는 생각에도 문제가 있다. 인터넷을 자유롭게 사용할 수 있는 환경에서는 말하기 쉬운 분위기가 만들어지고 새로운 아이디어가 생기기 쉬워진다고 하는 측면도 있기 때문이다. 이전은 SNS나 블로그 등을 직장에서 이용하는 것은 문제 있는 행위로 밖에 간주되지 않았지만, 현재는 직장 내에서의 관계를 구축하는 도구로서 활용되는 경우도 있다. 또한 얼핏 보아 일과 관계가 없는 것이라도 일과 연결되는 아이디어를 얻을 수 있는 것도 있다.

원래 인터넷의 이용에 관해서 일과 그것과 관계가 없는 것에 관한 선을 그어 구분하는 것은 명확하게 말할 수 없는 경우도 있다. 업무상으로 현재의 경제정책의 영향에 대해서 조사하고 싶다고 하자. '현재' '경제정책'이라고 인터넷으로 검색하면 여러 가지 뉴스, 조사, 연구에 관한 정보가 나온다. 그리고 한편으로 그러한 정책에 대한 온갖 욕설, 신빙성이 낮은 주간지의 기사 등도 나올 것이다. 하지만 후자를 관계없는 것으로서 생각하고 대상으로 삼는 정보로부터 제외시켜도 좋은가 하면 굉장히 어렵다. 예를 들면 정부 기관이 발표한 '정책의 결과, 올해는 전반적으로 기업의 수익이 상승하고 있다'라는 조사와 익명의 개인이 쓴 '내 급료는 올라가지 않았고, 친구들도 생활이 힘들어지고 있다고 말하고 있다'라는 댓글을 생각해 보기 바란다.

그런데 이야기를 조금 바꾸어보자. 나는 음악감상을 취미로 하고 있다. 시간적으로 여유가 있을 때는 이 취미가 전혀 문제가 없지만 일이 한꺼번에 겹쳐 있을 때일수록 음악이 한없이 듣고 싶어진다. 그리고 실제로 그러면 안 되는데 기분전환으로 칭하고 영화를 보러 가기도 하는 경우도 있다. 커다란 스트레스를 안고 있을 때, 사람은 그것을 생각하지 않게 한다. 그렇게 함으로써 정신을 건강한 상태로 유지하려고 하는 것이다. 그리고 스트레스의 원인으로부터 마음을 돌리기 위해 다른 것에 집중하려고 한다. 그것은 사람에 따라서는 음악일지도 모르고 소설일지도 모르고 인터넷일지도 모르는 것이다.

마음을 잘 돌릴 수 있는 사람은 건강한 정신을 유지할 수 있는 것이다. 현재 일본에서는 많은 사람이 우울 증상을 호소하고 있고 그 가운데는 자살하는 사람도 있다. 정신적인 건강은 일을 하는데 있어서 필요불가결하기 때문에 일을 잘한다고 하는 데는 일의 스트레스와 잘 교제한다는 것도 포함된다고 나는 생각하고 있다.

업무 중 인터넷 사이트에서 계속 동영상 사이트를 보고 있어도 좋은가 하면 그렇지 않기 때문에 완전하게 자유롭게 할 수는 없겠지만, 업무상의 인터넷 이용의 제한은 충분히 생각하고 실행해야 한다. 거기에는 눈에 보이기 어려운 효용이나 리스크가 있기 때문이다. 일본인 중에는 일은 즐겁지 않은 것이고 즐겨버린다면 그것은 이미 일이라고 말할 수 없

다고 생각하는 사람도 있다. 하지만 정말로 그것으로 좋은 건가는 잘 생각하기 바란다.

(주1) 온갖 욕설: 온갖 입이 더러운 욕설을 퍼붓는 말
(주2) 신빙성: 사람의 말 등에 대한 신용할 수 있는 정도. 신뢰성
(주3) 익명: 자신의 실명을 숨기고 나타내는 것. 또한 실명을 숨기고 다른 이름을 이용하는 것
(주4) 일이 겹치다: 용무가 한꺼번에 많이 겹친다

59 인터넷을 자유롭게 사용할 수 있는 환경의 이점으로서 필자가 생각하고 있는 것은 어떠한 경우인가?

1 기업의 블로그 등으로 고객과 직원이 주고받는 것이 활발하게 되는 경우
2 메일에 의해서 일상의 업무 등이 원활하게 이루어지는 경우
3 휴대폰 앱으로 스케줄을 온라인으로 관리하는 경우
4 평소부터 SNS를 이용하는 것으로 부하가 상사에게 고민을 잘 상담하게 된 경우

60 업무와 관계가 있는 인터넷 이용과 그렇지 않은 것을 구별하는 것이 어려운 것은 이유가 무엇인가?

1 업무와 관계없는 것에 의해서 업무에 관계되는 아이디어를 얻을 수 있는 경우도 있으니까
2 언뜻 보기에 일에 사용할 수 없는 질이 나쁜 정보도 현실의 한 측면을 나타내는 경우가 있기 때문에
3 업무와 관계없이 생각되는 댓글을 달았던 익명의 개인이 업무의 관계자일 가능성을 부정할 수 없으니까
4 업무와 관계가 있다고 생각하는 공적인 정보가 실은 업무와 관계가 없는 것인 경우도 있으니까

61 필자는 자신의 음악감상이라는 취미를 어떻게 생각하고 있는가?

1 업무에 방해가 되고 있기 때문에 그만두고 싶지만, 아무리 해도 그만둘 수 없는 것
2 마음의 건강을 유지하기 위해서 필요하고 넓은 의미에서는 업무에 도움이 되는 것
3 인터넷 이용과 마찬가지로 새로운 아이디어를 자신에게 주는 것
4 시간이 있을 때의 스트레스 발산이 되는 심심풀이

62 필자는 직장에서의 인터넷 제한에 대해서 어떠한 생각을 갖고 있는가?

1 업무의 효율을 떨어뜨리는 원인이 되는 것이니까 엄격한 제한을 설정하여 이것을 규제해야 한다.
2 기업의 이익이 되는 것이니까 제한은 완전하게 없애고 자주성에 맡겨야 한다.
3 업무의 이용과 사적인 이용을 구분하여 후자만을 제한하여야 한다.
4 제한이 전혀 없는 것도 문제이지만, 엄격하게 제한하는 행위에도 문제가 있다.

어휘

手抜(てぬ)き 손이 덜 감, 날림 | 業務(ぎょうむ) 업무 | 厳格(げんかく)に 엄격하게 | 側面(そくめん) 측면 | 構築(こうちく) 구축 | 一見(いっけん) 언뜻 보기에 | 無関係(むかんけい)な 관계가 없는 | 線引(せんび)き 선을 그음, 선을 그어 구분함 | 罵詈雑言(ばりぞうごん) 온갖 욕설 | 信(しん)ぴょう性(せい) 신빙성 | はずす 제외하다, 빼다 | 匿名(とくめい) 익명 | 書(か)き込(こ)み 댓글 | 立(た)て込(こ)む 일이 한꺼번에 겹치다 | 無性(むしょう)に 공연히, 한없이, 무턱대고 | つい 그만, 무심코 | 気分転換(きぶんてんかん) 기분전환 | ～と称(しょう)する ~라고 칭하다, 부르다 | 抱(かか)える 안다, (부담을) 지다 | 心(こころ)をそらす 마음을 돌리다 | うつ症状(しょうじょう) 우울 증상 | 必要不可欠(ひつようふかけつ) 필요불가결 | 動画(どうが) 동영상

문제 11 다음의 A와 B는 여성의 사회진출에 대한 의견이다. 다음의 질문에 대한 대답으로서 가장 알맞은 것을 1・2・3・4 가운데 하나를 고르세요.

63 정답 1　　**64 정답 1**

해석

A

일본은 여성의 사회 진출이 나아지지 않았다고 한다. 그것은 오해이다. 분명히 불과 10년 전까지 일본에서는 취직을 하지 않는 여성이나 결혼・출산으로 인해 그만두는 여성이 적지 않았다. 그러나 근래 여성의 고용률은 계속해서 늘고 있고 결혼・출산으로 일을 그만두는 사람은 격감하고 있다.

그러면 이러한 현상은 남녀평등 의식의 확대에 의해서 실현되었는가? 유감스럽게 그렇지는 않다. 이 여성의 사회진출의 배경에 있는 것은 여성이 일하는 권리를 원조하려 하는 의지가 아니라 남성의 고용의 불안정화이다. 남성만으로는 가계를 지탱할 수 없다고 하는 사정에서 남녀의 맞벌이 늘고 있을 뿐인 것이다.

B

유럽이 일본보다도 여성의 사회진출이 잘 되고 있다고 생각하는 사람은 많다. 물론 그러한 면이 있는 것도 분명하다. 실제로 여성 의원의 비율 등으로는 유럽 가운데에서도 특히 남녀평등이 잘 되고 있는 북구의 스웨덴에서는 반수 가까운 것에 대해서 일본은 1할을 넘을 정도로 밖에 없다.

그렇지만 그러한 나라의 상황을 너무나도 이상화하는 것도 문제이다. 조금 전에 예로서 든 스웨덴에 있어서는 여성의 고용률도 굉장히 높지만, 그러면 여성이 민간 기업에서 남성과 똑같이 커다란 꿈을 향해서 활약하고 있는가라고 하면 그렇다고는 말할 수 없는 것이 실정이다. 스웨덴의 여성의 고용률이 높은 배후에 있는 것은 정부에 의한 보육・간호에 종사하는 직원의 고용이다. 이것은 취직률이라는 관점에서만 보면 정부에 의한 고용상황의 개선이라는 것이 되지만 업무형태라는 관점에서 보면 가정 내에서 처리했던 가사・육아・간호 노동을 가정 밖에서 하고 있을 뿐이라고도 말할 수 있게 되어 버린다.

63 A와 B에서는 여성의 사회 진출에 대해서 뭐라고 진술하고 있습니까?

1 A도 B도 많은 사람이 각국의 여성의 사회진출에 관해서 정확한 이해를 하고 있지 않다고 진술하고 있다.
2 A도 B도 여성의 사회 진출의 배경에는 남녀평등 의식의 확대가 있다

고 진술하고 있다.

3 A는 일본의 여성 사회진출은 뒤쳐져 있다고 진술하고 B는 스웨덴은 앞서 있다고 진술하고 있다.

4 A는 일본 여성의 사회진출은 진전되고 있는 중이라고 진술하고 B는 스웨덴 여성의 사회진출은 후퇴하고 있다고 진술하고 있다.

64 일본과 스웨덴의 여성의 사회진출의 배경에 관해서 공통되는 점은 무엇인가?

1 고용환경의 변화와 관계가 있는 점

2 빈곤의 문제와 관계가 있는 점

3 남녀의 평등의식의 확대와 관계가 있는 점

4 소자고령화와 관계가 있는 점

어휘

誤解(ごかい) 오해 | 雇用率(こようりつ) 고용율 | 出産(しゅっさん) 출산 | 辞(や)める 그만두다 | 激減(げきげん) 격감 | 平等(びょうどう) 평등 | 意識(いしき) 의식 | 広(ひろ)がり 넓어짐, 확대 | 進出(しんしゅつ) 진출 | 背景(はいけい) 배경 | 権利(けんり) 권리 | 援助(えんじょ) 원조 | 意志(いし) 의지 | 不安定(ふあんてい) 불안정 | 家計(かけい) 가계 | 支(ささ)える 버티다, 떠받치다, 지탱하다 | 事情(じじょう) 사정 | 共働(ともばたら)き 맞벌이 | 割合(わりあい) 비율 | 北欧(ほくおう) 북구, 북유럽 | 越(こ)える 기준을 넘다, 보다 낫다, (때가) 지나가다 | 程度(ていど) 정도 | 状況(じょうきょう) 상황 | 民間企業(みんかんきぎょう) 민간기업 | 活躍(かつやく) 활약 | 実情(じつじょう) 실정 | 背後(はいご) 배후 | 政府(せいふ) 정부 | 保育(ほいく) 보육 | 介護(かいご) 간호 | 従事(じゅうじ) 종사 | 雇(やと)い入(い)れ 새로 고용함 | 就職率(しゅうしょくりつ) 취직률 | 雇用(こよう) 고용 | 改善(かいぜん) 개선 | 業務(ぎょうむ) 업무 | 育児(いくじ) 육아 |

문제 12 다음 문장을 읽고 질문에 대한 대답으로서 가장 알맞은 것을 1·2·3·4에서 하나를 고르세요.

65 정답 1 **66 정답 2**

67 정답 1 **68 정답 2**

해석

막스 웨버는 서양의 기독교의 발상이 근대화를 촉진시켰다고 생각하고 있었습니다. 또한 웨버는 그러한 발상이나 근대화라는 현상이 일정한 보편성도 가지고 있다고도 생각하고 있었습니다. 하지만 중요한 것은 그러한 웨버도 근대화를 무조건으로 평가하고 있었던 것은 아니라고 하는 것입니다.

웨버가 비판했던 근대를 상징하는 것이 현재의 일하는 방식의 시스템입니다.

근대화의 최대의 특징은 효율화와 합리성입니다. 근대화를 통해서 우리들은 비효율적인 것, 비합리적인 것을 도려내 왔습니다. 그것은 일한다는 것에 있어서도 똑같은 것입니다. 우리들은 일한다는 것으로부터도 비효율적인 것, 비합리적인 것을 제거해 왔습니다.

합리화의 추구로서 근대 이후 빈번하게 실행되게 된 것이 문서화입니다. 일터에 있어서 여러 가지의 것이 문서로서 남고 또한 사람들은 문서에 입각해서 일하게 되었습니다. 사업계획, 업무내용, 진행상황, 손익 등등 여러 가지 것이 문서로서 남겨집니다. 그리고 그렇게 해서 남겨진 문서를 검토하고 낭비적인 것은 자꾸자꾸 삭제되어 갑니다. 이익과 연결되지 않는 사업 · 업무라고 하는 것이 없어져 가는 것입니다. 또한 그렇게 해서 축적되어 왔던 효율적인 업무의 노하우를 거슬러서 독자의 판단으로 이루어지는 것은 거의 허락되지 않습니다. 문서로서 남겨져 있는 여러 가지 데이터에 입각하여 매뉴얼 또는 그것에 준한 것이 작성되고 사람들은 그것에 입각하여 합리적으로 일을 하게 됩니다.

이와 같이 우리들이 일하는 방식은 효율화, 합리화된 것입니다. 하지만 그때에 도려내어지고 버려져 온 것은 무엇일까요? 그것은 인간성 그 자체입니다. 자신의 판단이나 감정을 업무로 결부시키는 것, 그것이 버려지고 만 것입니다.

웨버는 이와 같은 상태를 '인간은 철의 우리에 넣어진다'라고 표현했습니다. 여기에서 철의 우리라고 표현되고 있는 것은 합리성에 관한 것입니다. 원래는 사람들을 보다 편리하게 만들기 위해서 실시되어 온 합리성에 사람들이 사로잡혀서 우리 밖으로 헤어날 수 없게 된 상태를 이와 같이 표현하고 있는 것입니다.

그런데 이와 같이 효율화 · 합리화 되어진 일하는 방식인데, 그것은 정말로 효율적이고 합리적인 것일까요? 조금 전에도 진술했듯이 업무의 합리화를 위해서 매뉴얼이 작성되어 온 것인데 매뉴얼은 매뉴얼이 상정하지 않은 것에 직면했을 때에 아무런 도움도 되지 않습니다. 오히려 매뉴얼화 된 일에 익숙한 사람들은 매뉴얼이 상정하고 있지 않은 것에 대해서도 매뉴얼로 대처하려고 해서 커다란 문제를 일으킵니다.

다시 한 번 말하면 일하는 것의 효율화, 합리화는 무엇을 위한 것이었을까? 어쩌면 업무를 효율화 · 합리화함으로써 한편으로는 보다 많은 사람에게 제품이나 서비스를 제공하고 또 한편으로는 생산자 측의 이익을 확대하여 쌍방의 행복을 높이기 위함이었을 것입니다. 그러나 인간성이 박탈당한 업무는 사람들로부터 일하는 것으로부터 얻는 행복을 빼앗습니다. 행복을 높이기 위해서 실시되어 온 효율화 · 합리화가 사람들로부터 행복을 빼앗고 있는 측면이 있는 것입니다. 성인이 되면 많은 사람이 하루의 대부분을 일하는 것에 소비합니다. 그 시간을 불행하게 하고 있는 효율화 · 합리화는 무엇을 위한 것인가요?

(주1) 도려내다: 불필요한 부분을 깎아서 제거하다

(주2) 우리: 위험한 동물이나 죄인 등을 안에 넣어서 도망갈 수 없게 한 울타리 또는 방

65 필자가 생각하는 문서를 남기는 것에의 영향은 무엇인가?

1 스스로의 판단력에 입각하여 일을 하는 것이 인정받지 않게 되다.

2 상정되어 있는 경우에 있어서도 업무의 비효율화를 일으킨다.

3 임기응변의 대책을 생각하는데 있어서의 힌트를 제공한다.

4 많은 사람이 업무내용을 언제까지나 확인할 수 있도록 한다.

66 '인간은 철의 우리에 넣어진다'라고 하는 것은 어떠한 상태인가?

1 업무에 관계되는 문서가 축적되어 매뉴얼화가 진행된 상태

2 합리성의 추구의 결과로서 인간으로서 판단 · 감정이 상처를 입은 상태

3 범죄행위를 한 결과 형무소에 수용되어 있는 상태

4 매뉴얼이 상정하고 있는 사태에만 얽매여 있는 상태

67 필자가 합리화 · 효율화의 목적에 대해서 묻고 있는 것은 이유가 무엇인가?

1 그것들이 본래의 목적과 반대의 결과를 초래하고 있다고 생각하고 있기 때문에
2 합리화도 효율화도 목적을 잃고 철저하지 못한 것이 되어버리고 있기 때문에
3 그것들의 목적이 무엇인가 짐작도 가지 않아 의문으로 생각하고 있기 때문에
4 목적이 가장 중요하고 그것을 모르면 근대화를 실현할 수 없기 때문에

68 필자에 의하면 막스 웨버는 근대화를 어떻게 평가하고 있었습니까?

1 합리화와 효율화에 의해서 사람들에게 행복을 가져오는 것
2 한 면으로는 평가할 수 있지만 합리성으로부터 빠져나갈 수 없게 하는 것
3 합리성이라는 측면에서는 사람을 불행하게 하지만, 효율성이라는 측면에서는 편리하게 하는 것
4 합리성과 효율성에 의해서 소비자와 생산자 쌍방의 이익을 높이는 것

어휘

普遍性(ふへんせい) 보편성 | 手放(てばな)しで 손을 놓고, 무조건, 덮어놓고 | 効率化(こうりつか) 효율화 | 合理性(ごうりせい) 합리성 | 取(と)り除(のぞ)く 제거하다, 없애다 | 頻繁(ひんぱん)に 빈번하게 | 損益(そんえき) 손익 | 削(けず)る 깍다, 삭감하다 | 利益(りえき) 이익 | 蓄積(ちくせき) 축적 | ～に逆(さか)らう ～에 거스르다, 거역하다, 반항하다 | ～に準(じゅん)じる ～에 준하다, 기준으로 삼다 | そぎ落(お)とす 얇게 도려내다 | 檻(おり) (동물의) 우리 | 想定(そうてい) 상정, 어떤 상황을 가정함 | ～に直面(ちょくめん)する ～에 직면하다 | 対処(たいしょ) 대처 | 剥奪(はくだつ) 박탈 | 費(つい)やす 쓰다, 소비하다

문제 13 오른쪽 페이지는 어느 경찰서의 홈페이지에 있는 '피싱사기에 주의를 호소하는' 캠페인이다. 아래 질문에 대한 대답으로서 가장 좋은 것을 1 · 2 · 3 · 4에서 하나 고르세요.

69 정답 2　　**70 정답 1**

69 다음 가운데 피싱사기라고 말할 수 있는 것은 어느 것인가?

1 낯선 회사로부터 전화로 그 회사의 계좌로 대금을 불입하도록 말을 들었다.
2 유명기업 것과 똑 닮은 홈페이지에 개인 정보를 입력했다.
3 옛날 동급생이 찾아 왔기 때문에 고액 상품의 계약을 해버렸다.
4 web사이트에서 산 상품이 진짜가 아니었다.

70 각 기관의 대책 결과, 사전에 금전적인 피해를 방지할 수 있게 된 것은 어느 경우인가?

1 A씨의 경우
2 B씨의 경우
3 C씨의 경우
4 A씨와 C씨의 경우

해석

당신의 정보가 위험하다!!

피싱사기에 주의합시다

피싱사기란 무엇인가?	자주 있는 피해
정말로 실재하는 회사인 것처럼 꾸며서 진짜와 완전히 똑같은 형태의 가짜 메일이나 가짜 web사이트를 만들어서 ID · 패스워드 · 크레디트카드 번호 등의 정보를 속여 빼앗는 사기.	가짜 사이트에 은행이나 크레디트카드의 패스워드를 입력 ⇒ 은행계좌의 예금이 전부 없어졌다!? OR 크레디트카드에 고액의 청구!!

피해자 A씨의 경우

마루이치 은행으로부터 메일이 와서 예금 잔고를 확인하기 바란다고 해서 확인했다. 그때 계좌번호와 비밀번호를 입력해 버렸다. 수일 후 계좌로부터 예금이 낯선 계좌로 송금되어 처음으로 사기를 눈치챘다.

피해자 B씨의 경우

회사 컴퓨터로부터 SNS에 액세스했더니 진짜 사이트가 아니었다. 액세스할 때에 패스워드를 입력했기 때문에 어카운트를 탈취당해 버렸다. 금전적인 피해는 없었지만 많은 사람에게 폐를 끼쳤다.

피해자 C씨의 경우

어카운트 경신을 위해서 필요하다고 해서 요쓰하시카메라라고 하는 사이트에 액세스하여 주소, 전화번호, ID, 패스워드, 크레디트카드 등등의 정보를 입력했다. 후일 다액의 크레디트카드 청구서가 도착했다.

각 기관의 대책

각 금융기관은 이전보다도 보안을 강화했기 때문에 인터넷상의 것도 포함하여 송금에는 비밀번호 이외의 인증이 필요하게 되었다. 또한 크레디트카드에 관해서 이용 정지의 수속을 간략하게 만들었다.
각 SNS나 인터넷쇼핑 사이트는 수상한 액세스나 그레디트카드의 이용이 있었던 경우에 본인에게 메일 등의 연락이 가도록 했다.

자신이 할 수 있는 대책

- 금융기관 등이 메일로 비밀번호를 묻는 일은 없습니다. 그러한 메일에 속지 않도록 합시다.
- 피싱사기에 속았다고 생각하면 곧 크레디트카드의 이용정지 수속을 하고 경찰에도 신고합시다.

어휘

詐欺(さぎ) 사기 | 見(み)せかける 꾸며 보이다, 보이게 하다 | 偽(にせ) 위조, 가짜의 | 多額(たがく) 다액, 고액 | 請求(せいきゅう) 청구 | 預金残高(よきんざんだか) 예금잔고 | 口座(こうざ) 계좌 | 見知(みし)らぬ 낯선, 알지 못하는 | 金銭的(きんせんてき)な 금전적인 | アカウント 어카운트(각종 PC통신 서비스 또는 네트워크에서 각 사용자를 구별하는 단위) | 更新(こうしん) 경신 | 暗証番号(あんしょうばんごう) 비밀번호 | 認証(にんしょう) 인증 | 不審(ふしん)な 수상한 | 騙(だま)される 속다 | 手続(てつづ)き 수속

청해

문제 1 이 문제에서는, 우선 질문을 들으세요. 그리고 나서 이야기를 듣고, 문제 용지의 1~4 중에서, 가장 알맞은 답을 하나 고르세요.

01 정답 1

모의2-1-01.mp3

男の人と女の人が話しています。男の人はこれからどうしますか。

女：どうしたの、最近やせたんじゃない？ご飯はちゃんと食べてるの？

男：ああ～、今週ずっと残業続きで、疲れちゃった。食事も四日間ずっとラーメンばかり。

女：それはいけないわ、体には何より食事が一番大事でしょ。

男：分かってるけど、なかなか独り暮らしで難しいよ。それに炊飯器も故障しちゃって、何とか我慢するほかないよ。

女：だめだめ！まず第一に、あれはあたしが買ってくるから、その次は仕事を少し減らさなくちゃ。

男：あれ、ほんとうに買ってくれるの。でも、会社の業務は自分勝手に出来ないよ。課長ににらまれたらおしまいだしね。

女：じゃあ、とりあえずコンビニのお弁当でも買ってくるから、たまった洗い物を片付けてね。それから炊飯器の件は明日夕方までにはできるから。

男：はいはい、分かった。今日と明日は何とか休めるよ。

女：誰のおかげだと思ってるの。来週からはちゃんとご飯食べてよ。

男：そうね、いつもありがとう。

男の人はこれからどうしますか。

1 食器と洗濯物を片付ける
2 まず炊飯器をなおしてからコンビニに行く
3 課長に電話で仕事を減らす
4 来週からは夕方にちゃんとご飯を食べる

해석

남자와 여자가 이야기하고 있습니다. 남자는 이제부터 어떻게 합니까?

여: 왜 그래요, 근래 살이 빠진 거 아니에요? 밥은 먹고 있어요?

남: 아아~, 이번 주 내내 잔업으로 지쳤어. 피곤해서. 4일 동안 줄곧 라면만 먹었어요.

여: 그건 안 돼요, 건강에는 무엇보다 밥이 중요해요.

남: 알지만, 혼자 생활이라 잘 안 지켜지네요. 게다가 밥솥도 고장이고, 그럭저럭 참을 수밖에 없네요.

여: 그건 안 돼요! 우선 먼저, 그건 내가 사올 테니까, 그 다음은 일을 좀 줄여야겠어요.

남: 어~, 정말 사주는 거예요? 하지만, 회사의 업무는 맘대로 할 수 있는 게 아니에요. 과장에게 찍히면 끝장이고.

여: 그럼, 일단 편의점 도시락이라도 사올 테니까, 밀린 설거지나 세탁물을 정리해요. 그리고 밥솥은 내일 저녁까지는 준비할게요.

남: 예예, 알았어요. 오늘과 내일은 그럭저럭 쉴 수 있겠네요.

여: 누구 덕분인 줄 알아요? 다음 주부터 꼭 밥을 먹어요.

남: 그래요, 늘 고마워요.

남자는 이제부터 어떻게 합니까?

1 식기와 세탁물을 정리한다
2 우선 밥솥을 고치고 나서 편의점에 간다
3 과장에게 전화로 일을 줄인다
4 다음 주부터는 저녁에 꼭 밥을 먹는다

어휘

独(ひと)り暮(ぐ)らし 독신, 홀로 생활 | 炊飯器(すいはんき) (전기)밥솥 | 憎(にら)まれる 미움받다, 찍히다 | 洗(あら)い物(もの) 세탁, 식기 등의 씻을 것 | 食器(しょっき) 식기 | 洗濯物(せんたくもの) 세탁물

해설

혼자 사는 남자가 주말에 쉬는데 여자가 몸을 생각해 밥이 최고라는 내용. 잔업이나 업무, 과장은 키워드가 아니고, 오히려 문제를 방해하는 단어이다. 핵심 단어는 설거지와 세탁물을 나타내는 洗い物이다. 그러므로 정답은 1번이 된다.

02 정답 4

모의2-1-02.mp3

会社で男の人と女の人が新商品の展示について話しています。女の人はこのあと何をしなければなりませんか。

男：再来週の新商品の展示の準備は順調ですか。

女：はい、新しい顧客のための案内状はもう印刷中ですし、案内を担当する職員の教育も今週までには終える計画です。

男：それは、よかったですね。さて、案内状に会社の周りの駐車場の場所とかはちゃんと記してありますか。

女：あのう、会社内の駐車場は前回と同じく書いてありますが、社外のほうは特に指示がなかったので、たぶん表示はないと思います。

男：それは、大変、早速確認をしなければなりません。前回も参加者のほとんどが車でいらしたから駐車場のことで大騒ぎになったと思うんですが、僕もうっかりしちゃったな～。今から間に合うかな～。

女：大急ぎで総務課の印刷担当者に確かめます。そのほかには大丈夫でしょうか。

男：あとは、案内係のことなんですが、今回の新商品に対する知識や作動要領など、また取扱書の確認はもう済んでますよね。

女：はい、基本知識と取扱書の内容はきのうまでにすべて覚えました。ただ、作動要領の方は今週までに機械担当部署で終わらせてもらえると先ほど連絡がありました。

男：とりあえず、印刷の方はさておき、真っ先に機械担当部署に連絡を入れて明日金曜日午後まで終わらせてもらうように、頼みます。

女：はい、わかりました。

女の人はこのあと何をしなければなりませんか。

1 とりあえず、案内状の印刷の確認のため総務課に連絡を入れる
2 金曜日までに会社の周りの駐車場を調べる
3 案内人がつらい羽目に陥らないように確認する
4 新商品の作動要領に関する担当部署へ電話をかける

해석

회사에서 남자와 여자가 신상품 전시에 대해서 이야기합니다. 여자는 이 후 무엇을 해야 합니까?

남: 다음다음 주 신상품의 전시 준비는 순조롭습니까?

여: 예, 새 고객을 위한 안내장은 이미 인쇄 중이고, 안내를 담당하는 직원 교육도 이번 주까지는 끝낼 계획입니다.

남: 그건, 잘됐군요. 그런데, 안내장에 회사 주변의 주차장 장소 등은 분명히 표시했습니까?

여: 저~, 회사 내 주차장은 지난번과 같이 적었있습니다만, 회사 밖 쪽은 특별히 지시가 없었어서, 아마 표시는 없을 겁니다.

남: 그건 큰일, 빨리 확인해야 합니다. 지난번 때도 참가자 대부분이 차로 오셨기 때문에 주차장 문제가 큰 소동이 되었습니다만, 저도 깜박해버렸네요. 지금부터라도 늦지 않을까요?

여: 급히 서둘러서 총무과 인쇄담당자에게 확인하겠습니다. 그 외는 괜찮습니까?

남: 그 다음은 안내담당의 건 입니다만, 이번 신상품에 대한 지식과 작동요령 등, 또 취급서에 대한 확인은 이미 다 되었지요?

여: 예, 기본지식과 취급설명서의 내용은 어제까지 모두 외웠습니다. 단, 작동요령 쪽은 이번주까지는 기계담당 부서에서 끝낼 수 있다고 조금 전 연락이 있었습니다.

남: 일단, 인쇄 쪽은 제쳐놓고, 바로 기계담당 부서에 연락을 넣어서 내일 금요일 오후까지 끝내도록, 부탁합니다.

여: 예, 알겠습니다.

여자는 이 후 무엇을 해야 합니까?

1 일단, 안내장의 인쇄 확인을 위해 총무과에 연락을 한다
2 금요일까지는 회사 주변의 주차장을 조사한다
3 안내인이 쓰라린 지경에 빠지지 않도록 확인한다
4 신상품의 작동요령에 관한 담당부서에 전화를 건다

어휘

順調(じゅんちょう) 순조 | 顧客(こきゃく) 고객 | 印刷中(いんさつちゅう) 인쇄 중 | 指示(しじ) 지시 | 表示(ひょうじ) 표시 | ~羽目(はめ)に陥(おちい)る ~지경에 빠지다 | 案内係(あんないがかり) 안내부서, 안내담당 | 作動要領(さどうようりょう) 작동요령 | 取扱書(とりあつかいしょ) 취급서 | 確認(かくにん) 확인 | 済(す)む 끝나다, 마치다 | さておき 제쳐놓고 | 真(ま)っ先(さき)に 바로, 곧장

해설

핵심 내용은 안내장과 안내담당자의 교육이다. 교육은 다시, 신상품의 지식, 취급설명서, 작동요령으로 나누어진다. 주차장은 사외 주차 장소가 안내장에 표시됐나 하는 문제인데, 여자가 바로 확인한다고 답한다. 그러나 더 시급한 것이 안내담당자의 신상품의 작동요령 확인이므로, 여자는 담당부서에 연락하여 바로 확인해야 한다. 그러므로 정답은 4번이다.

03 정답 4 모의2-1-03.mp3

宅配会社で男の人と女の人が話しています。これからこの会社は何をしますか。

男：最近、ネット通販の拡大などで荷物が急増し、ドライバーなどの不足が深刻になってきたなあ～。

女：ええ、なかでも大口の取引先だけでなく、個人が送る小口の荷物がもっと問題だと思います。

男：それに、外部に配達を委託する費用も膨らむ一方で、このままではサービスの維持が困難になってしまうんだな、何とか宅配サービスの見直しを進めたいんですが。

女：はい、今年の上半期の統計で、不在先への再配達が全体の2割を占めています。多くの荷物を抱えて、配達しても無駄足に終わることが少なくないです。それで、小口の全面的な値上げを検討しなければなりません。

男：そうだな、では、即日配達、送料無料というサービスのほうをまず見直すべきですね。

女：たしかに、そちらのほうが深刻なんですが、私の考えでは、時間帯指定配達を見直すのが急務ではないかと……

男：そうですね。じゃ昼の1時から3時までは送料なしの配達は抑えたほうがいいでしょうね。

女：でも、ただ抑えることで解決できるわけがありません。即日配達のほうはなんとか抑えられますが、送料なしの小口は全面的になくした方がいいと思います。

男：やっぱり、それ以外では解決策が立てられないですね。そうしましょう。

女：はい、直ちに取引先との交渉に入ります。

これからこの会社は何をしますか。

1 時間帯指定配達より即日配達のほうを全面的に見直す
2 即日配達より時間帯指定配達のほうを全面的に見直す
3 送料無料サービスは抑えて、小口の値上げを検討する
4 小口の値上げを検討し、送料無料サービスはすべてなくす

해석

택배회사에서 남자와 여자가 이야기합니다. 앞으로 이 회사는 무엇을 합니까?

남: 최근, 인터넷통신판매의 확대 등으로 화물이 급증하고 운전수 등의 부족이 심각해졌어요.

여: 예예, 그 중에도 대형업체뿐만 아니라, 개인이 보내는 소화물이 더 문제라고 생각합니다.

남: 게다가 외부에 배달을 위탁하는 비용도 늘기만 하고 있고, 이대로는 서비스 유지가 곤란해질 것입니다. 어떻게든 택배서비스를 재정비하고 싶습니다.

여: 예, 올해 상반기 통계로 보면, 부재지의 재배달이 전체의 2할을 차지합니다. 많은 짐을 짊어지고 배달해도 헛걸음으로 끝나는 경우가 적지 않습니다. 그래서 소화물의 전면적인 가격인상을 검토해야 합니다.

남: 그렇군요. 그럼, 당일배송, 무료배송 서비스 쪽을 우선 재정비해야겠군요.

여: 확실히, 그 쪽이 심각합니다만, 제 생각은 시간대지정배송을 재정비하는 것이 급선무가 아닌가 합니다만.

남: 그렇군요. 그럼 낮 1시부터 3시까지는 무료배송은 가급적 억제하는 편이 좋겠네요.

여: 하지만 그저 억제하는 것으로는 해결될 리가 없습니다. 당일배송 쪽

은 그런대로 억제할 수 있습니다만, 무료배송의 소화물은 전면적으로 없애는 편이 좋다고 생각합니다.

남: 역시, 그것밖에는 해결책이 없겠군요. 그렇게 합시다.

여: 예, 바로 거래처와 교섭에 들어가겠습니다.

앞으로 이 회사는 무엇을 합니까?

1 시간대지정배달보다 당일배달 쪽을 전면적으로 재정비한다
2 당일배달보다 시간대지정배달 쪽을 전면적으로 재정비한다
3 무료배송서비스는 억제하고, 작은 화물의 가격인상을 검토한다
4 작은 화물의 가격인상을 검토하고 무료배송서비스는 모두 없앤다

어휘

宅配(たくはい) 택배 | ネット通販(つうはん) 인터넷통신판매 | 大口(おおぐち)の取引先(とりひきさき) 큰손 거래처 | 小口(こぐち)の荷物(にもつ) 소화물 | 費用(ひよう)も膨(ふく)らむ一方(いっぽう)で 비용도 부풀기만 하고 | 維持(いじ) 유지 | 見直(みなお)す 재정비하다, 재고하다, 재검토하다 | 上半期(かみはんき) 상반기 | 無駄足(むだあし)に終(お)わる 헛걸음으로 끝나다 | 即日配達(そくじつはいたつ) 당일배송 | 送料無料(そうりょうむりょう) 무료배송 | 時間帯指定配達(じかんたいしていはいたつ) 시간대지정배송 | 取引先(とりひきさき) 거래처 | 交渉(こうしょう) 교섭

해설

우선 핵심 단어는 소화물과 당일배송, 무료배송이다. 남자는 당일배송과 무료배송을 언급하지만, 여자는 작은 화물의 무료배송는 모두 없애고, 가격 또한 인상 쪽을 재고해야 한다는 의견이다. 결론은 여자 쪽의 의견에 남자도 동의하여 정답은 4번이 된다.

04 정답 2 모의2-1-04.mp3

受動喫煙について男の人と女の人が話しています。女の人はどうすればいいと言っていますか。

女：あのね、木村さん、タバコ吸ってるでしょ。きのう新聞で読んだ記事なんだけど、これから建物の中を原則として禁煙にする法案ができるかも。

男：え～すべての建物の中なの？これは参ったなあ。僕、ヘビースモーカーなんだよ。

女：それなら、この法案が呼び水になってタバコなんかやめたほうが、健康にもいいし、周りの人にもいいんじゃない。受動喫煙のほうがもっと深刻だからとか書いてあったのよ。

男：まさか、もう定まったわけではないでしょ。

女：そうそう、今のところ、たたき台を示すことになったんだけど、内容はね、主に酒を提供するバーやスナックなどで、小規模の店舗を例外とする案を検討していて、どこまで例外を認めるかが焦点の１つとなっているの。

男：そうか、酒とタバコ、両方はこれから駄目だな。

女：またね、家族連れや外国人観光客の利用が想定される居酒屋やラーメン店、それに、食堂などは例外なしで、原則禁煙とする方針を固めたようよ。

男：そんなに厳しい法案ができるなら、いっそのこと、やめちゃうかな。

女：そうね、木村さんの体のほうと周りに迷惑をかけること、それはさておき、私と一緒にラーメンとか焼き肉とか食べたいなら、とりあえずやめるって宣誓したら？

男：それしか仕方ないかあ～。

女の人はどうすればいいと言っていますか。

1 とりあえず、男の人の健康のためと周りに迷惑をかけないこと
2 自分と食堂などに入れるように禁煙すること
3 受動喫煙のほうがもっと深刻だから真っ先にやめること
4 まずは、自分をタバコをやめるのに先生にすること

해석

간접흡연에 대해서 남자와 여자가 이야기합니다. 여자는 어떻게 하면 좋다고 합니까?

여: 있잖아, 기무라 씨, 담배피우죠? 어제 신문에서 읽은 기사인데, 앞으로 건물 안을 원칙으로 금연으로 하는 법안이 생길지도(몰라요).

남: 에~ 모든 건물 안에서야, 이것 참 곤란한데. 나, 골초란 말이에요.

여: 그렇다면, 이 법안이 계기가 되어서 담배 같은 거 끊는 편이 건강에도 좋고 주변 사람에게도 좋지 않겠어요? 간접흡연 쪽이 더 심각하다라고도 적혀 있었어요.

남: 설마, 벌써 정해진 것은 아니죠?

여: 그러니까, 현재 초안을 공개한 거지만, 내용은 주로 술을 제공하는 바(서양식 술집)나 스낵(일본식 소규모 술집) 등에서, 소규모 점포를 예외로 하는 안이 검토 중인데, 어디까지 예외로 인정할지가 초점의 하나가 되어 있어요.

남: 그렇군, 술과 담배, 양쪽은 앞으로 안 되겠군요.

여: 그리고 또, 가족동반과 외국인 관광객 이용이 예상되는 술집과 라면가게, 거기에 식당 등은 예외 없이 원칙적으로 금연으로 할 방침을 굳힌 것 같아요.

남: 그렇게 엄격한 법안이 생긴다면 차라리 끊어 버릴까보다.

여: 그래요, 기무라 씨 건강과 주변에 민폐를 끼치는 건 그렇다고 하고 나하고 같이 라면이나 불고기 등을 먹고 싶다면 일단 끊는 선서라도 해야 할 거에요.

남: 그것 밖에 방법이 없겠네요.

여자는 어떻게 하면 좋다고 합니까?

1 일단, 남자의 건강을 위함과 주변에 폐를 끼치지 말 것
2 자신과 식당 등에 갈 수 있도록 금연할 것
3 간접흡연 쪽이 더 심각하므로 즉시 끊을 것
4 우선은 자신을 담배 끊는 선생으로 삼을 것

어휘

受動喫煙(じゅどうきつえん) 간접흡연 | 法案(ほうあん) 법안 | これは参(まい)ったなあ 이거 참 곤란하네 | ヘビースモーカー 골초 | 呼(よ)び水(みず) 계기 | たたき台(だい)を示(しめ)す 초안을 보여주다 | 小規模(しょうきぼ)の店舗(てんぽ) 소규모의 점포 | 焦点(しょうてん) 초점 | 原則(げんそく) 원칙 | 禁煙(きんえん) 금연 | 方針(ほうしん)を固(かた)める 방침을 굳히다 | いっそのこと 차라리 | 宣誓(せんせい) 선서

해설

간접흡연의 방지를 위해 원칙적으로 건물 안에서 금연으로 한다는 법안의 초안에 대해 설명을 남자가 듣는다. 술을 제공하는 소규모의 술집이나 스낵(일본식 소규모 간이식당 겸 술집) 등은 예외로 할지 모르지만 라면가게, 식당 등, 가족동반이나 외국인이 많이 찾는 곳은 예외 없이 금연이라는 내용이다. 마지막의 여자의 말은, 자기와 불고기(야키니쿠)를 먹고 싶으면 담배를 끊어야 한다는 것이 핵심이다.

05 **정답 4** 모의2-1-05.mp3

保育所について男の人と女の人が話しています。二人はこれからどうしますか。

男：最近、保育所を設ける問題が話題になっているらしいよ。
女：ええ、そうよ。子どもが遊ぶ声にも苦情が出るから、用地の確保は各地で大きな課題になったわ。
男：それで、町の公園に保育所などを設ける準備を進めていると聞いたんだけど。
女：ああ、子供は生まなければならないし、みんな共働きで保育所は多ければ多いに越したことはないと思うわ。
男：僕もまったく同感だよ。それに、子供の声が苦情だなんて初耳だなあ。
女：私も同感～、赤ん坊の産声など、まるで天使の声みたいじゃない。なにが苦情なんだか分からないわ。
男：君と僕、見た目は全然違うんだけど、なんか馬が合うところもけっこうあるよね。先日プロポーズしようと考えたんだけど、どう？
女：ええ～なんで、いきなり保育所からそんなことが出るの、その件はお断りのつもりなんだけど、まあ、まんざらでもないというのはこの場合かなあ～
男：ま～そんなに急がなくてもいいから。

二人はこれからどうしますか。

1 男の人も女の人も子供の遊ぶ声にはうんざりしているから子供は生まない
2 二人は公園内の保育所の設置には反対しないが、子供は生みたくない
3 二人は子供に対して意見が違うからあまり仲よく過ごす気はない
4 女の人も男の人もいろいろ気が合うからこれから付き合ってみる

해석

보육시설에 대해서 남자와 여자가 이야기합니다. 두 사람은 앞으로 어떻게 합니까?

남: 최근, 보육시설을 만드는 문제가 화제가 되고 있는 것 같아.
여: 그래, 맞아. 아이가 노는 소리에도 불평을 제기하니까 용지 확보는 각지에서 큰 과제가 됐어.
남: 그래서 마을 공원에 보육시설을 짓는 준비가 진행된다고 들었는데.
여: 아아, 아이는 낳아야 하고, 다들 맞벌이를 하니까 보육시설은 많으면 많을수록 좋다고 생각해.
남: 나도 완전 같은 생각이야. 그리고 아이의 소리가 불만이라니 금시초문이야.
여: 나도 동감~, 갓난아기 울음소리는 마치 천사의 목소리 같지 않아? 뭐가 불만인지 모르겠어.
남: 너와 나, 겉보기는 전혀 다르지만, 뭔가 마음이 맞는 점이 꽤 있네. 얼마 전 프로포즈하려고 생각했는데, 어때?
여: 에에~ 왜, 갑자기 보육시설에서 그런 말이 나오는 거야? 그 건은 거절할 생각이지만, 뭐, 아주 마음에 없는 것도 아니라는 게 이런 경우인가?
남: 뭐 그렇게 서두르지 않아도 좋으니까.

두 사람은 앞으로 어떻게 합니까?

1 남자도 여자도 아이가 노는 소리에는 진력이 나서 아이는 낳지 않는다
2 두 사람은 공원 안의 보육시설 설치엔 반대하지 않지만, 아이는 낳고 싶지 않다
3 두 사람은 아이에 대해서 의견이 다르므로 그다지 사이좋게 지낼 마음은 없다
4 여자도 남자도 여러 가지로 마음이 맞으므로 앞으로 사귀어본다

어휘

保育所(ほいくしょ)を設(もう)ける 보육시설을 설치하다 | 話題(わだい) 화제 | 苦情(くじょう)が出(で)る 불만이 나오다 | 用地(ようち)の確保(かくほ) 건축용지 확보 | 共働(ともばたら)き 맞벌이 | ～に越(こ)したことはない ~보다 나은 건 없다 | 初耳(はつみみ) 금시초문 | 赤(あか)ん坊(ぼう)の産声(うぶごえ) 갓난아이 울음소리 | 天使(てんし)の声(こえ) 천사의 목소리 | 見(み)た目(め) 겉보기 | 馬(うま)が合(あ)う 마음이 맞다 | お断(ことわ)り 사절, 사양 | まんざらでもない 아주 마음에 없는 것도 아니다, 아주 나쁜 것만도 아니다, 싫지는 않다

해설

과제이해의 문제는, 결론이 먼저 나오는 경우와 나중에 나오는 경우가 있다. 이 문제의 경우는 두 사람의 앞으로의 행동에 관한 문제이므로, 두 사람의 공통점을 잘 들을 필요가 있다. 보육시설 설치 문제에 대해 각자 생각을 말하는 것으로 시작하여 뒷부분에 가서 두 사람의 의견이 일치되는 부분이 나온다. 그리고 대화의 끝에서 두 사람은 여러 면에서 마음이 맞으므로 당분간 사귀어보기로 한 것을 파악하는 것이 과제의 핵심이라 할 수 있다. 그러므로 정답은 4번이다.

06 **정답 1** 모의2-1-06.mp3

女の人と男の人が「プレミアムフライデー」について話しています。これから女の人が始めることは何ですか。

女：ちょっと、プレミアムフライデーって聞いたことある？
男：なにそれ、金曜日になんか出るの？
女：全然違うわ。プレミアムフライデーというのは、企業に対して月末の金曜日に従業員が午後3時をめどに退社できるよう呼びかけ、買い物や食事、旅行などを楽しんでもらい、停滞する消費を盛り上げようという全国的なキャンペーンなんだそうよ。

男：えっ、そんなもんあったっけ。それは、いいなあ～。今月からなの？

女：そうそう、来週が月末の金曜日だわ。なんかいい計画あるかしら。

男：じゃ、せっかくの政府の政策に従って、二人でどこか行ってみようか。

女：いいわ、温泉とかはどう思う。日帰りのところたくさんあるから。

男：いや、金曜から日曜までだっぷり休めるプランがいいと思う。温泉なんかはいつでも行けるし、東京からもっと遠いところへ出かけようよ。お金なら僕が出すよ。

女：あら、そんな耳寄りな話し今まで聞いたことないわ。早速ネットで下調べでもしなくちゃ。断っておくけど、二枚舌なんか使わないでね。

男：そんな心配は要らないよ。さて、ネットより口コミのほうが確かで信じられると思うよ。沖縄か北海道か行ってきた君の友だちいたじゃないか。急いで。

女：あら、そっちのほうがもっと早いかもね。分かったわ。

これから女の人が始めることは何ですか。

1 インターネットで調べをやめて友人に二泊三日の旅行プランを聞く
2 お金は男の人が出すから早速、銀行のATMへ行く
3 日帰りの北海道か沖縄の旅行プランをインターネットで調べてみる
4 人の耳寄りな話は信じられないから直接旅行会社に行く

해석

여자와 남자가 프리미엄 프라이데이에 대해서 이야기합니다. 이제부터 여자가 시작할 일은 무엇입니까?

여: 잠깐, 프리미엄 프라이데이라는 말 들어봤어?

남: 뭐야 그거, 금요일에 뭔가 나오는 거야?

여: 전혀 달라. 프리미엄 프라이데이란, 기업에 대해서 월말 금요일에 직원이 오후 3시를 기준으로 퇴근할 수 있도록 호소하여, 쇼핑이나 식사, 여행 등을 즐기게 함으로써 정체된 소비를 활성화 시키려는 전국적인 캠페인이라고 해.

남: 어, 그런 게 있었어. 그것 참 좋다. 그런데, 이번 달부터인 거야?

여: 그래, 다음 주가 월말 금요일이야. 뭐 좋은 계획 없을까?

남: 그럼 모처럼의 정부 정책에 부응하여 둘이서 어딘가 가봐야겠다.

여: 좋아, 온천 같은 데는 어때? 당일치기 할 곳이 많이 있으니까.

남: 아니, 금요일부터 일요일까지 푹 쉴 수 있는 플랜이 좋을 거야. 온천 같은 곳은 언제나 갈 수 있고, 도쿄에서 먼 곳으로 가보자. 돈이라면 내가 낼 테니까 말이야.

여: 어머, 그런 솔깃한 이야기 지금까지 들어본 적이 없는 걸. 얼른 인터넷으로 사전조사라도 해야겠다. 미리 말해두지만, 일구이언 따위 하지 말아줘.

남: 그런 걱정은 필요 없어. 근데, 인터넷보다 입소문 쪽이 확실하고 믿을 수 있을 거야. 오키나와나 홋카이도 같은 곳에 다녀온 너 친구들 있었잖아. 서둘러.

여: 어머, 그 쪽이 더 빠를지도. 알았어.

이제부터 여자가 시작할 일은 무엇입니까?

1 인터넷 조사를 그만두고 친구에게 2박 3일 여행플랜을 묻는다
2 돈은 남자가 지불하므로 얼른, 은행 ATM에 간다
3 당일치기 홋카이도나 오키나와 여행플랜을 인터넷으로 조사한다
4 남의 솔깃한 이야기는 믿을 수 없으므로 직접 여행회사에 간다

어휘

従業員(じゅうぎょういん) 직원, 종업원 | めど 기준, 목표 | 退社(たいしゃ) 퇴사, 퇴근 | 呼(よ)びかける 호소하다 | 停滞(ていたい) 정체 | 消費(しょうひ) 소비 | 盛(も)り上(あ)げる 활성화하다 | 政策(せいさく)に従(したが)う 정책에 따르다 | 日帰(ひがえ)り 당일치기 | 耳寄(みみより)な話(はなし) 솔깃한 이야기 | ネット 인터넷 | 下調(したしら)べ 사전조사 | 断(ことわ)っておく 미리 말해두다 | 二枚舌(にまいじた)を使(つか)う 일구이언하다 | 口(くち)コミ 입소문

해설

먼저 프리미엄 프라이데이에 대해서 여자가 설명을 한다. 매월 마지막 금요일은 오후 3시에 퇴근하여 소비를 활성화시킨다는 전국적인 캠페인이다. 그래서 모처럼 푹 쉴 수 있는 여행을 계획하는데, 여자는 당일치기 이야기를 꺼냈는데, 남자는 금요일부터 일요일까지 모처럼 긴 시간을 갖게 되었으니까 푹 쉴 수 있는 2박 3일을 원한다. 비용도 남자가 자기부담으로 한다고 하고, 인터넷보다는 입소문 쪽이 확실하고 믿을 수 있다는 의견을 말한다. 그러므로 여자는 지금부터 친구에게 여행플랜을 물어봐야 한다. 그래서 정답은 1번이 된다.

문제 2 이 문제에서는 먼저 질문을 들으세요. 그러고 나서 문제 용지의 선택지를 보세요. 읽는 시간이 있습니다. 그러고 나서 이야기를 듣고, 문제 용지의 1~4중에서 가장 알맞은 답을 하나 고르세요.

01 정답 4 모의2-2-01.mp3

日本老年医学会の専門家の男の人が高齢者の認知症と運転免許証について話しています。男の人は高齢者の運転免許証をどうすればいいと言っていますか。

男：最近、高齢者の運転事故が社会的な問題となっています。特に、今年から75歳以上を対象にした検査で「認知症のおそれがある」と判断された場合には、医師の診断を義務づけるなど、認知症検査の態勢が強化されます。そういうわけで、まず、高齢者、特に認知症の人の尊厳を守り、運転中止後の本人や家族の生活の質を保証することが重要です。その方法として、まず第一に社会から孤立しないよう公共交通システムを整備し直すなどし、可能なかぎり強制的な手段ではなく、運転免許証の自主返納を促進する必要があると思います。また、ごく初期の認知症の人や軽度認知障害の人と一般の高齢者の間では、運転行動の違いは必ずしも明らかではないです。特に、初期の認知症の人の運転免許証の取り消しにあたっては、実際の運転技能を実車テスト等によって専門家

が判断する必要があります。

男の人は高齢者の運転免許証をどうすればいいと言っていますか。

1 特に、初期の認知症の人の運転免許証は必ず取り消したほうがいい
2 認知症の人と一般の高齢者の間では、運転行動の違いは必ずあるから取り消しする
3 75歳以上の高齢者には可能なかぎり免許証を取り消しする
4 認知症のおそれがあると判断された場合には自ら免許証を返納するよう促す

해석

일본노년의학회의 전문가인 남자가 고령자의 치매와 운전면허에 대해서 이야기합니다. 남자는 고령자의 운전면허증을 어떻게 하면 좋겠다고 합니까?

남: 최근 고령자의 운전사고가 사회적인 문제가 되고 있습니다. 특히, 올해부터 75세 이상을 대상으로 한 검사에서 '치매의 우려가 있다'라고 판단된 경우에는 의사의 진단을 의무화하는 등, 치매검사의 태세가 강화됩니다. 그런 사유로 우선 고령자, 특히 치매증의 사람의 존엄을 지키고 운전중지 후의 본인이나 가족의 생활의 질을 보증하는 것이 중요합니다. 그 방법으로써 우선 먼저 사회에서 고립되지 않도록 공공교통시스템을 재정비하는 등을 실시하여, 가능한 한 강제적인 수단이 아니라 운전면허증의 자진반납을 촉진할 필요가 있다고 생각합니다. 또, 극히 초기의 치매증 사람이나 가벼운 치매장애 사람과 일반의 고령자 사이에서는 운전행동의 차이는 반드시 명확하지는 않습니다. 특히, 초기 치매증인 사람의 운전면허 취소에 대해서는 실제의 운전기능을 실차 테스트 등을 통해서 전문가가 판단할 필요가 있습니다.

남자는 고령자의 운전면허를 어떻게 하면 좋겠다고 합니까?

1 특히, 초기 치매증인 사람의 운전면허증은 반드시 취소하는 편이 좋다
2 치매증인 사람과 일반 고령자 사이에서는 운전행동의 차이는 반드시 있으므로 취소한다
3 75세 이상의 고령자에게는 가능한 한 면허증을 취소한다
4 치매증의 우려가 있다고 판단되는 경우에는 스스로 면허증을 반납하도록 촉구한다

어휘

日本老年医学会(にほんろうねんいがっかい) 일본노년의학회 | 専門家(せんもんか) 전문가 | 高齢者(こうれいしゃ) 고령자 | 認知症(にんちしょう) 인지증, 치매증 | 運転免許証(うんてんめんきょしょう) 운전면허증 | 診断(しんだん)を義務(ぎむ)づける 진단을 의무화하다 | 尊厳(そんげん)を守(まも)る 존엄을 지키다 | 孤立(こりつ) 고립 | 強制的(きょうせいてき)な手段(しゅだん) 강제적인 수단 | 自主返納(じしゅへんのう) 자진반납 | 促進(そくしん) 촉진 | 軽度認知障害(けいどにんちしょうがい) 경도인지장애, 가벼운 치매장애 | 初期(しょき) 초기 | 取(と)り消(け)し 취소 | 運転技能(うんてんぎのう) 운전기능 | 実車(じっしゃ)テスト 실차 테스트

해설

최근의 사회적 관심사인 치매와 노인문제 중의 하나인 고령운전자에 관한 주제이다. 이 주제의 단어들은 언제 들어도 해석이 될 정도로 익혀두도록 한다. 문제의 요지는 고령자 운전면허증에 관한 전문가 의견을 듣고 포인트를 집어내는 것이나. 어려운 단어가 나온다고 당황하지 말고, 문제 그대로 포인트가 무엇인가를 집어내는 게 중요하다. 따라서 처음에 제시되는 질문이 무엇을 요구하는지 잘 새겨들을 필요가 있다. 여기서는 고령자의 면허증 취소와 반납이 핵심 포인트이다. 강제적인 수단이 아닌 '자진반납'이 핵심 키워드이다. 그러므로 정답은 스스로 반납을 촉구하는 4번이다. 이렇게 문제가 길거나 어려운 단어들이 있더라도 키워드 몇 개만 잘 해석하면 포인트 이해 문제는 쉽게 해결된다.

02 정답 1 　모의2-2-02.mp3

東京消防庁の担当者が救急車の出動について話しています。担当者は救急車の出動が増えた原因は何だと言っていますか。

女：去年1年間に管内で救急車が出動した件数は77万7427件となりました。救急業務を開始して以来最も多い件数で、7年連続の過去最多の更新です。要因の1つが高齢者の増加で、75歳以上の搬送者は24万6263人と、10年前の15万人程度から大幅に増えています。また、「どこの病院に行ったらいいかわからなかった」や「タクシー代がかかるから」といった理由で要請があったケースもあり、搬送した人のうち、54.9％が軽症でした。今後は、症状が重くないと思われる場合は、救急隊の経験者などが相談に応じる専用ダイヤル「＃7119」にまずは問い合わせるなど、適切な利用をよろしくお願いします。

担当者は救急車の出動が増えた原因は何だと言っていますか。

1 症状が軽いことで運んで送った人が過半数を占めていたから
2 救急隊の経験者などが相談に応じる専用ダイヤルにまず問い合わせるから
3 大幅に増えた高齢者などが適切な利用のやり方が分からないから
4 まれな例として「タクシー代がかかるから」などの理由の人がいるから

해석

도쿄소방청의 담당자가 구급차 출동에 대하여 이야기합니다. 담당자는 구급차 출동이 늘어난 원인은 무엇이라고 합니까?

여: 작년 1년 동안에 관내에서 구급차가 출동한 건수는 77만 7427건이었습니다. 구급업무를 개시한 이래 가장 많은 건수로, 7년 연속의 과거최다의 경신입니다. 요인의 하나가 고령자의 증가로 75세 이상의 운송자는 24만 6263명으로 10년 전의 15만 명 정도에서 대폭으로 늘었습니다. 또 "어느 병원에 가면 좋은지 몰랐다"라든지 "택시비가 드니까" 등의 이유로 요청이 있었던 경우도 있고 운송한 사람 중, 54.9%가 가벼운 증상이었습니다. 앞으로는 증상이 심각하지 않다고 생각되는 경우는 구급대 경력자 등이 상담에 대응하는 전용다이얼 '# 7119'에 우선 문의하는 등, 적절한 이용을 잘 부탁드립니다.

담당자는 구급차의 출동이 늘어난 원인은 무엇이라 합니까?

1 증상이 가벼운 일로 운송해 준 사람이 과반수를 차지하니까

2 구급대의 경험자 등이 상담에 응하는 전용다이얼에 우선 문의하니까
3 대폭으로 늘어난 고령자 등이 적절한 이용의 방법을 모르기 때문에
4 드문 예로써 "택시비가 드니까" 등의 이유인 사람이 있으니까

어휘

東京消防庁(とうきょうしょうぼうちょう) 도쿄소방청 | 担当者(たんとうしゃ) 담당자 | 救急車(きゅうきゅうしゃ) 구급차 | 出動(しゅつどう) 출동 | 開始(かいし) 개시 | 要因(よういん) 요인 | 高齢者(こうれいしゃ) 고령자 | 増加(ぞうか) 증가 | 搬送者(はんそうしゃ) 반송자, 운송자 | 要請(ようせい) 요청 | 軽症(けいしょう) 경증, 가벼운 증상 | 今後(こんご) 금후, 앞으로 | 症状(しょうじょう) 증상 | 適切(てきせつ)な利用(りよう) 적절한 이용 | 過半数(かはんすう) 과반수 | 占(し)める 차지하다 | まれな例(れい) 드문 예

해설

구급차 출동이 늘어난 이유는 먼저 75세 이상의 고령자가 10년 전에 비해서 대폭 늘어났으며 가벼운 증상으로 이용한 사람이 전체의 과반수(54.9%)를 차지한 것이다.

03 정답 3 모의2-2-03.mp3

男の人と女の人が髪の色について話しています。男の人は髪の色をどうしたらいいと言っていますか。

男：新人が初日から茶髪でも周りからの印象は悪くないかな。いつ黒に戻すのか。

女：大丈夫、黒髪にはしないよ。去年、学生の頃バイトでその会社に行ったことがあるけど、女性職員にも茶髪の人がそこそこいたから大丈夫だと思うわ。

男：でも、僕は、最初の数ヶ月は黒髪で、慣れてきたころに様子を見て少し染めるのがいいのでは？

女：それもそうなんだけど、自己責任という言葉もあるんじゃない。あたし好きにするわ。髪の色が原因で先輩から目を付けられようと、自業自得だと思うから、それもそれなりの人生の勉強になるわ。

男：ああ～参ったなあ、全く聞く耳をもたないで、わがままなのは学生時代と全然変っていないね。君が見た人は全部先輩でしょ。新採用と何年も勤務している人では違うんじゃないか。まず、先輩社員に目をつけられたら、これからが大変なんだよ。だから僕の言うのも聞いたほうがいいよ。

女：しつこいね、髪の色や服装などは職場によっても違うし、一辺倒の判断はもう大昔の話しなんだから。先も言ったけど、あたしなりの判断の根拠があるから、もうこれ以上口出しはやめといてね。

男：そこまで言うなら、僕も二度と言わないよ。でもな～、会社で働くことにふさわしいという身なりで、まずは出社してみるのがいいのかも。

女：また、始まった～。

男の人は髪の色をどうしたらいいと言っていますか。

1 社会人として自己責任だから自分の好きなようにしてもかまわない
2 これから髪の色については二度と口出ししない
3 新採用の立場だから周りの雰囲気をうかがう必要性がある
4 大昔とは全然違うから茶髪で出社しても別に問題はない

해석

남자와 여자가 머리색에 대해서 이야기합니다. 남자는 머리색을 어떻게 하면 좋다고 합니까?

남: 신입이 첫날부터 갈색이라도 주위의 인상은 나쁘지 않을까? 언제 검정으로 되돌릴 거야?

여: 괜찮아, 흑발로는 안 할 거야. 작년 학생 때 알바로 그 회사에 간 적이 있는데, 여직원 중에도 갈색 머리인 사람이 드문드문 있었으니까 괜찮을 거야.

남: 그래도 내 생각에는 처음 몇 개월은 흑발로 하고, 익숙해 진 시점에서 상황을 살펴 조금 염색하는 게 좋을 거 같아.

여: 그렇기는 하지만, 자기책임이란 말도 있지 않겠어? 내 좋을 대로 할 거야. 머리색이 원인이 되어 선배에게 찍히게 되더라도 자업자득이라 생각하니까, 그건 그 나름대로 인생의 공부가 될 거야.

남: 아아~ 졌다졌어, 전혀 들을 생각이 없고, 제멋대로인 건 학생 때와 전혀 바뀌지 않았구나. 네가 본 사람은 전부 선배잖아? 신입이랑 몇 년이나 근무한 사람은 다르잖아? 우선 선배사원에게 찍히면 앞으로가 큰일이야. 그러니까 내가 하는 말도 듣는 게 좋을 거야.

여: 끈질기네, 머리색이나 복장 등은 직장에 따라 다르고, 일변도의 판단은 이제 먼 옛날이야기니까. 아까도 말했지만, 내 나름의 판단 근거가 있으니까, 이제 더 이상 참견하지 말아줘.

남: 그렇게까지 말한다면, 나도 두 번 다시 말하지 않을게. 그래도 말이야~ 회사에서 일하는 데 어울리는 차림으로, 우선은 출근해 보는 게 좋을지도.

여: 또, 시작했다~.

남자는 머리색을 어떻게 하면 좋겠다고 합니까?

1 사회인으로서 자기책임이므로 자기 좋을 대로 해도 관계없다
2 앞으로 머리색에 대해서 두 번 다시 참견하지 않는다
3 신입이므로 주변의 분위기를 살필 필요성이 있다
4 먼 옛날과 전혀 다르므로 갈색으로 출근해도 별로 문제는 없다

어휘

新人(しんにゅう) 신입 | 初日(しょにち) 첫날 | 茶髪(ちゃぱつ) 다색, 갈색 | 印象(いんしょう) 인상 | 黒(くろ)に戻(もど)す 검정으로 되돌리다 | 黒髪(くろかみ) 흑발, 검은 머리 | 様子(ようす)を見(み)る 상황을 살피다 | 慣(な)れる 익숙해지다 | 染(そ)める 물들이다 | 自己責任(じこせきにん) 자기책임 | 目(め)を付(つ)けられる 찍히다 | 自業自得(じごうじとく) 자업자득 | 新採用(しんさいよう) 신채용, 신입 | 一辺倒(いっぺんとう)の判断(はんだん) 일변도의 판단 | 根拠(こんきょ) 근거 | 口(くち)出(だ)し 참견 | 身(み)なり 옷차림 | 出社(しゅっしゃ) 출근

해설

머리색에 관한 남자의 생각을 묻는 것이 포인트이다. 현재 여자의 머리는 갈색으로 물들인 상태인데, 남자는 이제 곧 신입인으로써 출근하는 입장에서 검은 머리로 출근하는 게 좋다는 생각이다. 하지만, 여자는 작

년에 알바로 그 회사에 간 적이 있었는데 회사에 갈색머리의 여자사원이 여기저기 보였으므로 갈색머리로 출근해도 된다는 생각이다. 그래도 남자는 일단 검은 머리로 출근하고 몇 달 정도 지나서 분위기에 익숙해지면 그때 염색해도 된다는 의견이 포인트이다. 여기서 핵심 어휘는 '분위기를 살피다(様子を見る)'이다. 문제의 포인트는 머리색에 대한 남자의 생각이므로 정답은 3번이다.

04 정답 1 모의2-2-04.mp3

求人雑誌を見ながら女の人と男の人が話しています。アットホームな職場について二人はどう思いますか。

女：これなに。「アットホームな職場」「職場でクラブ活動など盛ん」「バーベキューなど定期的に開催しています」こんな台詞で書いてある会社に若者が応募するの？

男：どれどれ、本当だ～、これはね、職場のアットホームぶりをウリにする会社なんだよ。最近の若者はどう思ってるのか分からないけど、僕が働き始めた若いころは、小さい会社だと確かに家族同然、休みの日も職場の人と集まったりしていたこともある。でも最近はこういう職場も少なくなったと思うよ、これはまれだな～。

女：でしょ？私なら、プライベートまで職場の人と過ごしたくないわ。他にアピールすることがなかったのではないかしら。こういう会社はたいがい同族経営に決まってるわ。こんな会社絶対いやだわ。

男：これはね、もしかしたら、若い子には勤まらない仕事だから「若者には応募してほしくない」という意図で、あえて「アットホームな職場」と書いたし、社長の狙い通り一定の年齢の人しか応募しないかもね。

女：そうかな、私はね「アットホームな職場」「風通しのよい職場」と書いてある職場は、なんでもナアナアで済ませるし、残業も押しつけるし、それに、礼儀知らずが多いし、プライベートに干渉すると思うわ。

男：そんなにマイナスイメージばかり言わないでよ。最近では、社員の絆を深めるため「社内運動会」を復活させる企業もあるとか聞いたよ。

女：やっぱり、最近の20代くらいの人は、こういうことが書かれていると、逆に敬遠するのではと思うわ。私自身は「職場の人は職場の人、プライベートまではカンベン」もちろん、コミュニケーションの必要性は認めるけど。

男：でもなあ、一人っ子時代には、こういう会社もなんとか勤務に値するんじゃないかな。

アットホームな職場について二人はどう思いますか。

1 女の人は風通しのよい職場はなんでも適当に折り合いをつけるからいやだ
2 男の人は最近、兄弟姉妹のいない家庭が多いからこんな会社はいやだ
3 女の人も男の人もバーベキューなど定期的に開催する会社はいやだ
4 女の人も男の人も職場のアットホームぶりをウリにする会社はいやだ

해석

구인잡지를 보면서 여자와 남자가 이야기합니다. 가정적인 직장에 대해서 두 사람은 어떻게 생각합니까?

여: 이게 뭐야. '가정적인 직장' '직장에서 클럽활동 등 활발' '바비큐 등 정기적으로 개최합니다' 이런 문구가 적혀 있는 회사에 젊은이가 응모하나?

남: 어디어디, 정말이다, 이건 말이야, 직장의 가정적인 분위기를 특징으로 내세우는 회사인거야. 최근 젊은이는 어떻게 생각하는지 모르지만, 내가 일하기 시작했던 무렵에는 작은 회사인 경우 확실히 가족처럼 쉬는 날도 직장 사람과 모이거나 한 적도 있어. 하지만 요즘은 이런 직장도 줄었을 거야. 이건 드문 일인데~

여: 그렇지? 나라면 사적인 것까지 직장 사람과 보내고 싶지 않아. 달리 어필할 게 없는 거 아닐까? 이런 회사는 대체로 가족경영임에 틀림없어. 이런 회사 절대 싫어.

남: 이건 말이야, 어쩌면, 젊은 사람에겐 근무하지 마라는 일이니까 '젊은이는 응모 하지 않았으면' 하는 의도로 굳이 '가정적인 직장'으로 썼고, 사장의 노리는 바대로 일정 연령의 사람밖에 응모하지 않을지도.

여: 그럴까, 난 '가정적인 직장' '소통이 좋은 직장'이라고 적힌 직장은 무엇이든 적당히 타협으로 끝내고, 잔업도 강요하고, 게다가 예의모르는 사람이 많고, 사적인 일에 간섭한다고 생각해.

남: 그렇게 마이너스 이미지만 말할 것도 없지. 근래는 사원의 정을 돈독하게 만들기 위해 '사내운동회'를 부활시키는 기업도 있다고 들었어.

여: 역시, 요즘 20대 정도의 사람은 이런 게 적혀 있으면 오히려 멀리하는 게 아닐까? 나 자신은 "직장 사람은 직장 사람, 사적인 것까지는 참아줘" 물론 소통의 필요성은 인정하지만.

남: 그래도 말이야, 한 자녀 시대에는 이런 회사도 그럭저럭 근무할 가치가 있지 않을까?

가정적인 직장에 대해서 두 사람은 어떻게 생각합니까?

1 여자는 소통이 좋은 직장은 아무래도 적당히 타협하므로 싫다
2 남자는 근래 형제자매가 없는 가정이 많으므로 이런 회사는 싫다
3 여자도 남자도 바비큐 등 정기적으로 개최하는 회사는 싫다
4 여자도 남자도 직장의 가정적 상태를 특징으로 하는 회사는 싫다

어휘

求人雑誌(きゅうじんざっし) 구인잡지 | アットホームな職場(しょくば) 가정적인 직장 | 開催(かいさい) 개최 | 台詞(せりふ) 대사, 문구 | 応募(おうぼ) 응모 | ウリにする 특징으로 하다 | 家族同然(かぞくどうぜん) 가족처럼 | まれな 드문 | プライベート 사적인 것 | 同族経営(どうぞくけいえい) 가족경영 | ～に決(き)まってる ~임에 틀림없다 | 意図(いと) 의도 | 狙(ねら)い通(どお)り 노림대로 | 風通(かぜどお)し 의사소통 | ナアナアで済(す)ませる 적당히 타협으로 끝내다 | 残業(ざんぎょう) 잔업 | 押(お)しつける 강요하다 | 礼儀(れいぎ)知(し)らず 예의를 모르는 사람 | 干渉(かんしょう) 간섭 | 絆(きずな) 정, 유대관계 | 復活(ふっかつ) 부활 | 敬遠(けいえん)경원, 멀리함 | カンベン(勘弁・かんべん) 참음, 용서함 | ～に値(あたい)する ~할 가치가 있다 | 折(お)り合(あ)いをつける 타협을 짓다

해설

포인트는 가정적인 직장에 관한 두 사람의 생각이다. 이 경우는, 두 사람의 의견이 일치하는 것과, 남자와 여자가 의견이 다른 경우, 두 가지로 미리 짐작하면서 대화를 들을 필요가 있다. 여자는 처음부터 끝까지 가정적인 직장은 싫다고 한다. 구체적인 예로 나온 것이, 가족경영, 소통이 좋은 직장, 적당히 타협, 잔업을 강요 등이다. 특히, 'ナアナアで済(す)ませる(적당히 타협으로 끝내다)'가 포인트 어휘라 할 수 있다. 남자의 경우는 대화 끝부분에서 오히려 가정적인 직장이 최근의 한 자녀 시대에는 근무할 가치가 있을 수도 있다고 말하고 있다. 따라서 대화 내용과 일치하는 내용은 1번뿐이므로 정답은 1번이다.

05 정답 3 모의2-2-05.mp3

男の人と女の人が話しています。女の人が土曜日、事務所にいる理由は何だと言っていますか

女：あら、渡辺さん。今日土曜日じゃない。どうして事務所なの？

男：え〜っ、智美さんこそ自分のことは棚に上げて何言ってるんだ。

女：月曜から水曜まで休暇を取ったの。ここ半年、一日も休んでいないから部長からかわいそうだなんて言われたので、これはチャンスと思って休暇の件、言い出したら、二つ返事で許してもらったんだけど。企画書の残り部分を済ませなくちゃと思ってね。

男：それはそれは、宝くじに当ったようなもんだな。実は僕、ちょっと悩んでるわけ。仕事も厳しいし、どうやら僕に向いてる気がしないんだよ。それで、あれこれ考えるうちについ足がここへ、というわけだよ。

女：あら、それはいけない。まだ、ここ一年足らずでしょ？はじめから打って付けの仕事なんかありはしないわ。地味に粘り強くやっていけばいつのまにか慣れてくるもんだから。

男：まあ、そうだと思うんだけど、それに彼女ともうまくいかないし、いろいろだよ。

女：それは大変。なんかあったら、まず渡辺さんから謝ったほうがいいわ。女は男の方から謝るのを待ってるのがほとんどだから。

男：やっぱり結婚した人生の先輩だけにいろいろ助かるよ。では、智美さんの言うとおり、今すぐ謝りに行く、あとで結果報告するからね。とりあえず事務所に来てよかったなあ。いや、智美さんに会えて何よりもよかったと思うよ。じゃね〜。

女：あら、コーヒーでもいれるから、ちょっと待ってたらいいのに。

男：いや、善は急げ！だよ。

女：急がば回れ！もあるでしょ？

女の人が土曜日、事務所にいる理由は何だと言っていますか。

1 企画書の件で部長に報告することがあるから

2 部長から来週までに企画書を終わらせるように言われたから

3 部長の快諾で六ヶ月ぶりに休めることになったから

4 男の人が自分のことは棚に上げて悩んでいるから

해석

남자와 여자가 이야기합니다. 여자는 토요일에 사무실에 있는 이유는 무엇이라고 합니까?

여: 어머, 와타나베 씨, 오늘 토요일 아니야? 왜 사무실이야?

남: 에~, 사토미 씨야말로 여기 있으면서 무슨 말하는 거야.

여: 월요일부터 수요일까지 휴가 받았어, 최근 반년 동안 하루도 쉬지 않으니까, 부장이 가엾다고 말해서, 이건 찬스다 싶어서 휴가 건에 대해 말을 꺼냈더니, 흔쾌히 허락해 줬거든. 근데 기획서의 남은 부분을 끝내야겠다고 생각해서 말이야.

남: 이야 그건, 복권에 당첨된 거 같은 거네. 사실 나, 좀 고민하고 있어. 일도 빡빡하고, 아무래도 나에겐 맞지 않는 기분이 들어. 그래서 이것저것 생각하는 중에 급기야 발이 여기로, 그런 셈이야.

여: 어머, 그건 아냐. 아직 여기 1년이 채 안 되었잖아? 처음부터 딱 맞는 일 같은 건 있을 리 없어. 꾸준히 끈기 있게 해나가면 언젠가 익숙해 질 거야.

남: 그래, 그럴 거라는 건 알지만, 게다가 그녀와도 잘 안되고, 여러 가지야.

여: 그건 큰일이다. 무슨 일이 있었다면, 우선 와타나베 씨가 먼저 사과하는 게 좋아. 여자는 남자 쪽에서 사과하는 걸 기다리는 게 대부분이니까.

남: 역시 결혼한 인생선배인 만큼 여러모로 도움이 되네. 그럼, 사토미 씨의 말대로, 지금 바로 사과하러 갈게, 나중에 결과보고하도록 할게. 일단 사무실에 와서 다행이었어, 아니, 사토미 씨를 만날 수 있어서 무엇보다 다행으로 생각해. 그럼~.

여: 어머, 커피라도 끓일 테니까, 잠깐 기다려도 좋은데.

남: 아냐, 쇠뿔도 단김에 빼라! 잖아.

여: 급할수록 돌아가라! 도 있지 않아?

여자가 토요일에 사무실에 있는 이유는 무엇이라고 합니까?

1 기획서 건으로 부장에게 보고할 일이 있기 때문에

2 부장에게서 다음 주까지 기획서를 끝내도록 하라는 말을 들었기 때문에

3 부장의 흔쾌한 승낙으로 6개월 만에 쉴 수 있게 됐기 때문에

4 남자가 자기 일은 팽개치고 고민하고 있기 때문에

어휘

棚(たな)に上(あ)げる 짐짓 모른 체하고 문제삼지 않다 | 半年(はんとし) 반년 | 二(ふた)つ返事(へんじ) 흔쾌히 승낙 | 快諾(かいだく) 쾌락 | 許(ゆる)す 허락하다 | 企画書(きかくしょ) 기획서 | 宝(たから)くじに当(あた)る 복권에 당첨되다 | 足(た)らず 미만, 채 못 됨 | 打(う)って付(つ)け 안성맞춤, 딱 맞음 | 地味(じみ)に 꾸준하게, 수수하게, 검소하게 | 粘(ねば)り強(づよ)く 끈기 있게 | 慣(な)れる 익숙해지다 | 謝(あやま)る 사과하다 | 助(たす)かる 도움되다, 살아나다 | お言葉(ことば)に甘(あま)えて 말씀대로, 말한 대로 | コーヒーをいれる 커피를 끓이다 | 善(ぜん)は急(いそ)げ 쇠뿔도 단김에 빼라 | 急(いそ)がば回(まわ)れ 급할수록 돌아가라

해설

질문의 포인트는 여자가 토요일에 사무실에 있는 이유이다. 최근 반년 동안 하루도 쉬지 못한 여자가 찬스를 잡아서 부장에게 휴가 건을 말해 월요일부터 수요일까지 모처럼 휴가를 얻었지만, 기획서의 나머지 부분

을 처리하기 위해 토요일에 사무실에 와 있다. 그 곳에 남자가 등장한다. 남자의 등장 이유는 여자문제와 일이 빡빡한 것, 그리고 자기에게 맞지 않는다는 고민 때문이지만, 모두 남지의 이유이다. 1번, 부장에게 보고할 일이 있어서 토요일에 회사에 나온 것은 아니며 2번, 부장이 기획서를 다음 주까지 끝내라고 한 내용은 대화에 없으므로 정답이 아니다. 6개월 만에 쉴 수 있게 되어서인 3번이 정답이다.

06 정답 1 모의2-2-06.mp3

男の人がある裁判について説明しています。裁判の結果はどうなりましたか。

男：横浜市に本社がある長澤運輸を定年退職したあと、嘱託社員として再雇用されたトラックの運転手の男性は「正社員と同じ仕事なのに賃金に差があるのは違法だ」として会社を訴えました。裁判では、正社員との格差が、法律で禁止された不合理なものと言えるかどうかが争われ、１審の裁判所は「財務状況などを見ても正社員と格差を設ける特段の事情はない」として同じ賃金の支払いを命じ、会社が控訴していました。２審の判決で、裁判長は「同じ仕事でも一定程度の賃金の減額は社会的に容認されていて、企業が若年層を含む雇用を確保する必要性などを考慮すると、減額は一定の合理性がある」と指摘しました。そのうえで、「賃金の引き下げ幅は、年収ベースで２割前後と同規模の他社を下回っていて、直ちに不合理とは認められない」として、１審の判決を取り消し、原告の訴えを退けました。原告側は、上告する考えを示しています。

裁判の結果はどうなりましたか。

1 １審では正社員と格差を設ける特別の事情はないとして同じ賃金の支払いを命じた
2 ２審では会社が若者などの雇用を確保する必要性のため賃金の差は不合理だと判断した
3 １審も２審も賃金の引き下げ幅は同じ規模のほかの会社と下回っているので不合理と認めた
4 原告のトラックの運転手の男性は２審の判決を受け入れる考えを示した

해석

남자가 어느 재판에 대해서 설명합니다. 재판의 결과는 어떻게 됐습니까?

남: 요코하마시에 본사가 있는 나가사와운수를 정년퇴직한 후, 촉탁사원으로 재고용된 트럭운전수인 남성은 "정사원과 같은 업무인데도, 임금에 차이가 있는 건 위법이다"고 하여 회사를 고소했습니다. 재판에서는 정사원과 격차가 법률로 금지된 불합리한 것이라 할 수 있을지 어떨지가 쟁점이 되어, 1심 재판소는 "재무상황 등을 봐도 정사원과 격차를 마련할 특별한 사정은 없다"고 하여 같은 임금의 지불을 명령하여 회사가 공소했습니다. 2심 판결에서 재판장은 "같은 일이라도 일정 정도의 임금의 감액은 사회적으로 용인되고 있으며, 기업이 젊은 층을 포함한 고용을 확보할 필요성 등을 고려하면, 감액은 일정의 합리성이 있다"고 지적했습니다. 그런 후, "임금의 인하 폭은, 한 해 동안의 수입을 기본으로 2할 전후 보고 같은 규모의 다른 회사를 밑돌고 있어, 바로 불합리하다고는 인정할 수 없다"고 하여 1심의 판결을 취소하고, 원고의 고소를 기각했습니다. 원고측은 상고할 생각을 보이고 있습니다.

재판의 결과는 어떻게 됐습니까?

1 1심에서는 정사원과 격차를 두는 특별한 사정은 없다고 하여 같은 임금 지불을 명령했다
2 2심에서는 회사가 젊은이 등의 고용을 확보할 필요성 때문에 임금의 차는 불합리라고 판단했다
3 1심도 2심도 임금의 인하폭은 같은 규모의 다른 회사에 밑돌고 있으므로 불합리로 인정했다
4 트럭 운전수인 남성은 2심의 판결을 받아들일 생각을 보였다

어휘

裁判(さいばん) 재판 | 運輸(うんゆ) 운수 | 定年退職(ていねんたいしょく) 정년퇴직 | 嘱託社員(しょくたくしゃいん) 촉탁사원 | 再雇用(さいこよう) 재고용 | 賃金(ちんぎん) 임금 | 差(さ) 차이, 차 | 違法(いほう) 위법 | 格差(かくさ) 격차 | 法律(ほうりつ) 법률 | 不合理(ふごうり) 불합리 | 財務状況(ざいむじょうきょう) 재무상황 | 設(もう)ける 마련하다 | 特段(とくだん) 특단, 각별, 특별 | 事情(じじょう) 사정 | 命(めい)じる 명령하다 | 控訴(こうそ) 공소 | 減額(げんがく) 감액 | 容認(ようにん) 용인 | 若年層(じゃくねんそう) 젊은 층 | 含(ふく)む 포함하다 | 確保(かくほ) 확보 | 考慮(こうりょ) 고려 | 合理性(ごうりせい) 합리성 | 引(ひ)き下(さ)げ幅(はば) 인하폭 | 年収(ねんしゅう) 연수 | 同規模(どうきぼ) 동규모, 같은 규모 | 直(ただ)ちに 바로, 즉시 | 取(と)り消(け)し 취소 | 原告(げんこく) 원고 | 訴(うった)え 고소 | 退(しりぞ)ける 기각하다 | 上告(じょうこく) 상고 | 考(かんが)えを示(しめ)す 생각을 보이다

해설

재판의 결과를 묻는 것이 포인트이다. 보통 재판은 1심, 2심 등으로 나누어진다는 것을 미리 염두에 두는 편이 좋다. 고소의 주된 내용은 정년퇴임 후 재고용된 사람이 같은 업무를 하는데도 정사원과 임금의 차이가 있어 불합리하다고 주장하며 회사를 상대로 고소한 것이다. 1심은 남성의 편을 들어 회사의 재무사정 등을 봐도 임금의 차이는 불합리하다고 판결, 같은 임금을 지불하도록 명령했다. 그러나 2심에서는 감액 폭이 다른 회사보다 밑돌고, 젊은 층 등의 고용 확보 차원에서 일정 금액의 감액은 합리성이 있다고 판결했다. 또한 원고측인 남성은 이에 불복하고 상고를 생각하고 있다는 요지의 내용이다. 따라서 내용과 일치하는 내용인 1번이 정답이다. 2번은 문장의 앞부분은 맞지만, 끝 부분의 불합리가 틀렸다.

07 정답 4 모의2-2-07.mp3

女の人と男の人がドローンについて話しています。女の人は何が心配だと言っていますか。

女：ねえ、ドローンって聞いたことある？小型無人飛行機というものよ。

男：ああ、それか。いつか、首相官邸の屋上に落ちて大騒ぎになったのをどこかで聞いたんだけど。それがどうしたの？

女：そうそう、その事件がきっかけでドローンの飛行ルールが定まることになるんだから、いま国内に何万ものドローンがあるんだそうよ。そんなに多いとはびっくりしたわ。

男：いいんじゃない？ルールさえ守れば、いろいろ役立つと思うよ。たとえば、宅配便や橋、トンネル、高層ビルの壁面といった人の目が届きにくい部分の点検や、災害時の避難誘導や支援など多様な分野での活用が予想されるけど。そういえば、うちの会社のやつから自分の家を空から撮った映像を見せてもらったこともあるなあ。

女：だから、危ないよ。もし、落下したら大変でしょ？周りの人とトラブルも少なくないし、なにより安全を最優先するに越したことはないと思う。

男：そうだね、あいつの話ではドローンの利点は、操縦が比較的簡単で、練習すれば誰もが使えるところにあるんだって。ビジネスだけでなく、趣味としての利用や遊び感覚の延長線で飛ばす人もけっこういるから、僕は規制をあまり強くすぎるのは反対だよ。

女：それが一番問題になると思うわ、何の目的もなしに、ただの暇つぶしに飛ばすとは、考えてみてよ。いきなり空中から何かがあいさつもしないで真っ直ぐ降りかかってくると、どうするの？

男：あいさつだなんて、おかしい表現はやめてよ。だから、今ルールを定めているんじゃないか。

女：ルールでももっと厳しく定めなくちゃ、あたし、頭にヘルメットなんかかぶりたくないもん。

男：今日は、ほんとうにおかしいことを言うね。あいさつにヘルメットだなんて。

女の人は何が心配だと言っていますか。

1 あいさつもしないでドローンを飛ばす人がいるから
2 ヘルメットもかぶらないで平然とドローンを飛ばす人がいるから
3 もしかしたら緩いルールが定まるかも知らないから
4 退屈しのぎにドローンを飛ばして人に被害を与える人がいるから

해석

여자와 남자가 드론에 대해서 이야기합니다. 여자는 무엇이 걱정이라고 합니까?

여: 근데, 드론이라고 들어본 적 있어? 소형무인비행기라는 거야.

남: 아아, 그거. 언젠가 총리 관저 옥상에 떨어져 큰 소동이 난 거 어디선가 들었는데. 그게 어떻다는 거야?

여: 맞아 맞아, 그 사건이 계기로 드론의 비행 규칙이 정해지게 됐으니까, 지금 국내에 수만 대의 드론이 있다는 거야. 그렇게 많다니 깜짝 놀랐어.

남: 괜찮지 않아? 규칙만 지킨다면, 여러 가지로 쓸모 있을 거야. 예를 들면 택배편이나 다리, 터널, 고층빌딩의 벽면 등 사람 눈이 닿기 어려운 부분의 점검이나, 재해시의 피난유도와 지원 등 다양한 분야에서 활용이 예상되는데. 그러고 보니 우리 회사 사람이 자기 집을 하늘에서 찍은 영상을 보여준 적이 있었어.

여: 그러니까, 위험해. 만약, 낙하하면 큰일이잖아? 주변사람과 트러블도 적지 않고, 무엇보다 안전을 최우선하는 게 최고라 생각해.

남: 그래, 그 녀석 이야기로는 드론의 이점은 조종이 비교적 간단하고 연습하면 누구나 사용할 수 있는 점에 있다고 해. 비즈니스뿐만 아니라 취미로써 이용이나 놀이 감각의 연장선으로 날리는 사람도 꽤 있으니까, 난 규제를 너무 강화하는 건 반대야.

여: 그게 제일 문제가 될 거야. 아무 목적 없이 그저 심심풀이로 날리다니, 생각해 봐. 별안간 공중에서 뭔가가 인사도 없이 곧장 떨어지면, 어떻게 할래?

남: 인사라니, 이상한 표현은 쓰지 마. 그래서 지금 규칙을 정한다고 말했잖아.

여: 규칙을 정하더라도 더 엄격하게 정해야 해, 난, 머리에 안전모 같은 거 쓰고 싶지 않은 걸.

남: 오늘은 정말 이상하네. 인사에다 안전모니 뭐니.

여자는 무엇이 걱정이라고 합니까?

1 인사도 하지 않고 드론을 날리는 사람이 있으므로
2 안전모도 쓰지 않고 태연히 드론을 날리는 사람이 있으므로
3 어쩌면 느슨한 규칙이 정해질지도 모르므로
4 심심풀이로 드론을 날려 남에게 피해를 주는 사람이 있으므로

어휘

小型無人飛行機(こがたむじんひこうき) 소형무인비행기 | 首相官邸(しゅしょうかんてい) 총리 관저 | 屋上(おくじょう) 옥상 | 大騒(おおさわ)ぎ 대소동 | 宅配便(たくはいびん) 택배편 | 壁面(へきめん) 벽면 | 目(め)が届(とど)きにくい 눈길이 닿기 어렵다 | 点検(てんけん) 점검 | 災害時(さいがいじ) 재해시 | 避難誘導(ひなんゆうどう) 피난유도 | 映像(えいぞう)を撮(と)る 영상을 찍다 | 落下(らっか) 낙하 | 最優先(さいゆうせん) 최우선 | ~に越(こ)したことはない ~보다 나은 건 없다, ~가 제일이다 | 操縦(そうじゅう) 조종 | 比較的簡単(ひかくてきかんたん) 비교적 간단 | 延長線(えんちょうせん) 연장선 | 規制(きせい) 규제 | 暇(ひま)つぶしに 심심풀이로 | 空中(くうちゅう) 공중 | ヘルメット 보호모 = 安全帽(あんぜんぼう) 안전모 | 平然(へいぜん)と 태연하게 | 緩(ゆる)い 느슨하다 | 退屈(たいくつ)しのぎに 심심풀이로

해설

질문은 여자는 무엇을 걱정하는가이다. 포인트가 되는 단어는 심심풀이로(暇つぶしに, 退屈しのぎに)이다. 안전모나 인사 등의 단어는 문제를 헷갈리게 하려는 의도로 보면 된다. 여자는 무엇보다 안전을 최우선으로 해야 한다고 말한다. 심심풀이로 드론을 날려서 드론이 별안간 낙하해 피해를 주면 안 된다는 것이다. 그러므로 정답은 4번이다.

문제 3 이 문제에서는 문제 용지에 아무것도 인쇄되어 있지 않습니다. 이 문제는 전체적으로 어떤 내용인가를 듣는 문제입니다. 이야기 전에 질문은 없습니다. 먼저 이야기를 들으세요. 그리고 나서 질문과 선택지를 듣고, 문제 용지의 1~4 중에서 가장 알맞은 답을 하나 고르세요.

01 정답 4 모의2-3-01.mp3

マイナンバーカードについて説明しています。

女：政府は、マイナンバー制度を使った行政手続きの簡素化の一環として、社会保障や福祉サービスなどのさまざまな手続きにあたって、マイナンバーカードを提示すれば、自治体の窓口に提出する書類を削減できるよう調整を進めています。これについて、政府は、ひとり親家庭に支給される児童扶養手当や、障害者支援の法律に基づく障害福祉サービスなどの申請にあたっては、マイナンバーカードを提示すれば、現在必要な課税証明書や住民票などの提出を求めない運用を、ことし１０月ごろから全国で始めることになりました。政府は、このほか、マイナンバー制度で情報確認ができる個人用サイト「マイナポータル」を活用して、保育所の入所申請など、子育てに関する手続きを受け付けるサービスも、ことし10月ごろから本格的に運用を始めることにしていて、さらなる利便性の向上を図りたい考えです。

これからのマイナンバーカードの利便性に含まれないのはどれですか。

1 個人用サイトを活用して、育児に関する手続きを受け付けるサービス
2 障害福祉サービスや児童扶養手当の申請に書類などを求めないこと
3 さまざまな行政手続きに際して書類を減らしてもらえること
4 法律に基づくひとり親家庭に支給される手当に税金がかからないこと

해석

마이넘버 카드에 대해서 설명합니다.

여: 정부는 마이넘버 제도를 사용한 행정절차 간소화의 일환으로써, 사회보장이나 복지서비스 등의 다양한 절차에 있어서 마이넘버 카드를 제시하면 지자체의 창구에 제출하는 서류를 줄일 수 있도록 조정을 진행 중입니다. 이에 대해서 정부는 한 부모 가정에 지급되는 아동부양수당과, 장애자지원의 법률에 근거하는 장애복지서비스 등의 신청에 있어서는 마이넘버 카드를 제시하면, 현재 필요한 과세증명서나 주민등록표 등의 제출을 요구하지 않는 운용을 올해 10월경부터 전국에서 시작하기로 했습니다. 정부는 이 외에도 마이넘버 제도로 정보 확인이 가능한 개인용 서비스사이트 '마이 포털'을 활용하여 보육시설의 입소신청 등, 육아에 관한 절차를 접수하는 서비스도 올해 10월경부터 본격적으로 운용을 시작하기로 하여 더욱더 편리성 향상을 도모하고자 합니다.

앞으로의 마이넘버 카드의 편리성에 포함되지 않는 것은 어느 것입니까?

1 개인용 사이트를 활용하여 육아에 관한 절차를 접수하는 서비스
2 장애복지서비스와 아동부양수당의 신청에 서류 등을 요구하지 않는 것
3 다양한 행정 수속을 할 때 서류를 줄여 주는 것
4 법률에 근거하는 한 부모 가정에 지급되는 수당에 세금이 붙지 않는 것

어휘

マイナンバーカード 마이넘버 카드 | 行政手続(ぎょうせいてつづ)き 행정절차 | 簡素化(かんそか) 간소화 | 一環(いっかん) 일환 | 社会保障(しゃかいほしょう) 사회보장 | 福祉(ふくし) 복지 | 提示(ていじ) 제시 | 自治体(じちたい) 지자체, 자치체 | 窓口(まどぐち) 창구 | 削減(さくげん) 삭감 | ひとり親(おや)家庭(かてい) 한 부모 가정 | 児童扶養(じどうふよう) 아동부양 | 手当(てあて) 수당 | 障害者支援(しょうがいしゃしえん) 장애자지원 | 課税証明書(かぜいしょうめいしょ) 과세증명서 | 保育所(ほいくしょ) 보육시설 | 子育(こそだ)て 육아 = 育児(いくじ) | 利便性(りべんせい) 편리성 | 向上(こうじょう)を図(はか)る 향상을 도모하다 | 税金(ぜいきん) 세금

해설

개요이해 문제는 다양한 전문적 분야가 출제되는 경향이다. 물론 전문 분야의 지식을 묻는 것이 아니라, 전체 이야기의 개요를 묻는다. 그러므로 여러 가지의 요소가 나올 경우는 메모를 하도록 한다. 가능하면 자기만이 알 수 있는 단어로 정리하여, 문제가 나올 때 당황하는 일이 없어야 한다. 이 문제는 일본에서 시행 중인 마이넘버 카드의 편리성 도모에 관한 설명이다. 주요 개요는 행정절차의 간소화이다. 그 요소의 종류가, 지자체 창구에 제출하는 서류의 삭감이며, 구체적으로는 한 부모 가정에 관한 것, 장애자 지원에 관한 것, 육아에 관한 것이다. 그러므로 여기에 포함되지 않는 것은 4번이 정답이다. 과세증명서와 세금의 단어를 혼돈하면 안 된다.

02 정답 1 모의2-3-02.mp3

専門家が日本人の平均寿命について話しています。

男：厚生労働省は、毎年、人口の推計に基づいて日本人の平均寿命を公表しているほか、５年に１度は国勢調査に基づいた確定値も公表しています。それによりますと、おととしの平均寿命の確定値は、女性が86.99歳、男性が80.75歳となりました。前回の国勢調査が行われた5年前の時と比べて女性が0.69歳、男性が1.20歳上回り、いずれもこれまでで最も長く、男女ともにG7、先進7か国で最長となっています。厚生労働省は「医療の進歩や高齢者の健康志向の高まりが影響したと見られる。平均寿命は今後も延びる可能性が高く、できるだけ長く健康に過ごせるような施策を検討したい」と話しています。

日本人の平均寿命はどうなっていますか。

1 男性も女性も日本人の平均寿命は先進７か国で最も長く生きている
2 日本人の平均寿命は女性の方が男性より長くない
3 日本人の平均寿命は男性の方が女性より長く生きている
4 前回の調査と比べて女性の方が男性よりもっと長くなった

해석

전문가가 일본인의 평균수명에 대해서 이야기합니다.

남: 후생노동성은 매년 인구의 추산에 근거하여 일본인의 평균수명을 공표하는 외에, 5년에 1번은 국세조사에 근거한 확정치도 공표합니다. 그에 따르면 재작년 평균수명의 확정치는 여성이 86.99세, 남성이 80.75세가 되었습니다. 지난번 국세조사를 실시했던 5년 전 때와 비교하여 여성이 0.69세, 남성이 1.20세 웃돌아 양쪽 다 지금까지 중에서 가장 길었으며 남녀 모두 G7, 선진 7개국에서 가장 길어졌습니다. 후생노동성은 '의료의 진보와 고령자의 건강지향의 고조가 영향을 끼쳤다고 보인다. 평균수명은 앞으로도 늘어날 가능성이 높으며, 가능한 한 오래 건강하게 지낼 수 있는 시책을 검토하고 싶다'고 이야기합니다.

일본인의 평균수명은 어떻게 되어 있습니까?

1 남성도 여성도 일본인의 평균수명은 선진 7개국에서 가장 오래 산다
2 일본인의 평균수명은 여성 쪽이 남성보다 길지 않다
3 일본인의 평균수명은 남성 쪽이 여성보다 오래 산다
4 지난번의 조사와 비교하여 여성 쪽이 남성보다 더 길어졌다

어휘

平均寿命(へいきんじゅみょう) 평균수명 | 厚生労働省(こうせいろうどうしょう) 후생노동성 | 推計(すいけい) 추계, 추산 | 国勢調査(こくせいちょうさ) 국세조사 | いずれも 어느 쪽이나, 모두 다 | 確定値(かくていち) 확정치 | 最長(さいちょう) 최장 | 健康志向(けんこうしこう) 건강지향 | 施策(しさく) 시책 | 検討(けんとう) 검토

해설

통계나 수치의 문제에서는 세세한 숫자보다는 대략적인 숫자를 염두에 두고, 많고 적음, 높고 낮음에 대해서 간략하게 메모한다. 이 문제의 경우는 남녀의 평균수명이 5년 전과 비교한 숫자가 등장한다. 'いずれも(양쪽 다)', '最も(가장)'이라는 단어에 주의할 필요가 있다. 그리고 문장의 끝부분이 긍정인지 부정인지 잘 들어야 한다. 정답은 남성도 여성도 일본인의 평균수명은 선진 7개국에서 가장 오래 산다고 한 1번이다.

03 정답 2 모의2-3-03.mp3

観光担当者が話しています。

女：日本を訪れる外国人旅行者は急増していて、去年は前の年と比べて５割近く多い2000万人余りとなり、ことしに入ってからも毎月、去年の同じ時期を上回っています。特に、ＬＣＣ、格安航空会社が多く乗り入れ、24時間対応している関西空港や、中国などからのクルーズ船の寄港が増えている博多港などでは、外国人旅行者が想定を上回るペースで増え、入国手続きの際に混雑が続く事態になっています。このため入国管理局は、今のままでは厳格な水際対策を維持しながら入国手続きを円滑に行うことは難しくなるとして、今年度、緊急に入国審査官を70人増やし、関西空港や成田空港、それに博多港などに配属することを決めました。入国管理局は、今後５年間に外国人旅行者の数を4000万人にするという政府の目標も踏まえ、来年度予算案の概算要求でも入国審査官の240人の増員を求めています。

何について話していますか。

1 予想を上回る外国人旅行者の増加に対する航空会社と船舶会社の対策
2 外国人旅行者の増加による入国管理局の厳しい手続きの維持と対策
3 外国人旅行者の急増による入国の際の混雑を避けるための早い手続き
4 予想を上回る外国人旅行者の増加に対する空港や港の拡充の対策

해석

관광 담당자가 이야기합니다.

여: 일본을 방문하는 외국인 여행자는 급증하고 있으며, 작년은 전년과 비교해서 5할 가까이 많은 2000만 명 남짓이 방문하였으며 올해 들어서도 매월 작년의 같은 시기에 비교하여 방문자수가 웃돌고 있습니다. 특히 LCC, 저가항공회사가 관광객을 많이 태우고 와서, 24시간 대응하는 간사이공항이나 중국 등에서 오는 크루즈선의 기항이 늘고 있는 하카타항 등에서는 외국인 여행자가 예상을 웃도는 속도로 증가하여, 입국수속 때 혼잡이 이어지는 사태가 생기고 있습니다. 이 때문에 입국관리국은 현재와 같은 상태로는 엄격한 검역대책을 유지하면서 입국수속을 원활히 진행하는 것은 어려워진다고 하여, 올해 긴급히 입국심사관을 70명 늘려서 간사이공항과 나리타공항, 그리고 하카타항 등에 배속하기로 결정했습니다. 입국관리국은 앞으로 5년 동안에 외국인 여행자 수를 4000만 명으로 늘린다는 정부의 목표를 근거로, 내년도 예산안 요구에서도 입국심사관 240명의 증원을 요구했습니다.

무엇에 대해서 말합니까?

1 예상을 웃도는 외국인 여행자의 증가에 대한 항공회사와 선박회사의 대책
2 외국인 여행자의 증가에 의한 입국관리국의 엄격한 수속의 유지와 대책
3 외국인 여행자의 급증에 의한 입국시의 혼잡을 피하기 위한 빠른 수속
4 예상을 웃도는 외국인 여행자의 증가에 대한 공항과 항구의 확충 대책

어휘

観光担当者(かんこうたんとうしゃ) 관광담당자 | 急増(きゅうぞう) 급증 | ＬＣＣ＝格安航空会社(かくやすこうくうがいしゃ) 저가항공회사 | 寄港(きこう) 기항 | 想定(そうてい) 상정, 예상 | 入国手続(にゅうこくてつづ)き 입국수속 | 入国管理局(にゅうこくかんりきょく) 입국관리국 | 厳格(げんかく) 엄격 | 水際対策(みずぎわたいさく) 원천봉쇄 대책(검역 등) | 維持(いじ) 유지 | 円滑(えんかつ) 원활 | 緊急(きんきゅう) 긴급 | 入国審査官(にゅうこくしんさかん) 입국심사관 | 配属(はいぞく) 배속, 배치하여 소속시킴 | 踏(ふ)まえ 근거로 | 増員(ぞういん) 증원 | 船舶会社(せんぱくがいしゃ) 선박회사 | 混雑(こんざつ)を避(さ)ける 혼잡을 피하다 | 拡充(かくじゅう) 확충

해설
질문은 글 전체 내용의 개요를 묻는 문제이다. 예상을 웃도는 외국인 여행객의 입국으로 입국심사관의 부족이 심각하다는 것이 내용의 핵심이다. 수속은 엄격하게 하면서도 입국심사를 원활하게 하려면, 입국심사관을 늘려야 한다고 하였다. 긴급히 올해는 70명을 투입하기로 하였지만, 정부의 목표는 외국인 관광객을 4000만 명까지 늘리는 것이므로 그에 따라서 심사관을 늘리는 대책 등은 필연적이라고 하였다. 그래서 내년도 예산에 입국심사관의 증원 비용을 요구한 것이다. 그러므로 정답은 2번, 입국관리국의 엄격한 수속의 유지와 대책이 된다.

04 정답 4 모의2-3-04.mp3

評論家が有権者の情報源について話しています。

男：うちのリサーチ機関の研究グループは、新たに選挙権を得た18歳と19歳を含む全国の有権者およそ2000人を対象に、選挙に関する情報をどのように得たかを調べました。この中で、情報をどこから得たかについては、すべての世代の平均では、インターネットが37.3%となっていたのに対し、18歳と19歳では、インターネットが50.9%となり、全世代のなかで唯一50%を超えました。一方で、10代の有権者に信頼できた情報源を尋ねると、政党や候補者のＳＮＳが51.6%などとなっていました。10代のＳＮＳへの信頼度はすべての世代の平均の55.1%を下回っていて、情報を比較的慎重に捉えている様子がうかがえます。今回の参議院選挙で初めて投票したこちらの19歳の女子大学生、テレビやツイッターが主な情報源でしたが、ＳＮＳで流れる情報を慎重に捉えていたといいます。

10代の情報源についてどう言っていますか。
1 10代の情報源はインターネットが過半数を占め、ＳＮＳの信頼度も他の世代より高い
2 10代の情報源はインターネットが過半数には満たないが、ＳＮＳの信頼度は過半数以上だ
3 10代のＳＮＳへの信頼度はすべての世代の平均より高く、情報も信じ込んでいる
4 10代のＳＮＳへの信頼度はすべての世代の平均に満たず、情報も慎重に受け入れる

해석
평론가가 유권자의 정보원에 대해서 이야기합니다.

남: 본 리서치기관의 연구그룹은 새로 선거권을 얻은 18세와 19세를 포함한 전국의 유권자 2000명을 대상으로 선거에 관한 정보를 어떻게 얻었는가를 조사했습니다. 이중에서 정보를 어디에서 얻었는가에 대해서는 모든 세대가 평균적으로 인터넷이 37.3%인 것에 비해, 18세와 19세에서는 인터넷이 50.9%로, 전 세대 중에서 유일하게 50%를 넘었습니다. 한편 10대의 유권자에게 신뢰 가능한 정보원을 물어본 바, 정당과 후보자의 SNS에 대한 신뢰도는 모든 세대의 평균인 55.1%를 밑돌아서, 정보를 비교적 신중하게 다루는 모습을 엿볼 수 있었습니다. 이번의 참의원선거에서 처음으로 투표한 이쪽의 19세의 여대생의 경우 TV나 트위터가 주된 정보원이었습니다만, SNS에서 떠도는 정보를 신중하게 받아들였다고 합니다.

10대의 정보원에 대해서 어떻게 말합니까?
1 10대의 정보원은 인터넷이 과반수를 차지하고, SNS의 신뢰도도 다른 세대보다 높다
2 10대의 정보원은 인터넷이 과반수에 미달이지만, SNS의 신뢰도는 과반수이상이다
3 10대의 SNS에 대한 신뢰도는 모든 세대의 평균보다 높고, 정보도 확신한다
4 10대의 SNS에 대한 신뢰도는 모든 세대의 평균에 미달이고, 정보도 신중이 받아들인다

어휘
評論家(ひょうろんか) 평론가 | 有権者(ゆうけんしゃ) 유권자 | 情報源(じょうほうげん) 정보원, 정보가 흘러나오는 근원 | 選挙権(せんきょけん) 선거권 | 含(ふく)む 포함하다 | 世代(せだい) 세대 | 平均(へいきん) 평균 | 唯一(ゆいいつ) 유일 | 尋(たず)ねる 묻다 | 政党(せいとう) 정당 | 候補者(こうほしゃ) 후보자 | 信頼度(しんらいど) 신뢰도 | 下回(したまわ)る 밑돌다 | 比較的(ひかくてき) 비교적 | 慎重(しんちょう) 신중 | 捉(とら)える 다루다 | 様子(ようす) 상황, 모습 | うかがう 엿보다, 살피다 | 参議院(さんぎいん) 참의원 | 投票(とうひょう) 투표 | 過半数(かはんすう) 과반수 | 占(し)める 차지하다 | 満(み)たない 미달이다 | 信(しん)じ込(こ)む 확신하다

해설
글은 크게 둘로 나눌 수 있다. 모든 세대의 정보원과 SNS에 대한 신뢰도, 그리고 10대의 정보원과 SNS에 대한 신뢰도이다. 정보원은 모든 세대의 평균이 7.3%인데 비해, 10대는 유일하게 과반수를 넘었다고 하였다. SNS의 신뢰도는 모든 세대가 과반수를 넘지만, 10대는 모든 세대의 평균에 미달이라고 하였으며 10대는 SNS의 정보를 신중히 다루고 있다고 하였다. 그러므로 정답은 4번이다.

05 정답 3 모의2-3-05.mp3

レポーターが話しています。

女：財務省の審議会では国際的にたばこの警告表示の強化が進んでいることを受けて、ことし上半期から販売業者や医療関係者から意見を聞くなどして検討を重ね、今回、警告表示の強化案をまとめました。それによりますと、現在喫煙によって危険性が高まる病気として肺がんや心筋梗塞などが例示されていますが、これに食道がんなどの多くのがん、歯周病、そして妊婦が喫煙した場合、乳幼児突然死症候群のリスクが高まるという警告を新たに加えます。また、未成年者の喫煙防止の警告表示について、今後はすべてのパッケージに記載するとともに「絶対ダメ」などと表現も強めます。さらに現状の警告表示は文字数が多く、警告の効果がひと目で分かるようになっていないとして、警告の表現をより簡潔に、文字もより大きくするとしています。財務省の審議会では今回の案について一般からも意見を募ったうえで、ことしの下半期以

降、たばこの警告表示の強化に必要な法律などの改正を目指すことにしています。

レポーターは何について話していますか。

1 喫煙は特に、多くのがんや妊婦にリスクが高いということについて
2 未成年者の喫煙は絶対ダメという販売業者や医療関係者からの意見について
3 たばこのパッケージの警告表示の強化について
4 たばこのパッケージの文字をもっと増やして警告の効き目が分かるようにすること

해석

리포터가 말하고 있습니다.

여: 재무성의 심의회에서는 국제적으로 담배의 경고표시가 강화됨에 따라서, 올해 상반기부터 판매업자와 의료 관계자에게서 의견을 듣는 등의 하여 검토를 거듭하여, 이번 경고표시의 강화안을 마련했습니다. 그에 따르면 현재의 흡연으로 인해 위험성이 높아지는 병으로써 폐암과 심근경색 등이 예시되고 있습니다만, 여기에 식도암 등의 대부분의 암, 치주병, 그리고 임산부가 흡연할 경우 젖먹이의 돌연사 증후군의 리스크가 높아진다는 경고가 새로 추가됩니다. 또, 미성년자의 흡연방지의 경고표시에 대해서 앞으로 모든 패키지에 기재함과 동시에 '절대 금지' 등으로 표현도 강화합니다. 게다가 현재 상태의 경고표시는 글자 수가 많아서, 경고 효과가 한 눈에 알 수 없게 표시되어 있어서, 경고 표현을 보다 간결하게, 글자도 보다 크게 한다고 합니다. 재무성에서는 이번 안에 대해서 일반인의 의견도 모은 후에, 올해 하반기 이후 담배의 경고표시의 강화에 필요한 법률 등의 개정을 실시해 나가기로 했습니다.

리포터는 무엇에 대해서 말하고 있습니까?

1 흡연은 특히, 대부분의 암과 임산부에 리스크가 높다는 것에 대해서
2 미성년자의 흡연은 절대 안 된다는 판매업자와 의료관계자의 의견에 대해서
3 담배 패키지의 경고표시 강화에 대해서
4 담배 패키지의 글자를 더 늘려 경고의 효과를 알도록 하는 것

어휘

財務省(ざいむしょう) 재무성 | 審議会(しんぎかい) 심의회 | 警告表示(けいこくひょうじ) 경고표시 | 強化(きょうか) 강화 | 上半期(かみはんき) 상반기 | 下半期(しもはんき) 하반기 | 販売業者(はんばいぎょうしゃ) 판매업자 | 医療(いりょう) 의료 | 検討(けんとう)を重(かさ)ねる 검토를 거듭하다 | 肺(はい)がん 폐암 | 心筋梗塞(しんきんこうそく) 심근경색 | 例示(れいじ) 예시 | 食道(しょくどう)がん 식도암 | 歯周病(ししゅうびょう) 치주병 | 妊婦(にんぷ) 임산부 | 喫煙(きつえん) 흡연 | 乳幼児(にゅうようじ) 유아, 젖먹이 | 突然死(とつぜんし) 돌연사 | 症候群(しょうこうぐん) 증후군 | 未成年者(みせいねんしゃ) 미성년자 | 喫煙防止(きつえんぼうし) 흡연방지 | 効果(こうか) 효과 = 効(き)き目(め) | 簡潔(かんけつ) 간결 | 意見(いけん)を募(つの)る 의견을 모으다 | 法律(ほうりつ) 법률 | 改正(かいせい) 개정 | 目指(めざ)す 목표로 하다

해설

개요 이해 문제는 전문용어도 많이 나온다. 그럴 경우 단어를 ①, ②, ③ 등으로 메모하고 지나쳐도 된다. 즉, 지나치게 단어에 집착하지 말고, 전체의 개요를 파악하는 것에 중점을 둔다. 여기서도 어려운 단어가 많이 등장하지만, 내용의 개요는 흡연의 경고표시이다. 패키지(담뱃갑)의 경고표시 강화가 내용의 핵심인 것이다. 그러므로 정답은 3번이다.

06 정답 1 모의2-3-06.mp3

アナウンサーがニュースの記事を読んでいます。

男: 親の国際結婚や海外からの移住で公立学校に通うようになったものの、日本語での授業が十分に理解できない外国籍などの子どもは、おととしの時点で全国で3万7000人余りと、10年前から1.6倍に増えています。こうした子どもの支援策を検討してきた文部科学省の有識者会議が、きのう、報告書をまとめました。報告書では、やさしい日本語で指導することができる専門の教員を集めた「拠点校」と呼ばれる施設を地域ごとに整備すべきだとしています。そのうえで、「拠点校」から専門の教員を各地の学校に派遣する体制を作ることを求めています。報告書は、こうした体制の整備にあたっては、国が財政的な支援をしたり、教員の研修プログラムを開発したりするなどのサポートをするよう求めています。文部科学省はこの報告書を基に、今後、具体的な事業を検討し、来年度予算案の要求に反映させることにしています。

報告書は国に何を要求していますか。

1 難しくない日本語で子供を教えられるプロの先生が集まる学校を整えること
2 国際結婚や海外移住などで居場所がなくなった子供の集まる学校を設けること
3 やさしい日本語で授業が十分に理解できるようにした外国籍の子供の集まるところ
4 拠点校と呼ばれる施設を地域ごとに整備する人とお金をまとめること

해석

아나운서가 뉴스 기사를 읽고 있습니다.

남: 부모의 국제결혼이나 해외에서 이주로 인해 공립학교에 다니게 되었지만, 일본어로 수업을 충분히 이해하지 못하는 외국 국적 등의 어린이는 재작년 시점에서 전국에 3만 7000명 남짓으로 10년 전에 비해서 1.6배로 늘었습니다. 이러한 어린이의 지원책을 검토해 온 문부과학성의 전문가회의가 어제 보고서를 마련했습니다. 보고서에서는 쉬운 일본어로 지도할 수 있는 전문교원을 모은 '거점학교'로 불리는 시설을 지역마다 정비해야 한다고 합니다. 그런 후에, '거점학교'에서 전문교원을 각지의 학교에 파견하는 체제를 만들 것을 요구하고 있습니다. 보고서는 이러한 체제의 정비에 있어서 국가가 재정적인 지원을 하거나 교원의 연수프로그램을 개발하는 등의 지원을 하도록 요구하고 있습니다. 문부과학성은 이 보고서를 근거로 앞으로 구체적인 사업을 검토하고 내년도 예산안의 요구에 반영시키기로 했습니다.

보고서는 국가에 무엇을 요구하고 있습니까?

1 어렵지 않은 일본어로 어린이를 가르칠 수 있는 전문 선생님이 모이는 학교를 마련할 것
2 국제결혼이나 해외이주 등으로 있을 곳이 없어진 어린이가 모이는 학교를 설치할 것
3 쉬운 일본어로 수업을 충분히 이해할 수 있도록 한 외국 국적의 어린이가 모이는 곳
4 거점학교로 불리는 시설을 지역마다 정비할 사람과 돈

어휘

記事(きじ) 기사 | 親(おや) 부모 | 国際結婚(こくさいけっこん) 국제결혼 | 移住(いじゅう) 이주 | 公立学校(こうりつがっこう) 공립학교 | 通(かよ)う 다니다 | 外国籍(がいこくせき) 외국국적 | 時点(じてん) 시점 | 支援策(しえんさく) 지원책 | 文部科学省(もんぶかがくしょう) 문부과학성 | 有識者会議(ゆうしきしゃかいぎ) 전문가회의 | 報告書(ほうこくしょ) 보고서 | 専門(せんもん)の教員(きょういん) 전문교원 | 拠点校(きょてんこう) 거점학교 | 整備(せいび) 정비 | 派遣(はけん) 파견 | 体制(たいせい) 체제 | 財政的(ざいせいてき) 재정적 | 研修(けんしゅう) 연수 | 反映(はんえい) 반영 | 要求(ようきゅう) 요구 | 整(ととの)える 갖추다, 정비하다 | 居場所(いばしょ) 있을 곳 | 設(もう)ける 마련하다, 설치하다

해설

보고서에서 전문가들이 국가에 요구하는 사항이 무엇인지를 묻는 문제이다. 국제결혼이나 해외에서 온 외국 국적의 어린이가 학교에서 일본어로 하는 수업을 이해하지 못하므로, 일단 쉬운 일본어로 수업이 가능한 전문교원이 있는 거점학교를 정비할 것을 요구한다. 그 후에 전문교원을 다른 지역으로 파견하는 체제 마련이 필요하다는 내용이다. 그러므로 정답은 1번이다.

문제 4 이 문제에서는 문제 용지에 아무것도 인쇄되어 있지 않습니다. 먼저 문장을 들으세요. 그리고 나서 그 답을 듣고, 1~3 중에서 가장 알맞은 답을 하나 고르세요.

01 정답 2 모의2-4-01.mp3

男:金曜日だよ、何時まで仕事あるの?
女:1 あら、いつも三日坊主だわ。
2 え~そうなの、早く終わらなくちゃ。
3 きのうからずっとだわ。

해석

남: 금요일이야, 몇 시 까지 일 있어?
여: 1 어머, 늘 작심3일이야.
2 어머~그래, 빨리 끝내야지.
3 어제부터 쭉이야.

어휘

三日坊主(みっかぼうず) 작심삼일 | ずっと 쭉, 계속, 훨씬

해설

질문이 오늘, 즉 금요일인데 몇 시까지 일할 거냐고 묻는 것이므로 이에 대한 대답으로 이울리는 것은 2번, 빨리 끝내야지라고 한 것이다.

02 정답 1 모의2-4-02.mp3

女:きむらさん病気で会社辞めるんだって。
男:1 それは仕方ないなあ。
2 それはそれはうまくいくかも。
3 それは止めた方がいいよ。

해석

여: 기무라 씨 병 때문에 회사 그만둔다는데.
남: 1 그건 어쩔 수 없지.
2 그것 참 잘 될지도.
3 그건 그만 두는 게 좋아.

어휘

病気(びょうき) 병 | 辞(や)める 사직하다 | ~だって ~라고 해 | 仕方(しかた)ない 어쩔 수 없다 | 止(や)める 그만두다 | ~た方(ほう)がいい ~하는 편이 좋다 | うまくいく 잘 되다

해설

~だって는 전해 들은 말을 옮길 때 쓰는 말로 기무라 씨가 병으로 회사를 사직한다는 말을 전해 듣고 남자에게 말하는 것이다. 이에 대한 대답으로 어울리는 것은 1번 어쩔 수 없지이다.

03 정답 2 모의2-4-03.mp3

男:今のことは会社員として有るまじき振る舞いですよ。
女:1 これからもっと頑張ります。
2 これからもっと気をつけます。
3 これからもっと気に入ります。

해석

남: 지금 일은 회사원으로서 있을 수 없는 일이에요.
여: 1 앞으로 더 분발하겠습니다.
2 앞으로 더 주의하겠습니다.
3 앞으로 더 마음에 들겠습니다.

어휘

有(あ)るまじき 있을 수 없는 | 振(ふ)る舞(ま)い 행동 | 頑張(がんば)る 분발하다 | 気(き)に入(い)る 마음에 들다

해설

회사원으로써 적합하지 않은 행동에 대한 지적이므로, 앞으로 주의하겠다고 한 2번이 정답이다.

04 정답 2 모의2-4-04.mp3

男:どうして歓迎コンパ不参加なの?
女:1 秋は山々の紅葉がいいから。
2 参加したいのは山々だが都合がつかないから

3 あら、今日だったわけ？

해석

남: 왜, 환영모임 참가하지 않는 거야?

여: 1 가을은 산들이 단풍이 좋으니까.

2 참가하고 싶은 건 굴뚝같지만 사정이 여의치 않으니까.

3 어머, 오늘이였어?

어휘

歓迎(かんげい)コンパ 환영모임(회식) | 不参加(ふさんか) 불참가 | 山々(やまやま) 산들, 굴뚝같음(간절히 하고 싶음) | 紅葉(もみじ/こうよう) 단풍 | 都合(つごう)がつかない 사정이 여의치 않다

해설

단어, コンパ(모임, 회식, 간담회)에 주의해야 한다. 질문이 왜 참가하지 않는가이므로 그 이유를 대답하는 게 정답이다. 그러므로 가장 알맞은 것은 사정이 여의치 않다의 2번이 정답이다.

05 정답 1 모의2-4-05.mp3

女：嬉しいことにいよいよ車が買えるわ。

男：1 じゃ、鮨詰めの電車はもう終わりだね。

2 じゃ、鮨でも食いに行こうか。

3 じゃ、無駄足は踏まないね。

해석

여: 기쁘게도 드디어 차를 살 수 있게 됐어.

남: 1 그럼, 콩나물 전철은 이제 끝이겠네.

2 그럼, 스시라도 먹으로 갈까?

3 그럼, 헛걸음하지 않겠네.

어휘

嬉(うれ)しいことに 기쁘게도 | いよいよ 드디어 | 車(くるま)が買(か)える 차를 살 수 있다 | 鮨詰(すしづ)めの電車(でんしゃ) 콩나물 전철, 만원 전철 | 鮨(すし) 스시, 초밥 | 無駄足(むだあし)を踏(ふ)む 헛걸음하다

해설

여자가 차를 살 수 있어서 기쁘다고 한다. 鮨詰(すしづ)めの電車(でんしゃ)はもう終(お)わり 만원 전철은 이제 끝이 핵심어로 정답은 1번이다. 2번, 차를 살 수 있는데 스시를 먹으러 가는 대답은 전혀 어울리지 않는다. 3번, 無駄足(むだあし)を踏(ふ)む 헛걸음하다는 표현도 잘 익혀둔다.

06 정답 1 모의2-4-06.mp3

女：あたし、ロシア語は全くちんぷんかんぷんだわ。

男：1 俺も同じだよ。文字も逆なところもあるし。

2 俺はフランスのほうがずっと好きだよ。

3 ちんぷんかんぷんでロシアパンはおいしいかなあ。

해석

여: 난, 러시아어 전혀 모르겠어.

남: 1 나도 마찬가지야. 글자도 거꾸로 된 것도 있고.

2 난 프랑스 쪽이 훨씬 좋아.

3 전혀 몰라서 러시아 빵은 맛있겠구나.

어휘

全(まった)く 전혀, 완전히 | ちんぷんかんぷん 이해를 못함, 전혀 모르겠음 | 文字(もじ) 문자, 글자 | 逆(ぎゃく) 반대, 거꾸로 | ずっと 훨씬, 계속

해설

일단, 이 문제를 풀 수 있는 핵심어인 ちんぷんかんぷん을 알아야 한다. ちんぷんかんぷん은 이해를 못함, 전혀 모르겠음이라는 뜻이다. 이에 대한 대답으로 자연스러운 것은 1번이다. 2번은 동문서답이며 3번은 비슷한 발음의 어휘로 헷갈리게 하는 것이다.

07 정답 3 모의2-4-07.mp3

男：蚊に刺されて身体中がかゆくてたまらない。あ～夏はつらいなあ。

女：1 そうなの？夏より冬の方がもっと好きじゃなかったの？

2 蚊とか蜂とか全然怖くないと言ったんじゃなかったの？

3 だから、言ったでしょう？蚊取り線香はちゃんと用意しなくちゃ。

해석

남: 모기에 물려서 온몸이 가려워 죽겠어. 아~ 여름은 괴로워.

여: 1 그래? 여름보다 겨울을 더 좋아하지 않았어?

2 모기나 벌 등은 전혀 무섭지 않다고 말하지 않았어?

3 그래서, 말했잖아요? 모기향을 꼭 준비해야 한다고.

어휘

蚊(か)に刺(さ)される 모기에 물리다 | 身体中(からだじゅう) 온몸 | かゆい 가렵다 | たまらない 견딜 수 없다 | 蜂(はち) 벌 | 蚊取(かと)り線香(せんこう) 모기향 | 用意(ようい) 준비

해설

앞부분, 모기에 물리다가 핵심어이다. 뒷부분의 여름이 괴롭다는 문제를 어렵게 만드는 첨가 표현으로 이해해야 한다. 답변을 보면 1번은 문제의 핵심을 완전히 벗어났다. 2번이 답이라고 할 수도 있겠지만, 가장 적합한 것을 찾는 것이 문제가 요구하는 것이므로 모기향을 꼭 준비해야 한다고 말하지 않았냐고 하는 3번이 가장 적합한 답이란 것을 알 수 있다. 이 문제처럼 끝까지 듣지 않고 섣불리 답을 정해서는 안 된다.

08 정답 2 모의2-4-08.mp3

男：あちこちで今回の事件のうわさで持ち切りだなあ。

女：1 一日中、持ち切りばかりで忙しいわ。

2 一日中、もっぱらのうわさでもうあきれるわ。

3 一日中、うわさを持ち込んで涙が出るわ。

해석

남: 여기저기서 이번 사건의 소문으로 자자하네.

여: 1 하루 종일, 화제뿐으로 바빠.

2 하루 종일, 오로지 그 소문으로 이제 질려.
3 하루 종일, 소문을 가지고 와서 눈물이 나.

어휘

事件(じけん) 사건 | うわさ 소문 | 持(も)ち切(き)り 자자함 | 一日中(いちにちじゅう) 하루 종일 | もっぱらのうわさ 오로지 그 소문 | あきれる 질리다 | 持(も)ち込(こ)む 가져오다 | 涙(なみだ)が出(で)る 눈물이 나오다

해설

持(も)ち切(き)り 자자함이 핵심 단어이다. 1번 자자함만으로 바쁘다는 앞뒤가 맞지 않는다. 2번 もっぱらのうわさ 오로지 그 소문이 동의어이며, 하루 종일 들어서 질린다가 정답이다. 3번 눈물이 나온다는 관계없는 답변이다.

09 정답 2 모의2-4-09.mp3

女 : あの作家がこんな文を書くとはうんざりしてしまうわ。
男 : **1** 僕もあの作家の新しい小説が気に入ってる。
2 僕もあの作家の新しい表現があったらと思う。
3 僕もあの作家の文が好ましいと思う。

해석

여: 그 작가가 이런 문장을 쓰다니 실망이야.
남: 1 나도 그 작가의 새 소설이 맘에 들어.
2 나도 그 작가의 새 표현이 있었으면 해.
3 나도 그 작가의 문장이 바람직하다고 생각해.

어휘

作家(さっか) 작가 | 文(ぶん)を書(か)く 문장을 쓰다 | うんざり 지긋지긋, 실망함 | 小説(しょうせつ) 소설 | 気(き)に入(い)る 마음에 들다 | 表現(ひょうげん) 표현 | 好(この)ましい 바람직하다, 호감이 가다

해설

뭔가에 질린다, 실망이라고 한 여자의 의견에 대해서 답변으로 알맞은 것을 찾는 문제로, 답변은 동감인지, 아닌지로 좁힐 수 있다. 답변의 앞이 모두 '나도'이므로 일단 여자의 말에 남자도 동감인 것을 알 수 있다. 그리고 여자의 의견에 대해 동감하는 내용을 구체적으로 표현하는 나도 그 작가의 새로운 표현이 있었으면 한다는 2번이 정답이다.

10 정답 3 모의2-4-10.mp3

女 : ユーザーから苦情が殺到してくたびれた金曜日だわ。
男 : **1** お疲れ様、明日もまたよろしくね。
2 それはそれは、うまくいったね。
3 ご苦労さん、明日とあさってゆっくりしてね。

해석

여: 사용자에게서 불만이 쇄도해 녹초가 된 금요일이야.
남: 1 수고했어요, 내일도 또 부탁할게.
2 그것 참, 잘 됐구나.
3 수고했어, 내일과 모레는 푹 쉬어.

어휘

ユーザー 유저, 사용자 | 苦情(くじょう) 불만, 불평(주로 외부로부터) | 殺到(さっとう) 쇄도 | くたびれる 녹초가 되다 | お疲(つか)れ様(さま) 수고했어요 | うまくいく 잘 되다 | ご苦労(くろう)さん 수고 했어요(주로 동료나 손아랫사람) | ゆっくりしてね 푹 쉬어요

해설

핵심어는 苦情(くじょう) 불만, 불평(주로 외부로부터), 殺到(さっとう) 쇄도, くたびれる 녹초가 되다 등이다. 지쳐 힘든 상대에게 뭐라 말해야 하나를 생각한다면, 푹 쉬라는 내용이 있는 3번 내일과 모레는 푹 쉬어이다. 1번 お疲(つか)れ様(さま) 수고 했어요에 현혹되면 안 된다. 바로 이어서 말하는 내일도 또 부탁할게가 적절하지 않다.

11 정답 2 모의2-4-11.mp3

男 : 時間までにお見えでない場合はキャンセルとなりますが、よろしいですか。
女 : **1** いいえ、わざわざここまでお越しいただいて申し訳ありません。
2 はい、契約書の文面もその通りですので納得尽くで話を進めましょう。
3 はい、契約書の文面が見えない場合はキャンセルになってもかまいません。

해석

남: 시간까지 오시지 않는 경우는 취소됩니다만, 괜찮으신지요?
여: 1 아니요, 일부러 여기까지 오시게 해서 죄송합니다.
2 예, 계약서에도 그렇게 되어 있으므로 납득완료로 진행하지요.
3 예, 계약서에도 보이지 않는 경우는 취소가 되어도 관계없습니다.

어휘

お見(み)え 오심 | 場合(ばあい) 경우 | キャンセル 캔슬, 취소 | わざわざ 일부러 | お越(こ)しいただいて申(もう)し訳(わけ)ありません 오시게 해서 죄송합니다 | 契約書(けいやくしょ) 계약서 | 文面(ぶんめん) 문면 | その通(とお)り 그대로 | 納得尽(なっとくづ)く 납득 완료

해설

존경어와 겸양어는 자주 출제되므로 평소에 잘 공부해 두도록 한다. 이 문제에 나오는 お見(み)え 오심, お越(こ)しいただいて申(もう)し訳(わけ)ありません 오시게 해서 죄송합니다 등은 문형 그대로 익히도록 한다. 남자의 말은 제시간에 오시지 않으면 취소되는데 괜찮겠냐는 질문이므로, 그에 어울리는 답변은 예, 계약서에도 그렇게 되어 있으므로 납득완료라고 한 2번이다.

12 정답 2 모의2-4-12.mp3

女 : そろそろ時間になりましたのでオリエンテーションはお開きにしましょうか。
男 : **1** もう、始まりますか？まだお時間あるでしょう？
2 もう、終わりですか？時間が早いですね。
3 もう、開かれますか？時間が足りないでしょう？

해석

여: 슬슬 시간이 되었으므로 오리엔테이션은 마치도록 하지요.

남: 1 벌써 시작됩니까? 아직 시간 있지 않나요?
2 벌써 끝납니까? 시간이 빠르군요.
3 벌써 열립니까? 시간이 부족한가요?

어휘

そろそろ 슬슬 | お開(ひら)きにする 폐회하다, 끝내다 | 開(ひら)かれる 열리다, 개최하다 | 足(た)りない 부족하다, 모자라다

해설

お開(ひら)きにする 폐회하다, 끝내다는 어휘만 알고 있으면 의외로 쉽게 풀 수 있는 문제이다. 특히, 축하 행사 등에 자주 쓰이는 어휘이므로 반드시 기억해 둔다. 정답은 벌써 끝납니까? 시간이 빠르군요라고 한 2번이다.

13 정답 1 모의2-4-13.mp3

男：本日限り最高の盛り合わせ肉を御紹介いたします。

女：1 あら、おいしい肉、明日なら、もう駄目ね。
2 あら、おいしい肉、明日また、やるわけね。
3 あら、おいしい肉、明日まで、やってるわけね。

해석

남: 오늘만 판매하는 최고의 모듬고기를 소개해 드리겠습니다.

여: 1 어머, 맛있는 고기, 내일이면 안 되는 거네.
2 어머, 맛있는 고기, 내일 또 하는 거네.
3 어머, 맛있는 고기, 내일까지 하는 거네.

어휘

本日限(ほんじつかぎ)り 오늘 한정 | 最高(さいこう) 최고 | 盛(も)り合(あ)わせ 모듬 | 肉(にく) 고기 | 御紹介(ごしょうかい)いたす 소개해 드리다

해설

날짜 등의 뒤에 限(かぎ)り가 붙으면, 그날 한정이라는 의미가 된다. 그러므로 모듬고기는 오늘 本日(ほんじつ) 한정이다. 정답은 1번 내일이면 안 된다이다.

14 정답 3 모의2-4-14.mp3

女：子供に代わって親同士が代理でお見合いする「助けて会」が開かれるそうです。

男：1 そうですか、お見舞いも親子同士なら行けるのに、残念ですね。
2 そうですか、僕もいちおう参加したいですね。独り暮らしはもうしたくないから。
3 そうですか、僕もいちおう参加したいですね。うちの子も彼女いないから。

해석

여: 자녀를 대신해서 부모끼리가 대신해서 맞선보는 '도와줘 모임'이 열린답니다.

남: 1 그래요? 병문안도 부모자식끼리면 갈 수 있는데, 유감이군요.
2 그래요? 나도 일단 참가하고 싶군요. 독신생활은 이제 하고 싶지 않으니까.
3 그래요? 나도 일단 가고 싶군요. 저희 아이도 여자친구가 없으니까.

어휘

～に代(か)わって ～를 대신하여 | 親同士(おやどうし) 부모끼리 | 代理(だいり) 대리 | お見合(みあ)い 맞선, 중매 | 開(ひら)かれる 열리다 | お見舞(みま)い 병문안 | 親子同士(おやこどうし) 부모자식끼리 | 残念(ざんねん) 유감 | いちおう 일단 | 参加(さんか) 참가 | 独(ひと)り暮(ぐ)らし 독신생활 | 彼女(かのじょ) 그녀, 여친

해설

お見合(みあ)い 맞선, 중매와 お見舞(みま)い 병문안을 헷갈리면 안 된다. 1번은 병문안이므로 적절한 대답이 될 수 없고, 2번은 본인이 독신생활을 하고 싶지 않다는 것이므로 역시 적합하지 않다. 정답은 자신의 자식이 여자친구가 없으므로 일단 참가해 보겠다고 한 3번이다.

문제 5 이 문제에서는 긴 이야기를 듣습니다. 이 문제에는 연습이 없습니다. 메모를 해도 상관없습니다.
문제 용지에 아무것도 인쇄되어 있지 않습니다. 우선 이야기를 잘 들으세요. 그리고 나서 질문과 선택지를 듣고, 1~4 중에서 가장 알맞은 것을 하나 고르세요.

01 정답 3 모의2-5-01.mp3

家族同士でスポーツとビデオ判定について話しています。

男 ：はたして、人間なのか、機械なのか、これが問題だなあ～。

女1：あなた、何言ってるの？朝から頭、変ですね。

女2：お父さん大丈夫？それなんですか？人間とか機械とか。

男 ：ああ～いま読んだばかりの記事なんだけどね、スポーツの審判の判定に検証する制度を導入するんだ。ビデオ判定のことだ。たとえば、サッカーは、今季から試合後にチームから苦情がでると、審判側とチーム側の代表が映像を見て議論する。開幕した先週の土日に行われた6試合で計8件の検証要請があったそうだ。

女1：え～，それなら審判には結構のプレッシャーがかかるんじゃないかしら？で、後で判定が覆ることもあるわけね？

女2：そんなに厳しくなったら審判なんか、あたし、絶対やりたくないわ。

男 ：誰も君に審判なんかやらせるつもりはないからねえ。それと、そうだ！サッカーの場合は審判の判定が覆ることはないし、会議の内容も公表されないというんだ。

女1：いやだわ、せっかくのビデオ判定を導入したのに、結果はそのままだなんて、それはいけないと思うわ。

女2：そうね、野球はどうですか？

男 ：プロ野球では、本塁打とホームベース上のクロスプレーの判定にビデオ映像が活用されている。こちらはその場で確認して当否を判断する仕組みで、昨季は計24件が覆った。

女1: だから、いやだわ、審判も人間だから誤りはあると思うよ。それを一々判定ミスがクローズアップされ、審判全体の権威や信頼がゆらぐようではもっと困るに決まってる。

女2: あたしも母さんの話が一理あるんじゃないかなあと思う。

男 : まあ、そうだな、やっぱり人は間違いを犯すという前提に立ったうえで、審判はよりよい試合を一緒につくっていく協働者という認識をみんなで共有しなくちゃ。

男の人はスポーツとビデオ判定についてどう思いますか。

1 サッカーも野球もビデオ判定によって結果が覆ったほうがいい
2 サッカーも野球もビデオ判定によって結果が覆らないほうがいい
3 女の人、二人と同じく審判も人間だから誤りは認めるべきだ
4 女の人、二人と同じく審判も人間だから誤りは認めてはならない

해석

가족끼리 스포츠와 비디오판정에 대해서 이야기합니다.

남 : 과연 인간인가, 기계인가, 이것이 문제로구나~.

여1 : 당신, 무슨 말하는 거에요? 아침부터 머리가 이상하네요.

여2 : 아빠 괜찮아요? 그게 뭔데요? 인간이라니 기계라니.

남 : 아아~, 지금 막 읽은 기사 말인데, 스포츠의 심판 판정에 검증하는 제도를 도입하는 거야. 비디오판정이란 거야. 예를 들면 축구는 이번 시즌부터 시합 후에 팀에서 불만이 나오면, 심판 측과 팀 측의 대표가 영상을 보고 의논해. 개막한 지난주의 토 · 일요일에 실시된 6경기에서 모두 8건의 검증 요청이 있었다고 해.

여1 : 에~, 그럼 심판은 꽤 심리적 압박을 받지 않을까? 그래서 나중에 판정이 뒤집히는 경우도 있는 거네요?

여2 : 그렇게 엄격해지면 심판 같은 거, 난, 절대 하고 싶지 않아요.

남 : 아무도 너에게 심판 같은 거 시킬 생각 없으니까 말이야. 그리고, 그렇다! 축구의 경우는 심판의 판정이 뒤집히는 경우는 없고, 회의 내용도 공표되지 않는다고 해.

여1 : 웬일이야. 모처럼 비디오판정을 도입했는데도, 결과는 그대로라니, 그건 아니라고 생각해요.

여2 : 맞아요, 야구는 어때요?

남 : 프로야구에서는 홈런과 홈베이스상의 클로즈플레이의 판정에 비디오영상이 활용되고 있어. 이쪽은 그 자리에서 확인하여 당부를 판단하는 구조로, 지난 시즌은 모두 24건이 뒤집혔어.

여1 : 그러니까, 싫어요, 심판도 인간이므로 실수는 있다고 생각해요. 그것을 일일이 판정미스가 클로즈업되어, 심판 전체의 권위나 신뢰가 흔들려선 더 곤란할 게 틀림없어요.

여2 : 저도 엄마 이야기가 일리가 있지 않나 생각해요.

남 : 음, 그래, 역시 사람은 실수를 한다는 전제로, 심판은 보다 나은 경기를 함께 만들어 가는 협동자라는 인식을 모두가 공유해야 해.

남자는 스포츠와 비디오판정에 대해서 어떻게 생각합니까?

1 축구도 야구도 비디오판정에 의해 결과가 뒤집히는 편이 좋다
2 축구도 야구도 비디오판정에 의해 결과가 뒤집히지 않는 편이 좋다
3 여자 두 명과 마찬가지로 심판도 인간이므로 실수는 인정해야 한다
4 여자 두 명과 마찬가지로 심판도 인간이므로 실수는 인정해서는 안 된다

어휘

家族同士(かぞくどうし) 가족끼리 | 判定(はんてい) 판정 | 記事(きじ) 기사 | 審判(しんぱん) 심판 | 検証(けんしょう) 검증 | 制度(せいど) 제도 | 導入(どうにゅう) 도입 | 今季(こんき) 금계, 이번 시즌 | 試合後(しあいご) 시합 후, 경기 후 | 苦情(くじょう) 불만 | 映像(えいぞう) 영상 | 議論(ぎろん) 의논 | 開幕(かいまく) 개막 | 要請(ようせい) 요청 | 判定(はんてい)が覆(くつがえ)る 판정이 뒤집히다 | 公表(こうひょう) 공표 | 本塁打(ほんるいだ) 홈런 | クロスプレー 클로즈플레이, 판정이 미묘한 플레이 | 当否(とうひ) 당부, 옳고 그름, 마땅함과 그렇지 않음, 적당함과 부적당함 | 仕組(しく)み 구조 | 昨季(さくき) 지난 시즌 | 誤(あやま)り 실수 | 権威(けんい) 권위 | 信頼(しんらい) 신뢰 | ゆらぐ 흔들리다 | ~に決(き)まってる ~임에 틀림없다 | 一理(いちり) 일리 | 間違(まちが)いを犯(おか)す 실수를 저지르다 | 前提(ぜんてい) 전제 | 協働者(きょうどうしゃ) 협동자 | 認識(にんしき) 인식 | 共有(きょうゆう) 공유

해설

스포츠와 비디오판정에 관한 가족의 이야기이다. 축구는 비디오판정에 의해서 결과가 뒤집히는 경우는 없고, 야구는 뒤집히는 경우가 있다. 그러나 문제의 핵심은 남자는 비디오판정에 대하여 어떻게 생각하는가이다. 여자는 두 명 모두 그렇게 엄격한 판정으로 인해 오히려 심판의 권위나 신뢰가 흔들릴지도 모른다고 생각한다고 하였다. 마지막에 남자도 여자 두 명의 의견에 동의하면서 심판도 사람이므로 실수를 저지를 수 있다는 전제하에, 심판은 보다 나은 경기를 함께 만들어 가는 협동자라는 인식을 공유해야 한다고 말한다. 그러므로 정답은 3번이다.

02 정답 1 모의2-5-02.mp3

会議でカジノ導入と問題点について話しています。

男1: 私はカジノを導入すれば、地域に様々な問題が生じると思います。誘致をもくろむ自治体は、深刻な弊害に目をつぶったまま、構想を具体化するつもりではないかということもあると思います。

男2: 部長！確かにそういうところもありますが、いいところは全然ありませんか？

男1: それなら、藤田さんのほうが詳しいかもしれません。

女 : はい、私は個人的に考え方を変えて見てみたいんです。ただのカジノだけではなく、統合型リゾート、すなわちＩＲというものです。

男1: やはり、ここ一番という勢いだな。

男2: それはそれは、藤田さん、まるで専門家みたいですね。

女 : あら、野村さん、お世辞がうまいですわ。実は先日、今日の案件についていろいろ下調べしておこうと思っただけです。

男1: では、いま話したＩＲについてもっと説明してもらえますか？

女 : はい、統合型リゾートとは、国際展示場・劇場・ホテル・

ショッピングセンター・娯楽施設などを統合した大型の観光施設にカジノを含むものを言います。それに、中国や東南アジアで富裕層が増えて観光ブームが続くと見込まれます。

男2: まあ、最近の観光客の爆買いとかみたら、確かに、それもそれらしいとは思いますが、すでに日本にはパチンコのほか、競輪、競馬などの公営競技で、ギャンブル依存症の患者は相当いると聞いたことがありますが、それはどうなりますか?。

男1: そうだよ、それが一番問題になると思いますが、どうですか?藤田さん?

女 : はい、まずは、カジノの収益の一部を依存症対策にあてます。その次にある程度の期間は自国民の入場制限を設ける方針をまとめると易しくはありませんが、何とか問題の解決につながると思います。

男2: そんなにうまくいくとは到底思えませんよ。部長はどういうお考えですか?

男1: そうだな、曲がりなりにも解決されると言っても、いや、僕はやっぱり気になるよ。

男2: そうでしょう?藤田さん、あんまり本腰を入れるわけありませんよ。

女 : あら、まあ、本腰だなんて、野村さんこそ及び腰になりがちではありませんか?

女の人はカジノ導入についてどう思いますか。

1 これからも外国人観光客は増える見通しで積極的導入すべきだ
2 これからも外国人観光客は増える見通しで消極的導入すべきだ
3 曲がりなりにも解決の方針があるから及び腰になったほうがいい
4 曲がりなりにも観光ブームが続くから及び腰になったほうがいい

해석

회의에서 카지노 도입과 문제점에 대해서 이야기합니다.

남1 : 저는 카지노를 도입하면 지역에 다양한 문제가 발생한다고 생각합니다. 유치를 계획하는 지자체는 심각한 폐해에 대해서는 눈을 감은 채, 구상을 구체화할 작정이 아닌가라고 생각합니다.

남2 : 부장님! 확실히 그런 부분도 있습니다만 좋은 점은 전혀 없습니까?

남1 : 그에 대해서라면 후지타 씨 쪽이 잘 알고 있을지도 모릅니다.

여 : 예, 전 개인적으로 생각을 바꾸어 보고 싶습니다. 그저 카지노만이 아니라, 통합형 리조트, 즉 I R이라는 것입니다.

남1 : 역시, 기다렸다는 기세로군요.

남2 : 이야 그것 참, 후지타 씨, 마치 전문가 같아요.

여 : 어머, 노무라 씨, 아부가 뛰어나군요. 사실 요전에 오늘 안건에 대해서 여러 가지 사전조사를 해두려고 생각했을 뿐입니다.

남1 : 그럼, 지금 말한 I R에 대해서 더 설명해 줄 수 있으세요?

여 : 예, 통합형 리조트란, 국제전시장 · 극장 · 호텔 · 쇼핑센터 · 오락시설 등을 통합한 대형의 관광시설에 카지노를 포함하는 것을 말합니다. 게다가 중국이나 동남아시아에서 부유층이 늘어나 관광붐이 이어질 것으로 예상할 수 있습니다.

남2 : 그래요, 최근의 관광객의 싹쓸이 쇼핑 같은 거 보면, 확실히 그것도 그럴듯합니다만, 이미 일본에는 파친코 외에, 경륜, 경마 등의 공영경기에서, 도박의존증 환자가 상당히 있다고 들은 적이 있습니다만, 그건 어떻게 됩니까?

남1 : 맞아요, 그게 가장 문제가 될 것 같습니다만, 어떻습니까? 후지타 씨?

여 : 예, 우선은 카지노 수입의 일부를 도박의존증 대책에 충당합니다. 그 다음에 어느 정도 기간은 자국민의 입장제한을 설치하는 방안을 마련한다면 쉽지는 않습니다만 그럭저럭 문제 해결로 이어지리라 생각합니다.

남2 : 그렇게 순조로울 거라고는 도저히 생각되지가 않아요. 부장님은 어떠한 생각이신가요?

남1 : 글쎄, 그럭저럭 해결된다고 해도, 아니, 난 역시 걱정이에요.

남2 : 그렇죠? 후지타 씨, 너무 적극적으로 나설 이유 없어요.

여 : 어머, 적극적이니 뭐니, 노무라 씨야 말로 너무 소극적인 경향이 있지 않으신가요?

여자는 카지노 도입에 대해서 어떻게 생각합니까?

1 앞으로도 외국인 관광객은 늘어날 전망으로 적극적 도입해야 한다
2 앞으로도 외국인 관광객은 늘어날 전망으로 소극적 도입해야 한다
3 그럭저럭 해결의 방침이 있으므로 소극적이 되는 편이 좋다
4 그럭저럭 관광 붐이 이어지므로 소극적이 되는 편이 좋다

어휘

導入(どうにゅう) 도입 | 問題点(もんだいてん) 문제점 | 生(しょう)じる 발생하다 | 誘致(ゆうち) 유치 | もくろむ 계획하다 | 自治体(じちたい) 자치체, 지자체 | 深刻(しんこく)な弊害(へいがい) 심각한 폐해 | 目(め)をつぶる 눈을 감다 | 構想(こうそう) 구상 | 具体化(ぐたいか) 구체화 | 統合型(とうごうがた) 통합형 | ここ一番(いちばん)という勢(いきお)い 바로 여기다 하는 기세 | お世辞(せじ) 아부, 아첨 | 下調(したしら)べ 사전조사 | 国際展示場(こくさいてんじじょう) 국제전시장 | 劇場(げきじょう) 극장 | 娯楽施設(ごらくしせつ) 오락시설 | 大型(おおがた) 대형 | 含(ふく)む 포함하다 | 富裕層(ふゆうそう) 부유층 | 爆買(ばくが)い 싹쓸이 쇼핑 | 競輪(けいりん) 경륜 | 競馬(けいば) 경마 | 公営競技(こうえいきょうぎ) 공영경기 | ギャンブル依存症(いぞんしょう) 도박 중독, 도박의존증 | 患者(かんじゃ) 환자 | 相当(そうとう) 상당히 | 収益(しゅうえき) 수익 | 自国民(じこくみん) 자국민 | 入場制限(にゅうじょうせいげん) 입장제한 | 設(もう)ける 설치하다 | 方針(ほうしん) 방침 | 到底(とうてい) 도저히 | 曲(ま)がりなりにも 그럭저럭 | 本腰(ほんごし)を入(い)れる 적극적으로 나서다 | 及(およ)び腰(ごし) 소극적, 엉거주춤 | 見通(みとお)し 전망 | 積極的(せっきょくてき) 적극적 | 消極的(しょうきょくてき) 소극적

해설

카지노 도입에 대해서 남자 두 명은 소극적이고, 특히 도박 중독에 대해서 우려가 많다. 하지만 여자 쪽은 앞으로 관광객 증가와 중국이나 동남아시의 부유층이 늘어날 전망이므로 카지노 도입에 적극적이다. 또한, 카지노뿐 만아니라, 통합형 리조트 계획으로 카지노의 폐해를 막을 수

있으며, 도박 중독의 해결책으로 수익의 일부를 도박 중독 해소에 투자하고, 일본인의 입장 제한을 두는 방법도 있다고 한다. 통합이해의 문제는, 처음부터 끝까지 지문의 전체 의미를 잘 파악하고, 메모는 핵심을 여자, 남자로 나누어 간략하게 메모한다. 어휘에서는 적극적으로 나서다, 소극적이다 등은 반드시 익혀둔다. 정답은 여자가 앞으로 전망과 대책 등을 봐서 적극적으로 도입해야 한다고 한 1번이다.

03 **질문1 정답 2** **질문2 정답 4** 모의2-5-03.mp3

우선 이야기를 잘 들으세요. 그러고 나서 2개의 질문을 듣고 각각 문제 용지의 1~4 중에서 가장 알맞은 답을 하나 고르세요.

テレビのニュースを聞いて男の人と女の人が話しています。

女1: 無利子の奨学金をめぐっては、世帯年収や成績といった基準を満たしているにもかかわらず、予算不足のため、今年度は、希望者のうちおよそ２万4000人が受けられませんでした。政府の関係者は、意欲や能力のある学生が、経済的な理由で進学を断念することなく、安心して学べる環境を整えることが重要だとして、基準となる世帯年収を下回っていることや、高校の成績が５段階評定で平均3．5以上といった条件を満たしていれば、希望者全員に無利子の奨学金を貸与することを目指すことになり、来年度予算案の要求に必要な経費を盛り込みました。さらに、所得がより低い家庭の学生については、成績が3．5を下回っていても無利子の奨学金の貸与を申請できるようにする方針で、どの程度、成績の基準を緩和するかなどを、検討することにしています。

男 : なあんだ、勉強さえできればお金がなくても大学に入れるんだなあ～！僕の時代とは月とすっぽんの感じだね？

女2: なに言ってるの？よその人が聞いたら、まるで高校時代は優等生だったと勘違いするわ。たぶん、月じゃなくて、すっぽんのほうだったんでしょう？

男 : まあまあ、いいんだ。また、言葉じりをとらえるつもりなの？さて、高校の成績がある程度以上になったら無利子の奨学金が貸与されるわけなんだよね？これはいいとも限らないよ。あとで返済に行き詰まるケースもないとは言えないからさ。

女2: でも、とりあえず学校に入れるかどうかの問題でしょう？いちおう入ったら、あとはバイトもできるし、そんなに返済に困るかしら？あたしは学生なんだから成績は基本だと思うわ。成績も悪いくせに奨学金を希望するなんてあり得ないことじゃないの？もちろん親の収入とも関わりはあるとは言っても。

男 : だからさ、僕も勉強なんか全く関係ないとは言えないよ。問題はね、貸与なんだよ！貸与じゃなくて給付型の奨学金制度を設けるべきだと思うのよ！これなら、安心して勉強ができるでしょ？

女2: へえ～、それは駄目よ。無償だの、給付だの、世の中、ただより高いものはないという考え方が大事なんだから！そういう厳しい習慣を学生時代から、ちゃんと身につけなきゃ。

男: 厳しいのは君の方がもっと厳しいよ！学生の方は何より勉強ができる環境が一番だからさ。それは、ただじゃないよ。いつもありがたさを心に刻むと思うよ！

女2: そうかな.....

質問1 女の人は奨学金についてどう思いますか。

1 あとで返さなくてもいい制度が必要だ
2 あとで返さなければならない制度が必要だ
3 奨学金を受ける前にまずは自分でお金を貯めるべきだ
4 奨学金を受ける前にまずは勉強すべきだ

質問2 男の人は奨学金制度の何が問題だと言っていますか。

1 無償にしろ貸与にしろ成績に関わること
2 成績に関わりなく貸与すること
3 あとで返さなければならない制度が必要だ
4 あとで返さなくてもいい制度が必要だ

해석

TV 뉴스를 듣고 나서 남자와 여자가 이야기합니다.

여1 : 무이자 장학금에 관해서는 세대 연수입과 성적 등의 기준을 채웠음에도 불구하고, 예산 부족 때문에 금년도는 희망자 중 약 2만 4000명이 받을 수 없었습니다. 정부 관계자는 의욕이나 능력이 있는 학생이 경제적인 이유로 진학을 단념하는 일 없이 안심하고 배울 수 있는 환경을 정비하는 일이 중요하다고 하여, 기준이 되는 세대 연수입을 넘지 않을 것과, 고등학교 성적이 5단계 평점으로 3.5 이상이 될 것 등의 조건을 충족하면, 희망자 전원에게 무이자로 장학금을 대여할 것을 목표로, 내년도 예산안 요구에 필요한 경비를 포함시켰습니다. 게다가 소득이 보다 낮은 가정의 학생에 대해서는 성적이 3.5가 되지 않아도 무이자 장학금 대여를 신청할 수 있도록 할 방침으로 어느 정도 성적의 기준을 완화할지 등을 검토하기로 했습니다.

남 : 뭐야, 공부만 잘하면 돈이 없어도 대학에 들어 갈 수 있구나~! 나의 시절과는 천양지차네?

여2 : 무슨 말하는 거야? 다른 사람이 들으면 마치 고교시절 우등생이었다고 착각할 거야. 아마, 우등생이 아니라 꼴찌에 가까웠을 걸?

남 : 그래그래, 좋아. 또 말꼬리 같은 거 잡을 작정이야? 근데 고교 성적이 어느 정도 이상이 되면 무이자로 장학금이 대출 가능하다는 거지? 이건 좋다고만 할 수 없어. 나중에 변제가 어려워지는 경우도 없다고는 못하니까.

여2 : 그래도, 일단 학교에 들어 갈 수 있을지 없을지의 문제잖아? 우선 들어가면 나중에는 알바도 할 수 있고, 그렇게 변제에 곤란을 겪을까? 난 학생이라면 성적은 기본이라 생각해. 성적도 나쁜 주제에 장학금을 희망하다니 있을 수 없는 일 아냐? 물론 부모의 수입과도 관계는 있다고는 해도.

남 : 그러니까, 나도 공부 같은 거 전혀 관계없다고는 할 수 없어. 문제는 말이야, 대여인 거야! 대여가 아니라 급부형의 장학금제도를 마련해야 한다고 생각하는 거야! 이거라면, 안심하고 공부할 수 있잖아?

여2 : 에~그건 아니야. 무상이라든가, 지급이라는 것, 세상은 공짜보다 비싼 건 없다는 생각이 중요하니까! 그런 엄격한 습관을 학생시절부터 반드시 익혀야 해.

남 : 엄격한 건 네 쪽이 더 엄격해! 학생 쪽은 무엇보다 공부할 수 있는 환경이 제일이니까 말이야. 그건 공짜가 아니야. 늘 고마움을 마음에 새길 거라 생각해!

여2 : 그럴까….

질문 1 여자는 장학금에 대해서 어떻게 생각합니까?

1 나중에 갚지 않아도 좋은 제도가 필요하다
2 나중에 갚아야 하는 제도가 필요하다
3 장학금을 받기 전에 우선은 스스로 돈을 모아야 한다
4 장학금을 받기 전에 우선은 공부해야 한다

질문 2 남자는 장학금 제도의 무엇이 문제라고 말합니까?

1 무상이든 대출이든 성적에 관련되는 것
2 성적에 관계없이 대출하는 것
3 나중에 갚아야 하는 제도가 필요하다
4 나중에 갚지 않아도 되는 제도가 필요하다

어휘

無利子(むりし) 무이자 | 奨学金(しょうがくきん) 장학금 | 世帯年収(せたいねんしゅう) 세대연수 | 成績(せいせき) 성적 | 基準(きじゅん)を満(み)たす 기준을 채우다 | 断念(だんねん) 단념 | 環境(かんきょう)を整(ととの)える 환경을 정비하다 | 貸与(たいよ) 대여 | 盛(も)り込(こ)む 포함시키다, 담다 | 所得(しょとく) 소득 | 緩和(かんわ) 완화 | 検討(けんとう) 검토 | 月(つき)とすっぽん 달과 자라, 천양지차 | 高校時代(こうこうじだい) 고교시절 | 優等生(ゆうとうせい) 우등생 | 勘違(かんちが)い 착각 | 言葉(ことば)じりをとらえる 말꼬리를 잡다 | ～とも限(かぎ)らない ～라고는 할 수 없다 | 返済(へんさい) 변제 | 親(おや)の収入(しゅうにゅう) 부모의 수입 | 関(かか)わり 관계 | 給付型(きゅうふがた) 급부형, 갚지 않는 형태 | 設(もう)ける 설치하다, 마련하다 | 無償(むしょう) 무상, 공짜 | ただより高(たか)いものはない 공짜보다 비싼 건 없다 | 厳(きび)しい習慣(しゅうかん) 엄격한 습관 | 身(み)につける 익히다, 걸치다 | 環境(かんきょう) 환경 | 心(こころ)に刻(きざ)む 마음에 새기다 | 返(かえ)す 갚다, 변제하다 | 貯(た)める 저금하다, 모으다 | 関(かか)わる 관련되다

해설

뉴스의 내용은 주로 대여형의 장학금에 관한 내용이다. 개요는 세대수입이나 고교 성적을 기준으로 장학금을 지급하는 것이다. 단, 대여형이므로 나중에 갚아야 한다. 갚지 않아도 되는 것은 급부형이다. 남자의 생각은 무이자라도 나중에 변제해야 하므로, 문제이고 변제를 못하는 경우도 있다는 것이다. 그래서 급부형으로 전환해야 학생이 안심하고 공부할 수 있는 환경이 된다. 이것이 가장 중요한 주장이다. 반면, 여자는 대학에 들어갈 수만 있다면 들어가서 알바라도 해서 장학금을 변제할 수 있다는 주장이고, 학생시절부터 공짜는 없다는 습관이 중요하므로, 갚아야 하는 대여형의 장학금이 필요하다는 생각이다. 그러므로 질문1의 정답은 2번이고, 질문2의 정답은 4번이다.

N1 第一回　模擬テスト　言語知識(文字・語彙・文法)・読解　解答用紙

受 験 番 号 Examinee Registration Number		名 前 Name	

問 題 1				
1	①	②	③	④
2	①	②	③	④
3	①	②	③	④
4	①	②	③	④
5	①	②	③	④
6	①	②	③	④

問 題 2				
7	①	②	③	④
8	①	②	③	④
9	①	②	③	④
10	①	②	③	④
11	①	②	③	④
12	①	②	③	④
13	①	②	③	④

問 題 3				
14	①	②	③	④
15	①	②	③	④
16	①	②	③	④
17	①	②	③	④
18	①	②	③	④
19	①	②	③	④

問 題 4				
20	①	②	③	④
21	①	②	③	④
22	①	②	③	④
23	①	②	③	④
24	①	②	③	④
25	①	②	③	④

問 題 5				
26	①	②	③	④
27	①	②	③	④
28	①	②	③	④
29	①	②	③	④
30	①	②	③	④
31	①	②	③	④
32	①	②	③	④
33	①	②	③	④
34	①	②	③	④
35	①	②	③	④

問 題 6				
36	①	②	③	④
37	①	②	③	④
38	①	②	③	④
39	①	②	③	④
40	①	②	③	④

問 題 7				
41	①	②	③	④
42	①	②	③	④
43	①	②	③	④
44	①	②	③	④
45	①	②	③	④

問 題 8				
46	①	②	③	④
47	①	②	③	④
48	①	②	③	④
49	①	②	③	④

問 題 9				
50	①	②	③	④
51	①	②	③	④
52	①	②	③	④
53	①	②	③	④
54	①	②	③	④
55	①	②	③	④
56	①	②	③	④
57	①	②	③	④
58	①	②	③	④

問 題 10				
59	①	②	③	④
60	①	②	③	④
61	①	②	③	④
62	①	②	③	④

問 題 11				
63	①	②	③	④
64	①	②	③	④
65	①	②	③	④

問 題 12				
66	①	②	③	④
67	①	②	③	④
68	①	②	③	④
69	①	②	③	④

問 題 13				
70	①	②	③	④
71	①	②	③	④

N1 第一回　模擬テスト　聴解　解答用紙

受験番号 Examinee Registration Number		名前 Name	

問題 1				
1	①	②	③	④
2	①	②	③	④
3	①	②	③	④
4	①	②	③	④
5	①	②	③	④
6	①	②	③	④

問題 2				
1	①	②	③	④
2	①	②	③	④
3	①	②	③	④
4	①	②	③	④
5	①	②	③	④
6	①	②	③	④
7	①	②	③	④

問題 3				
1	①	②	③	④
2	①	②	③	④
3	①	②	③	④
4	①	②	③	④
5	①	②	③	④
6	①	②	③	④

問題 4			
1	①	②	③
2	①	②	③
3	①	②	③
4	①	②	③
5	①	②	③
6	①	②	③
7	①	②	③
8	①	②	③
9	①	②	③
10	①	②	③
11	①	②	③
12	①	②	③
13	①	②	③
14	①	②	③

問題 5				
1	①	②	③	④
2	①	②	③	④
3-1	①	②	③	④
3-2	①	②	③	④

N1 第二回　模擬テスト　言語知識(文字・語彙・文法)・読解　解答用紙

受験番号 Examinee Registration Number		名前 Name	

問題 1				
1	①	②	③	④
2	①	②	③	④
3	①	②	③	④
4	①	②	③	④
5	①	②	③	④
6	①	②	③	④

問題 2				
7	①	②	③	④
8	①	②	③	④
9	①	②	③	④
10	①	②	③	④
11	①	②	③	④
12	①	②	③	④
13	①	②	③	④

問題 3				
14	①	②	③	④
15	①	②	③	④
16	①	②	③	④
17	①	②	③	④
18	①	②	③	④
19	①	②	③	④

問題 4				
20	①	②	③	④
21	①	②	③	④
22	①	②	③	④
23	①	②	③	④
24	①	②	③	④
25	①	②	③	④

問題 5				
26	①	②	③	④
27	①	②	③	④
28	①	②	③	④
29	①	②	③	④
30	①	②	③	④
31	①	②	③	④
32	①	②	③	④
33	①	②	③	④
34	①	②	③	④
35	①	②	③	④

問題 6				
36	①	②	③	④
37	①	②	③	④
38	①	②	③	④
39	①	②	③	④
40	①	②	③	④

問題 7				
41	①	②	③	④
42	①	②	③	④
43	①	②	③	④
44	①	②	③	④
45	①	②	③	④

問題 8				
46	①	②	③	④
47	①	②	③	④
48	①	②	③	④
49	①	②	③	④

問題 9				
50	①	②	③	④
51	①	②	③	④
52	①	②	③	④
53	①	②	③	④
54	①	②	③	④
55	①	②	③	④
56	①	②	③	④
57	①	②	③	④
58	①	②	③	④

問題 10				
59	①	②	③	④
60	①	②	③	④
61	①	②	③	④
62	①	②	③	④

問題 11				
63	①	②	③	④
64	①	②	③	④
65	①	②	③	④

問題 12				
66	①	②	③	④
67	①	②	③	④
68	①	②	③	④
69	①	②	③	④

問題 13				
70	①	②	③	④
71	①	②	③	④

N1 第二回　模擬テスト　聴解　解答用紙

受　験　番　号 Examinee Registration Number		名　前 Name	

問　題　1				
1	①	②	③	④
2	①	②	③	④
3	①	②	③	④
4	①	②	③	④
5	①	②	③	④
6	①	②	③	④

問　題　2				
1	①	②	③	④
2	①	②	③	④
3	①	②	③	④
4	①	②	③	④
5	①	②	③	④
6	①	②	③	④
7	①	②	③	④

問　題　3				
1	①	②	③	④
2	①	②	③	④
3	①	②	③	④
4	①	②	③	④
5	①	②	③	④
6	①	②	③	④

問　題　4			
1	①	②	③
2	①	②	③
3	①	②	③
4	①	②	③
5	①	②	③
6	①	②	③
7	①	②	③
8	①	②	③
9	①	②	③
10	①	②	③
11	①	②	③
12	①	②	③
13	①	②	③
14	①	②	③

問　題　5				
1	①	②	③	④
2	①	②	③	④
3-1	①	②	③	④
3-2	①	②	③	④

최신 경향을 완벽 반영한 JLPT N1 합격대비 종합서!

1. 2010~2017 최신 기출 한자&기출 어휘 공개
2. 핵심 한자 297자, 핵심 어휘 약 2,000어, 핵심 문법 350개 총정리
3. 출제경향에 딱 맞춘 완벽대비 문제 총 931문항+실전 모의고사 2회분
4. 저자 직강 전체 음성 강의 무료 제공

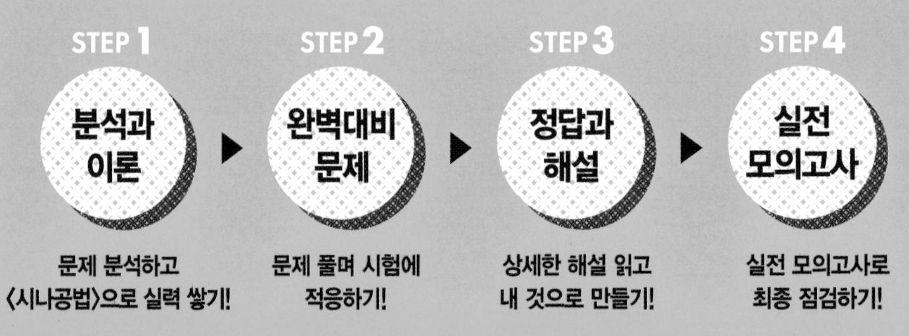

 본책 +  정답&해설 + 휴대용 소책자

 음성 강의 + mp3파일 (QR코드 무료 제공)

ISBN 979-11-5924-177-2

시나공 JLPT N1
Crack the Exam! JLPT for Level N1

값 25,000원